오제현 형사소송법 TOTAL 오엑스

형사소송법
TOTAL OX

**형사법 전문가의 형사소송법
이해식 자동암기학습법**

오제현 편저

PREFACE

오형소 토탈OX의 제3판을 내면서

「오형소 토탈OX」는 법원직·경찰채용·경찰간부·경찰승진·국가직(교정직 포함)9·7급 형사소송법 기출문제를 망라한 교재입니다. 법원직에 중점을 두고 각 시험의 최근 4개년 기출문제를 기본서 목차에 따라 OX지문으로 재배치·구성되어 있습니다.

제3판은 출간시기에 관한 요청에 대한 검토를 거쳐 전년보다 더 앞당겨서 개정작업에 임하였습니다. 출간시기를 제외한 전판의 구성과 편제를 유지하면서, 기존 내용의 수정·보완 및 신규 기출문제를 추가 정리하였습니다.

추가된 기출문제의 범위는 2021년 ~ 2024년 제2차 경찰공무원 채용시험까지 4개년 시험을 대상으로 하였습니다. 다만, 개정작업 시점은 2024년 7급 시험이 시행 전인 관계로 국가직 7급 시험의 경우, 2020년부터 2023년 시험까지 수록하였습니다.

종래 '경찰간부후보생 선발시험'은 이번 년도부터는 '경위공개경쟁채용시험'으로 명칭이 변경되었습니다. 이번 판에서 해당 시험의 출처표기는 기존과 같이 '74간' 방식을 유지하였습니다.

유달리 기승을 부린 무더위와 열대야가 지속되던 여름날들도 어느새 지나가고 있습니다. 무겁고 숨막히던 공기도 한결 나아짐을 느낍니다. 지면이지만, 수험생활로 인해 무겁고 지쳐 있으실 분들 모두들 조금 더 힘내시라고 응원합니다. 인내와 고난의 시간은 그리 길지 않을 겁니다. 여러분 모두의 건승과 합격을 기원합니다.

2024. 8.

머리말

오형소 토탈OX의 제2판을 내면서

「오형소 토탈OX」는 법원직·경찰채용·경찰간부·경찰승진·국가직(교정직 포함)9·7급 형사소송법 기출문제를 망라한 교재입니다. 법원직에 중점을 두고 각 시험의 최근 4개년 기출문제를 기본서 목차에 따라 OX지문으로 재배치·구성되어 있습니다.

이러한 점은 이번 개정판에서도 동일합니다.
초판을 교재로 하여 진행된 강의와 지난 1년 여의 피드백을 거쳐, 큰 틀은 변경하지 않고 개정판을 내는 것으로 방향을 잡고 원고 작업에 임하였습니다.

세부적으로 변경된 점이 있다면
2020년 ~ 2023년 까지 최근 4개년 기출문제 범위에 맞게 기출문제를 추가·삭제·병합 정리하였습니다. OX지문의 배치는 본서의 목차상 '절' 단위를 기준으로 하여, 표현상 99% 중복되는 문제는 하나의 지문으로, 내용상 하나의 문제라도 표현상의 차이가 있으면 중복하여 수록하였습니다. 이는 각 문제마다의 출제의 포인트를 달리하는 바, 학습에 있어서도 이를 반복하여 체크하기 위함입니다.

출처는 법원직/경찰채용/경찰간부/경찰승진/국가직(교정직 포함)9급/7급의 순서이며, 다음과 같이 약칭으로 표기하였습니다.

> 출처표기례: 23법9/22경1·21경2/72간/22승/23국9

초판과 달리 반복지문에 대해 표기하였던 별표는 삭제하였습니다. 출처표기 만으로도 충분히 인지가 가능하다는 의견을 반영하였습니다.

여느 때와 같이 많은 고민을 안고 원고작업을 시작하습니다만 탈고에 즈음하여서는 아쉬움 또한 남는 것도 사실입니다. 수험생 여러분에게 더 최적의 교재를 제공하기 위해 본서에 최대한 담아 내었습니다만, 지면이 가지는 한계점은 강의를 통해서 보답토록 하겠습니다.

2023.12.

PREFACE

오형소 토탈 오엑스를 내며

　형사법을 강의해 온 기간이 이제 13년을 바라보는 시점에서, 이렇게 또 한 종의 책을 선보입니다. 다년간 다수 직렬에서 강의를 하며, 여러 교재를 집필해 왔지만 늘 한결 같은 고민을 합니다. 어떤 것이 수험생들을 위해 더 적합한 방식인 것인가에 대한 것입니다. 형사소송법은 절차법 또는 소송법이라는 과목이 가지는 특성에 맞춰서 학습/수험 전략을 세워야 합니다. 또한 남은 수험의 시기와 개인별 상황에 따라 교재 선택과 수험전략을 달리해야 할 것입니다. 법학 및 형사소송법의 특성을 고려할 때, 무엇보다도 원칙과 개념 정립, 판례의 태도 등에 대한 이해를 바탕으로 큰 흐름을 잡고 난 후, 기출문제를 통하여 개인화하고, 암기하는 것이 필요하겠습니다. 저자의 강의 및 교재는 어떠한 형태를 취하더라도, 본질은 모두 이러한 원칙하에 진행되고 집필됩니다. 이번 오형소 토탈 오엑스는 목차체계는 저자의 여러 도서와의 연계학습을 위하여 기본서 목차체계에 따라 배치, 구성하였습니다.

　OX기출문제집은 활용하기에 따라 종래의 기출문제집과는 많은 차이를 가질 수 있습니다. 최근 높아지는 경쟁률과 함께 수험생 학습수준 또한 높아진 것을 고려하면, 아무래도 점검과 최종정리 쪽에 강점을 가지는 도서의 출간과 강의가 필요하였습니다. 변호사시험을 제외한 공무원시험 전직렬 4개년 기출문제를 OX지문화하고, 진도별로 정리하였습니다. 다만, 출간되는 현시점의 강의에 맞추어 법원직 시험에 가중치를 더 두고 구성하였습니다.

　즉, 형사소송법을 객관식으로 준비하는 법원직 9급, 국가직 7급과 9급(교정직:형사소송법 개론), 일반경찰, 경찰간부 그리고 경찰승진을 포함하여 각종 국가시험에서 4개년간(2022~2019) 출제된 문제를 수록하였고, 각 직렬마다 출제되는 영역에 있어 다소의 차이가 있기에 지문마다 상단에 출처를 표시하며, 같은 지문이나 반복되는 쟁점은 출처를 통합하여 출제빈도에 따른 중요도를 별(☆☆☆☆)로 표시하였습니다.

　이번에 출간되는 오형소 토탈 오엑스는 법원직에 포인트를 두었기에, 실무나 수사준칙 등 경찰직(간부, 승진 포함)에 다소 한정되는 파트는 수록에서 제외한 부분이 있습니다. 반면 직렬명 및 출처표기를 통하여 파악하실 수 있듯이 법원직은 공판 파트의 문제가 많이 출제됩니다. 이렇듯 본 교재와 같이 여러 직렬을 포함하는 교재를 이용하여 형사소송법을 객관식으로 준비하시는 수험생들은 각 직렬별 출제영역의 차이 또한 명확히 인식하셔야 하겠습니다.

　본 교재가 그 역할에 도움이 되기를 바랍니다. 또한, 이를 위해 본 교재를 활용한 강의에서도 더욱 힘을 기울여 수험생 여러분 학습과 합격에 도움이 될 수 있도록 노력하겠습니다.

2022.12.

목 차

PART 01 형사소송법의 기초이론
제1장 형사소송법의 기초 ··············· 1
- 제1절 형사소송법의 의의와 기초 ······· 1
- 제2절 형사소송법의 법원과 적용범위 ·· 2

제2장 형사소송법의 이념과 구조 ············· 5
- 제1절 형사소송의 지도이념 ············· 5
- 제2절 형사소송의 기본구조 ············ 12

PART 02 수사와 공소
제1장 수 사 ······························· 14
- 제1절 수사의 기본이론 ················ 14
- 제2절 수사의 개시 ···················· 25
- 제3절 임의수사 ······················· 52

제2장 강제처분과 강제수사 ················ 83
- 제1절 강제처분 ······················· 83
- 제2절 체포와 구속 ···················· 83
- 제3절 압수·수색·검증 ················ 134
- 제4절 수사상의 증거보전 ············· 180

제3장 수사의 종결 ······················· 183
- 제1절 수사종결의 의의와 종류 ······· 183
- 제2절 공소제기 후의 수사 ············ 194

제4장 공소의 제기 ······················· 198
- 제1절 공소와 공소권 이론 ············ 198
- 제2절 공소제기의 기본원칙 ·········· 199
- 제3절 공소제기의 방식 ··············· 201
- 제4절 공소제기의 효과 ··············· 208
- 제5절 공소시효 ······················· 209

PART 03 소송주체와 소송행위
제1장 형사소송의 주체 ··················· 217
- 제1절 개설 ··························· 217
- 제2절 법원 ··························· 217
- 제3절 검사 ··························· 229
- 제4절 피고인 ························· 229
- 제5절 변호인 ························· 243
- 제6절 보조인 ························· 247

제2장 소송절차의 일반이론 ··············· 248
- 제1절 소송절차의 기본구조 ·········· 248
- 제2절 소송절차이분론 ················ 248

제3장 소송행위와 소송조건 ··············· 249
- 제1절 소송행위의 의의와 종류 ······· 249
- 제2절 소송행위의 일반적 요소 ······· 249
- 제3절 소송행위에 대한 가치판단 ···· 262
- 제4절 소송요건 ······················· 266

PART 04 공판
제1장 공판절차 ·························· 267
- 제1절 공판절차의 기본원칙 ·········· 267
- 제2절 공판 심리의 범위 ·············· 271
- 제3절 공판절차의 진행 ··············· 282
- 제4절 공판정의 심리 ················· 292
- 제5절 공판기일의 절차 ··············· 297
- 제6절 증인신문·감정과 검증 ········ 304
- 제7절 공판절차의 특칙 ··············· 319

제2장 증 거 ······························ 334
- 제1절 증거의 의의와 종류 ············ 334
- 제2절 증명의 기본원칙 ··············· 336
- 제3절 위법수집증거배제법칙 ········ 352
- 제4절 자백배제법칙 ·················· 373
- 제5절 전문법칙 ······················· 378
- 제6절 당사자의 동의와 증거능력 ···· 417
- 제7절 탄핵증거 ······················· 429
- 제8절 자백보강법칙 ·················· 433
- 제9절 공판조서의 증명력 ············ 441

CONTENTS

제3장 재 판 ---------------------------- 445
 제1절 재판 일반 ------------------- 445
 제2절 종국재판 -------------------- 447
 제3절 재판의 효력 ----------------- 462
 제4절 소송비용 -------------------- 469

PART 05 상소·비상구제절차·특별절차

제1장 상 소 ---------------------------- 472
 제1절 상소 일반 ------------------- 472
 제2절 항소 ------------------------ 490
 제3절 상고 ------------------------ 505
 제4절 항고 ------------------------ 513

제2장 비상구제절차 --------------------- 518
 제1절 재심 ------------------------ 518
 제2절 비상상고 -------------------- 526

제3장 특별절차 ------------------------- 528
 제1절 약식절차 -------------------- 528
 제2절 즉결심판절차 ---------------- 535
 제3절 소년에 대한 형사절차 -------- 542
 제4절 배상명령과 범죄피해자
    구조제도 -------------------- 544

제4장 재판의 집행과 형사보상 ------------ 547
 제1절 재판의 집행 ----------------- 547
 제2절 형사보상 -------------------- 547
 제3절 명예회복 -------------------- 548

PART 1 형사소송법의 기초이론

제1장 형사소송법의 기초

제1절 | 형사소송법의 의의와 기초

001 21승

「형사소송법」은 형사사법의 정의를 지향하고 있으며 「형법」에 비하여 도덕적·윤리적 성격이 강하다. ⃞O⃞X

> 형법은 형벌권의 조건과 내용을 규정하는 법이므로 정적·고정적인데 반하여, 형사소송법은 형벌권실현의 방법과 절차를 규정한 법이므로 동적·발전적 성격을 띠고 있다. 따라서 형법에 윤리적 색채가 강한 반면에, 형사소송법에는 기술적 성격이 뚜렷이 나타난다.

정답 ×

002 21승

「형사소송법」은 절차법으로서 실체법인 「형법」과는 목적·수단의 관계에 놓여 있는 순수한 합목적적 규범이다. ⃞O⃞X

> 형사소송법은 실체법인 형법을 구체적으로 적용·실현하는 절차를 규정하는 절차법이므로 형법과는 목적과 수단의 관계에 놓여 있으나, 형사소송법은 상대적으로 합목적성 보다는 법적 안정성을 중시한다.

정답 ×

제2절 ▎형사소송법의 법원과 적용범위

001 23승

실질적 의미의 형사소송법이란 그 실질적 내용이 형사절차를 규정한 법률을 말하며, 「법원조직법」, 「소년법」, 「소송촉진 등에 관한 특례법」을 예로 들 수 있다. ⃞O⃞X

> 실질적 의미의 형사소송법이란 명칭과는 관계 없이 형사절차를 규정한 법률체계 전체를 지칭한다. 법원조직법, 소년법, 소촉법 등을 예로 들 수 있다.

정답 ○

002 23승

헌법은 피고인과 피의자의 기본적 인권의 보장을 위하여 형사절차에 관한 규정을 두고 있으며, 이러한 헌법의 규정은 형사소송법의 법원이 된다. ⃞O⃞X

> 헌법 제12조와 제13조를 비롯하여 헌법은 기본권 보장과 관련하여 형사절차에 관한 규정을 두고 있으며, 이는 형사소송법을 비롯한 형사절차법의 법원이 된다.

정답 ○

003 23승

헌법 제108조에 의하여 대법원은 소송에 관한 절차, 법원의 내부규율과 사무처리에 관한 규칙을 제정할 수 있으며, 형사절차의 기본적 구조나 피고인을 비롯한 소송관계자의 이해에 관한 사항을 제한 없이 규칙으로 제정할 수 있다. ⃞O⃞X

> 대법원은 법률에 저촉되지 아니하는 범위 내에서 소송에 관한 절차, 법원의 내부규율과 사무처리에 관한 규칙을 제정할 수 있으므로(헌법 제108조), 형사절차와 관련하여서도 헌법과 법률에 반하지 않는 범위 내에서 대법원 규칙을 제정할 수 있다. 이러한 대법원 규칙은 형사소송법의 법원이 된다.

정답 ×

004 24승

대법원은 법률에 저촉되지 아니하는 범위 안에서 소송에 관한 절차, 법원의 내부규율과 사무처리에 관한 규칙을 제정할 수 있으며, 이에 대법원규칙인 「형사소송규칙」은 형사소송법의 법원(法源)이 된다. ⃞O⃞X

> 헌법 제108조

정답 ○

005 24승

대통령은 내란 또는 외환의 죄를 범한 경우를 제외하고는 재직 중에 수사를 받지 아니한다. ⃞O⃞X

> 헌법 제84조

정답 ×

006 24승 / 21국7

국회의원의 면책특권에 해당하는 행위에 대해 공소가 제기된 때에는 공소제기의 절차가 법률의 규정에 위반하여 무효인 때에 해당하므로 공소기각의 판결을 선고하여야 한다. ⃞O⃞X

> 국회의원의 면책특권에 속하는 행위에 대하여는 공소를 제기할 수 없으며 이에 반하여 공소가 제기된 것은 결국 공소권이 없음에도 공소가 제기된 것이 되어 형사소송법 제327조 제2호의 "공소제기의 절차가 법률의 규정에 위반하여 무효인 때"에 해당되므로 공소를 기각하여야 한다(대판 1992.9.22. 91도3317).

정답 ○

007 24승

국회의원 면책특권의 대상이 되는 행위는 국회의 직무수행에 필수적인 국회의원의 국회 내에서의 직무상 발언과 표결이라는 의사표현행위 자체에만 국한되며, 이에 통상적으로 행해지는 직무부수행위까지는 포함되지 않는다. ⃞O⃞X

> 국회의원의 면책특권의 대상이 되는 행위는 직무상의 발언과 표결이라는 의사표현행위 자체에 국한되지 아니하고 이에 통상적으로 부수하여 행하여지는 행위까지 포함하고, 그와 같은 부수행위인지 여부는 결국 구체적인 행위의 목적, 장소, 태양 등을 종합하여 개별적으로 판단할 수밖에 없다(대판 1992.9.22. 91도3317).

정답 ×

008 23승

재기수사의 명령이 있는 사건에 관하여 지방검찰청 검사가 다시 불기소처분을 하고자 하는 경우에는 미리 그 명령청의 장의 승인을 얻도록 한 「검찰사건사무규칙」의 규정은 법규적 효력을 가진 것이 아니다. ⃞O⃞X

> 재기수사의 명령이 있는 사건에 관하여 지방검찰청 검사가 다시 불기소처분을 하고자 하는 경우에는 미리 그 명령청의 장의 승인을 얻도록 한 검찰사건사무규칙의 규정은 검찰청 내부의 사무처리지침에 불과한 것일 뿐 법규적 효력을 가진 것이 아니다(헌재결 1991.7.8. 91헌마42).

정답 ○

009 24승

10년 넘게 대한민국에 머물면서 한국인 아내와 결혼하여 가정을 마련하고 직장생활을 하는 등 생활근거지를 대한민국에 두고 있는 미합중국 국적을 가진 미합중국 군대의 군속이 평시상태의 대한민국 내에서 공무집행 중 저지른 「교통사고처리 특례법」 위반 범행에 대하여 대한민국의 형사재판권을 바로 행사할 수 있다. ○|×

> 미합중국 국적을 가진 미합중국 군대의 군속인 피고인이 범행 당시 10년 넘게 대한민국에 머물면서 한국인 아내와 결혼하여 가정을 마련하고 직장 생활을 하는 등 생활근거지를 대한민국에 두고 있었던 경우, … '통상적으로 대한민국에 거주하는 자'에 해당하므로, 피고인에게는 위 협정에서 정한 미합중국 군대의 군속에 관한 형사재판권 관련 조항이 적용될 수 없다. …
> 한반도의 평시상태에서 미합중국 군 당국은 미합중국 군대의 군속에 대하여 형사재판권을 가지지 않으므로, 미합중국 군대의 군속이 범한 범죄에 대하여 대한민국의 형사재판권과 미합중국 군 당국의 형사재판권이 경합하는 문제는 발생할 여지가 없고, … 미합중국 군대의 군속이 대한민국 영역 안에서 저지른 범죄로서 대한민국 법령에 의하여 처벌할 수 있는 범죄에 대한 형사재판권을 바로 행사할 수 있다(대판 2006.5.11. 2005도798).

정답 ○

제2장 형사소송법의 이념과 구조

제1절 | 형사소송의 지도이념

001 24승

형사소송법의 법원(法源)이 되는 헌법은 수사절차에 대하여 강제수사법정주의를 명시하고 있지 않다. ☐○☐✕

> 모든 국민은 신체의 자유를 가진다. 누구든지 법률에 의하지 아니하고는 체포·구속·압수·수색 또는 심문을 받지 아니하며, 법률과 적법한 절차에 의하지 아니하고는 처벌·보안처분 또는 강제노역을 받지 아니한다(헌법 제12조 제1항).

정답 ✕

002 23국9

형사재판의 증거법칙과 관련하여서는 소극적 진실주의가 헌법적으로 보장되어 있으므로, 피고인은 형사소송절차에서 검사에 대하여 무기대등의 원칙이 보장되는 절차를 향유할 헌법적 권리를 가진다. ☐○☐✕

> 헌재결 1996. 12. 26. 94헌바1

정답 ○

003 22국9

실체진실주의는 형사소송의 지도이념이며, 이를 공판절차에서 구현하기 위하여 「형사소송법」은 법원이 직권에 의한 증거조사를 할 수 있도록 하고 있다. ☐○☐✕

> 법원은 증거신청에 대하여 결정을 하여야 하며 <u>직권으로 증거조사를 할 수 있다</u>(제295조). 직권에 의한 증거조사는 실체진실주의와 공정한 재판의 이념에 비추어 <u>법원의 권한임과 동시에 의무</u>라고 해석하는 것이 타당하다. 판례도 법원이 직권에 의한 증거조사를 다하지 않은 때에는 심리미진의 위법이 있다고 판시하였다(대판 1974.1.15. 73도2522).

정답 ○

004 21승

"열 사람의 범인을 놓치는 한이 있더라도 한 사람의 죄 없는 사람을 벌하여서는 안 된다"라는 격언은 적극적 실체적 진실주의의 표현이다. ⊙|×

> 실체적 진실주의는 유죄자 필벌을 의미하는 적극적 실체진실주의와 무죄자 불벌을 의미하는 소극적 실체진실주의를 내용으로 하는데 헌법의 무죄추정의 원리를 고려할 때 소극적 실체진실주의가 강조되어야 할 것이다(in dubio pro reo). 따라서 "열 사람의 범인을 놓치는 한이 있더라도 한 사람의 죄 없는 사람을 벌하여서는 안 된다"라는 격언은 소극적 실체적 진실주의의 표현이다.

정답 ×

005 24경1 / 22국7

「형사소송법」이 수사기관에서 작성된 조서 등 서면증거에 대하여 일정한 요건을 충족하는 경우에 그 증거능력을 인정하는 것은 실체적 진실발견의 이념과 소송경제의 요청을 고려하여 예외적으로 허용하는 것일 뿐이므로, 그 증거능력 인정 요건에 관한 규정은 엄격하게 해석·적용하여야 한다. ⊙|×

> 대판 2022.7.14. 2020도13957

정답 ○

006 24승

헌법 제12조 제1항 후문이 규정하는 적법절차란 법률이 정한 절차 및 그 실체적 내용이 모두 적정해야 함을 말하는 것으로서, 적정하다고 함은 공정하고 합리적이며 상당성이 있어 정의관념에 합치되는 것을 뜻한다. ⊙|×

> 헌법 제12조 제1항 후문이 규정하고 있는 적법절차란 법률이 정한 절차 및 그 실체적 내용이 모두 적정하여야 함을 말하는 것으로서 적정하다고 함은 공정하고 합리적이며 상당성이 있어 정의관념에 합치되는 것을 뜻한다(대판 1988.11.16. 88초60).

정답 ○

007 71간

적법절차의 원칙은 단순히 형사절차상의 제한된 범위 내에서만 적용되는 것이 아니라, 기본권 제한과 관련되든 아니든 모든 입법작용 및 행정작용에도 광범위하게 적용된다. ○|×

> 적법절차의 원칙(due process of law)은 공권력에 의한 국민의 생명·자유·재산의 침해는 반드시 합리적이고 정당한 법률에 의거해서 정당한 절차를 밟은 경우에만 유효하다는 원리로서, 그 의미는 누구든지 합리적이고 정당한 법률의 근거가 있고 적법한 절차에 의하지 아니하고는 체포·구속·압수·수색을 당하지 아니함은 물론, 형사처벌 및 행정벌과 보안처분, 강제노역 등을 받지 아니한다고 이해되는바, 이는 형사절차상의 제한된 범위 내에서만 적용되는 것이 아니라 국가작용으로서 기본권 제한과 관련되든 아니든 모든 입법작용 및 행정작용에도 광범위하게 적용된다고 해석하여야 한다(헌재결 1992.12.24. 92헌가8).

정답 ○

008 23국7

적법절차의 원칙은 공권력에 의한 국민의 생명·자유·재산의 침해는 반드시 합리적이고 정당한 법률에 의거해서 정당한 절차를 밟은 경우에만 유효하다는 원리이다. ○|×

> 헌법 제12조 제3항 본문은 동조 제1항과 함께 적법절차원리의 일반조항에 해당하는 것으로서, 형사절차상의 영역에 한정되지 않고 입법, 행정 등 국가의 모든 공권력의 작용에는 절차상의 적법성뿐만 아니라 법률의 구체적 내용도 합리성과 정당성을 갖춘 실체적인 적법성이 있어야 한다는 적법절차의 원칙을 헌법의 기본원리로 명시하고 있다(헌재결 1992.12.24. 92헌가8).

정답 ○

009 22국9

헌법과 형사소송법이 정한 절차에 따르지 아니하고 수집한 증거는 물론 이를 기초로 하여 획득한 2차적 증거 역시 기본적 인권보장을 위해 마련된 적법한 절차에 따르지 않은 것으로 원칙적으로 유죄 인정의 증거로 삼을 수 없다. ○|×

> 헌법과 형사소송법이 정한 절차에 따르지 아니하고 수집한 증거는 기본적 인권 보장을 위해 마련된 적법한 절차에 따르지 않은 것으로서 원칙적으로 유죄 인정의 증거로 삼을 수 없다. 수사기관의 위법한 압수수색을 억제하고 재발을 방지하는 가장 효과적이고 확실한 대응책은 이를 통하여 수집한 증거는 물론 이를 기초로 하여 획득한 2차적 증거를 유죄 인정의 증거로 삼을 수 없도록 하는 것이다(대판 2007.11.15. 2007도3061 전원합의체).

정답 ○

010 24경1

수사기관의 절차 위반 행위가 적법절차의 실질적인 내용을 침해하지 아니하고, 오히려 그 증거의 증거능력을 배제하는 것이 헌법과 「형사소송법」이 형사소송에 관한 절차 조항을 마련하여 적법절차의 원칙과 실체적 진실 규명의 조화를 도모하고, 이를 통하여 형사 사법 정의를 실현하려고 한 취지에 반하는 결과를 초래하는 것으로 평가되는 예외적인 경우라면, 법원은 그 증거를 유죄 인정의 증거로 사용할 수 있다. ○|×

> 수사기관의 절차 위반행위가 적법절차의 실질적인 내용을 침해하는 경우에 해당하지 아니하고, 오히려 그 증거의 증거능력을 배제하는 것이 헌법과 형사소송법이 형사소송에 관한 절차 조항을 마련하여 적법절차의 원칙과 실체적 진실 규명의 조화를 도모하고 이를 통하여 형사 사법 정의를 실현하려 한 취지에 반하는 결과를 초래하는 것으로 평가되는 예외적인 경우라면, 법원은 그 증거를 유죄 인정의 증거로 사용할 수 있다고 보아야 한다(대판 2007.11.15. 2007도3061 전원합의체).

정답 ○

011 20국7

형사소송구조상 경찰공무원은 당사자가 아닌 제3자의 지위에 있고, 경찰공무원의 증언에 대하여 피고인 또는 변호인은 반대신문권을 보장받고 있으므로 수사담당 경찰공무원의 증인적격을 인정하더라도 적법절차의 원칙에 반하지 않는다. ○|×

> 형사소송구조상 경찰공무원은 당사자가 아닌 제3자의 지위에 있을 뿐만 아니라, 나아가 경찰공무원의 증언에 대하여 피고인 또는 변호인은 반대신문권을 보장받고 있다는 점에서, 이 사건 법률조항에 의하여 경찰공무원의 증인적격을 인정한다 하더라도 적법절차의 원칙에 반한다거나 그 근거조항인 위 법 조항이 합리적이고 정당한 법률이 아니라고 말할 수는 없다(헌재결 2001.11.29. 2001헌바41).

정답 ○

012 21승

「형사소송법」상 법원은 법률에 다른 규정이 없으면 누구든지 증인으로 신문할 수 있기 때문에 경찰 공무원의 증인적격을 인정하더라도 이를 적법절차의 원칙에 반한다고 할 수 없다. ○|×

> 형사소송구조상 경찰공무원은 당사자가 아닌 제3자의 지위에 있을 뿐만 아니라, 나아가 경찰공무원의 증언에 대하여 피고인 또는 변호인은 반대신문권을 보장받고 있다는 점에서, 이 사건 법률조항에 의하여 경찰공무원의 증인적격을 인정한다 하더라도 적법절차의 원칙에 반한다거나 그 근거조항인 위 법 조항이 합리적이고 정당한 법률이 아니라고 말할 수는 없다

정답 ○

013 23경1

「경범죄 처벌법」 제3조 제1항 제34호의 지문채취 불응 시 처벌규정은 영장주의에 따른 강제처분을 규정한 것으로, 수사상 필요에 의하여 수사기관이 직접강제에 의하여 지문을 채취하려 하는 경우와 마찬가지로 법관에 의해 발부된 영장이 필요하다. ◯|✕

> [1] 경범죄처벌법 제1조 제42호(현행 제3조 제1항 제34호)는 수사기관이 직접 물리적 강제력을 행사하여 피의자에게 강제로 지문을 찍도록 하는 것을 허용하는 규정이 아니며, 형벌에 의한 불이익을 부과함으로써 심리적·간접적으로 지문채취를 강요하고 있으므로 피의자가 본인의 판단에 따라 수용여부를 결정한다는 점에서 궁극적으로 당사자의 자발적 협조가 필수적임을 전제로 하므로 물리력을 동원하여 강제로 이루어지는 경우와는 질적으로 차이가 있다. 따라서 이 사건 법률조항에 의한 지문채취의 강요는 영장주의에 의하여야 할 강제처분이라 할 수 없다. 또한 수사상 필요에 의하여 수사기관이 직접강제에 의하여 지문을 채취하려 하는 경우에는 반드시 법관이 발부한 영장에 의하여야 하므로 영장주의원칙은 여전히 유지되고 있다고 할 수 있다.
> [2] 범죄의 피의자로 입건된 사람들로 하여금 경찰공무원이나 검사의 신문을 받으면서 자신의 신원을 밝히지 않고 지문채취에 불응하는 경우 벌금, 과료, 구류의 형사처벌을 받도록 하고 있는 것은 관련 요소들을 합리적으로 고려한 것으로서 헌법상의 영장주의와 적법절차원칙에 위배되지 않는다(헌재결 2004.9.23. 2002헌가17·18(병합)).

정답 ✕

014 21승

법관이 아닌 사회보호위원회가 치료감호의 종료여부를 결정하도록 한 구 「사회보호법」(1996. 12. 12. 법률 제5179호로 개정된 것) 제9조 제2항은 본 위원회의 결정에 대해 행정소송을 제기하여 법관에 의한 재판이 가능하다는 점 등을 고려할 때 재판청구권을 침해하거나 적법절차에 위배된다고 할 수 없다. ◯|✕

> 법관의 선고에 의하여 개시된 치료감호를 사회보호위원회가 그 종료 여부를 결정하도록 규정하고 있으나, 피치료감호자 등은 치료감호의 종료 여부를 심사·결정하여 줄 것을 사회보호위원회에 신청할 수 있고, 위원회가 신청을 기각하는 경우에 이들은 그 결정에 대하여 행정소송을 제기하여 법관에 의한 재판을 받을 수 있다고 해석되므로, 피치료감호자 등의 재판청구권이 침해된 것이 아니다(헌재결 2005.2.3. 2003헌바1).

정답 ◯

015 21승

위법하게 수집한 증거는 위법수집의 영향이 차단되거나 소멸되었더라도 적법절차의 원칙에 따라 그 증거능력을 인정할 수 없다. ☐O☐X

> 헌법 제12조 제1항, 제5항, 형사소송법 제200조의5, 제213조의2, 제308조의2를 종합하면, 적법한 절차에 따르지 아니한 위법행위를 기초로 하여 증거가 수집된 경우에는 당해 증거뿐 아니라 그에 터 잡아 획득한 2차적 증거에 대해서도 증거능력은 부정되어야 한다. 다만 위와 같은 위법수집증거 배제의 원칙은 수사과정의 위법행위를 억지함으로써 국민의 기본적 인권을 보장하기 위한 것이므로 적법절차에 위배되는 행위의 영향이 차단되거나 소멸되었다고 볼 수 있는 상태에서 수집한 증거는 그 증거능력을 인정하더라도 적법절차의 실질적 내용에 대한 침해가 일어나지는 않는다 할 것이니 … 당초의 적법절차 위반행위와 증거수집 행위의 중간에 그 행위의 위법 요소가 제거 내지 배제되었다고 볼 만한 다른 사정이 개입됨으로써 인과관계가 단절된 것으로 평가할 수 있는 예외적인 경우에는 이를 유죄 인정의 증거로 사용할 수 있다(대판 2013.3.14. 2010도2094).

정답 ×

016 22승

검사가 법원의 증인으로 채택된 수감자를 그 증언에 이르기까지 거의 매일 검사실로 하루 종일 소환하여 피고인측 변호인이 접근하는 것을 차단하고, 검찰에서의 진술을 번복하는 증언을 하지 않도록 회유·협박하는 한편, 때로는 검사실에서 그에게 편의를 제공하기도 한 행위는 피고인의 공정한 재판을 받을 권리를 침해한다. ☐O☐X

> 대판 2002.10.8. 2001도3931

정답 ○

017 21승

피고인의 구속기간은 법원이 피고인을 구속한 상태에서 재판할 수 있는 기간을 의미하는 것이지, 법원의 재판기간 내지 심리기간 자체를 제한하려는 규정이라고 할 수는 없으며, 구속기간을 엄격히 제한하고 있다 하더라도 공정한 재판을 받을 권리가 침해된다고 볼 수는 없다. ☐O☐X

> '구속기간'은 '법원이 피고인을 구속한 상태에서 재판할 수 있는 기간'을 의미하는 것이지, '법원이 형사재판을 할 수 있는 기간' 내지 '법원이 구속사건을 심리할 수 있는 기간'을 의미한다고 볼 수 없다. 즉, 이 사건 법률조항은 미결구금의 부당한 장기화로 인하여 피고인의 신체의 자유가 침해되는 것을 방지하기 위한 목적에서 미결구금기간의 한계를 설정하고 있는 것이지, 신속한 재판의 실현 등을 목적으로 법원의 재판기간 내지 심리기간 자체를 제한하려는 규정이라 할 수는 없다. 그러므로 구속사건을 심리하는 법원으로서는 만약 심리를 더 계속할 필요가 있다고 판단하는 경우에는 피고인의 구속을 해제한 다음 구속기간의 제한에 구애됨이 없이 재판을 계속할 수 있음이 당연하고, 따라서 비록 이 사건 법률조항이 법원의 피고인에 대한 구속기간을 엄격히 제한하고 있다 하더라도 이로써 법원의 심리기간이 제한된다거나 나아가 피고인의 공격·방어권 행사를 제한하여 피고인의 공정한 재판을 받을 권리가 침해된다고 볼 수는 없다(헌재결 2001.6.28. 99헌가14).

정답 ○

018 23·22승 / 22국9 / 20국7

신속한 재판을 받을 권리는 주로 피고인의 이익을 보호하기 위하여 인정된 기본권이지만 동시에 실체적 진실 발견, 소송 경제, 재판에 대한 국민의 신뢰와 형벌목적의 달성과 같은 공공의 이익에도 근거가 있기 때문에 어느 면에서는 이중적 성격을 갖고 있다고 할 수 있다. ◯│✕

> 헌재결 1995.11.30. 92헌마44

정답 ◯

019 21승

형사피고인은 헌법에 의해 신속한 재판을 받을 권리를 보장받고 있다. ◯│✕

> 헌법 제27조 제3항

정답 ◯

020 23·22승

신속한 재판을 받을 권리와 관련하여 공판심리의 현저한 지연은 현행법상 명문으로 면소사유뿐만 아니라 공소기각사유로도 규정하고 있다. ◯│✕

> 현행 형사소송법은 공소기각 결정사유로 ① 공소가 취소 되었을 때, ② 피고인이 사망하거나 피고인인 법인이 존속하지 아니하게 되었을 때, ③ 제12조 또는 제13조의 규정에 의하여 재판할 수 없는 때, ④ 공소장에 기재된 사실이 진실하다 하더라도 범죄가 될 만한 사실이 포함되지 아니하는 때를 규정하고 있을 뿐이다(제328조 제1항). 신속한 재판에 위반한 경우의 구제책에 관하여 <u>아무런 규정도 두고 있지 않다</u>.

정답 ✕

021 23승·22국9

검사와 피고인 쌍방이 항소한 경우에 제1심 선고형기 경과 후 제2심 공판이 개정되었다면 이는 위법으로서 신속한 재판을 받을 권리를 박탈한 것이다. ◯│✕

> 검사와 피고인 쌍방이 항소한 경우에 제1심 선고형기 경과 후 제2심 공판이 개정되었다고 해서 <u>신속한 재판을 받을 권리를 박탈한 것이라고 할 수 없다</u>(대판 1972.05.23. 72도840).

정답 ✕

022 23·21승

구속사건에 대해서는 법원이 구속기간 내에 재판을 하면 되는 것이고 구속만기 25일을 앞두고 제1회 공판이 있었다 하여 헌법에 정한 신속한 재판을 받을 권리를 침해하였다 할 수 없다. ⃞O⃞|⃞X⃞

> 구속사건에 대해서는 법원이 구속기간 내에 재판을 하면 되는 것이고 구속만기 25일을 앞두고 제1회 공판이 있었다 하여 헌법에 정한 신속한 재판을 받을 권리를 침해하였다 할 수 없다(대판 1990.6.12. 90도672).

정답 ○

023 21승

「형사소송법」은 집중심리주의를 채택하여 심리에 2일 이상이 필요한 경우에는 부득이한 사정이 없는 한 매일 계속 개정하고, 매일 개정하지 못하는 경우에도 특별한 사정이 없는 한 전회의 공판기일부터 14일 이내로 다음 공판기일을 지정해야 한다고 규정하고 있다. ⃞O⃞|⃞X⃞

> 공판기일의 심리는 집중되어야 한다(제267조의2 제1항). 심리에 2일 이상이 필요한 경우에는 부득이한 사정이 없는 한 매일 계속 개정하여야 한다(동 제2항). 재판장은 부득이한 사정으로 매일 계속 개정하지 못하는 경우에도 특별한 사정이 없는 한 전회의 공판기일부터 14일 이내로 다음 공판기일을 지정하여야 한다(제267조 제4항).

정답 ○

제2절 ▍ 형사소송의 기본구조

001 21승

현행 「형사소송법」에는 직권주의와 당사자주의 요소가 혼재되어 있다. ⃞O⃞|⃞X⃞

> 형사소송의 구조를 당사자주의와 직권주의 중 어느 것으로 할 것인가의 문제는 입법정책의 문제로서 우리나라 형사소송법은 그 해석상 소송절차의 전반에 걸쳐 기본적으로 당사자주의 소송구조를 취하고 있는 것으로 이해된다(헌재결 1995.11.30. 92헌마44). 즉, 현행 형사소송법은 당사자주의를 대폭 도입하여 당사자주의와 직권주의를 조화·배합한 절충적·혼혈적 구조를 취하고 있다.

정답 ○

002 24승

검사, 피고인 또는 변호인의 증거신청 및 법원의 증거조사에 관한 규정(「형사소송법」 제294조 및 제295조)에서 우리나라 「형사소송법」은 당사자주의와 직권주의가 혼합되어 있음을 알 수 있다. ⃞O⃞X

> 검사, 피고인 또는 변호인은 서류나 물건을 증거로 제출할 수 있고, 증인·감정인·통역인 또는 번역인의 신문을 신청할 수 있다(제294조 제1항). 법원은 제294조 및 제294조의2의 증거신청에 대하여 결정을 하여야 하며 직권으로 증거조사를 할 수 있다(제295조).

정답 O

003 20국7

형사소송의 구조를 당사자주의와 직권주의 중 어느 것으로 할 것인가의 문제는 입법정책의 문제로서 우리나라 「형사소송법」은 그 해석상 소송절차의 전반에 걸쳐 기본적으로 직권주의 소송구조를 취하고 당사자주의 제도적 요소를 가미하고 있다. ⃞O⃞X

> 헌재결 1995.11.30. 92헌마44

정답 ×

004 71간

형사소송의 직권주의는 재판지연을 방지하여 능률적이고 신속한 재판을 진행할 수 있다는 장점이 있다. ⃞O⃞X

> 직권주의는 소송에서의 주도적 지위를 법원에게 인정하는 소송구조로 국가형벌권 실현과 실체진실주의의 소송이념에 적합하고 재판의 지연을 방지하여 능률적이고 신속한 재판을 실현할 수 있다.

정답 O

PART 2 수사와 공소

제1장 수 사

제1절 ┃ 수사의 기본이론

001 21승

수사란 범죄의 혐의 유무를 명백히 하여 공소의 제기와 유지 여부를 결정하기 위하여 범인을 발견·확보하고 증거를 수집·보전하는 수사기관의 활동을 말한다. ○|×

> 수사라 함은 <u>범죄혐의의 유무를 명백히</u> 하여 공소제기 여부와 유지 여부를 결정하기 위하여 <u>범인을 발견·확보하고 증거를 수집·보전하는 수사기관의 활동</u>을 말한다. 수사는 범죄혐의가 인정될 때 개시되는 조사활동이라는 점에서, 아직 범죄혐의가 확인되지 아니한 단계에서 범죄혐의의 유무를 조사하는 활동인 내사(內査)와 구별된다.

정답 ○

002 21승

수사절차는 공판절차와 같이 획일적인 절차에 따라 진행되므로, 수사기관의 수사활동은 탄력성, 기동성, 임기응변성, 광역성 등 합목적인 활동이 필요하다. ○|×

> 공판절차는 법적 안정성을 지향하므로 획일적인 절차에 따라 진행되지만, <u>수사절차는 가변적인 요소가 많고 합목적성을 추구하므로 획일적인 절차에 따라 진행될 수는 없다.</u>

정답 ×

003 21승

수사절차는 수사기관의 주관적 혐의가 객관화·구체화되어 나가는 과정이라고 할 수 있다.
□O□|□X□

> 주관적 혐의란 수사기관의 경험에 비추어 범죄행위가 존재한다는 개연성을 인식한 경우를 말한다. 객관적 혐의란 주관적 혐의가 증거에 의해 뒷받침 되는 경우를 말한다(예 범죄현장에서 피 묻은 칼을 들고 있는 사람). 범죄혐의의 정도는 수사의 종류나 진행상황에 따라 달라지므로 (예 임의수사는 주관적 혐의로 족하나, 강제수사에 필요한 범죄의 혐의는 증거에 의해 뒷받침되는 객관적 혐의일 것을 요한다) <u>수사절차는 수사기관의 주관적 혐의가 객관화·구체화되어 나가는 과정이라고 할 수 있다.</u>

정답 ○

004 73간

검사와 사법경찰관은 수사 및 공소제기 뿐만 아니라 공소유지에 관하여도 서로 협력하여야 한다.
□O□|□X□

> 검사와 사법경찰관은 수사, 공소제기 및 공소유지에 관하여 서로 협력하여야 한다(제195조 제1항).

정답 ○

005 73간

검사와 사법경찰관은 수사를 할 때 물적 및 인적 증거를 기본으로 하여 객관적이고 신빙성 있는 증거를 발견하고 수집하기 위해 노력하여 실체적 진실을 발견하여야 한다.
□O□|□X□

> 검사와 사법경찰관은 수사를 할 때 <u>물적 증거를 기본</u>으로 하여 객관적이고 신빙성 있는 증거를 발견하고 수집하기 위해 노력하여 실체적 진실을 발견해야 한다(수사준칙 제3조 제3항 제1호).

정답 ×

006 24국9

검사는 사법경찰관이 송치한 범죄를 제외하고 자신이 수사개시한 범죄에 대하여는 공소를 제기할 수 없다.
□O□|□X□

> 검사는 자신이 수사개시한 범죄에 대하여는 공소를 제기할 수 없다. 다만, 사법경찰관이 송치한 범죄에 대하여는 그러하지 아니하다(검찰청법 제4조 제2항).

정답 ○

007 23경2 / 21국9

검사는 부패범죄, 경제범죄, 공직자범죄, 선거범죄, 방위사업범죄, 대형참사 등 「검사의 수사개시 범죄 범위에 관한 규정」이 정하는 중요범죄, 경찰공무원이 범한 범죄에 대하여 수사를 개시할 수 있다. ○|×

> 검사는 원칙적으로 ㉠ 부패범죄, 경제범죄 등 대통령령으로 정하는 중요 범죄, ㉡ 경찰공무원 및 고위공직자범죄수사처 소속 공무원(「고위공직자범죄수사처 설치 및 운영에 관한 법률」에 따른 파견공무원을 포함한다)이 범한 범죄 그리고 ㉢ ㉠, ㉡의 범죄 및 사법경찰관이 송치한 범죄와 관련하여 인지한 각 해당 범죄와 직접 관련성이 있는 범죄에 한해서만 수사를 할 수 있도록 하였다(검찰청법 제4조 제1항). 〈2022. 5.9 개정〉

정답 ×

008 24국9

검사는 경찰공무원 및 고위공직자범죄수사처 소속 공무원이 범한 범죄에 대해 수사를 개시할 수 있다. ○|×

> 검찰청법 제4조 제1항 제1호 나목

정답 ○

009 23승

삼림, 해사, 전매, 세무, 군수사기관, 그 밖에 특별한 사항에 관하여 사법경찰관리의 직무를 행할 특별사법경찰관리와 그 직무의 범위는 법률로 정하며, 특별사법경찰관은 모든 수사에 관하여 검사의 지휘를 받는다. ○|×

> 제245조의10 제1항

정답 ○

010 21국7

특별사법경찰관은 모든 수사에 관하여 검사의 지휘를 받는다. ○|×

> 제245조의10 제2항

정답 ○

011 24국9

법무부장관은 검찰사무의 최고 감독자로서 구체적인 사건에 대하여 검사를 지휘·감독한다.
O│X

> 법무부장관은 검찰사무의 최고 감독자로서 일반적으로 검사를 지휘·감독하고, 구체적 사건에 대하여는 <u>검찰총장만을 지휘·감독한다</u>(검찰청법 제8조).

정답 ×

012 24국9

검사는 구체적 사건과 관련된 검찰사무에 관한 소속 상급자의 지휘·감독의 적법성 또는 정당성에 대하여 이견이 있을 때에는 이의를 제기할 수 있다.
O│X

> 검찰청법 제7조

정답 ○

013 21국7

검사는 경찰청 소속 사법경찰관과 동일한 범죄사실을 수사하게 된 때에는 사법경찰관에게 사건을 송치할 것을 요구할 수 있다.
O│X

> 제197조의4 제1항

정답 ○

014 74간

공소시효 임박 사건이나 중요사건에 대하여 검사와 사법경찰관은 송치 전에 수사할 사항, 증거수집 대상, 법령 적용 등에 관하여 상호 의견을 제시·교환할 것을 요청할 수 있다.
O│X

> 검사와 사법경찰관은 중요사건의 경우에는 송치 전에 수사할 사항, 증거 수집의 대상, 법령의 적용, 범죄수익 환수를 위한 조치 등에 관하여 상호 의견을 제시·교환할 것을 요청할 수 있다(수사준칙 제7조 제1항 참조).

정답 ○

015 24경2

검사는 사법경찰관과 동일한 범죄사실을 수사하게 된 때에는 사법경찰관에게 사건을 송치할 것을 요구할 수 있으며, 이 때에는 그 내용과 이유를 구체적으로 적은 서면으로 해야 한다. ⃞O⃞X⃞

> 검사는 사법경찰관과 동일한 범죄사실을 수사하게 된 때에는 사법경찰관에게 사건을 송치할 것을 요구할 수 있다(제197조의4 제1항). 검사는 법 제197조의4제1항에 따라 사법경찰관에게 사건송치를 요구할 때에는 그 내용과 이유를 구체적으로 적은 서면으로 해야 한다(수사준칙 제49조 제1항).

정답 O

016 24경2

수사의 경합에 따라 사건송치를 요구받은 사법경찰관은 지체 없이 검사에게 사건을 송치하여야 하며, 검사가 영장을 청구하기 전에 동일한 범죄사실에 관하여 사법경찰관이 영장을 신청한 경우 사법경찰관은 해당 영장에 기재된 범죄사실을 계속 수사할 수 없다. ⃞O⃞X⃞

> 형사소송법 제197조의4 제1항의 요구를 받은 사법경찰관은 지체 없이 검사에게 사건을 송치하여야 한다. 다만, 검사가 영장을 청구하기 전에 동일한 범죄사실에 관하여 사법경찰관이 영장을 신청한 경우에는 해당 영장에 기재된 범죄사실을 계속 수사할 수 있다(제197조의4 제2항).

정답 ×

017 21국7

경찰청 소속 사법경찰관이 고소·고발 사건을 포함하여 범죄를 수사한 때에 범죄혐의가 인정되지 않을 경우에는 그 이유를 명시한 서면만을 검사에게 송부하면 된다. ⃞O⃞X⃞

> 경찰청 소속 사법경찰관이 고소·고발 사건을 포함하여 범죄를 수사한 때에 범죄혐의가 인정되지 않을 경우에는 그 이유를 명시한 서면과 함께 관계 서류와 증거물을 지체 없이 검사에게 송부하여야 한다. 이 경우 검사는 송부받은 날로부터 90일 이내에 사법경찰관에게 반환하여야 한다(제245조의5 제2호).
>
> **제245조의5(사법경찰관의 사건송치 등)**
>> 사법경찰관은 고소·고발사건을 포함하여 범죄를 수사한 때에는 다음 각 호의 구분에 따른다.
>> 1. 범죄의 혐의가 있다고 인정되는 경우에는 지체 없이 검사에게 사건을 송치하고, 관계 서류와 증거물을 송부하여야 한다.
>> 2. 그 밖의 경우에는 그 이유를 명시한 서면과 함께 관계 서류와 증거물을 지체 없이 검사에게 송부하여야 한다. 이 경우 검사는 송부받은 날로부터 90일 이내에 사법경찰관에게 반환하여야 한다.

정답 ×

018 23경2

사법경찰관은 고소·고발 사건을 포함하여 범죄를 수사한 때, 범죄 혐의가 있다고 인정되면 지체없이 관계 서류와 증거물을 함께 첨부하여 검사에게 사건을 송치하고, 그 밖의 경우에는 그 이유를 명시한 서면만을 지체없이 검사에게 송부하여야 한다. ☐O☐X

> 제245조의5 제1호, 제2호. 즉, 송치사건 뿐 아니라 불송치사건의 경우에도 증거물을 함께 첨부하여 검사에게 송부하여야 한다.

정답 ×

019 73간

사법경찰관은 범죄혐의가 인정되지 않는다고 판단하는 경우 검사에게 사건을 송치할 필요는 없으나, 불송치결정서와 함께 압수물 총목록, 기록목록 등 관계서류와 증거물을 검사에게 송부하여야 한다. ☐O☐X

> 수사준칙 제58조 제1항

정답 ○

020 21경2

검사가 사법경찰관이 신청한 영장을 정당한 이유 없이 판사에게 청구하지 아니한 경우 사법경찰관은 그 검사 소속의 지방검찰청에 영장 청구 여부에 대한 심의를 신청할 수 있으며, 각 지방검찰청은 이를 심의하기 위하여 영장심의위원회를 둔다. ☐O☐X

> 제221조의5(사법경찰관이 신청한 영장의 청구 여부에 대한 심의)
> ① 검사가 사법경찰관이 신청한 영장을 정당한 이유 없이 판사에게 청구하지 아니한 경우 사법경찰관은 <u>그 검사 소속의 지방검찰청 소재지를 관할하는 고등검찰청에 영장 청구 여부에 대한 심의를 신청할 수 있다.</u>
> ② 제1항에 관한 사항을 심의하기 위하여 <u>각 고등검찰청에 영장심의위원회</u>(이하 이 조에서 "심의위원회"라 한다)를 둔다.

정답 ×

021 21국7

검사가 경찰청 소속 사법경찰관이 신청한 영장을 정당한 이유 없이 판사에게 청구하지 아니한 경우 경찰청 소속 사법경찰관은 그 검사 소속의 지방검찰청 소재지를 관할하는 고등검찰청에 영장 청구 여부에 대한 심의를 신청할 수 있다. ☐O☐X

> 제221조의5 제1항

정답 ○

022 21국7

검사가 조사실에서 피의자를 신문할 때 도주, 자해 등의 위험이 없다면 교도관에게 피의자의 수갑 해제를 요청할 의무가 있고, 교도관은 이에 응하여야 한다. ☐O☐X☐

> 검사가 조사실에서 피의자를 신문할 때 피의자가 신체적으로나 심리적으로 위축되지 않은 상태에서 자기의 방어권을 충분히 행사할 수 있도록 피의자에게 보호장비를 사용하지 말아야 하는 것이 원칙이고, 다만 도주, 자해, 다른 사람에 대한 위해 등 형집행법 제97조 제1항 각호에 규정된 위험이 분명하고 구체적으로 드러나는 경우에만 예외적으로 보호장비를 사용하여야 한다. 따라서 <u>구금된 피의자는 형집행법 제97조 제1항 각호에 규정된 사유에 해당하지 않는 이상 보호장비 착용을 강제당하지 않을 권리를 가진다. 검사는 조사실에서 피의자를 신문할 때 해당 피의자에게 그러한 특별한 사정이 없는 이상 교도관에게 보호장비의 해제를 요청할 의무가 있고, 교도관은 이에 응하여야 한다</u>(대결 2020.3.17. 2015모2357).

정답 O

023 22승

검사는 '송치사건의 공소제기 여부 결정 또는 공소의 유지에 관하여 필요한 경우' 또는 '사법경찰관이 신청한 영장의 청구 여부 결정에 관하여 필요한 경우'에 사법경찰관에게 보완수사를 요구할 수 있다. ☐O☐X☐

> 제197조의2 제1항

정답 O

024 22승

사법경찰관은 형사소송법 제197조의2 제1항에 따른 검사의 보완수사의 요구가 있는 때에는 정당한 이유가 없는 한 지체 없이 이를 이행하고, 그 결과를 검사에게 통보하여야 한다. ☐O☐X☐

> 제197조의2 제2항

정답 O

025 23승

사법경찰관은 「형사소송법」 제197조의2 제1항에 따른 검사의 보완수사의 요구가 있는 때에는 정당한 이유가 없는 한 지체 없이 이를 이행하면 충분하고, 그 결과를 검사에게 통보할 의무는 없다. ☐O☐X☐

> 사법경찰관은 법 제197조의2 제2항에 따라 보완수사를 이행한 경우에는 <u>그 이행 결과를 검사에게 서면으로 통보해야</u> 하며, 제1항 본문에 따라 관계 서류와 증거물을 송부받은 경우에는 그 서류와 증거물을 함께 반환해야 한다. 다만, 관계 서류와 증거물을 반환할 필요가 없는 경우에는 보완수사의 이행 결과만을 검사에게 통보할 수 있다(수사준칙 제60조 제4항).

정답 ×

026 74간

게임장에 잠복근무 중인 경찰관이 게임점수를 환전해 줄 것을 요구하여 피고인이 거절했음에도 지속적으로 요구하여 어쩔 수 없이 현금으로 환전해 준 것은 위법한 함정수사에 해당한다. ☐O☐X

> 피고인이 이 사건 게임장에 잠복근무 중인 경찰관으로부터 게임점수를 환전해 줄 것을 요구받고 거절하였음에도 경찰관의 지속적인 요구에 어쩔 수 없이 게임점수를 현금으로 환전해 준 것은 본래 범의를 가지지 않은 자에 대하여 수사기관이 계략으로 범의를 유발하게 한 함정수사에 해당하고, 이 사건 공소사실은 전체가 일체를 이루어 이러한 위법한 함정수사의 영향을 직접 받는다고 보아, 이 사건 공소제기는 그 절차가 법률의 규정에 위반하여 무효인 때에 해당한다(대판 2021.7.29. 2017도16810).

정답 ○

027 22경1 / 74간 / 21국7

범의를 가진 자에 대하여 단순히 범행의 기회를 제공하거나 범행을 용이하게 하는 것에 불과한 수사방법이 경우에 따라 허용될 수 있음은 별론으로 하고, 본래 범의를 가지지 아니한 자에 대하여 수사기관이 사술이나 계략 등을 써서 범의를 유발케 하여 범죄인을 검거하는 함정수사는 위법하므로 이러한 함정수사에 기한 공소제기에 대해 법원은 공소기각결정을 선고해야 한다. ☐O☐X

> 본래 범의를 가지지 아니한 자에 대하여 수사기관이 사술이나 계략 등을 써서 범의를 유발케 하여 범죄인을 검거하는 함정수사는 위법함을 면할 수 없고, 이러한 함정수사에 기한 공소제기는 그 절차가 법률의 규정에 위반하여 무효인 때에 해당한다 할 것이지만, 범의를 가진 자에 대하여 단순히 범행의 기회를 제공하는 것에 불과한 경우에는 위법한 함정수사라고 단정할 수 없다(대판 2007.5.31. 2007도1903). 즉, 공소기각결정이 아니라 공소기각판결을 선고하여야 한다.

정답 ×

028 22경1 / 23승

본래 범의를 가지지 아니한 자에 대하여 수사기관이 사술이나 계략을 써서 범의를 유발케 하여 범죄인으로 검거하고, 이러한 함정수사에 기해 검사가 공소를 제기한 경우 이러한 함정수사에 기한 공소제기는 그 절차가 법률의 규정에 위반하여 무효인 때에 해당한다. ☐O☐X

> 대판 2007.5.31. 2007도1903. 즉, 제327조 제2호의 공소기각판결 사유에 해당한다.

정답 ○

029 21승

노상에 정신을 잃고 쓰러져 있는 취객을 발견한 경찰관이 보건의료기관 또는 공공구호기관에 긴급구호를 요청하는 등 보호조치를 하지 않고, 취객의 그러한 상태를 이용하여 근처에서 감시하고 있다가 이른바 부축빼기 절도범을 체포한 경우는 경찰의 직분을 도외시한 범죄수사의 한계를 넘어선 위법한 함정수사에 해당한다. ○|✕

> 경찰관이 취객을 상대로 한 이른바 부축빼기 절도범을 단속하기 위하여, 공원 인도에 쓰러져 있는 취객 근처에서 감시하고 있다가, 마침 피고인이 나타나 취객을 부축하여 10m 정도를 끌고 가 지갑을 뒤지자 현장에서 체포하여 기소한 것은 위법한 함정수사에 기한 공소제기가 아니다(대판 2007.5.31. 2007도1903).

정답 ✕

030 22경1 / 23· / 21승 / 22국7(교정직)

유인자가 수사기관과 직접적인 관련을 맺지 아니한 상태에서 피유인자를 상대로 단순히 수차례 반복적으로 범행을 부탁하였을 뿐 수사기관이 사술이나 계략 등을 사용하였다고 볼 수 없는 경우, 설령 그로 인해 피유인자의 범의가 유발되었다 하더라도 위법한 함정수사에 해당하지 않는다. ○|✕

> 수사기관과 직접 관련이 있는 유인자가 피유인자와의 개인적인 친밀관계를 이용하여 피유인자의 동정심이나 감정에 호소하거나, 금전적·심리적 압박이나 위협 등을 가하거나, 거절하기 힘든 유혹을 하거나, 또는 범행방법을 구체적으로 제시하고 범행에 사용할 금전까지 제공하는 등으로 과도하게 개입함으로써 피유인자로 하여금 범의를 일으키게 하는 것은 위법한 함정수사에 해당하여 허용되지 아니하지만, 유인자가 수사기관과 직접적인 관련을 맺지 아니한 상태에서 피유인자를 상대로 단순히 수차례 반복적으로 범행을 부탁하였을 뿐 수사기관이 사술이나 계략 등을 사용하였다고 볼 수 없는 경우는, 설령 그로 인하여 피유인자의 범의가 유발되었다 하더라도 위법한 함정수사에 해당하지 아니한다(대판 2007.7.12. 2006도2339).

정답 ○

031 22경2

물품반출 업무담당자 A가 물품을 밀반출하는 甲의 행위를 소속회사에 사전에 알리고 그 정확한 증거를 확보하기 위하여 甲의 밀반출행위를 묵인한 경우, 이는 함정수사에 해당하지 아니한다. ○|✕

> 함정수사라 함은 본래 범의를 가지지 아니한 자에 대하여 수사기관이 사술이나 계략 등을 써서 범죄를 유발케 하여 범죄인을 검거하는 수사방식을 말하는 것이므로 위 물품반출업무담당자가 소속회사에 밀반출행위를 사전에 알리고 그 정확한 증거를 확보하기 위하여 피고인의 밀반출행위를 묵인하였다는 것은 이른바 함정수사에 비유할 수는 없다(대판 1987.6.9. 87도915).

정답 ○

032 22경2 / 23승·21승 / 22국7

이미 마약류관리에 관한 법률 위반죄를 범한 甲을 검거하기 위하여 수사기관이 정보원을 이용하여 그를 검거장소로 유인하여 검거한 것에 불과한 경우, 이는 위법한 함정수사에 해당하지 아니한다. ☐○☐×

> 피고인이 수사기관의 사술이나 계략 등에 의하여 범행을 유발한 것이 아니라, 이미 범행을 저지른 피고인을 검거하기 위하여 수사기관이 정보원을 이용하여 피고인을 검거장소로 유인한 것에 불과하므로, 피고인의 이 사건 범행이 함정수사에 의한 것으로 볼 수 없다(대판 2007.7.26. 2007도4532).

정답 ○

033 22경2

A가 수사기관에 체포된 동거남의 석방을 위한 공적을 쌓기 위하여 B에게 필로폰 밀수입에 관한 정보제공을 부탁하면서 대가의 지급을 약속하고, 이에 B가 C에게, C가 甲에게 순차적으로 필로폰 밀수입을 권유하여, 이를 승낙하고 필로폰을 받으러 나온 甲이 체포된 경우, B와 C가 각자의 사적인 동기에 기하여 수사기관과 직접적인 관련이 없이 독자적으로 甲을 유인한 것으로서 위법한 함정수사에 해당하지 아니한다. ☐○☐×

> 甲이 수사기관에 체포된 동거남의 석방을 위한 공적을 쌓기 위하여 乙에게 필로폰 밀수입에 관한 정보제공을 부탁하면서 대가의 지급을 약속하고, 이에 乙이 丙에게, 丙은 丁에게 순차 필로폰 밀수입을 권유하여, 이를 승낙하고 필로폰을 받으러 나온 丁을 체포한 사안에서, 乙·丙 등이 각자의 사적인 동기에 기하여 수사기관과 직접적인 관련이 없이 독자적으로 丁을 유인한 것으로서 위법한 함정수사에 해당하지 않는다(대판 2007.11.29. 2007도7680).

정답 ○

034 22경2

함정수사가 위법하다고 평가받는 경우, 공소기각설은 수사기관이 제공한 범죄의 동기나 기회를 일반인이 뿌리칠 수 없었다는 범죄인 개인의 특수한 상황으로 인하여 가벌적 위법성이 결여된다는 점을 논거로 하여 공소기각의 판결을 선고하여야 한다고 본다. ☐○☐×

> 위법한 함정수사의 소송법적 효과에 대하여 수사기관이 제공한 범죄의 동기나 기회를 일반인이 뿌리칠 수 없었다는 범죄인 개인의 특수한 상황으로 인하여 가벌적 위법성이 결여된다는 점을 논거로 하는 견해는 무죄판결설의 입장이다. 공소기각판결설은 함정수사는 적정절차의 원칙에 비추어 중대한 위법으로서 공소제기의 절차가 법률의 규정에 위반됨을 논거로 한다. 또한 함정수사의 위법성과 그 가벌성은 별개의 문제로 피유인자의 자유로운 의사로 범죄를 실행한 이상 실체법상 처벌할 수 있다는 유죄판결설도 존재한다.

정답 ×

035 21승 / 22국7

수사기관이 피고인의 범죄사실을 인지하고도 피고인을 바로 체포하지 않고 추가 범행을 지켜보고 있다가 범죄사실이 많이 늘어난 뒤에야 피고인을 체포하였다는 사정만으로 피고인에 대한 수사와 공소제기가 위법하다거나 함정수사에 해당한다고 할 수 없다. ☐O☐X

> 수사기관에서 공범이나 장물범의 체포 등을 위하여 범인의 체포시기를 조절하는 등 여러 가지 수사기법을 사용한다는 점을 고려하면, 수사기관이 피고인의 범죄사실을 인지하고도 피고인을 바로 체포하지 않고 추가 범행을 지켜보고 있다가 범죄사실이 많이 늘어난 뒤에야 피고인을 체포하였다는 사정만으로는 피고인에 대한 수사와 공소제기가 위법하다거나 함정수사에 해당한다고 할 수 없고, 이 사건에서 수사관들이 특진이나 수상 등 개인적인 이익을 위하여 고의적으로 체포를 지연시켰다고 볼 만한 자료가 없다(대판 2007.6.29. 2007도3164).

정답 O

036 22경1 / 23승 / 22국7

「아동·청소년의 성보호에 관한 법률」의 아동·청소년대상 디지털 성범죄의 수사 특례에 따른 신분위장수사를 할 때에는 본래 범의를 가지지 않은 자에게 범의를 유발하는 행위를 하는 것이 허용된다. ☐O☐X

> 아동·청소년의 성보호에 관한 법률 제25조의2 제2항은 "사법경찰관리는 디지털 성범죄를 계획 또는 실행하고 있거나 실행하였다고 의심할 만한 충분한 이유가 있고, 다른 방법으로는 그 범죄의 실행을 저지하거나 범인의 체포 또는 증거의 수집이 어려운 경우에 한정하여 수사 목적을 달성하기 위하여 부득이한 때에는 다음 각 호의 행위(이하 "신분위장수사"라 한다)를 할 수 있다"고 규정하면서 동법 시행령 제5조의2 제1호는 신분위장수사를 할 때 준수사항을 규정하면서 제1호에서 "수사 관계 법령을 준수하고, 본래 범의(犯意)를 가지지 않은 자에게 범의를 유발하는 행위를 하지 않는 등 적법한 절차와 방식에 따라 수사할 것"이라고 규정하고 있다.

정답 ×

037 74간

사법경찰관리가 「아동·청소년의 성보호에 관한 법률」에 따른 신분비공개수사를 하려는 때에는 사전에 상급 경찰관서 수사 부서장의 승인을 받아야 한다. ☐O☐X

> 사법경찰관리가 아동·청소년 대상 디지털성범죄에 대한 신분비공개수사를 진행하고자 할 때에는 사전에 상급 경찰관서 수사부서의 장의 승인을 받아야 한다(아동·청소년의 성보호에 관한 법률 제25조의3 제1항).

정답 O

038 74간

사법경찰관리가 「아동·청소년의 성보호에 관한 법률」에 따른 신분위장수사를 하는 경우에 긴급을 요하는 때에는 법원의 허가 없이 신분위장수사를 개시할 수 있다. ⃞O⃞X

> 사법경찰관리는 신분위장조사의 요건을 구비하고, 신분위장조사 허가 절차등을 거칠 수 없는 긴급을 요하는 때에는 법원의 허가 없이 신분위장수사를 할 수 있다(아동·청소년의 성보호에 관한 법률 제25조의4 제1항).

정답 O

제2절 ▎ 수사의 개시

001 21승

「형사소송법」은 범죄의 혐의가 있다고 사료하는 때에는 수사를 개시하여 사실을 밝혀야 할 수사기관의 직무상 의무를 규정하고 있다. ⃞O⃞X

> 검사는 범죄의 혐의가 있다고 사료하는 때에는 범인, 범죄사실과 증거를 수사한다(제196조 제1항). 경무관, 총경, 경정, 경감, 경위는 사법경찰관으로서 범죄의 혐의가 있다고 사료하는 때에는 범인, 범죄사실과 증거를 수사한다(제197조 제1항).

정답 O

002 71간

변사자의 검시는 수사의 단서에 불과하므로 법관의 영장이 필요 없으며, 검시로 범죄의 혐의를 인정하고 긴급을 요하는 경우에는 영장 없이 검증할 수 있다. ⃞O⃞X

> 검시는 수사의 단서에 불과하므로 법관의 영장을 요하지 않는다. 또한 검시에 의하여 범죄의 혐의를 인정하고 긴급을 요할 때에는 영장 없이 검증할 수 있다(제222조 제2항).

정답 O

003 22승

경찰관은 수상한 행동이나 그 밖의 주위 사정을 합리적으로 판단하여 볼 때 어떠한 죄를 범하였거나 범하려 하고 있다고 의심할만한 상당한 이유가 있는 사람을 정지시켜 질문할 수 있다. ⃞O⃞X

> 경찰관 직무집행법 제3조 제1항

정답 O

004 72간

「경찰관직무집행법」은 경찰관이 불심검문 대상자에 대하여 질문을 할 때 흉기 소지 여부를 조사할 수 있다고 규정하고 있을 뿐 흉기 이외의 소지품 검사에 대해서는 규정하고 있지 않다. ☐O☐X☐

> 흉기소지의 조사에 대해서만 경찰관 직무집행법 제3조 제3항에 규정되어 있을 뿐 흉기 이외의 소지품 검사에 대해서는 명문의 규정이 없어 그 허용여부에 대하여 견해의 대립이 있다.

정답 ○

005 23경1 / 72간 / 22승 / 24국9(교정직)

경찰관이 불심검문 대상자에의 해당 여부를 판단할 때에는 불심검문 당시의 구체적 상황은 물론 사전에 얻은 정보나 전문적 지식 등에 기초하여 불심검문 대상자인지를 객관적·합리적인 기준에 따라 판단하여, 반드시 불심검문 대상자에게 「형사소송법」상 체포나 구속에 이를 정도의 혐의가 있을 것을 요한다. ☐O☐X☐

> 경찰관이 법 제3조 제1항에 규정된 대상자 해당 여부를 판단할 때에는 불심검문 당시의 구체적 상황은 물론 사전에 얻은 정보나 전문적 지식 등에 기초하여 불심검문 대상자인지를 객관적·합리적인 기준에 따라 판단하여야 하나, 반드시 불심검문 대상자에게 형사소송법상 체포나 구속에 이를 정도의 혐의가 있을 것을 요한다고 할 수는 없다(대판 2014.2.27. 2011도13999).

정답 ×

006 24국9(교정직)

경찰관이 피의자를 불심검문 대상자로 삼은 조치가 그에 대한 불심검문 당시의 구체적 상황과 자신들의 사전 지식 및 경험칙에 기초하여 객관적·합리적 판단과정을 거쳐 이루어진 것이라면, 그의 인상착의가 미리 입수된 용의자에 대한 인상착의와 일부 일치하지 않는 부분이 있더라도 그것만으로 경찰관이 그를 불심검문 대상자로 삼은 조치가 위법하다고 볼 수는 없다. ☐O☐X☐

> 대판 2014.2.27. 2011도13999

정답 ○

007 21승

불심검문 대상자에게 「형사소송법」상 체포나 구속에 이를 정도의 혐의가 없을지라도, 경찰관은 당시의 구체적 상황과 사전에 얻은 정보나 전문적 지식 등에 기초하여 객관적·합리적인 기준에 따라 불심검문 대상 여부를 판단한다. ☐O☐X☐

> 대판 2014. 2. 27. 2011도13999

정답 ○

008 21승

검문 중이던 경찰관들이, 자전거를 이용한 날치기 사건 범인과 흡사한 인상착의의 사람이 자전거를 타고 다가오는 것을 발견하고 정지를 요구하였으나 멈추지 않아, 앞을 가로막고 소속과 성명을 고지한 후 검문에 협조해 달라고 하였음에도 불응하고 그대로 전진하자, 따라가서 재차 앞을 막고 검문에 응하라고 요구한 경우, 이는 적법한 불심검문에 해당한다. ◯|✕

대판 2012. 9. 13. 2010도6203

정답 ◯

009 23경1 / 24국9(교정직)

「경찰관 직무집행법」 제3조 제4항은 경찰관이 불심검문을 하고자 할 때에는 자신의 신분을 표시하는 증표를 제시하여야 한다고 규정하고 있고, 동법 시행령은 위 법에서 규정한 신분을 표시하는 증표가 경찰관의 공무원증이라고 규정하고 있으므로, 경찰관이 불심검문 과정에서 공무원증을 제시하지 않았다면 어떠한 경우라도 그 불심검문은 위법한 공무집행에 해당한다. ◯|✕

> 경찰관직무집행법(이하 '법'이라 한다) 제3조 제4항은 경찰관이 불심검문을 하고자 할 때에는 자신의 신분을 표시하는 증표를 제시하여야 한다고 규정하고, 경찰관직무집행법 시행령 제5조는 위 법에서 규정한 신분을 표시하는 증표는 경찰관의 공무원증이라고 규정하고 있는데, 불심검문을 하게 된 경위, 불심검문 당시의 현장상황과 검문을 하는 경찰관들의 복장, 피고인이 공무원증 제시나 신분 확인을 요구하였는지 여부 등을 종합적으로 고려하여, **검문하는 사람이 경찰관이고 검문하는 이유가 범죄행위에 관한 것임을 피고인이 충분히 알고 있었다고 보이는 경우에는 신분증을 제시하지 않았다고 하여 그 불심검문이 위법한 공무집행이라고 할 수 없다**(대판 2014.12.11. 2014도7976).

정답 ✕

010 22경1 / 72간 / 22·21승

검문하는 사람이 경찰관이고 검문하는 이유가 범죄행위에 관한 것임을 검문받는 사람이 충분히 알고 있었다고 보이는 경우에는 경찰관이 신분증을 제시하지 않았다고 하여 그 불심검문이 위법한 공무집행이라고 할 수 없다. ◯|✕

대판 2014.12.11. 2014도7976

정답 ◯

011 21승

불심검문에 따른 동행요구는 「형사소송법」상 임의수사로서 임의동행의 한 종류로 취급하여야 한다. O|X

> 임의동행은 경찰관 직무집행법 제3조 제2항에 따른 행정경찰 목적의 경찰활동으로 행하여지는 것 외에도 형사소송법 제199조 제1항에 따라 범죄 수사를 위하여 수사관이 동행에 앞서 피의자에게 동행을 거부할 수 있음을 알려 주었거나 동행한 피의자가 언제든지 자유로이 동행과정에서 이탈 또는 동행장소로부터 퇴거할 수 있었음이 인정되는 등 오로지 피의자의 자발적인 의사에 의하여 이루어진 경우에도 가능하다. 이 사건 임의동행은 마약류 투약 혐의에 대한 수사를 위한 것이어서 형사소송법 제199조 제1항에 따른 임의동행에 해당한다. 그런데도 원심이 이 사건 임의동행을 경찰관 직무집행법 제3조 제2항에 따른 것으로 속단하여 판단한 데에는 임의동행에 관한 법리를 오해한 잘못이 있다(대판 2020.5.14. 2020도398). 즉, 경직법상 불심검문에 따른 동행요구와 형사소송법상 임의수사로서 임의동행은 별개의 것으로 취급하여야 한다.

정답 ×

012 21국7

임의동행은 「경찰관 직무집행법」 제3조 제2항에 따른 행정경찰 목적의 경찰활동으로 행하여지는 것 외에도 「형사소송법」 제199조 제1항에 따라 범죄 수사를 위하여 오로지 피의자의 자발적인 의사에 의하여 이루어진 경우에도 가능하다. O|X

> 대판 2020.5.14. 2020도398

정답 ○

013 21승

경찰관은 임의동행에 앞서 당해인에 대해 진술거부권과 변호인의 조력을 받을 권리를 고지해야 한다. O|X

> 경찰관직무집행법 제3조 제5항에서는 '경찰관은 제2항에 따라 동행한 사람의 가족이나 친지 등에게 동행한 경찰관의 신분, 동행 장소, 동행 목적과 이유를 알리거나 본인으로 하여금 즉시 연락할 수 있는 기회를 주어야 하며, 변호인의 도움을 받을 권리가 있음을 알려야 한다'고 규정하여 동행요구시 변호인의 조력을 받을 권리가 있음을 고지하도록 하고 있으나 진술거부권이 있음을 고지하여야 한다는 규정은 없다. 또한 형사소송법상의 임의동행의 경우에도 진술거부권과 변호인의 조력을 받을 권리를 고지하도록 하는 규정을 두고 있지 않다.

정답 ×

014 23경1 / 22승 / 24국9(교정직)

「경찰관 직무집행법」 제3조 제6항은 불심검문에 관하여 임의동행한 사람을 6시간을 초과하여 경찰관서에 머물게 할 수 없다고 규정하고 있으므로, 대상자를 6시간 동안 경찰관서에 구금하는 것이 허용된다. ○|×

> 임의동행은 상대방의 동의 또는 승낙을 그 요건으로 하는 것이므로 경찰관으로부터 임의동행 요구를 받은 경우 상대방은 이를 거절할 수 있을 뿐만 아니라 임의동행 후 언제든지 경찰관서에서 퇴거할 자유가 있다 할 것이고, 경찰관직무집행법 제3조 제6항이 임의동행한 경우 당해인을 6시간을 초과하여 경찰관서에 머물게 할 수 없다고 규정하고 있다고 하여 그 규정이 임의동행한 자를 6시간 동안 경찰관서에 구금하는 것을 허용하는 것은 아니다(대판 1997.8.22. 97도1240).

정답 ×

015 23경1

행정경찰 목적의 경찰활동으로 행하여지는 「경찰관 직무집행법」 제3조 제2항 소정의 질문을 위한 동행요구가 「형사소송법」의 규율을 받는 수사로 이어지는 경우에는 「형사소송법」 제199조 제1항 및 제200조 규정에 의하여야 한다. ○|×

> 수사관이 수사과정에서 당사자의 동의를 받는 형식으로 피의자를 수사관서 등에 동행하는 것은 … 상대방에게 헌법 및 형사소송법이 체포·구속된 피의자에게 부여하는 각종의 권리보장 장치가 제공되지 않는 등 형사소송법의 원리에 반하는 결과를 초래할 가능성이 크므로, 수사관이 동행에 앞서 피의자에게 동행을 거부할 수 있음을 알려 주었거나 동행한 피의자가 언제든지 자유로이 동행과정에서 이탈 또는 동행장소로부터 퇴거할 수 있었음이 인정되는 등 오로지 피의자의 자발적인 의사에 의하여 수사관서 등에의 동행이 이루어졌음이 객관적인 사정에 의하여 명백하게 입증된 경우에 한하여, 그 적법성이 인정되는 것으로 봄이 상당하다. … 한편 행정경찰 목적의 경찰활동으로 행하여지는 경찰관직무집행법 제3조 제2항 소정의 질문을 위한 동행요구도 형사소송법의 규율을 받는 수사로 이어지는 경우에는 역시 위에서 본 법리가 적용되어야 한다(대판 2006.7.6. 2005도6810).

정답 ○

016 22경1

피고인이 경찰관의 불심검문에 응하여 운전면허증을 교부한 후 경찰관에게 큰 소리로 욕설을 하였는데, 경찰관이 모욕죄의 현행범으로 체포하겠다고 고지한 후 피고인의 오른쪽 어깨를 붙잡자 반항하면서 경찰관에게 상해를 가한 사안에서, 경찰관뿐 아니라 인근 주민도 욕설을 직접 들었다는 점을 근거로 피고인을 현행범으로 체포한 경우 적법한 공무집행이다. ○|×

> 피고인은 경찰관의 불심검문에 응하여 <u>이미 운전면허증을 교부한 상태이고, 경찰관뿐 아니라 인근 주민도 욕설을 직접 들었으므로</u>, 피고인이 도망하거나 증거를 인멸할 염려가 있다고 보기는 어렵고, 피고인의 모욕 범행은 불심검문에 항의하는 과정에서 저지른 일시적, 우발적인 행위로서 <u>사안 자체가 경미할 뿐</u> 아니라, 피해자인 경찰관이 범행현장에서 즉시 범인을 체포할 급박한 사정이 있다고 보기도 어려우므로, <u>경찰관이 피고인을 체포한 행위는 적법한 공무집행이라고 볼 수 없다</u>(대판 2011.5.26. 2011도3682).

정답 ×

017 73·71간

고소의 대상은 특정되어야 하므로, 범인의 성명이 불명 또는 오기가 있다거나, 범행일시 장소 방법 등이 명확하지 않거나 틀리는 경우에는 고소의 효력에 영향이 있다. ○|×

> 고소는 범죄의 피해자등이 수사기관에 대하여 범죄사실을 신고하여 범인의 소추처벌을 구하는 의사표시이므로 그 범죄사실등이 구체적으로 특정되어야 할 것이나, 그 <u>특정의 정도는 고소인의 의사가 수사기관에 대하여 일정한 범죄사실을 지정신고하여 범인의 소추처벌을 구하는 의사표시가 있었다고 볼 수 있을 정도면 그것으로 충분하고, 범인의 성명이 불명이거나 또는 오기가 있었다거나 범행의 일시·장소·방법 등이 명확하지 않거나 틀리는 것이 있다고 하더라도 그 효력에는 아무 영향이 없다</u>(대판 1984.10.23. 84도1704).

정답 ×

018 22경2 / 21국9(교정직)

고소인은 범죄사실을 특정하여 신고하면 족하고 범인이 누구인지 나아가 범인 중 처벌을 구하는 자가 누구인지를 적시할 필요는 없다. ○|×

> 고소는 범죄의 피해자 또는 그와 일정한 관계가 있는 고소권자가 수사기관에 대하여 범죄사실을 신고하여 범인의 처벌을 구하는 의사표시이므로, <u>고소인은 범죄사실을 특정하여 신고하면 족하고 범인이 누구인지 나아가 범인 중 처벌을 구하는 자가 누구인지를 적시할 필요도 없다</u>(대판 1996.3.12. 94도2423).

정답 ○

019 23승

피해자가 경찰청 인터넷 홈페이지에 '피고인을 철저히 조사해 달라'는 취지의 신고민원을 접수하는 형태로 피고인에 대한 조사를 촉구하는 의사표시를 한 것은 「형사소송법」 제237조 제1항에 따른 적법한 고소에 해당한다. ○|×

> 출판사 대표인 피고인이 도서의 저작권자인 피해자와 전자도서(e-book)에 대하여 별도의 출판계약 등을 체결하지 않고 전자도서를 제작하여 인터넷서점 등을 통해 판매하였다고 하여 구 저작권법 위반으로 기소된 사안에서, 피해자가 경찰청 인터넷 홈페이지에 '피고인을 철저히 조사해 달라'는 취지의 민원을 접수하는 형태로 피고인에 대한 조사를 촉구하는 의사표시를 한 것은 형사소송법에 따른 적법한 고소로 보기 어렵다(대판 2012.2.23. 2010도9524).

정답 ×

020 24경1

고소는 서면 또는 구술로 검사 또는 사법경찰관에게 하면 충분하므로, 경찰청 홈페이지에 '甲을 철저히 조사해 달라'는 취지의 민원을 접수한 것만으로도 적법한 고소에 해당한다. ○|×

> 대판 2012.2.23. 2010도9524

정답 ×

021 22국9

수사기관이 고소권이 있는 자를 증인 또는 피해자로서 신문한 경우에는 그 진술에 범인의 처벌을 요구하는 의사표시가 포함되어 있고 그 의사표시가 조서에 기재되어 있더라도 이는 고소로서 유효하지 않다. ○|×

> 수사기관이 고소권자를 증인 또는 피해자로서 신문한 경우에 그 진술에 범인의 처벌을 요구하는 의사표시가 포함되어 있고 그 의사표시가 조서에 기재되면 고소는 적법하게 이루어진 것이다(대판 1985.3.12. 85도190).

정답 ×

022 73간

고소조서는 반드시 독립된 조서일 필요가 없으므로 참고인으로 조사하는 과정에서 고소권자가 처벌을 희망하는 의사표시를 하고 그 의사표시가 참고인진술조서에 기재된 경우에도 고소는 유효하나, 다만 그러한 의사표시가 사법경찰관의 질문에 답하는 형식으로 이루어진 것은 유효하지 않다. ⃞O⃞X

> 피해자가 강제추행 당한 사실을 진술하면서 피고인의 처벌을 요구하는 의사표시를 하였고 이러한 의사표시가 수사기관이 작성한 피해자진술조서에 기재되었다면, <u>그러한 의사표시가 경찰관의 질문에 답하는 형식으로 이루어졌다고 하더라도 적법한 고소에 해당한다고 한 사례</u>(대판 2009.7.9. 2009도3860).

정답 ×

023 23국7

수사기관은 고소장에 범죄사실로 기재된 내용이 불명확하고 특정되어 있지 않은 경우에도 고소의 수리를 거부하거나 진정으로 접수하여 처리할 수는 없다. ⃞O⃞X

> **경찰청 범죄수사규칙 제50조(고소·고발의 반려)**
> 경찰관은 접수한 고소·고발이 다음 각 호의 어느 하나에 해당하는 경우 고소인 또는 고발인의 동의를 받아 이를 <u>수리하지 않고 반려할 수 있다</u>.
>   1. 고소·고발 사실이 범죄를 구성하지 않을 경우
>
> **경찰수사규칙 제21조(고소·고발의 수리)**
> ② 사법경찰관리는 고소장 또는 고발장의 명칭으로 제출된 서류가 다음 각 호의 어느 하나에 해당하는 경우에는 이를 <u>진정(陳情)으로 처리할 수 있다</u>.
>   1. 고소인 또는 고발인의 진술이나 고소장 또는 고발장에 따른 <u>내용이 불분명하거나 구체적 사실이 적시되어 있지 않은 경우</u>

정답 ×

024 22법9

고소는 범죄의 피해자 기타 고소권자가 수사기관에 대하여 범죄사실을 신고하여 범인의 소추를 구하는 의사표시를 말하는 것으로서, 단순한 피해사실의 신고는 소추·처벌을 구하는 의사표시가 아니므로 고소가 아니다. ⃞O⃞X

> 고소는 범죄의 피해자 기타 고소권자가 수사기관에 대하여 범죄사실을 신고하여 범인의 소추를 구하는 의사표시를 말하는 것으로서, <u>단순한 피해사실의 신고는 소추·처벌을 구하는 의사표시가 아니므로 고소가 아니다</u>. 또한, 피해자가 고소장을 제출하여 처벌을 희망하는 의사를 분명히 표시한 후 고소를 취소한 바 없다면 비록 고소 전에 피해자가 처벌을 원치 않았다 하더라도 그 후에 한 피해자의 <u>고소는 유효하다</u>(대판 2008.11.27. 2007도4977).

정답 ○

025 71간 / 22·21승

「민법」상 행위능력이 없는 사람이라도 피해를 입은 사실을 이해하고 고소에 따른 사회생활상의 이해관계를 알아차릴 수 있는 사실상의 의사능력을 갖추었다면 고소능력이 인정된다. ◯|✕

> 고소를 함에는 소송행위능력, 즉 고소능력이 있어야 하는 바, 고소능력은 피해를 받은 사실을 이해하고 고소에 따른 사회생활상의 이해관계를 알아차릴 수 있는 사실상의 의사능력으로 충분하므로 민법상의 행위능력이 없는 자라도 위와 같은 능력을 갖춘 자에게는 고소능력이 인정된다(대판 1999.2.9. 98도2074, 대판 2011.6.24. 2011도4451, 2011전도76 등).

정답 ◯

026 23승

고소능력은 피해를 입은 사실을 이해하고 고소에 따른 사회생활상의 이해관계를 알아차릴 수 있는 사실상의 의사능력으로 충분하지만, 「민법」상 행위능력이 없는 사람은 위와 같은 능력을 갖추었더라도 고소능력이 인정되지 않는다. ◯|✕

> 대판 2011.6.24. 2011도4451, 2011전도76

정답 ✕

027 22법9 / 22경2

고소에 따른 사회생활상의 이해관계를 알아차릴 수 있는 사실상의 의사능력이 있더라도 민법상의 행위능력이 없는 자에게는 고소능력이 인정되지 아니하고, 범행 당시 고소능력이 없던 피해자가 그 후에 비로소 고소능력이 생겼다면 그 고소기간은 고소능력이 생긴 때로부터 기산하여야 한다. ◯|✕

> 고소를 함에는 소송행위능력, 즉 고소능력이 있어야 하는 바, 고소능력은 피해를 받은 사실을 이해하고 고소에 따른 사회생활상의 이해관계를 알아차릴 수 있는 사실상의 의사능력으로 충분하므로 민법상의 행위능력이 없는 자라도 위와 같은 능력을 갖춘 자에게는 고소능력이 인정된다(대판 1999.2.9. 98도2074). 또한 피해자가 범행을 당할 때에는 나이 어려 고소능력이 없었다가 그 후에 비로소 고소능력이 생겼다면 그 고소기간은 고소능력이 생긴 때로부터 기산되어야 한다(대판 1987.9.22. 87도1707).

정답 ✕

028 22국7 / 22승 / 71간

「형사소송법」제225조 제1항이 규정한 법정대리인의 고소권은 무능력자의 보호를 위하여 법정대리인에게 주어진 고유권이어서 법정대리인은 피해자의 고소권 소멸여부에 관계없이 고소할 수 있는 것이며, 그 고소기간은 법정대리인 자신이 범인을 알게 된 날로부터 진행한다. ⓞⓧ

> 형사소송법 제225조 제1항이 규정한 법정대리인의 고소권은 무능력자의 보호를 위하여 법정대리인에게 주어진 고유권이므로, 법정대리인은 피해자의 고소권 소멸여부에 관계없이 고소할 수 있고, 이러한 고소권은 피해자의 명시한 의사에 반하여도 행사할 수 있다(대판 1999.12.24. 99도3784). 또한 법정대리인의 고소기간은 법정대리인 자신이 범인을 알게 된 날로부터 진행한다(대판 1987.6.9. 87도857).

정답 ○

029 71간

「형사소송법」제236조(대리고소)에 의하면 고소 또는 그 취소는 대리인으로 하여금 하게 할 수 있는데, 이와 같은 대리인에 의한 고소의 경우, 고소기간은 대리고소인이 아니라 정당한 고소권자를 기준으로 고소권자가 범인을 알게 된 날부터 기산한다. ⓞⓧ

> 고소는 대리인으로 하여금 하게 할 수 있다(제236조). 또 고소기간은 대리고소인이 아니라 정당한 고소권자를 기준으로 고소권자가 범인을 알게 된 날부터 기산한다(대판 2001.9.4. 2001도3081).

정답 ○

030 73간

친고죄 피해자 A의 법정대리인 甲의 고소기간은 甲이 범인을 알게 된 날로부터 진행하고, A가 변호사 乙을 선임하여 乙이 고소를 제기한 경우에는 乙이 범인을 알게 된 날부터 고소기간이 기산된다. ⓞⓧ

> 대판 2001.9.4. 2001도3081

정답 ✕

031 24·23법9 / 21경1 / 24승

고소권자가 비친고죄로 고소한 사건을 검사가 친고죄로 구성하여 공소를 제기하였다면 공소장 변경절차를 거쳐 공소사실이 비친고죄로 변경되지 아니하는 한, 법원은 친고죄에서 소송조건이 되는 고소가 유효하게 존재하는지를 직권으로 조사·심리하여야 한다. ⓞⓧ

> 법원은 검사가 공소를 제기한 범죄사실을 심판하는 것이지 고소권자가 고소한 내용을 심판하는 것이 아니므로, 고소권자가 비친고죄로 고소한 사건이더라도 검사가 사건을 친고죄로 구성하여 공소를 제기하였다면 공소장 변경절차를 거쳐 공소사실이 비친고죄로 변경되지 아니하는 한, 법원으로서는 친고죄에서 소송조건이 되는 고소가 유효하게 존재하는지를 직권으로 조사·심리하여야 한다(대판 2015.11.17. 2013도7987).

정답 ○

032 71간

친고죄나 세무공무원 등의 고발이 있어야 논할 수 있는 죄에 있어서 고소 또는 고발은 이른바 소추조건에 불과하고 당해 범죄의 성립 요건이나 수사의 조건은 아니므로 위와 같은 범죄에 관하여 고소나 고발이 있기 전에 수사를 하였다고 하더라도 그 수사가 장차 고소나 고발이 있을 가능성이 없는 상태 하에서 행해졌다는 등의 특단의 사정이 없는 한 고소나 고발이 있기 전에 수사를 하였다는 이유만으로 그 수사가 위법하다고 볼 수는 없다. ○|×

> 친고죄나 세무공무원 등의 고발이 있어야 논할 수 있는 죄에 있어서 고소 또는 고발은 이른바 소추조건에 불과하고 당해 범죄의 성립 요건이나 수사의 조건은 아니므로 위와 같은 범죄에 관하여 고소나 고발이 있기 전에 수사를 하였다고 하더라도, 그 수사가 장차 고소나 고발이 있을 가능성이 없는 상태하에서 행해졌다는 등의 특단의 사정이 없는 한, 고소나 고발이 있기 전에 수사를 하였다는 이유만으로 그 수사가 위법하다고 볼 수는 없다(대판 1995.2.24. 94도252).

정답 ○

033 22경2

형사소송법상 고소의 대리는 허용되나, 고소취소의 대리는 허용되지 아니한다. ○|×

> 고소 또는 그 취소는 대리인으로 하여금하게 할 수 있다(제236조).

정답 ×

034 23승

「형사소송법」 제236조의 대리인에 의한 고소의 경우, 대리권이 정당한 고소권자에 의하여 수여되었음을 증명하기 위해 반드시 위임장을 제출한다거나 '대리'라는 표시를 하여야 한다. ○|×

> 형사소송법 제236조의 대리인에 의한 고소의 경우, 대리권이 정당한 고소권자에 의하여 수여되었음이 실질적으로 증명되면 충분하고, 그 방식에 특별한 제한은 없으므로, 고소를 할 때 반드시 위임장을 제출한다거나 '대리'라는 표시를 하여야 하는 것은 아니고, 또 고소기간은 대리고소인이 아니라 정당한 고소권자를 기준으로 고소권자가 범인을 알게 된 날부터 기산한다(대판 2001.9.4. 2001도3081).

정답 ×

035 22경2

피해자의 친족은 피해자의 법정대리인이 피의자이거나 법정대리인의 친족이 피의자인 때에는 독립하여 고소할 수 있다. ○|×

> 피해자의 법정대리인이 피의자이거나 법정대리인의 친족이 피의자인 때에는 피해자의 친족은 독립하여 고소할 수 있다(제226조).

정답 ○

036 23법9 / 73간 / 24승 / 23국7

법원이 선임한 부재자 재산관리인이 그 관리대상인 부재자의 재산에 대한 범죄행위에 관하여 법원으로부터 고소권 행사에 관한 허가를 얻은 경우 부재자 재산관리인은 형사소송법 제225조 제1항에서 정한 법정대리인으로서 적법한 고소권자에 해당한다고 보아야 한다. ☐O☐X

> 부재자 재산관리인의 권한은 원칙적으로 부재자의 재산에 대한 관리행위에 한정되나, 부재자 재산관리인은 재산관리를 위하여 필요한 경우 법원의 허가를 받아 관리행위의 범위를 넘는 행위를 하는 것도 가능하고, 여기에는 관리대상 재산에 관한 범죄행위에 대한 형사고소도 포함된다. 따라서 부재자 재산관리인은 관리대상이 아닌 사항에 관해서는 고소권이 없겠지만, 관리대상 재산에 관한 범죄행위에 대하여 법원으로부터 고소권 행사 허가를 받은 경우에는 독립하여 고소권을 가지는 법정대리인에 해당한다(대판 2022.5.26. 2021도2488).

정답 ○

037 71간

고소장에 명예훼손죄라는 죄명을 붙이고, 명예훼손에 관한 사실을 적어 두었으나 그 사실이 명예훼손죄를 구성하지 않고 모욕죄를 구성하는 경우, 위 고소는 모욕죄에 대한 고소로서의 효력을 갖는다. ☐O☐X

> 고소가 어떠한 사항에 관한 것인가의 여부는, 고소장에 붙인 죄명에 구애될 것이 아니라 고소의 내용에 의하여 결정하여야 할 것이므로, 고소장에 명예훼손죄의 죄명을 붙이고 그 죄에 관한 사실을 적었으나 그 사실이 명예훼손죄를 구성하지 않고 모욕죄를 구성하는 경우에는, 위 고소는 모욕죄에 대한 고소로서의 효력을 갖는다(대판 1981.6.23. 81도1250).

정답 ○

038 21승

구 「성폭력범죄의 처벌 등에 관한 특례법」(2013. 4. 5. 법률 제11729호로 개정) 시행일 이전에 저지른 친고죄인 성폭력범죄의 고소기간은 동법 제19조 제1항 본문(2013. 4. 5. 법률 제11729호로 개정되기 전의 것)에 따라서 '범인을 알게 된 날부터 1년'으로 본다. ☐O☐X

> 대판 2018. 6. 28. 2014도13504

정답 ○

039 22국9

친고죄에서 적법한 고소가 있었는지는 엄격한 증명의 대상이 되고, 일죄의 관계에 있는 범죄사실 일부에 대한 고소의 효력은 일죄 전부에 대하여 미친다. ☐O☐X

> 친고죄에서 적법한 고소가 있었는지는 자유로운 증명의 대상이 되고, 일죄의 관계에 있는 범죄사실 일부에 대한 고소의 효력은 일죄 전부에 대하여 미친다(대판 2011.6.24. 2011도4451, 2011전도76).

정답 ×

040 21법9 / 24경1

형사소송법이 고소취소의 시한과 재고소의 금지를 규정하고 반의사불벌죄에 위 규정을 준용하는 규정을 두면서도, 고소와 고소취소의 불가분에 관한 규정을 함에 있어서는 반의사불벌죄에 이를 준용하는 규정을 두지 아니한 것은 처벌을 희망하지 아니하는 의사표시나 처벌을 희망하는 의사표시의 철회에 관하여 친고죄와는 달리 공범자간에 불가분의 원칙을 적용하지 아니하고자 함에 있다. ○│×

> 대판 1994. 4. 26. 93도1689

정답 ○

041 24법9

피해자가 반의사불벌죄의 공범 중 그 1인에 대하여 처벌을 희망하는 의사를 철회한 경우, 다른 공범자에 대하여 처벌희망의사가 철회된 것으로 볼 수 없다. ○│×

> 형사소송법이 고소와 고소취소에 관한 규정을 하면서 제232조 제1항, 제2항에서 고소취소의 시한과 재고소의 금지를 규정하고 제3항에서는 반의사불벌죄에 제1항, 제2항의 규정을 준용하는 규정을 두면서도, 제233조에서 고소와 고소취소의 불가분에 관한 규정을 함에 있어서는 반의사불벌죄에 이를 준용하는 규정을 두지 아니한 것은 처벌을 희망하지 아니하는 의사표시나 처벌을 희망하는 의사표시의 철회에 관하여 친고죄와는 달리 <u>공범자간에 불가분의 원칙</u>을 적용하지 아니하고자 함에 있다고 볼 것이지, 입법의 불비로 볼 것은 아니다(대판 1994.4.26. 93도1689).

정답 ○

042 21승

절대적 친고죄의 공범 중 그 1인 또는 수인에 대한 고소는 다른 공범자에 대하여도 효력이 있으나, 취소는 그 취소의 상대방으로 지정된 피고소인에 대해서만 효력이 있다. ○│×

> <u>친고죄의 공범 중 1인 또는 수인에 대한 고소와 그 취소는 다른 공범자에 대하여도 효력이 미친다</u>(제233조).

정답 ×

043 72간

甲이 자신의 친구 乙과 함께 다른 도시에 살고 있는 甲의 삼촌 A의 물건을 절취한 경우, A가 乙에 대해서만 고소를 하였다면, 그 고소의 효력은 甲에게도 미친다. ○|×

> 비동거친족 간의 절도죄에 대해서는 친족의 고소가 있어야 공소를 제기할 수 있으나(형법 제328조 제2항), 친족관계가 없는 공범에 대해서는 친족상도례에 관한 규정이 적용되지 아니한다(동조 제3항). 또한 친고죄의 공범 중 그 1인 또는 수인에 대한 고소 또는 그 취소는 다른 공범자에 대하여도 효력이 있지만(제233조), 비신분자에 대한 고소의 효력은 신분자에게 미치지 않으므로, 신분자에 대한 고소취소는 비신분자에게 효력이 없다(대판 1964.12.15. 64도481). 따라서 A가 乙에 대해서만 고소를 하였다면, 그 고소의 효력은 甲에게는 미치지 아니한다.

정답 ×

044 23승

친고죄의 고소는 제1심 판결선고 전까지 취소할 수 있다. ○|×

> 고소는 제1심 판결선고 전까지 취소할 수 있다(제232조 제1항).

정답 ○

045 23법9 / 21경1

고소는 제1심판결 선고 전까지 취소할 수 있으나, 항소심에서 공소장의 변경에 의하여 또는 공소장변경절차를 거치지 아니하고 법원 직권에 의하여 친고죄가 아닌 범죄를 친고죄로 인정하였다면, 항소심이 실질적으로 제1심이라 할 것이므로, 항소심에서 고소인이 고소를 취소하였다면 이는 친고죄에 대한 고소취소로서의 효력이 있다 ○|×

> 항소심에서 공소장의 변경에 의하여 친고죄가 아닌 범죄를 친고죄로 인정하였더라도 항소심을 제1심이라 할 수는 없는 것이므로, 항소심에 이르러 비로소 고소인이 고소를 취소하였다면 이는 친고죄에 대한 고소취소로서의 효력이 없다(대판 1999.4.15. 96도1922 전원합의체).

정답 ×

046 21승

고소의 취소는 수사기관 또는 법원에 대한 고소한 자의 의사표시로서 서면 또는 구술로 할 수 있다. ○|×

> 고소의 취소나 처벌을 희망하는 의사표시의 철회는 수사기관 또는 법원에 대한 법률행위적 소송행위이므로 공소제기 전에는 고소사건을 담당하는 수사기관에, 공소제기 후에는 고소사건의 수소법원에 대하여 이루어져야 한다(대판 2012.2.23. 2011도17264). 또한 고소취소의 방식은 고소의 방식과 같다(제239조). 따라서 고소취소는 서면 또는 구술로 할 수 있다.

정답 ○

047 21경1

일단 고소를 취소한 자는 고소기간이 남았더라도 다시 고소하지 못한다. ⊙⊠

> 고소를 취소한 자는 다시 고소하지 못한다(제232조 제2항).

정답 ○

048 22법9 / 21경1 / 24국9

고소권은 고소 전에 포기될 수 없으므로, 비록 고소 전에 피해자가 처벌을 원치 않았다 하더라도 피해자가 고소장을 제출하여 처벌을 희망하는 의사를 분명히 표시한 후 그 고소를 취소한 바 없다면 피해자의 고소는 유효하다. ⊙⊠

> 친고죄에 있어서의 피해자의 고소권은 공법상의 권리라고 할 것이므로 법이 특히 명문으로 인정하는 경우를 제외하고는 자유처분을 할 수 없고 따라서 일단 한 고소는 취소할 수 있으나 고소 전에 고소권을 포기할 수 없다고 함이 상당할 것이다(대판 1967.5.23. 67도471). 또한 피해자가 고소장을 제출하여 처벌을 희망하는 의사를 분명히 표시한 후 고소를 취소한 바 없다면 비록 고소 전에 피해자가 처벌을 원치 않았다 하더라도 그 후에 한 피해자의 고소는 유효하다(대판 2008.11.27. 2007도4977).

정답 ○

049 71간 / 20국7

고소인이 사건 당일 범죄사실을 신고하면서 현장에 출동한 경찰관에게 고소장을 교부한 경우, 경찰서에 도착하여 최종적으로 고소장을 접수시키지 아니하기로 결심하고 고소장을 반환받았더라도, 고소장이 수사기관에 적법하게 수리되어 고소의 효력이 발생 되었다고 할 수 있다. ⊙⊠

> 비록 고소인이 사건 당일 간통의 범죄사실을 신고하면서 현장에 출동한 경찰관에게 고소장을 교부하였다고 하더라도, 송파경찰서에 도착하여 최종적으로 고소장을 접수시키지 아니하기로 결심하고 고소장을 반환받은 것이라면, 고소장이 수사기관에 적법하게 수리되어 고소의 효력이 발생되었다고 할 수 없다(대판 2008.11.27. 2007도4977).

정답 ×

050 74간

고소는 수사기관에 '접수'되어야 하므로 현장출동 경찰관에게 고소장을 교부하였다가 경찰관이 경찰서에 접수시키기 전에 반환받았다면 고소로서의 효력이 발생하지 않는다. ⊙⊠

> 대판 2008.11.27. 2007도4977

정답 ○

제1장 수 사

051 22국9

피고인과 고소인이 작성한 합의서가 제1심 법원에 제출된 경우에는 고소취소의 효력이 있고, 고소인이 제1심 법정에서 이를 번복하는 증언을 하더라도 그 고소취소의 효력에는 영향이 없다. ☐○|×☐

> 피고인과 고소인의 합의서가 제1심 법원에 제출되었으나, 고소인이 제1심에서 고소취소의 의사가 없다고 이를 번복하는 증언을 하였다면 고소취소의 효력이 발생하지 아니한다(대판 1981.10.6. 81도1968).

정답 ×

052 21경1

고소를 한 피해자가 가해자에게 합의서를 작성하여 준 것만으로는 적법한 고소취소로 보기 어렵지만, '가해자와 원만히 합의하였으므로 피해자는 가해자를 상대로 이 사건과 관련한 어떠한 민·형사상의 책임도 묻지 아니한다.'는 취지의 합의서를 공소제기 이전 수사기관에 제출하였다면 고소취소의 효력이 있다. ☐○|×☐

> 형사소송법 제239조, 제237조의 규정상 고소의 취소는 서면 또는 구술로서 검사 또는 사법경찰관에게 하여야 하도록 규정되어 있으므로 고소인이 합의서를 피고인에게 작성하여준 것만으로는 고소가 적법히 취소된 것으로는 볼 수 없다(대판 1983.9.27. 83도516). 그러나 "이 사건 전체에 대하여 가해자와 원만히 합의하였으므로 피해자는 가해자를 상대로 이 사건과 관련한 어떠한 민·형사상의 책임도 묻지 아니한다."는 취지의 가해자와 피해자 사이의 합의서가 경찰에 제출되었다면, 위와 같은 합의서의 제출로써 피해자는 가해자에 대하여 처벌을 희망하던 종전의 의사를 철회한 것으로서 공소제기 전에 고소를 취소한 것으로 봄이 상당하다(대판 2002.7.12. 2001도6777).

정답 ○

053 24경1

고소인이 수사기관에서 조사를 받으면서 '법대로 처벌하되 관대한 처분을 바란다'는 취지로 한 진술은 고소의 취소라고 보기 어렵다. ☐○|×☐

> 검사가 작성한 피해자에 대한 진술조서기재중 '피의자들의 처벌을 원하는 가요?'라는 물음에 대하여 '법대로 처벌하여 주기 바랍니다'로 되어 있고 이어서 '더 할 말이 있는 가요?'라는 물음에 대하여 '젊은 사람들이니 한번 기회를 주시면 감사하겠읍니다'로 기재되어 있다면 피해자의 진술취지는 법대로 처벌하되 관대한 처분을 바란다는 취지로 보아야 하고 처벌의사를 철회한 것으로 볼 것이 아니다(대판 1981.1.13. 80도2210).

정답 ○

054 23승

고소인이 민·형사상 아무런 이의를 제기하지 않는다는 합의서를 피고인에게 작성하여 준 것만으로는 고소가 적법하게 취소된 것으로 볼 수 없다. ☐○|☐×

> 대판 1983.9.27. 83도516

정답 ○

055 22승 / 20국7

형사소송법 제230조 제1항 본문은 "친고죄에 대하여는 범인을 알게 된 날로부터 6월을 경과하면 고소하지 못한다."고 규정 하고 있는바, 여기서 범인을 알게 된다 함은 통상인의 입장에서 보아 고소권자가 고소를 할 수 있을 정도로 범죄사실과 범인을 아는 것을 의미하고, 범죄사실을 안다는 것은 고소권자가 친고죄에 해당하는 범죄의 피해가 있었다는 사실관계에 관하여 확정적인 인식이 있음을 말한다. ☐○|☐×

> 대판 2001. 10. 9. 2001도3106

정답 ○

056 21법9

친고죄가 아닌 죄로 공소가 제기되어 제1심에서 친고죄가 아닌 죄의 유죄판결을 선고받은 경우, 제1심에서 친고죄의 범죄사실은 현실적 심판대상이 되지 아니하였으므로 그 판결을 친고죄에 대한 제1심판결로 볼 수는 없고, 따라서 친고죄에 대한 제1심판결은 없었다고 할 것이므로 그 사건의 항소심에서도 고소를 취소할 수 있다. ☐○|☐×

> 항소심에서 공소장의 변경에 의하여 또는 공소장변경절차를 거치지 아니하고 법원 직권에 의하여 친고죄가 아닌 범죄를 친고죄로 인정하였더라도 항소심을 제1심이라 할 수는 없는 것이므로, 항소심에 이르러 비로소 고소인이 고소를 취소하였다면 이는 친고죄에 대한 고소취소로서의 효력은 없다 (대판 1999.4.15. 96도1922 전원합의체).

정답 ×

057 23법9 / 24승 / 21국9(교정직)

고소의 취소나 처벌을 희망하는 의사표시의 철회는 수사기관 또는 법원에 대한 법률행위적 소송행위이므로 공소제기 전에는 고소사건을 담당하는 수사기관에, 공소제기 후에는 고소사건의 수소법원에 대하여 이루어져야 한다. ☐○|☐×

> 고소의 취소나 처벌을 희망하는 의사표시의 철회는 수사기관 또는 법원에 대한 법률행위적 소송행위이므로 공소제기 전에는 고소사건을 담당하는 수사기관에, 공소제기 후에는 고소사건의 수소법원에 대하여 이루어져야 한다(대판 2012.2.23. 2011도17264).

정답 ○

058 22국9

고소는 제1심 판결 선고 전까지 취소할 수 있으나 상소심에서 제1심 공소기각판결을 파기하고 이 사건을 제1심으로 환송한 경우 환송받은 제1심에서는 판결 선고 전이더라도 친고죄에서의 고소를 취소할 수 없다. ☐O☐X☐

> 항소심에서 법률 위반을 이유로 제1심 공소기각판결을 파기하고 사건을 제1심법원에 환송함에 따라 다시 제1심 절차가 진행된 경우, 종전의 제1심판결은 이미 파기되어 효력을 상실하였으므로 환송 후의 제1심판결 선고 전에는 고소취소의 제한사유가 되는 제1심판결 선고가 없는 경우에 해당한다. 따라서 형사소송법 제327조 제5호에 의하여 공소기각판결을 하여야 함에도 불구하고 실체판단을 한 것은 위법하다(대판 2011.8.25. 2009도9112).

정답 ×

059 22·21법9 / 23승

친고죄에 있어서의 고소는 고소권 있는 자가 수사기관에 대하여 범죄사실을 신고하고 범인의 처벌을 구하는 의사표시로서 서면뿐만 아니라 구술로도 할 수 있는 것이고, 다만 구술에 의한 고소를 받은 검사 또는 사법경찰관은 조서를 작성하여야 하지만 그 조서가 독립된 조서일 필요는 없으며 수사기관이 고소권자를 증인 또는 피해자로서 신문한 경우에 그 진술에 범인의 처벌을 요구하는 의사표시가 포함되어 있고 그 의사표시가 조서에 기재되면 고소는 적법하게 이루어진 것이다. ☐O☐X☐

> 대판 1985. 3. 12. 85도190

정답 ○

060 24경1 / 21국9(교정직)

친고죄의 공범 중 그 일부에 대하여 제1심 판결이 선고된 후에는 제1심 판결 선고 전의 다른 공범자에 대하여는 그 고소를 취소할 수 없고, 그 고소의 취소가 있다 하더라도 그 효력을 발생할 수 없으며, 이러한 법리는 필요적 공범과 임의적 공범 모두에 적용된다. ☐O☐X☐

> 대판 1985. 11. 12. 85도1940

정답 ○

061 23승 / 24국9

친고죄의 공범 중 공범자 1인에 대하여 제1심 판결이 선고된 후에 제1심 판결 선고 전의 다른 공범자에 대하여 고소를 취소할 수 있다. ☐O☐X☐

> 대판 1985. 11. 12. 85도1940

정답 ×

062 21국9(교정직)

친고죄에서 고소는 제1심 판결 선고 전까지 취소할 수 있으므로, 상소심에서 제1심 공소기각판결을 파기하고 이 사건을 제1심 법원에 환송함에 따라 다시 제1심 절차가 진행된 때에는 환송 후의 제1심 판결 선고 전이라도 고소를 취소할 수 없다. ◯ⅠⅩ

> 종전의 제1심판결은 이미 파기되어 효력을 상실하였으므로 환송 후의 제1심판결 선고 전에는 고소취소의 제한사유가 되는 제1심판결 선고가 없는 경우에 해당한다. 따라서 형사소송법 제327조 제5호에 의하여 공소기각판결을 하여야 함에도 불구하고 실체판단을 한 것은 위법하다(대판 2011.8.25. 2009도9112).

정답 ✕

063 22국7

친고죄로 기소된 후에 피해자의 고소가 취소되었다면, 당초에 기소된 공소사실과 동일성이 인정되는 범위 내에서 비친고죄의 공소사실로 공소장이 변경되었더라도 공소기각의 판결을 하여야 한다. ◯ⅠⅩ

> 대판 2011.5.13. 2011도2233

정답 ✕

064 23법9 / 24국9

친고죄에서 피해자의 고소가 없거나 고소가 취소되었음에도 친고죄로 기소되었다가 그 후 당초에 기소된 공소사실과 동일성이 인정되는 비친고죄로 공소장변경이 허용된 경우라도 그 공소제기의 흠은 치유될 수 없다. ◯ⅠⅩ

> 친고죄에서 피해자의 고소가 없거나 고소가 취소되었음에도 친고죄로 기소되었다가 그 후 당초에 기소된 공소사실과 동일성이 인정되는 비친고죄로 공소장변경이 허용된 경우 그 공소제기의 흠은 치유되고, 친고죄로 기소된 후에 피해자의 고소가 취소되더라도 제1심이나 항소심에서 당초에 기소된 공소사실과 동일성이 인정되는 범위 내에서 다른 공소사실로 공소장을 변경할 수 있으며 이러한 경우 변경된 공소사실에 대하여 심리·판단하여야 하는데, 이는 반의사불벌죄에서 피해자의 '처벌을 희망하지 아니하는 의사표시' 또는 '처벌을 희망하는 의사표시의 철회'가 있는 경우에도 마찬가지로 보아야 한다(대판 2011.5.13. 2011도2233).

정답 ✕

065 22경2

형사소송법 제232조에 의하면 고소는 제1심판결 선고 전까지 취소할 수 있고, 고소를 취소한 자는 다시 고소할 수 없으며, 고소권자가 서면 또는 구술로써 수사기관 또는 법원에 고소를 취소하는 의사표시를 하였다면 그 고소는 적법하게 취소된 것이고, 그 후 고소취소를 철회하는 의사표시를 다시 하였다고 하여도 그것은 효력이 없다. ☐O☐X☐

> 고소취소는 범인의 처벌을 구하는 의사를 철회하는 수사기관 또는 법원에 대한 고소권자의 의사표시로서 형사소송법 제239조, 제237조에 의하여 서면 또는 구술로써 하면 족한 것이므로, 고소권자가 서면 또는 구술로써 수사기관 또는 법원에 고소를 취소하는 의사표시를 하였다고 보여지는 이상 그 고소는 적법하게 취소되었다고 할 것이고, 그 후 고소취소를 철회하는 의사표시를 다시 하였다고 하여도 그것은 효력이 없다 할 것이다(대판 2009.9.24. 2009도6779).

정답 O

066 22승

항소심에 이르러 비로소 반의사불벌죄가 아닌 죄에서 반의사불벌죄로 공소장이 변경되었더라도, 항소심에서 피해자가 밝힌 처벌불원의사를 받아들여 피고인에 대한 폭행죄의 공소를 기각하는 것은 형사소송법 제232조 제3항 및 제1항의 처벌을 희망하는 의사표시의 철회가능시기에 관한 법리오해의 위법이 있다. ☐O☐X☐

> 반의사불벌죄에 있어서 처벌을 희망하는 의사표시의 철회는 제1심판결선고 전까지 이를 할 수 있다고 규정하고 있는 바, 비록 항소심에 이르러 비로소 반의사불벌죄가 아닌 죄(상해죄)에서 반의사불벌죄(폭행죄)로 공소장변경이 있었다 하여 항소심인 제2심을 제1심으로 볼 수는 없다. 그러므로 원심이 이와 다른 견해에서 제2심에서 밝힌 처벌을 희망하지 아니하는 피해자의 의사를 받아들여 피고인에 대한 판시 폭행죄에 대한 공소를 기각하였음은 형사소송법 제232조 제3항, 제1항의 처벌을 희망하는 의사표시의 철회의 시기에 관한 법리를 오해한 위법이 있다 할 것이다(대판 1988.3.8. 85도2518).

정답 O

067 23국9(교정직)

항소심에 이르러 반의사불벌죄가 아닌 죄에서 반의사불벌죄로 공소장이 변경된 경우에는 예외적으로 항소심에서도 처벌을 희망하는 의사표시를 철회할 수 있다. ☐O☐X☐

> 대판 1988.3.8. 85도2518

정답 ×

068 73간

관련 민사사건에서 제1심판결 선고 전에 '이 사건과 관련하여 서로 상대방에 대하여 제기한 형사 고소 사건의 일체를 모두 취하한다'는 내용이 포함된 조정이 성립되었다면, 조정성립 후 고소인이 제1심 법정에서 여전히 피고인의 처벌을 원한다는 취지로 진술하더라도 고소를 취소한 것으로 볼 수 있다. ○|×

> 관련 민사사건에서 '이 사건과 관련하여 서로 상대방에 대하여 제기한 형사 고소 사건 일체를 모두 취하한다'는 내용이 포함된 조정이 성립된 것만으로는 고소인이 수사기관이나 제1심 법정에 피고인에 대한 고소를 취소하였다거나 처벌을 원하지 아니한다는 의사를 표시한 것으로 보기 어렵다(대판 2004.3.25. 2003도8136).

정답 ×

069 21승

「성폭력범죄의 처벌 등에 관한 특례법」 제27조에 따라 성폭력범죄 피해자의 변호사는 피해자를 대리하여 피고인에 대한 처벌을 희망하는 의사표시를 철회하거나 처벌을 희망하지 않는 의사표시를 할 수 있다. ○|×

> 성폭력범죄의 처벌 등에 관한 특례법 제27조는 … 피해자의 변호사는 형사절차에서 피해자등의 대리가 허용될 수 있는 모든 소송행위에 대한 포괄적인 대리권을 가진다(제5항). 따라서 피해자의 변호사는 피해자를 대리하여 피고인에 대한 처벌을 희망하는 의사표시를 철회하거나 처벌을 희망하지 않는 의사표시를 할 수 있다(대판 2019.12.13. 2019도10678).

정답 ○

070 21승

피해자가 피고인을 고소한 사건에서, 법원으로부터 증인으로 출석하라는 소환장을 받은 피해자가 자신에 대한 증인소환을 연기해 달라고 하거나 기일변경신청을 하고 출석을 하지 않는 경우, 법원은 이를 피해자의 처벌불원의 의사표시로 볼 수 있다. ○|×

> 반의사불벌죄에 있어서 피해자가 처벌을 희망하지 아니하는 의사표시나 처벌을 희망하는 의사표시의 철회를 하였다고 인정하기 위해서는 피해자의 진실한 의사가 명백하고 믿을 수 있는 방법으로 표현되어야 할 것인바, 증인소환 연기요청, 기일변경신청하고 공판정에 불출석한 사정 등은 피고인에 대한 처벌을 희망하지 아니하거나 처벌을 희망하는 의사표시를 철회하는 피해자의 진정한 의사가 명백하고 믿을 수 있는 방법으로 표시되었다고 볼 수 없다(대판 2001.6.15. 2001도1809).

정답 ×

071 21승

피고인이 피해자로부터 합의서를 교부받아 피고인이 피해자를 대리하여 처벌불원의사서를 수사기관에 제출한 이상, 이후 피고인이 피해자에게 약속한 치료비 전액을 지급하지 아니한 경우에도 민사상 치료비에 관한 합의금지급채무가 남는 것은 별론으로 하고 피해자는 처벌불원의사를 철회할 수 없다. ⓞⓧ

> 민·형사상 문제삼지 아니하기로 합의하고 피고인으로부터 합의금 일부를 수령하면서 피고인에게 합의서를 작성·교부하고, 피고인이 그 합의서를 수사기관에 제출한 경우, 피해자는 그 합의서를 작성·교부함으로써 피고인에게 자신을 대리하여 자신의 처벌불원의사를 수사기관에 표시할 수 있는 권한을 수여하였고, 이에 따라 피고인이 그 합의서를 수사기관에 제출한 이상 피해자의 처벌불원의사가 수사기관에 적법하게 표시되었으며, 이후 피고인이 피해자에게 약속한 치료비 전액을 지급하지 아니한 경우에도 민사상 치료비에 관한 합의금지급채무가 남는 것은 별론으로 하고 처벌불원의사를 철회할 수 없다(대판 2001.12.14. 2001도4283).

정답 ○

072 72간

甲과 乙이 공모하여 A에 대하여 사실적시에 의한 명예훼손을 한 혐의로 공소제기 되었으나 A가 甲에 대하여만 처벌불원의 의사를 표시하였다면, 법원은 A의 이러한 의사에 기하여 乙에 대하여 공소기각판결을 선고해서는 안 된다. ⓞⓧ

> 형사소송법이 고소와 고소취소에 관한 규정을 하면서 제232조 제1항, 제2항에서 고소취소의 시한과 재고소의 금지를 규정하고 제3항에서는 반의사불벌죄에 제1항, 제2항의 규정을 준용하는 규정을 두면서도, 제233조에서 고소와 고소취소의 불가분에 관한 규정을 함에 있어서는 반의사불벌죄에 이를 준용하는 규정을 두지 아니한 것은 처벌을 희망하지 아니하는 의사표시나 처벌을 희망하는 의사표시의 철회에 관하여 친고죄와는 달리 공범자간에 불가분의 원칙을 적용하지 아니하고자 함에 있다고 볼 것이지, 입법의 불비로 볼 것은 아니다(대판 1994. 4. 26. 93도1689). 즉, 반의사불벌죄에 대해서는 고소의 주관적 불가분원칙이 적용되지 아니한다. 명예훼손죄는 반의사불벌죄에 해당하므로 A가 甲에 대하여만 처벌불원의 의사를 표시하였다면, 법원은 A의 이러한 의사에 기하여 乙에 대하여는 실체재판을 하여야 하고 공소기각판결을 선고하여서는 아니된다.

정답 ○

073 22승

피해자가 나이 어린 미성년자인 경우 그 법정대리인이 밝힌 처벌불원의 의사표시에 피해자 본인의 의사가 포함되어 있는지는 대상 사건의 유형 및 내용, 피해자의 나이, 합의의 실질적인 주체 및 내용, 합의 전후의 정황, 법정대리인 및 피해자의 태도 등을 종합적으로 고려하여 판단해야 하는 것인데, 해당 처벌불원의 의사표시의 존재 여부는 당사자가 항소이유로 주장하지 아니한 이상 항소심 법원이 이를 직권으로 조사·판단할 필요는 없다. ⓞⓧ

> 희망하지 않는 의사표시의 부존재는 소극적 소송조건으로서 직권조사사항에 해당하므로 당사자가 항소이유로 주장하지 않았더라도 원심은 이를 직권으로 조사·판단해야 한다(대판 2021. 10. 28. 2021도10010).

정답 ✕

074 20국7

반의사불벌죄에 있어서 성인인 피해자가 교통사고로 인해 의식을 회복하지 못하여 처벌희망 여부에 관한 의사표시를 할 수 있는 소송능력이 있다고 할 수 없는 경우, 피해자의 부모가 피해자를 대리하여 처벌을 희망하지 아니한다는 의사를 표시하면 처벌할 수 없다. ☐O☐X☐

> 의식을 회복하지 못하고 있는 이상 피해자에게 반의사불벌죄에서 처벌희망 여부에 관한 의사표시를 할 수 있는 소송능력이 있다고 할 수 없고, 피해자의 아버지가 피해자를 대리하여 피고인에 대한 처벌을 희망하지 아니한다는 의사를 표시하는 것 역시 허용되지 아니할 뿐만 아니라 피해자가 성년인 이상 의사능력이 없다는 것만으로 피해자의 아버지가 당연히 법정대리인이 된다고 볼 수도 없으므로, 피해자의 아버지가 피고인에 대한 처벌을 희망하지 아니한다는 의사를 표시하였더라도 그것이 반의사불벌죄에서의 처벌희망 여부에 관한 피해자의 의사표시로서 소송법적으로 효력이 발생할 수는 없다(대판 2013.9.26. 2012도568).

정답 ×

075 22·21승

반의사불벌죄의 공범 중 1인에 대한 처벌을 희망하지 않는 의사표시는 다른 공범자에 대하여 효력이 없다. ☐O☐X☐

> 형사소송법이 고소와 고소취소에 관한 규정을 하면서 제232조 제1항, 제2항에서 고소취소의 시한과 재고소의 금지를 규정하고 제3항에서는 반의사불벌죄에 제1항, 제2항의 규정을 준용하는 규정을 두면서도, 제233조에서 고소와 고소취소의 불가분에 관한 규정을 함에 있어서는 반의사불벌죄에 이를 준용하는 규정을 두지 아니한 것은 처벌을 희망하지 아니하는 의사표시나 처벌을 희망하는 의사표시의 철회에 관하여 친고죄와는 달리 공범자간에 불가분의 원칙을 적용하지 아니하고자 함에 있다고 볼 것이지, 입법의 불비로 볼 것은 아니다(대판 1994.4.26. 93도1689).

정답 ○

076 21경2 / 24승 / 23국9(교정직)

친고죄에서 고소 유무에 대한 사실은 자유로운 증명의 대상이나, 반의사불벌죄에서 피고인 또는 피의자의 처벌불원 의사표시 또는 처벌희망 의사표시 철회의 유무나 그 효력 여부에 관한 사실은 엄격한 증명의 대상이다. ☐O☐X☐

> 반의사불벌죄에서 피고인 또는 피의자의 처벌을 희망하지 않는다는 의사표시 또는 처벌희망 의사표시 철회의 유무나 그 효력 여부에 관한 사실은 엄격한 증명의 대상이 아니라 증거능력이 없는 증거나 법률이 규정한 증거조사방법을 거치지 아니한 증거에 의한 증명, 이른바 자유로운 증명의 대상이다(대판 2010.10.14. 2010도5610).

정답 ×

077 22·21승 / 22·20국7

반의사불벌죄에 있어서 미성년자인 피해자의 피고인 또는 피의자에 대한 처벌을 희망하지 않는다는 의사표시 또는 처벌을 희망하는 의사표시의 철회는, 의사능력이 있는 한 피해자가 단독으로 할 수 있고, 거기에 법정대리인의 동의가 있어야 한다거나 법정대리인에 의해 대리되어야 하는 것은 아니다. ☐O|X☐

> 반의사불벌죄에 있어서 피해자의 피고인 또는 피의자에 대한 처벌을 희망하지 않는다는 의사표시 또는 처벌을 희망하는 의사표시의 철회는, 형사소송절차에 있어서의 소송능력에 관한 일반원칙에 따라, 의사능력이 있는 피해자가 단독으로 이를 할 수 있고, 거기에 법정대리인의 동의가 있어야 한다거나 법정대리인에 의해 대리되어야만 한다고 볼 것은 아니다(대판 2009.11.19. 2009도6058 전원합의체).

정답 O

078 24법9

폭행죄의 피해자가 의사능력 있는 미성년자인 경우, 그 미성년자가 가해자에 대한 처벌을 원하지 않는다는 의사표시를 명백히 하면 공소를 제기할 수 없다. ☐O|X☐

> 대판 2009.11.19. 2009도6058 전원합의체

정답 O

079 24국9

친고죄의 공범자 간 고소불가분의 원칙은 반의사불벌죄에서 처벌을 희망하지 아니하는 의사표시나 처벌을 희망하는 의사표시의 철회에 관하여도 적용된다. ☐O|X☐

> 형사소송법이 고소와 고소취소에 관한 규정을 하면서 제232조 제1항, 제2항에서 고소취소의 시한과 재고소의 금지를 규정하고 제3항에서는 반의사불벌죄에 제1항, 제2항의 규정을 준용하는 규정을 두면서도, 제233조에서 고소와 고소취소의 불가분에 관한 규정을 함에 있어서는 반의사불벌죄에 이를 준용하는 규정을 두지 아니한 것은 처벌을 희망하지 아니하는 의사표시나 처벌을 희망하는 의사표시의 철회에 관하여 친고죄와는 달리 공범자간에 불가분의 원칙을 적용하지 아니하고자 함에 있다고 볼 것이지, 입법의 불비로 볼 것은 아니다(대판 1994.4.26. 93도1689).

정답 ×

080 21경2 / 23승

반의사불벌죄에 있어서 처벌불원의 의사표시의 부존재는 소위 소극적 소송조건으로서 직권조사사항이라 할 것이므로 당사자가 항소이유로 주장하지 아니하였다고 하더라도 원심은 이를 직권으로 조사·판단하여야 한다. ☐O|X☐

> 대판 2009도9939

정답 O

081 23국9(교정직)

폭행죄는 피해자의 명시한 의사에 반하여 공소를 제기할 수 없는 반의사불벌죄로서 처벌불원의 의사표시는 의사능력이 있는 피해자가 단독으로 할 수 있는 것이고, 피해자가 사망한 후 그 상속인이 피해자를 대신하여 처벌불원의 의사표시를 할 수는 없다고 보아야 한다. ☐O☐X☐

> 대판 2010도2680

정답 O

082 21경2

「형사소송법」은 형사소추권의 발동 여부를 사인(私人)인 피해자의 의사에 맡겨 장기간 불확정한 상태에 두어 생기는 폐단을 막기 위해서 친고죄에 대하여 고소기간을 범인을 알게 된 날부터 6월로 제한하고 있으며, 이는 소추조건인 고발에도 적용된다. ☐O☐X☐

> 친고죄에 대하여는 범인을 알게 된 날로부터 6월을 경과하면 고소하지 못한다. 단, 고소할 수 없는 불가항력의 사유가 있는 때에는 그 사유가 없어진 날로부터 기산한다(제230조 제1항). 고발의 경우에는 동 조항을 준용하는 규정이 없다. 즉, 고발사건에 대해서는 고소사건과 달리 기간의 제한이 없다.

정답 ×

083 22승

고소는 대리가 허용되지만, 고발은 대리가 허용되지 않는다. ☐O☐X☐

> 고소는 대리인으로 하여금 하게 할 수 있다(제236조). 그러나 고발의 경우에는 대리를 허용하는 규정이 없어 대리가 허용되지 아니한다.

정답 O

084 21경1 / 71간 / 21승 / 22국7 / 22국9

세무공무원 등의 고발이 있어야 공소를 제기할 수 있는 조세범처벌법위반죄에 관하여 일단 불기소처분이 있었더라도 세무공무원 등이 종전에 한 고발은 여전히 유효하므로, 나중에 같은 범죄사실로 공소를 제기함에 있어 세무공무원 등의 새로운 고발이 있어야 하는 것은 아니다. ☐O☐X☐

> 검사의 불기소처분에는 확정재판에 있어서의 확정력과 같은 효력이 없어 일단 불기소처분을 한 후에도 공소시효가 완성되기 전이면 언제라도 공소를 제기할 수 있으므로, 세무공무원 등의 고발이 있어야 공소를 제기할 수 있는 조세범처벌법 위반죄에 관하여 일단 불기소처분이 있었더라도 세무공무원 등이 종전에 한 고발은 여전히 유효하다. 따라서 나중에 공소를 제기함에 있어 세무공무원 등의 새로운 고발이 있어야 하는 것은 아니다(대판 2009.10.29. 2009도6614).

정답 O

085 24법9

공정거래위원회의 고발이 있어야 공소를 제기할 수 있는 독점규제 및 공정거래에 관한 법률 위반죄를 적용하여 위반행위자들 중 일부에 대하여 공정거래위원회가 고발을 하였다면 나머지 위반행위자에 대하여도 위 고발의 효력이 미친다. ☐O|X☐

> 명문의 근거 규정이 없을 뿐만 아니라 소추요건이라는 성질상의 공통점 외에 그 고소·고발의 주체와 제도적 취지 등이 상이함에도, 친고죄에 관한 고소의 주관적 불가분원칙을 규정하고 있는 형사소송법 제233조가 공정거래위원회의 고발에도 유추적용된다고 해석한다면 이는 공정거래위원회의 고발이 없는 행위자에 대해서까지 형사처벌의 범위를 확장하는 것으로서, 결국 피고인에게 불리하게 형벌법규의 문언을 유추해석한 경우에 해당하므로 죄형법정주의에 반하여 허용될 수 없다(대판 2010.9.30. 2008도4762).

정답 ×

086 21승

법인세는 사업연도를 과세기간으로 하는 것이므로 그 포탈범죄는 각 사업연도마다 1개의 범죄가 성립하는데, 일죄의 관계에 있는 범죄사실의 일부에 대한 공소제기 및 고발의 효력은 그 일죄의 전부에 대하여 미친다. ☐O|X☐

> 대판 2005.1.14. 2002도5411

정답 ○

087 24경1

「조세범 처벌절차법」에 따라 범칙사건에 대한 고발이 있는 경우 그 고발의 효력은 범칙사건에 관련된 범칙사실의 전부에 미치고 한 개의 범칙사실의 일부에 대한 고발은 그 전부에 대하여 효력이 생긴다. ☐O|X☐

> 동일한 부가가치세의 과세기간 내에 행하여진 조세포탈기간이나 포탈액수의 일부에 대한 조세포탈죄의 고발이 있는 경우 그 고발의 효력은 그 과세기간 내의 조세포탈기간 및 포탈액수 전부에 미친다(대판 2009.7.23. 2009도3282).

정답 ○

088 72간 / 21승

수개의 범칙사실 중 일부만을 범칙사건으로 하는 고발이 있는 경우에 고발장에 기재된 범칙사실과 동일성이 인정되지 않는 다른 범칙사실에 대해서는 고발의 효력이 미치지 아니한다. ○ X

> 고발은 범죄사실에 대한 소추를 요구하는 의사표시로서 그 효력은 고발장에 기재된 범죄사실과 동일성이 인정되는 사실 모두에 미치므로, 조세범 처벌절차법에 따라 범칙사건에 대한 고발이 있는 경우 고발의 효력은 범칙사건에 관련된 범칙사실의 전부에 미치고 한 개의 범칙사실의 일부에 대한 고발은 전부에 대하여 효력이 생긴다(대판 2014.10.15. 2013도5650). 따라서 고발장에 기재된 범칙사실과 동일성이 인정되지 않는 다른 범칙사실에 대해서는 고발의 효력이 미치지 아니한다.

정답 ○

089 21경1

전속고발사건에 있어서 수사기관이 고발에 앞서 수사를 하고 甲에 대한 구속영장을 발부받은 후 검찰의 요청에 따라 관계공무원이 고발조치를 하였다고 하더라도 공소제기 전에 고발이 있은 이상 甲에 대한 공소제기의 절차가 법률의 규정에 위반하여 무효라고 할 수는 없다. ○ X

> 조세범처벌법 제6조의 세무종사 공무원의 고발은 공소제기의 요건이고 수사개시의 요건은 아니므로 수사기관이 고발에 앞서 수사를 하고 피고인에 대한 구속영장을 발부받은 후 검찰의 요청에 따라 세무서장이 고발조치를 하였다고 하더라도 공소제기 전에 고발이 있은 이상 조세범처벌법 위반사건 피고인에 대한 공소제기의 절차가 법률의 규정에 위반하여 무효라고 할 수 없다(대판 1995.3.10. 94도3373).

정답 ○

090 21승 / 23국9

구 「조세범 처벌법」(2010. 1. 1. 법률 제9919호로 개정되기 전의 것) 제6조의 세무종사 공무원의 고발에 앞서 수사를 하고 피고인에 대한 구속영장을 발부받은 후 검찰의 요청에 따라 세무서장이 공소제기 전에 고발을 하였다면 「조세범 처벌법」 위반사건 피고인에 대한 공소제기의 절차가 무효라고 할 수는 없다. ○ X

> 대판 1995.3.10. 94도3373

정답 ○

091 21경1

공정거래위원회가 사업자에게 「독점규제 및 공정거래에 관한 법률」의 규정을 위반한 혐의가 있다고 인정하여 동법 제71조에 따라 사업자를 고발하였다면, 법원이 본안에 대하여 심판한 결과 위반되는 혐의 사실이 인정되지 아니하더라도 이러한 사정만으로는 그 고발을 기초로 이루어진 공소제기 등 형사절차의 효력에 영향을 미치지 아니한다. ⓞⅠ✕

> 공정거래위원회가 사업자에게 독점규제 및 공정거래에 관한 법률의 규정을 위반한 혐의가 있다고 인정하여 공정거래법 제71조에 따라 사업자를 고발하였다면 이로써 소추의 요건은 충족되며 공소가 제기된 후에는 고발을 취소하지 못함에 비추어 보면, 법원이 본안에 대하여 심판한 결과 공정거래법의 규정에 위반되는 혐의 사실이 인정되지 아니하거나 그 위반 혐의에 관한 공정거래위원회의 처분이 위법하여 행정소송에서 취소된다 하더라도 이러한 사정만으로는 그 고발을 기초로 이루어진 공소제기 등 형사절차의 효력에 영향을 미치지 아니한다(대판 2015.9.10. 2015도3926).

정답 ○

092 21승

일반사법경찰관이 출입국관리사무소장의 고발을 요하는 출입국사범에 대하여 출입국관리사무소장의 고발이 있기 전에 한 수사는 특단의 사정이 없는 한 그 사유만으로 수사가 위법하다고 할 수 없다. ⓞⅠ✕

> 법률에 의하여 고소나 고발이 있어야 논할 수 있는 죄에 있어서 고소 또는 고발은 이른바 소추조건에 불과하고 당해 범죄의 성립요건이나 수사의 조건은 아니므로, 위와 같은 범죄에 관하여 고소·고발이 있기 전에 수사를 하였다고 하더라도, 그 수사가 장차 고소·고발이 있을 가능성이 없는 상태 하에서 행해졌다는 등의 특단의 사정이 없는 한, 고소·고발이 있기 전에 수사를 하였다는 이유만으로 그 수사가 위법하다고 볼 수는 없다(대판 2011.3.10. 2008도7724 등). 출입국관리법 위반사건도 즉시고발 사건에 해당한다.

정답 ○

제3절 | 임의수사

001 23·21승

「형사소송법」상 임의수사가 원칙이고 강제수사는 법률에 특별한 규정이 있는 경우에 한하여 예외적으로 허용된다. ⓞⅠ✕

> 수사에 관하여는 그 목적을 달성하기 위하여 필요한 조사를 할 수 있다. 다만, 강제처분은 이 법률에 특별한 규정이 있는 경우에 한하며, 필요한 최소한도의 범위 안에서만 하여야 한다(제199조 제1항). 검사와 사법경찰관은 수사를 할 때 수사 대상자의 자유로운 의사에 따른 임의수사를 원칙으로 해야 하고, 강제수사는 법률에서 정한 바에 따라 필요한 경우에만 최소한의 범위에서 하되, 수사 대상자의 권익 침해의 정도가 더 적은 절차와 방법을 선택해야 한다(수사준칙 제10조 제1항).

정답 ○

002 73간

「형사소송법」에서 규정하고 있는 임의수사로는 피의자신문, 참고인조사, 공무소 등에 대한 사실조회, 감정·통역·번역의 위촉이 있다. ⃞O⃞X⃞

> 형사소송법상의 임의수사에는 피의자신문, 피의자 이외의 자의 조사(참고인조사, 감정·통역·번역의 위촉), 사실조회(공무소 등에 대한 조회)가 있다.

정답 ○

003 21승

임의수사의 경우에도 법률이 수사활동의 요건·절차를 규정하고 있다면, 그에 위반하여 수집한 증거는 위법수집증거로서 증거능력이 부정된다. ⃞O⃞X⃞

> 형사소송법 제200조 제2항은 검사 또는 사법경찰관이 출석한 피의자의 진술을 들을 때에는 미리 피의자에 대하여 진술을 거부할 수 있음을 알려야 한다고 규정하고 있는바, 이러한 피의자의 진술거부권은 헌법이 보장하는 형사상 자기에 불리한 진술을 강요당하지 않는 자기부죄거부의 권리에 터잡은 것이므로 수사기관이 피의자를 신문함에 있어서 피의자에게 미리 진술거부권을 고지하지 않은 때에는 그 피의자의 진술은 위법하게 수집된 증거로서 진술의 임의성이 인정되는 경우라도 증거능력이 부인되어야 한다(대판 1992.6.23. 92도682). 피의자신문은 임의수사이나 법률에서 진술거부권을 고지하도록 규정하고 있는바 이러한 요건과 절차를 준수하지 아니한 채 획득한 진술은 위법수집증거로서 증거능력이 배제된다.

정답 ○

004 21승

상대방의 동의를 얻어 보호실 등 특정한 장소에 유치하는 승낙유치는 임의수사의 한 종류로 영장 없이 할 수 있다. ⃞O⃞X⃞

> 경찰관직무집행법상 정신착란자, 주취자, 자살기도자 등 응급의 구호를 요하는 자를 24시간을 초과하지 아니하는 범위 내에서 경찰서에 보호조치할 수 있는 시설로 제한적으로 운영되는 경우를 제외하고는, 구속영장을 발부받음이 없이 피의자를 보호실에 유치함은 영장주의에 위배되는 위법한 구금으로서 적법한 공무수행이라고 볼 수 없다(대판 1994.3.11. 93도958).

정답 ×

005 22경2

경찰관이 동행에 앞서 피의자에게 동행을 거부할 수 있음을 알려 주었거나 동행한 피의자가 언제든지 자유로이 동행 과정에서 이탈 또는 동행 장소로부터 퇴거할 수 있었음이 인정되는 등 오로지 피의자의 자발적인 의사에 의하여 수사관서에의 동행이 이루어졌음이 객관적인 사정에 의하여 명백하게 입증된 경우에 한하여 임의동행의 적법성이 인정된다. ⃞O⃞X⃞

> 대판 2006. 7. 6. 2005도6810

정답 ○

006 22경2

경찰관이 甲을 경찰서로 동행할 당시 甲에게 언제든지 동행을 거부할 수 있음을 고지한 다음 동행에 대한 동의를 구하였고, 이에 甲이 고개를 끄덕이며 동행의 의사표시를 하였으며, 동행 당시 경찰관에게 욕을 하거나 특별한 저항을 하지 않고서 동행에 순순히 응하였으며, 동행 당시 술에 취한 상태이긴 하였으나, 동행 후 경찰서에서 주취운전자 정황진술보고서의 날인을 거부하고 "이번이 3번째 음주운전이다. 난 시청직원이다. 1번만 봐달라."라고 말한 경우, 甲에 대한 임의동행은 적법하다. ○|×

> 대판 2012. 9. 13. 2012도8890

정답 ○

007 22경2

경찰관이 甲의 정신상태, 신체에 있는 주사바늘 자국, 알콜솜 휴대, 전과 등을 근거로 甲의 마약류 투약 혐의가 상당하다고 판단하여 경찰서로 임의동행을 요구하였고, 동행 장소인 경찰서에서 甲에게 마약류 투약 혐의를 밝힐 수 있는 소변과 모발의 임의제출을 요구하였다면, 이때 임의동행은 형사소송법 제199조 제1항에 따른 임의동행에 해당하지 아니한다. ○|×

> 피고인이 메트암페타민(일명 필로폰) 투약 혐의로 임의동행 형식으로 경찰서에 간 후 자신의 소변과 모발을 경찰관에게 제출하여 마약류 관리에 관한 법률 위반(향정)으로 기소된 사안에서, 경찰관은 당시 피고인의 정신 상태, 신체에 있는 주사바늘 자국, 알콜솜 휴대, 전과 등을 근거로 피고인의 마약류 투약 혐의가 상당하다고 판단하여 경찰서로 임의동행을 요구하였고, 동행장소인 경찰서에서 피고인에게 마약류 투약 혐의를 밝힐 수 있는 소변과 모발의 임의제출을 요구하였으므로 <u>피고인에 대한 임의동행은 마약류 투약 혐의에 대한 수사를 위한 것이어서 형사소송법 제199조 제1항에 따른 임의동행에 해당한다</u>(대판 2020.5.14. 2020도398).

정답 ×

008 22경2

술에 취한 상태에 있다고 인정할 만한 상당한 이유가 있는 운전자가 경찰관으로부터 언제라도 자유로이 퇴거할 수 있음을 고지받고 파출소까지 자발적으로 동행한 경우, 이 파출소에서의 음주측정요구는 위법한 체포 상태에서 이루어진 것이라고 할 수 없다. ○|×

> 대판 2015. 12. 24. 2013도8481

정답 ○

009 74간

운전자가 거부할 경우 사법경찰관에게 호흡측정을 강요할 권한은 없으나, 적법한 호흡조사 측정요구를 거부하는 행위 자체가 도로교통법위반(음주측정거부)죄를 구성한다. ⃞O⃞X

> 도로교통법 제148조의2 제1항 제2호(이하 '처벌조항'이라 한다)의 주된 목적은 음주측정을 간접적으로 강제함으로써 교통의 안전을 도모함과 동시에 음주운전에 대한 입증과 처벌을 용이하게 하려는 데 있는 것이지, 측정불응행위 자체의 불법성을 처벌하려는 데 있는 것은 아닌 점, … 처벌조항에서 말하는 '경찰공무원의 측정에 응하지 아니한 경우'란 전체적인 사건의 경과에 비추어 술에 취한 상태에 있다고 인정할 만한 상당한 이유가 있는 운전자가 음주측정에 응할 의사가 없음이 객관적으로 명백하다고 인정되는 때를 의미하고 … 운전자가 명시적이고도 적극적으로 음주측정을 거부하겠다는 의사를 표명한 것이라면 즉시 음주측정불응죄가 성립할 수 있다(대판 2015.12.24. 2013도8481).

정답 ○

010 24경2 / 22경1 / 22·21승 / 22국9(교정직)

전기통신의 감청은 '감청'의 개념 규정에 비추어 전기통신이 이루어지고 있는 상황에서 실시간으로 전기통신의 내용을 지득·채록하는 경우와 전기통신의 송·수신을 직접적으로 방해하는 경우를 의미하는 것이므로, 이미 수신이 완료된 전기통신에 관하여 남아있는 기록이나 내용을 열어보는 등의 행위는 포함하지 않는다. ⃞O⃞X

> '전기통신의 감청'은 위 '감청'의 개념 규정에 비추어 현재 이루어지고 있는 전기통신의 내용을 지득·채록하는 경우와 통신의 송·수신을 직접적으로 방해하는 경우를 의미하는 것이지 전자우편이 송신되어 수신인이 이를 확인하는 등으로 이미 수신이 완료된 전기통신에 관하여 남아 있는 기록이나 내용을 열어보는 등의 행위는 포함하지 않는다 할 것이다(대판 2013.11.28. 2010도12244).

정답 ○

011 21승

「형법」상 절도죄, 강도죄, 사기죄, 공갈죄는 「통신비밀보호법」상 범죄수사를 위한 통신제한조치가 가능한 범죄이다. ⃞O⃞X

> 통신비밀보호법 제5조 제1항 제1호에서 형법상 절도죄, 강도죄, 공갈죄에 대해서는 통신제한조치대상 범죄로 규정하고 있으나 사기죄에 대해서는 그 대상으로 규율하고 있지 아니하고 있다.

정답 ×

012 21경2

검사는 통신제한조치의 요건이 구비된 경우에 법원에 대하여 피의자뿐만 아니라 피내사자를 대상으로 한 통신제한조치를 허가하여 줄 것을 청구할 수 있다. ⃞O⃞|⃞X⃞

> 검사는 제5조 제1항의 요건(범죄수사를 위한 통신제한조치)이 구비된 경우에는 법원에 대하여 각 피의자별 또는 각 피내사자별로 통신제한조치를 허가하여 줄 것을 청구할 수 있다(통신비밀보호법 제6조 제1항).

정답 ○

013 21경2 / 71간

통신제한조치의 기간은 2개월을 초과하지 못하고, 그 기간 중 통신제한조치의 목적이 달성되었을 경우에는 즉시 종료하여야 한다. 다만, 범죄수사를 위한 통신제한조치의 허가요건이 존속 하는 경우에는 소명자료를 첨부하여 2개월의 범위에서 통신 제한조치기간의 연장을 청구할 수 있다. ⃞O⃞|⃞X⃞

> 통신비밀보호법 제6조 제7항

정답 ○

014 24경2

범죄수사를 위한 통신제한조치의 기간은 1개월을 초과하지 못하고, 그 기간 중 통신제한조치의 목적이 달성되었을 경우에는 즉시 종료하여야 한다. ⃞O⃞|⃞X⃞

> 통신비밀보호법 제6조 제7항

정답 ×

015 24경2

사법경찰관은 「통신비밀보호법」 제8조에 따른 긴급통신제한조치를 한 경우에 집행에 착수한 때부터 36시간 이내에 법원의 허가를 받지 못한 경우에는 해당 조치를 즉시 중지하고 해당 조치로 취득한 자료를 폐기하여야 한다. ⃞O⃞|⃞X⃞

> 통신비밀보호법 제8조 제5항

정답 ○

016 기간

통신기관등은 통신제한조치허가서에 기재된 통신제한조치 대상자의 전화번호 등이 사실과 일치하지 않을 경우에는 그 집행을 거부할 수 있으며, 어떠한 경우에도 전기통신에 사용되는 비밀번호를 누설할 수 없다. ○│×

> 통신비밀보호법 제9조 제4항

정답 ○

017 기간

통신제한조치의 집행주체가 제3자의 도움을 받지 않고서는 '대화의 녹음·청취'가 사실상 불가능하거나 곤란한 사정이 있는 경우에는 비례의 원칙에 위배되지 않는 한 제3자에게 집행을 위탁하거나 그로부터 협조를 받아 '대화의 녹음·청취'를 할 수 있는데, 이 경우 통신기관 등이 아닌 일반 사인에게는 당해 통신제한조치를 청구한 목적과 그 집행 또는 협조일시 및 대상을 기재한 대장을 작성하여 비치할 의무가 있다. ○│×

> 집행주체가 제3자의 도움을 받지 않고서는 '대화의 녹음·청취'가 사실상 불가능하거나 곤란한 사정이 있는 경우에는 비례의 원칙에 위배되지 않는 한 제3자에게 집행을 위탁하거나 그로부터 협조를 받아 '대화의 녹음·청취'를 할 수 있다고 봄이 타당하고, 그 경우 통신기관 등이 아닌 일반 사인에게 대장을 작성하여 비치할 의무가 있다고 볼 것은 아니다(대판 2015.1.22. 2014도10978 전원합의체).

정답 ×

018 24경2

사법경찰관은 통신제한조치를 집행한 사건에 관하여 검사가 공소를 제기하거나 제기하지 아니하는 처분(기소중지 또는 참고인중지 결정은 포함한다)의 통보를 받은 때에는 그 통보를 받은 날부터 30일 이내에 감청의 대상이 된 전기통신의 가입자에게 통신제한조치를 집행한 사실과 집행기관 및 그 기간 등을 서면으로 통지하여야 한다. ○│×

> 검사는 제6조제1항 및 제8조제1항에 따라 통신제한조치를 집행한 사건에 관하여 공소를 제기하거나, 공소의 제기 또는 입건을 하지 아니하는 처분(기소중지결정, 참고인중지결정을 제외한다)을 한 때에는 그 처분을 한 날부터 30일 이내에 우편물 검열의 경우에는 그 대상자에게, 감청의 경우에는 그 대상이 된 전기통신의 가입자에게 통신제한조치를 집행한 사실과 집행기관 및 그 기간 등을 서면으로 통지하여야 한다(통신비밀보호법 제9조의2 제1항 전단).

정답 ×

019 21경2

통신제한조치를 집행한 사건에 관하여 검사로부터 공소를 제기하거나 제기하지 아니하는 처분(기소중지 또는 참고인중지 결정은 제외한다)의 통보를 받거나 검찰송치를 하지 아니하는 처분(수사중지 결정은 제외한다) 또는 내사사건에 관하여 입건하지 아니하는 처분을 한 때에는 그 날부터 30일 이내에 감청의 대상이 된 전기통신의 가입자에게 통신제한조치를 집행한 사실과 집행기관 및 그 기간 등을 서면으로 통지하여야 한다. ○|×

> 통신비밀보호법 제9조의2 제2항

정답 ○

020 21경2

인터넷 회선을 통하여 송신·수신하는 전기통신을 대상으로 통신제한조치를 집행한 경우 그 전기통신의 보관 등을 하고자 하는 때에는 집행종료일부터 10일 이내에 보관 등이 필요한 전기통신을 선별하여 검사에게 보관 등의 승인을 신청하고, 검사는 신청일부터 10일 이내에 통신제한조치를 허가한 법원에 그 승인을 청구할 수 있다. ○|×

> 사법경찰관은 인터넷 회선을 통하여 송신·수신하는 전기통신을 대상으로 제6조 또는 제8조(제5조 제1항의 요건에 해당하는 사람에 대한 긴급통신제한조치에 한정한다)에 따른 통신제한조치를 집행한 경우 그 전기통신의 보관등을 하고자 하는 때에는 집행종료일부터 14일 이내에 보관등이 필요한 전기통신을 선별하여 검사에게 보관등의 승인을 신청하고, 검사는 신청일부터 7일 이내에 통신제한조치를 허가한 법원에 그 승인을 청구할 수 있다(통신비밀보호법 제12조의2 제2항).

정답 ×

021 24국9(교정직)

「통신비밀보호법」에 따라 검사 또는 사법경찰관은 수사를 위해 필요한 경우 법원의 허가를 받아 정보통신망에 접속된 정보통신기기의 위치를 확인할 수 있는 발신기지국의 위치추적자료의 제공을 요청할 수 있다. ○|×

> 검사 또는 사법경찰관은 수사 또는 형의 집행을 위하여 필요한 경우 전기통신사업법에 의한 전기통신사업자(이하 "전기통신사업자"라 한다)에게 통신사실 확인자료의 열람이나 제출(이하 "통신사실확인자료제공"이라 한다)을 요청할 수 있다(통신비밀보호법 제13조 제1항). 정보통신망에 접속된 정보통신기기의 위치를 확인할 수 있는 발신기지국의 위치추적자료는 통신비밀보호법상 통신사실확인자료에 해당한다(동법 제2조 제11호 바목 참조).

정답 ○

022   71간

3인 간의 대화에서 그 중 한 사람이 그 대화를 녹음 또는 청취하는 경우에 다른 두 사람의 발언은 그 녹음자 또는 청취자에 대한 관계에서 「통신비밀보호법」 제3조 제1항에서 정한 '타인 간의 대화'라고 할 수 없으므로, 이러한 녹음 또는 청취하는 행위 및 그 내용을 공개하거나 누설하는 행위가 「통신비밀보호법」 제16조 제1항에 해당한다고 볼 수 없다. ☐☒

> 대판 2006. 10. 12. 2006도4981

정답 ○

023   24승

「통신비밀보호법」 제3조 제1항 본문에 의하면 누구든지 이 법과 형사소송법 또는 군사법원법의 규정에 의하지 않고는 공개되지 않은 타인 간의 대화를 녹음하거나 청취하지 못하는데, 여기서 말하는 '공개되지 않았다.'는 것은 반드시 비밀과 동일한 의미는 아니다. ☐☒

> 통신비밀보호법 제14조 제1항이 공개되지 않은 타인 간의 대화를 녹음 또는 청취하지 못하도록 한 것은, 대화에 원래부터 참여하지 않는 제3자가 일반 공중이 알 수 있도록 공개되지 않은 타인 간의 발언을 녹음하거나 전자장치 또는 기계적 수단을 이용하여 청취해서는 안 된다는 취지이다. 여기서 **'공개되지 않았다'**는 것은 **반드시 비밀과 동일한 의미는 아니고** 일반 공중에게 공개되지 않았다는 의미이며, 구체적으로 공개된 것인지는 발언자의 의사와 기대, 대화의 내용과 목적, 상대방의 수, 장소의 성격과 규모, 출입의 통제 정도, 청중의 자격 제한 등 객관적인 상황을 종합적으로 고려하여 판단해야 한다(대판 2024.1.11. 2020도1538).

정답 ○

024   24국9

택시 운전기사인 피고인이 자신의 택시에 승차한 피해자들에게 질문하여 지속적인 답변을 유도하는 등의 방법으로 피해자들과의 대화를 이어나가면서 그 대화 내용을 공개한 경우, 피해자들의 발언은 피고인에 대한 관계에서 「통신비밀보호법」 제3조 제1항에서 정한 '타인 간의 대화'에 해당한다고 할 수 없다. ☐☒

> "공개되지 아니한 타인간의 대화를 녹음 또는 청취하지 못한다."라고 정한 것은, 대화에 원래부터 참여하지 않는 제3자가 그 대화를 하는 타인들 간의 발언을 녹음해서는 아니 된다는 취지이다. 3인 간의 대화에 있어서 그 중 한 사람이 그 대화를 녹음하는 경우에 다른 두 사람의 발언은 그 녹음자에 대한 관계에서 '타인 간의 대화'라고 할 수 없으므로, 이와 같은 녹음행위가 통신비밀보호법 제3조 제1항에 위배된다고 볼 수는 없다(대판 2006.10.12. 2006도4981, 대판 2014.5.16. 2013도16404).

정답 ○

025 24승

甲이 휴대전화기로 乙과 약 8분간의 통화를 마친 후 乙에 대한 예우 차원에서 바로 전화를 끊지 않고 乙이 먼저 전화를 끊기를 기다리던 중, 그 휴대전화기로부터 乙과 丙이 대화하는 내용이 들리자 이를 그 휴대전화기의 수신 및 녹음기능을 이용하여 대화를 몰래 청취하면서 녹음한 경우에 이 녹음은 위법하다고 할 수 있다. ○|×

> 구 통신비밀보호법 제3조 제1항이 공개되지 아니한 타인간의 대화를 녹음 또는 청취하지 못하도록 한 것은, 대화에 원래부터 참여하지 않는 제3자가 그 대화를 하는 타인간의 발언을 녹음 또는 청취해서는 아니 된다는 취지이다. 따라서 **대화에 원래부터 참여하지 않는 제3자가 일반 공중이 알 수 있도록 공개되지 아니한 타인간의 발언을 녹음하거나 전자장치 또는 기계적 수단을 이용하여 청취하는 것은 특별한 사정이 없는 한 같은 법 제3조 제1항에 위반된다**(대판 2016.5.12. 2013도15616). 따라서 동법 제14조에 따라 유죄의 증거로 사용할 수 없다.

정답 ○

026 24승

A가 비공개 조치를 한 후 인터넷개인방송을 하는 과정에서 A와 잘 아는 사이인 甲이 불상의 방법으로 접속하거나 시청하고 있다는 사정을 알면서도 방송을 중단하거나 甲을 배제하는 조치를 취하지 아니하고, 오히려 甲의 시청 사실을 전제로 甲을 상대로 한 발언을 하기도 하는 등 계속 진행을 하였더라도, 甲이 해당 방송을 시청하면서 음향·영상 등을 청취하거나 녹음하였다면 「통신비밀보호법」 제3조를 위반한 불법감청에 해당한다. ○|×

> 인터넷개인방송의 방송자가 비밀번호를 설정하는 등 그 수신 범위를 한정하는 비공개 조치를 취하지 않고 방송을 송출하는 경우, 누구든지 시청하는 것을 포괄적으로 허용하는 의사라고 볼 수 있으므로, 그 시청자는 인터넷개인방송의 당사자인 수신인에 해당하고, 이러한 시청자가 방송 내용을 지득·채록하는 것은 통신비밀보호법에서 정한 감청에 해당하지 않는다. 그러나 인터넷개인방송의 방송자가 비밀번호를 설정하는 등으로 **비공개 조치를 취한 후** 방송을 송출하는 경우에는, 방송자로부터 허가를 받지 못한 사람은 당해 인터넷개인방송의 당사자가 아닌 '제3자'에 해당하고, 이러한 제3자가 비공개 조치가 된 인터넷개인방송을 비정상적인 방법으로 시청·녹화하는 것은 통신비밀보호법상의 감청에 해당할 수 있다. 다만 **방송자가 이와 같은 제3자의 시청·녹화 사실을 알거나 알 수 있었음에도 방송을 중단하거나 그 제3자를 배제하지 않은 채 방송을 계속 진행하는 등 허가받지 아니한 제3자의 시청·녹화를 사실상 승낙·용인한 것으로 볼 수 있는 경우**에는 불특정인 혹은 다수인을 직간접적인 대상으로 하는 인터넷개인방송의 일반적 특성상 그 제3자 역시 인터넷개인방송의 당사자에 포함될 수 있으므로, 이러한 제3자가 방송 내용을 지득·채록하는 것은 통신비밀보호법에서 정한 감청에 해당하지 않는다(대판 2022.10.27. 2022도9877).

정답 ×

027 24승

인터넷개인방송의 방송자가 비밀번호를 설정하는 등 그 수신 범위를 한정하는 비공개 조치를 취하지 않고 방송을 송출하는 경우, 그 시청자는 인터넷개인방송의 당사자인 수신인에 해당하고, 이러한 시청자가 방송 내용을 지득·채록하는 것은 「통신비밀보호법」에서 정한 감청에 해당하지 않는다. ☐○ ☐×

> 대판 2022.10.27. 2022도9877

정답 ○

028 74간

정서적 학대를 당했다는 피해아동의 부모가 피해아동의 가방에 녹음기를 넣어 30명의 아동을 상대로 한 수업시간 중 교실에서 피의자인 담임교사가 한 발언을 몰래 녹음한 녹음파일은 통신비밀보호법을 위반하여 '공개되지 아니한 타인 간의 대화'를 녹음한 것이 아니므로 증거능력이 인정된다. ☐○ ☐×

> 피해아동의 담임교사인 피고인이 피해아동에게 수회에 걸쳐 아동의 정신건강 및 발달에 해를 끼치는 정서적 학대행위를 하였다는 이유로 아동학대범죄의 처벌 등에 관한 특례법 위반(아동복지시설종사자등의아동학대가중처벌)으로 기소된 사안에서, 피해아동의 부모가 피해아동의 가방에 녹음기를 넣어 수업시간 중 교실에서 피고인이 한 발언을 녹음한 녹음파일, 녹취록 등은 공개되지 아니한 타인 간의 대화를 녹음한 것이므로 통신비밀보호법 제14조 제2항 및 제4조에 따라 증거능력이 부정된다고 한 사례(대판 2024.1.11. 2020도1538).

정답 ×

029 22승

통신제한조치허가서에 의하여 허가된 통신제한조치가 '전기 통신 감청 및 우편물 검열'뿐인 경우 그 후 연장결정서에 당초 허가 내용에 없던 '대화녹음'이 기재되어 있다고 하더라도 이는 대화녹음의 적법한 근거가 되지 못한다. ☐○ ☐×

> 통신제한조치에 대한 기간연장결정은 원 허가의 내용에 대하여 단지 기간을 연장하는 것일 뿐 원 허가의 대상과 범위를 초과할 수 없다 할 것이므로, 통신제한조치허가서에 의하여 허가된 통신제한조치가 '전기통신 감청 및 우편물 검열'뿐인 경우 그 후 연장결정서에 당초 허가 내용에 없던 '대화녹음'이 기재되어 있다 하더라도 이는 대화녹음의 적법한 근거가 되지 못한다(대판 1999.9.3. 99도2317).

정답 ○

030 22승

검사는 형의 집행을 위하여 필요한 경우 전기통신사업법에 의한 전기통신사업자에게 통신사실 확인자료의 열람이나 제출을 요청할 수 있고, 이 경우에는 관할 지방법원(보통군사법원을 포함한다) 또는 지원의 허가를 받아야 한다. ○|×

> 통신비밀보호법 제13조 제3항

정답 ○

031 21승

사법경찰관이 「통신비밀보호법」 제8조에 따른 긴급통신제한조치를 할 경우에는 미리 검사의 지휘를 받아야 한다. 다만, 특히 급속을 요하여 미리 지휘를 받을 수 없는 사유가 있는 경우에는 긴급통신제한조치의 집행착수 후 지체없이 검사의 승인을 얻어야 한다. ○|×

> 통신비밀보호법 제8조 제3항

정답 ○

032 24경2 / 21승

불법감청에 의하여 녹음된 전화통화의 내용은 「통신비밀보호법」에 의하여 증거능력이 없으나 피고인이나 변호인이 이를 증거로 함에 동의한 때에는 예외적으로 증거능력이 인정된다. ○|×

> 통신비밀보호법 제3조 제1항에 위반한 불법감청에 의하여 녹음된 전화통화의 내용은 법 제4조에 의하여 증거능력이 없다. 그리고 사생활 및 통신의 불가침을 국민의 기본권의 하나로 선언하고 있는 헌법규정과 통신비밀의 보호와 통신의 자유 신장을 목적으로 제정된 통신비밀보호법의 취지에 비추어 볼 때 피고인이나 변호인이 이를 증거로 함에 동의하였다고 하더라도 달리 볼 것은 아니다(대판 2010.10.14. 2010도9016).

정답 ×

033 21승

법원이 패킷감청으로 취득한 자료의 보관을 위한 승인청구를 기각한 경우, 사법경찰관은 청구기각의 통지를 받은 날부터 7일 이내에 해당 전기통신을 폐기하고, 폐기결과보고서를 작성하여 7일 이내에 검사에게 송부하여야 한다. ◯/✕

> 검사 또는 사법경찰관은 제1항에 따른 청구나 제2항에 따른 신청을 하지 아니하는 경우에는 집행종료일부터 14일(검사가 사법경찰관의 신청을 기각한 경우에는 그 날부터 7일) 이내에 통신제한조치로 취득한 전기통신을 폐기하여야 하고, 법원에 승인청구를 한 경우(취득한 전기통신의 일부에 대해서만 청구한 경우를 포함한다)에는 제4항에 따라 법원으로부터 승인서를 발부받거나 청구기각의 통지를 받은 날부터 7일 이내에 승인을 받지 못한 전기통신을 폐기하여야 한다(통신비밀보호법 제12조 제5항). 검사 또는 사법경찰관은 제5항에 따라 통신제한조치로 취득한 전기통신을 폐기한 때에는, 폐기의 이유와 범위 및 일시 등을 기재한 폐기결과보고서를 작성하여 피의자의 수사기록 또는 피내사자의 내사사건기록에 첨부하고, 폐기일부터 7일 이내에 통신제한조치를 허가한 법원에 송부하여야 한다(통신비밀보호법 제12조 제6항).

정답 ✕

034 21승

「통신비밀보호법」은 패킷감청으로 취득한 자료의 관리에 관한 절차(「통신비밀보호법」 제12조의2)의 위반에 대해서는 벌칙 조항을 두고 있지 않다. ◯/✕

> 통신비밀보호법의 벌칙규정인 제16조, 제17조에서는 패킷감청으로 취득한 자료의 관리에 관한 절차(「통신비밀보호법」 제12조의2)의 위반에 대해서 따로 규정하고 있지 않다.

정답 ◯

035 21승

인터넷 통신망을 통하여 흐르는 전기신호 형태의 패킷(packet)을 중간에 확보하여 그 내용을 지득하는 이른바 '패킷 감청'도 「통신비밀보호법」에서 정한 요건을 갖추는 경우 다른 특별한 사정이 없는 한 허용된다. ◯/✕

> '패킷감청' 방식으로 이루어지는 인터넷회선 감청은 그 특성상, 실제 집행 단계에서 원래 허가받은 통신제한조치의 인적·물적 범위를 넘어 피의자 또는 피내사자의 범죄 수사와 무관한 정보뿐만 아니라 피의자 또는 피내사자와 무관하게 해당 인터넷회선을 이용하는 불특정 다수인의 정보까지 광범위하게 수사기관에 수집·보관되므로, 다른 종류의 통신제한조치에 비하여, 개인의 통신 및 사생활의 비밀과 자유가 침해될 가능성이 높다. 그런데 현행법은 인터넷통신 감청을 통신제한조치의 하나로 인정하면서 앞서 본 바와 같이 집행 단계나 그 이후에 인터넷회선 감청을 통해 수사기관이 취득한 자료에 대한 권한 남용을 방지하거나 개인의 통신 및 사생활의 비밀과 자유의 침해를 최소화하기 위한 조치를 제대로 마련하고 있지 않다. 이러한 여건 하에서 인터넷회선의 감청을 허용하는 것은 개인의 통신 및 사생활의 비밀과 자유에 심각한 위협을 초래하게 된다. 따라서 이 사건 법률조항으로 인하여 달성하려는 공익과 제한되는 사익 사이의 법익 균형성도 인정되지 아니한다. 그렇다면 이 사건 법률조항은 과잉금지원칙에 반하여 청구인의 통신 및 사생활의 비밀과 자유를 침해한다(헌재결 2018.8.30. 2016헌마263)라는 헌법불합치 판결이후 신설된 통신비밀보호법 제12조의2 등에서 일정한 요건을 충족하면 '패킷 감청'이 허용될 수 있게 되었다. 따라서 동 지문은 옳은 것으로 보아야 한다.

정답 ◯

036 21승

사법경찰관은 「통신비밀보호법」에 따른 패킷감청을 집행하여 그 전기통신을 보관하고자 하는 때에는 집행종료일로부터 14일 이내에 보관등이 필요한 전기통신을 선별하여 통신제한조치를 허가한 법원에 그 승인을 청구할 수 있다. ⃞O⃞X

> 사법경찰관은 인터넷 회선을 통하여 송신·수신하는 전기통신을 대상으로 제6조 또는 제8조(제5조 제1항의 요건에 해당하는 사람에 대한 긴급통신제한조치에 한정한다)에 따른 통신제한조치를 집행한 경우 그 전기통신의 보관등을 하고자 하는 때에는 <u>집행종료일부터 14일 이내에 보관등이 필요한 전기통신을 선별하여 검사에게 보관등의 승인을 신청하고, 검사는 신청일부터 7일 이내에 통신제한조치를 허가한 법원에 그 승인을 청구할 수 있다</u>(통신비밀보호법 제12조 제2항).

정답 ×

037 22승 / 22국9(교정직)

「통신비밀보호법」에서 보호하는 타인 간의 '대화'에는 원칙적으로 현장에 있는 당사자들이 말을 주고받는 육성과 의사소통 과정에서 사물에서 발생하는 음향이 포함된다. ⃞O⃞X

> 통신비밀보호법에서 보호하는 타인 간의 '대화'는 원칙적으로 <u>현장에 있는 당사자들이 육성으로 말을 주고받는 의사소통행위</u>를 가리킨다. 따라서 <u>사람의 육성이 아닌 사물에서 발생하는 음향은 타인 간의 '대화'에 해당하지 않는다</u>(대판 2017.3.15. 2016도19843).

정답 ×

038 22국9(교정직)

통신의 당사자 일방이 수사기관에 제출할 의도로 상대방의 동의 없이 전자장치나 기계장치를 사용하여 통신의 음향·문언·부호·영상을 청취하는 것은 「통신비밀보호법」이 정한 감청에 해당하지 아니한다. ⃞O⃞X

> 전기통신에 해당하는 전화통화 당사자의 일방이 상대방 모르게 통화내용을 녹음하는 것은 여기의 감청에 해당하지 아니하지만, 제3자의 경우는 설령 전화통화 당사자 일방의 동의를 받고 그 통화내용을 녹음하였다 하더라도 그 상대방의 동의가 없었던 이상, … 동법 제3조 제1항 위반이 된다고 해석하여야 할 것이다(대판 2002.10.8. 2002도123).

정답 ○

039 24승

전화통화 당사자의 일방이 상대방 모르게 통화내용을 녹음하는 것은 감청에 해당하지 아니하지만, 제3자의 경우는 설령 전화통화 당사자 일방의 동의를 받고 그 통화내용을 녹음하였다 하더라도 그 상대방의 동의가 없었던 이상 「통신비밀보호법」 제3조를 위반한 불법감청에 해당한다. ◯/✕

> 제3자의 경우는 설령 전화통화 당사자 **일방의 동의**를 받고 그 통화내용을 녹음하였다 하더라도 <u>그 상대방의 동의가 없었던 이상</u>, 사생활 및 통신의 불가침을 국민의 기본권의 하나로 선언하고 있는 헌법규정과 통신비밀의 보호와 통신의 자유 신장을 목적으로 제정된 <u>통신비밀보호법의 취지에 비추어 이는 동법 제3조 제1항 위반이 된다</u>고 해석하여야 할 것이다(대판 2002.10.8. 2002도123).

정답 ◯

040 22국9(교정직)

사법경찰관은 인터넷 회선을 통하여 송신·수신하는 전기통신을 대상으로 통신제한조치를 집행한 후 그 전기통신의 보관등을 하고자 하는 때에는 집행종료일부터 14일 이내에 보관등이 필요한 전기통신을 선별하여 검사에게 보관등의 승인을 청구하고, 검사는 청구가 이유 있다고 인정하는 경우에는 보관등을 승인하여야 한다. ◯/✕

> 사법경찰관은 인터넷 회선을 통하여 송신·수신하는 전기통신을 대상으로 통신제한조치를 집행한 경우 그 전기통신의 보관등을 하고자 하는 때에는 집행종료일부터 14일 이내에 보관등이 필요한 전기통신을 선별하여 검사에게 보관등의 승인을 신청하고, 검사는 신청일부터 7일 이내에 통신제한조치를 허가한 법원에 그 승인을 청구할 수 있다(통신비밀보호법 제12조의2).

정답 ✕

041 23경1

누구든지 자기의 얼굴 기타 모습을 함부로 촬영당하지 않을 자유를 가지므로, 수사기관이 범죄를 수사함에 있어 타인의 얼굴 기타 모습을 영장 없이 촬영하였다면, 그 촬영은 어떠한 경우라도 허용될 수 없다. ◯/✕

> 누구든지 자기의 얼굴 기타 모습을 함부로 촬영당하지 않을 자유를 가지나 이러한 자유도 <u>국가권력의 행사로부터 무제한으로 보호되는 것은 아니고 **국가의 안전보장·질서유지·공공복리를 위하여 필요한 경우에는 상당한 제한이 따르는 것**이고</u>, 수사기관이 범죄를 수사함에 있어 현재 범행이 행하여지고 있거나 행하여진 직후이고, 증거보전의 필요성 및 긴급성이 있으며, 일반적으로 허용되는 상당한 방법에 의하여 촬영을 한 경우라면 위 촬영이 영장 없이 이루어졌다 하여 <u>이를 위법하다고 단정할 수 없다</u>(대판 1999.9.3. 99도2317).

정답 ✕

042 73간

수사기관이 범죄를 수사함에 있어 현재 범행이 행하여지고 있거나 행하여진 직후이고, 증거보전의 필요성 및 긴급성이 있으며 일반적으로 허용되는 상당한 방법에 의하여 촬영을 한 경우에는, 그 촬영행위가 영장없이 이루어졌다 하여 이를 위법하다고 할 수 없다. ⃝|✕

> 수사기관이 범죄를 수사하면서 현재 범행이 행하여지고 있거나 행하여진 직후이고, 증거보전의 필요성 및 긴급성이 있으며, 일반적으로 허용되는 상당한 방법으로 촬영한 경우라면 위 촬영이 영장 없이 이루어졌다 하여 이를 위법하다고 할 수 없다. 다만 촬영으로 인하여 초상권, 사생활의 비밀과 자유, 주거의 자유 등이 침해될 수 있으므로 수사기관이 일반적으로 허용되는 상당한 방법으로 촬영하였는지 여부는 수사기관이 촬영장소에 통상적인 방법으로 출입하였는지 또 촬영장소와 대상이 사생활의 비밀과 자유 등에 대한 보호가 합리적으로 기대되는 영역에 속하는지 등을 종합적으로 고려하여 신중하게 판단하여야 한다(대판 2023.4.27. 2018도8161).

정답 ⃝

043 24승

경찰관들이 피고인 甲, 乙, 丙의 나이트클럽 내에서의 음란행위 영업에 관한 범죄 혐의가 포착된 상태에서 그 증거를 보전하기 위하여 불특정 다수에게 공개된 장소인 클럽에 통상적인 방법으로 출입하여 손님들에게 공개된 丙의 성행위를 묘사하는 장면이 포함된 공연에 대한 촬영이 영장 없이 이루어졌다면, 이 촬영물과 이를 캡처한 영상사진은 증거능력이 없다. ⃝|✕

> 나이트클럽의 운영자 피고인 갑, 연예부장 피고인 을, 남성무용수 피고인 병이 공모하여 클럽 내에서 성행위를 묘사하는 공연을 하는 등 음란행위 영업을 하여 풍속영업의 규제에 관한 법률 위반으로 기소되었는데, … 위 촬영물은 경찰관들이 피고인들에 대한 범죄 혐의가 포착된 상태에서 클럽 내에서의 음란행위 영업에 관한 증거를 보전하기 위하여, 불특정 다수에게 공개된 장소인 클럽에 통상적인 방법으로 출입하여 손님들에게 공개된 모습을 촬영한 것이므로, 영장 없이 촬영이 이루어졌더라도 위 촬영물과 이를 캡처한 영상사진은 증거능력이 인정된다는 이유로, 이와 달리 보아 피고인들에 대한 공소사실을 무죄로 판단한 원심판결에 수사기관 촬영물의 증거능력에 관한 법리오해의 잘못이 있다고 한 사례(대판 2023.4.27. 2018도8161).

정답 ✕

044 21경2 / 73간

검사는 사법경찰관과 동일한 범죄사실을 수사하게 된 때에는 사법경찰관에게 사건을 송치할 것을 요구할 수 있고 그 요구를 받은 사법경찰관은 지체없이 검사에게 사건을 송치하여야 하나, 검사가 영장을 청구하기 전에 범죄사실에 관하여 사법경찰관이 영장을 신청한 경우에는 해당 영장에 기재된 범죄사실을 계속 수사할 수 있다. ☐Ⅹ

> 검사는 사법경찰관과 동일한 범죄사실을 수사하게 된 때에는 사법경찰관에게 사건을 송치할 것을 요구할 수 있다(제197조의4 제1항). 제1항의 요구를 받은 사법경찰관은 지체 없이 검사에게 사건을 송치하여야 한다. 다만, 검사가 영장을 청구하기 전에 동일한 범죄사실에 관하여 사법경찰관이 영장을 신청한 경우에는 해당 영장에 기재된 범죄사실을 계속 수사할 수 있다(제197조의4 제1항).

정답 ○

045 21경2

사법경찰관이 범죄를 수사하여 범죄의 혐의가 있다고 인정되는 경우에는 지체 없이 검사에게 사건을 송치하고 관계 서류와 증거물을 검사에게 송부하여야 하고, 그 밖의 경우에는 그 이유를 명시한 서면과 함께 관계 서류와 증거물을 지체 없이 검사에게 송부하여야 한다. 후자의 경우 검사는 관계 서류와 증거물을 사법경찰관에게 반환할 필요가 없다. ☐Ⅹ

> **형사소송법 제245조의5(사법경찰관의 사건송치 등)**
> 사법경찰관은 고소·고발사건을 포함하여 범죄를 수사한 때에는 다음 각 호의 구분에 따른다.
> 1. 범죄의 혐의가 있다고 인정되는 경우에는 지체 없이 검사에게 사건을 송치하고, 관계 서류와 증거물을 송부하여야 한다.
> 2. 그 밖의 경우에는 그 이유를 명시한 서면과 함께 관계 서류와 증거물을 지체 없이 검사에게 송부하여야 한다. 이 경우 검사는 송부받은 날로부터 90일 이내에 사법경찰관에게 반환하여야 한다.

정답 ×

046 21경2 / 23승

형사소송법 제245조의5 제2호의 경우에 사법경찰관이 사건을 검사에게 송치하지 아니한 것이 위법 또는 부당한 때에는 검사는 그 이유를 문서로 명시하여 사법경찰관에게 재수사를 요청할 수 있고, 검사가 재수사를 요청한 경우 사법경찰관은 사건을 재수사하여야 한다. ☐Ⅹ

> **형사소송법 제245조의8(재수사요청 등)**
> ① 검사는 제245조의5 제2호의 경우에 사법경찰관이 사건을 송치하지 아니한 것이 위법 또는 부당한 때에는 그 이유를 문서로 명시하여 사법경찰관에게 재수사를 요청할 수 있다.
> ② 사법경찰관은 제1항의 요청이 있는 때에는 재수사하여야 한다.

정답 ○

047 23경2

검사는 사법경찰관이 사건을 송치하지 아니한 것이 위법 또는 부당한 때에는 그 이유를 문서로 명시하여 재수사를 요청할 수 있는데, 사법경찰관은 재수사 후 기소의견으로 사건을 검찰에 송치하거나 재차 불송치결정을 할 수 있다. ☐○ ☐×

> 제245조의8 제1항, 제2항. 사법경찰관은 법 제245조의8 제2항에 따라 재수사를 하여 ① 범죄의 혐의가 있다고 인정되는 경우에는 법 제245조의5 제1호에 따라 <u>검사에게 사건을 송치하고 관계 서류와 증거물을 송부하여야 하고</u>, ② 기존의 불송치 결정을 유지하는 경우에는 <u>재수사 결과서에 그 내용과 이유를 구체적으로 적어 검사에게 통보한다</u>(수사준칙 제64조 제1항, 제2항).

정답 ○

048 23경2 / 21경2

검사는 사법경찰관리의 수사과정에서 법령위반, 인권침해 또는 현저한 수사권 남용이 의심되는 사실의 신고가 있거나 그러한 사실을 인식하게 된 경우에는 즉시 사법경찰관에게 사건의 송치를 요구할 수 있고, 검사의 송치요구를 받은 사법경찰관은 검사에게 사건을 송치하여야 한다. ☐○ ☐×

> **형사소송법 제197조의3(시정조치요구 등)**
> ① 검사는 사법경찰관리의 수사과정에서 <u>법령위반, 인권침해 또는 현저한 수사권 남용이 의심되는 사실의 신고가 있거나 그러한 사실을 인식하게 된 경우에는 사법경찰관에게 사건기록 등본의 송부를 요구할 수 있다.</u>
> ② 제1항의 송부 요구를 받은 사법경찰관은 지체 없이 <u>검사에게 사건기록 등본을 송부하여야</u> 한다.
> ③ 제2항의 송부를 받은 검사는 필요하다고 인정되는 경우에는 사법경찰관에게 <u>시정조치를 요구할 수 있다.</u>
> ④ 사법경찰관은 제3항의 시정조치 요구가 있는 때에는 정당한 이유가 없는 한 <u>지체없이 이를 이행하고, 그 결과를 검사에게 통보하여야</u> 한다.
> ⑤ 제4항의 통보를 받은 검사는 제3항에 따른 <u>시정조치 요구가 정당한 이유 없이 이행되지 않았다고 인정되는 경우에는 사법경찰관에게 사건을 송치할 것을 요구할 수 있다.</u>
> ⑥ 제5항의 송치 요구를 받은 사법경찰관은 <u>검사에게 사건을 송치하여야</u> 한다.
> ⑦ 검찰총장 또는 각급 검찰청 검사장은 사법경찰관리의 수사과정에서 법령위반, 인권침해 또는 현저한 수사권 남용이 있었던 때에는 권한 있는 사람에게 해당 사법경찰관리의 <u>징계를 요구할 수 있고</u>, 그 징계 절차는 「공무원 징계령」 또는 「경찰공무원 징계령」에 따른다.
> ⑧ 사법경찰관은 피의자를 신문하기 전에 수사과정에서 법령위반, 인권침해 또는 현저한 수사권 남용이 있는 경우 검사에게 구제를 신청할 수 있음을 피의자에게 알려주어야 한다.

정답 ×

049 23승

검사가 사법경찰관과 동일한 범죄사실을 수사하게 된 경우에는 사법경찰관에게 사건을 송치할 것을 요구할 수 없다. ◯Ⅹ

> 제197조의3 제1항, 제2항

정답 ✕

050 24경2

검사는 사법경찰관리의 수사과정에서 법령위반, 인권침해 또는 현저한 수사권 남용이 의심되는 사실의 신고가 있거나 그러한 사실을 인식하게 된 경우에는 사법경찰관에게 사건기록 등본의 송부를 요구할 수 있다. ◯Ⅹ

> 검사는 사법경찰관리의 수사과정에서 법령위반, 인권침해 또는 현저한 수사권 남용이 의심되는 사실의 신고가 있거나 그러한 사실을 인식하게 된 경우에는 사법경찰관에게 사건기록 등본의 송부를 요구할 수 있다(제197조의3 제1항).

정답 ◯

051 24경2

형사소송법 제197조의3 제1항에 따라 검사로부터 사건기록 등본의 송부 요구를 받은 사법경찰관은 지체 없이 검사에게 사건기록 등본을 송부하여야 하며, 이 경우 사법경찰관은 요구를 받은 날부터 7일 이내에 사건기록 등본을 검사에게 송부해야 한다. ◯Ⅹ

> 형사소송법 제197조의3 제1항의 송부 요구를 받은 사법경찰관은 지체 없이 검사에게 사건기록 등본을 송부하여야 한다(제197조의3 제2항). 검사는 법 제197조의3제1항에 따라 사법경찰관에게 사건기록 등본의 송부를 요구할 때에는 그 내용과 이유를 구체적으로 적은 서면으로 해야 한다(검사와 사법경찰관의 상호협력과 일반적 수사준칙에 관한 규정 제45조 제1항). 사법경찰관은 <u>제1항에 따른 요구를 받은 날부터 7일 이내에 사건기록 등본을 검사에게 송부해야</u> 한다(동조 제2항).

정답 ◯

052 73간

검사 또는 사법경찰관은 조사, 신문, 면담 등 그 명칭을 불문하고 피의자에 대해 원칙적으로 오후 9시부터 오전 6시까지 사이에는 심야조사를 해서는 안 되며, 조서를 열람하거나 예외적으로 심야조사가 허용되는 경우를 제외하고는 총조사시간은 12시간을 초과하지 않아야 한다. ☐O☐|☐X☐

> 검사 또는 사법경찰관은 조사, 신문, 면담 등 그 명칭을 불문하고 피의자나 사건관계인에 대해 오후 9시부터 오전 6시까지 사이에 조사를 해서는 안 된다. 다만, 이미 작성된 조서의 열람을 위한 절차는 자정 이전까지 진행할 수 있다(수사준칙 제21조 제1항), 검사 또는 사법경찰관은 조사, 신문, 면담 등 그 명칭을 불문하고 피의자나 사건관계인을 조사하는 경우에는 대기시간, 휴식시간, 식사시간 등 모든 시간을 합산한 조사시간(이하 "총조사시간"이라 한다)이 12시간을 초과하지 않도록 해야 한다(수사준칙 제22조 제1항 본문).

정답 ○

053 24경2

검사 또는 사법경찰관은 오후 9시부터 오전 6시까지 사이에 조사를 해서는 안되지만, 공소시효가 임박하거나 피의자를 체포한 후 48시간 이내에 구속영장의 청구 또는 신청 여부를 판단하기 위해 불가피한 경우에는 심야조사를 할 수 있다. ☐O☐|☐X☐

> **검사와 사법경찰관의 상호협력과 일반적 수사준칙에 관한 규정 제21조(심야조사 제한)**
> ① 검사 또는 사법경찰관은 조사, 신문, 면담 등 그 명칭을 불문하고 피의자나 사건관계인에 대해 오후 9시부터 오전 6시까지 사이에 조사(이하 "심야조사"라 한다)를 해서는 안 된다. 다만, 이미 작성된 조서의 열람을 위한 절차는 자정 이전까지 진행할 수 있다.
> ② 제1항에도 불구하고 다음 각 호의 어느 하나에 해당하는 경우에는 심야조사를 할 수 있다. 이 경우 심야조사의 사유를 조서에 명확하게 적어야 한다.
>   1. 피의자를 체포한 후 48시간 이내에 구속영장의 청구 또는 신청 여부를 판단하기 위해 불가피한 경우
>   2. 공소시효가 임박한 경우
>   3. 피의자나 사건관계인이 출국, 입원, 원거리 거주, 직업상 사유 등 재출석이 곤란한 구체적인 사유를 들어 심야조사를 요청한 경우(변호인이 심야조사에 동의하지 않는다는 의사를 명시한 경우는 제외한다)로서 해당 요청에 상당한 이유가 있다고 인정되는 경우
>   4. 그 밖에 사건의 성질 등을 고려할 때 심야조사가 불가피하다고 판단되는 경우 등 법무부장관, 경찰청장 또는 해양경찰청장이 정하는 경우로서 검사 또는 사법경찰관의 소속 기관의 장이 지정하는 인권보호 책임자의 허가 등을 받은 경우

정답 ○

054 23승

검사 또는 사법경찰관은 조사에 상당한 시간이 소요되는 경우에는 특별한 사정이 없으면 피의자 또는 사건관계인에게 조사 도중에 최소한 2시간마다 10분 이상의 휴식시간을 주어야 한다. ☐○|X☐

> 수사준칙 제23조 제1항

정답 ○

055 21승

「형사소송법」상 피의자의 권리와 피고인의 권리는 동일하다. ☐○|X☐

> 수사의 객체인 피의자와 소송의 당사자인 피고인의 지위는 헌법과 형사소송법에서도 다를 수밖에 없어 양자의 권리가 동일할 수는 없다.

정답 ×

056 21승

「형사소송법」은 피의자의 지위를 강화하기 위해 진술거부권, 변호인의 조력을 받을 권리, 구속적부심사청구권, 압수·수색·검증에의 참여권 등을 보장하고 있다. ☐○|X☐

> 피의자에게는 진술거부권(제244조의3 제1항), 변호인의 조력을 받을 권리(제244조의3 제2항), 구속적부심사청구권(제214조의2 제1항) 그리고 압수·수색·검증에의 참여권(제219조, 제121조) 등의 권리가 형사소송법에 의하여 보장되고 있다.

정답 ○

057 24경2

검사 또는 사법경찰관은 피의자를 신문하기 전에 진술을 하지 아니할 수 있다는 것, 진술을 거부할 권리를 포기하고 행한 진술은 법정에서 유죄의 증거로 사용될 수 있다는 것, 신문을 받을 때에는 변호인을 참여하게 하는 등 변호인의 조력을 받을 수 있다는 것을 고지하여야 한다. ☐○|X☐

> 제244조의3 제1항

정답 ○

058 73간

수사기관이 피의자신문에 참여한 변호인에게 정당한 사유 없이 피의자 옆에 앉지 말고 뒤에 앉으라고 요구한 행위는 변호인의 변호권에 대한 침해행위에 해당한다. ☐O☐X☐

> 헌재결 2017.11.30. 2016헌마503

정답 O

059 24경1

변호인이 검찰수사관으로부터 "구속된 피의자가 변호인 참여 없이 조사를 받지 않겠다고 하니 즉시 와달라"는 연락을 받고 조사실에 도착하여 피의자 옆에 앉으려고 하자, 검찰수사관이 조사실의 장소적 제약 등과 같은 특별한 사정이 없음에도 변호인에게 피의자 후방에 앉으라고 요구한 행위는 변호인의 변호권을 침해한다. ☐O☐X☐

> 헌재결 2017.11.30. 2016헌마503

정답 O

060 72간 / 21승

검사 또는 사법경찰관은 변호인의 신문참여 및 그 제한에 관한 사항을 피의자신문조서에 기재하여야 한다. ☐O☐X☐

> 제243조의2 제5항

정답 O

061 73간

검사 또는 사법경찰관은 피의자신문 전에 진술거부권과 신문받을 때 변호인의 조력을 받을 수 있음을 고지해야 하나, 이러한 권리를 행사할 것인지의 여부에 대한 피의자의 답변을 반드시 조서에 기재할 필요는 없다. ☐O☐X☐

> 검사 또는 사법경찰관은 피의자를 신문하기 전에 진술거부권 등을 알려주어야 하며, 피의자가 진술을 거부할 권리와 변호인의 조력을 받을 권리를 행사할 것인지의 여부를 질문하고, 이에 대한 피의자의 답변을 조서에 기재하여야 한다. 이 경우 피의자의 답변은 피의자로 하여금 자필로 기재하게 하거나 검사 또는 사법경찰관이 피의자의 답변을 기재한 부분에 기명날인 또는 서명하게 하여야 한다(제244조의3 참조).

정답 ×

062 21승

피의자는 수사의 개시부터 공소제기 전까지의 개념으로서 진범인가의 여부를 불문한다. ○│×

> 피의자란 수사기관에 의하여 범죄의 혐의를 받고 있는 자로서 수사의 개시부터 공소제기 전까지의 개념으로 진범인지 여부는 문제되지 않는다.

정답 ○

063 22승

수사기관이 정당한 사유가 없음에도 변호인에게 피의자로부터 떨어진 곳으로 옮겨 앉으라는 지시를 하고, 이에 불응하였다는 이유를 들어 변호인의 피의자신문 참여권을 제한하였다면, 변호인은 항고를 제기할 수 있다. ○│×

> 변호인의 피의자신문참여권을 규정한 형사소송법 제243조의2 제1항에서 '정당한 사유'란 변호인이 피의자신문을 방해하거나 수사기밀을 누설할 염려가 있음이 객관적으로 명백한 경우 등을 말하는 것이므로, 수사기관이 피의자신문을 하면서 위와 같은 정당한 사유가 없는데도 변호인에 대하여 피의자로부터 떨어진 곳으로 옮겨 앉으라고 지시를 한 다음 이러한 지시에 따르지 않았음을 이유로 변호인의 피의자신문참여권을 제한하는 것은 허용될 수 없다(대결 2008.9.12. 2008모793). 형사소송법 제417조는 준항고의 대상에 변호인의 피의자신문참여권을 규정한 동법 제243조의2의 처분을 포함하고 있으므로 변호인은 검사의 퇴실을 명한 위법한 처분에 대하여 그 직무집행지의 관할법원 또는 검사의 소속검찰청에 대응한 법원에 그 처분의 취소 또는 변경을 청구할 수 있다.

정답 ×

064 72간

피의자가 신문조서에 대하여 이의나 의견이 없음을 진술한 때에는 피의자로 하여금 그 취지를 자필로 기재하게 하고 조서에 간인한 후 기명날인 또는 서명하게 한다. ○│×

> 피의자가 조서에 대하여 이의나 의견이 없음을 진술한 때에는 피의자로 하여금 그 취지를 자필로 기재하게 하고 조서에 간인한 후 기명날인 또는 서명하게 한다(제244조 제3항).

정답 ○

065 72간

검사가 피의자를 신문함에는 검찰청수사관 또는 서기관이나 서기를 참여하게 하여야 하고, 사법경찰관이 피의자를 신문함에는 사법경찰관리를 참여하게 하여야 한다. ○│×

> 검사가 피의자를 신문함에는 검찰청수사관 또는 서기관이나 서기를 참여하게 하여야 하고 사법경찰관이 피의자를 신문함에는 사법경찰관리를 참여하게 하여야 한다(제243조). 이는 참여자로 하여금 신문을 보조하게 하는 한편 조서기재의 정확성과 신문절차의 적법성을 보장하기 위한 것이다.

정답 ○

066 71간

피의자신문에 참여한 변호인은 신문 중이라도 검사 또는 사법 경찰관의 승인을 얻어야만 부당한 신문방법에 대하여 이의를 제기할 수 있다. ⓞⅩ

> 신문에 참여한 변호인은 신문 후 의견을 진술할 수 있다. 다만, 신문 중이라도 부당한 신문방법에 대하여 이의를 제기할 수 있고, 검사 또는 사법경찰관의 승인을 얻어 의견을 진술할 수 있다(제243조의2 제3항).

정답 ×

067 71간

피의자신문조서를 작성함에 있어 피의자에게 그 조서의 기재 내용을 알려 주지 아니하였다 하더라도 그 사실만으로는 피의자 신문조서의 증거능력이 없다고 할 수 없다. ⓞⅩ

> 피의자신문조서를 작성함에 있어 피고인들에게 조서의 기재내용을 알려 주지 아니하였다 하더라도 그 사실만으로는 피의자신문조서의 증거능력이 없다고 할 수 없다(대판 1993.5.14. 93도486).

정답 ○

068 71간

피의자신문에 참여한 변호인은 검사 또는 사법경찰관의 신문 중이라도 조서를 열람하고 의견을 진술할 수 있다. ⓞⅩ

> 신문에 참여한 변호인은 신문 후 의견을 진술할 수 있다. 다만, 신문 중이라도 부당한 신문방법에 대하여 이의를 제기할 수 있고, 검사 또는 사법경찰관의 승인을 얻어 의견을 진술할 수 있다(제243조의2 제3항).

정답 ×

069 22승

검사 또는 사법경찰관은 피의자 또는 그 변호인 법정대리인 배우자 직계친족 형제자매의 신청에 따라 변호인을 피의자와 접견하게 하거나 정당한 사유가 없는 한 피의자에 대한 신문에 참여하게 하여야 한다. ⓞⅩ

> 제243조의2 제1항

정답 ○

070 23·22·21승

사법경찰관은 피의자가 조사장소에 도착한 시각, 조사를 시작하고 마친 시각, 그 밖에 조사과정의 진행경과를 확인하기 위하여 필요한 사항을 피의자신문조서에 기록하거나 별도의 서면에 기록한 후 수사기록에 편철하여야 한다. ◯|✕

제244조의4 제1항, 수사준칙 제26조

정답 ◯

071 74간

참고인진술에 대한 영상녹화는 참고인의 동의를 얻어야 가능하나 피의자의 진술을 녹화하는 것은 피의자에게 미리 영상녹화사실을 알려주면 그의 동의 없이도 가능하다. ◯|✕

제244조의2 제1항

정답 ◯

072 24경1

피의자의 진술은 영상녹화할 수 있고, 이 경우 피의자에게 미리 영상녹화사실을 알려주고 동의를 받아야 한다. ◯|✕

검사 또는 사법경찰관은 수사에 필요한 때에는 피의자가 아닌 자의 출석을 요구하여 진술을 들을 수 있다. 이 경우 그의 동의를 받아 영상녹화할 수 있다(제221조 제1항). 피의자의 진술은 영상녹화할 수 있다. 이 경우 미리 영상녹화사실을 알려주어야 하며, 조사의 개시부터 종료까지의 전 과정 및 객관적 정황을 영상녹화하여야 한다(제244조의2 제1항).

정답 ✕

073 73·72간 / 21승

피의자의 진술은 영상녹화할 수 있다. 이 경우 미리 영상녹화사실을 알려주어야 하며, 조사의 개시부터 종료까지의 전 과정 및 객관적 정황을 영상녹화하여야 한다. ◯|✕

제244조의2 제1항

정답 ◯

074 71간

피의자진술의 영상녹화는 조사가 개시된 시점부터 종료까지의 전 과정이 녹화된 것이어야 하며, 조사과정 일부에 대한 선별적 영상녹화는 허용되지 않는다. ◯|✕

제244조의2 제1항

정답 ◯

075 21승

영상녹화가 완료된 때에는 피의자 또는 변호인 앞에서 지체 없이 그 원본을 봉인하고 피의자로 하여금 기명날인 또는 서명하게 하여야 한다. ○|×

> 제244조의2 제2항

정답 ○

076 71간

사기사건에 있어서 사법경찰관이 작성한 피의자신문조서에 대하여 피의자였던 피고인이 그 조서의 내용을 부인하는 경우, 피의자진술 과정에서 작성한 영상녹화물 재생을 통해 증거능력을 인정할 수 있다. ○|×

> 영상물에 수록된 성범죄 피해자의 진술에 대하여 독립적인 증거능력을 인정하고 있는 성폭법 제30조 제6항 또는 아청법 제26조 제6항의 규정과 대비하여 보면, 수사기관이 참고인을 조사하는 과정에서 형사소송법 제221조 제1항에 따라 작성한 영상녹화물은, 다른 법률에서 달리 규정하고 있는 등의 특별한 사정이 없는 한, 공소사실을 직접 증명할 수 있는 독립적인 증거로 사용될 수는 없다(대판 2014.7.10. 2012도5041). 동 판례는 참고인에 대한 영상녹화물이나 피의자에 대한 영상녹화물도 동일하게 독립된 증거로 사용할 수 없다고 봄이 타당하다.

정답 ×

077 73간 / 21승

피의자가 피의자신문조서를 열람한 후 이의를 제기한 경우 이를 조서에 추가로 기재해야 하며, 이의를 제기하였던 부분은 부당한 심증형성의 기초가 되지 않도록 삭제하여야 한다. ○|×

> 피의자신문조서는 피의자에게 열람하게 하거나 읽어 들려주어야 하며, 진술한 대로 기재되지 아니하였거나 사실과 다른 부분의 유무를 물어 피의자가 증감 또는 변경의 청구 등 이의를 제기하거나 의견을 진술한 때에는 이를 조서에 추가로 기재하여야 한다. 이 경우 피의자가 이의를 제기하였던 부분은 읽을 수 있도록 남겨두어야 한다(제244조 제2항).

정답 ×

078 24경2

피의자의 진술을 영상녹화하는 경우 미리 영상녹화사실을 알려주어야 하며, 조사의 개시부터 종료까지의 전 과정 및 객관적 정황을 영상녹화하여야 하고, 영상녹화가 완료된 때에는 피의자 또는 변호인의 요구가 없더라도 피의자 또는 변호인 앞에서 영상녹화물을 재생하여 시청하게 한 후 지체 없이 그 원본을 봉인하고 피의자로 하여금 기명날인 또는 서명하게 하여야 한다. ☐O☐X

> 제244조의2; 제2항의 경우에 피의자 또는 변호인의 요구가 있는 때에는 영상녹화물을 재생하여 시청하게 하여야 한다. 이 경우 그 내용에 대하여 이의를 진술하는 때에는 그 취지를 기재한 서면을 첨부하여야 한다(제244조의2 제3항).

정답 ✕

079 23승

수사기관의 피의자신문 시에 동석한 신뢰관계인이 피의자를 대신하여 진술한 부분이 조서에 기재되어 있다면, 피의자였던 피고인 또는 변호인이 공판준비 또는 공판기일에 그 내용을 인정할 때에 한하여 증거로 할 수 있다. ☐O☐X

> 구체적인 사안에서 위와 같은 <u>동석을 허락할 것인지는</u> 원칙적으로 검사 또는 사법경찰관이 피의자의 건강 상태 등 여러 사정을 고려하여 <u>재량</u>에 따라 판단하여야 할 것이나, <u>이를 허락하는 경우에도 동석한 사람으로 하여금 피의자를 대신하여 진술하도록 하여서는 안 된다. 만약 동석한 사람이 피의자를 대신하여 진술한 부분이 조서에 기재되어 있다면 그 부분은 피의자의 진술을 기재한 것이 아니라 동석한 사람의 진술을 기재한 조서에 해당하므로, 그 사람에 대한 진술조서로서의 증거능력을 취득하기 위한 요건을 충족하지 못하는 한 이를 유죄 인정의 증거로 사용할 수 없다</u>대판 2009.6.23. 2009도1322

정답 ✕

080 21국7

인지절차를 밟기 전에 수사를 하였다고 하더라도 그 수사가 장차 인지의 가능성이 전혀 없는 상태하에서 행해졌다는 등의 특별한 사정이 없는 한 인지절차가 이루어지기 전에 수사를 하였다는 이유만으로 그 수사가 위법하다고 볼 수는 없고, 따라서 그 수사과정에서 작성된 피의자신문조서나 진술조서 등의 증거능력도 이를 부인할 수 없다. ☐O☐X

> 이러한 인지절차를 밟기 전에 수사를 하였다고 하더라도, <u>그 수사가 장차 인지의 가능성이 전혀 없는 상태하에서 행해졌다는 등의 특별한 사정이 없는 한, 그 수사가 위법하다고 볼 수는 없고, 따라서 그 수사과정에서 작성된 피의자신문조서나 진술조서 등의 증거능력도 이를 부인할 수 없다</u>(대판 2001.10.26. 2000도2968).

정답 ○

081 21승

피의자가 불구속 상태에서 피의자신문을 받을 때에도 변호인의 참여를 요구할 권리를 가진다.　O│X

> 검사 또는 사법경찰관은 피의자 또는 그 변호인·법정대리인·배우자·직계친족·형제자매의 신청에 따라 변호인을 피의자와 접견하게 하거나 정당한 사유가 없는 한 피의자에 대한 신문에 참여하게 하여야 한다(제243조의2 제1항). 피의자의 구속·불구속 제한은 없는 바 불구속 상태의 피의자에 대해서도 변호인의 피의자신문 참여권은 인정된다.

정답 O

082 24경2

검사 또는 사법경찰관은 피의자의 연령·성별·국적 등의 사정을 고려하여 그 심리적 안정의 도모와 원활한 의사소통을 위하여 필요한 경우 피의자와 신뢰관계에 있는 자를 동석하게 하여야 하며, 신뢰관계인이 동석하지 않은 상태에서 행한 진술은 임의성이 인정되더라도 유죄인정의 증거로 사용할 수 없다.　O│X

> 검사 또는 사법경찰관은 피의자를 신문하는 경우 피의자가 신체적 또는 정신적 장애로 사물을 변별하거나 의사를 결정·전달할 능력이 미약한 때에는 직권 또는 피의자·법정대리인의 신청에 따라 피의자와 신뢰관계에 있는 자를 동석하게 할 수 있다(제244조의5 제1호). 즉, 피의자 신문의 경우 신뢰관계 있는 자의 동석은 임의적이다.

정답 ×

083 24경1

검사 또는 사법경찰관은 피의자를 신문하는 경우, 피의자의 연령·성별·국적 등의 사정을 고려하여 그 심리적 안정의 도모와 원활한 의사소통을 위하여 필요한 때에는 직권으로 피의자와 신뢰관계에 있는 자를 동석하게 할 수 있다.　O│X

> 제244조의5 제2호

정답 O

084 23승

수사기관이 진술자의 성명을 가명으로 기재하여 조서를 작성하였다고 해서 그 이유만으로 그 조서가 '적법한 절차와 방식'에 따라 작성되지 않았다고 할 것은 아니다.　O│X

> 대판 2012.5.24. 2011도7757

정답 O

085 24경1 / 71간 / 23·22·21승

구속영장 발부에 의하여 적법하게 구금된 피의자가 피의자신문을 위한 출석요구에 응하지 아니하면서 수사기관 조사실에 출석을 거부한다면 수사기관은 그 구속영장의 효력에 의하여 피의자를 조사실로 구인할 수 있다고 보아야 한다. 다만 이러한 경우에도 그 피의자신문 절차는 「형사소송법」 제199조 제1항 본문, 제200조의 규정에 따른 임의수사의 한 방법으로 진행되어야 하므로, 피의자는 일체의 진술을 거부할 수 있다. ○|×

> 구속영장 발부에 의하여 적법하게 구금된 피의자가 피의자신문을 위한 출석요구에 응하지 아니하면서 수사기관 조사실에 출석을 거부한다면 수사기관은 그 구속영장의 효력에 의하여 피의자를 조사실로 구인할 수 있다고 보아야 한다. 다만 이러한 경우에도 그 피의자신문 절차는 어디까지나 법 제199조 제1항 본문, 제200조의 규정에 따른 임의수사의 한 방법으로 진행되어야 하므로, 피의자는 헌법 제12조 제2항과 법 제244조의3에 따라 일체의 진술을 하지 아니하거나 개개의 질문에 대하여 진술을 거부할 수 있고, 수사기관은 피의자를 신문하기 전에 그와 같은 권리를 알려주어야 한다(대결 2013.7.1. 2013모160).

정답 ○

086 23법9

구속영장 발부에 의하여 적법하게 구금된 피의자가 피의자신문을 위한 출석요구에 응하지 아니하면서 수사기관 조사실에 출석을 거부한다면 수사기관은 그 구속영장의 효력에 의하여 피의자를 조사실로 구인할 수 있다고 보아야 하고, 이러한 경우에는 수사기관이 피의자를 신문하기 전에 진술거부권을 고지할 필요가 없다. ○|×

> 대결 2013.7.1. 2013모160.

정답 ×

087 73간

사법경찰관은 피의자를 신문하기 전에 수사과정에서 법령위반, 인권침해 또는 현저한 수사권 남용이 있는 경우 '검사에게 구제를 신청할 수 있음'을 피의자에게 알려주어야 하며, 이때 사법경찰관은 피의자로부터 고지 확인서를 받아 사건기록에 편철하여야 한다. ○|×

> 제197조의3 제8항

정답 ○

088 23법9 / 24경2

사법경찰관이 피고인 아닌 자의 주거지·근무지를 방문한 곳에서 진술서 작성을 요구하여 제출받은 경우 등 그 진술서가 경찰서에서 작성한 것이 아니라 작성자가 원하는 장소를 방문하여 받은 것이라면, 위 진술서는 「형사소송법」 제312조 제5항이 적용되지 않아 「형사소송법」 제244조의4(수사과정의 기록)에서 정한 절차를 준수하지 않더라도 증거능력이 인정된다. ⃞O⃞X

> 경찰관이 입당원서 작성자의 주거지·근무지를 방문하여 입당원서 작성 경위 등을 질문한 후 진술서 작성을 요구하여 이를 제출받은 이상 형사소송법 제312조 제5항이 적용되어야 한다는 이유로 형사소송법 제244조의4에서 정한 절차를 준수하지 않은 위 각 증거의 증거능력이 인정되지 않는다고 판단하고, 이와 달리 위 진술서는 경찰서에서 작성한 것이 아니라 작성자가 원하는 장소를 방문하여 받은 것이므로 위 각 절차에 관한 규정이 적용되지 아니한다는 검사의 주장을 배척한 원심의 판단을 수긍한 사례(대판 2022. 10. 27. 2022도9510).

정답 ×

089 21경2

사법경찰관이 피의자 아닌 자의 진술을 기재한 조서를 작성함에 있어서 진술자의 성명을 가명으로 기재하였다면 그 이유만으로도 그 조서는 적법한 절차와 방식에 따라 작성되었다고 할 수 없고, 공판기일에 원진술자가 출석하여 자신의 진술을 기재한 조서임을 확인함과 아울러 그 조서의 실질적 진정성립을 인정하고 나아가 그에 대한 반대신문이 이루어졌다고 하더라도 그 증거능력이 인정되지 않는다. ⃞O⃞X

> 형사소송법은 (참고인진술) 조서에 진술자의 실명 등 인적 사항을 확인하여 이를 그대로 밝혀 기재할 것을 요구하는 규정을 따로 두고 있지는 아니하다. 따라서 진술자와 피고인의 관계, 범죄의 종류, 진술자 보호의 필요성 등 여러 사정으로 볼 때 상당한 이유가 있는 경우에는 수사기관이 진술자의 성명을 가명으로 기재하여 조서를 작성하였다고 해서 그 이유만으로 그 조서가 '적법한 절차와 방식'에 따라 작성되지 않았다고 할 것은 아니다. 그러한 조서라도 형사소송법 제312조 제4항에서 규정한 조서의 증거능력 인정에 관한 다른 요건이 모두 갖추어진 이상 그 증거능력을 부정할 것은 아니라고 할 것이다(대판 2012.5.24. 2011도7757).

정답 ×

090 21승

피의자가 아닌 자의 진술을 영상녹화하고자 할 때에는 미리 피의자가 아닌 자에게 영상녹화 사실을 알려주고 동의를 받아야 한다. ⃞O⃞X

> 검사 또는 사법경찰관은 수사에 필요한 때에는 피의자가 아닌 자의 출석을 요구하여 진술을 들을 수 있다. 이 경우 그의 동의를 받아 영상녹화할 수 있다(제221조 제1항 제2문).

정답 ○

091 21승

아동·청소년대상 성범죄 피해자 진술을 영상녹화하는 경우 피해자 또는 법정대리인이 거부하더라도 영상녹화를 하여야 한다. 다만, 가해자가 친권자 중 일방인 경우는 그러하지 아니하다. ☐O☐X

> 아동·청소년대상 성범죄 피해자의 진술내용과 조사과정은 비디오녹화기 등 영상물 녹화장치에 의하여 촬영·보존하여야 한다. 다만, <u>피해자 또는 법정대리인이 이를 원하지 아니하는 의사를 표시한 때에는 촬영을 하여서는 아니된다</u>(아동·청소년의 성보호에 관한 법률 제26조).

정답 ✕

092 23승

피고인 또는 피고인이 아닌 자의 진술을 내용으로 하는 영상 녹화물은 공판준비 또는 공판기일에 피고인 또는 피고인이 아닌 자가 진술함에 있어서 기억이 명백하지 아니한 사항에 관하여 기억을 환기시켜야 할 필요가 있다고 인정되는 때에 한하여 피고인 또는 피고인이 아닌 자에게 재생하여 시청하게 할 수 있다. ☐O☐X

> 제318조의2 제2항

정답 ○

093 21승

동석한 자는 법원·소송관계인의 신문 또는 증인의 진술을 방해하거나 그 진술의 내용에 부당한 영향을 미칠 수 있는 행위를 하여서는 아니 되며, 재판장은 동석한 자가 부당하게 재판의 진행을 방해하는 때에는 그 행위의 중지를 명할 수 있으나 동석 자체를 중지시킬 수는 없다. ☐O☐X

> 동석한 자는 법원·소송관계인의 신문 또는 증인의 진술을 방해하거나 그 진술의 내용에 부당한 영향을 미칠 수 있는 행위를 하여서는 아니 된다(제163조의2 제3항). 피고인과 동석한 신뢰관계에 있는 자는 재판의 진행을 방해하여서는 아니 되며, 재판장은 동석한 신뢰관계 있는 자가 <u>부당하게 재판의 진행을 방해하는 때에는 동석을 중지시킬 수 있다</u>(규칙 제126조의2 제3항).

정답 ✕

094 21승

피해자와 동석할 수 있는 신뢰관계에 있는 사람은 피해자의 배우자, 직계친족, 형제자매, 가족, 동거인, 고용주, 변호사, 그 밖에 피해자의 심리적 안정과 원활한 의사소통에 도움을 줄 수 있는 사람을 말한다. ☐O☐X

> 피고인과 동석할 수 있는 신뢰관계에 있는 자는 피고인의 배우자, 직계친족, 형제자매, 가족, 동거인, 고용주 그 밖에 피고인의 심리적 안정과 원활한 의사소통에 도움을 줄 수 있는 자를 말한다(규칙 제126조의2 제1항).

정답 O

095 21승

법원은 범죄로 인한 피해자가 13세 미만이거나 신체적 또는 정신적 장애로 사물을 변별하거나 의사를 결정할 능력이 미약한 경우에 재판에 지장을 초래할 우려가 있는 등 부득이한 경우가 아닌 한 피해자와 신뢰관계에 있는 자를 동석하게 하여야 한다. ☐O☐X

> 범죄로 인한 피해자가 13세 미만이거나, 신체적 또는 정신적 장애로 사물을 변별하거나 의사를 결정할 능력이 미약한 경우에는, 재판에 지장을 초래할 우려가 있는 등 부득이한 경우가 아닌 한, 피해자와 신뢰관계에 있는 자를 동석하게 하여야 한다(제163조의2 제2항).

정답 O

제2장　강제처분과 강제수사

제1절 | 강제처분

001　21승

「형사소송법」은 강제처분에 대한 사전적 구제제도로서 체포 전 피의자신문제도를 두고 있다.

O|X

> 체포는 구속에 비하여 그 요건이 완화되어 있다는 점, 영장실질심사제도가 없다는 점과 영장에 의하지 아니한 체포가 가능하다는 점 등에서 구속과 구별된다.

정답 ✕

002　73간

마약류사범인 수형자에게 마약류반응검사를 위해 소변을 받아 제출하도록 하는 것은 법관의 영장을 필요로 하는 강제처분이므로 구치소 등 교정시설 내에서 소변채취가 법관의 영장없이 실시된 경우에는 영장주의 원칙에 반한다.

O|X

> 헌법 제12조 제3항의 영장주의는 법관이 발부한 영장에 의하지 아니하고는 수사에 필요한 강제처분을 하지 못한다는 원칙으로 … 이 사건 소변채취는 교정시설의 안전과 질서유지를 위한 목적에서 행하는 것으로 수사에 필요한 처분이 아닐 뿐만 아니라 청구인과 같은 검사대상자에게 소변을 종이컵에 채취하여 제출하도록 한 것으로서 당사자의 협력이 불가피하므로 이를 두고 강제처분이라고 할 수도 없을 것이다. 따라서, 이 사건 소변채취를 법관의 영장을 필요로 하는 강제처분이라고 할 수 없어 구치소 등 교정시설 내에서 위와 같은 방법에 의한 소변채취가 법관의 영장이 없이 실시되었다고 하여 헌법 제12조 제3항의 영장주의에 위배하였다고 할 수는 없다(헌재결 2006.7.27. 2005헌마277).

정답 ✕

제2절 | 체포와 구속

001　23승

사법경찰관이 피의자를 체포하였을 때에는 변호인이 있으면 변호인에게, 변호인이 없으면 변호인선임권자 중 피의자가 지정한 자에게 지체 없이 서면으로 체포의 통지를 하여야 한다.

O|X

> 수사기관이 피의자를 체포한 때에는 변호인이 있는 경우에는 변호인에게, 변호인이 없는 때에는 변호인 선임권자 가운데 피의자가 지정한 자에게 피의사건명, 체포일시·장소, 피의사실의 요지, 체포의 이유와 변호인을 선임할 수 있는 취지를 서면으로 알려야 한다(제200조의6, 제87조).

정답 O

002 73간

피의자가 죄를 범하였다고 의심할 만한 상당한 이유가 있고 정당한 이유없이 출석요구에 응하지 아니하거나 아니할 우려가 있는 때라고 하더라도 명백히 체포의 필요가 인정되지 아니하는 경우에는 체포영장의 청구를 받은 판사는 체포영장의 청구를 기각하여야 한다. ○|×

> 명백히 체포의 필요가 인정되지 아니하는 경우에는 체포영장을 발부하여서는 아니된다(제200조의2 제2항 단서). 체포영장의 청구를 받은 판사는 체포의 사유가 있다고 인정 되는 경우에도 피의자의 연령과 경력, 가족관계나 교우관계, 범죄의 경중 및 태양 기타 제반 사정에 비추어 피의자가 도망할 염려가 없고 증거를 인멸할 염려가 없는 등 명백히 체포의 필요가 없다고 인정되는 때에는 체포영장의 청구를 기각하여야 한다(규칙 제96조의2).

정답 ○

003 22승

수사기관이 영장에 의한 체포를 하고자 하는 경우, 검사는 관할 지방법원 판사에게 체포영장을 청구할 수 있고, 사법경찰관리는 검사의 승인을 받아 관할지방법원 판사에게 체포영장을 청구할 수 있다. ○|×

> 수사기관이 영장에 의한 체포를 하고자 하는 경우, 검사는 관할 지방법원 판사에게 체포영장을 청구할 수 있고, 사법경찰관리는 검사의 검사에게 신청하여 검사의 청구로 관할지방법원판사의 체포영장을 발부받아 피의자를 체포할 수 있다(제200조의2).

정답 ×

004 73간

체포영장의 청구서에는 체포사유로서 도망이나 증거인멸의 우려가 있는 사유를 기재하여야 한다. ○|×

> 형사소송규칙 제95조 제7호에 따르면, 체포영장 청구서에 기재할 체포사유는 '죄를 범하였다고 의심할 만한 상당한 이유가 있고, 정당한 이유없이 제200조의 규정에 의한 출석요구에 응하지 아니하거나 응하지 아니할 우려가 있는 사실'(제200조의2 참조)이다.

정답 ×

005 24승

검사는 체포영장을 발부받은 후 피의자를 체포하기 이전에 체포영장을 첨부하여 판사에게 인치·구금할 장소의 변경을 청구할 수 있다. ○|×

> 규칙 제96조의3

정답 ○

006 24승

사법경찰관은 체포영장의 유효기간 내에 영장의 집행에 착수하지 못했거나 그 밖의 사유로 영장의 집행이 불가능하거나 불필요하게 되었을 때에는 그 영장을 청구한 검사에게 반환하고, 검사는 사법경찰관이 반환한 영장을 법원에 반환한다. ○|×

> 검사와 사법경찰관의 상호협력과 일반적 수사준칙에 관한 규정 제35조(체포·구속영장의 반환)
> ① 검사 또는 사법경찰관은 체포·구속영장의 유효기간 내에 영장의 집행에 착수하지 못했거나, 그 밖의 사유로 영장의 집행이 불가능하거나 불필요하게 되었을 때에는 즉시 해당 영장을 법원에 반환해야 한다. 이 경우 체포·구속영장이 여러 통 발부된 경우에는 모두 반환해야 한다.
> ③ 제1항에 따라 사법경찰관이 체포·구속영장을 반환하는 경우에는 그 영장을 청구한 검사에게 반환하고, 검사는 사법경찰관이 반환한 영장을 법원에 반환한다.

정답 ○

007 24승

검사 또는 사법경찰관은 체포된 피의자의 배우자가 체포영장 등본의 교부를 청구하면 그 등본을 교부해야 한다. ○|×

> 검사와 사법경찰관의 상호협력과 일반적 수사준칙에 관한 규정 제34조

정답 ○

008 24경2

체포영장에 의하여 체포된 자가 그 후 석방되었더라도, 동일한 범죄사실에 관하여 다시 체포영장을 청구하는 취지 및 이유를 기재한 후 체포영장을 다시 청구할 수 있다. ○|×

> 검사가 체포영장을 청구함에 있어서 동일한 범죄사실에 관하여 그 피의자에 대하여 전에 체포영장을 청구하였거나 발부받은 사실이 있는 때에는 다시 체포영장을 청구하는 취지 및 이유를 기재하여야 한다(제200조의2 제4항). 따라서 체포영장에 의하여 체포된 자가 그 후 석방되었더라도, 동일한 범죄사실에 관하여 다시 체포영장을 청구하는 취지 및 이유를 기재한 후 체포영장을 다시 청구할 수 있다.

정답 ○

009 22승

체포영장을 발부받은 후 피의자를 체포하지 아니한 경우 검사는 변호인이 있는 때에는 피의자의 변호인에게, 변호인이 없는 때에는 피의자 또는 피의자의 동거가족 중 피의자가 지정하는 자에게 지체 없이 그 사유를 서면으로 통지해야 한다. ☐O☐X

> 체포영장의 발부를 받은 후 피의자를 체포하지 아니하거나 체포한 피의자를 석방한 때에는 지체없이 검사는 영장을 발부한 법원에 그 사유를 서면으로 통지하여야 한다(제204조).
>
> 〈비교〉
>
> 피의자를 체포한 때에는 변호인이 있는 경우에는 변호인에게, 변호인이 없는 때에는 변호인선임권자 가운데 피의자가 지정한 자에게 피의사건명, 체포일시·장소, 피의사실의 요지, 체포의 이유와 변호인을 선임할 수 있는 취지를 서면으로 알려야 한다(제200조의6, 제87조).

정답 ×

010 21승

검사가 구속된 피의자를 석방한 때에는 지체 없이 구속영장을 발부한 법원에 그 사유를 서면으로 통지하여야 한다. ☐O☐X

> 제204조

정답 ○

011 24경1

범죄를 실행하고 있거나 실행하고 난 직후의 사람을 현행범인이라 한다. ☐O☐X

> 제211조 제1항

정답 ○

012 74간

범죄의 실행 중이거나 실행 즉후인 형사미성년자도 현행범체포의 대상이 될 수 있다. ☐O☐X

> 현행범인은 누구든지 영장 없이 체포할 수 있으므로 사인의 현행범인 체포는 법령에 의한 행위로서 위법성이 조각된다고 할 것인데, 현행범인 체포의 요건으로서는 행위의 가벌성, 범죄의 현행성·시간적 접착성, 범인·범죄의 명백성 외에 체포의 필요성 즉, 도망 또는 증거인멸의 염려가 있을 것을 요한다(대판 1999.1.26. 98도3029). → 형사미성년자는 책임조각사유에 해당하여 범죄불성립하므로 범죄의 명백성 요건을 충족하지 못한다.

정답 ×

013 71간 / 21승

현행범 체포의 요건으로서 행위의 가벌성, 범죄의 현행성·시간적 접착성, 범인·범죄의 명백성 이외에 체포의 필요성 즉, 도망 또는 증거인멸의 우려가 있어야 한다. ☐○☐✕☐

> 현행범인은 누구든지 영장 없이 체포할 수 있는데(제212조), 현행범인으로 체포하기 위하여는 행위의 가벌성, 범죄의 현행성·시간적 접착성, 범인·범죄의 명백성 이외에 체포의 필요성 즉, 도망 또는 증거인멸의 염려가 있어야 하고, 이러한 요건을 갖추지 못한 현행범인 체포는 법적 근거에 의하지 아니한 영장 없는 체포로서 위법한 체포에 해당한다(대판 2011.5.26. 2011도3682).

정답 ○

014 24경2

현행범인으로 체포하기 위하여는 행위의 가벌성, 범죄의 현행성·시간적 접착성, 범인·범죄의 명백성 외에 체포의 필요성, 즉 도망 또는 증거인멸의 염려가 있어야 하며, 이러한 현행범인 체포의 요건을 갖추었는지는 체포 당시의 상황을 기초로 판단하여야 하고, 이에 관한 수사주체의 판단에는 상당한 재량의 여지가 있다. ☐○☐✕☐

> 현행범인으로 체포하기 위하여는 행위의 가벌성, 범죄의 현행성·시간적 접착성, 범인·범죄의 명백성 외에 체포의 필요성, 즉 도망 또는 증거인멸의 염려가 있어야 한다. 이러한 현행범인 체포의 요건을 갖추었는지는 체포 당시의 상황을 기초로 판단하여야 하고, 이에 관한 수사주체의 판단에는 상당한 재량의 여지가 있다. 따라서 체포 당시의 상황에서 보아 그 요건에 관한 수사주체의 판단이 경험칙에 비추어 현저히 합리성이 없다고 인정되지 않는 한 수사주체의 현행범인 체포를 위법하다고 단정할 것은 아니다(대판 2022.2.11. 2021도12213).

정답 ○

015 23국9

현행범인 체포의 요건을 갖추었는지 여부는 체포 당시의 상황을 기초로 판단하여야 하고, 체포 당시의 상황으로 볼 때 그 요건의 충족 여부에 관한 검사나 사법경찰관 등의 판단이 경험칙에 비추어 현저히 합리성을 잃은 경우에는 그 체포는 위법하다. ☐○☐✕☐

> 현행범인 체포의 요건을 갖추었는지는 체포 당시 상황을 기초로 판단하여야 하고, 이에 관한 검사나 사법경찰관 등 수사주체의 판단에는 상당한 재량 여지가 있으나, 체포 당시 상황으로 보아도 요건 충족 여부에 관한 검사나 사법경찰관 등의 판단이 경험칙에 비추어 현저히 합리성을 잃은 경우에는 그 체포는 위법하다고 보아야 한다(대판 2011.5.26. 2011도3682).

정답 ○

016 24경1

甲이 X고등학교 앞길에서 피해자 A와 싸움을 하자, A의 친구 B가 112 신고를 하고 甲이 도주하는지 여부를 계속 감시하고 있었다. 그 후 경찰이 위 범행현장에 인접한 위 학교 운동장에 출동하였고, B가 甲을 범인으로 지목하자 위 싸움이 있은지 10분 정도 경과한 상황에서, 경찰이 곧바로 위 운동장에서 甲을 현행범인으로 체포한 경우 그 체포는 위법하다. ☐O☐X☐

> 형사소송법 제211조 제1항에 규정된 "범죄 실행의 즉후인 자"란 체포하는 자가 볼 때 범죄의 실행행위를 종료한 직후의 범인이라는 것이 명백한 경우를 일컫는 것으로서, 시간이나 장소로 보아 체포당하는 자를 방금 범죄를 실행한 범인이라고 볼 증거가 명백히 존재하는 것으로 인정된다면, 그를 현행범으로 볼 수 있다(대판 1993.8.13. 93도926).

정답 ×

017 21승

다액 50만 원이하의 벌금, 구류 또는 과료에 해당하는 사건에 관하여는 피의자가 일정한 주거가 없는 경우 또는 정당한 이유 없이 수사기관의 출석요구에 응하지 아니한 경우에 한하여 체포할 수 있다. ☐O☐X☐

> 다액 50만 원 이하의 벌금, 구류 또는 과료에 해당하는 경미사건에 관하여는 피의자가 일정한 주거가 없는 경우 또는 정당한 이유 없이 출석요구에 응하지 아니한 경우에 한하여 체포할 수 있다(제200조의2 제1항 단서).

정답 ○

018 23승

사법경찰관은 검사에게 신청하여 검사의 청구로 관할지방법원판사의 체포영장을 발부받아 피의자를 체포할 수 있지만, 다액 50만 원 이하의 벌금, 구류 또는 과료에 해당하는 사건에 관하여는 피의자가 일정한 주거가 없는 경우 또는 정당한 이유없이 「형사소송법」 제200조의 규정에 의한 출석요구에 응하지 아니한 경우에 한한다. ☐O☐X☐

> 제200조의2 제1항 단서

정답 ○

019 23법9 / 21경2 / 24경1 / 71간 / 21승 / 22국7

사인에 의하여 현행범인으로 체포된 후 불필요한 지체 없이 사법경찰관리에게 인도된 경우, 구속영장 청구기간인 48시간의 기산점은 사법경찰관리가 현행범인을 인도받은 때이다. ☐O☐X☐

> 현행범인은 <u>누구든지</u> 영장 없이 체포할 수 있고, <u>검사 또는 사법경찰관리 아닌 이가</u> 현행범인을 체포한 때에는 즉시 검사 등에게 인도하여야 한다. 여기서 '즉시'라고 함은 반드시 체포시점과 시간적으로 밀착된 시점이어야 하는 것은 아니고, '정당한 이유 없이 인도를 지연하거나 체포를 계속하는 등으로 불필요한 지체를 함이 없이'라는 뜻으로 볼 것이다. 또한 검사 등이 아닌 이에 의하여 현행범인이 체포된 후 불필요한 지체 없이 검사 등에게 인도된 경우 구속영장청구 기간인 48시간의 기산점은 체포시가 아니라 검사 등이 현행범인을 인도받은 때라고 할 것이다(대판 2011.12.22. 2011도12927).

정답 ○

020 23경1

검사 또는 사법경찰관리 아닌 이가 현행범인을 체포한 때에는 즉시 검사 또는 사법경찰관리에게 인도하여야 하고, 여기서 '즉시'란 반드시 체포시점과 시간적으로 밀착된 시점이어야 한다. ☐O☐X☐

> 대판 2011.12.22. 2011도12927

정답 ×

021 23경2

체포한 피의자를 구속하고자 할 때에는 체포한 때부터 48시간 이내에 구속영장을 청구해야 하는데, 검사 또는 사법경찰관이 아닌 이에 의하여 현행범인이 체포된 후 불필요한 지체 없이 검사 등에게 인도된 경우 위 48시간의 기산점은 체포시이다. ☐O☐X☐

> 대판 2011.12.22. 2011도12927

정답 ×

022 23경1

사인의 현행범 체포과정에서 일어날 수 있는 물리적 충돌이 적정한 한계를 벗어났는지 여부는 그 행위가 소극적인 방어행위인가 적극적인 공격행위인가에 따라 결정된다. ☐O☐X☐

> 적정한 한계를 벗어나는 현행범인 체포행위인가 여부는 정당행위의 일반적 요건을 갖추었는지 여부에 따라 결정되어야 할 것이지 <u>그 행위가 소극적인 방어행위인가 적극적인 공격행위인가에 따라 결정되어야 하는 것은 아니다</u>(대판 1999.1.26. 98도3029).

정답 ×

023 21경2 / 22승

경찰관들이 체포를 위한 실력행사에 나아가기 전에 체포영장을 제시하고 미란다 원칙을 고지할 여유가 있었음에도 애초부터 미란다 원칙을 체포 후에 고지할 생각으로 먼저 체포행위에 나선 경우 이러한 행위는 적법하지 않다. ◯|✕

> 경찰관들이 체포영장을 소지하고 메트암페타민(일명 필로폰) 투약 등 혐의로 피고인을 체포하려고 하자, 피고인이 이에 거세게 저항하는 과정에서 경찰관들에게 상해를 가하였다고 하여 공무집행방해 및 상해의 공소사실로 기소된 사안에서, 피고인이 경찰관들과 마주하자마자 도망가려는 태도를 보이거나 먼저 폭력을 행사하며 대항한 바 없는 등 경찰관들이 체포를 위한 실력행사에 나아가기 전에 체포영장을 제시하고 미란다 원칙을 고지할 여유가 있었음에도 애초부터 미란다 원칙을 체포 후에 고지할 생각으로 먼저 체포행위에 나선 행위는 적법한 공무집행이라고 보기 어렵다는 등의 이유로 공소사실에 대하여 무죄를 선고한 원심판단이 정당하다고 한 사례(대판 2017.9.21. 2017도10866).

정답 ◯

024 74간

사법경찰관리가 현행범인을 체포하는 경우에 체포이유 등의 고지는 체포를 위한 실력행사 전에 하여야 하는 것이 원칙이나, 달아나거나 대항하는 피의자 등에 대하여는 붙들거나 제압한 후에 지체 없이 행할 수 있다. ◯|✕

> 사법경찰관 등이 체포영장을 소지하고 피의자를 체포하기 위해서는 체포영장을 피의자에게 제시하고(제200조의6, 제85조 제1항), 피의사실의 요지, 체포의 이유와 변호인을 선임할 수 있음을 말하고 변명할 기회를 주어야 한다(형사소송법 제200조의5). 이와 같은 체포영장의 제시나 고지 등은 체포를 위한 실력행사에 들어가기 이전에 미리 하여야 하는 것이 원칙이다. 그러나 달아나는 피의자를 쫓아가 붙들거나 폭력으로 대항하는 피의자를 실력으로 제압하는 경우에는 붙들거나 제압하는 과정에서 하거나, 그것이 여의치 않은 경우에는 일단 붙들거나 제압한 후에 지체 없이 하여야 한다(대판 2017.9.21. 2017도10866).

정답 ◯

025 74간

사법경찰관이 피의자를 현행범으로 체포하면서 체포사유 및 변호인선임권을 고지하지 아니하였음에도 불구하고, 고지한 것으로 현행범인체포서를 작성한 경우 허위공문서작성죄가 성립한다. ◯|✕

> 피고인들을 비롯한 경찰관들이 피의자들을 현행범으로 체포하거나 현행범인체포서를 작성할 때 체포사유 및 변호인선임권을 고지하였다는 내용의 허위의 현행범인체포서와 확인서를 작성한 경우, 피고인들에게 허위공문서작성에 대한 범의가 있었다(대판 2010.6.24. 2008도11226).

정답 ◯

026 24·21승 / 21국7

현행범을 체포한 경찰관의 진술이라 하더라도 범행을 목격한 부분에 관하여는 여느 목격자의 진술과 다름없이 증거능력이 있다. ○|×

> 현행범을 체포한 경찰관의 진술이라 하더라도 범행을 목격한 부분에 관하여는 여느 목격자의 진술과 다름없이 증거능력이 있다(대판 1995.5.9. 95도535).

정답 ○

027 23경1

공장을 점거하여 농성 중이던 조합원들이 경찰과 부식반입 문제를 협의하거나 기자회견장 촬영을 위해 공장 밖으로 나오자, 전투경찰대원들은 '고착관리'라는 명목으로 그 조합원들을 방패로 에워싸고 이동하지 못하게 한 사안에서, 위 조합원들이 어떠한 범죄행위를 목전에서 저지르려고 하는 등 긴급한 사정이 있는 경우가 아니라면, 위 전투경찰대원들의 행위는 「형사소송법」상 체포에 해당한다. ○|×

> 전투경찰대원들이 위 조합원들을 체포하는 과정에서 체포의 이유 등을 제대로 고지하지 않다가 30~40분이 지난 후 피고인 등의 항의를 받고 나서야 비로소 체포의 이유 등을 고지한 것은 형사소송법상 현행범인 체포의 적법한 절차를 준수한 것이 아니므로 적법한 공무집행이라고 볼 수 없다(대판 2017.3.15. 2013도2168).

정답 ○

028 21승

甲은 음주운전을 종료한 후 40분 이상이 경과한 시점에서 길가에 앉아 있었는데, 사법경찰관이 甲에게서 술 냄새가 난다는 점만을 근거로 현행범으로 체포한 것은 '방금 음주운전을 실행한 범인이라는 점에 관한 죄증이 명백하다고 할 수 없는 상태'에서 이루어진 것이므로 적법한 공무집행이라 볼 수 없다. ○|×

> 신고를 받고 출동한 제천경찰서 청전지구대 소속 경장 공소외인이 피고인이 음주운전을 종료한 후 40분 이상이 경과한 시점에서 길가에 앉아 있던 피고인에게서 술냄새가 난다는 점만을 근거로 피고인을 음주운전의 현행범으로 체포한 것은, 피고인이 '방금 음주운전을 실행한 범인이라는 점에 관한 죄증이 명백하다고 할 수 없는 상태'에서 이루어진 것으로서 적법한 공무집행이라고 볼 수 없고, 그 이후에 피고인에 대하여 음주측정을 요구한 것은 절차적 적법성을 구비하지 못한 것이고 피고인에 대한 조사행위 역시 적법한 직무집행행위라고 볼 수 없다(대판 2007.4.13. 2007도1249).

정답 ○

029 23승

사법경찰관리가 현행범인의 인도를 받은 때에는 체포자의 성명, 주거, 체포의 사유를 물어야 하고 필요한 때에는 체포자에 대하여 경찰관서에 동행함을 요구할 수 있다. ○|×

> 제213조 제2항

정답 ○

030 23경1 / 74간

「형사소송법」제211조가 현행범인으로 규정한 '범죄의 실행의 즉후인 자'라고 함은 범죄의 실행행위를 종료한 직후의 범인 이라는 것이 객관적인 제3자의 입장에서 볼 때 명백한 경우를 일컫는 것이고, '범죄의 실행행위를 종료한 직후'라고 함은 범죄 행위를 실행하여 끝마친 순간 또는 이에 아주 접착된 시간적 단계를 의미하는 것으로 해석된다. [O|X]

> 형사소송법 제211조가 현행범인으로 규정한 <u>'범죄의 실행의 직후인 자'라고 함은, 범죄의 실행행위를 종료한 직후의 범인이라는 것이 체포하는 자의 입장에서 볼 때 명백한 경우를 일컫는 것으로서</u>, … '범죄의 실행행위를 종료한 직후'라고 함은, 범죄행위를 실행하여 끝마친 순간 또는 이에 아주 접착된 시간적 단계를 의미하는 것으로 해석되므로, 시간적으로나 장소적으로 보아 체포를 당하는 자가 방금 범죄를 실행한 범인이라는 점에 관한 죄증이 명백히 존재하는 것으로 인정되는 경우에만 현행범인으로 볼 수 있다(대판 2002.5.10. 2001도300).

정답 ×

031 21국7

甲과 乙이 주차문제로 다투던 중 乙이 112신고를 하였고, 甲이 출동한 경찰관에게 폭행을 가하여 공무집행방해죄의 현행범으로 체포된 경우, 112에 신고를 한 것은 乙이었고, 甲이 현행범으로 체포되어 파출소에 도착한 이후에도 경찰관의 신분증 제시 요구에 20여 분 동안 응하지 아니하면서 인적 사항을 밝히지 아니하였다면, 甲에게는 현행범체포 당시에 도망 또는 증거인멸의 염려가 있었다고 할 수 있다. [O|X]

> 제반 사정을 종합하면 피고인이 손으로 경찰관의 가슴을 밀칠 당시 경찰관은 112 신고처리에 관한 직무 내지 순찰근무를 수행하고 있었고, 이와 같이 <u>공무를 집행하고 있는 경찰관의 가슴을 밀치는 행위는 공무원에 대한 유형력의 행사로서 공무집행방해죄에서 정한 폭행에 해당하며, 피고인이 체포될 당시 도망 또는 증거인멸의 염려가 없었다고 할 수 없어 체포의 필요성이 인정된다</u>(대판 2018.3.29. 2017도21537).

정답 ○

032 24경1

음주운전 중 교통사고를 내고 의식불명 상태에 빠져 병원으로 후송된 운전자 甲의 신체 내지 의복류에 주취로 인한 냄새가 강하게 나는 경우, 甲은 「형사소송법」제211조 제2항 제3호가 정하는 '신체나 의복류에 증거가 될 만한 뚜렷한 흔적이 있을 때'의 준현행범인에 해당한다. [O|X]

> <u>음주운전 중 교통사고를 야기한 후 피의자가 의식불명 상태에 빠져 있는 긴급한 상황에서, 피의자의 신체 내지 의복류에 주취로 인한 냄새가 강하게 나는 등</u> 형사소송법 제211조 제2항 제3호가 정하는 범죄의 증적이 현저한 준현행범인의 요건이 갖추어져 있고 <u>교통사고 발생 시각으로부터 사회통념상 범행 직후라고 볼 수 있는 시간 내라면</u>, 피의자의 생명·신체를 구조하기 위하여 <u>사고현장으로부터 곧바로 후송된 병원 응급실 등의 장소는 형사소송법 제216조 제3항의 범죄 장소에 준한다</u>(대판 2012.11.15. 2011도15258).

정답 ○

033 21국7

전투경찰대원들이 공장에서 점거농성 중이던 조합원들을 체포하는 과정에서 체포의 이유 등을 제대로 고지하지 않다가 30~40분이 지난 후 체포된 조합원 등의 항의를 받고 나서야 비로소 체포의 이유 등을 고지한 것은 현행범체포의 적법한 절차를 준수한 것이 아니므로 적법한 공무집행이라고 볼 수 없다. ○|×

> 전투경찰대원들이 위 조합원들을 체포하는 과정에서 체포의 이유 등을 제대로 고지하지 않다가 30~40분이 지난 후 피고인 등의 항의를 받고 나서야 비로소 체포의 이유 등을 고지한 것은 형사소송법상 현행범인 체포의 적법한 절차를 준수한 것이 아니므로 적법한 공무집행이라고 볼 수 없다(대판 2017.3.15. 2013도2168).

정답 ○

034 71간

'급속을 요하는 때'에 해당하여 체포영장을 제시하지 않은 채 체포영장에 기한 체포절차에 착수하였으나, 이에 피의자가 저항하면서 경찰관을 폭행하여 새로운 피의사실인 공무집행방해를 이유로 적법하게 현행범으로 체포한 경우, 집행완료에 이르지 못한 체포영장을 사후에 피의자에게 제시할 필요는 없다. ○|×

> 긴급을 요하여 체포영장을 제시하지 않은 채 체포영장에 기한 체포 절차에 착수하였으나, 이에 피고인이 저항하면서 경찰관을 폭행하는 등 행위를 하여 특수공무집행방해의 현행범으로 체포한 경우에는 사후에 체포영장을 별도로 제시할 필요가 없다(대판 2021.6.24. 2021도4648).

정답 ○

035 23경2

경찰관들이 성폭력범죄 혐의에 대한 체포영장을 근거로 체포절차에 착수하였으나 피의자가 흥분하여 타고 있던 승용차를 출발시켜 경찰관들에게 상해를 입히는 범죄를 추가로 저지르자, 경찰관들이 그 승용차를 멈춘 후 저항하는 피의자를 별도 범죄인 특수공무집행방해치상의 현행범으로 적법하게 체포하였더라도, 집행완료에 이르지 못한 성폭력범죄 체포영장은 사후에 그 피의자에게 제시하여야 한다. ○|×

> 대판 2021.6.24. 2021도4648

정답 ×

036 24승

검사 또는 사법경찰관이 피의자를 긴급체포하는 경우에는 반드시 피의사실의 요지, 체포의 이유와 변호인을 선임할 수 있음을 말하고, 변명할 기회를 주어야 한다. ○|×

> 제200조의5

정답 ○

037 23승

긴급체포의 요건을 갖추었는지 여부는 체포 당시의 상황과 사후에 밝혀진 사정을 종합하여 판단하여야 하고, 이에 관한 검사나 사법경찰관 등 수사주체의 판단에는 상당한 재량의 여지가 있다. ⃞O⃞X

> 긴급체포의 요건을 갖추었는지 여부는 사후에 밝혀진 사정을 기초로 판단하는 것이 아니라 체포 당시의 상황을 기초로 판단하여야 하고, 이에 관한 검사나 사법경찰관 등 수사주체의 판단에는 상당한 재량의 여지가 있다(대판 2002.6.11. 2000도5701, 대판 2006.9.8. 2006도148 등).

정답 ×

038 22법9 / 23경2·21경1 / 22·21승

긴급체포는 영장주의원칙에 대한 예외인 만큼 형사소송법 제200조의3(긴급체포) 제1항의 요건을 모두 갖춘 경우에 한하여 예외적으로 허용되어야 하고, 요건을 갖추지 못한 긴급체포는 법적 근거에 의하지 아니한 영장 없는 체포로서 위법한 체포에 해당하는 것이고, 여기서 긴급체포의 요건을 갖추었는지 여부는 사후에 밝혀진 사정을 기초로 판단하는 것이 아니라 체포 당시의 상황을 기초로 판단하여야 한다. ⃞O⃞X

> 긴급체포는 영장주의원칙에 대한 예외인 만큼 형사소송법 제200조의3 제1항의 요건을 모두 갖춘 경우에 한하여 예외적으로 허용되어야 하고, 요건을 갖추지 못한 긴급체포는 법적 근거에 의하지 아니한 영장 없는 체포로서 위법한 체포에 해당하는 것이고, 여기서 긴급체포의 요건을 갖추었는지 여부는 사후에 밝혀진 사정을 기초로 판단하는 것이 아니라 체포 당시의 상황을 기초로 판단하여야 하고, 이에 관한 검사나 사법경찰관 등 수사주체의 판단에는 상당한 재량의 여지가 있다고 할 것이나, 긴급체포 당시의 상황으로 보아서도 그 요건의 충족 여부에 관한 검사나 사법경찰관의 판단이 경험칙에 비추어 현저히 합리성을 잃은 경우에는 그 체포는 위법한 체포라 할 것이다(대판 2006.9.8. 2006도148).

정답 ○

039 23법9

긴급체포의 요건을 갖추었는지 여부는 사후에 밝혀진 사정을 기초로 판단하는 것이 아니라 체포 당시의 상황을 기초로 판단하여야 하고, 이에 관한 검사나 사법경찰관 등 수사주체의 판단에는 상당한 재량의 여지가 있다고 할 것이나, 긴급체포 당시의 상황으로 보아서도 그 요건의 충족 여부에 관한 검사나 사법경찰관의 판단이 경험칙에 비추어 현저히 합리성을 잃은 경우에는 그 체포는 위법한 체포라 할 것이다. ⃞O⃞X

> 긴급체포의 요건을 갖추었는지 여부는 사후에 밝혀진 사정을 기초로 판단하는 것이 아니라 체포 당시의 상황을 기초로 판단하여야 하고, 이에 관한 검사나 사법경찰관 등 수사주체의 판단에는 상당한 재량의 여지가 있다고 할 것이나, 긴급체포 당시의 상황으로 보아서도 그 요건의 충족 여부에 관한 검사나 사법경찰관의 판단이 경험칙에 비추어 현저히 합리성을 잃은 경우에는 그 체포는 위법한 체포라 할 것이다(대결 2003. 3. 27. 2002모81).

정답 ○

040 24·21승

사법경찰관이 피의자를 영장에 의하여 체포한 후 구속한 경우에 있어서 구속기간은 피의자를 구속한 날부터 기산한다. ☐O☐X

> 체포된 피의자를 구속한 때에는 그 구속기간은 피의자를 체포한 날부터 기산한다(제203조의2).

정답 ×

041 24승

검사 또는 사법경찰관은 긴급체포된 자가 소유·소지 또는 보관하는 물건에 대하여 긴급히 압수할 필요가 있는 경우에는 체포한 때부터 24시간 이내에 한하여 영장 없이 압수·수색 또는 검증을 할 수 있으며, 이는 현행범인 체포의 경우에도 준용된다. ☐O☐X

> 검사 또는 사법경찰관은 제200조의3에 따라 체포된 자가 소유·소지 또는 보관하는 물건에 대하여 긴급히 압수할 필요가 있는 경우에는 체포한 때부터 24시간 이내에 한하여 영장 없이 압수·수색 또는 검증을 할 수 있다(제217조 제1항).

정답 ×

042 24경2 / 23국7

경찰관이 이른바 전화사기죄 범행의 혐의자를 긴급체포하면서 그가 보관하고 있던 다른 사람의 주민등록증을 압수하고 적법하게 사후영장을 발부받았다면, 이는 해당 범죄사실의 수사에 필요한 범위 내의 압수로서 적법하므로 그 주민등록증을 위 혐의자의 점유이탈물횡령죄 범행에 대한 유죄의 증거로 사용할 수 있다. ☐O☐X

> 경찰관이 이른바 전화사기죄 범행의 혐의자를 긴급체포하면서 그가 보관하고 있던 다른 사람의 주민등록증, 운전면허증 등을 압수한 사안에서, 이는 구 형사소송법 제217조 제1항에서 규정한 해당 범죄사실의 수사에 필요한 범위 내의 압수로서 적법하므로, 이를 위 혐의자의 점유이탈물횡령죄 범행에 대한 증거로 인정한 사례(대판 2008.7.10. 2008도2245).

정답 ○

043 21승

사법경찰관이 피의자를 긴급체포한 경우에는 즉시 긴급체포서를 작성하여야 할 뿐만 아니라 즉시 검사의 승인을 얻어야 한다. ☐O☐X

> 사법경찰관이 긴급체포를 한 경우에는 즉시 검사의 승인을 받아야 한다(제200조의3 제2항). 또한 검사 또는 사법경찰관은 제1항의 규정에 의하여 피의자를 체포한 경우에는 즉시 긴급체포서를 작성하여야 한다(동조 제3항).

정답 ○

제2장 강제처분과 강제수사

044 22승

사법경찰관은 피의자를 긴급체포한 경우 즉시 긴급체포서를 작성해야 하나, 검사가 피의자를 긴급체포한 경우에는 긴급체포서를 작성할 필요가 없다. ☐O☐X☐

> 제200조의3 제3항

정답 ×

045 22승

체포한 피의자를 구속하고자 할 때에는 체포한 때부터 48시간 이내에 구속영장을 청구하여야 하고, 그 기간 내에 구속영장을 청구하지 아니하는 때에는 피의자를 즉시 석방하여야 한다. ☐O☐X☐

> 제200조의4

정답 ○

046 21경1 / 22승 / 22국7

긴급체포 후 구속영장을 청구하지 아니하거나 발부받지 못하여 석방된 자는 영장 없이는 동일한 범죄사실에 관하여 체포하지 못한다. ☐O☐X☐

> 긴급체포되었으나 구속영장을 청구하지 아니하거나 구속영장을 발부받지 못하여 석방된 자는 영장 없이는 동일한 범죄사실에 관하여 다시 체포하지 못한다(제200조의4 제3항).

정답 ○

047 73간 / 21승

수사기관은 긴급체포 후 구속영장을 발부받지 못하여 피의자를 석방한 경우, 그 피의자를 동일한 범죄사실로 다시 긴급체포할 수 없으나, 체포영장을 다시 발부받아 체포하는 것은 가능하다. ☐O☐X☐

> 제200조의4 제3항

정답 ○

048 24법9

검사 또는 사법경찰관은 구속영장을 청구하거나 신청하지 않고 긴급체포한 피의자를 석방하려는 때에는 긴급체포 후 석방된 자의 인적사항, 긴급체포의 일시·장소와 긴급체포하게 된 구체적 이유, 석방의 일시·장소 및 사유, 긴급체포 및 석방한 검사 또는 사법경찰관의 성명을 적은 피의자 석방서를 작성해야 한다.　　　　　　　　　　　　　　　　　　　　　　　　[O|X]

> **형사소송법 제200조의4(긴급체포와 영장청구기간)**
>
> ① 검사 또는 사법경찰관이 제200조의3의 규정에 의하여 피의자를 체포한 경우 피의자를 구속하고자 할 때에는 지체 없이 검사는 관할지방법원판사에게 구속영장을 청구하여야 하고, 사법경찰관은 검사에게 신청하여 검사의 청구로 관할지방법원판사에게 구속영장을 청구하여야 한다. 이 경우 구속영장은 피의자를 체포한 때부터 48시간 이내에 청구하여야 하며, 제200조의3제3항에 따른 긴급체포서를 첨부하여야 한다.
> ② 제1항의 규정에 의하여 구속영장을 청구하지 아니하거나 발부받지 못한 때에는 피의자를 즉시 석방하여야 한다.
> ③ 제2항의 규정에 의하여 석방된 자는 영장없이는 동일한 범죄사실에 관하여 체포하지 못한다.
> ④ <u>검사는 제1항에 따른 구속영장을 청구하지 아니하고 피의자를 석방한 경우에는 석방한 날부터 30일 이내에 서면으로 다음 각 호의 사항을 법원에 통지하여야 한다.</u> 이 경우 긴급체포서의 사본을 첨부하여야 한다.
> 　1. 긴급체포 후 석방된 자의 인적사항
> 　2. 긴급체포의 일시·장소와 긴급체포하게 된 구체적 이유
> 　3. 석방의 일시·장소 및 사유
> 　4. 긴급체포 및 석방한 검사 또는 사법경찰관의 성명
>
> **검사와 사법경찰관의 상호협력과 일반적 수사준칙에 관한 규정 제36조(피의자의 석방)**
>
> ① 검사 또는 사법경찰관은 법 제200조의2제5항 또는 제200조의4제2항에 따라 구속영장을 청구하거나 신청하지 않고(사법경찰관이 구속영장의 청구를 신청하였으나 검사가 그 신청을 기각한 경우를 포함한다) <u>체포 또는 긴급체포한 피의자를 석방하려는 때에는 다음 각 호의 구분에 따른 사항을 적은 피의자 석방서를 작성해야 한다.</u>
> 　1. 체포한 피의자를 석방하려는 때: 체포 일시·장소, 체포 사유, 석방 일시·장소, 석방 사유 등
> 　2. <u>긴급체포한 피의자를 석방하려는 때: 법 제200조의4제4항 각 호의 사항</u>

정답 O

049 23경2

사법경찰관은 긴급체포한 피의자에 대하여 구속영장을 신청하지 아니하고 석방한 경우에는 즉시 검사에게 보고하여야 하고, 검사는 석방한 날부터 30일 이내에 서면으로 긴급체포 후 석방된 자의 인적사항, 긴급체포의 일시·장소와 긴급체포하게 된 구체적 이유 등을 법원에 통지하여야 한다. ○|×

> 제200조의4 제4항, 제6항: 검사는 긴급체포된 자에 대하여 구속영장을 청구하지 아니하고 석방 한 경우 30일 이내 긴급체포서 등을 첨부하여 일정한 사항을 법원에 서면 통지하여야 한다(제200조의4 제4항).

정답 ○

050 22승

사법경찰관이 긴급체포한 피의자에 대하여 구속영장을 신청하지 아니하고 석방한 경우에는 7일 이내에 검사에게 보고하여야 한다. ○|×

> 사법경찰관이 긴급체포한 피의자에 대하여 구속영장을 신청하지 아니하고 석방한 경우에는 즉시 검사에게 보고하여야 한다(제204조의4 제6항).

정답 ×

051 24법9

사법경찰관은 긴급체포한 피의자에 대하여 구속영장을 신청하지 아니하고 석방한 경우에는 즉시 검사에게 보고하여야 하나, 사전에 석방 건의서를 작성·제출하여 검사의 지휘를 받을 필요는 없다. ○|×

> **형사소송법 제200조의4(긴급체포와 영장청구기간)**
> ⑥ 사법경찰관은 긴급체포한 피의자에 대하여 구속영장을 신청하지 아니하고 석방한 경우에는 즉시 검사에게 보고하여야 한다.
>
> **검사와 사법경찰관의 상호협력과 일반적 수사준칙에 관한 규정 제36조(피의자의 석방)**
> ② 사법경찰관은 제1항에 따라 피의자를 석방한 경우 다음 각 호의 구분에 따라 처리한다.
> 1. 체포한 피의자를 석방한 때: 지체 없이 검사에게 석방사실을 통보하고, 그 통보서 사본을 사건기록에 편철한다.
> 2. 긴급체포한 피의자를 석방한 때: 즉시 검사에게 석방 사실을 보고하고, 그 보고서 사본을 사건기록에 편철한다.
>
> [2020.10.7. 폐지] (구) 검사의 사법경찰관리에 대한 수사지휘 및 사법경찰관리의 수사준칙에 관한 규정 제36조
> ① 사법경찰관은 체포하거나 구속한 피의자를 석방하려면 별지 제31호서식의 피의자 석방 건의서를 작성·제출하여 미리 검사의 지휘를 받아야 한다.

정답 ○

052 21경2 / 23승

사법경찰관은 긴급체포된 자가 소유·소지 또는 보관하는 물건에 대하여 긴급히 압수할 필요가 있는 경우에는 체포한 때부터 24시간 이내에 한하여 영장 없이 압수·수색 또는 검증을 할 수 있으며, 이 경우 압수·수색 또는 검증은 체포현장이 아닌 장소에서도 할 수 있다. ○|×

> 형사소송법 제217조 제1항은 수사기관이 피의자를 긴급체포한 상황에서 피의자가 체포되었다는 사실이 공범이나 관련자들에게 알려짐으로써 관련자들이 증거를 파괴하거나 은닉하는 것을 방지하고, 범죄사실과 관련된 증거물을 신속히 확보할 수 있도록 하기 위한 것이다. 이 규정에 따른 압수·수색 또는 검증은 <u>체포현장에서의 압수·수색 또는 검증을 규정하고 있는 형사소송법 제216조 제1항 제2호와 달리</u>, 체포현장이 아닌 장소에서도 <u>긴급체포된 자가 소유·소지 또는 보관하는 물건을 대상으로 할 수 있다</u>(대판 2017.9.12. 2017도10309).

정답 ○

053 23승

피의자를 긴급체포하는 경우에 필요한 때에는 영장 없이 체포현장에서 압수·수색을 할 수 있고, 이에 따라 압수한 물건을 계속 압수할 필요가 있는 경우에는 지체 없이 압수·수색영장을 청구하여야 하며, 청구한 압수·수색영장을 발부받지 못한 때에는 압수한 물건을 즉시 반환하여야 한다. ○|×

> 제216조 제1항 제2호, 제217조 제2항, 제3항

정답 ○

054 23경1 / 21승

사법경찰관이 피의자를 긴급체포하는 현장에서 영장 없이 압수한 물건을 계속 압수할 필요가 있어 압수·수색영장을 청구하였으나 이를 발부받지 못하고도 즉시 반환하지 아니한 압수물은 이를 유죄 인정의 증거로 사용할 수 없지만, 피고인이나 변호인이 이를 증거로 함에 동의하였다면 유죄의 증거로 사용할 수 있다. ○|×

> 형사소송법 제216조 제1항 제2호, 제217조 제2항, 제3항은 사법경찰관은 형사소송법 제200조의3(긴급체포)의 규정에 의하여 피의자를 체포하는 경우에 필요한 때에는 영장 없이 체포현장에서 압수·수색을 할 수 있고, 압수한 물건을 계속 압수할 필요가 있는 경우에는 지체 없이 압수수색영장을 청구하여야 하며, 청구한 압수수색영장을 발부받지 못한 때에는 압수한 물건을 즉시 반환하여야 한다고 규정하고 있는바, <u>형사소송법 제217조 제2항, 제3항에 위반</u>하여 압수수색영장을 청구하여 이를 발부받지 아니하고도 즉시 반환하지 아니한 <u>압수물은 이를 유죄 인정의 증거로 사용할 수 없는 것</u>이고, <u>헌법과 형사소송법이 선언한 영장주의의 중요성에 비추어 볼 때 피고인이나 변호인이 이를 증거로 함에 동의하였다고 하더라도 달리 볼 것은 아니다</u>(대판 2009.12.24. 2009도11401).

정답 ×

055 21경1

피의자를 긴급체포하는 경우에 필요한 때에는 영장 없이 체포현장에서 압수·수색을 할 수 있고, 이에 따라 압수한 물건을 계속 압수할 필요가 있는 경우에는 지체 없이 압수·수색영장을 청구하여야 하며, 청구한 압수·수색영장을 발부받지 못한 때에는 압수한 물건을 즉시 반환하여야 하는 바, 이를 위반하여 압수·수색영장을 발부받지 아니하고도 즉시 반환하지 아니한 압수물은 피고인이나 변호인이 이를 증거로 함에 동의하지 않는 한 유죄 인정의 증거로 사용할 수 없다. ☐O ☐X

대판 2009.12.24. 2009도11401

정답 ×

056 21경1 / 24승

긴급체포되어 조사를 받고 구속영장이 청구되지 아니하여 석방된 후 검사가 그 석방일로부터 30일 이내에 석방통지를 법원에 하지 아니하더라도, 긴급체포 당시의 상황과 경위, 긴급체포 후 조사 과정 등에 특별한 위법이 없는 이상, 그 긴급체포에 의한 유치 중에 작성된 피의자신문조서가 위법하게 작성되었다고 볼 수는 없다. ☐O ☐X

甲이 2009. 11. 2. 22:00경 긴급체포되어 조사를 받고 구속영장이 청구되지 아니하여 2009. 11. 4. 20 : 10경 석방되었음에도 검사가 그로부터 30일 이내에 법 제200조의4에 따른 석방통지를 법원에 하지 아니한 사실을 알 수 있으나, 甲에 대한 긴급체포 당시의 상황과 경위, <u>긴급체포 후 조사 과정 등에 특별한 위법이 있다고 볼 수 없는 이상, 단지 사후에 석방통지가 법에 따라 이루어지지 않았다는 사정만으로 그 긴급체포에 의한 유치 중에 작성된 甲에 대한</u> 피의자신문조서들의 작성이 소급하여 위법하게 된다고 볼 수는 없다(대판 2014.8.26. 2011도6035).

정답 ○

057 22경1

검사는 긴급체포한 피의자를 구속영장 청구 없이 석방한 경우에는 석방한 날로부터 30일 이내에 긴급체포서 사본과 함께 법정기재사항이 기재된 서면으로 법원에 통지하여야 하고, 만약 사후에 석방통지가 법에 따라 이루어지지 않은 사정이 있다면 그와 같은 사정만으로도 긴급체포 중에 작성된 피의자신문조서의 증거능력은 소급하여 부정된다. ☐O ☐X

대판 2014.8.26. 2011도6035

정답 ×

058 24법9

검사가 형사소송법 제200조의4 제4항에 따른 석방통지를 법원에 하지 아니하였더라도 긴급체포 당시의 상황과 경위, 긴급체포 후 조사 과정 등에 특별한 위법이 있다고 볼 수 없는 이상, 단지 사후에 석방통지가 법에 따라 이루어지지 않았다는 사정만으로 그 긴급체포에 의한 유치 중에 작성된 피의자신문조서들의 작성이 소급하여 위법하게 된다고 볼 수는 없다. ☐O☐X

> 대판 2014.8.26. 2011도6035

정답 O

059 22법9

검사 또는 사법경찰관이 피의자를 긴급체포한 경우 피의자를 구속하고자 할 때에는 지체 없이 검사는 관할지방법원판사에게 구속영장을 청구하여야 하고, 사법경찰관은 검사에게 신청하여 검사의 청구로 관할지방법원판사에게 구속영장을 청구하여야 한다. 이 경우 구속영장은 피의자를 체포한 때부터 48시간 이내에 청구하여야 하며, 긴급체포서를 첨부하여야 한다. ☐O☐X

> 제200조의4 제1항

정답 O

060 23법9 / 21승

사법경찰관리는 체포영장을 소지하지 아니한 경우에 급속을 요하는 때에는 피의자에 대하여 피의사실의 요지와 영장이 발부되었음을 알리고 집행할 수 있다. 이 경우 집행을 완료한 후에는 신속히 체포영장을 제시해야 한다. ☐O☐X

> 체포영장을 집행함에는 체포영장을 피의자에게 제시하여야 한다(제200조의6, 제85조 제1항). 다만, 체포영장을 소지하지 아니한 경우에 급속을 요하는 때에는 피의자에 대하여 피의사실의 요지와 영장이 발부되었음을 고하고 집행할 수 있다(긴급집행). 이 경우에 집행을 완료한 후에는 신속히 체포영장을 제시해야 한다(동조 제3항, 제4항).

정답 O

061 73간 / 23승

사법경찰관이 체포영장을 집행함에는 피의자에게 이를 제시하는 것으로 충분하고, 신속히 지정된 법원 기타 장소에 인치하여야 한다. ☐O☐X

> 체포영장을 집행함에는 피고인에게 반드시 이를 제시하고 그 사본을 교부하여야 하며 신속히 지정된 법원 기타 장소에 인치하여야 한다(제200조의6, 제85조 제1항, 제3항, 제4항).

정답 X

062 23경2

압수·수색영장을 소지하지 아니한 경우에 급속을 요하는 때에는 피의자에 대하여 공소사실의 요지와 영장이 발부되었음을 고지하고 집행할 수 있다. ◯│✕

> 긴급집행은 영장에 의한 체포와 구속 시에 인정이 될뿐 압수·수색영장 집행의 경우에는 인정되지 아니한다.

정답 ✕

063 22법9

검사 또는 사법경찰관은 피의자가 사형·무기 또는 장기 3년 이상의 징역이나 금고에 해당하는 죄를 범하였다고 의심할 만한 상당한 이유가 있고, 피의자가 증거를 인멸할 염려가 있거나, 도망하거나 도망 할 우려가 있는 경우에 긴급을 요하여 지방법원판사의 체포영장을 받을 수 없는 때에는 그 사유를 알리고 영장 없이 피의자를 체포할 수 있다. ◯│✕

> 제200조의3 제1항

정답 ◯

064 22법9

피의자가 긴급체포된 후 사후영장 발부 전에 수사기관의 조치에 의하여 석방되었다면, 그 후 동일한 범죄사실에 관하여 법원이 발부한 구속영장에 의하여 구속하더라도 위법은 아니다. ◯│✕

> 형사소송법 제200조의4 제3항(재체포의 제한)은 영장 없이는 긴급체포 후 석방된 피의자를 동일한 범죄사실에 관하여 체포하지 못한다는 규정으로, 위와 같이 석방된 피의자라도 법원으로부터 구속영장을 발부받아 구속할 수 있음은 물론이고, 같은 법 제208조 소정의 '구속되었다가 석방된 자'라 함은 구속영장에 의하여 구속되었다가 석방된 경우를 말하는 것이지, 긴급체포나 현행범으로 체포되었다가 사후영장발부 전에 석방된 경우는 포함되지 않는다 할 것이므로, 피고인이 수사 당시 긴급체포되었다가 수사기관의 조치로 석방된 후 법원이 발부한 구속영장에 의하여 구속이 이루어진 경우 앞서 본 법조에 위배되는 위법한 구속이라고 볼 수 없다(대판 2001.9.28. 2001도4291).

정답 ◯

065 24승

영장 없이는 긴급체포 후 석방된 피의자를 동일한 범죄사실에 관하여 체포하지 못하지만, 이와 같이 석방된 피의자라도 법원으로부터 구속영장을 발부받아 구속할 수 있다. ◯│✕

> 대판 2001.9.28. 2001도4291

정답 ◯

066 23승

「형사소송법」 제208조(재구속의 제한)의 '구속되었다가 석방된 자'에는 긴급체포나 현행범으로 체포되었다가 사후영장발부 전에 석방된 경우도 포함된다. ⃞○⃞×

> 법 제208조 소정의 '구속되었다가 석방된 자'라 함은 구속영장에 의하여 구속되었다가 석방된 경우를 말하는 것이지, 긴급체포나 현행범으로 체포되었다가 사후영장발부 전에 석방된 경우는 포함되지 않는다 할 것이다(대판 2001.9.28. 2001도4291).

정답 ×

067 23승

체포·구속장소의 감찰결과 피의자가 적법한 절차에 의하지 아니하고 체포 또는 구속된 것이라고 의심할 만한 상당한 이유가 있는 경우에 검사는 즉시 체포 또는 구속된 자를 석방하거나 사건을 검찰에 송치할 것을 명하여야 하는데, 이 송치요구에 따라 사법경찰관으로부터 송치받은 사건에 관하여 검사는 동일성을 해치지 아니하는 범위 내에서 수사할 수 있다. ⃞○⃞×

> 지방검찰청 검사장 또는 지청장은 불법 체포·구속의 유무를 조사하기 위하여 검사로 하여금 매월 1회 이상 관하 수사관서의 피의자의 체포·구속장소를 감찰하게 하여야 한다(제198조의2 제1항). 검사는 적법한 절차에 의하지 아니하고 체포 또는 구속된 것이라고 의심할 만한 상당한 이유가 있는 경우에는 즉시 체포 또는 구속된 자를 석방하거나 사건을 검찰에 송치할 것을 명하여야 한다(동조 제2항). 검사는 제197조의3 제6항, 제198조의2 제2항 및 제245조의7 제2항에 따라 사법경찰관으로부터 송치받은 사건에 관하여는 해당 사건과 동일성을 해치지 아니하는 범위 내에서 수사할 수 있다(제196조 제2항).

정답 ○

068 22승

체포영장에 의한 체포·긴급체포 또는 현행범인의 체포에 의하여 체포된 피의자에 대하여 구속영장을 청구받은 판사는 구속의 사유를 판단하기 위하여 필요하다고 인정하는 때에는 피의자를 심문할 수 있다. ⃞○⃞×

> 제200조의2(영장에 의한 체포)·제200조의3(긴급체포) 또는 제212조(현행범 체포)에 따라 체포된 피의자에 대하여 구속영장을 청구받은 판사는 지체 없이 피의자를 심문하여야 한다. 이 경우 특별한 사정이 없는 한 구속영장이 청구된 날의 다음날까지 심문하여야 한다(제201조의2 제1항).

정답 ×

069 22승

판사는 지정된 심문기일에 피의자를 심문할 수 없는 특별한 사정이 있는 경우에는 그 심문기일을 변경할 수 있으며, 법원은 변호인의 사정이나 그 밖의 사유로 변호인 선정결정이 취소되어 변호인이 없게 된 때에는 직권으로 변호인을 다시 선정 할 수 있다. ☐O☐X☐

> 제201조의2 제2항. 법원은 변호인의 사정이나 그 밖의 사유로 변호인 선정결정이 취소되어 변호인이 없게 된 때에는 직권으로 변호인을 다시 선정할 수 있다(제201조의 제9항).

정답 O

070 73간

적법하게 체포된 피의자에 대하여 구속영장을 청구받은 판사는 필요하다고 인정되는 때에는 지체없이 영장실질심사를 위하여 피의자를 심문할 수 있으며, 심문할 피의자에게 변호인이 없는 때에는 판사는 직권으로 변호인을 선정하여야 한다. ☐O☐X☐

> 제200조의2·제200조의3 또는 제212조에 따라 체포된 피의자에 대하여 구속영장을 청구받은 판사는 지체 없이 피의자를 심문하여야 한다. 이 경우 특별한 사정이 없는 한 구속영장이 청구된 날의 다음날까지 심문하여야 한다(제201조의2 제1항). 심문할 피의자에게 변호인이 없는 때에는 지방법원판사는 직권으로 변호인을 선정하여야 한다. 이 경우 변호인의 선정은 피의자에 대한 구속영장 청구가 기각되어 효력이 소멸한 경우를 제외하고는 제1심까지 효력이 있다(제201조의2 제8항).

정답 ×

071 22승

피의자는 심문 시작 전에 변호인과 접견할 수 있고, 판사의 심문 도중에도 변호인의 조력을 구할 수 있다. ☐O☐X☐

> 변호인은 구속영장이 청구된 피의자에 대한 심문 시작 전에 피의자와 접견할 수 있다(규칙 제96조의20 제1항). 피의자는 판사의 심문 도중에도 변호인에게 조력을 구할 수 있다(동조 제4항).

정답 O

072 23법9

심문기일의 통지는 서면 이외에 구술·전화·모사전송·전자우편·휴대전화 문자전송 그 밖에 적당한 방법으로 신속하게 하여야 한다. 이 경우 통지의 증명은 그 취지를 심문조서에 기재함으로써 할 수 있다. ☐O☐X☐

> 심문기일의 통지는 서면 이외에 구술·전화·모사전송·전자우편·휴대전화 문자전송 그 밖에 적당한 방법으로 신속하게 하여야 한다. 이 경우 통지의 증명은 그 취지를 심문조서에 기재함으로써 할 수 있다(규칙 제96조의12 제3항).

정답 O

073 23법9

판사는 피의자가 심문기일에의 출석을 거부하거나 질병 그 밖의 사유로 출석이 현저하게 곤란하고, 피의자를 심문 법정에 인치할 수 없다고 인정되는 때에는 피의자의 출석 없이 심문절차를 진행할 수 있다. ⃞O⃞|⃞X⃞

> 판사는 피의자가 심문기일에의 출석을 거부하거나 질병 그 밖의 사유로 출석이 현저하게 곤란하고, 피의자를 심문 법정에 인치할 수 없다고 인정되는 때에는 피의자의 출석 없이 심문절차를 진행할 수 있다(규칙 제96조의13).

정답 O

074 23법9

검사와 변호인은 피의자심문기일에 출석하여 의견을 진술할 수 있고, 필요한 경우에는 판사의 허가를 얻어 피의자를 심문할 수도 있다. ⃞O⃞|⃞X⃞

> <u>검사와 변호인은 판사의 심문이 끝난 후에 의견을 진술할 수 있다</u>. 다만, 필요한 경우에는 <u>심문 도중에도 판사의 허가를 얻어 의견을 진술할 수 있다</u>(규칙 제96조의16 제3항). 즉 <u>검사와 변호인은 의견진술을 할 수 있을 뿐 직접 피의자를 심문할 수는 없다</u>.

정답 ×

075 23법9

판사는 구속 여부의 판단을 위하여 필요하다고 인정하는 때에는 심문절차를 일시 중단하고 피해자 그 밖의 제3자가 의견을 진술하도록 할 수는 있으므로 심문장소에 출석한 피해자 그 밖의 제3자를 심문할 수는 없다. ⃞O⃞|⃞X⃞

> 판사는 구속 여부의 판단을 위하여 필요하다고 인정하는 때에는 심문장소에 출석한 피해자 그 밖의 제3자를 심문할 수 있다(규칙 제96조의16 제5항).

정답 ×

076 22경2 / 21국9 / 20국7

체포된 피의자에 대하여 구속영장을 청구받은 판사는 지체 없이 피의자를 심문하여야 한다. 이 경우 특별한 사정이 없는 한 구속영장이 청구된 날의 다음날까지 심문하여야 한다. ⃞O⃞|⃞X⃞

> <u>체포된 피의자에 대하여 구속영장을 청구받은 판사는 지체없이 피의자를 심문하여야 한다</u>. 이 경우 특별한 사정이 없는 한 <u>구속영장이 청구된 날의 다음날까지 심문하여야 한다</u>(제200조의2 제1항).

정답 O

077 24경2 / 73·71간 / 22승 / 21국9

피의자심문을 하는 경우 법원이 구속영장청구서·수사관계 서류 및 증거물을 접수한 날부터 구속영장을 발부하여 검찰청에 반환한 날까지의 기간은 사법경찰관 및 검사의 구속기간 규정 적용에 있어서 그 구속기간에 이를 산입하지 아니한다. ○|×

> 체포된 피의자를 구속한 때에는 그 구속기간은 피의자를 체포한 날부터 기산한다(제203조의2). 또한 구속을 위한 피의자심문을 하는 경우 법원이 구속영장청구서·수사 관계 서류 및 증거물을 접수한 날부터 구속영장을 발부하여 검찰청에 반환한 날까지의 기간은 사법경찰관과 검사의 구속기간의 적용에 있어서 그 구속기간에 이를 산입하지 아니한다(제201조의2).

정답 ○

078 24경2

피의자가 체포 또는 구인된 경우 경찰 수사과정에서의 구속기간 또는 검찰 수사과정에서의 구속기간은 피의자를 체포 또는 구인한 날부터 기산하며, 구속기간의 초일은 시간을 계산함이 없이 1일로 산정한다. ○|×

> 피의자가 체포영장에 의한 체포·긴급체포·현행범인의 체포에 의하여 체포되거나 구인을 위한 구속영장에 의하여 구인된 경우에 검사 또는 사법경찰관의 구속기간은 피의자를 체포 또는 구인한 날부터 기산한다(제203조의2). 기간의 계산에 관하여는 시(時)로 계산하는 것은 즉시(即時)부터 기산하고 일(日), 월(月) 또는 연(年)으로 계산하는 것은 초일을 산입하지 아니한다. 다만, 시효(時效)와 구속기간의 초일은 시간을 계산하지 아니하고 1일로 산정한다(동법 제66조).

정답 ○

079 24경1

체포되지 않은 피의자에 대하여 구속영장을 청구받은 판사는 피의자가 죄를 범하였다고 의심할 만한 이유가 있는 경우에 구인을 위한 구속영장을 발부하여 피의자를 구인한 후 심문하여야 한다. 다만, 피의자가 도망하는 등의 사유로 심문할 수 없는 경우에는 그러하지 아니하다. ○|×

> 제201조의2 제2항

정답 ○

080 24경1 / 24국9

심문할 피의자에게 변호인이 없어 지방법원판사가 직권으로 변호인을 선정한 경우, 그 선정은 피의자에 대한 구속영장 청구가 인용된 경우를 제외하고는 제1심까지 효력이 있다. ◯|✕

> 심문할 피의자에게 변호인이 없는 때에는 지방법원판사는 직권으로 변호인을 선정하여야 한다. 이 경우 변호인의 선정은 피의자에 대한 구속영장 청구가 기각되어 효력이 소멸한 경우를 제외하고는 제1심까지 효력이 있다(제201조의2 제8항).

정답 ✕

081 22경1 / 73·72간 / 22승

구속 전 피의자심문시 피의자에게 변호인이 없는 때에는 지방법원판사는 직권으로 변호인을 선정해야 한다. 이 경우 변호인의 선정은 피의자에 대한 구속영장 청구가 기각되어 효력이 소멸한 경우를 제외하고는 제1심까지 효력이 있다. ◯|✕

> 제201조의2 제8항

정답 ◯

082 22승

구속영장을 소지하지 아니한 경우에 급속을 요하는 때에는 피의자에 대하여 피의사실의 요지와 구속영장이 발부되었음을 알리고 집행할 수 있으며, 이 경우 집행을 완료한 후에는 신속히 구속영장을 제시하여야 한다. ◯|✕

> 제85조 제3항, 제4항

정답 ◯

083 24승

형집행정지 중에 있는 경우는 법률에 따라 구속 중인 경우에 해당한다고 볼 수 없다. ◯|✕

> 형집행정지중에 있는 경우는 향토예비군설치법 제5조 제2항 제2호에서 말하는 법률의 규정에 의하여 구속중인 경우에 해당한다고 볼 수 없다(대판 1986.10.14. 86도588).

정답 ◯

084 21승

피의자를 체포한 후 그를 다시 구속하고자 할 때에는 체포한 때로부터 48시간 내에 구속영장을 청구해야 한다. ☐O|X☐

> 체포된 피의자를 구속하고자 할 때에는 검사는 체포한 때로부터 48시간 이내에 제201조의 규정에 의하여 구속영장을 청구하여야 하고, 그 기간 내에 구속영장을 청구하지 아니하는 때에는 피의자를 즉시 석방하여야 한다(제200조의2 제5항).

정답 ○

085 23국9

구속기간연장허가결정이 있는 경우에 그 연장기간은 구속기간이 만료된 날로부터 기산한다. ☐O|X☐

> 구속기간연장허가결정이 있는 경우에 그 연장기간은 법 제203조의 규정에 의한 구속기간만료 다음 날로부터 기산한다(규칙 제98조).

정답 ×

086 24승

사법경찰관이 긴급체포된 피의자에 대해 검사에게 긴급체포의 승인건의와 구속영장 신청을 함께 한 경우 검사는 긴급체포의 합당성이나 구속영장 청구에 필요한 사유를 보강하기 위해 피의자 대면조사를 실시할 수 있다. ☐O|X☐

> 검사의 구속영장 청구 전 피의자 대면조사는 긴급체포의 적법성을 의심할 만한 사유가 기록 기타 객관적 자료에 나타나고 피의자의 대면조사를 통해 그 여부의 판단이 가능할 것으로 보이는 예외적인 경우에 한하여 허용될 뿐, 긴급체포의 합당성이나 구속영장 청구에 필요한 사유를 보강하기 위한 목적으로 실시되어서는 아니된다(대판 2010.10.28. 2008도11999).

정답 ×

087 23승

검사는 사법경찰관의 긴급체포 승인 요청이 이유 없다고 인정하는 경우에는 지체 없이 사법경찰관에게 불승인 통보를 해야 하며, 이 경우 사법경찰관은 긴급체포된 피의자를 즉시 석방하고 그 석방 일시와 사유 등을 검사에게 통보해야 한다. ☐O|X☐

> 수사준칙 제27조 제4항

정답 ○

088 24경2 / 23·21승

구속의 사유가 없거나 소멸된 때에는 피고인, 피고인의 변호인·법정대리인·배우자·직계친족·형제자매·가족·동거인 또는 고용주는 법원에 구속된 피고인의 구속취소를 청구할 수 있다. ○|×

> 구속의 사유가 없거나 소멸된 때에 피고인에 대하여는 법원은 <u>직권 또는</u> 검사, 피고인, 변호인과 변호인선임권자(제30조 제2항)의 <u>청구에 의하여</u> 결정으로 구속을 <u>취소하여야</u> 한다(제93조). 가족·동거인 또는 고용주는 청구권자에 포함되지 아니한다.

정답 ×

089 20국7

구속의 사유가 없거나 소멸된 때에는 피고인, 피고인의 변호인·법정대리인·배우자·직계친족·형제자매·가족·동거인 또는 고용주는 법원에 구속된 피고인의 구속취소를 청구할 수 있다. ○|×

> 제93조

정답 ×

090 22국7

구속되었다가 공소제기 후 수소법원이 석방한 피고인은 다른 중요한 증거가 발견된 경우가 아니면 동일한 범죄사실에 관하여 재차 구속하지 못한다. ○|×

> 수소법원의 구속에 관하여는 검사 또는 사법경찰관이 피의자를 구속함을 규율하는 형사소송법 제208조의 규정은 적용되지 않는다(대결 1985.7.23. 85모12).
> ☞ 검사 또는 사법경찰관에 의하여 구속되었다가 석방된 자는 다른 중요한 증거를 발견한 경우를 제외하고는 동일한 범죄사실에 관하여 재차 구속하지 못한다(제208조 제1항).

정답 ×

091 24경1 / 23승

수사기관은 수사 중인 사건의 범죄 혐의를 밝히기 위한 목적으로 합리적인 근거 없이 별개의 사건을 부당하게 수사하여서는 아니 되고, 다른 사건의 수사를 통하여 확보된 증거 또는 자료를 내세워 관련 없는 사건에 대한 자백이나 진술을 강요하여서도 아니 된다. ○|×

> 수사기관은 수사 중인 사건의 범죄 혐의를 밝히기 위한 목적으로 <u>합리적인 근거 없이</u> 별개의 사건을 부당하게 수사하여서는 아니 되고, 다른 사건의 수사를 통하여 확보된 증거 또는 자료를 내세워 관련 없는 사건에 대한 자백이나 진술을 강요하여서도 아니 된다(제198조 제4항).

정답 ○

092 23승

수사기관은 다른 사건의 수사를 통해 확보된 증거 또는 자료를 내세워 관련 없는 사건에 대한 자백이나 진술을 강요하여서는 아니 된다. ☐O☐X☐

> 제198조 제4항

정답 ○

093 23경2 / 25국9

구속기간의 만료로 피고인에 대한 구속의 효력이 상실된 후 항소법원이 판결을 선고하면서 피고인을 구속한 것은 실질적으로 재구속 또는 이중구속에 해당되므로 위법하다. ☐O☐X☐

> 수소법원의 구속에 관하여는 검사 또는 사법경찰관이 피의자를 구속함을 규율하는 형사소송법 제208조의 규정은 적용되지 아니하므로 <u>구속기간의 만료로 피고인에 대한 구속의 효력이 상실된 후 항소법원이 피고인에 대한 판결을 선고하면서 피고인을 구속하였다 하여 위 법 제208조의 규정에 위배되는 재구속 또는 이중구속이라 할 수 없다</u>(대판 1985.7.23. 85모12).

정답 ×

094 24경2

구속기간의 만료로 피고인에 대한 구속의 효력이 상실된 후 항소법원이 피고인에 대한 판결을 선고하면서 피고인을 구속한 경우, 이는 「형사소송법」 제208조(재구속의 제한)의 규정에 위배되는 재구속 또는 이중구속에 해당하지 않는다. ☐O☐X☐

> 대결 1985.7.23. 85모12

정답 ○

095 22승

구속은 구금과 구인을 포함하며, 구인한 피고인을 법원에 인치한 경우에 구금할 필요가 없다고 인정한 때에는 그 인치한 때로부터 24시간 내에 석방하여야 한다. ☐O☐X☐

> 구인한 피고인을 법원에 인치한 경우에 구금할 필요가 없다고 인정한 때에는 그 인치한 때로부터 24시간 내에 석방하여야 한다(제71조).

정답 ○

096 22경2

구속영장을 집행함에는 피의자의 신청이 있는 때에 한하여 피의자에게 그 사본을 교부할 수 있다. ⊙⊗

> 구속영장을 집행함에는 피의자에게 반드시 이를 제시하고 그 사본을 교부하여야 하며 신속히 지정된 법원 기타 장소에 인치하여야 한다(제209조, 제85조 제1항).

정답 ✗

097 23·21승

법원은 상당한 이유가 있는 때에는 결정으로 구속된 피고인을 친족·보호단체 기타 적당한 자에게 부탁하거나 피고인의 주거를 제한하여 구속의 집행을 정지할 수 있고, 이때 급속을 요하는 경우를 제외하고는 검사의 의견을 물어야 한다. ⊙⊗

> 법원은 상당한 이유가 있는 때에는 결정으로 구속된 피고인을 친족·보호단체 기타 적당한 자에게 부탁하거나 피고인의 주거를 제한하여 구속의 집행을 정지할 수 있다(제101조 제1항). 법원이 피고인에 대한 구속의 집행정지결정을 할 때에는 검사의 의견을 물어야 한다. 단, 급속을 요하는 경우에는 그러하지 아니하다(제101조 제2항).

정답 ○

098 24승

피의자·피고인에 대한 구속집행정지의 결정 여부는 법원의 권한이므로, 검사는 이를 할 수 없다. ⊙⊗

> 법원은 상당한 이유가 있는 때에는 결정으로 구속된 피고인을 친족·보호단체 기타 적당한 자에게 부탁하거나 피고인의 주거를 제한하여 구속의 집행을 정지할 수 있다(제101조 제1항).

정답 ✗

099 24법9

구속집행정지는 피고인 등의 신청 또는 직권에 의하여 할 수 있고, 구속의 집행이 정지될 뿐이며 구속영장의 효력에는 영향이 없다는 점에서 보석과 동일하나, 보증금의 납입 등을 조건으로 하지 않고 친족·보호단체 기타 적당한 자에게 부탁하거나 주거를 제한하여 석방한다는 점에서는 보석과 차이가 있다. ⊙⊗

> 법원은 상당한 이유가 있는 때에는 결정으로 구속된 피고인을 친족·보호단체 기타 적당한 자에게 부탁하거나 피고인의 주거를 제한하여 구속의 집행을 정지할 수 있다(제101조 제1항). 검사 또는 검사의 지휘를 받은 사법경찰관은 구속집행을 정지할 수 있다(제209조, 제101조 제1항).즉, 구속집행정지는 법원이나 수사기관의 직권으로 한다. 당사자에게는 신청권이 없으며, 설령 신청했다 하더라도 직권발동을 촉구하는 의미밖에 없다.

정답 ✗

100 24승

검사는 법원으로부터 구속집행정지에 관한 의견요청이 있을 때에는 의견서와 소송서류 및 증거물을 지체 없이 법원에 제출하여야 하는데, 이 경우 특별한 사정이 없는 한 의견요청을 받은 날의 다음날까지 제출하여야 한다. ☐O☐X

> 검사는 법원으로부터 보석, 구속취소 또는 구속집행정지에 관한 의견요청이 있을 때에는 의견서와 소송서류 및 증거물을 지체 없이 법원에 제출하여야 한다. 이 경우 특별한 사정이 없는 한 의견요청을 받은 날의 다음날까지 제출하여야 한다(규칙 제54조 제1항).

정답 O

101 24법9

구속집행이 정지된 피고인은 수사기관의 관찰대상이 되지만 이것만으로 피고인의 도망을 막기에는 부족하고, 또한 피고인이 도망할 염려가 있는 경우에는 구속집행정지 취소사유가 될 뿐이다. ☐O☐X

> 구속집행정지된 피고인은 수사기관의 관찰대상이 되지만 이것만으로 피고인의 도망을 막기에는 부족하고, 또한 피고인이 도망할 염려가 있는 경우에는 구속집행정지 취소사유에 해당(제102조 제2항 제2호)하므로, 구속집행정지 여부를 결정함에 있어서는 친족에 대한 부탁 또는 주거제한 등의 조치에도 불구하고 피고인이 도망할 염려가 있는지 여부를 신중히 판단하여야 한다(보석예규 및 법원실무제요 참조).

정답 O

102 24법9

구속집행정지결정에는 정지의 기간을 정할 수도 있고 정하지 않을 수도 있으며, 구속집행정지결정에 있어서 기간을 정할 것인지 여부가 법원의 재량에 맡겨져 있으므로 결정 후 이를 연장 또는 단축하는 것도 가능하다. ☐O☐X

> 구속집행정지결정에는 정지의 기간을 정할 수도 있고 정하지 않을 수도 있다(규칙 제56조 제1항 참조). 구속집행정지 결정에 있어서 기간을 정할 것인지 여부가 법원의 재량에 맡겨져 있으므로 연장 또는 단축하는 것도 가능하다(법원실무제요 참조).

정답 O

103 24법9

헌법 제44조 제2항에 따라 구속된 국회의원에 대하여 국회의 석방요구가 있으면 구속영장의 집행이 당연히 정지되므로, 수소법원은 구속집행정지의 결정을 따로 할 필요가 없다. 국회의 석방 요구가 있는 경우 검찰총장은 즉시 석방을 지휘하고 그 사유를 수소법원에 통지하여야 한다. ☐O☐X

> 제101조 제4항, 5항

정답 O

104 21경2 / 21경1 / 71간 / 24승

국선변호인의 선정사유를 규정하고 있는 「형사소송법」 제33조 제1항 제1호의 '피고인이 구속된 때'라고 함은, 피고인이 별건으로 구속되어 있거나 다른 형사사건에서 유죄로 확정되어 수형 중인 경우를 포함한다. ○/×

> 형사소송법 제33조 제1항 제1호의 '피고인이 구속된 때'라고 함은, 피고인이 당해 형사사건에서 구속되어 재판을 받고 있는 경우를 의미하고, 피고인이 별건으로 구속되어 있거나 다른 형사사건에서 유죄로 확정되어 수형 중인 경우는 이에 해당하지 아니한다(대판 2009.5.28. 2009도579 ; 대판 2017.2.6. 2016도19006).

정답 ×

105 22국7

어느 재판에 대하여 어떠한 불복방법을 허용할 것인지의 여부는 원칙적으로 입법자의 형성의 자유에 속하는 사항이지만, 심급제도가 헌법이 규정하는 국민의 재판청구권을 보장하기 위한 하나의 수단임을 고려할 때 어느 재판에 대하여 심급제도를 통한 불복을 허용할 것인지의 여부는 입법정책에 달린 문제로 볼 수 없다. ○/×

> [1] 심급제도는 사법에 의한 권리보호에 관하여 한정된 법 발견자원의 합리적인 분배의 문제인 동시에 재판의 적정과 신속이라는 서로 상반되는 두 가지 요청을 어떻게 조화시키느냐의 문제에 귀착되므로 어느 재판에 대하여 심급제도를 통한 불복을 허용할 것인지의 여부 또는 어떤 불복방법을 허용할 것인지 등은 원칙적으로 입법자의 형성의 자유에 속하는 사항이고, 특히 형사사법절차에서 수사 또는 공소제기 및 유지를 담당하는 주체로서 피의자 또는 피고인과 대립적 지위에 있는 검사에게 어떤 재판에 대하여 어떤 절차를 통하여 어느 범위 내에서 불복방법을 허용할 것인가 하는 점은 더욱 더 입법정책에 달린 문제이다.
> [2] 검사의 체포영장 또는 구속영장 청구에 대한 지방법원판사의 재판은 형사소송법 제402조의 규정에 의하여 항고의 대상이 되는 '법원의 결정'에 해당하지 아니하고, 제416조 제1항의 규정에 의하여 준항고의 대상이 되는 '재판장 또는 수명법관의 구금 등에 관한 재판'에도 해당하지 아니한다(대판 2006.12.18. 2006모646).

정답 ×

106 23경2·21경2 / 73·71간 / 23·22승 / 24국9

구속의 효력은 원칙적으로 구속영장에 기재된 범죄사실에만 미치므로, 구속기간이 만료될 무렵에 종전 구속영장에 기재된 범죄사실과 다른 범죄사실로 피고인을 구속하였다는 사정만으로는 피고인에 대한 구속이 위법하다고 할 수 없다. ○/×

> 구속의 효력은 원칙적으로 위 방식에 따라 작성된 구속영장에 기재된 범죄사실에만 미치는 것이므로, 구속기간이 만료될 무렵에 종전 구속영장에 기재된 범죄사실과 다른 범죄사실로 피고인을 구속하였다는 사정만으로는 피고인에 대한 구속이 위법하다고 할 수 없다(대결 2000.11.10. 2000모134).

정답 ○

107 21경2

「형사소송법」 제72조는 "피고인에 대하여 범죄사실의 요지, 구속의 이유와 변호인을 선임할 수 있음을 말하고 변명할 기회를 준 후가 아니면 구속할 수 없다"라고 규정하고 있는 바, 이는 수소법원 등 법관이 취하여야 하는 절차가 아니라 구속영장을 집행함에 있어 집행기관이 취하여야 하는 절차에 관한 것이다. ◯│✕

> 형사소송법 제72조는 "피고인을 구속함에 있어 법관에 의한 사전 청문절차를 규정한 것으로서, 구속영장을 집행함에 있어 집행기관이 취하여야 하는 절차가 아니라 구속영장 발부함에 있어 수소법원 등 법관이 취하여야 하는 절차라 할 것이다(대결 2000.11.10. 2000모134).

정답 ✕

108 24법9

법원은 피고인에 대하여 범죄사실의 요지, 구속의 이유와 변호인을 선임할 수 있음을 말하고 변명할 기회를 준 후가 아니면 구속할 수 없고, 이러한 사전청문절차는 합의부원 1인이 진행할 수는 없으므로 재판부를 구성하는 법관 전원이 참여한 가운데 이루어져야 한다. ◯│✕

> 피고인에 대하여 범죄사실의 요지, 구속의 이유와 변호인을 선임할 수 있음을 말하고 변명할 기회를 준 후가 아니면 구속할 수 없다. 다만, 피고인이 도망한 경우에는 그러하지 아니하다(제72조). 법원은 합의부원으로 하여금 제72조의 절차를 이행하게 할 수 있다(제72조의2 제1항).

정답 ✕

109 24법9

사전청문절차는 피고인의 출석 하에 이루어지는 것이 원칙이나, 피고인이 출석하기 어려운 특별한 사정이 있고 상당하다고 인정하는 때에는 검사와 변호인의 의견을 들어 비디오 등 중계장치에 의한 중계시설을 통하여 진행할 수 있다. ◯│✕

> 법원은 피고인이 출석하기 어려운 특별한 사정이 있고 상당하다고 인정하는 때에는 검사와 변호인의 의견을 들어 비디오 등 중계장치에 의한 중계시설을 통하여 제72조의 절차를 진행할 수 있다(제72조의2 제2항).

정답 ◯

110 22법9

법원이 피고인에 대하여 구속영장을 발부함에 있어 사전에 형사소송법 제72조(피고인에 대하여 범죄사실의 요지, 구속의 이유와 변호인을 선임할 수 있음을 말하고 변명할 기회를 준 후가 아니면 구속할 수 없다)의 청문절차를 거치지 아니한 채 구속영장을 발부하였다면 그 발부결정은 위법하고, 이미 변호인을 선정하여 공판절차에서 변명과 증거의 제출을 다하고 그의 변호 아래 판결을 선고받은 경우 등과 같이 위 규정에서 정한 절차적 권리가 실질적으로 보장되었다고 볼 수 있다고 하더라도 그 하자는 언제나 치유되었다고 볼 수 없다. ⃞O ⃞X

> 대결 2000.11.10. 2000모134

정답 ×

111 24법9

피고인을 구속하는 구속영장에는 피고인의 성명, 주거, 죄명, 공소사실의 요지, 인치 구금할 장소, 발부년월일, 그 유효기간과 그 기간을 경과하면 집행에 착수하지 못하며 영장을 반환하여야 할 취지를 기재하여야 하나, 피고인의 성명이 분명하지 아니한 때에는 인상, 체격, 기타 피고인을 특정할 수 있는 사항으로 피고인을 표시할 수 있다. ⃞O ⃞X

> 형사소송법 75조(구속영장의 방식)
> ① 구속영장에는 피고인의 성명, 주거, 죄명, 공소사실의 요지, 인치 구금할 장소, 발부년월일, 그 유효기간과 그 기간을 경과하면 집행에 착수하지 못하며 영장을 반환하여야 할 취지를 기재하고 재판장 또는 수명법관이 서명날인하여야 한다.
> ② 피고인의 성명이 분명하지 아니한 때에는 인상, 체격, 기타 피고인을 특정할 수 있는 사항으로 피고인을 표시할 수 있다.
> ③ 피고인의 주거가 분명하지 아니한 때에는 그 주거의 기재를 생략할 수 있다.

정답 ○

112 24법9

법원은 피고인의 현재지의 지방법원판사에게 피고인의 구속을 촉탁할 수 있고, 이 경우 촉탁을 받은 지방법원판사는 피고인이 관할구역 내에 현재하지 아니한 때에는 그 현재지의 지방법원판사에게 다시 피고인의 구속을 촉탁할 수 있으며, 촉탁을 받은 지방법원판사는 구속영장을 발부하여야 한다. ☐O ☐X

> 형사소송법 제77조(구속의 촉탁)
> ① 법원은 피고인의 현재지의 지방법원판사에게 <u>피고인의 구속을 촉탁할 수 있다.</u>
> ② <u>수탁판사는 피고인이 관할구역 내에 현재하지 아니한 때에는 그 현재지의 지방법원판사에게 전촉할 수 있다.</u>
> ③ <u>수탁판사는 구속영장을 발부하여야 한다.</u>
> ④ 제75조의 규정은 전항의 구속영장에 준용한다.

정답 ○

113 22법9 / 23경1

형사소송법 제72조의 사전 청문절차와 달리 형사소송법 제88조(피고인을 구속한 때에는 즉시 공소사실의 요지와 변호인을 선임할 수 있음을 알려야 한다)에서 규정한 사후 청문 절차를 위반하였다고 하더라도 구속영장의 효력에 어떠한 영향을 미치지 아니한다. ☐O ☐X

> <u>형사소송법 제88조</u>는 "피고인을 구속한 때에는 즉시 공소사실의 요지와 변호인을 선임할 수 있음을 알려야 한다."고 규정하고 있는바, 이는 <u>사후 청문절차에 관한 규정으로서 이를 위반하였다 하여 구속영장의 효력에 어떠한 영향을 미치는 것은 아니다</u>(대결 2000.11.10. 2000모134).

정답 ○

114 23경1

법원이 피고인에 대하여 구속영장을 발부하기 전에 「형사소송법」 제72조에서 규정한 절차를 거치지 아니하였다 하더라도 같은 규정에 따른 절차적 권리가 실질적으로 보장되었다면, 위 사전 청문절차를 거치지 않은 것만으로 그 구속영장 발부결정이 위법하다고 볼 것은 아니다. ☐O ☐X

> 사전 청문절차의 흠결에도 불구하고 구속영장 발부를 적법하다고 보는 이유는 공판절차에서 증거의 제출과 조사 및 변론 등을 거치면서 판결이 선고될 수 있을 정도로 <u>범죄사실에 대한 충분한 소명과 공방이 이루어지고 그 과정에서 피고인에게 자신의 범죄사실 및 구속사유에 관하여 변명을 할 기회가 충분히 부여되기 때문이므로, 이와 동일시할 수 있을 정도의 사유가 아닌 이상 함부로 청문절차 흠결의 위법이 치유된다고 해석하여서는 아니 된다</u>(대결 2016.6.14. 2015모1032).

정답 ○

115 21국9

'범죄의 중대성, 재범의 위험성, 피해자 및 중요 참고인 등에 대한 위해우려 등'은 독립된 구속사유가 아니라 구속사유를 심사함에 있어서 필요적 고려사항이다. ⃞O⃞X

> 법원은 제1항의 구속사유를 심사함에 있어서 범죄의 중대성, 재범의 위험성, 피해자 및 중요 참고인 등에 대한 위해우려 등을 고려하여야 한다(제70조 제2항). 다만 이러한 사항은 <u>독립된 구속사유가 아니라 구속사유를 심사함에 있어서 고려해야 할 사정</u>에 불과하다.

정답 O

116 24국9

「형사소송법」 제70조 제2항이 정한 범죄의 중대성, 재범의 위험성, 피해자 및 중요 참고인 등에 대한 위해우려는 동법 제70조 제1항에서 정한 주거부정, 증거인멸의 염려, 도망 또는 도망할 염려 등의 구속사유에 새로운 구속사유를 추가한 것이다. ⃞O⃞X

> 법 제70조 제1항에서는 주거부정, 증거인멸의 우려, 도주우려 등의 구속사유를 규정하고 있는데, 법 제70조 제2항은 여기에 새로운 '구속사유'를 신설하거나 추가한 것이 아니라, 이러한 '<u>구속사유를 심사할 때 고려해야 할 사항</u>'을 명시한 것이다(헌재결 2010.11.25. 2009헌바8).

정답 ×

117 22경1

피의자는 검사의 구속영장 청구 전 대면조사를 위한 출석요구에 응할 의무가 없으므로, 사법경찰관리는 피의자가 검사의 출석 요구에 동의한 때에 한하여 피의자를 검찰청으로 호송하여야 한다. ⃞O⃞X

> 검사의 구속영장 청구 전 피의자 대면조사는 <u>강제수사가 아니므로 피의자는 검사의 출석 요구에 응할 의무가 없고, 피의자가 검사의 출석 요구에 동의한 때에 한하여 사법경찰관리는 피의자를 검찰청으로 호송하여야</u> 한다(대판 2010.10.28. 2008도11999).

정답 O

118 21법9

구속 중인 피고인에 대하여 감정유치장이 집행되어 피고인이 유치되어 있는 기간은 법원의 구속기간에 산입하지 않지만 미결구금일수의 산입에 있어서는 구속으로 간주한다. ⃞O⃞X

> <u>감정유치는 미결구금일수의 산입에 있어서는 이를 구속으로 간주한다</u>(제172조 제8항). <u>구속 중인 피고인에 대하여 감정유치장이 집행되었을 때에는 피고인이 유치되어 있는 기간 동안 구속은 그 집행이 정지된 것으로 간주한다</u>(제172조의2 제1항). 따라서 이 경우에는 감정유치기간을 구속기간에 산입되지 아니한다.

정답 O

119 ⁷¹간 / 23국7

구속영장을 발부한 법관은 구속적부심사의 심문·조사·결정에 관여하지 못하는데, 이는 구속영장을 발부한 법관 외에는 심문·조사·결정을 할 판사가 없는 경우에도 마찬가지이다. ○|×

> 체포영장이나 구속영장을 발부한 법관은 제4항부터 제6항까지의 심문·조사·결정에 관여할 수 없다. 다만, 체포영장이나 구속영장을 발부한 법관 외에는 심문·조사·결정을 할 판사가 없는 경우에는 그러하지 아니하다(제214조의2 제12항).

정답 ×

120 21법9 / 21경2

피고인의 구속기간은 2개월로 하나, 특히 구속을 계속할 필요가 있는 경우에는 심급마다 2개월 단위로 2차에 한하여 결정으로 갱신할 수 있다. 다만, 상소심은 피고인 또는 변호인이 신청한 증거의 조사, 상소이유를 보충하는 서면의 제출 등으로 추가 심리가 필요한 부득이한 경우에는 3차에 한하여 갱신할 수 있다. ○|×

> **제92조(구속기간과 갱신)**
> ① 구속기간은 2개월로 한다.
> ② 제1항에도 불구하고 특히 구속을 계속할 필요가 있는 경우에는 심급마다 2개월 단위로 2차에 한하여 결정으로 갱신할 수 있다. 다만, 상소심은 피고인 또는 변호인이 신청한 증거의 조사, 상소이유를 보충하는 서면의 제출 등으로 추가 심리가 필요한 부득이한 경우에는 3차에 한하여 갱신할 수 있다.

정답 ○

121 23경2

지방법원 판사가 구속기간의 연장을 허가하지 않는 결정을 하더라도 「형사소송법」 제402조 또는 제403조가 정하는 항고의 방법으로는 불복할 수 없으며, 다만, 「형사소송법」 제416조가 정하는 준항고의 대상이 될 뿐이다. ○|×

> 검사의 체포영장 또는 구속영장 청구에 대한 지방법원판사의 재판은 형사소송법 제402조의 규정에 의하여 항고의 대상이 되는 '법원의 결정'에 해당하지 아니하고, 제416조 제1항의 규정에 의하여 준항고의 대상이 되는 '재판장 또는 수명법관의 구금 등에 관한 재판'에도 해당하지 아니한다(대판 2006.12.18. 2006모646).

정답 ×

122 21법9

기피신청으로 소송진행이 정지된 기간, 공소장의 변경이 피고인의 불이익을 증가할 염려가 있다고 인정되어 피고인으로 하여금 필요한 방어의 준비를 하게 하기 위하여 결정으로 공판절차를 정지한 기간, 공소제기 전의 체포·구인·구금 기간은 법원의 구속기간에 산입하지 아니한다. ○│×

> 제22조(기피신청으로 인한 공판절차정지), 제298조 제4항(공소장변경 시 공판절차정지), 제306조 제1항(피고인의 의사무능력으로 인한 공판절차정지) 및 제2항(피고인의 질병으로 인한 공판절차정지)의 규정에 의하여 공판절차가 정지된 기간 및 공소제기 전의 체포·구속·구금된 기간은 위 기간에 산입하지 아니한다(제92조 제3항).

정답 ○

123 21국9

누구든지 체포 또는 구속을 당한 때에는 적부의 심사를 법원에 청구할 권리를 가진다. ○│×

> 헌법 제12조 제6항

정답 ○

124 72간

판사는 구속 여부를 판단하기 위하여 필요한 사항에 관하여 신속하고 간결하게 심문하여야 하며, 피의자의 교우관계 등 개인적인 사항에 관하여 심문할 수는 없다. ○│×

> 판사는 구속 여부를 판단하기 위하여 필요한 사항에 관하여 신속하고 간결하게 심문하여야 한다. 증거인멸 또는 도망의 염려를 판단하기 위하여 필요한 때에는 피의자의 경력, 가족관계나 교우관계 등 개인적인 사항에 관하여 심문할 수 있다(규칙 제96조의16 제2항).

정답 ×

125 23·22승

체포되거나 구속된 피의자 또는 그 변호인, 법정대리인, 배우자, 직계친족, 형제자매나 가족, 동거인 또는 고용주는 관할법원에 체포 또는 구속의 적부심사를 청구할 수 있다. ○│×

> 제214조의2 제1항

정답 ○

126 24법9

체포영장에 의하여 체포된 피의자뿐만 아니라 체포영장에 의하지 아니하고 긴급체포된 피의자도 체포적부심사의 청구권자에 해당한다. ◯|✕

> 헌법 제12조 제6항은 누구든지 체포 또는 구속을 당한 때에는 적부의 심사를 법원에 청구할 권리를 가진다고 규정하고 있고, 형사소송법 제214조의2 제1항은 체포영장 또는 구속영장에 의하여 체포 또는 구속된 피의자 등이 체포 또는 구속의 적부심사를 청구할 수 있다고 규정하고 있는바, 형사소송법의 위 규정이 체포영장에 의하지 아니하고 체포된 피의자의 적부심사청구권을 제한한 취지라고 볼 것은 아니므로 긴급체포 등 체포영장에 의하지 아니하고 체포된 피의자의 경우에도 헌법과 형사소송법의 위 규정에 따라 그 적부심사를 청구할 권리를 가진다(대결 1997.8.27. 97모21).

정답 ◯

127 24법9 / 23경2 / 24경1

구속적부심문조서는 특히 신용할 만한 정황에 의하여 작성된 문서이므로 특별한 사정이 없는 한, 증거동의 여부와 상관없이 당연히 증거능력이 인정된다. ◯|✕

> 구속적부심문조서는 형사소송법 제311조가 규정한 문서에는 해당하지 않는다 할 것이나, 특히 신용할 만한 정황에 의하여 작성된 문서라고 할 것이므로 특별한 사정이 없는 한, 피고인이 증거로 함에 부동의하더라도 형사소송법 제315조 제3호에 의하여 당연히 그 증거능력이 인정된다(대판 2004.1.16. 2003도5693).

정답 ◯

128 24승

법원은 청구권자 아닌 사람이 구속의 적부심사를 청구하는 경우에는 심문 없이 결정으로 청구를 기각할 수 있는데, 이와 같은 기각결정에 대해서는 항고할 수 없다. ◯|✕

> 제214조의2 제3항 제1호

정답 ◯

129 24경2 / 71간

체포된 피의자는 관할 법원에 체포의 적부심사를 청구할 수 있으며, 청구를 받은 법원은 그 청구가 이유 있다고 인정한 경우에는 심사 청구 후 피의자에 대하여 공소제기가 있는 경우에도 결정으로 체포된 피의자의 석방을 명하여야 한다. ◯|✕

> 체포 또는 구속의 적부심사의 청구를 받은 법원은 청구서가 접수된 때부터 48시간 이내에 체포되거나 구속된 피의자를 심문하고 수사 관계 서류와 증거물을 조사하여 그 청구가 이유 없다고 인정한 경우에는 결정으로 기각하고, 이유 있다고 인정한 경우에는 결정으로 체포되거나 구속된 피의자의 석방을 명하여야 한다. 심사 청구 후 피의자에 대하여 공소제기가 있는 경우에도 또한 같다(제214조의2 제4항).

정답 ◯

130 24법9

구속된 피의자로부터 구속적부심사의 청구를 받은 법원이 보증금납입조건부 피의자석방결정을 내린 경우 보증금이 납입된 후에야 피의자를 석방할 수 있다. ⃞O⃞|⃞X⃞

> 형사소송법 제214조의2 제7항에서는 제5항의 보증금 납입을 조건으로 석방을 하는 경우에는 제99조와 제100조를 준용하도록 하고 있는데 제100조 제1항에서는 제98조 제8호(피고인이나 법원이 지정하는 자가 보증금을 납입하거나 담보를 제공할 것)를 이행한 후가 아니면 보석허가결정을 집행하지 못한다고 규정하고 있다. 따라서 구속된 피의자로부터 구속적부심사의 청구를 받은 법원이 보증금납입조건부 피의자석방결정을 내린 경우 보증금이 납입된 후에야 피의자를 석방할 수 있게 된다.

정답 ○

131 24법9

체포적부심사청구를 받은 법원이 그 청구가 이유 있다고 인정할 때에는 결정으로 체포된 피의자의 석방을 명하여야 하며, 검사는 이 결정에 대하여 항고하지 못한다. ⃞O⃞|⃞X⃞

> 제214조의2 제1항, 제4항, 제8항

정답 ○

132 24법9

구속영장을 발부한 법관은 구속적부심사의 심문·조사·결정에 관여하지 못하고, 이는 구속영장을 발부한 법관 외에는 심문·조사·결정을 할 판사가 없는 경우에도 마찬가지이다. ⃞O⃞|⃞X⃞

> 체포영장이나 구속영장을 발부한 법관은 제4항부터 제6항까지의 심문·조사·결정에 관여할 수 없다. 다만, 체포영장이나 구속영장을 발부한 법관 외에는 심문·조사·결정을 할 판사가 없는 경우에는 그러하지 아니하다(제214조의2 제12항).

정답 ×

133 23국9 / 23국7

체포 또는 구속 적부심사결정에 의하여 석방된 피의자가 도망하거나 범죄의 증거를 인멸할 염려가 있다고 믿을 만한 충분한 이유가 있는 때에는 동일한 범죄사실로 재차 체포하거나 구속할 수 있다. ⃞O⃞|⃞X⃞

> 제214조의3 제1항

정답 ×

134 71간

법원은 체포된 피의자가 체포적부심사를 청구한 경우 구속 적부심사 청구의 경우와는 달리 피의자에게 변호인이 없더라도 국선변호인을 선정할 필요가 없다. ⊙|×

> 체포 또는 구속의 적부심사가 청구된 피의자에게 변호인이 없는 때에는 법원 또는 지방법원 판사는 지체 없이 국선변호인을 선정하고, 피의자와 변호인에게 그 뜻을 고지하여야 한다(규칙 제16조 제1항).

정답 ×

135 22승

고소로 시작된 형사피의사건의 구속적부심절차에서 피구속자의 변호를 맡은 변호인에게는 수사기록 중 고소장과 피의자신문 조서의 내용을 알 권리 및 그 서류들을 열람·등사할 권리가 인정된다. ⊙|×

> 헌재결 2003.3.27. 2000헌마474

정답 ○

136 23경2 / 21국9

구속적부심사 청구에 대한 법원의 기각결정 및 석방결정에 대해서는 항고할 수 없지만, 보증금납입조건부 석방결정에 대해서는 피의자나 검사가 그 취소의 실익이 있으면 「형사소송법」 제402조에 의하여 항고할 수 있다. ⊙|×

> 대결 1997.8.27. 97모21

정답 ○

137 22승

구속적부심사청구에 대한 법원의 결정에는 기각결정과 석방결정, 보증금납입조건부 석방결정이 있으며, 검사와 피의자는 이와 같은 법원의 결정에 대해 항고할 수 없다. ⊙|×

> 대판 1997.8.27. 97모21

정답 ×

138 22경2

구속적부심사절차에서 작성된 조서는 형사소송법 제311조의 법원 또는 법관의 조서에 해당하는 것이 아니라, 동법 제315조 제3호의 '기타 특히 신용할 만한 정황에 의하여 작성된 문서'로서 당연히 증거능력이 있는 서류에 해당한다. ○│×

> 법원 또는 합의부원, 검사, 변호인, 청구인이 구속된 피의자를 심문하고 그에 대한 피의자의 진술 등을 기재한 구속적부심문조서는 형사소송법 제311조가 규정한 문서에는 해당하지 않는다 할 것이나, 특히 신용할 만한 정황에 의하여 작성된 문서라고 할 것이므로 특별한 사정이 없는 한, 피고인이 증거로 함에 부동의하더라도 형사소송법 제315조 제3호에 의하여 당연히 그 증거능력이 인정된다(대판 2004.1.16. 2003도5693).

정답 ○

139 22경1

공동피의자의 순차적인 체포 구속적부심사청구가 수사방해를 목적으로 하고 있음이 명백한 때에는 법원은 피의자에 대한 심문 없이 결정으로 청구를 기각할 수 있으며, 이와 같은 결정에 대해서는 피의자가 항고할 수 없다. ○│×

> 법원은 다음의 경우에는 심문 없이 결정으로 청구를 기각할 수 있다(제214조의2 제3항; 간이기각결정).
> 1. 청구권자 아닌 사람이 청구하거나 동일한 체포영장 또는 구속영장의 발부에 대하여 재청구한 때
> 2. 공범이나 공동피의자의 순차청구(順次請求)가 수사 방해를 목적으로 하고 있음이 명백한 때

정답 ○

140 72간 / 23승

피의자 심문에 참여할 변호인은 지방법원판사에게 제출된 구속영장청구서 및 그에 첨부된 고소·고발장, 피의자의 진술을 기재한 서류와 피의자가 제출한 서류를 열람할 수 있으나, 지방법원판사는 구속영장청구서를 제외하고는 위 서류의 전부 또는 일부의 열람을 제한할 수 있다. ○│×

> 피의자 심문에 참여할 변호인은 지방법원 판사에게 제출된 구속영장청구서 및 그에 첨부된 고소·고발장, 피의자의 진술을 기재한 서류와 피의자가 제출한 서류를 열람할 수 있다(규칙 제96조의21 제1항). 검사는 증거인멸 또는 피의자나 공범 관계에 있는 자가 도망할 염려가 있는 등 수사에 방해가 될 염려가 있는 때에는 지방법원 판사에게 제1항에 규정된 서류(구속영장청구서는 제외한다)의 열람 제한에 관한 의견을 제출할 수 있고, 지방법원 판사는 검사의 의견이 상당하다고 인정하는 때에는 그 전부 또는 일부의 열람을 제한할 수 있다(동조 제2항).

정답 ○

141 72간

피의자가 출석을 거부하거나 질병 기타 부득이한 사유로 법원에 출석할 수 없는 때에는 경찰서에서 피의자에 대한 구속 전 심문을 할 수 있다. ☐O☐X

> 피의자의 심문은 법원청사 내에서 하여야 한다. 다만, 피의자가 출석을 거부하거나 질병 기타 부득이한 사유로 법원에 출석할 수 없는 때에는 경찰서, 구치소 기타 적당한 장소에서 심문할 수 있다(규칙 제96조의15).

정답 O

142 24경1

심문은 법원청사 내에서 하여야 하나, 피의자가 출석을 거부하거나 질병 기타 부득이한 사유로 법원에 출석할 수 없는 때에는 경찰서, 구치소 기타 적당한 장소에서 심문할 수 있다. ☐O☐X

> 규칙 제96조의15

정답 O

143 73간

피의자에 대한 심문절차는 공개하지 아니하지만, 판사는 상당하다고 인정하는 경우에는 일반인의 방청을 허가할 수 있다. ☐O☐X

> 피의자에 대한 심문절차는 공개하지 아니한다. 다만, 판사는 상당하다고 인정하는 경우에는 피의자의 친족, 피해자 등 이해관계인의 방청을 허가할 수 있다(규칙 제96조의14).

정답 ×

144 72간

피의자에 대한 구속 전 심문절차는 공개하지 아니하지만, 판사는 상당하다고 인정하는 경우 이해관계인의 방청을 허가할 수 있다. ☐O☐X

> 규칙 제96조의14

정답 O

145 23법9 / 22경1

체포된 피의자에 대한 수사기관의 구속영장의 제시와 집행이 그 발부 시로부터 정당한 사유 없이 시간이 지체되어 이루어졌다 하더라도, 구속영장이 그 유효기간 내에 집행되었다면 위 기간 동안의 체포 내지 구금 상태를 위법하다고 할 수 없다. ○|×

> 법관이 검사의 청구에 의하여 체포된 피의자의 구금을 위한 구속영장을 발부하면 검사와 사법경찰관리는 지체 없이 신속하게 구속영장을 집행하여야 한다. 피의자에 대한 구속영장의 제시와 집행이 그 발부 시로부터 정당한 사유 없이 시간이 지체되어 이루어졌다면, 구속영장이 그 유효기간 내에 집행되었다고 하더라도 위 기간 동안의 체포 내지 구금 상태는 위법하다(대판 2021.4.29. 2020도16438).

정답 ×

146 22승

법원은 체포된 피의자에 대하여는 피의자의 출석을 보증할 만한 보증금의 납입을 조건으로 하여 결정으로 석방을 명할 수 없다. ○|×

> 보증금납입조건부 피의자보석은 구속적부심사를 청구한 구속된 피의자만 대상이 될 수 있고, 현행법상 체포된 피의자에 대해서는 보증금납입조건부 피의자석방이 허용되지 않는다(대결 1997.8.27. 97모21).

정답 ○

147 23경2

구속적부심사절차와는 달리 체포적부심사절차에서는 보증금납입조건부 피의자석방결정을 할 수 없다. ○|×

> 대결 1997.8.27. 97모21

정답 ○

148 73간

법원이 직권으로 발부하는 영장은 집행기관에 대한 허가장의 성격을 가지나, 수사기관의 청구에 의하여 발부하는 영장은 수사 기관에 대한 명령장으로서의 성질을 갖는 것으로 이해되고 있다. ○|×

> 피고인을 구속하는 영장은 재판의 집행기관에 피고인의 구속을 집행해야 할 의무를 발생시키는 명령장의 성질을 가진다. 이에 반하여 피의자구속의 경우에는 허가장으로서의 성질을 가진다(헌재결 1997.3.27. 96헌바28).

정답 ×

149 23법9 / 21국7

검사의 의견청취 절차는 보석에 관한 결정의 본질적 부분이 되므로, 법원이 검사의 의견을 듣지 아니한 채 보석에 관한 결정을 하였다면 그 결정이 적정하더라도, 절차상의 하자를 이유로 그 결정을 취소할 수 있다. ☐O|X☐

> 검사의 의견청취의 절차는 보석에 관한 결정의 본질적 부분이 되는 것은 아니므로, 설사 법원이 검사의 의견을 듣지 아니한 채 보석에 관한 결정을 하였다고 하더라도 그 결정이 적정한 이상, 소론과 같은 절차상의 하자만을 들어 그 결정을 취소할 수는 없는 것이다(대결 1997.11.27. 97모88).

정답 ×

150 23국7

보증금납입을 조건으로 석방된 피의자가 동일한 범죄사실에 관하여 형의 선고를 받고 그 판결이 확정된 후, 집행하기 위한 소환을 받고 정당한 이유없이 출석하지 아니하거나 도망한 때에는 검사의 결정으로 보증금의 전부 또는 일부를 몰수하여야 한다. ☐O|X☐

> 보증금의 납입을 조건으로 피의자석방을 하는 경우에 보증금의 결정이나 집행절차에 관하여는 보석에 관한 규정이 준용된다(제214조의2 제7항, 제103조). 법원은 보증금의 납입 또는 담보제공을 조건으로 석방된 피고인이 동일한 범죄사실에 관하여 형의 선고를 받고 그 판결이 확정된 후 집행하기 위한 소환을 받고 정당한 사유 없이 출석하지 아니하거나 도망한 때에는 직권 또는 검사의 청구에 따라 결정으로 보증금 또는 담보의 전부 또는 일부를 몰취하여야 한다(제103조 제2항).

정답 ×

151 71간

법원은 보증금의 납입을 조건으로 하여 결정으로 석방된 자가 동일한 범죄사실에 관하여 형의 선고를 받고 그 판결이 확정된 후, 집행하기 위한 소환을 받고 정당한 이유없이 출석하지 아니하거나 도망한 때에는 직권 또는 검사의 청구에 의하여 결정으로 보증금의 전부 또는 일부를 몰수하여야 한다. ☐O|X☐

> 제214조의4 제2항

정답 ○

152 71간 / 24승 / 23국9

법원은 구속된 피의자에 대하여 피의자의 출석을 보증할 만한 보증금의 납입을 조건으로 하여 결정으로 석방을 명할 수 있는데, 석방된 피의자가 출석요구를 받고 정당한 이유없이 출석하지 아니하더라도 동일한 범죄사실로 재차 체포하거나 구속할 수 없다. ○|×

> 제214조의2 제5항(보증금납입 조건부 석방결정)에 따라 석방된 피의자에게 다음 각 호의 어느 하나에 해당하는 사유가 있는 경우를 제외하고는 동일한 범죄사실로 재차 체포하거나 구속할 수 없다(제214조의3 제2항).
> 1. 도망한 때
> 2. 도망하거나 범죄의 증거를 인멸할 염려가 있다고 믿을 만한 충분한 이유가 있는 때
> 3. 출석요구를 받고 정당한 이유 없이 출석하지 아니한 때
> 4. 주거의 제한이나 그 밖에 법원이 정한 조건을 위반한 때

정답 ×

153 23국9

보증금 납입을 조건으로 석방된 피의자가 피해자, 당해 사건의 재판에 필요한 사실을 알고 있다고 인정되는 자 또는 그 친족의 생명·신체·재산에 해를 가하거나 가할 염려가 있다고 믿을 만한 충분한 이유가 있는 때에는 동일한 범죄사실로 재차 체포하거나 구속할 수 있다. ○|×

> 제214조의3 제2항. 피해자, 당해 사건의 재판에 필요한 사실을 알고 있다고 인정되는 자 또는 그 친족의 생명·신체·재산에 해를 가하거나 가할 염려가 있다고 믿을 만한 충분한 이유가 있는 때는 보석 또는 구속의 집행정지 취소사유이다(제102조 제2항 참조).

정답 ×

154 23국9

피의자, 피의자의 변호인·법정대리인·배우자·직계친족·형제자매·가족·동거인 또는 고용주는 구속된 피의자의 보석을 법원에 청구할 수 있다. ○|×

> 피고인, 피고인의 변호인·법정대리인·배우자·직계친족·형제자매·가족·동거인 또는 고용주는 법원에 구속된 피고인의 보석을 청구할 수 있다(제94조).

정답 ×

155 21국7

보석이 취소된 경우 보증금납입을 포함한 모든 보석조건은 즉시 그 효력을 상실한다. ○|×

> 보석이 취소된 때에는 보석조건은 즉시 그 효력을 상실한다. 다만, 제98조 제8호(보증금을 납입하거나 담보를 제공한 것)의 조건은 예외로 한다(제104조의2 제2항).

정답 ×

156 24승 / 21국7

검사는 보증금납입조건부 피의자석방결정과 보석허가결정에 대해서 항고할 수 있다. O|X

> 형사소송법 제214조의2 제4항의 석방결정과 제214조의2 제5항의 석방결정은 원래 그 실질적인 취지와 내용을 달리 하는 것이고 기소 후 석방결정에 대하여 항고가 인정되는 점과의 균형상 보증금납입조건부 피의자석방결정에 대하여 피의자나 검사가 그 취소의 실익이 있는 한 같은 법 제402조에 의하여 항고할 수 있다(대결 1997.8.27. 97모21). 또한 검사가 형사소송법 제403조 제2항에 의한 보통항고의 방법으로 보석허가결정에 대하여 불복하는 것은 허용된다(대결 1997.4.18. 97모26).

정답 O

157 24승

기소 전 보증금 납입 조건부 석방결정에 대하여 피의자나 검사가 그 취소의 실익이 있는 한 「형사소송법」 제402조에 의하여 항고할 수 있다. O|X

> 대결 1997.8.27. 97모21

정답 O

158 21국7

보석취소결정을 비롯하여 고등법원이 한 최초 결정이 제1심 법원이 하였더라면 보통항고가 인정되는 결정인 경우에는 이에 대한 재항고와 관련한 집행정지의 효력은 인정되지 않는다. O|X

> 고등법원이 한 보석취소결정에 대하여는 집행정지의 효력을 인정할 수 없다. 제1심 법원이 한 보석취소결정에 대하여 불복이 있으면 보통항고를 할 수 있고, 보통항고에는 재판의 집행을 정지하는 효력이 없다(제409조). 이는 결정과 동시에 집행력을 인정함으로써 석방되었던 피고인의 신병을 신속히 확보하려는 것으로, 당해 보석취소결정이 제1심 절차에서 이루어졌는지 항소심 절차에서 이루어졌는지 여부에 따라 그 취지가 달라진다고 볼 수 없다. … 만약 고등법원의 결정에 대하여 일률적으로 집행정지의 효력을 인정하면, 보석허가, 구속집행정지 등 제1심 법원이 결정하였다면 신속한 집행이 이루어질 사안에서 고등법원이 결정하였다는 이유만으로 피고인을 신속히 석방하지 못하게 되는 등 부당한 결과가 발생하게 되고, 나아가 항소심 재판절차의 조속한 안정을 보장하고자 한 형사소송법 제415조의 입법목적을 달성할 수 없게 된다(대결 2020.10.29. 2020모633).

정답 O

159 23법9

형사소송법 제102조 제2항(보석조건의 변경과 취소 등)에 따른 보석취소결정이 있는 때에는 검사가 그 취소결정의 등본에 의하여 피고인을 재구금하므로, 새로운 구속영장을 발부받을 필요가 없다. ○|×

> 보석취소의 결정이 있는 때에는 검사는 그 취소결정의 등본에 의하여 피고인을 재구금하여야 한다. 다만, 급속을 요하는 경우에는 재판장, 수명법관 또는 수탁판사가 재구금을 지휘할 수 있다(규칙 제56조 제1항). 보석허가결정의 취소는 그 취소결정을 고지하거나 결정법원에 대응하는 검찰청 검사에게 결정서를 교부 또는 송달함으로써 즉시 집행할 수 있는 것이고 그 결정등본이 피고인에게 송달(또는 고지)되어야 집행할 수 있는 것은 아니다(대결 1983.4.21. 83모19). 또한 새로운 구속영장이 필요한 것도 아니다.

정답 ○

160 23법9 / 23국7

피고인이 집행유예의 기간 중에 있는 집행유예의 결격자라면 보석을 허가할 수 없다. ○|×

> 피고인이 집행유예의 기간 중에 있어 집행유예의 결격자라고 하여 보석을 허가할 수 없는 것은 아니고 형사소송법 제95조는 그 제1호 내지 제5호 이외의 경우에는 필요적으로 보석을 허가하여야 한다는 것이지 여기에 해당하는 경우에는 보석을 허가하지 아니할 것을 규정한 것이 아니므로 집행유예기간 중에 있는 피고인의 보석을 허가한 것이 누범과 상습범에 대하여는 보석을 허가하지 아니할 수 있다는 형사소송법 제95조 제2호의 취지에 위배되어 위법이라고 할 수 없다(대결 1990.4.18. 90모22).

정답 ×

161 24승

법원이 집행유예 기간 중에 있는 피고인의 보석을 허가한 것은 누범과 상습범에 대하여는 보석을 허가하지 아니할 수 있다는 「형사소송법」 제95조 제2호의 취지에 위배되어 위법하다. ○|×

> 대결 1990.4.18. 90모22

정답 ×

162 24승

제1심이 피고인에 대한 보석허가결정을 하여 그 결정 등본이 검사에게 송달되자, 검사가 그 결정에 대하여 즉시항고가 아닌 보통항고를 하였다면, 항고심이 이에 기하여 제1심의 보석허가결정을 취소하는 결정을 할 수 있다. ○|×

> 개정된 형사소송법 제97조 제3항이 구 형사소송법 제97조 제3항에서 인정하던 보석허가결정에 대한 검사의 즉시항고권을 삭제하였으나, 개정된 형사소송법이 시행된 이후에도 검사가 형사소송법 제403조 제2항에 의한 보통항고의 방법으로 보석허가결정에 대하여 불복하는 것은 허용된다 할 것이다. 기록에 의하면, 제1심이 1997. 1. 8. 피고인에 대한 보석허가결정을 하여 그 결정 등본이 같은 날 검사에게 송달되자, 검사는 같은 해 1. 17. 그 결정에 대하여 즉시항고가 아닌 보통항고를 하였음이 분명하므로, 이에 기하여 제1심의 보석허가결정을 취소하는 결정을 한 원심의 조치는 정당하다(대결 1997.4.18. 97모26).

정답 ○

163 24승

보석불허가 이유로 피고인이 죄증을 인멸할 염려가 있다고 믿을 만한 충분한 이유가 있다고 설시한 것은 필요적 보석의 제외사유에 해당함을 명시한 것이므로, 이를 보석불허가 사유를 명시하도록 한 규정에 어긋나는 설시라고 할 수 없다. ○|×

> 보석불허가 이유로 피고인이 죄증을 인멸할 염려가 있다고 믿을 만한 충분한 이유가 있다고 설시한 것은 필요적 보석의 제외사유인 형사소송법 제95조 제3호에 해당함을 명시한 것에 다름 아니므로 이를 보석불허가 사유를 명시하도록 한 형사소송규칙 제55조의2에 어긋나는 설시라 할 수 없다(대결 1991.8.13. 91모53).

정답 ○

164 21국9

법원은 피고인이 도망하거나 죄증을 인멸할 염려가 있다고 믿을 만한 충분한 이유가 있는 때에는 직권으로 보석을 취소할 수 있으며, 이러한 보석취소결정에 대하여는 항고할 수 있다. ○|×

> 법원은 피고인이 '도망하거나 죄증을 인멸할 염려가 있다고 믿을 만한 충분한 이유가 있는 때'에는 <u>직권 또는 검사의 청구에 따라 결정으로 보석 또는 구속의 집행정지를 취소할 수 있다</u>(제102조 제2항 제2호). <u>보석의 취소 여부는 법원의 재량이며 보석취소결정에 대하여는 항고할 수 있다</u>(제403조 제2항).

정답 ○

165 23법9

법원은 보석을 취소하는 때에는 직권 또는 검사의 청구에 따라 결정으로 보증금 또는 담보의 전부 또는 일부를 몰취할 수 있고, 이때 보석보증금몰수결정은 반드시 보석취소와 동시에 하여야 한다. ○|×

> 형사소송법 제102조 제2항은 "보석을 취소할 때에는 결정으로 보증금의 전부 또는 일부를 몰수할 수 있다."라고 규정하고 있는바, 문언상 보석보증금의 몰수는 반드시 보석취소와 동시에 결정하여야 한다는 취지라고 단정하기는 어렵다. 보석취소결정은 그 성질상 신속을 요하는 경우가 대부분임에 반하여, 보증금몰수결정에 있어서는 그 몰수의 요부 및 몰수 금액의 범위 등에 관하여 신중히 검토하여야 할 필요성도 있는 점 등을 아울러 고려하여 보면, 보석보증금을 몰수하려면 반드시 보석취소와 동시에 하여야만 가능한 것이 아니라 보석취소 후에 별도로 보증금몰수결정을 할 수도 있다(대결 2001.5.29. 2000모22 전원합의체).

정답 ×

166 21승

법원은 「형사소송법」 제101조 제4항에 따라 구속영장의 집행이 정지된 국회의원이 소환을 받고도 정당한 사유 없이 출석하지 아니한 때에는 그 회기 중이라도 구속영장의 집행정지를 취소할 수 있다. ○|×

> 또한 국회의원이 회기 전에 체포 또는 구금된 때에는 현행범인이 아닌 한 국회의 요구가 있으면 회기 중 석방된다(헌법 제44조), 또한 헌법 제44조에 의하여 구속된 국회의원에 대한 석방요구가 있으면 당연히 구속영장의 집행이 정지된다(법 제101조 제4항)고 규정하고 있는바 회기 중에는 구속영장의 집행정지를 취소할 수 없다고 봄이 타당하다.

정답 ×

167 21경1 / 22국7

'변호인이 되려는 자'의 접견교통권은 피의자 등이 가지는 '변호인이 되려는 자'의 조력을 받을 권리가 실질적으로 확보되기 위하여 헌법상 기본권으로서 보장되어야 한다. ○|×

> '변호인이 되려는 자'의 접견교통권은 피의자 등을 조력하기 위한 핵심적인 부분으로서, 피의자 등이 가지는 헌법상의 기본권인 '변호인이 되려는 자'와의 접견교통권과 표리의 관계에 있다. 따라서 피의자 등이 가지는 '변호인이 되려는 자'의 조력을 받을 권리가 실질적으로 확보되기 위해서는 '변호인이 되려는 자'의 접견교통권 역시 헌법상 기본권으로서 보장되어야 한다(헌재결 2019.2.28. 2015헌마1204).

정답 ○

168 24승

미결수용자가 가지는 변호인과의 접견교통권은 그와 표리 관계인 변호인의 접견교통권과 함께 헌법상 기본권으로 보장되고 있다. ☐O☐X

> 미결수용자가 가지는 변호인과의 접견교통권은 그와 표리 관계인 변호인(변호인이 되려고 하는 사람을 포함한다. 이하 같다)의 접견교통권과 함께 헌법상 기본권으로 보장되고 있다(대판 2022.6.30. 2021도244).

정답 ○

169 24승

미결수용자의 변호인이 교도관에게 변호인 접견을 신청하는 경우 미결수용자의 형사사건에 관하여 변호인이 실제 변호를 할 의사가 있는지 여부는 교도관의 심사대상이 된다. ☐O☐X

> 미결수용자의 변호인이 교도관에게 변호인 접견을 신청하는 경우 미결수용자의 형사 사건에 관하여 변호인이 구체적으로 어떠한 변호 활동을 하는지, 실제 변호를 할 의사가 있는지 여부 등은 교도관의 심사대상이 되지 않는다(대판 2022.6.30. 2021도244).

정답 ×

170 23경1

변호인의 조력을 받을 권리를 보장하는 목적은 피의자 또는 피고인의 방어권 행사를 보장하기 위한 것이므로, 변호인의 조력을 받을 기회가 충분히 보장되었다고 인정될 수 있는 경우에는 미결수용자 또는 변호인이 원하는 특정한 시점에 접견이 이루어지지 못하였다 하더라도 그것만으로 곧바로 변호인의 조력을 받을 권리가 침해되었다고 단정할 수는 없다. ☐O☐X

> 헌재결 2011.5.26. 2009헌마341 참조

정답 ○

171 24승

임의동행의 형식으로 수사기관에 연행된 피의자에게도 변호인 또는 변호인이 되려는 자와의 접견교통권은 당연히 인정되고, 이는 임의동행의 형식으로 연행된 피혐의자의 경우에도 마찬가지이다. ☐O☐X

> **변호인과의 접견교통권의 주체**에는 신체구속된 피의자, 피고인, 구속영장에 의해 구속된 자 뿐만 아니라 체포영장에 의한 체포, 현행범체포, 긴급체포 또는 감정유치에 의해 구속된 자도 포함된다. 그리고 불구속피의자, 임의동행의 형식으로 수사기관에 연행된 피의자나 피내사자에게도 변호인 또는 변호인이 되려는 자와의 접견교통권은 당연히 인정된다(대결 1996.6.3. 96모18).

정답 ○

172 23승

「형사소송법」 제34조가 규정한 변호인의 접견교통권은 법령에 의한 제한이 없더라도 수사기관의 처분은 물론 법원의 결정으로도 제한할 수 있다. ◯|✕

> 변호인의 구속된 피고인 또는 피의자와의 접견교통권은 법령에 의한 제한이 없는 한 수사기관의 처분은 물론 법원의 결정으로도 이를 제한할 수 없다(대결 1990.2.13. 89모37).

정답 ✕

173 23경1 / 23승

변호인의 접견교통의 상대방인 신체구속을 당한 사람이 그 변호인을 자신의 범죄행위에 공범으로 가담시키려고 하였다는 등의 사정만으로 그 변호인의 신체구속을 당한 사람과의 접견교통을 금지하는 것이 정당화될 수는 없다. ◯|✕

> 대결 2007.1.31. 2006모656

정답 ◯

174 23국9

구속된 피고인에 대한 변호인이 여러 명인 경우, 변호인의 접견교통권 행사가 그 한계를 일탈한 것인지의 여부는 해당 변호인을 기준으로 하여 개별적으로 판단하여야 한다. ◯|✕

> 변호인의 접견교통의 상대방인 신체구속을 당한 사람은 그 변호인을 자신의 범죄행위에 공범으로 가담시키려고 하였다는 등의 사정만으로 그 변호인의 신체구속을 당한 사람과의 접견교통을 금지하는 것이 정당화될 수는 없다. 이러한 법리는 신체구속을 당한 사람의 변호인이 1명이 아니라 여러 명이라고 하여 달라질 수 없고, 어느 변호인의 접견교통권의 행사가 그 한계를 일탈한 것인지의 여부는 해당 변호인을 기준으로 하여 개별적으로 판단하여야 할 것이다(대결 2007.1.31. 2006모656).

정답 ◯

175 20국7

변호인의 구속된 피고인과의 접견교통권에 관한 「형사소송법」 제34조는 형이 확정되어 집행 중에 있는 수형자에 대한 재심개시의 여부를 결정하는 재심청구절차에도 그대로 적용된다. ◯|✕

> 「형사소송법」 제34조는 형이 확정되어 집행 중에 있는 수형자에 대한 재심개시의 여부를 결정하는 재심청구절차에는 그대로 적용될 수 없다(대판 1998.4.28. 96다48831).

정답 ✕

176 23경1 / 20국7

구속된 피고인의 변호인과의 접견교통권과 달리 변호인의 구속된 피고인과의 접견교통권은 헌법이 아니라 「형사소송법」에 의해 보장되는 권리이므로, 그 제한은 법령 또는 법원의 결정에 의해서만 가능하고 수사기관의 처분에 의해서는 할 수 없다. ㅇ|X

> 변호인의 구속된 피고인 또는 피의자와의 접견교통권은 피고인 또는 피의자 자신이 가지는 변호인과의 접견교통권과는 성질을 달리하는 것으로서 헌법상 보장된 권리라고는 할 수 없고, 형사소송법 제34조에 의하여 비로소 보장되는 권리이지만, 신체구속을 당한 피고인 또는 피의자의 인권보장과 방어준비를 위하여 필수불가결한 권리이므로, 수사기관의 처분 등에 의하여 이를 제한할 수 없고, 다만 법령에 의하여서만 제한이 가능하다(대결 2002.5.6. 2000모112).

정답 ×

제3절 ▮ 압수·수색·검증

001 24경2

사법경찰관은 체포영장에 의해 피의자를 체포하는 경우에는 미리 수색영장을 발부받기 어려운 긴급한 사정이 있는 때에 한정하여 영장 없이 타인의 주거나 타인이 간수하는 가옥, 건조물, 항공기, 선차 내에서의 피의자 발견을 위한 수색을 할 수 있다. 이 경우에는 사후에 지체 없이 수색영장을 받아야 한다. ㅇ|X

> 검사 또는 사법경찰관은 체포영장에 의한 체포(제200조의2), 긴급체포(제200조의3) 또는 현행범인의 체포(제212조)에 의하여 체포하거나, 구속영장에 의하여 피의자를 구속하는 경우(제201조)에, 필요한 때에는 영장 없이 타인의 주거나 타인이 간수하는 가옥·건조물·항공기·선차 내에서 피의자 수색을 할 수 있다. 다만, 제200조의2(영장에 의한 체포) 또는 제201조(구속)에 따라 피의자를 체포 또는 구속하는 경우의 피의자 수색은 미리 수색영장을 발부받기 어려운 긴급한 사정이 있는 때에 한정한다(제216조 제1항 제1호). 즉, 사후에 지체 없이 수색영장을 발부 받을 필요는 없다.

정답 ×

002 22경2

검사 또는 사법경찰관은 피의자를 현행범인으로 체포하는 경우에 필요한 때에는 영장 없이 체포현장에서 압수 수색을 할 수 있다. ㅇ|X

> 검사 또는 사법경찰관이 피의자를 영장에 의하여 체포, 긴급체포하거나 현행범으로 체포하는 경우에 필요한 때에는 영장 없이 체포현장에서 압수·수색·검증을 할 수 있다(제216조 제1항 제2호).

정답 ○

003 21경2 / 22·21·19·17승 / 21국9

검사 또는 사법경찰관이 피고인에 대한 구속영장을 집행하는 경우에 필요한 때에는 그 집행 현장에서 영장없이 압수, 수색, 검증을 할 수 있다. ☐O☐X☐

> 제216조 제2항

정답 ○

004 23·22승

「형사소송법」 제216조(영장에 의하지 아니한 강제처분)의 규정에 의하면 범행 중 또는 범행직후의 범죄 장소에서 긴급을 요하여 법원판사의 영장을 받을 수 없는 때에는 영장 없이 압수할 수 있으며, 이 경우에는 사후 48시간 이내에 영장을 받아야 한다. ☐O☐X☐

> 범행중 또는 범행직후의 범죄 장소에서 <u>긴급을 요하여</u> 법원판사의 영장을 받을 수 없는 때에는 영장 없이 압수, 수색 또는 검증을 할 수 있다. 이 경우에는 <u>사후에 지체없이 영장을 받아야 한다</u>(제216조 제3항).

정답 ×

005 21국7

범행 중 또는 범행 직후의 범죄 장소에서 영장 없이 압수·수색 또는 검증을 할 수 있도록 규정한 「형사소송법」 제216조 제3항의 요건 중 어느 하나라도 갖추지 못한 경우 압수·수색 또는 검증은 잠정적으로 위법하지만, 이에 대하여 사후에 법원으로부터 영장을 발부받게 되면 그 위법성은 소급하여 치유될 수 있다. ☐O☐X☐

> <u>형사소송법 제216조 제3항의 요건 중 어느 하나라도 갖추지 못한 경우 그러한 압수·수색 또는 검증은 위법하고, 이에 대하여 사후에 법원으로부터 영장을 발부받았다고 하여 그 위법성이 치유되는 것은 아니다</u>(대판 2012.2.9. 2009도14884).

정답 ×

006 22경2

검사 또는 사법경찰관이 피의자를 영장에 의하여 체포하는 경우에 필요한 때에는 영장 없이 타인의 주거나 타인이 간수하는 가옥, 건조물, 항공기, 선차 안에서의 피의자 수색이 허용된다.　　○|✕

> 검사 또는 사법경찰관은 체포영장에 의한 체포(제200조의2), 긴급체포(제200조의3) 또는 현행범인의 체포(제212조)에 의하여 체포하거나, 구속영장에 의하여 피의자를 구속하는 경우(제201조)에, 필요한 때에는 영장 없이 타인의 주거나 타인이 간수하는 가옥·건조물·항공기·선차 내에서 피의자 수색을 할 수 있다. 다만, 제200조의2(영장에 의한 체포) 또는 제201조(구속)에 따라 피의자를 체포 또는 구속하는 경우의 피의자 수색은 미리 수색영장을 발부받기 어려운 긴급한 사정이 있는 때에 한정한다(제216조 제1항 제1호). 따라서 검사 또는 사법경찰관이 피의자를 영장에 의하여 체포하는 경우에는 '미리 수색영장을 발부받기 어려운 긴급한 사정이 있는 때'에만 가능하다.

정답 ✕

007 24국9

사법경찰관이 압수·수색영장에 의하여 피의자 이외의 사람의 주거를 수색하는 경우 그 주거주(住居主)에게 미리 집행의 일시와 장소를 통지하여야 한다.　　○|✕

> 공무소, 군사용 항공기 또는 선박·차량 안에서 압수·수색영장을 집행하려면 그 책임자에게 참여할 것을 통지하여야 한다(제123조 제1항). 제1항에 규정한 장소 외에 타인의 주거, 간수자 있는 가옥, 건조물(建造物), 항공기 또는 선박·차량 안에서 압수·수색영장을 집행할 때에는 주거주(住居主), 간수자 또는 이에 준하는 사람을 참여하게 하여야 한다(동조 제2항).

정답 ✕

008 23법9

압수·수색영장은 처분을 받는 자에게 반드시 제시하여야 하나, 처분을 받는 자가 현장에 없는 등 영장의 제시나 그 사본의 교부가 현실적으로 불가능한 경우 또는 처분을 받는 자가 영장의 제시나 사본의 교부를 거부한 때에는 예외로 한다.　　○|✕

> 형사소송법 제219조가 준용하는 제118조는 "압수·수색영장은 처분을 받는 자에게 반드시 제시하여야 한다"고 규정하고 있으나, 이는 영장제시가 현실적으로 가능한 상황을 전제로 한 규정으로 보아야 하고, 피처분자가 현장에 없거나 현장에서 그를 발견할 수 없는 경우 등 영장제시가 현실적으로 불가능한 경우에는 영장을 제시하지 아니한 채 압수·수색을 하더라도 위법하다고 볼 수 없다(대판 2015.1.22. 2014도10978 전원합의체).

정답 ○

009 24·21승 / 24·22·21국9

압수·수색영장은 피처분자에게 반드시 제시하여야 하므로 집행현장에서 피처분자를 발견할 수 없는 경우 등 영장제시가 현실적으로 불가능하더라도 영장을 제시하지 아니한 채 압수·수색을 하는 것은 위법하다. ⃝Ⅹ

> 대판 2015.1.22. 2014도10978 전원합의체

정답 ×

010 22국9

여자의 신체에 대하여 수색할 때에는 의사와 성년 여자를 참여하게 하여야 한다. ⃝Ⅹ

> 여자의 신체에 대하여 수색할 때에는 성년의 여자를 참여하게 하여야 한다(제124조). 다만, 여자의 신체를 검사하는 경우에는 의사나 성년 여자를 참여하게 하여야 한다(제219조, 제141조 제3항).

정답 ×

011 23·22경2 / 24경1

수사기관이 범죄 혐의사실과 관련 있는 정보를 선별하여 압수한 후에도 그와 관련이 없는 나머지 정보를 삭제 폐기 반환하지 아니한 채 그대로 보관하고 있다면, 범죄 혐의사실과 관련이 없는 부분에 대하여는 압수의 대상이 되는 전자정보의 범위를 넘어서는 전자정보를 영장없이 압수 수색하여 취득한 것이어서 위법하고, 사후에 압수 수색영장이 발부되었다거나 피고인이나 변호인이 이를 증거로 함에 동의하였다고 하여 그 위법성이 치유된다고 볼 수 없다. ⃝Ⅹ

> 법원은 압수·수색영장의 집행에 관하여 범죄 혐의사실과 관련 있는 전자정보의 탐색·복제·출력이 완료된 때에는 지체 없이 영장 기재 범죄 혐의사실과 관련이 없는 나머지 전자정보에 대해 삭제·폐기 또는 피압수자 등에게 반환할 것을 정할 수 있다. 수사기관이 범죄 혐의사실과 관련 있는 정보를 선별하여 압수한 후에도 그와 관련이 없는 나머지 정보를 삭제·폐기·반환하지 아니한 채 그대로 보관하고 있다면 범죄 혐의사실과 관련이 없는 부분에 대하여는 압수의 대상이 되는 전자정보의 범위를 넘어서는 전자정보를 영장 없이 압수·수색하여 취득한 것이어서 위법하고, 사후에 법원으로부터 압수·수색영장이 발부되었다거나 피고인이나 변호인이 이를 증거로 함에 동의하였다고 하여 그 위법성이 치유된다고 볼 수 없다(대결 2022.1.14. 2021모1586).

정답 ○

012 22경2

검사는 증거에 사용할 압수물에 대하여 소유자 등에 의한 가환부의 청구가 있는 경우, 가환부를 거부할 수 있는 특별한 사정이 없는 한 가환부에 응하여야 한다. ⃝Ⅹ

> 검사는 사본을 확보한 경우 등 압수를 계속할 필요가 없다고 인정되는 압수물 및 증거에 사용할 압수물에 대하여 공소제기 전이라도 소유자, 소지자, 보관자 또는 제출인의 청구가 있는 때에는 환부 또는 가환부하여야 한다(제218조의2 제1항).

정답 ○

013 72·71간 / 21국7

검사는 압수를 계속할 필요가 없다고 인정되는 압수물 및 증거에 사용할 압수물에 대하여 공소제기 전이라도 소유자, 소지자, 보관자 또는 제출인의 청구가 있는 때에는 환부 또는 가환부하여야 한다. ☐O☐X

> 제218조의2 제1항

정답 O

014 24승

사법경찰관은 사본을 확보한 경우 등 압수를 계속할 필요가 없다고 인정되는 압수물 및 증거에 사용할 압수물에 대하여 공소제기 전이라도 소유자, 소지자, 보관자 또는 제출인의 청구가 있는 때에는 검사의 지휘를 받아 환부 또는 가환부하여야 한다. ☐O☐X

> 검사는 사본을 확보한 경우 등 압수를 계속할 필요가 없다고 인정되는 압수물 및 증거에 사용할 압수물에 대하여 공소제기 전이라도 소유자, 소지자, 보관자 또는 제출인의 청구가 있는 때에는 환부 또는 가환부하여야 한다(제218조의2 제1항). 사법경찰관의 환부 또는 가환부 처분에 관하여는 제1항부터 제3항까지의 규정을 준용한다. 이 경우 사법경찰관은 검사의 지휘를 받아야 한다(동조 제4항).

정답 O

015 23법9 / 23국7

피압수자가 수사기관에 압수·수색영장의 집행에 참여하지 않는다는 의사를 명시하였다면, 특별한 사정이 없는 한 그 변호인에게는 미리 집행의 일시와 장소를 통지하지 아니한 채 압수·수색을 하더라도 위법하다고 볼 수 없다. ☐O☐X

> 형사소송법 제219조, 제121조가 규정한 **변호인의 참여권**은 피압수자의 보호를 위하여 변호인에게 주어진 고유권이다. 따라서 설령 **피압수자가** 수사기관에 압수·수색영장의 집행에 참여하지 않는다는 의사를 명시하였다고 하더라도, 특별한 사정이 없는 한 그 변호인에게는 형사소송법 제219조, 제122조에 따라 미리 집행의 일시와 장소를 통지하는 등으로 압수·수색영장의 집행에 참여할 기회를 별도로 보장하여야 한다(대판 2020.11.27. 2020도10729).

정답 ×

016 24·21경1 / 71간 / 22국7

설령 피압수자가 수사기관에 압수·수색영장의 집행에 참여하지 않는다는 의사를 명시하였다고 하더라도, 특별한 사정이 없는 한 그 변호인에게는 미리 집행의 일시와 장소를 통지하는 등으로 압수·수색영장의 집행에 참여할 기회를 별도로 보장하여야 한다. ☐O☐X

> 대판 2020.11.27. 2020도10729

정답 O

017 23경2

압수·수색영장은 원칙적으로 처분을 받는 자에게 반드시 제시하고, 처분을 받는 자가 피의자인 경우에는 그 사본을 교부해야 하는데, 이는 준항고 등 피압수자의 불복신청의 기회를 실질적으로 보장하기 위한 것이다. ☐O☐X

> 압수·수색영장은 처분을 받는 자에게 반드시 사전에 제시하여야 하고, 처분을 받는 자가 피의자인 경우에는 그 사본을 교부하여야 한다(제219조, 제118조). 형사소송법이 압수·수색영장을 집행하는 경우에 피압수자에게 반드시 압수·수색영장을 제시하도록 규정한 것은 법관이 발부한 영장 없이 압수·수색을 하는 것을 방지하여 영장주의 원칙을 절차적으로 보장하고, 압수·수색영장에 기재된 물건, 장소, 신체에 대해서만 압수·수색을 하도록 하여 개인의 사생활과 재산권의 침해를 최소화하는 한편, 준항고 등 피압수자의 불복신청의 기회를 실질적으로 보장하기 위한 것이다(대판 2017.9.21. 2015도12400).

정답 ○

018 24승

사법경찰관이 피압수자에게 영장을 제시하면서 표지에 해당하는 첫 페이지와 혐의사실이 기재된 부분만을 보여 주고, 영장의 내용 중 압수·수색·검증할 물건, 압수·수색·검증할 장소, 압수·수색·검증을 필요로 하는 사유, 압수 대상 및 방법의 제한 등 필요적 기재 사항 및 그와 일체를 이루는 부분을 확인하지 못하게 한 경우에도 해당 영장 제시는 적법한 압수·수색영장의 제시라고 볼 수 있다. ☐O☐X

> 압수·수색영장을 집행하는 수사기관은 피압수자로 하여금 법관이 발부한 영장에 의한 압수·수색이라는 사실을 확인함과 동시에 형사소송법이 압수·수색영장에 필요적으로 기재하도록 정한 사항이나 그와 일체를 이루는 사항을 충분히 알 수 있도록 압수·수색영장을 제시하여야 한다(대판 2017.9.21. 2015도12400).
>
> [관련판례] 충북지방경찰청 소속 사법경찰관이 이 사건 영장의 피압수자인 공소외 1에게 이 사건 영장을 제시하면서 표지에 해당하는 첫 페이지와 공소외 1의 혐의사실이 기재된 부분만을 보여 주고, 이 사건 영장의 내용 중 압수·수색·검증할 물건, 압수·수색·검증할 장소, 압수·수색·검증을 필요로 하는 사유, 압수 대상 및 방법의 제한 등 필요적 기재 사항 및 그와 일체를 이루는 부분을 확인하지 못하게 한 것은 이 사건 영장을 집행할 때 피압수자인 공소외 1이 그 내용을 충분히 알 수 있도록 제시한 것으로 보기 어렵다. 따라서 사법경찰관의 공소외 1에 대한 이 사건 영장 제시는 형사소송법 제219조, 제118조에 따른 적법한 압수·수색영장의 제시라고 볼 수 없다(대판 2017.9.21. 2015도12400).

정답 ×

019 21경1

압수·수색영장을 집행하는 수사기관은 원칙적으로 피압수자로 하여금 법관이 발부한 영장에 의한 압수·수색이라는 사실을 확인함과 동시에 「형사소송법」이 압수·수색영장에 필요적으로 기재하도록 정한 사항이나 그와 일체를 이루는 사항을 충분히 알 수 있도록 압수·수색영장을 제시하여야 한다. ☐O ☐X

> 대판 2017.9.21. 2015도12400

정답 O

020 21경1

저장매체에 대한 압수·수색 과정에서 압수의 목적을 달성하기에 현저히 곤란한 예외적인 사정이 인정되어 전자정보가 담긴 저장매체 등을 수사기관 사무실 등으로 옮겨 복제·탐색·출력하는 경우에도 피압수자나 변호인에게 참여 기회를 보장하여야 하는데, 이는 수사기관이 저장매체 등에서 혐의사실과 관련된 전자정보만을 복제·출력하는 경우에도 마찬가지이다. ☐O ☐X

> 저장매체에 대한 압수·수색 과정에서 범위를 정하여 출력 또는 복제하는 방법이 불가능하거나 압수의 목적을 달성하기에 현저히 곤란한 예외적인 사정이 인정되어 전자정보가 담긴 저장매체 또는 복제본을 수사기관 사무실 등으로 옮겨 이를 복제·탐색·출력하는 경우에도, 그와 같은 일련의 과정에서 형사소송법 제219조, 제121조에서 규정하는 피압수·수색 당사자나 그 변호인에게 참여의 기회를 보장하고 혐의사실과 무관한 전자정보의 임의적인 복제 등을 막기 위한 적절한 조치를 취하는 등 영장주의 원칙과 적법절차를 준수하여야 한다. 만약 그러한 조치가 취해지지 않았다면 압수·수색이 적법하다고 평가할 수 없고, 비록 수사기관이 저장매체 또는 복제본에서 혐의사실과 관련된 전자정보만을 복제·출력하였다 하더라도 달리 볼 것은 아니다(대결 2015.7.16. 2011모1839 전원합의체).

정답 O

021 23경2

경찰이 영장에 의해 압수된 피고인의 휴대전화를 탐색하던 중 영장에 기재된 범죄사실이 기록된 파일을 발견하여 이를 별도의 저장매체에 복제·출력한 경우, 이러한 탐색·복제·출력의 과정에서 피고인에게 참여의 기회를 부여하지 않았어도 사후에 그 파일에 대한 압수·수색영장을 발부받아 절차가 진행되었다면 적법하게 수집된 증거이다. ☐O ☐X

> 수사기관이 피압수자 측에 참여의 기회를 보장하거나 압수한 전자정보 목록을 교부하지 않는 등 영장주의 원칙과 적법절차를 준수하지 않은 위법한 압수·수색 과정을 통하여 취득한 증거는 위법수집증거에 해당하고, 사후에 법원으로부터 영장이 발부되었다거나 피고인이나 변호인이 이를 증거로 함에 동의하였다고 하여 위법성이 치유되는 것도 아니다(대판 2022.7.28. 2022도2960).

정답 ×

022 24경1

수사기관이 피압수자 측에 참여의 기회를 보장하거나 압수한 전자정보 목록을 교부하지 않는 등 영장주의 원칙과 적법절차를 준수하지 않은 위법한 압수·수색 과정을 통하여 취득한 증거는 위법수집증거에 해당하고, 사후에 법원으로부터 영장이 발부되었다거나 피고인이나 변호인이 이를 증거로 함에 동의하였다고 하여 위법성이 치유되는 것도 아니다. ⃞O⃞X

대판 2022.7.28. 2022도2960

정답 O

023 21경1 / 74간

검사나 사법경찰관에게는 현행범 체포현장에서 소지자 등이 임의로 제출하는 물건을 「형사소송법」제218조에 의하여 영장 없이 압수하는 것이 허용되는데, 이후 검사나 사법경찰관이 압수한 물건을 계속 압수할 필요가 있는 경우에는 지체 없이 영장을 청구하여야 한다. ⃞O⃞X

범죄를 실행 중이거나 실행 직후의 현행범인은 누구든지 영장 없이 체포할 수 있고(제212조), 검사 또는 사법경찰관은 피의자 등이 유류한 물건이나 소유자·소지자 또는 보관자가 임의로 제출한 물건을 영장 없이 압수할 수 있으므로(제218조), 현행범 체포현장이나 범죄 현장에서도 소지자 등이 임의로 제출하는 물건은 형사소송법 제218조에 의하여 영장 없이 압수하는 것이 허용되고, 이 경우 검사나 사법경찰관은 별도로 사후에 영장을 받을 필요가 없다(대판 2019.11.14. 2019도13290, 대판 2020.4.9. 2019도17142).

정답 ×

024 23경1

현행범 체포현장이나 범죄현장에서도 소지자 등이 임의로 제출하는 저장매체는 「형사소송법」제218조에 의하여 영장 없이 압수하는 것이 허용된다. ⃞O⃞X

대판 2019.11.14. 2019도13290

정답 O

025 22국9

압수·수색영장에 기재한 혐의사실과 범죄와의 객관적 관련성은 압수·수색영장에 기재된 혐의사실의 내용과 수사의 대상, 수사 경위 등을 종합하여 구체적·개별적 연관관계가 있는 경우에는 인정되지만, 혐의사실과 단순히 동종 또는 유사 범행이라는 사유만으로 관련성이 있다고 할 것은 아니다. ○|×

> 혐의사실과의 객관적 관련성은 압수·수색영장에 기재된 혐의사실 자체 또는 그와 기본적 사실관계가 동일한 범행과 직접 관련되어 있는 경우는 물론 범행 동기와 경위, 범행 수단과 방법, 범행 시간과 장소 등을 증명하기 위한 간접증거나 정황증거 등으로 사용될 수 있는 경우에도 인정될 수 있다. 그 관련성은 압수·수색영장에 기재된 혐의사실의 내용과 수사의 대상, 수사 경위 등을 종합하여 구체적·개별적 연관관계가 있는 경우에만 인정되고, 혐의사실과 단순히 동종 또는 유사 범행이라는 사유만으로 관련성이 있다고 할 것은 아니다. 그리고 피의자와 사이의 인적 관련성은 압수·수색영장에 기재된 대상자의 공동정범이나 교사범 등 공범이나 간접정범은 물론 필요적 공범 등에 대한 피고사건에 대해서도 인정될 수 있다(대판 2017.12.5. 2017도13458).

정답 ○

026 22국9

객관적 관련성은 영장의 혐의사실 자체 또는 그와 기본적 사실관계가 동일한 범행에 한정되지 않고, 범행 동기와 경위, 범행 수단과 방법 등을 증명하기 위한 간접증거나 정황증거로 사용될 수 있는 경우에도 인정될 수 있다. ○|×

> 영장 발부의 사유로 된 범죄 혐의사실과 무관한 별개의 증거를 압수하였을 경우 이는 원칙적으로 유죄 인정의 증거로 사용할 수 없다. 그러나 압수·수색의 목적이 된 범죄나 이와 관련된 범죄의 경우에는 그 압수·수색의 결과를 유죄의 증거로 사용할 수 있다. 압수·수색영장의 범죄 혐의사실과 관계 있는 범죄라는 것은 압수·수색영장에 기재한 혐의사실과 객관적 관련성이 있고 압수·수색영장 대상자와 피의자 사이에 인적 관련성이 있는 범죄를 의미한다. 그 중 혐의사실과의 객관적 관련성은 압수·수색영장에 기재된 혐의사실 자체 또는 그와 기본적 사실관계가 동일한 범행과 직접 관련되어 있는 경우는 물론 범행 동기와 경위, 범행 수단과 방법, 범행 시간과 장소 등을 증명하기 위한 간접증거나 정황증거 등으로 사용될 수 있는 경우에도 인정될 수 있다. 그 관련성은 압수·수색영장에 기재된 혐의사실의 내용과 수사의 대상, 수사 경위 등을 종합하여 구체적·개별적 연관관계가 있는 경우에만 인정되고, 혐의사실과 단순히 동종 또는 유사 범행이라는 사유만으로 관련성이 있다고 할 것은 아니다. 그리고 피의자와 사이의 인적 관련성은 압수·수색영장에 기재된 대상자의 공동정범이나 교사범 등 공범이나 간접정범은 물론 필요적 공범 등에 대한 피고사건에 대해서도 인정될 수 있다(대판 2017.12.5. 2017도13458).

정답 ○

027 74간

휴대전화를 이용한 불법촬영 범죄의 경우, 휴대전화 안에 저장되어있는 같은 유형의 전자정보에서 발견되는 간접증거나 정황증거는 범죄혐의사실과 구체적·개별적 연관관계가 인정될 수 있다. ☐O☐X

> 카메라의 기능과 정보저장매체의 기능을 함께 갖춘 휴대전화인 스마트폰을 이용한 불법촬영 범죄와 같이 범죄의 속성상 <u>해당 범행의 상습성이 의심되거나 성적 기호 내지 경향성의 발현에 따른 일련의 범행의 일환으로 이루어진 것으로 의심되고, 범행의 직접 증거가 스마트폰 안에 이미지 파일이나 동영상 파일의 형태로 남아 있을 개연성이 있는 경우</u>에는 그 안에 저장되어 있는 같은 유형의 전자정보에서 그와 관련한 유력한 간접증거나 정황증거가 발견될 가능성이 높다는 점에서 이러한 간접증거나 정황증거는 범죄혐의사실과 구체적·개별적 연관관계를 인정할 수 있다(대판 2021.11.18. 2016도348 전원합의체).

정답 ○

028 73간

압수·수색영장의 집행 과정에서 피압수자의 지위가 참고인에서 피의자로 전환될 수 있는 증거가 발견되었더라도 그 증거가 압수·수색영장에 기재된 범죄사실과 객관적으로 관련되어 있다면 이는 압수·수색영장의 집행 범위 내에 있으므로 다시 피압수자에 대하여 영장을 발부받을 필요는 없다. ☐O☐X

> 압수·수색영장의 집행 과정에서 피압수자의 지위가 참고인에서 피의자로 전환될 수 있는 증거가 발견되었더라도 그 증거가 압수·수색영장에 기재된 범죄사실과 객관적으로 관련되어 있다면 이는 압수·수색영장의 집행 범위 내에 있다(대판 2017.12.5. 2017도13458). 따라서 다시 피압수자에 대하여 영장을 발부받을 필요는 없다.

정답 ○

029 22국9

인적 관련성은 영장에 기재된 대상자의 공동정범이나 교사범 등 공범이나 간접정범은 물론 필요적 공범 등에 대한 피고사건에 대해서도 인정될 수 있다. ☐O☐X

> 대판 2017.12.5. 2017도13458

정답 ○

030 24법9

검사 또는 사법경찰관은 피의자를 긴급체포하는 경우에 필요한 때에는 영장 없이 타인의 주거나 타인이 간수하는 가옥, 건조물, 항공기, 선차 내에서의 피의자 수색, 체포현장에서의 압수, 수색, 검증을 할 수 있고, 긴급체포된 피의자가 소유·소지 또는 보관하는 물건에 대하여 긴급히 압수할 필요가 있는 경우에는 체포한 때부터 48시간 이내에 한하여 영장 없이 압수·수색 또는 검증을 할 수 있다. O│X

> 검사 또는 사법경찰관은 제200조의3에 따라 체포된 자가 소유·소지 또는 보관하는 물건에 대하여 긴급히 압수할 필요가 있는 경우에는 체포한 때부터 24시간 이내에 한하여 영장 없이 압수·수색 또는 검증을 할 수 있다(제217조 제1항).

정답 ×

031 22승

검사 또는 사법경찰관은 긴급체포된 자가 소유·소지 또는 보관하는 물건에 대하여 긴급히 압수할 필요가 있는 경우에는 피의자를 체포한 때부터 24시간 이내에 한하여 영장 없이 압수·수색할 수 있다. O│X

> 제217조 제1항

정답 ○

032 22승

경찰관이 현행범인 체포 당시 피의자로부터 임의제출방식으로 압수한 휴대전화기에 대하여 작성한 압수조서 중 압수경위란에 피의자의 범행을 목격한 사람의 진술이 기재된 경우, 이는 형사소송법 제312조 제5항에서 정한 '피고인이 아닌 자가 수사과정에서 작성한 진술서'에 준하는 것으로 볼 수 있지만, 휴대전화기에 대한 임의제출절차가 적법하지 않다면 위 압수조서에 기재된 피의자의 범행을 목격한 사람의 진술 역시 피의자가 증거로 함에 동의하더라도 유죄를 인정하기 위한 증거로 사용할 수 없다. O│X

> 위 압수조서 중 '압수경위'란에 기재된 내용은 피고인이 범행을 저지르는 현장을 직접 목격한 사람의 진술이 담긴 것으로서 형사소송법 제312조 제5항에서 정한 '피고인이 아닌 자가 수사과정에서 작성한 진술서'에 준하는 것으로 볼 수 있고, 이에 따라 휴대전화기에 대한 임의제출절차가 적법하였는지에 영향을 받지 않는 별개의 독립적인 증거에 해당하여, 피고인이 증거로 함에 동의한 이상 유죄를 인정하기 위한 증거로 사용할 수 있을 뿐 아니라 피고인의 자백을 보강하는 증거가 된다고 볼 여지가 많다는 이유로, 이와 달리 피고인의 자백을 뒷받침할 보강증거가 없다고 보아 무죄를 선고한 원심판결에 자백의 보강증거 등에 관한 법리를 오해하거나 필요한 심리를 다하지 아니한 잘못이 있다고 한 사례(대판 2019.11.14. 2019도13290).

정답 ×

033 74간 / 23·22승

형사소송법 제218조를 위반하여 소유자, 소지자 또는 보관자가 아닌 자로부터 제출받은 물건을 영장없이 압수한 경우 그 '압수물' 및 '압수물을 찍은 사진'은 이를 유죄 인정의 증거로 사용할 수 없는 것이고, 헌법과 형사소송법 이 선언한 영장주의의 중요성에 비추어 볼 때 피고인이나 변호인이 이를 증거로 함에 동의하였다고 하더라도 달리 볼 것은 아니다. ☐○ ☐✕

대판 2010.1.28. 2009도10092

정답 ○

034 24법9 / 24경1 / 73간 / 24·21승 / 21국9(교정직)

수사기관이 압수·수색영장을 제시하고 집행에 착수하여 압수·수색을 실시하고 그 집행을 종료하였는데 동일한 장소 또는 목적물에 대하여 다시 압수·수색할 필요가 있는 경우, 법원으로부터 새로운 압수·수색영장을 발부받아야 하고, 앞서 발부 받은 영장의 유효기간이 남아 있다고 하여 이를 제시하고 다시 압수·수색을 할 수 있다. ☐○ ☐✕

> 형사소송법 제215조에 의한 압수·수색영장은 <u>수사기관의 압수·수색에 대한 허가장으로서 거기에 기재되는 유효기간은 집행에 착수할 수 있는 종기를 의미하는 것일 뿐이므로</u>, 수사기관이 압수·수색영장을 제시하고 집행에 착수하여 압수·수색을 실시하고 그 집행을 종료하였다면 <u>이미 그 영장은 목적을 달성하여 효력이 상실되는 것</u>이고, 동일한 장소 또는 목적물에 대하여 다시 압수·수색할 필요가 있는 경우라면 <u>그 필요성을 소명하여 법원으로부터</u> 새로운 압수·수색영장을 발부 받아야 하는 것이지, 앞서 발부 받은 압수·수색영장의 <u>유효기간이 남아 있다고 하여 이를 제시하고 다시 압수·수색을 할 수는 없다</u>(대결 1999.12.1. 99모161).

정답 ✕

035 21국9

영장담당판사가 발부한 압수·수색영장에 법관의 서명이 있다면 비록 날인이 없다고 하더라도 그 압수·수색영장은 「형사소송법」이 정한 요건을 갖추지 못하였다고 볼 수는 없다. ☐○ ☐✕

대판 2019.7.11. 2018도20504

정답 ✕

036 22경1 / 74간

법관의 서명날인란에 서명만 있고 날인이 없는 영장은 「형사소송법」이 정한 요건을 갖추지 못하여 적법하게 발부되었다고 볼 수 없으므로, 비록 판사의 의사에 기초하여 진정하게 영장이 발부되었다는 점이 외관상 분명하고 의도적으로 적법절차의 실질적인 내용을 침해한다거나 영장주의를 회피할 의도를 가지고 이 영장에 따른 압수 수색을 하였다고 보기 어렵다 하더라도, 이 영장에 따라 압수한 파일 출력물과 이에 기초하여 획득한 2차적 증거인 피의자신문조서도 유죄 인정의 증거로 사용할 수 없다. ○|×

> 이 사건 영장은 법관의 서명날인란에 서명만 있고 날인이 없으므로, 형사소송법이 정한 요건을 갖추지 못하여 적법하게 발부되었다고 볼 수 없다. 다만, 이 사건 영장에는 야간집행을 허가하는 판사의 수기와 날인, 영장 앞면과 별지 사이에 판사의 간인이 있었으나 그 아래 판사의 서명날인란에는 판사의 서명만 있고 날인이 없었더라도, 판사의 의사에 기초하여 진정하게 영장이 발부되었다는 점은 외관상 분명하다. ⋯ 요컨대, 이 사건 영장이 형사소송법이 정한 요건을 갖추지 못하여 적법하게 발부되지 못하였다고 하더라도, 그 영장에 따라 수집한 이 사건 파일 출력물의 증거능력을 인정할 수 있다. 이에 기초하여 획득한 2차적 증거인 위 각 증거 역시 증거능력을 인정할 수 있다(대판 2019.7.11. 2018도20504).

정답 ×

037 22경1 / 21국9

수사기관이 압수·수색영장을 집행하면서 압수·수색 대상 기관에 팩스로 영장 사본을 송신하기만 하였을 뿐 영장 원본을 제시하거나 압수조서와 압수물 목록을 작성하여 피압수·수색 당사자에게 교부하지도 않았다면 그 압수·수색은 위법하다. ○|×

> 수사기관이 금융기관 및 이메일 업체에 대한 압수·수색영장을 집행하면서 모사전송 방식에 의하여 영장 원본을 제시하지 않았고 압수조서와 압수물 목록을 작성하여 이를 피압수·수색 당사자에게 교부하였다고 볼 수도 없는 등의 방법으로 압수된 금융거래 자료와 이메일 자료는 헌법과 형사소송법 제219조, 제118조, 제129조가 정한 절차를 위반하여 수집한 위법수집증거로 원칙적으로 유죄의 증거로 삼을 수 없으며, 위법수집증거의 증거능력을 인정할 수 있는 예외적인 경우에 해당한다고 볼 수도 없다(대판 2019.3.14. 2018도2841).

정답 ○

038 23경2 / 23경1 / 23승

수사기관이 甲 주식회사에서 압수수색영장을 집행하면서 甲 회사에 팩스로 영장 사본을 송신하기만 하고 영장 원본을 제시하거나 압수조서와 압수물 목록을 작성하여 피압수·수색 당사자에게 교부하지도 않은 채 피고인의 이메일을 압수한 후 이를 증거로 제출한 사안에서, 위와 같은 방법으로 압수된 이메일은 「형사소송법」 등에서 정한 절차를 위반한 것으로 유죄 인정의 증거로 사용할 수 없다. ⃞O⃞X

> 수사기관이 갑 주식회사에서 압수수색영장을 집행하면서 갑 회사에 팩스로 영장 사본을 송신하기만 하고 영장 원본을 제시하거나 압수조서와 압수물 목록을 작성하여 피압수·수색 당사자에게 교부하지도 않은 채 피고인의 이메일을 압수한 후 이를 증거로 제출한 사안에서, 위와 같은 방법으로 압수된 이메일은 증거능력이 없다(대판 2017.9.7. 2015도10648).

정답 O

039 21국9(교정직)

증거물을 압수하였을 때에는 압수조서 및 압수목록을 작성하여야 하지만, 수색한 결과 증거물이 없는 경우에는 그 취지의 증명서를 교부할 필요는 없다. ⃞O⃞X

> 증거물 또는 몰수할 물건을 압수하였을 때에는 (압수)조서를 작성하여야 한다(제49조 제1항). 또한 증거물 또는 몰수할 물건이 없는 때에는 그 취지의 증명서를 교부하여야 한다(제128조, 제219조).

정답 ×

040 23경2 / 24경1 / 23국9 / 24국9(교정직)

수사기관이 압수·수색영장에 적힌 '수색할 장소'에 있는 컴퓨터 등 정보처리장치에 저장된 전자정보 외에 원격지 서버에 저장된 전자정보를 압수·수색하기 위해서는 그 영장에 적힌 '압수할 물건'에 별도로 원격지 서버 저장 전자정보가 특정되어 있어야 하고, '압수할 물건'에 컴퓨터 등 정보처리장치 저장 전자정보만 기재되어 있다면 컴퓨터 등 정보처리장치를 이용하여 원격지 서버 저장 전자정보를 압수할 수는 없다. ⃞O⃞X

> 수사기관이 압수·수색영장에 적힌 '수색할 장소'에 있는 컴퓨터 등 정보처리장치에 저장된 전자정보 외에 원격지 서버에 저장된 전자정보를 압수·수색하기 위해서는 압수·수색영장에 적힌 '압수할 물건'에 별도로 원격지 서버 저장 전자정보가 특정되어 있어야 한다. 압수·수색영장에 적힌 '압수할 물건'에 컴퓨터 등 정보처리장치 저장 전자정보만 기재되어 있다면 컴퓨터 등 정보처리장치를 이용하여 원격지 서버 저장 전자정보를 압수할 수는 없다(대판 2022.6.30. 2022도1452).

정답 O

041 74간

임의제출자의 의사에 따른 전자정보 압수의 대상과 범위가 명확하지 않거나 알 수 없는 경우에는 임의제출에 따른 압수의 동기가 된 범죄혐의사실과 관련되고 이를 증명할 수 있는 최소한의 가치가 있는 전자정보에 한해 압수의 대상이 된다. ⃞O⃞|⃞X⃞

> 전자정보를 압수하고자 하는 수사기관이 정보저장매체와 거기에 저장된 전자정보를 피의자로부터 임의제출의 방식으로 압수할 때, 제출자의 구체적인 제출범위에 관한 의사를 제대로 확인하지 않는 등의 사유로 인해 임의제출자의 의사에 따른 전자정보 압수의 대상과 범위가 명확하지 않거나 이를 알 수 없는 경우에는 임의제출에 따른 압수의 동기가 된 범죄혐의사실과 관련되고 이를 증명할 수 있는 최소한의 가치가 있는 전자정보에 한하여 압수의 대상이 된다(대판 2021.11.25. 2016도82).

정답 ○

042 73간

압수·수색영장에 적힌 '압수할 물건'에 컴퓨터 등 정보처리장치 저장 전자정보만 기재되어 있고 별도로 원격지 서버 저장의 전자정보가 특정되어 있지 않았다 하더라도, 영장에 기재된 해당 컴퓨터 등 정보처리장치를 이용하여 로그인되어 있는 상태의 원격지 서버 저장 전자정보를 압수한 경우는 영장주의 원칙에 반하지 않는다. ⃞O⃞|⃞X⃞

> 수사기관이 압수·수색영장에 적힌 '수색할 장소'에 있는 컴퓨터 등 정보처리장치에 저장된 전자정보 외에 원격지 서버에 저장된 전자정보를 압수·수색하기 위해서는 압수·수색영장에 적힌 '압수할 물건'에 별도로 원격지 서버 저장 전자정보가 특정되어 있어야 한다. 압수·수색영장에 적힌 **압수할 물건**'에 컴퓨터 등 정보처리장치 저장 전자정보만 기재되어 있다면 컴퓨터 등 정보처리장치를 이용하여 원격지 서버 저장 전자정보를 압수할 수는 없다(대결 2022.6.30. 2020모735).

정답 ×

043 23경2 / 21국9(교정직)

압수·수색할 전자정보가 영장에 기재된 수색장소에 있는 정보처리장치에 있지 않고 그 정보처리장치와 정보통신망으로 연결되어 제3자가 관리하고 있는 원격지의 저장매체에 저장되어 있는 경우, 수사기관이 압수·수색영장에 기재되어 있는 압수할 물건을 적법한 절차와 집행방법에 따라 수색장소의 정보처리장치를 이용하여 원격지의 저장매체에 접속하였다 하더라도 이와 같은 압수·수색은 형사소송법에 위반된다. ○│×

> 수사기관이 인터넷서비스이용자인 피의자를 상대로 피의자의 컴퓨터 등 정보처리장치 내에 저장되어 있는 이메일 등 전자정보를 압수·수색하는 것은 <u>전자정보의 소유자 내지 소지자를 상대로 해당 전자정보를 압수·수색하는 대물적 강제처분으로 형사소송법의 해석상 허용된다.</u> 나아가 압수·수색할 전자정보가 압수·수색영장에 기재된 수색장소에 있는 컴퓨터 등 정보처리장치 내에 있지 아니하고 그 정보처리장치와 정보통신망으로 연결되어 제3자가 관리하는 원격지의 서버 등 저장매체에 <u>저장되어 있는 경우에도,</u> 수사기관이 피의자의 이메일 계정에 대한 접근권한에 갈음하여 발부받은 영장에 따라 영장 기재 수색장소에 있는 컴퓨터 등 정보처리장치를 이용하여 적법하게 취득한 피의자의 이메일 계정 아이디와 비밀번호를 입력하는 등 피의자가 접근하는 통상적인 방법에 따라 원격지의 저장매체에 접속하고 그곳에 저장되어 있는 피의자의 이메일 관련 전자정보를 수색장소의 정보처리장치로 내려받거나 그 화면에 현출시키는 것 역시 피의자의 소유에 속하거나 소지하는 전자정보를 대상으로 이루어지는 것이므로 그 전자정보에 대한 압수·수색을 위와 <u>달리 볼 필요가 없다</u>(대판 2017.11.29. 2017도9747).

정답 ×

044 71간

압수·수색할 전자정보가 압수·수색영장에 기재된 수색장소에 있는 컴퓨터 등 정보처리장치 내에 있지 아니하고 제3자가 관리하는 원격지 서버 등 저장매체에 있는 경우에는, 그 전자정보의 탐색출력이 영장에 기재된 장소에서 이루어졌더라도 전자정보의 위치가 영장에 기재된 바와 다르므로 그 전자정보에 대한 적법한 압수 수색을 할 수 없다. ○│×

> 대판 2017.11.29. 2017도9747

정답 ×

045 24경1

수사기관이 네트워크 카메라 등을 설치·이용하여 피고인의 행동과 피고인이 본 태블릿 개인용 컴퓨터 화면내용을 일반적으로 허용되는 상당한 방법에 의하지 않고 영장 없이 촬영한 것은 수사의 비례성·상당성 원칙과 영장주의 등을 위반한 것이므로 그로 인해 취득한 영상물 등의 증거는 증거능력이 없다. ○│×

> 수사기관이 네트워크 카메라 등을 설치·이용하여 피고인의 행동과 피고인이 본 태블릿 개인용 컴퓨터(PC) 화면내용을 촬영한 것이 수사의 비례성·상당성 원칙과 영장주의 등을 위반한 것이므로 그로 인해 취득한 영상물 등의 증거는 증거능력이 없다(대판 2017.11.29. 2017도9747).

정답 ○

046 23경2

수사기관이 피의자의 이메일 계정에 대한 접근권한에 갈음하여 발부받은 압수·수색영장에 따라, 원격지의 저장매체에 적법하게 접속하여 내려받거나 현출된 전자정보를 대상으로 하여 범죄 혐의사실과 관련된 부분에 대하여 압수·수색하는 것은 특별한 사정이 없는 한 허용되지만, 원격지 저장매체가 국외에 있는 경우에는 허용되지 않는다. ⃞O⃝|⃝X⃞

> 대판 2017.11.29. 2017도9747

정답 ×

047 23승

피의자의 이메일 계정에 대한 접근권한에 갈음하여 발부받은 압수·수색영장의 효력은 대한민국의 사법관할권이 미치지 아니하는 해외 이메일서비스제공자의 해외 서버 및 그 해외 서버에 소재하는 저장매체 속 피의자의 전자정보에 대하여까지 미치지는 않는다. ⃞O⃝|⃝X⃞

> 대판 2017.11.29. 2017도9747

정답 ×

048 23·22승

수사기관이 인터넷서비스이용자인 피의자를 상대로 피의자의 컴퓨터 등 정보처리장치 내에 저장되어 있는 이메일 등 전자 정보를 압수 수색하는 것은 전자정보의 소유자 내지 소지자를 상대로 해당 전자정보를 압수·수색하는 대물적 강제처분으로 형사소송법의 해석상 허용된다. ⃞O⃝|⃝X⃞

> 대판 2017.11.29. 2017도9747

정답 ○

049 71간

법관이 압수·수색영장을 발부하면서 '압수할 물건'을 특정하기 위하여 기재한 문언은 이를 엄격하게 해석하여야 하고, 함부로 피압수자 등에게 불리한 내용으로 확장 또는 유추해석하는 것은 허용될 수 없으므로, 압수의 대상은 압수·수색영장의 범죄사실 자체와 직접적으로 연관된 물건에 한정하여야 한다. ⃞O⃝|⃝X⃞

> 헌법과 형사소송법이 구현하고자 하는 적법절차와 영장주의의 정신에 비추어 볼 때, 법관이 압수·수색영장을 발부하면서 '압수할 물건'을 특정하기 위하여 기재한 문언은 이를 엄격하게 해석하여야 하고, 함부로 피압수자 등에게 불리한 내용으로 확장 또는 유추해석하는 것은 허용될 수 없다고 할 것이나, 압수의 대상을 압수·수색영장의 범죄사실 자체와 직접적으로 연관된 물건에 한정할 것은 아니고, 압수·수색영장의 범죄사실과 기본적 사실관계가 동일한 범행 또는 동종·유사의 범행과 관련된다고 의심할 만한 상당한 이유가 있는 범위 내에서는 압수를 실시할 수 있다(대판 2009.7.23. 2009도2649).

정답 ×

050 71간 / 20국7

범인으로부터 압수한 물품에 대하여 몰수의 선고가 없어 그 압수가 해제된 것으로 간주된다고 하더라도 공범자에 대한 범죄수사를 위하여 여전히 그 물품의 압수가 필요하다거나 공범자에 대한 재판에서 그 물품이 몰수될 가능성이 있다면 검사는 그 압수해제된 물품을 다시 압수할 수도 있다. ○│X

> 범인으로부터 압수한 물품에 대하여 몰수의 선고가 없어 그 압수가 해제된 것으로 간주된다고 하더라도 공범자에 대한 범죄수사를 위하여 여전히 그 물품의 압수가 필요하다거나 공범자에 대한 재판에서 그 물품이 몰수될 가능성이 있다면 검사는 그 압수해제된 물품을 다시 압수할 수도 있다(대결 1997.1.9. 96모34).

정답 ○

051 73·71간

수사기관이 피의자의 휴대전화를 압수할 당시 피의자에게 압수·수색영장을 제시한 상황에서, 피의자가 영장의 구체적인 확인을 요구하자 피의자에게 영장의 범죄사실 기재 부분을 보여주지 않았다고 하더라도, 이후 피의자의 변호인이 피의자에 대한 조사에 참여하면서 영장을 확인하였다면 수사기관이 압수처분을 함에 있어 피의자에게 압수·수색영장을 제시하지 않았다고 보기 어렵다. ○│X

> 수사기관이 압수처분 당시 재항고인으로부터 영장 내용의 구체적인 확인을 요구받았음에도 압수·수색영장의 내용을 보여주지 않았던 것으로 보이므로 형사소송법 제219조, 제118조에 따른 적법한 압수·수색영장의 제시라고 인정하기 어렵다는 이유로, 압수처분 당시 수사기관이 법령에서 정한 취지에 따라 재항고인에게 압수·수색영장을 제시하였는지 여부를 판단하지 아니한 채 변호인이 조사에 참여할 당시 영장을 확인하였다는 사정을 들어 압수처분이 위법하지 않다고 본 원심결정에 헌법과 형사소송법의 관련 규정을 위반한 잘못이 있다고 한 사례(대판 2020.4.16. 2019모3526).

정답 ×

052 21승

압수·수색영장의 집행 중에는 타인의 출입을 금지할 수 있고, 이를 위배한 자에게는 퇴거하게 하거나 집행종료시까지 간수자를 붙일 수 있다. ○│X

> 압수·수색영장의 집행 중에는 타인의 출입을 금지할 수 있다. 위배한 자에게는 퇴거하게 하거나 집행종료시까지 간수자를 붙일 수 있다(제120조).

정답 ○

053 21승

압수·수색영장의 집행은 주간에 하는 것이 원칙이고, 야간에 집행하기 위해서는 압수·수색영장에 야간집행을 할 수 있다는 기재가 있어야 하나, 도박 기타 풍속을 해하는 행위에 상용된다고 인정하는 장소에서 압수·수색영장을 집행함에는 그러한 제한을 받지 아니한다. [O|X]

> 일출 전 일몰 후에는 압수·수색영장에 야간집행을 할 수 있는 기재가 없으면 그 영장을 집행하기 위하여 타인의 주거, 간수자 있는 가옥, 건조물, 항공기 또는 선차 내에 들어가지 못한다(제125조, 제219조). 그러나 도박 기타 풍속을 해하는 행위에 상용된다고 인정하는 장소에서 압수·수색영장을 집행함에는 그러한 제한을 받지 아니하고(제126조 제1호), 여관, 음식점 기타 야간에 공중이 출입할 수 있는 장소에서도 동일하나 이 경우에는 공개한 시간 내에 한한다(제126조 제2호).

정답 ○

054 24국9

사법경찰관이 압수·수색영장에 의하여 여관을 수색하는 경우, 그 영장에 야간집행을 할 수 있는 기재가 없다면 공개된 시간 내라도 야간에는 집행할 수 없다. [O|X]

> 도박 기타 풍속을 해하는 행위에 상용된다고 인정하는 장소, 여관, 음식점 기타 야간에 공중이 출입할 수 있는 장소에는 공개한 시간 내에 한하여 일출 전 일몰 후에도 압수수색영장을 집행할 수 있다(제126조).

정답 ×

055 24법9 / 74간

압수목록은 압수 직후 현장에서 바로 작성하여 교부하는 것이 원칙이고, 임의제출에 따른 압수의 경우에도 범죄혐의를 전제로 한 수사 목적이나 압수의 효력은 영장에 의한 경우와 동일하므로, 수사기관은 영장에 의한 압수와 마찬가지로 객관적·구체적 압수목록을 신속하게 작성·교부할 의무를 부담한다. [O|X]

> 임의제출에 따른 압수(제218조)의 경우에도 압수물에 대한 수사기관의 점유 취득이 제출자의 의사에 따라 이루어진다는 점에서만 차이가 있을 뿐 범죄혐의를 전제로 한 수사 목적이나 압수의 효력은 영장에 의한 압수의 경우와 동일하므로, 헌법상 기본권에 관한 수사기관의 부당한 침해로부터 신속하게 권리를 구제받을 수 있도록 수사기관은 영장에 의한 압수와 마찬가지로 객관적·구체적인 압수목록을 신속하게 작성·교부할 의무를 부담한다(대결 2024.1.5. 2021모385).

정답 ○

056 24국9

수사기관이 작성하여 피압수자 등에게 교부해야 하는 압수물 목록은 압수 직후 현장에서 바로 작성하여 교부하여야 함을 원칙으로 한다. ⃞O⃞X

> 압수물 목록은 피압수자 등이 압수물에 대한 환부·가환부신청을 하거나 압수처분에 대한 준항고를 하는 등 권리행사절차를 밟는 가장 기초적인 자료가 되므로, 이러한 권리행사에 지장이 없도록 압수 직후 현장에서 바로 작성하여 교부해야 하는 것이 원칙이다. 따라서 작성월일을 누락한 채 일부 사실에 부합 하지 않는 내용으로 작성하여 압수·수색이 종료된 지 5개월이나 지난 뒤에 이 사건 압수물 목록을 교부 한 행위는 형사소송법이 정한 바에 따른 압수물 목록 작성·교부에 해당한다고 볼 수 없다(대판 2009.3.12. 2008도763).

정답 O

057 23국7

甲에 대한 음란물 유포의 범죄혐의를 이유로 압수·수색영장을 발부받은 사법경찰관이 甲의 주거지를 수색하는 과정에서 대마를 발견하자, 甲을 마약류 관리에 관한 법률 위반죄의 현행범으로 체포하면서 대마를 압수하였으나, 그 다음날 甲을 석방하고도 사후 압수·수색영장을 발부받지 않은 경우 압수물의 증거능력이 부정된다. ⃞O⃞X

> 음란물 유포의 범죄혐의를 이유로 압수·수색영장을 발부받은 사법경찰관이 피고인의 주거지를 수색하는 과정에서 대마를 발견하자, 피고인을 마약류관리에 관한 법률 위반죄의 현행범으로 체포하면서 대마를 압수하였으나, 그 다음 날 피고인을 석방하였음에도 사후 압수·수색영장을 발부받지 않은 경우, 위 압수물과 압수조서는 형사소송법상 영장주의를 위반하여 수집한 증거로서 증거능력이 부정된다(대판 2009.5.15. 2008도10914).

정답 O

058 71간

저장매체 자체를 수사기관 사무실 등으로 옮긴 후 영장에 기재된 혐의사실과 관련된 전자정보를 문서로 출력하거나 파일로 복제하는 일련의 과정은 하나의 압수 수색영장에 기한 집행의 일환에 해당한다. ⃞O⃞X

> 저장매체 자체를 수사기관 사무실 등으로 옮긴 후 영장에 기재된 범죄 혐의 관련 전자정보를 탐색하여 해당 전자정보를 문서로 출력하거나 파일을 복사하는 과정 역시 전체적으로 압수·수색영장 집행의 일환에 포함된다고 보아야 한다. 수사기관 사무실 등으로 옮긴 저장매체에서 범죄 혐의 관련성에 대한 구분 없이 저장된 전자정보 중 임의로 문서출력 혹은 파일복사를 하는 행위는 특별한 사정이 없는 한 영장주의 등 원칙에 반하는 위법한 집행이다(대결 2011.5.26. 2009모1190).

정답 O

059 23·22승

수사기관 사무실 등으로 반출된 저장매체 또는 복제본에서 혐의 사실 관련성에 대한 구분 없이 임의로 저장된 전자정보를 문서로 출력하거나 파일로 복제하는 행위는 원칙적으로 영장주의 원칙에 반하는 위법한 압수이다. ⃞O⃞X

> 대결 2011.5.26. 2009모1190

정답 O

060 24경1 / 21승 / 22국7

수사기관의 전자정보에 대한 압수·수색은 원칙적으로 영장 발부의 사유로 된 범죄 혐의사실과 관련된 부분만을 문서 출력물로 수집하거나 수사기관이 휴대한 저장매체에 해당 파일을 복제하는 방식으로 이루어져야 하고, 수사기관 사무실 등 외부로 저장매체 자체를 직접 반출하는 방식으로 압수·수색하는 것은 예외적으로만 허용된다. ⃞O⃞X

> 전자정보에 대한 압수·수색영장을 집행할 때에는 원칙적으로 영장 발부의 사유인 혐의사실과 관련된 부분만을 문서 출력물로 수집하거나 수사기관이 휴대한 저장매체에 해당 파일을 복사하는 방식으로 이루어져야 하고, 집행현장 사정상 위와 같은 방식에 의한 집행이 불가능하거나 현저히 곤란한 부득이한 사정이 존재하더라도 저장매체 자체를 직접 혹은 하드카피나 이미징 등 형태로 수사기관 사무실 등 외부로 반출하여 해당 파일을 압수·수색할 수 있도록 영장에 기재되어 있고 실제 그와 같은 사정이 발생한 때에 한하여 위 방법이 예외적으로 허용될 수 있을 뿐이다(대결 2011.5.26. 2009모1190).

정답 O

061 21법9 / 23국9(교정직)

전자정보가 담긴 저장매체 또는 복제본을 수사기관 사무실 등으로 옮겨 이를 복제·탐색·출력하는 경우에도, 그와 같은 일련의 과정에서 형사소송법 제219조, 제121조에서 규정하는 피압수·수색 당사자나 그 변호인에게 참여의 기회를 보장하고 혐의사실과 무관한 전자정보의 임의적인 복제 등을 막기 위한 적절한 조치를 취하는 등 영장주의 원칙과 적법절차를 준수하여야 한다. ⃞O⃞X

> 대결 2011.5.26. 2009모1190 등

정답 O

062 22경2 / 21승

전자정보 저장매체를 수사기관 사무실 등으로 옮겨 복제·탐색·출력하는 경우에도 변호인에게 참여의 기회를 주지 않으면 위법하다. ◯|✕

> 저장매체에 대한 압수·수색 과정에서 범위를 정하여 출력 또는 복제하는 방법이 불가능하거나 압수의 목적을 달성하기에 현저히 곤란한 예외적인 사정이 인정되어 전자정보가 담긴 저장매체 또는 복제본을 수사기관 사무실 등으로 옮겨 이를 복제·탐색·출력하는 경우에도, 그와 같은 일련의 과정에서 형사소송법 제219조, 제121조에서 규정하는 피압수·수색 당사자(이하 '피압수자'라 한다)나 그 변호인에게 참여의 기회를 보장하고 혐의사실과 무관한 전자정보의 임의적인 복제 등을 막기 위한 적절한 조치를 취하는 등 영장주의 원칙과 적법절차를 준수하여야 한다. 만약 그러한 조치가 취해지지 않았다면 압수·수색이 적법하다고 평가할 수 없다(대결 2011.5.26. 2009모1190).

정답 ◯

063 24경1

압수의 목적을 달성하기에 현저히 곤란한 사정이 인정되어 전자정보가 담긴 저장매체를 수사기관 사무실 등으로 옮겨 혐의사실과 관련된 전자정보만을 복제·탐색·출력하는 경우에도, 피압수·수색 당사자나 변호인에게 참여의 기회를 보장하여야 한다. ◯|✕

> 대결 2011.5.26. 2009모1190

정답 ◯

064 24국9(교정직)

전자정보가 담긴 저장매체 또는 하드카피·이미징 등 형태를 수사기관 사무실 등으로 옮겨 복제·탐색·출력을 통하여 압수·수색영장을 집행하는 경우에도 그 과정에서 피압수자 또는 변호인에게 참여의 기회를 보장하여야 한다. ◯|✕

> 대결 2011.5.26. 2009모1190

정답 ◯

065 71간

통신비밀보호법 상의 '감청'이란 대상이 되는 전기통신의 송·수신과 동시에 이루어지는 경우만을 의미하므로, 이미 송·수신이 완료된 이메일은 압수·수색 검증의 대상이 된다. ◯|✕

> '전기통신의 감청'은 위 '감청'의 개념 규정에 비추어 현재 이루어지고 있는 전기통신의 내용을 지득·채록하는 경우와 통신의 송·수신을 직접적으로 방해하는 경우를 의미하는 것이지 전자우편이 송신되어 수신인이 이를 확인하는 등으로 이미 수신이 완료된 전기통신에 관하여 남아 있는 기록이나 내용을 열어보는 등의 행위는 포함하지 않는다 할 것이다. 이 사건 증거물로 제출된 전자우편은 이미 수신자인 ○○시장이 그 수신을 완료한 후에 수집된 것임을 알 수 있으므로, 이 사건 전자우편의 수집행위가 통신비밀보호법이 금지하는 '전기통신의 감청'에 해당한다고 볼 수 없고, 따라서 이 사건 전자우편이 통신비밀보호법 제4조에 의하여 증거능력이 배제되는 증거라고 할 수 없다(대판 2013.11.28. 2010도12244).

정답 ◯

066 71간

전자정보를 압수한 경우에는 정보의 파일 명세가 특정된 압수된 정보의 상세목록을 교부할 수 있는데, 수사기관은 이를 출력한 서면을 교부하거나 전자파일 형태로 복사해 주거나 이메일을 전송하는 방식으로도 교부할 수 있다. ◯|✕

> 대판 2018.2.8. 2017도13263

정답 ◯

067 73간 / 21국7

압수물 목록은 수사기관의 압수 직후 현장에서 바로 작성하여 교부해야 하는 것이 원칙인데, 압수된 정보의 상세목록에는 정보의 파일명세가 특정되어 있어야 하고 수사기관은 이를 출력한 서면을 교부해야 하며, 이를 전자파일 형태로 복사해 주거나 이메일을 전송하는 등의 방식으로 교부해서는 안 된다. ◯|✕

> 대판 2018.2.8. 2017도13263

정답 ✕

068 23·21승

압수수색영장에 저장매체 자체를 직접 또는 하드카피나 이미징 등 형태로 수사기관 사무실 등 외부로 반출하여 해당 파일을 압수·수색할 수 있도록 기재되어 있지 않더라도, 수사기관이 전자정보의 복사 또는 출력이 불가능하거나 현저히 곤란한 부득이한 사정이 있을 때에는 압수목적물인 저장매체 자체를 수사관서로 반출할 수 있다. ☐O☐X

> 전자정보에 대한 압수·수색영장을 집행할 때에는 원칙적으로 영장발부의 사유인 혐의사실과 관련된 부분만을 문서출력물로 수집하거나 수사기관이 휴대한 저장매체에 해당 파일을 복사하는 방식으로 이루어져야 하고, 집행현장 사정상 위와 같은 방식에 의한 집행이 불가능하거나 현저히 곤란한 부득이한 사정이 존재하더라도 저장매체 자체를 직접 혹은 하드카피나 이미징 등 형태로 수사기관 사무실 등 외부로 반출하여 해당 파일을 압수·수색할 수 있도록 영장에 기재되어 있고 실제 그와 같은 사정이 발생한 때에 한하여 위 방법이 예외적으로 허용될 수 있을 뿐이다(대판 2012.3.29. 2011도10508).

정답 ×

069 22경2

증거로 제출된 전자문서 파일의 원본 동일성은 증거능력의 요건에 해당하므로 검사가 그 존재에 대하여 구체적으로 주장·증명해야 한다. ☐O☐X

> 증거로 제출된 전자문서 파일의 사본이나 출력물이 복사·출력 과정에서 편집되는 등 인위적 개작 없이 원본 내용을 그대로 복사·출력한 것이라는 사실은 전자문서 파일의 사본이나 출력물의 생성과 전달 및 보관 등의 절차에 관여한 사람의 증언이나 진술, 원본이나 사본 파일 생성 직후의 해시(Hash)값 비교, 전자문서 파일에 대한 검증·감정 결과 등 제반 사정을 종합하여 판단할 수 있다. <u>이러한 원본 동일성은 증거능력의 요건에 해당하므로 검사가 그 존재에 대하여 구체적으로 주장·증명해야 한다</u>(대판 2018.2.8. 2017도13263).

정답 ○

070 23경1 / 24승 / 22국7

피의자가 휴대전화를 임의제출하면서 휴대전화에 저장된 전자정보가 아닌 클라우드 등 제3자가 관리하는 원격지에 저장되어 있는 전자정보를 수사기관에 제출한다는 의사로 수사기관에게 클라우드 등에 접속하기 위한 아이디와 비밀번호를 임의로 제공하였다면, 이는 해당 클라우드 등에 저장된 전자정보를 임의제출한 것으로 볼 수 있다. ☐O☐X

> 피의자가 휴대전화를 임의제출하면서 휴대전화에 저장된 전자정보가 아닌 클라우드 등 제3자가 관리하는 원격지에 저장되어 있는 전자정보를 수사기관에 제출한다는 의사로 수사기관에게 클라우드 등에 접속하기 위한 아이디와 비밀번호를 임의로 제공하였다면 <u>위 클라우드 등에 저장된 전자정보를 임의제출하는 것으로 볼 수 있다</u>(대판 2021.7.29. 2020도14654).

정답 ×

071 24경1

甲이 사법경찰관에게 휴대전화를 임의제출하면서 클라우드 등 제3자가 관리하는 원격지에 저장되어 있는 전자정보를 제출한다는 의사로 사법경찰관에게 클라우드 등에 접속하기 위한 아이디와 비밀번호를 임의로 제공한 경우, 위 클라우드 등에 저장된 전자정보를 임의제출하는 것으로 볼 수 있다. ☐O☐X

> 대판 2021.7.29. 2020도14654

정답 O

072 23경2 / 22경1

압수·수색영장을 집행함에 있어 '급속을 요하는 때'에는 집행의 일시와 장소를 피의자 등에게 통지하지 않아도 되는데, 여기서 '급속을 요하는 때'라고 함은 압수·수색영장 집행 사실을 미리 알려주면 증거물을 은닉할 염려 등이 있어 압수·수색의 실효를 거두기 어려울 경우를 의미한다. ☐O☐X

> 피의자 또는 변호인은 압수·수색영장의 집행에 참여할 수 있고(제219조, 제121조), 압수·수색영장을 집행함에는 원칙적으로 미리 집행의 일시와 장소를 피의자 등에게 통지하여야 하나(제122조 본문), '급속을 요하는 때'에는 위와 같은 통지를 생략할 수 있다(제122조 단서). 여기서 '급속을 요하는 때'라고 함은 압수·수색영장 집행 사실을 미리 알려주면 증거물을 은닉할 염려 등이 있어 압수·수색의 실효를 거두기 어려울 경우라고 해석함이 옳다(대판 2012.10.11. 2012도7455).

정답 O

073 22법9 / 22경1

구속영장을 집행함에 있어 사법경찰관이 구속영장을 소지하지 아니한 경우에 급속을 요하는 때에는 피고인에 대하여 공소사실의 요지와 영장이 발부되었음을 고하고 집행할 수 있다. ☐O☐X

> 구속영장을 집행함에는 피의자에게 반드시 이를 제시하여야 하며 신속히 지정된 법원 기타 장소에 인치하여야 한다. 다만, 구속영장을 소지하지 아니한 경우에 급속을 요하는 때에는 피의자에 대하여 공소사실의 요지와 영장이 발부되었음을 고하고 집행할 수 있으며(긴급집행), 이때에는 집행을 완료한 후에는 신속히 구속영장을 제시하여야 한다(제209조, 제85조).

정답 O

074 22국7

수사기관이 甲을 피의자로 하여 발부받은 압수·수색영장에 기하여 인터넷서비스업체인 A주식회사를 상대로 A주식회사의 본사 서버에 저장되어 있는 甲의 전자정보인 SNS 대화내용 등에 대하여 압수·수색을 실시한 경우, 수사기관은 압수·수색 과정에서 甲에게 참여권을 보장하여야 한다. ○│×

> 인터넷서비스업체가 보관하는 준항고인(서비스이용자로서 실질적 피압수자이자 피의자)의 전자정보에 대한 수사기관의 압수·수색영장 집행 시 준항고인에게 참여권이 있다는 점을 인정하면서도 이 사건은 참여권자에 대한 사전 통지의무의 예외사유인 형사소송법 제122조 단서의 '급속을 요하는 때'에 해당하므로 사전통지를 하지 않은 것 자체는 위법이 아니라고 판단하였으나, 이 사건 압수·수색에는 압수·수색영장 원본을 제시하지 않은 위법, 인터넷서비스업체로부터 입수한 전자정보에서 범죄 혐의사실과 관련된 부분을 선별해야 하고 그 선별과정에서도 준항고인의 참여권이 보장되어야 하는데 이를 이행하지 않은 위법, 준항고인에게 압수한 전자정보 목록을 교부하지 않은 위법 등 그 존재하는 위법의 정도가 중대하여 이 사건 압수·수색 절차 전체가 위법하다고 한 사례(대결 2022.5.31. 2016모587).

정답 ○

075 22국9

피의자 소유 정보저장매체를 제3자가 보관하고 있던 중 이를 수사기관에 임의제출하면서 그곳에 저장된 모든 전자정보를 일괄하여 임의제출한다는 의사를 밝힌 경우에도 특별한 사정이 없는 한 수사기관은 범죄혐의 사실과 관련된 전자정보에 한정하여 영장 없이 적법하게 압수할 수 있다. ○│×

> 피의자가 소유·관리하는 정보저장매체를 피의자 아닌 피해자 등 제3자가 임의제출하는 경우에는, 그 임의제출 및 그에 따른 수사기관의 압수가 적법하더라도 임의제출의 동기가 된 범죄혐의사실과 구체적·개별적 연관관계가 있는 전자정보에 한하여 압수의 대상이 되는 것으로 더욱 제한적으로 해석하여야 한다(대판 2021.11.18. 2016도348 전원합의체).

정답 ○

076 23법9

압수·수색영장의 집행에 피압수자나 변호인의 참여 기회를 보장하여야 하나, 피압수자 측이 압수·수색영장의 집행 과정에 참여하지 않는다는 의사를 명시적으로 표시하였거나 절차 위반행위가 이루어진 과정의 성질과 내용 등에 비추어 피압수자에게 절차 참여를 보장한 취지가 실질적으로 침해되었다고 볼 수 없는 경우에는 압수·수색의 적법성을 부정할 수 없다. ○│×

> 대판 2021.11.18. 2016도348 전원합의체

정답 ○

077 73간

수사기관이 임의제출받은 정보저장매체가 대부분 임의제출에 따른 적법한 압수의 대상이 되는 전자정보만이 저장되어 있어서 그렇지 않은 전자정보와 혼재될 여지가 거의 없는 경우라 하더라도, 전자정보인 이상 소지·보관자의 임의제출에 따른 통상의 압수절차 외에 피압수자에게 참여의 기회를 보장하지 않았고 전자정보 압수목록을 작성·교부하지 않았다면 곧바로 증거능력을 인정할 수 없다. O|X

> 수사기관이 임의제출받은 정보저장매체가 그 기능과 속성상 임의제출에 따른 적법한 압수의 대상이 되는 전자정보와 그렇지 않은 전자정보가 혼재될 여지가 거의 없어 사실상 대부분 압수의 대상이 되는 전자정보만이 저장되어 있는 경우에는 소지·보관자의 임의제출에 따른 통상의 압수절차 외에 피압수자에게 참여의 기회를 보장하지 않고 전자정보 압수목록을 작성·교부하지 않았다는 점만으로 곧바로 증거능력을 부정할 것은 아니다(대판 2021.11.25. 2019도7342).

정답 ×

078 22국9

정보저장매체를 임의제출 받아 이를 탐색 복제 출력하는 경우, 압수 수색 당시 또는 이와 시간적으로 근접한 시기까지 해당 정보저장매체를 현실적으로 지배 관리하지는 아니하였더라도 그곳에 저장되어 있는 개별 전자정보의 생성 이용 등에 관여한 자에 대하여서는 압수·수색절차에 대한 참여권을 보장해 주어야 한다. O|X

> 정보저장매체를 임의제출한 피압수자에 더하여 임의제출자 아닌 피의자에게도 참여권이 보장되어야 하는 '피의자의 소유·관리에 속하는 정보저장매체'란, 피의자가 압수·수색 당시 또는 이와 시간적으로 근접한 시기까지 해당 정보저장매체를 현실적으로 지배·관리하면서 그 정보저장매체 내 전자정보 전반에 관한 전속적인 관리처분권을 보유·행사하고, 달리 이를 자신의 의사에 따라 제3자에게 양도하거나 포기하지 아니한 경우로써, 피의자를 그 정보저장매체에 저장된 전자정보에 대하여 실질적인 피압수자로 평가할 수 있는 경우를 말하는 것이다. 이에 해당하는지 여부는 민사법상 권리의 귀속에 따른 법률적·사후적 판단이 아니라 압수·수색 당시 외형적·객관적으로 인식 가능한 사실상의 상태를 기준으로 판단하여야 한다(대판 2022.1.27. 2021도11170).

정답 ×

079 73간

정보저장매체를 임의제출한 피압수자와 임의제출자 아닌 피의자에게도 참여권이 보장되어야 하는 '피의자 소유·관리에 속하는 정보저장매체'에 해당하는지 여부는 압수·수색 당시 외형적·객관적으로 인식가능한 사실상의 상태를 기준으로 판단하는 것이 아니라 민사법상 권리의 귀속에 따른 법률적·사후적 판단을 기준으로 판단하여야 한다. O|X

> 대판 2022.1.27. 2021도11170

정답 ×

080 24법9 / 24승

정보저장매체를 임의제출한 피압수자에 더하여 임의제출자 아닌 피의자에게도 참여권이 보장되어야 하는 '피의자의 소유·관리에 속하는 정보저장매체'에 해당하는지 여부와 관련하여, 정보저장매체의 외형적·객관적 지배·관리 등 상태와 별도로 단지 피의자나 그 밖의 제3자가 과거 그 정보저장매체의 이용 내지 개별 전자정보의 생성·이용 등에 관여한 사실이 있다는 사정만으로 그들을 실질적으로 압수·수색을 받는 당사자로 취급하여야 하는 것은 아니다. ○│X

> 정보저장매체를 임의제출한 피압수자에 더하여 임의제출자 아닌 피의자에게도 참여권이 보장되어야 하는 '피의자의 소유·관리에 속하는 정보저장매체'란, 피의자가 압수·수색 당시 또는 이와 시간적으로 근접한 시기까지 해당 정보저장매체를 현실적으로 지배·관리하면서 그 정보저장매체 내 전자정보 전반에 관한 전속적인 관리처분권을 보유·행사하고, 달리 이를 자신의 의사에 따라 제3자에게 양도하거나 포기하지 아니한 경우로서, 피의자를 그 정보저장매체에 저장된 전자정보 전반에 대한 실질적인 압수·수색 당사자로 평가할 수 있는 경우를 말하는 것이다. 이에 해당하는지 여부는 민사법상 권리의 귀속에 따른 법률적·사후적 판단이 아니라 압수·수색 당시 외형적·객관적으로 인식 가능한 사실상의 상태를 기준으로 판단하여야 한다. 이러한 정보저장매체의 외형적·객관적 지배·관리 등 상태와 별도로 단지 피의자나 그 밖의 제3자가 과거 그 정보저장매체의 이용 내지 개별 전자정보의 생성·이용 등에 관여한 사실이 있다거나 그 과정에서 생성된 전자정보에 의해 식별되는 정보주체에 해당한다는 사정만으로 그들을 실질적으로 압수·수색을 받는 당사자로 취급하여야 하는 것은 아니다(대판 2023.9.18. 2022도7453 전원합의체).

정답 ○

081 24승

정보저장매체를 임의제출한 피압수자에 더하여 임의제출자 아닌 피의자에게도 참여권이 보장되어야 하는 '피의자의 소유·관리에 속하는 정보저장매체'에 해당하는지 여부는 민사법상 권리의 귀속에 따른 법률적 판단을 기준으로 종합적으로 판단하여야 한다. ○│X

> 정보저장매체를 임의제출한 피압수자에 더하여 임의제출자 아닌 피의자에게도 참여권이 보장되어야 하는 '피의자의 소유·관리에 속하는 정보저장매체'란, 피의자가 압수·수색 당시 또는 이와 시간적으로 근접한 시기까지 해당 정보저장매체를 현실적으로 지배·관리하면서 그 정보저장매체 내 전자정보 전반에 관한 전속적인 관리처분권을 보유·행사하고, 달리 이를 자신의 의사에 따라 제3자에게 양도하거나 포기하지 아니한 경우로서, 피의자를 그 정보저장매체에 저장된 전자정보 전반에 대한 실질적인 압수·수색 당사자로 평가할 수 있는 경우를 말하는 것이다. 이에 해당하는지 여부는 민사법상 권리의 귀속에 따른 법률적·사후적 판단이 아니라 압수·수색 당시 외형적·객관적으로 인식 가능한 사실상의 상태를 기준으로 판단하여야 한다(대판 2023.9.18. 2022도7453 전원합의체).

정답 ×

082 24법9 / 23경1 / 74간

제3자가 피의자의 소유·관리에 속하는 정보저장매체를 영장에 의하지 않고 임의제출하는 경우, 특별한 사정이 없는 한 피의자에게 참여권을 보장하고 압수한 전자정보 목록을 교부하는 등 피의자의 절차적 권리를 보장하기 위한 적절한 조치가 이루어져야 한다. ○|×

> 대판 2021.11.18. 2016도348 전원합의체

정답 ○

083 22법9 / 73·71간 / 23·22승 / 21국9

수사기관은 압수의 목적물이 컴퓨터용 디스크 그 밖에 이와 비슷한 정보저장매체인 경우에는 영장 발부의 사유로 된 범죄 혐의사실과 관련 있는 정보의 범위를 정하여 출력하거나 복제하여 이를 제출받아야 하고, 피의자나 변호인에게 참여의 기회를 보장하여야 한다. 다만 수사기관이 정보저장매체에 기억된 정보 중에서 키워드 또는 확장자 검색 등을 통해 범죄 혐의사실과 관련 있는 정보를 선별한 다음 정보저장매체와 동일하게 비트열 방식으로 복제하여 생성한 파일을 제출받아 압수하였다면 이로써 압수의 목적물에 대한 압수·수색 절차는 종료된 것이므로, 수사기관이 수사기관 사무실에서 위와 같이 압수된 이미지 파일을 탐색·복제·출력하는 과정에서도 피의자 등에게 참여의 기회를 보장하여야 하는 것은 아니다. ○|×

> 형사소송법 제219조, 제121조에 의하면, 수사기관이 압수·수색영장을 집행할 때 피의자 또는 변호인은 그 집행에 참여할 수 있다. 압수의 목적물이 컴퓨터용디스크 그 밖에 이와 비슷한 정보저장매체인 경우에는 영장 발부의 사유로 된 범죄 혐의사실과 관련 있는 정보의 범위를 정하여 출력하거나 복제하여 이를 제출받아야 하고, 피의자나 변호인에게 참여의 기회를 보장하여야 한다. 만약 그러한 조치를 취하지 않았다면 이는 형사소송법에 정한 영장주의 원칙과 적법절차를 준수하지 않은 것이다. 수사기관이 정보저장매체에 기억된 정보 중에서 키워드 또는 확장자 검색 등을 통해 범죄 혐의사실과 관련 있는 정보를 선별한 다음 정보저장매체와 동일하게 비트열 방식으로 복제하여 생성한 파일(이하 '이미지 파일'이라 한다)을 제출받아 압수하였다면 이로써 압수의 목적물에 대한 압수·수색 절차는 종료된 것이므로, 수사기관이 수사기관 사무실에서 위와 같이 압수된 이미지 파일을 탐색·복제·출력하는 과정에서도 피의자 등에게 참여의 기회를 보장하여야 하는 것은 아니다(대판 2018.2.8. 2017도13263).

정답 ○

084 24경2

수사기관에 의해 참여권을 고지받은 피압수자가 압수·수색 현장에 출입한 상태에서 수사기관이 정보저장매체에 기억된 정보 중에서 키워드 또는 확장자 검색 등을 통해 범죄 혐의사실과 관련 있는 정보를 선별한 다음 정보저장매체와 동일하게 비트열 방식으로 복제하여 생성한 파일을 제출받아 압수한 경우, 수사기관이 수사기관 사무실에서 위와 같이 압수된 이미지 파일을 탐색·복제·출력하는 과정에서도 피의자 등에게 참여의 기회를 보장하여야 한다. ○|×

대판 2018.2.8. 2017도13263

정답 ×

085 23·22법9 / 23경1 / 22국9 / 22국7

임의제출 된 정보저장매체에서 압수의 대상이 되는 전자정보의 범위를 넘어서는 전자정보에 대해 수사기관이 영장 없이 압수·수색하여 취득한 증거는 위법수집증거에 해당하고, 사후에 법원으로부터 영장이 발부되었거나 피고인이나 변호인이 이를 증거로 함에 동의한 경우라도 그 위법성이 치유되는 것도 아니다. ○|×

> 전자정보에 대한 압수·수색이 종료되기 전에 범죄혐의사실과 관련된 전자정보를 적법하게 탐색하는 과정에서 별도의 범죄혐의와 관련된 전자정보를 우연히 발견한 경우라면, <u>수사기관은 더 이상의 추가 탐색을 중단하고 법원으로부터 별도의 범죄혐의에 대한 압수·수색영장을 발부받은 경우에 한하여 그러한 정보에 대하여도 적법하게 압수·수색을 할 수 있다.</u> 따라서 임의제출된 정보저장매체에서 압수의 대상이 되는 전자정보의 범위를 넘어서는 전자정보에 대해 수사기관이 영장 없이 압수·수색하여 취득한 증거는 <u>위법수집증거</u>에 해당하고, 사후에 법원으로부터 영장이 발부되었다거나 피고인이나 변호인이 이를 증거로 함에 동의하였다고 하여 그 위법성이 치유되는 것도 아니다(대판 2021.11.18. 2016도348 전원합의체).

정답 ○

086 23경2

수사기관이 전자정보에 대한 압수·수색이 종료되기 전에 혐의사실과 관련된 전자정보를 적법하게 탐색하는 과정에서 별도 범죄혐의와 관련된 전자정보를 우연히 발견한 경우, 대법원은 '우연한 육안발견 원칙(plain view doctrine)'에 의해 별도의 영장 없이 우연히 발견한 별도 범죄혐의와 관련된 전자정보를 압수·수색할 수 있다고 판시하였다. ○|×

대판 2021.11.18. 2016도348 전원합의체

정답 ×

087 24경2

압수·수색의 처분을 받는 자가 여럿인 경우에는 모두에게 개별적으로 영장을 제시해야 하며, 이 경우 피의자에게는 개별적으로 해당 영장의 사본을 교부해야 하는데, 피의자에게 영장을 제시하거나 영장의 사본을 교부할 때에는 사건관계인의 개인정보가 피의자의 방어권 보장을 위해 필요한 정도를 넘어 불필요하게 노출되지 않도록 유의해야 한다. ○|×

> 압수·수색 또는 검증의 처분을 받는 자가 <u>여럿인 경우에는 모두에게 개별적으로 영장을 제시해야 한다.</u> 이 경우 <u>피의자에게는 개별적으로 해당 영장의 사본을 교부해야 한다</u>(검사와 사법경찰관의 상호협력과 일반적 수사준칙에 관한 규정 제38조 제2항). 검사 또는 사법경찰관은 제1항 및 제2항에 따라 피의자에게 영장을 제시하거나 영장의 사본을 교부할 때에는 <u>사건관계인의 개인정보가 피의자의 방어권 보장을 위해 필요한 정도를 넘어 불필요하게 노출되지 않도록 유의해야</u> 한다(수사준칙 제38조 제3항).

정답 ○

088 24승

압수·수색의 처분을 받는 자가 여럿인 경우에는 모두에게 개별적으로 영장을 제시해야 하고, 이 경우 압수할 물건의 소유자·소지자·보관자 기타 이에 준하는 자에게 개별적으로 해당 영장의 사본을 교부해야 한다. ○|×

> 압수·수색 또는 검증의 처분을 받는 자가 <u>여럿인 경우에는 모두에게 개별적으로 영장을 제시해야</u> 한다. 이 경우 <u>피의자에게는</u> 개별적으로 <u>해당 영장의 사본을 교부해야</u> 한다(검사와 사법경찰관의 상호협력과 일반적 수사준칙에 관한 규정 제38조 제2항).

정답 ×

089 24승

피의자가 영장의 사본을 수령하기를 거부하는 경우에는 검사 또는 사법경찰관이 영장 사본 교부 확인서 끝 부분에 그 사유를 적고 기명날인 또는 서명해야 한다. ○|×

> 피의자가 영장의 사본을 수령하기를 거부하거나 영장 사본 교부 확인서에 기명날인 또는 서명하는 것을 거부하는 경우에는 검사 또는 사법경찰관이 영장 사본 교부 확인서 끝 부분에 그 사유를 적고 기명날인 또는 서명해야 한다(검사와 사법경찰관의 상호협력과 일반적 수사준칙에 관한 규정 제38조 제5항).

정답 ○

090 24경1

수사기관은 영장 발부의 사유로 된 범죄 혐의사실과 관계가 없는 증거를 압수할 수 없고, 별도의 영장을 발부받지 아니하고서는 압수물 또는 압수한 정보를 그 압수의 근거가 된 압수·수색영장 혐의사실과 관계가 없는 범죄의 유죄 증거로 사용할 수 없다. ○│×

> 헌법 제12조의 영장주의와 형사소송법 제199조 제1항 단서의 강제처분 법정주의는 수사기관의 증거 수집뿐만 아니라 강제처분을 통하여 획득한 증거의 사용까지 아우르는 형사절차의 기본원칙이다. 따라서 수사기관은 영장 발부의 사유로 된 범죄 혐의사실과 관계가 없는 증거를 압수할 수 없고, 별도의 영장을 발부받지 아니하고서는 압수물 또는 압수한 정보를 그 압수의 근거가 된 압수·수색영장 혐의사실과 관계가 없는 범죄의 유죄 증거로 사용할 수 없다(대판 2023.6.1. 2018도18866).

정답 ○

091 22법9

압수·수색영장의 범죄 혐의사실과 관계있는 범죄라는 것은 압수·수색영장에 기재한 혐의사실과 객관적 관련성이 있고 압수·수색영장 대상자와 피의자 사이에 인적 관련성이 있는 범죄를 의미한다. 그 중 객관적 관련성은 압수·수색영장에 기재된 혐의사실의 내용과 수사의 대상, 수사 경위 등을 종합하여 구체적·개별적 연관관계가 있는 경우에만 인정되고, 혐의사실과 단순히 동종 또는 유사 범행이라는 사유만으로 관련성이 있다고 할 것은 아니다. ○│×

> 압수·수색영장의 범죄 혐의사실과 관계있는 범죄라는 것은 <u>압수·수색영장에 기재한 혐의사실과 객관적 관련성이 있고 압수·수색영장 대상자와 피의자 사이에 인적 관련성이 있는 범죄를 의미한다.</u> 그 중 혐의사실과의 객관적 관련성은 <u>압수·수색영장에 기재된 혐의사실 자체 또는 그와 기본적 사실관계가 동일한 범행과 직접 관련되어 있는 경우는 물론 범행 동기와 경위, 범행 수단과 방법, 범행 시간과 장소 등을 증명하기 위한 간접증거나 정황증거 등으로 사용될 수 있는 경우에도 인정될 수 있다.</u> 그 관련성은 압수·수색영장에 기재된 혐의사실의 내용과 수사의 대상, 수사 경위 등을 종합하여 <u>구체적·개별적 연관관계가 있는 경우에만 인정되고, 혐의사실과 단순히 동종 또는 유사 범행이라는 사유만으로 관련성이 있다고 할 것은 아니다</u>(대판 2017.12.5. 2017도13458).

정답 ○

092 24경2

압수·수색영장의 범죄 혐의사실과 관계있는 범죄라는 것은 압수·수색영장에 기재한 혐의사실과 객관적 관련성이 있고 압수·수색영장 대상자와 피의자 사이에 인적 관련성이 있는 범죄를 의미하는데, 이러한 인적 관련성은 압수·수색영장에 기재된 대상자의 공동정범이나 교사범 등 공범이나 간접정범에 대한 피고사건에 대해서만 인정되는 것이지, 필요적 공범에 대한 피고사건에 대해서 인정되는 것은 아니다. ○│×

> … 그리고 피의자와 사이의 인적 관련성은 압수·수색영장에 기재된 대상자의 공동정범이나 교사범 등 공범이나 간접정범은 물론 <u>필요적 공범 등에 대한 피고사건에 대해서도 인정될 수 있다</u>(대판 2017.12.5. 2017도13458).

정답 ×

093 22법9 / 71간 / 20국7

피압수자가 수사 도중 자유로운 의사에 의해 소유권을 포기 한 경우에는 국가가 그 소유권을 취득한다고 보아야 하므로, 수사기관의 환부의무는 면제되고, 피압수자의 압수물에 대한 환부청구권도 소멸한다. ⃞O⃞X

> 피압수자 등 환부를 받을 자가 압수 후 그 소유권을 포기하는 등에 의하여 실체법상의 권리를 상실하더라도 그 때문에 압수물을 환부하여야 하는 수사기관의 의무에 어떠한 영향을 미칠 수 없고, 또한 수사기관에 대하여 형사소송법상의 환부청구권을 포기한다는 의사표시를 하더라도 그 효력이 없어 그에 의하여 수사기관의 필요적 환부의무가 면제된다고 볼 수는 없으므로, 압수물의 소유권이나 그 환부청구권을 포기하는 의사표시로 인하여 위 환부의무에 대응하는 압수물에 대한 환부청구권이 소멸하는 것은 아니다(대결 1996.8.16. 94모51 전원합의체).

정답 ×

094 24국9

피압수자 등 환부를 받을 자가 압수 후 그 소유권을 포기하여 실체법상의 권리를 상실하거나, 수사기관에 대하여 「형사소송법」상의 환부청구권을 포기한다는 의사표시를 한 경우에 압수물을 환부하여야 하는 수사기관의 의무는 면제된다. ⃞O⃞X

> 대결 1996.8.16. 94모51 전원합의체

정답 ×

095 21법9

전자정보에 대한 압수·수색은 사생활의 비밀과 자유, 정보에 대한 자기결정권, 재산권 등을 침해할 우려가 크므로 포괄적으로 이루어져서는 아니 되고 비례의 원칙에 따라 필요한 최소한의 범위 내에서 이루어져야 한다. ⃞O⃞X

> 대결 2015.7.16. 2011모1839 전원합의체

정답 ○

096 21법9 / 23·21승 / 22국9

전자정보에 대한 압수·수색이 종료되기 전에 혐의사실과 관련된 전자정보를 적법하게 탐색하는 과정에서 별도의 범죄혐의와 관련된 전자정보를 우연히 발견한 경우라면, 수사기관은 더 이상의 추가 탐색을 중단하고 법원에서 별도의 범죄혐의에 대한 압수·수색영장을 발부받은 경우에 한하여 그러한 정보에 대하여도 적법하게 압수·수색을 할 수 있다. ⃞O⃞X

> 대결 2015.7.16. 2011모1839 전원합의체

정답 ○

097 21법9

준항고인이 전체 압수·수색 과정을 단계적·개별적으로 구분하여 각 단계의 개별 처분의 취소를 구한 경우, 특별한 사정이 없는 한 준항고법원으로서는 그 구분된 개별 처분의 위법이나 취소 여부를 판단하여야 한다. ◯✕

> 준항고인이 전체 압수·수색 과정을 단계적·개별적으로 구분하여 각 단계의 개별 처분의 취소를 구하더라도 준항고법원은 특별한 사정이 없는 한 구분된 개별 처분의 위법이나 취소 여부를 판단할 것이 아니라 당해 압수·수색 과정 전체를 하나의 절차로 파악하여 그 과정에서 나타난 위법이 압수·수색 절차 전체를 위법하게 할 정도로 중대한지 여부에 따라 전체적으로 압수·수색 처분을 취소할 것인지를 가려야 한다(대결 2015.7.16. 2011모1839 전원합의체).

정답 ✕

098 22국9

법원으로부터 감정처분허가장이 아닌 혈액에 대한 압수영장을 발부받아 피의자의 신체로부터 혈액을 채취하는 행위는 위법한 강제수사이다. ◯✕

> 수사기관이 범죄 증거를 수집할 목적으로 피의자의 동의 없이 피의자의 혈액을 취득·보관하는 행위는 법원으로부터 감정처분허가장을 받아 형사소송법 제221조의 4 제1항, 제173조 제1항에 의한 '감정에 필요한 처분'으로도 할 수 있지만, 형사소송법 제219조, 제106조 제1항에 정한 압수의 방법으로도 할 수 있고, 압수의 방법에 의하는 경우 혈액의 취득을 위하여 피의자의 신체로부터 혈액을 채취하는 행위는 혈액의 압수를 위한 것으로서 형사소송법 제219조, 제120조 제1항에 정한 '압수영장의 집행에 있어 필요한 처분'에 해당한다(대판 2012.11.15 2011도15258).

정답 ✕

099 21경2 / 22국9

피의자의 신체 내지 의복류에 주취로 인한 냄새가 강하게 나는 등 범죄의 증적이 현저한 준현행범인의 요건이 갖추어져 있고 교통사고 발생 시각으로부터 사회통념상 범행 직후라고 볼 수 있는 시간 내라면, 피의자의 생명·신체를 구조하기 위하여 사고현장으로부터 곧바로 후송된 병원 응급실 등의 장소는 「형사소송법」 제216조 제1항 제2호의 체포현장에 준하므로 수사기관은 영장없이 혈액을 압수할 수 있다. ◯✕

> 피의자의 신체 내지 의복류에 주취로 인한 냄새가 강하게 나는 등 범죄의 증적이 현저한 준현행범인으로서의 요건이 갖추어져 있고(동법 제211조 제2항 제3호) 교통사고 발생 시간으로부터 사회통념상 범행 직후라고 볼 수 있는 시간 내라면, <u>사고현장으로부터 곧바로 후송된 병원 응급실 등의 장소는 범죄장소에 준한다 할 것이므로</u>(제216조 제3항), <u>의료인의 자격이 있는 자로 하여금 의료용 기구로 의학적인 방법에 따라 필요최소한의 한도 내에서 피의자의혈액을 채취하게 한 후 그 혈액을 영장 없이 압수할 수 있다고 할 것이다.</u> 다만 이 경우에도 형사소송법 제216조 제3항의 단서에 따라 사후에 지체 없이 강제채혈에 의한 압수의 사유 등을 기재한 영장청구서에 의하여 법원으로부터 압수영장을 받아야 함은 물론이다(대판 2012.11.15. 2011도15258).

정답 ✕

100 21경2

수사기관은 「형사소송법」이 정한 압수의 방법으로 피의자의 동의 없이 그의 혈액을 범죄 증거의 수집목적으로 취득·보관할 수 있으나, 감정에 필요한 처분으로는 이를 할 수 없다. O|X

> 수사기관이 범죄 증거를 수집할 목적으로 피의자의 동의 없이 피의자의 혈액을 취득·보관하는 행위는 법원으로부터 감정처분허가장을 받아 형사소송법 제221조의4 제1항, 제173조 제1항에 의한 '감정에 필요한 처분'으로도 할 수 있지만, 형사소송법 제219조, 제106조 제1항에 정한 압수의 방법으로도 할 수 있고, 압수의 방법에 의하는 경우 혈액의 취득을 위하여 피의자의 신체로부터 혈액을 채취하는 행위는 혈액의 압수를 위한 것으로서 형사소송법 제219조, 제120조 제1항에 정한 '압수영장의 집행에 있어 필요한 처분'에 해당한다(대판 2012.11.15. 2011도15258).

정답 ×

101 21경2 / 21승 / 22국9

경찰관이 담당의사로부터 진료 목적으로 이미 채혈되어 있던 피고인의 혈액 중 일부를 주취운전 여부에 대한 감정을 목적으로 임의로 제출받아 이를 압수한 경우, 그 압수절차가 피고인 또는 피고인의 가족의 동의 및 영장 없이 행하여졌다고 하더라도 이에 적법절차를 위반한 위법이 있다고 할 수 없다. O|X

> 경찰관이 간호사로부터 진료목적으로 이미 채혈되어 있던 피고인의 혈액 중 일부를 주취운전 여부에 대한 감정을 목적으로 임의로 제출받아 이를 압수한 경우, 당시 간호사가 위 혈액의 소지자 겸 보관자인 병원 또는 담당의사를 대리하여 혈액을 경찰관에게 임의로 제출할 수 있는 권한이 없었다고 볼 특별한 사정이 없는 이상, 그 압수절차가 피고인 또는 피고인의 가족의 동의 및 영장 없이 행하여졌다고 하더라도 이에 적법절차를 위반한 위법이 있다고 할 수 없다(대판 1999.9.3. 98도968)

정답 ○

102 21경2

경찰관이 현행범인 체포 당시 임의제출방식으로 피의자로부터 압수한 휴대전화기에 대하여 작성한 압수조서 중 압수경위란에 피의자의 범행을 직접 목격한 사람의 진술이 기재된 경우, 이는 「형사소송법」 제312조 제5항에서 정한 '피고인이 아닌 자가 수사과정에서 작성한 진술서'에 준하며, 휴대전화기에 대한 임의제출절차가 적법하지 않다면 압수조서에 기재된 진술은 증거로 할 수 없다. O|X

> 위 압수조서 중 '압수경위'란에 기재된 내용은 피고인이 범행을 저지르는 현장을 직접 목격한 사람의 진술이 담긴 것으로서 형사소송법 제312조 제5항에서 정한 '피고인이 아닌 자가 수사과정에서 작성한 진술서'에 준하는 것으로 볼 수 있고, 이에 따라 휴대전화기에 대한 임의제출절차가 적법하였는지에 영향을 받지 않는 별개의 독립적인 증거에 해당하여, 피고인이 증거로 함에 동의한 이상 유죄를 인정하기 위한 증거로 사용할 수 있을 뿐 아니라 피고인의 자백을 보강하는 증거가 된다고 볼 여지가 많다는 이유로, 이와 달리 피고인의 자백을 뒷받침할 보강증거가 없다고 보아 무죄를 선고한 원심판결에 자백의 보강증거 등에 관한 법리를 오해하거나 필요한 심리를 다하지 아니한 잘못이 있다고 한 사례(대판 2019.11.14. 2019도13290).

정답 ×

103 24경2 / 21경2

사법경찰관은 소유자·소지자 또는 보관자가 임의로 제출한 물건을 영장 없이 압수할 수 있으므로, 현행범 체포현장이나 범죄 현장에서도 소지자 등이 임의로 제출하는 물건을 영장 없이 압수할 수 있으며, 다만 이 경우 검사나 사법경찰관은 사후에 지체 없이 영장을 받아야 한다. ☐O☐X

> 형사소송법 제218조에 의하면 검사 또는 사법경찰관은 피의자 등이 유류한 물건이나 소유자·소지자 또는 보관자가 <u>임의로 제출한 물건은 영장 없이 압수할 수 있으므로</u>, 현행범 체포 현장이나 범죄 장소에서도 소지자 등이 임의로 제출하는 물건은 <u>위 조항에 의하여 영장 없이 압수할 수 있고, 이 경우에는 검사나 사법경찰관이 사후에 영장을 받을 필요가 없다</u>(대판 2016.2.18. 2015도13726, 대판 2019.11.14. 2019도13290).

정답 ×

104 72간

사법경찰관이 절도죄의 피의자 A를 현행범으로 체포하면서 A로부터 절도를 위하여 소지하고 있던 드라이버를 임의제출받은 경우 사법경찰관은 「형사소송법」 제216조 제1항 제2호 및 같은 법 제217조 제2항에 따라서 사후에 압수영장을 발부받아야 한다. ☐O☐X

> 범죄를 실행 중이거나 실행 직후의 현행범인은 누구든지 영장 없이 체포할 수 있고(제212조), 검사 또는 사법경찰관은 피의자 등이 유류한 물건이나 소유자·소지자 또는 보관자가 임의로 제출한 물건은 영장 없이 압수할 수 있으므로(제218조), <u>현행범 체포현장이나 범죄 현장에서도 소지자 등이 임의로 제출하는 물건은 형사소송법 제218조에 의하여 영장 없이 압수하는 것이 허용되고, 이 경우 검사나 사법경찰관은 별도로 사후에 영장을 받을 필요가 없다</u>(대판 2019.11.14. 2019도13290).

정답 ×

105 21경2

사법경찰관은 피의사실이 중대하고 범죄혐의가 명백함에도 불구하고 피의자가 장시간의 설득에도 소변의 임의제출을 거부하면서 영장집행에 저항하여 다른 방법으로 수사 목적을 달성하기 곤란하다고 판단한 때에는, '압수·수색영장의 집행에 필요한 처분'으로 필요최소한의 한도 내에서 피의자를 강제로 인근 병원으로 데리고 가서 의사로 하여금 피의자의 신체에서 소변을 채취하는 것이 허용된다. ☐O☐X

> 압수·수색의 방법으로 소변을 채취하는 경우 압수대상물인 피의자의 소변을 확보하기 위한 수사기관의 노력에도 불구하고, <u>피의자가 인근 병원 응급실 등 소변 채취에 적합한 장소로 이동하는 것에 동의하지 않거나 저항하는 등 임의 동행을 기대할 수 없는 사정이 있는 때에는 수사기관으로서는 소변 채취에 적합한 장소로 피의자를 데려가기 위해서 필요 최소한의 유형력을 행사하는 것이 허용된다. 이는 형사소송법 제219조, 제120조 제1항에서 정한 '압수·수색영장의 집행에 필요한 처분'에 해당한다고 보아야 한다</u>(대판 2018.7.12. 2018도6219).

정답 ○

106 23경2 / 23국9(교정직)

사법경찰관이 「형사소송법」 제215조 제2항의 규정에 위반하여 영장 없이 물건을 압수한 경우에 추후 피의자로부터 그 압수물에 대한 임의제출동의서를 받았더라도 그 압수는 위법하다. ⃞O ⃞X

> 형사소송법 제215조 제2항의 규정을 위반하여 영장없이 물건을 압수한 경우 그 압수물은 물론 이를 기초로 하여 획득한 2차적 증거 역시 유죄 인정의 증거로 사용할 수 없는 것이고, 이와 같은 법리는 헌법과 형사소송법이 선언한 영장주의의 중요성에 비추어 볼 때 위법한 압수가 있은 직후에 피고인으로부터 작성받은 그 압수물에 대한 임의제출동의서도 특별한 사정이 없는 한 마찬가지라고 할 것이다(대판 2010.7.22. 2009도14376).

정답 O

107 22국9

사고발생 직후 사고장소에서 사법경찰관 사무취급이 작성한 실황조서가 긴급을 요하여 판사의 영장 없이 작성된 것이어서 「형사소송법」 제216조 제3항에 의한 검증에 해당한다면, 이 조서는 적법한 절차에 따라 작성된 것이므로 특별한 사유가 없는 한 증거능력이 있다. ⃞O ⃞X

> 사법경찰관 사무취급이 작성한 실황조서가 사고발생 직후 사고장소에서 긴급을 요하여 판사의 영장없이 시행된 것으로서 형사소송법 제216조 제3항에 의한 검증에 따라 작성된 것이라면 사후영장을 받지 않는 한 유죄의 증거로 삼을 수 없다(대판 1989.3.14. 88도1399).

정답 ×

108 23국7

경찰관이 피고인 소유의 쇠파이프를 피고인의 주거지 앞마당에서 발견하였음에도 그 소유자, 소지자 또는 보관자가 아닌 피해자로부터 임의로 제출받는 형식으로 그 쇠파이프를 압수하였고 그 후 압수물의 사진을 찍은 경우, 그 '압수물' 및 '압수물을 찍은 사진'은 피고인이 증거로 사용함에 동의한 경우에만 유죄인정의 증거로 사용할 수 있다. ⃞O ⃞X

> 형사소송법 제218조의 규정을 위반하여 소유자, 소지자 또는 보관자가 아닌 자로부터 제출받은 물건을 영장없이 압수한 경우 그 '압수물' 및 '압수물을 찍은 사진'은 이를 유죄 인정의 증거로 사용할 수 없는 것이고, 헌법과 형사소송법이 선언한 영장주의의 중요성에 비추어 볼 때 피고인이나 변호인이 이를 증거로 함에 동의하였다고 하더라도 달리 볼 것은 아니다(대판 2010.1.28. 2009도10092).

정답 ×

109 72간

甲이 골프채로 A를 상해한 사건에서, 사법경찰관이 甲 소유의 골프채를 甲의 집 앞마당에서 발견했음에도 그 소지자 또는 보관자가 아닌 피해자 A로부터 임의로 제출받는 형식으로 위 골프채를 압수하였다면, 이는 위법한 압수이다. ⃞O ⃞X

> 대판 2010.1.28. 2009도10092

정답 ○

110 22경1

공무원에게 금품을 제공한 혐의로 발부된 통신사실 확인자료제공요청 허가서에 대상자로 기재되어 있는 피고인 甲이 피고인 乙의 뇌물수수 범행의 증뢰자라면, 위 허가서에 의하여 제공받은 甲과 乙의 통화 내역을 乙의 수뢰사실의 증명을 위한 증거로 사용할 수 있다. ⃞O ⃞X

> [1] 통신사실확인자료 제공요청에 의하여 취득한 통화내역 등 통신사실확인자료를 범죄의 수사·소추를 위하여 사용하는 경우 대상 범죄는 통신사실확인자료 제공요청의 목적이 된 범죄 및 이와 관련된 범죄에 한정되어야 한다. 여기서 통신사실확인자료 제공요청의 목적이 된 범죄와 관련된 범죄란 통신사실 확인자료제공요청 허가서에 기재한 혐의사실과 객관적 관련성이 있고 자료제공 요청대상자와 피의자 사이에 인적 관련성이 있는 범죄를 의미한다. 그중 혐의사실과의 객관적 관련성은, 통신사실 확인자료제공요청 허가서에 기재된 혐의사실 자체 또는 그와 기본적 사실관계가 동일한 범행과 직접 관련되어 있는 경우는 물론 범행 동기와 경위, 범행 수단 및 방법, 범행 시간과 장소 등을 증명하기 위한 간접증거나 정황증거 등으로 사용될 수 있는 경우에도 인정될 수 있다. … 피의자와 사이의 인적 관련성은 통신사실 확인자료제공요청 허가서에 기재된 대상자의 공동정범이나 교사범 등 공범이나 간접정범은 물론 필요적 공범 등에 대한 피고사건에 대해서도 인정될 수 있다.
> [2] 이 사건 공소사실과 이 사건 통신사실 확인자료제공요청 허가서에 기재된 혐의사실은 객관적 관련성이 인정된다고 할 것이고, 또한 그 허가서에 대상자로 기재된 피고인 甲은 이 사건 피고인 乙의 뇌물수수 범행의 증뢰자로서 필요적 공범에 해당하는 이상 인적 관련성도 있다고 할 것이다. 그러므로 위 허가서에 의하여 제공받은 통화내역은 피고인 乙에 대한 이 사건 공소사실의 증명을 위한 증거로 사용할 수 있다고 보아야 한다(대판 2017.1.25. 2016도13489).

정답 ○

111 23국7

검사는 통신사실 확인자료제공을 받은 사건에 관하여 공소제기를 하지 아니하는 처분(기소중지·참고인중지 결정은 제외한다) 또는 입건을 하지 아니하는 처분을 한 경우, 그 처분을 한 날부터 1년이 경과한 때부터 30일 이내에 통신사실 확인자료제공을 받은 사실과 제공요청기관 및 그 기간 등을 통신사실 확인자료제공의 대상이 된 당사자에게 서면으로 통지하여야 한다. ⃞O⃞X

> 통신비밀보호법 제13조의3(범죄수사를 위한 통신사실 확인자료제공의 통지)
> ① 검사 또는 사법경찰관은 제13조에 따라 통신사실 확인자료제공을 받은 사건에 관하여 다음 각 호의 구분에 따라 정한 기간 내에 통신사실 확인자료제공을 받은 사실과 제공요청기관 및 그 기간 등을 통신사실 확인자료제공의 대상이 된 당사자에게 서면으로 통지하여야 한다.
> 1. 공소를 제기하거나, 공소제기·검찰송치를 하지 아니하는 처분(기소중지·참고인중지 또는 수사중지 결정은 제외한다) 또는 입건을 하지 아니하는 처분을 한 경우: 그 처분을 한 날부터 30일 이내. 다만, 다음 각 목의 어느 하나에 해당하는 경우 그 통보를 받은 날부터 30일 이내
> 2. 기소중지·참고인중지 또는 수사중지 결정을 한 경우: 그 결정을 한 날부터 1년(제6조제8항 각 호의 어느 하나에 해당하는 범죄인 경우에는 3년)이 경과한 때부터 30일 이내. 다만, 다음 각 목의 어느 하나에 해당하는 경우 그 통보를 받은 날로부터 1년(제6조제8항 각 호의 어느 하나에 해당하는 범죄인 경우에는 3년)이 경과한 때부터 30일 이내

정답 ×

112 22경2 / 22경1

임의제출물의 압수는 압수물에 대한 수사기관의 점유취득이 제출자의 의사에 따라 이루어지므로, 임의제출된 정보저장매체에서 압수의 대상이 되는 전자정보의 범위를 초과하여 수사기관이 임의로 전자정보를 탐색·복제·출력하는 것은 원칙적으로 위법한 압수 수색에 해당한다고 할 수 없다. ⃞O⃞X

> 임의제출물의 압수는 압수물에 대한 수사기관의 점유 취득이 제출자의 의사에 따라 이루어진다는 점에서 차이가 있을 뿐 범죄혐의를 전제로 한 수사 목적이나 압수의 효력은 영장에 의한 경우와 동일하기 때문이다. 따라서 수사기관은 특정 범죄혐의와 관련하여 전자정보가 수록된 정보저장매체를 임의제출받아 그 안에 저장된 전자정보를 압수하는 경우 그 동기가 된 범죄혐의사실과 관련된 전자정보의 출력물 등을 임의제출받아 압수하는 것이 원칙이다. 다만 <u>현장의 사정이나 전자정보의 대량성과 탐색의 어려움 등의 이유로 범위를 정하여 출력 또는 복제하는 방법이 불가능하거나 압수의 목적을 달성하기에 현저히 곤란하다고 인정되는 때에 한하여 예외적으로 정보저장매체 자체나 복제본을 임의제출받아 압수할 수 있다</u>(대판 2021.11.18. 2016도348).

정답 ×

113 24경2

수사기관은 복제본에 담긴 전자정보를 탐색하여 혐의사실과 관련된 정보를 선별하여 출력하거나 다른 저장매체에 저장하는 등으로 압수를 완료하면 혐의사실과 관련 없는 전자정보(이하 '무관정보'라 한다)를 삭제·폐기하여야 하므로, 무관정보가 남아 있는 복제본은 더 이상 수사기관의 탐색, 복제 또는 출력 대상이 될 수 없다. ○|×

> 수사기관은 하드카피나 이미징 등 형태(이하 '복제본'이라 한다)에 담긴 전자정보를 탐색하여 혐의사실과 관련된 정보(이하 '유관정보'라 한다)를 선별하여 출력하거나 다른 저장매체에 저장하는 등으로 압수를 완료하면 혐의사실과 관련 없는 전자정보(이하 '무관정보'라 한다)를 삭제·폐기하여야 한다. 수사기관이 새로운 범죄 혐의의 수사를 위하여 무관정보가 남아 있는 복제본을 열람하는 것은 압수·수색영장으로 압수되지 않은 전자정보를 영장 없이 수색하는 것과 다르지 않다. 따라서 복제본은 더 이상 수사기관의 탐색, 복제 또는 출력 대상이 될 수 없으며, 수사기관은 새로운 범죄 혐의의 수사를 위하여 필요한 경우에도 유관정보만을 출력하거나 복제한 기존 압수·수색의 결과물을 열람할 수 있을 뿐이다(대판 2023.6.1. 2018도19782).

정답 ○

114 22경1

수사기관이 범죄 증거를 수집할 목적으로 피의자의 동의없이 피의자의 소변을 채취하기 위해서는 법원으로부터 감정허가장을 받아 「형사소송법」 제221조의4 제1항, 제173조 제1항에서 정한 '감정에 필요한 처분'으로 할 수 있지만, 「형사소송법」 제219조, 제106조 제1항, 제109조에 따른 압수 수색의 방법으로도 할 수 있다. ○|×

> 수사기관이 범죄 증거를 수집할 목적으로 피의자의 동의 없이 피의자의 소변을 채취하는 것은 법원으로부터 감정허가장을 받아 형사소송법 제221조의4 제1항, 제173조 제1항에서 정한 '감정에 필요한 처분'으로 할 수 있지만(피의자를 병원 등에 유치할 필요가 있는 경우에는 형사소송법 제221조의3에 따라 법원으로부터 감정유치장을 받아야 한다), 형사소송법 제219조, 제106조 제1항, 제109조에 따른 압수·수색의 방법으로도 할 수 있다. 이러한 압수·수색의 경우에도 수사기관은 원칙적으로 형사소송법 제215조에 따라 판사로부터 압수·수색영장을 적법하게 발부받아 집행해야 한다(대판 2018.7.12. 2018도6219).

정답 ○

115 21경2 / 72간 / 23·22승 / 21국9(교정직) / 23·20국7

수사기관이 압수·수색 영장의 집행과정에서 영장발부의 사유인 범죄 혐의사실과 무관한 별개의 증거를 압수하였다가 피압수자 등에게 환부하고 후에 이를 다시 임의제출받아 압수한 경우 검사가 그 압수물 제출의 임의성을 합리적 의심을 배제할 수 있을 정도로 증명하면 이를 유죄 인정의 증거로 사용할 수 있다. ☐O☐X☐

> 영장 발부의 사유로 된 <u>범죄 혐의사실과 무관한 별개의 증거를 압수하였을 경우 이는 원칙적으로 유죄 인정의 증거로 사용할 수 없다</u>. 다만 수사기관이 별개의 증거를 피압수자 등에게 환부하고 후에 임의제출받아 다시 압수하였다면 증거를 압수한 최초의 절차 위반행위와 최종적인 증거수집 사이의 인과관계가 단절되었다고 평가할 수 있으나, 환부 후 다시 제출하는 과정에서 수사기관의 우월적 지위에 의하여 임의제출 명목으로 실질적으로 강제적인 압수가 행하여질 수 있으므로, <u>제출에 임의성이 있다는 점에 관하여는 검사가 합리적 의심을 배제할 수 있을 정도로 증명하여야 하고, 임의로 제출된 것이라고 볼 수 없는 경우에는 증거능력을 인정할 수 없다</u>(대판 2016.3.10. 2013도11233).

정답 O

116 22·21국9

영장 발부의 사유로 된 범죄 혐의사실과 무관한 별개의 증거를 압수하였을 경우 이는 원칙적으로 유죄 인정의 증거로 사용할 수 없다. ☐O☐X☐

> 대판 2016.3.10. 2013도11233

정답 O

117 72간

압수한 장물은 피해자에게 환부할 이유가 명백한 때에는 피고사건의 종결 전이라도 결정으로 피해자에게 환부할 수 있다. ☐O☐X☐

> 제134조

정답 O

118 71간 / 24국9

몰수하여야 할 압수물로서 멸실·파손·부패 또는 현저한 가치감소의 염려가 있거나 보관하기 어려운 압수물은 폐기하여야 한다. ☐O☐X☐

> 몰수하여야 할 압수물로서 멸실·파손·부패 또는 현저한 가치 감소의 염려가 있거나 <u>보관하기 어려운 압수물은 이를 매각하여 대가를 보관할 수 있다</u>(제132조 제1항).

정답 ×

119 72·71간

소유자 등의 환부 또는 가환부 청구에 대해 검사가 이를 거부하는 경우, 신청인은 해당 검사의 소속 검찰청에 대응한 법원에 압수물의 환부 또는 가환부 결정을 청구할 수 있다. ⓞⅹ

> 제218조의2 제2항

정답 ○

120 72간

검사가 가환부 처분을 할 경우에는 미리 피해자, 피의자 또는 변호인에게 통지해야 한다. ⓞⅹ

> 전3조의 결정을 함에는 검사, 피해자, 피고인 또는 변호인에게 미리 통지하여야 한다(제219조, 제135조).

정답 ○

121 24국9

법원은 증거에만 공할 목적으로 압수한 물건으로서 그 소유자 또는 소지자가 계속 사용하여야 할 물건은 사진촬영 기타 원형보존의 조치를 취하고 신속히 가환부하여야 한다. ⓞⅹ

> 형사소송법 제133조 제2항은 '법원이 증거에만 공할 목적으로 압수한 물건으로서 그 소유자 또는 소지자가 계속 사용하여야 할 물건은 사진촬영 기타 원형 보존의 조치를 취하고 <u>가환부하여야 한다</u>.'고 규정하고 있어 가환부는 필요적이다.

정답 ○

122 24국9

압수한 장물은 피해자에게 환부할 이유가 명백하더라도 피고사건이 종결되지 않는 한 피해자에게 환부할 수 없다. ⓞⅹ

> 압수한 장물은 피해자에게 환부할 이유가 명백한 때에는 피고사건의 종결 전이라도 결정으로 피해자에게 환부할 수 있다(제134조).

정답 ×

123 21국7

피고인 이외 제3자의 소유에 속하는 압수물에 대하여 몰수를 선고한 판결이 있는 경우, 그 판결의 효력은 유죄판결을 받은 피고인에 대하여 미치는 것뿐만 아니라 제3자의 소유권에도 영향을 미친다. ⓞⅨ

> 피고인 이외의 제3자의 소유에 속하는 물건의 경우, 몰수를 선고한 판결의 효력은 원칙적으로 몰수의 원인이 된 사실에 관하여 유죄의 판결을 받은 피고인에 대한 관계에서 그 물건을 소지하지 못하게 하는 데 그치고, 그 사건에서 재판을 받지 아니한 제3자의 소유권에 어떤 영향을 미치는 것은 아니다(대결 2017.9.29. 2017모236).

정답 ×

124 21국7

세관공무원이 마약류 수사에 관한 「마약류 불법거래 방지에 관한 특례법」 제4조 제1항에 따른 조치의 일환으로 검사의 요청에 따라 특정한 수출입물품을 개봉하여 검사하고 그 내용물의 점유를 취득한 행위는 통상의 수출입물품에 대한 적정한 통관 등을 목적으로 조사를 하는 경우와는 달리 사전 또는 사후에 영장을 받아야 한다. ⓞⅨ

> 세관공무원이 통관검사를 위하여 직무상 소지하거나 보관하는 물품을 수사기관에 임의로 제출한 경우에는 비록 소유자의 동의를 받지 않았다고 하더라도 수사기관이 강제로 점유를 취득하지 않은 이상 해당 물품을 압수하였다고 할 수 없다. 그러나 위 마약류 불법거래방지에 관한 특례법 제4조 제1항에 따른 조치의 일환으로 특정한 수출입물품을 개봉하여 검사하고 그 내용물의 점유를 취득한 행위는 위에서 본 수출입물품에 대한 적정한 통관 등을 목적으로 조사를 하는 경우와는 달리, 범죄수사인 압수 또는 수색에 해당하여 사전 또는 사후에 영장을 받아야 한다고 봄이 타당하다(대판 2017.7.18. 2014도8719).

정답 ○

125 23법9 / 24·22경1 / 73간 / 22국9

수사기관이 압수·수색에 착수하면서 그 장소의 관리책임자에게 영장을 제시하였더라도, 물건을 소지하고 있는 다른 사람으로부터 이를 압수하고자 하는 때에는 그 사람에게 따로 영장을 제시하여야 한다. ⓞⅨ

> 압수·수색영장은 처분을 받는 자에게 반드시 제시하여야 하는바, 현장에서 압수·수색을 당하는 사람이 여러 명일 경우에는 그 사람들 모두에게 개별적으로 영장을 제시해야 하는 것이 원칙이다. 수사기관이 압수·수색에 착수하면서 그 장소의 관리책임자에게 영장을 제시하였다고 하더라도, 물건을 소지하고 있는 다른 사람으로부터 이를 압수하고자 하는 때에는 그 사람에게 따로 영장을 제시하여야 한다(대판 2009.3.12. 2008도763 전원합의체).

정답 ○

126 22국7

사법경찰관이 피의자에 대하여 압수·수색영장을 집행할 경우, 피의자에게 영장의 원본을 제시하면 족하고 영장의 사본을 교부할 필요는 없다. ☐O☐X☐

> 수사기관의 압수·수색은 법관이 발부한 압수·수색영장에 의하여야 하는 것이 원칙이고, 영장의 원본은 처분을 받는 자에게 반드시 제시되어야 한다(대판 2022.1.27. 2021도11170). 또한 처분을 받는 자가 피의자인 경우에는 그 사본을 교부하여야 한다(제219조, 제118조).

정답 ✕

127 21국7

몰수는 반드시 압수되어 있는 물건에 대하여만 하는 것이 아니므로 몰수대상 물건이 압수되어 있는가 하는 점 및 적법한 절차에 의하여 압수되었는가 하는 점은 몰수의 요건이 아니다. ☐O☐X☐

> 대판 2003.5.30. 2003도705

정답 ○

128 21국7

몰수는 범죄에 의한 이득을 박탈하는 데 그 취지가 있고, 추징도 이러한 몰수의 취지를 관철하기 위한 것인 점 등에 비추어 볼 때, 몰수할 수 없는 때에 추징하여야 할 가액은 범인이 그 물건을 보유하고 있다가 몰수의 선고를 받았더라면 잃었을 이득 상당액을 의미한다고 보아야 하므로, 다른 특별한 사정이 없는 한 그 가액산정은 재판선고 시의 가격을 기준으로 하여야 한다. ☐O☐X☐

> 대판 2008.10.9. 2008도6944

정답 ○

제2장 강제처분과 강제수사

129 23경1

음주운전에 대한 수사과정에서 음주운전 혐의가 있는 운전자에 대하여 「도로교통법」에 따른 호흡측정이 이루어진 경우 과학적이고 중립적인 호흡측정 수치가 도출되었다 하여도 그 결과에 오류가 있다고 인정할 만한 객관적이고 합리적인 사정이 있는 경우라면 추가로 음주측정을 할 필요성이 있으므로, 경찰관이 혐의를 제대로 밝히기 위해 혈액채취에 의한 측정방법으로 재측정하는 것을 위법하다 할 수 없고 운전자는 이에 따라야 할 의무가 있다. ◯|✕

> 운전자의 태도와 외관, 운전 행태 등에서 드러나는 주취 정도, 운전자가 마신 술의 종류와 양, 운전자가 사고를 야기하였다면 경위와 피해 정도, 목격자들의 진술 등 호흡측정 당시의 구체적 상황에 비추어 호흡측정기의 오작동 등으로 인하여 호흡측정 결과에 오류가 있다고 인정할 만한 객관적이고 합리적인 사정이 있는 경우라면 그러한 호흡측정 수치를 얻은 것만으로는 수사의 목적을 달성하였다고 할 수 없어 추가로 음주측정을 할 필요성이 있으므로, 경찰관이 음주운전 혐의를 제대로 밝히기 위하여 운전자의 자발적인 동의를 얻어 혈액 채취에 의한 측정의 방법으로 다시 음주측정을 하는 것을 위법하다고 볼 수는 없다. 이 경우 운전자가 일단 호흡측정에 응한 이상 재차 음주측정에 응할 의무까지 당연히 있다고 할 수는 없으므로, 운전자의 혈액 채취에 대한 동의의 임의성을 담보하기 위하여는 경찰관이 미리 운전자에게 혈액 채취를 거부할 수 있음을 알려주었거나 운전자가 언제든지 자유로이 혈액 채취에 응하지 아니할 수 있었음이 인정되는 등 운전자의 자발적인 의사에 의하여 혈액 채취가 이루어졌다는 것이 객관적인 사정에 의하여 명백한 경우에 한하여 혈액 채취에 의한 측정의 적법성이 인정된다(대판 2015.7.9. 2014도16051).

정답 ✕

130 74간

도로교통법에 따른 호흡측정이 이루어졌으나 호흡측정 당시의 구체적 상황에 비추어 호흡측정 결과에 오류가 있다고 인정할 만한 객관적이고 합리적인 사정이 있는 경우에는 혈액 채취에 의한 측정 방법으로 다시 음주측정을 하는 것이 허용될 수 있다. ◯|✕

> 음주운전에 대한 수사 과정에서 음주운전 혐의가 있는 운전자에 대해 구 도로교통법 제44조 제2항에 따른 호흡측정이 이루어졌으나 호흡측정 결과에 오류가 있다고 인정할 만한 객관적이고 합리적인 사정이 있는 경우, 혈액 채취에 의한 측정 방법으로 다시 음주측정을 하는 것이 허용된다(대판 2015.7.9. 2014도16051).

정답 ◯

131 23경1

위법한 체포상태에서 마약 투약 혐의를 확인하기 위한 채뇨 요구가 이루어진 경우, 채뇨 요구를 위한 위법한 체포와 그에 이은 채뇨 요구는 마약 투약이라는 범죄행위에 대한 증거수집을 위하여 연속하여 이루어진 것으로서 개별적으로 그 적법 여부를 평가하는 것은 적절하지 아니하므로 그 일련의 과정을 전체적으로 보아 위법한 채뇨 요구가 있었던 것으로 보아야 한다. ☐○ ☐×

> 피의자가 동행을 거부하는 의사를 표시하였음에도 불구하고 경찰관들이 영장에 의하지 아니하고 피의자를 강제로 연행한 행위는 수사상의 강제처분에 관한 형사소송법상의 절차를 무시한 채 이루어진 것으로 위법한 체포에 해당하고, 이와 같이 위법한 체포상태에서 마약 투약 혐의를 확인하기 위한 채뇨 요구가 이루어진 경우, 채뇨 요구를 위한 위법한 체포와 그에 이은 채뇨 요구는 마약 투약이라는 범죄행위에 대한 증거 수집을 위하여 연속하여 이루어진 것으로서 개별적으로 그 적법 여부를 평가하는 것은 적절하지 아니하므로 그 일련의 과정을 전체적으로 보아 위법한 채뇨 요구가 있었던 것으로 볼 수밖에 없다(대판 2013.3.14. 2012도13611).

정답 ○

132 21경2 / 22국9 / 22국7

음주운전과 관련한 도로교통법위반죄의 범죄수사를 위하여 미성년자인 피의자의 혈액채취가 필요한 경우에도 피의자에게 의사능력이 있다면 피의자 본인만이 혈액채취에 관한 유효한 동의를 할 수 있고, 피의자에게 의사능력이 없는 경우에도 명문의 규정이 없는 이상 법정대리인이 피의자를 대리하여 동의할 수는 없다. ☐○ ☐×

> 피의자에게 의사능력이 있으면 직접 소송행위를 하는 것이 원칙이고, 피의자에게 의사능력이 없는 경우에는 형법 제9조 내지 제11조의 규정의 적용을 받지 아니하는 범죄사건에 한하여 예외적으로 법정대리인이 소송행위를 대리할 수 있다(제26조). 따라서 음주운전과 관련한 도로교통법 위반죄의 범죄수사를 위하여 미성년자인 피의자의 혈액채취가 필요한 경우에도 피의자에게 의사능력이 있다면 피의자 본인만이 혈액채취에 관한 유효한 동의를 할 수 있고, 피의자에게 의사능력이 없는 경우에도 명문의 규정이 없는 이상 법정대리인이 피의자를 대리하여 동의할 수는 없다(대판 2014.11.13. 2013도1228).

정답 ○

제4절 | 수사상의 증거보전

001 23승

증거보전의 청구권자는 검사, 피고인, 피의자 또는 변호인이며, 형사입건되기 전의 자는 피의자가 아니므로 증거보전을 청구할 수 없다. ○|×

> 형사소송법 제184조에 의한 증거보전은 피고인 또는 피의자가 형사입건도 되기 전에는 청구할 수 없고, 또 피의자신문에 해당하는 사항을 증거보전의 방법으로 청구할 수 없다(대판 1979.6.12. 79도792).

정답 ○

002 22승

검사, 피고인, 피의자 또는 변호인은 미리 증거를 보전하지 아니 하면 그 증거를 사용하기 곤란한 사정이 있는 때에는 제1회 공판기일 전이라도 판사에게 압수, 수색, 검증, 증인신문 또는 감정을 청구할 수 있다. ○|×

> 제184조 제1항

정답 ○

003 23경2

증거보전을 청구할 수 있는 것은 압수·수색·검증·증인신문·감정이어서 피의자의 신문을 구하는 청구는 할 수 없지만, 필요적 공범관계에 있는 공동피고인을 증인으로 신문할 것을 청구할 수 있다. ○|×

> 증거보전을 청구할 수 있는 처분은 압수·수색·검증·증인신문 또는 감정이다. 따라서 증거보전절차에서 피의자 또는 피고인의 신문을 청구할 수는 없다(대판 1979.6.12. 79도792). 그러나 피의자 또는 피고인 자신이 아닌 공동피고인 또는 공범자를 증인으로 신문하는 것은 허용된다(대판 1988.11.8. 86도1646).

정답 ○

004 23·22승

공동피고인과 피고인이 뇌물을 주고 받은 사이로 필요적 공범 관계에 있는 경우, 검사는 수사단계에서 피고인에 대한 증거를 미리 보전하기 위해 필요한 경우라고 할지라도 판사에게 공동 피고인을 증인으로 신문할 것을 청구할 수는 없다. ○|×

> 공동피고인과 피고인이 뇌물을 주고받은 사이로 필요적 공범관계에 있다고 하더라도 검사는 수사단계에서 피고인에 대한 증거를 미리 보전하기 위하여 필요한 경우에는 판사에게 공동피고인을 증인으로 신문할 것을 청구할 수 있다(대판 1988.11.8. 86도1646).

정답 ×

005 23승

범죄의 수사에 없어서는 아니 될 사실을 안다고 명백히 인정되는 자가 「형사소송법」 제221조에 의한 출석 또는 진술을 거부한 경우에는 검사는 제1회 공판기일 전에 한하여 판사에게 그에 대한 증인신문을 청구할 수 있다. ☐O☐X☐

> 제221조의2 제1항

정답 O

006 23국9

「형사소송법」 제221조의2(증인신문의 청구)에 의한 증인신문절차에서는 피고인·피의자 또는 변호인의 참여가 필요적 요건이므로 피고인·피의자나 변호인이 증인신문절차에 참여하지 아니하였다면 위법이다. ☐O☐X☐

> 판사는 피고인·피의자 또는 변호인에게 증인신문기일을 통지하여 증인신문에 참여할 수 있도록 하여야 한다(제221조의2 제5항). 즉, 피고인 등에게 참여의 기회를 부여하면 족하고 피고인 등의 참여가 필요적 요건에 해당하는 것은 아니다.

정답 ×

007 23경2

「형사소송법」 제221조의2의 증인신문에 관한 서류는 증인신문을 한 법원이 보관하므로, 공소제기 이전에도 피의자 또는 변호인은 판사의 허가를 얻어 서류와 증거물을 열람 또는 등사할 수 있다. ☐O☐X☐

> 증인신문을 한 때에는 판사는 지체 없이 이에 관한 서류를 검사에게 송부하여야 한다(제221조의2 제6항). 따라서 증인신문조서와 서류 등은 검사가 보관하고 있으므로 증거보전과 달리 피고인 등에게 서류의 열람·등사권이 인정되지 않는다.

정답 ×

008 22승

압수에 관한 증거보전의 청구는 압수할 물건의 소재지를 관할하는 지방법원판사에게 하여야 한다. ☐O☐X☐

> 제91조

정답 O

009 23경2 / 23·22승

증거보전은 제1심 제1회 공판기일전에 한하여 허용되는 것이므로 재심청구사건에서는 증거보전절차가 허용되지 않는다. ☐O☐X☐

> 증거보전이란 장차 공판에 있어서 사용하여야 할 증거가 멸실되거나 또는 그 사용하기 곤란한 사정이 있을 경우에 당사자의 청구에 의하여 공판 전에 미리 그 증거를 수집보전하여 두는 제도로서 제1심 제1회 공판기일전에 한하여 허용되는 것이므로 재심청구사건에서는 증거보전절차는 허용되지 아니한다(대결 1984.3.29. 84모15).

정답 O

010 23국7

판사가 증거보전청구(「형사소송법」 제184조)를 기각한 결정에 대해서는 항고할 수 없다. ☐O☐X☐

> 판사의 증거보전의 청구를 기각하는 결정에 대하여는 3일 이내에 항고할 수 있다(제184조 제4항).

정답 ×

011 22법9

누구든지 판결이 확정된 사건의 판결서 또는 그 등본, 증거 목록 또는 그 등본, 그 밖에 검사나 피고인 또는 변호인이 법원에 제출한 서류·물건의 명칭·목록 또는 이에 해당하는 정보를 보관하는 법원에서 해당 판결서 등을 열람 및 복사할 수 있다. ☐O☐X☐

> 제59조의3 제1항

정답 O

012 22법9

검사는 소송기록의 공개로 인하여 공범관계에 있는 자 등의 증거인멸 또는 도주를 용이하게 하거나 관련 사건의 재판에 중대한 영향을 초래할 우려가 있는 경우에는 소송기록의전 부 또는 일부의 열람 또는 등사를 제한할 수 있다. 다만, 소송관계인이나 이해관계 있는 제3자가 열람 또는 등사에 관하여 정당한 사유가 있다고 인정되는 경우에는 그러하지 아니하다. ☐O☐X☐

> 제59조의2 제2항

정답 O

제3장 수사의 종결

제1절 | 수사종결의 의의와 종류

001 73간

검사의 불기소처분에 의해 기본권을 침해받은 자는 헌법소원을 제기할 수 있으므로 고소하지 않은 피해자 및 기소유예 처분을 받은 피의자는 헌법소원을 제기할 수 있으나 고발인은 특별한 사정이 없는 한 자기관련성이 없으므로 헌법소원심판을 청구할 수 없다. ○|×

> 고소하지 않은 피해자는 다른 구제절차가 없으므로, 범죄피해자재판절차진술권 침해를 이유로 곧바로 헌법소원이 가능하고(헌재결 2008.11.27. 2008헌마399 등), 기소유예처분·기소중지처분을 받은 피의자 역시 재판청구권과 평등권 침해를 이유로 헌법소원이 가능하다(헌재결 1992.10.1. 91헌마169 등). 그러나 범죄 피해자가 아닌 고발인에게는 개인적 주관적인 권리나 재판절차에서의 진술권 따위의 기본권이 허용될 수 없으므로 검사가 자의적으로 불기소처분을 하였다고 하여 달리 특별한 사정이 없으면 헌법소원심판청구의 요건인 자기관련성이 없다(헌재결 1989.12.22. 89헌마145).

정답 ○

002 73간

검사의 불기소처분에 대한 헌법소원에 있어서 그 대상이 된 범죄에 대하여 공소시효가 완성되었더라도 헌법소원을 제기할 수 있다. ○|×

> 범죄에 대한 공소시효가 완성되었을 때에는 그 범죄에 대한 불기소처분의 취소를 구하는 헌법소원심판청구는 권리보호의 이익이 없어 부적법하다(헌재결 1989.4.17. 88헌마3).

정답 ×

003 22국9(교정직)

검사는 송치사건의 공소제기 여부 결정 또는 공소의 유지에 관하여 필요한 경우 사법경찰관에게 재수사를 요청할 수 있다. ○|×

> 검사는 송치사건의 공소제기 여부 결정 또는 공소의 유지에 관하여 필요한 경우 사법경찰관에게 보완수사를 요구할 수 있다(제197조의2).

정답 ×

004 23국9

대통령에게 제출한 청원서를 대통령비서실로부터 이관 받은 검사가 진정사건으로 내사 후 내사종결 처리한 경우 위 내사종결 처리는 고소 또는 고발사건에 대한 불기소처분이라고 볼 수 없어 재정 신청의 대상이 되지 아니한다.   O|X

대결 1991.11.5. 91모68

정답 O

005 23·22승

사법경찰관은 고소 고발 사건을 포함하여 범죄를 수사한 때에는 범죄의 혐의가 있다고 인정되는 경우에는 지체 없이 검사에게 사건을 송치하고, 관계 서류와 증거물을 검사에게 송부하여야 한다.   O|X

제245조의5 제1호

정답 O

006 22승

사법경찰관은 고소 고발 사건을 포함하여 범죄를 수사한 때에는 범죄의 혐의가 있다고 인정되는 경우를 제외한 그 밖의 경우에는 그 이유를 명시한 서면과 함께 관계 서류와 증거물을 지체 없이 검사에게 송부하여야 한다.   O|X

제245조의5 제2호

정답 O

007 74간 / 22승

사법경찰관은 고소 고발 사건을 포함하여 범죄를 수사한 때에는 범죄의 혐의가 있다고 인정되는 경우를 제외한 그 밖의 경우에는 그 이유를 명시한 서면과 함께 관계 서류와 증거물을 지체 없이 검사에게 송부하여야 하고, 그 송부한 날부터 7일 이내에 서면으로 고소인 고발인 피해자 또는 그 법정대리인(피해자가 사망한 경우에는 그 배우자 직계친족 형제자매를 포함한다)에게 사건을 검사에게 송치하지 아니하는 취지와 그 이유를 통지하여야 한다.   O|X

제245조의6

정답 O

008 22승

사법경찰관으로부터 사건을 검사에게 송치하지 아니하는 취지와 그 이유를 통지받은 사람은 통지를 받은 날로부터 30일 이내에 해당 사법경찰관의 소속 관서의 장에게 이의를 신청하여야 한다. ○|×

> 제245조의6의 통지(불송치결정의 통지)를 받은 사람(고발인을 제외한다)은 해당 사법경찰관의 소속 관서의 장에게 이의를 신청할 수 있다(제245조의7 제1항). 사법경찰관은 제1항의 신청이 있는 때에는 지체 없이 검사에게 사건을 송치하고 관계 서류와 증거물을 송부하여야 하며, 처리결과와 그 이유를 제1항의 신청인에게 통지하여야 한다(동조 제2항).

정답 ×

009 73·71간 / 23승 / 23국7

사법경찰관의 불송치결정 통지를 받은 고소인 고발인 피해자 또는 그 법정대리인은 해당 사법경찰관의 소속 관서의 장에게 이의를 신청할 수 있다. ○|×

> 제245조의7 제1항

정답 ×

010 21승

「형사소송법」의 규정에 따르면 검사는 수사의 신속한 종결을 위해 피의자가 체포 또는 구속된 날부터 30일 이내에 공소장을 제출하여야 한다. ○|×

> 검사가 고소 또는 고발에 의하여 범죄를 수사할 때에는 고소 또는 고발을 수리한 날로부터 3월 이내에 수사를 완료하여 공소제기여부를 결정하여야 한다(법 제257조)는 규정만 있을 뿐 체포 또는 구속된 날로부터 30일 이내에 공소장을 제출하여야 한다는 규정은 존재하지 않는다.

정답 ×

011 23국7

검사는 고소 또는 고발있는 사건에 관하여 공소를 제기하지 아니하는 처분을 한 경우에 고소인 또는 고발인의 청구가 있는 때에는 7일 이내에 고소인 또는 고발인에게 그 이유를 구두 또는 서면으로 설명하여야 한다. ○|×

> 검사는 고소 또는 고발있는 사건에 관하여 공소를 제기하지 아니하는 처분을 한 경우에 고소인 또는 고발인의 청구가 있는 때에는 7일 이내에 고소인 또는 고발인에게 그 이유를 서면으로 설명하여야 한다(제259조).

정답 ×

012 21경1

사법경찰관리의 수사과정에서 현저한 수사권 남용이 의심되는 사실에 대하여, 「형사소송법」 제197조의3의 절차에 따라 사법경찰관으로부터 사건기록 등본을 송부받은 검사는 필요하다고 인정되는 경우 사법경찰관에게 시정조치를 요구할 수 있고, 그 이행 결과를 통보받은 후 시정조치 요구가 정당한 이유 없이 이행되지 않았다고 인정되는 경우에는 사법경찰관에게 사건을 송치할 것을 요구할 수 있다. ☐O☐|☐X☐

> **형사소송법 제197조의3**
> ① 검사는 사법경찰관리의 수사과정에서 법령위반, 인권침해 또는 현저한 수사권 남용이 의심되는 사실의 신고가 있거나 그러한 사실을 인식하게 된 경우에는 사법경찰관에게 사건기록 등본의 송부를 요구할 수 있다.
> ② 제1항의 송부 요구를 받은 사법경찰관은 지체 없이 검사에게 사건기록 등본을 송부하여야 한다.
> ③ 제2항의 송부를 받은 검사는 필요하다고 인정되는 경우에는 사법경찰관에게 시정조치를 요구할 수 있다.
> ④ 사법경찰관은 제3항의 시정조치 요구가 있는 때에는 정당한 이유가 없는 한 지체없이 이를 이행하고, 그 결과를 검사에게 통보하여야 한다.
> ⑤ 제4항의 통보를 받은 검사는 제3항에 따른 시정조치 요구가 정당한 이유 없이 이행되지 않았다고 인정되는 경우에는 사법경찰관에게 사건을 송치할 것을 요구할 수 있다.

정답 ○

013 24법9

고소권자인 고소인 또는 공무원의 일부 직무상 범죄(형법 제123조부터 제126조)에 대한 고발인은 검사로부터 공소를 제기하지 아니한다는 통지를 받은 때에는 그 검사 소속의 지방검찰청 소재지를 관할하는 고등법원에 그 당부에 관한 재정을 신청할 수 있다. ☐O☐|☐X☐

> 재정신청을 하려는 자는 원칙적으로 검찰청법상의 검찰항고를 거쳐야 하나(제260조 제1항, 2항 본문), 다음 각호의 경우에는 검찰항고를 거치지 아니하고 바로 재정신청을 할 수 있도록 하고 있다(동조 제2항 단서).
> 1. 항고 이후 재기수사가 이루어진 다음에 다시 공소를 제기하지 아니한다는 통지를 받은 경우
> 2. 항고 신청 후 항고에 대한 처분이 행하여지지 아니하고 3개월이 경과한 경우
> 3. 검사가 공소시효 만료일 30일 전까지 공소를 제기하지 아니하는 경우

정답 ×

014 22법9

검사가 공소시효 만료일 30일 전까지 공소를 제기하지 아니 하는 경우에는 검사의 불기소처분에 대한 항고를 거치지 않고도 재정신청을 할 수 있다. ○ⅹ

> 제260조 제2항 제3호

정답 ○

015 24법9

재정신청은 서면으로 불기소처분을 한 검사 소속의 지방검찰청 소재지를 관할하는 고등법원에 신청하되, 재정신청서는 그 검사가 소속한 지방검찰청 검사장 또는 지청장에게 제출하여야 한다. ○ⅹ

> 제1항에 따른 재정신청을 하려는 자는 항고기각 결정을 통지받은 날 또는 제2항 각 호의 사유가 발생한 날부터 10일 이내에 지방검찰청검사장 또는 지청장에게 재정신청서를 제출하여야 한다. 다만, 제2항제3호의 경우에는 공소시효 만료일 전날까지 재정신청서를 제출할 수 있다(제260조 제3항).

정답 ○

016 21법9

법원은 재정신청서를 송부받은 때에는 송부받은 날부터 7일 이내에 피의자에게 그 사실을 통지하여야 한다. ○ⅹ

> 법원은 재정신청서를 송부받은 때에는 송부받은 날부터 10일 이내에 피의자에게 그 사실을 통지하여야 한다(제262조 제1항).

정답 ⅹ

017 24법9

법원은 재정신청서를 송부받은 때에는 송부받은 날부터 10일 이내에 피의자에게 그 사실을 통지하여야 하며, 3개월 이내에 항고의 절차에 준하여 결정하여야 하나, 3개월의 처리기간은 훈시기간에 해당한다. ○ⅹ

> 구 형사소송법 제262조 제1항이 20일 이내에 재정결정을 하도록 규정한 것은 훈시적 규정에 불과하므로 그 기간이 지난 후에 재정결정을 하였다 하여 재정결정 자체가 위법한 것은 아니다(대결 1990.12.13. 90모58).

정답 ○

018 23국9

법원은 재정신청서를 송부받은 때에는 송부받은 날부터 7일 이내에 피의자에게 그 사실을 통지하여야 하고, 재정신청서를 송부받은 날부터 3개월 이내에 항고의 절차에 준하여 결정한다. ⊙⋮✕

> 제262조 제1항, 제2항

정답 ✕

019 24법9

재정신청서에 재정신청을 이유 있게 하는 사유가 기재되어 있지 않음에도 이를 간과한 채 공소제기결정을 하였다면, 본안 사건 재판부는 원칙적으로 공소제기의 절차가 법률에 위반되어 무효인 경우에 해당함을 이유로 공소기각판결을 하여야 한다. ⊙⋮✕

> 법원이 재정신청서에 재정신청을 이유 있게 하는 사유가 기재되어 있지 않음에도 이를 간과한 채 형사소송법 제262조 제2항 제2호 소정의 공소제기결정을 한 관계로 그에 따른 공소가 제기되어 본안사건의 절차가 개시된 후에는, 다른 특별한 사정이 없는 한 이제 그 본안사건에서 위와 같은 잘못을 다툴 수 없다(대판 2010.11.11. 2009도224).

정답 ✕

020 21법9 / 71간

재정신청사건의 심리 중에는 관련 서류 및 증거물을 열람 또는 등사할 수 없으나, 관할 법원이 증거조사를 행한 경우에는 그 증거조사과정에서 작성된 서류의 전부 또는 일부의 열람 또는 등사를 허가할 수 있다. ⊙⋮✕

> 재정신청사건의 심리 중에는 관련 서류 및 증거물을 열람 또는 등사할 수 없다. 다만, 법원은 제262조 제2항 후단의 증거조사과정에서 작성된 서류의 전부 또는 일부의 열람 또는 등사를 허가할 수 있다(제262조의2).

정답 ○

021 22승

법원은 재정신청의 기각결정 또는 재정신청의 취소가 있는 경우에는 결정으로 재정신청인에게 신청절차에 의하여 생긴 비용의 전부 또는 일부를 부담하게 할 수 있다. ⊙⋮✕

> 제262조의3

정답 ○

022 21법9

형사소송법 제260조에 따른 재정신청이 있으면 제262조에 따른 재정결정이 확정될 때까지 공소시효의 진행이 정지된다. ☐O ☐X

> 재정신청이 있으면 재정결정이 확정될 때까지 공소시효의 진행이 정지된다(제262조의4 제1항).

정답 O

023 22법9

재정신청은 그에 대한 결정이 있을 때까지 취소할 수 있으나, 이를 취소한 자는 다시 재정신청을 할 수 없다. ☐O ☐X

> 재정신청은 고등법원의 재정결정이 있을 때까지 취소할 수 있고, 재정신청을 취소한 자는 다시 재정신청을 할 수 없다(제264조 제2항).

정답 O

024 22경1

검사의 무혐의 불기소처분에 대해 재정신청을 받은 법원은 당해 불기소처분이 위법하다 하더라도 기록에 나타난 제반사정을 고려하여 기소유예의 불기소처분을 할 만한 사건이라고 인정되는 경우에는 재정신청을 기각할 수 있다. ☐O ☐X

> 대결 1996.7.16. 96모53

정답 O

025 7l간

재정신청이 이유 있는 때에 해당하여 사건에 대한 공소를 제기하는 결정에 따라 공소가 제기된 경우에는 공소를 취소할 수 없다. ☐O ☐X

> 제264조의2

정답 O

026 22국9(교정직)

재정신청이 법률상의 방식에 위배되거나 이유가 없는 때에는 법원은 신청을 기각하는 결정을 하며, 이러한 기각결정에 대하여는 즉시항고를 할 수 있다. ☐O ☐X

> 고등법원의 재정신청기각결정에 대하여는 제415조에 따른 즉시항고를 할 수 있다(제262조 제4항).

정답 O

제3장 수사의 종결

027 23국7

재정신청에 대한 기각결정에 대해서는 법령위반을 이유로 대법원에 즉시항고할 수 있다. 단 법정기간의 준수 여부는 도달주의 원칙에 따라 재항고장이 법원에 도달한 시점을 기준으로 하고, 재소자 특칙은 준용되지 않는다. ⃝|✕

> 고등법원의 재정신청기각결정에 대하여는 제415에 따른 즉시항고를 할 수 있다(제262조 제4항). 또한 재정신청 기각결정에 대한 재항고나 그 재항고 기각결정에 대한 즉시항고로서의 재항고에 대한 법정기간의 준수 여부는 도달주의 원칙에 따라 재항고장이나 즉시항고장이 법원에 도달한 시점으로 판단하여야 하고, 거기에 재소자 피고인 특칙은 준용되지 아니한다고 해석함이 타당하다(대결 2015.7.16. 2013모2347 전원합의체).

정답 ⃝

028 23국9

재소자인 재정신청인이 재정신청 기각결정에 불복하여 재항고를 제기하는 경우, 그 제기기간 내에 교도소장이나 구치소장 또는 그 직무를 대리하는 사람에게 재항고장을 제출한 때에 재항고를 한 것으로 간주한다. ⃝|✕

> 대결 2015.7.16. 2013모2347 전원합의체

정답 ✕

029 22법9

교도소 또는 구치소에 있는 피고인이 제출하는 상소장에 대하여 상소의 제기기간 내에 교도소장이나 구치소장 또는 그 직무를 대리하는 사람에게 이를 제출한 때에 상소의 제기기간 내에 상소한 것으로 간주하는 형사소송법 제344조 제1항의 특칙은 재정신청 기각결정에 대한 재항고의 경우에는 적용되지 않는다. ⃝|✕

> 법정기간 준수에 대하여 도달주의 원칙을 정하고 재소자 피고인 특칙의 예외를 개별적으로 인정한 형사소송법의 규정 내용과 입법 취지, 재정신청절차가 형사재판절차와 구별되는 특수성 등을 종합하여 보면, 재정신청 기각결정에 대한 재항고나 그 재항고 기각결정에 대한 즉시항고로서의 재항고에 대한 법정기간의 준수 여부는 도달주의 원칙에 따라 재항고장이나 즉시항고장이 법원에 도달한 시점을 기준으로 판단하여야 하고, 거기에 재소자 피고인 특칙은 준용되지 아니한다고 해석함이 타당하다(대결 2015.7.16. 2013모2347 전원합의체).

정답 ⃝

030 22국9 / 22승

재정신청이 있으면 재정결정이 확정될 때까지 공소시효의 진행이 정지되고 공소제기결정이 있는 때에는 공소시효에 관하여 그 결정이 있는 날에 공소가 제기된 것으로 본다. ☐O☐X

> 재정신청이 있으면 고등법원의 재정결정이 있을 때까지 공소시효의 진행이 정지된다(제262조의4 제1항). 공소제기의 결정이 있는 때에는 공소시효에 관하여 그 결정이 있는 날에 공소가 제기된 것으로 본다(제262조의4 제2항).

정답 O

031 71간

검사의 불기소처분에 대한 고소권자의 재정신청 대상범죄에는 제한이 없으나, 기소편의주의를 채택하고 있는 우리 법제하에서 형법 제51조(양형의 조건)에 정한 사항을 참작한 기소유예 처분에 대해서는 재정신청을 할 수 없다. ☐O☐X

> 고소권자로서 고소를 한 자(「형법」 제123조부터 제126조까지의 죄에 대하여는 고발을 한 자를 포함한다. 이하 이 조에서 같다)는 검사로부터 공소를 제기하지 아니한다는 통지를 받은 때에는 그 검사 소속의 지방검찰청 소재지를 관할하는 고등법원(이하 "관할 고등법원"이라 한다)에 그 당부에 관한 재정을 신청할 수 있다(제260조 제1항 본문). 따라서 고소사건의 경우에 재정신청을 할 수 있는 범죄는 제한이 없다. 또한 불기소처분의 이유에는 제한이 없으므로 협의의 불기소처분뿐만 아니라 기소유예처분에 대하여도 재정신청을 할 수 있다(대결 1988.1.29. 86모58).

정답 ×

032 71간 / 23국7

검사의 무혐의 불기소처분이 위법하다 하더라도, 법원은 심리결과 기소유예의 불기소처분을 할 만한 사건이라고 인정되는 경우에는 재정신청을 기각할 수 있다. ☐O☐X

> 공소를 제기하지 아니하는 검사의 처분의 당부에 관한 재정신청이 있는 경우에 법원은 검사의 무혐의 불기소처분이 위법하다 하더라도 기록에 나타난 여러 가지 사정을 고려하여 기소유예의 불기소처분을 할 만한 사건이라고 인정되는 경우에는 재정신청을 기각할 수 있다(대결 1997.4.22. 97모30).

정답 O

033 71간

항고법원의 재정신청 기각결정에 대해서는 재판에 영향을 미친 헌법 법률 명령 또는 규칙의 위반이 있음을 이유로 하는 때에 한하여 대법원에 즉시항고를 할 수 있다. ☐O☐X

> 고등법원의 재정신청기각결정에 대하여는 제415조에 따른 즉시항고를 할 수 있다(제262조 제4항).

정답 O

제3장 수사의 종결

034 22법9 / 71간 / 23·20국7

법원이 재정신청 대상 사건이 아님에도 이를 간과한 채 공소제기결정을 하였더라도, 그에 따른 공소가 제기되어 본안사건의 절차가 개시된 후에는 다른 특별한 사정이 없는 한 본안사건에서 위와 같은 잘못을 다툴 수 없다. ☐O☐X☐

> 대판 2017.11.14. 2017도13465

정답 O

035 22법9

재정신청에 따른 공소제기의 결정에 대하여는 형사소송법 제415조의 재항고가 허용되지 않으며, 그러한 재항고가 제기된 경우에 원심법원은 결정으로 이를 기각하여야 한다. ☐O☐X☐

> [1] 형사소송법 제262조 제2항, 제4항은 검사의 불기소처분에 따른 재정신청에 대한 법원의 공소제기의 결정에 불복할 수 없다고 규정하고 있는데, 법 제262조 제2항 제2호의 공소제기결정에 잘못이 있는 경우에는 그 공소제기에 따른 본안사건의 절차가 개시되어 본안사건 자체의 재판을 통하여 대법원의 최종적인 판단을 받는 길이 열려 있으므로, 이와 같은 공소제기의 결정에 대한 재항고를 허용하지 않는다고 하여 재판에 대하여 최종적으로 대법원의 심사를 받을 수 있는 권리가 침해되는 것은 아니고, 따라서 법 제262조 제2항 제2호의 공소제기결정에 대하여는 법 제415조의 재항고가 허용되지 않는다고 보아야 한다.
> [2] 재항고의 대상이 아닌 공소제기의 결정에 대하여 재항고가 제기된 경우에는 재항고의 제기가 법률상의 방식에 위반한 것이 명백한 때에 해당하므로 원심법원은 결정으로 이를 기각하여야 한다 (대결 2012.10.29. 2012모1090).

정답 O

036 22승

구금 중인 고소인이 재정신청서를 재정신청이 허용되는 기간 내에 교도소장에게 제출하였다면, 재정신청서가 이 기간 내에 불기소 처분을 한 검사가 소속한 지방검찰청 검사장 또는 지청장에게 도달하지 않았더라도 적법한 재정신청서의 제출이라고 할 수 있다. ☐O☐X☐

> 재정신청서에 대하여는 형사소송법에 제344조 제1항과 같은 특례규정이 없으므로, 설령 구금중인 고소인이 재정신청서를 그 기간 안에 교도소장 또는 그 직무를 대리하는 사람에게 제출하였다 하더라도 재정신청서가 위의 기간 안에 불기소처분을 한 검사가 소속한 지방검찰청의 검사장 또는 지청장에게 도달하지 아니한 이상 이를 적법한 재정신청서의 제출이라고 할 수 없다(대결 1998.12.14. 98모127).

정답 ×

037 21법9 / 22승

형사소송법 제262조 제4항 후문은 재정신청 기각결정이 확정된 사건에 대하여는 다른 중요한 증거를 발견한 경우를 제외하고는 소추할 수 없다고 규정하고 있는데, 여기에서 '다른 중요한 증거를 발견한 경우'란 재정신청 기각결정 당시에 제출된 증거에 새로 발견된 증거를 추가하면 충분히 유죄의 확신을 가지게 될 정도의 증거가 있는 경우를 말한다. ○|×

> 대판 2018.12.28. 2014도17182

정답 ○

038 23국7

「형사소송법」 제262조제4항 후문의 '다른 중요한 증거를 발견한 경우'란 재정신청 기각결정 당시에 제출된 증거에 새로 발견된 증거를 추가하면 충분히 유죄의 확신을 가지게 될 정도의 증거가 있는 경우를 말하고, 단순히 재정신청 기각결정의 정당성에 의문이 제기되거나 범죄피해자의 권리를 보호하기 위하여 형사재판절차를 진행할 필요가 있는 정도의 증거가 있는 경우는 여기에 해당하지 않는다. ○|×

> 대판 2018.12.28. 2014도17182

정답 ○

039 23승

사법경찰관은 사건을 수사한 경우에는 피의자중지, 참고인중지와 같은 수사중지결정을 할 수 있으며, 이 경우 7일 이내에 사건기록을 검사에게 송부해야 한다. ○|×

> 수사준칙 제51조 제1항, 제4항

정답 ○

040 23승

사법경찰관은 피의자중지 결정 후 그 내용을 고소인·고발인·피해자 또는 그 법정대리인(피해자가 사망한 경우에는 그 배우자·직계친족·형제자매를 포함한다)에게 통지해야 한다. ○|×

> 검사 또는 사법경찰관은 제51조 또는 제52조에 따른 결정을 한 경우에는 그 내용을 고소인·고발인·피해자 또는 그 법정대리인(피해자가 사망한 경우에는 그 배우자·직계친족·형제자매를 포함한다. 이하 "고소인등"이라 한다)과 피의자에게 통지해야 한다. 다만, 다음 각 호의 어느 하나(① 사법경찰관의 피의자중지, ② 검사의 기소중지, ③ 사법경찰관과 검사의 이송)에 해당하는 경우에는 고소인등에게만 통지한다(수사준칙 제53조 제1항)

정답 ○

제3장 수사의 종결

041 23승

사법경찰관으로부터 수사중지 결정의 통지를 받은 사람은 해당 사법경찰관이 소속된 바로 위 상급경찰관서의 장에게 이의를 제기할 수 있다. ☐O☐X☐

> 수사준칙 제54조 제1항

정답 ○

042 23승

사법경찰관으로부터 수사중지 결정의 통지를 받은 사람은 해당 수사중지 결정이 법령에 위반되는 경우에 한하여 검사에게 「형사소송법」 제197조의3 제1항에 따른 신고를 할 수 있다. ☐O☐X☐

> 수사준칙 제1항에 따른 수사중지 결정의 통지를 받은 사람은 해당 수사중지 결정이 <u>법령위반, 인권침해 또는 현저한 수사권 남용이라고 의심되는 경우</u> 검사에게 형사소송법 제197조의3 제1항에 따른 신고를 할 수 있다(수사준칙 제54조 제3항).

정답 ×

제2절 ▍ 공소제기 후의 수사

001 21승

공소제기 후 수사기관에 의한 피고인의 구속은 허용되지 않는다. ☐O☐X☐

> 공소제기 후의 피고인구속은 수소법원의 권한에 속한다(제70조). 따라서 <u>공소제기 후에 수사기관은 수소법원 이외의 법관으로부터 영장을 발부받아 피고인을 구속할 수는 없다</u>(헌재결 1996.11.28. 96헌마256).

정답 ○

002 23·22경1 / 21경2 / 23·21승 / 21국9

검사가 공소제기 후 「형사소송법」 제215조에 따라 수소법원 이외의 지방법원 판사에게 청구하여 발부받은 영장에 의하여 압수·수색을 하였다면, 이는 적법한 절차에 따르지 않은 것으로서 원칙적으로 유죄의 증거로 삼을 수 없다. ☐O☐X☐

> 일단 공소가 제기된 후에는 피고사건에 관하여 검사로서는 형사소송법 제215조에 의하여 압수·수색을 할 수 없다고 보아야 하며, 그럼에도 <u>검사가 공소제기 후 형사소송법 제215조에 따라 수소법원 이외의 지방법원 판사에게 청구하여 발부받은 영장에 의하여 압수·수색을 하였다면</u>, 그와 같이 수집된 증거는 기본적 인권 보장을 위해 마련된 적법한 절차에 따르지 않은 것으로서 <u>원칙적으로 유죄의 증거로 삼을 수 없다</u>(대판 2011.4.28. 2009도10412).

정답 ○

003 23승

「형사소송법」 제215조는 검사가 압수·수색 영장을 청구할 수 있는 시기를 공소제기 전으로 명시적으로 한정하고 있다. ○|×

> 대판 2011.4.28. 2009도10412

정답 ×

004 21경2 / 23·22·21승 / 21국9

검사작성의 피고인에 대한 진술조서가 공소제기 후에 작성된 것이라는 이유만으로는 곧 그 증거능력이 없다고 할 수 없다. ○|×

> 검사의 피고인에 대한 진술조서가 기소 후에 작성된 것이라는 이유만으로 곧 <u>그 증거능력이 없는 것이라고 할 수 없다</u>(대판 1984.9.25. 84도1646).

정답 ○

005 21법9 / 23경1 / 21경2 / 71간 / 23·22승 / 22국9 / 22국7

제1심에서 피고인에 대하여 무죄판결이 선고되어 검사가 항소한 후, 수사기관이 항소심 공판기일에 증인으로 신청하여 신문할 수 있는 사람을 특별한 사정 없이 미리 수사기관에 소환하여 작성한 진술조서나 피의자신문조서는 피고인이 증거로 삼는 데 동의하지 않는 한 증거능력이 없지만, 참고인 등이 나중에 법정에 증인으로 출석하여 위 진술조서 등의 진정성립을 인정하고 피고인 측에 반대신문의 기회까지 충분히 부여되었다면 하자가 치유되었다고 할 것이므로 위 진술조서 등의 증거능력을 인정할 수 있다. ○|×

> 제1심에서 피고인에 대하여 무죄판결이 선고되어 검사가 항소한 후, 수사기관이 항소심 공판기일에 증인으로 신청하여 신문할 수 있는 사람을 특별한 사정 없이 미리 수사기관에 소환하여 작성한 진술조서는 <u>피고인이 증거로 할 수 있음에 동의하지 않는 한 증거능력이 없다고 할 것이다</u>. 검사가 공소를 제기한 후 참고인을 소환하여 피고인에게 불리한 진술을 기재한 진술조서를 작성하여 이를 공판절차에 증거로 제출할 수 있게 한다면, <u>피고인과 대등한 당사자의 지위에 있는 검사가 수사기관으로서의 권한을 이용하여 일방적으로 법정 밖에서 유리한 증거를 만들 수 있게 하는 것이므로 당사자주의·공판중심주의·직접심리주의에 반하고 피고인의 공정한 재판을 받을 권리를 침해하기 때문이다.</u> 위 <u>참고인이 나중에 법정에 증인으로 출석하여 위 진술조서의 성립의 진정을 인정하고 피고인 측에 반대신문의 기회가 부여된다 하더라도 위 진술조서의 증거능력을 인정할 수 없음은 마찬가지이다</u>(대판 2019.11.28. 2013도6825).

정답 ×

006 23·22·21승

공판기일에서 피고인에게 유리한 증언을 한 증인을 검사가 소환한 후 피고인에게 유리한 그 증언내용을 추궁하여 이를 일방적으로 번복시키는 방식으로 작성한 '참고인 진술조서'는 피고인이 증거로 할 수 있음에 동의하지 아니하는 한, 그 증거능력이 없다. ⃝|✕

> 공판준비 또는 공판기일에서 이미 증언을 마친 증인을 검사가 소환한 후 피고인에게 유리한 그 증언 내용을 추궁하여 이를 일방적으로 번복시키는 방식으로 작성한 진술조서를 유죄의 증거로 삼는 것은 당사자주의·공판중심주의·직접주의를 지향하는 현행 형사소송법의 소송구조에 어긋나는 것일 뿐만 아니라, 헌법 제27조가 보장하는 기본권, 즉 법관의 면전에서 모든 증거자료가 조사·진술되고 이에 대하여 피고인이 공격·방어할 수 있는 기회가 실질적으로 부여되는 재판을 받을 권리를 침해하는 것이므로, 이러한 진술조서는 피고인이 증거로 할 수 있음에 동의하지 아니하는 한, 그 증거능력이 없다(대판 2000.6.15. 99도1108 전원합의체).

정답 ⃝

007 19·17승

공소제기 된 피고인의 구속상태를 계속 유지할 것인지 여부에 관한 판단은 전적으로 당해 수소법원의 전권에 속한다. ⃝|✕

> 공소제기 된 피고인의 구속상태를 계속 유지할 것인지 여부에 관한 판단은 전적으로 당해 수소법원의 전권에 속하는 것이다. … 따라서 검사의 의견청취의 절차는 보석에 관한 결정의 본질적 부분이 되는 것은 아니므로, 설사 법원이 검사의 의견을 듣지 아니한 채 보석에 관한 결정을 하였다고 하더라도 그 결정이 적정한 이상, 소론과 같은 절차상의 하자만을 들어 그 결정을 취소할 수는 없는 것이다(대결 1997.11.27. 97모88).

정답 ⃝

008 24승

법원이 검사의 의견을 듣지 아니한 채 보석에 관한 결정을 하였다고 하더라도 그 결정이 적정한 이상, 그와 같은 절차상의 하자만을 들어 그 결정을 취소할 수는 없다. ⃝|✕

> 대결 1997.11.27. 97모88

정답 ⃝

009 21국9

불구속으로 기소된 피고인이 도망하거나 증거인멸의 염려가 있는 경우 검사는 지방법원판사에게 구속영장을 청구하여 발부받아 피고인을 구속할 수 있다. ⃝|✕

> 공소제기 후의 피고인구속은 수소법원의 권한에 속한다(제70조). 따라서 공소제기 후에 수사기관은 수소법원 이외의 법관으로부터 영장을 발부받아 피고인을 구속할 수는 없다(헌재결 1996.11.28. 96헌마256).

정답 ✕

010 22국9

공소장에 적용법조의 기재에 오기가 있거나 누락이 있더라도 이로 인하여 피고인의 방어에 실질적 불이익이 없는 한 공소 제기의 효력에는 영향이 없다. ☐O☐X

> 공소장에는 죄명·공소사실과 함께 적용법조를 기재하여야 하지만(제254조) 공소장에 적용법조를 기재하는 이유는 공소사실의 법률적 평가를 명확히 하여 공소의 범위를 확정하는 데 보조기능을 하도록 하고, 피고인의 방어권을 보장하고자 함에 있으므로, 적용법조의 기재에 오기나 누락이 있는 경우라 할지라도 이로 인하여 피고인의 방어에 실질적인 불이익을 주지 않는 한 공소제기의 효력에는 영향이 없고, 법원으로서도 공소장 변경의 절차를 거침이 없이 곧바로 공소장에 기재되어 있지 않은 법조를 적용할 수 있다(대판 2006.4.14. 2005도9743).

정답 ○

011 24승

공소장에 적용법조의 오기나 누락이 피고인의 방어에 실질적인 불이익을 주더라도 법원은 공소장 변경 없이 공소장에 기재되어 있지 않은 법조를 적용할 수 있다. ☐O☐X

> 적용법조의 기재는 공소의 범위를 확정하는 데 보조기능을 가짐에 불과하므로 적용법조의 기재에 오기가 있거나 그것이 누락된 경우라 할지라도 이로 인하여 피고인의 방어에 실질적 불이익이 없는 한 공소제기의 효력에는 영향이 없다(대판 2006.4.28. 2005도4085).

정답 ×

제4장 공소의 제기

제1절 | 공소와 공소권 이론

001 23국9 / 20국7

검사가 자의적으로 공소권을 행사하여 피고인에게 실질적인 불이익을 줌으로써 소추재량권을 현저히 일탈하였다고 보여지는 경우에는 이를 공소권남용으로 보아 공소제기효력을 부인할 수 있으며, 여기서 자의적인 공소권의 행사라고 함은 단순히 직무상의 과실에 의한 것만으로는 부족하고 적어도 미필적이나마 어떤 의도가 있어야 한다. ○|×

> 대판 2001.9.7. 2001도3026

정답 ○

002 23국9

공소제기된 사건에 대하여 불법연행, 불법구금 또는 구금장소의 임의적 변경의 위법사유가 있으면 그 위법한 절차에 의하여 수집된 증거가 배제되는 것은 물론, 공소제기의 절차 자체가 위법하여 무효인 경우에 해당한다. ○|×

> 공소기각의 판결을 할 경우 중 형사소송법 제327조 제2호에 규정된 공소제기의 절차가 법률의 규정에 의하여 무효일 때라 함은 무권한자에 의하여 공소가 제기되거나 공소제기의 소송조건이 결여되거나 또는 공소장의 현저한 방식위반이 있는 경우를 가리키는 것인바, 불법구금, 구금장소의 임의적 변경 등의 위법사유가 있다고 하더라도 그 위법한 절차에 의하여 수집된 증거를 배제할 이유는 될지언정 공소제기의 절차 자체가 위법하여 무효인 경우에 해당한다고 볼 수 없다(대판 1996.5.14. 96도561).

정답 ×

제2절 | 공소제기의 기본원칙

001 21법9

공소의 취소는 제1심판결의 선고 전까지 할 수 있으나, 재정신청사건에 대한 법원의 공소제기 결정에 따라 검사가 공소를 제기한 때에는 제1심 판결의 선고 전이라고 하여도 검사는 공소를 취소할 수 없다. ○|×

> 공소는 제1심판결의 선고 전까지 취소할 수 있다(제255조 제1항), 검사는 재정법원의 공소제기 결정에 따라 공소를 제기한 때에는 이를 취소할 수 없다(제264조의2).

정답 ○

002 21법9

형사소송법 제255조 제1항에 따라 공소는 제1심판결의 선고 전까지만 취소할 수 있지만, 공소장변경은 항소심에서도 가능하다. ○|×

> 공소취소는 제1심 판결의 선고 전까지 가능하고(제255조 제1항), 현행법상 형사항소심의 구조가 사후심으로서의 성격만을 가지는 것은 아니므로, 피고인의 상고에 의하여 상고심에서 원심판결을 파기하고 사건을 항소심에 환송한 경우에도 공소사실의 동일성이 인정되면 공소장변경을 허용하여 이를 심판대상으로 삼을 수 있다(대판 2004.7.22. 2003도8153).

정답 ○

003 24법9

피고인의 상고에 의하여 상고심에서 원심판결을 파기하고 사건을 항소심에 환송한 경우에도 공소사실의 동일성이 인정되면 공소장변경을 허용하여 이를 심판대상으로 삼을 수 있다. ○|×

> 대판 2004.7.22. 2003도8153

정답 ○

004 23국9

항소심에서는 검사의 공소취소가 허용되지 않는다. ○|×

> 제255조 제1항

정답 ○

005 23승 / 24국9

공소가 취소된 사건에 대하여는 공소취소 후 그 범죄사실에 대한 다른 중요한 증거를 발견한 경우에 한하여 다시 공소를 제기할 수 있다. ◯|✕

> 공소취소에 의한 공소기각의 결정이 확정된 때에는 공소취소 후 <u>그 범죄사실에 대한 다른 중요한 증거를 발견한 경우에 한하여</u> 다시 공소를 제기할 수 있다(제329조).

정답 ◯

006 71간

공소취소에 의한 공소기각의 결정이 확정된 때 다시 공소를 제기하는 요건으로서 '다른 중요한 증거를 발견한 경우'라 함은 공소취소 전의 증거만으로서는 증거 불충분으로 무죄가 선고될 가능성이 있으나 새로 발견된 증거를 추가하면 충분히 유죄의 확신을 가지게 될 정도의 증거가 있는 경우를 말한다. ◯|✕

> 다른 중요한 증거를 발견한 경우'란 재정신청 기각결정 당시에 제출된 증거에 <u>새로 발견된 증거를 추가하면 충분히 유죄의 확신을 가지게 될 정도의 증거가 있는 경우</u>를 말하고, 단순히 재정신청 기각결정의 정당성에 의문이 제기되거나 범죄피해자의 권리를 보호하기 위하여 형사재판절차를 진행할 필요가 있는 정도의 증거가 있는 경우는 여기에 해당하지 않는다(대판 2018.12.28. 2014도17182).

정답 ◯

007 21법9

실체적 경합관계에 있는 수개의 공소사실 중 어느 한 공소사실을 전부 철회하는 검사의 공판정에서의 구두에 의한 공소장변경신청이 있는 경우 이것이 그 부분의 공소를 취소하는 취지가 명백하다면 비록 공소취소신청이라는 형식을 갖추지 아니하였더라도 이를 공소취소로 보아 공소기각결정을 하여야 한다. ◯|✕

> 대판 1988.3.22. 88도67

정답 ◯

008 23국9 / 20국7

상고심에서 원심판결을 파기하고 사건을 항소심에 환송한 경우에도 공소사실의 동일성이 인정되면 항소심에서 공소장변경이 허용된다. ◯|✕

> 대판 2004.7.22. 2003도8153

정답 ◯

009 21법9

공소취소에 의한 공소기각의 결정이 확정된 때에는 공소취소 후 그 범죄사실에 대한 다른 중요한 증거를 발견한 경우에 한하여 다시 공소를 제기할 수 있으나, 범죄의 태양, 수단, 피해의 정도, 범죄로 얻은 이익 등 범죄사실의 내용을 추가 변경하여 재기소하는 경우에는 변경된 범죄사실에 대하여 다른 중요한 증거가 발견되지 않아도 재기소 할 수 있다. ○|×

> 형사소송법 제329조는 단순일죄인 범죄사실에 대하여 공소가 제기되었다가 공소취소에 의한 공소기각결정이 확정된 후 다시 종전 범죄사실 그대로 재기소하는 경우뿐만 아니라 범죄의 태양, 수단, 피해의 정도, 범죄로 얻은 이익 등 범죄사실의 내용을 추가 변경하여 재기소하는 경우에도 마찬가지로 적용된다. 따라서 단순일죄인 범죄사실에 대하여 공소취소로 인한 공소기각결정이 확정된 후에 종전의 범죄사실을 변경하여 재기소하기 위하여는, 변경된 범죄사실에 대한 다른 중요한 증거가 발견되어야 한다(대판 2009.8.20. 2008도9634).

정답 ×

010 21법9 / 71간

재심개시의 결정이 확정된 사건에 대하여 법원은 그 심급에 따라 다시 심판하여야 하나, 공소의 취소는 제1심 판결의 선고 전까지 할 수 있는바 공소사실에 대하여는 이미 오래전에 제1심 판결이 선고되고 동 판결이 확정되어 이에 대한 재심소송절차가 진행 중에 있으므로 이 재심절차 중에 있어서의 공소취소는 할 수 없는 것이다. ○|×

> 제1심판결에 대한 재심소송절차에서도 공소취소를 할 수 없다(대판 1976.12.28. 76도3203).

정답 ○

제3절 ▌ 공소제기의 방식

001 22국7

법원은 검사가 기소한 때에 지체없이 공소장 부본을 피고인 또는 변호인에게 송달하여야 하며, 제1회 공판기일 전 3일까지 송달하여야 한다. ○|×

> 법원은 공소의 제기가 있는 때에는 지체 없이 공소장의 부본을 피고인 또는 변호인에게 송달하여야 한다. 단, 제1회 공판기일 전 5일까지 송달하여야 한다(제266조).

정답 ×

002 23·22법9 / 21국7

검사의 기명날인 또는 서명이 없는 상태로 관할법원에 제출된 공소장에 의한 공소제기는 특별한 사정이 없는 한 그 절차가 법률의 규정에 위반하여 무효인 때에 해당하지만, 공소를 제기한 검사가 공소장에 기명날인 또는 서명을 추완하는 등의 방법에 의하여 공소제기가 유효하게 될 수 있다. ☐O☐X

> 검사의 기명날인 또는 서명이 없는 상태로 관할법원에 제출된 공소장은 형사소송법 제57조 제1항에 위반된 서류라 할 것이다. 그리고 이와 같이 법률이 정한 형식을 갖추지 못한 공소장 제출에 의한 공소의 제기는 특별한 사정이 없는 한 그 절차가 법률의 규정에 위반하여 무효인 때(제327조 제2호)에 해당한다. 다만 이 경우 공소를 제기한 검사가 공소장에 기명날인 또는 서명을 추완하는 등의 방법에 의하여 공소의 제기가 유효하게 될 수 있다(대판 2012.9.27. 2010도17052).

정답 O

003 23국9

「형사소송법」 제57조 제1항은 "공무원이 작성하는 서류에는 법률에 다른 규정이 없는 때에는 작성 연월일과 소속 공무소를 기재하고 기명날인 또는 서명하여야 한다."라고 규정하고 있다. 여기에서 '법률의 다른 규정'에 「검찰사건사무규칙」은 포함되지 않는다. ☐O☐X

> 검찰사건사무규칙은 검찰청법 제11조의 규정에 따라 각급 검찰청의 사건의 수리·수사·처리 및 공판수행 등에 관한 사항을 정함으로써 사건사무의 적정한 운영을 기함을 목적으로 하여 제정된 것으로서 그 실질은 검찰 내부의 업무처리지침으로서의 성격을 가지는 것이므로, 이를 형사소송법 제57조의 적용을 배제하기 위한 '법률의 다른 규정'으로 볼 수 없다(대판 2007.10.25. 2007도4961).

정답 O

004 22법9 / 24승 / 23국9

공소장에 검사의 간인이 없으나 공소장의 형식과 내용이 연속된 것으로 일체성이 인정되고 동일한 검사가 작성하였다고 인정되는 경우라고 하더라도, 그 공소장은 형사소송법 제57조 제2항에 위반되어 효력이 없는 서류이고, 이러한 공소장 제출에 의한 공소제기는 그 절차가 형사소송법 제327조 제2호에 위반하여 무효인 때에 해당한다. ☐O☐X

> '간인'은 서류작성자의 간인으로서 1개의 서류가 여러 장으로 되어 있는 경우 그 서류의 각 장 사이에 겹쳐서 날인하는 것이다. 이는 서류 작성 후 그 서류의 일부가 누락되거나 교체되지 않았다는 사실을 담보하기 위한 것이다. 따라서 공소장에 검사의 간인이 없더라도 그 공소장의 형식과 내용이 연속된 것으로 일체성이 인정되고 동일한 검사가 작성하였다고 인정되는 한 그 공소장을 형사소송법 제57조 제2항에 위반되어 효력이 없는 서류라고 할 수 없다. 이러한 공소장 제출에 의한 공소제기는 그 절차가 법률의 규정에 위반하여 무효인 때(제327조 제2호)에 해당한다고 할 수 없다(대판 2021.12.30. 2019도16259).

정답 ×

005 22·21법9 / 22국7 / 24국9(교정직)

검사가 전자문서나 저장매체를 이용하여 공소를 제기한 경우, 법원은 저장매체에 저장된 전자문서 부분을 제외하고 서면인 공소장에 기재된 부분만으로 공소사실을 판단하여야 한다. 만일 그 기재 내용만으로는 공소사실이 특정되지 않은 부분이 있다면 검사에게 특정을 요구하여야 하고, 그런데도 검사가 특정하지 않는다면 그 부분에 대해서는 공소를 기각할 수밖에 없다. ○|×

> 검사가 위와 같은 방식으로 공소를 제기하거나 공소장변경허가신청서를 제출한 경우, 법원은 저장매체에 저장된 전자적 형태의 문서 부분을 고려함이 없이 서면인 공소장이나 공소장변경신청서에 기재된 부분만을 가지고 공소사실 특정 여부를 판단하여야 한다. 만일 공소사실이 특정되지 아니한 부분이 있다면, 검사에게 석명을 구하여 특정을 요구하여야 하고, 그럼에도 검사가 이를 특정하지 않는다면 그 부분에 대해서는 공소를 기각할 수밖에 없다(대판 2016.12.15. 2015도3682).

정답 ○

006 21경2

검사가 제출한 공소장변경허가신청서에 신청을 허가하여 달라는 취지의 문구만이 기재되어 있을 뿐 피고인의 성명 기타 피고인을 특정할 수 있는 사항, 적용법조 등이 기재되어 있지 않고 피고인 또는 변호인에게 송달되지도 않았다면, 검사가 공판기일에서 공소장변경허가신청서로 공소장을 갈음한다는 구두진술을 하고 피고인과 변호인이 이의를 제기하지 아니하고 변론에 응하였더라도 그 공소제기의 절차는 법률의 규정에 위반하여 무효이므로 법원은 그 공소사실에 대하여 공소기각판결을 선고하여야 한다. ○|×

> 이 사건 알선행위에 대한 공소의 제기는 법 제254조에 규정된 형식적 요건을 갖추지 못한 이 사건 변경신청서에 기하여 이루어졌을 뿐만 아니라, 공소장부본 송달 등의 절차 없이 공판기일에서 이 사건 변경신청서로 공소장을 갈음한다는 검사의 구두진술에 의한 것이라서, 그 공소제기의 절차에는 법률의 규정에 위반하여 무효라고 볼 정도의 현저한 방식위반이 있다고 봄이 상당하고, 피고인과 변호인이 그에 대하여 이의를 제기하지 않았다고 하여 그 하자가 치유된다고 볼 수는 없다(대판 2009.2.26. 2008도11813).

정답 ○

007 21국7

포괄일죄와 같이 공소범죄의 특성에 비추어 개괄적인 기재가 불가피한 경우에는 사실상 피고인의 방어권 행사에 지장을 가져오는 경우에도 구체적인 기재가 있는 공소장이라고 할 수 있다. ○|×

> 비록 공소범죄의 특성에 비추어 개괄적인 기재가 불가피한 경우가 있다 하더라도, 사실상 피고인의 방어권행사에 지장을 가져오는 경우에는 형사소송법 제254조 제4항에서 정하고 있는 구체적인 범죄사실의 기재가 있는 공소장이라고 할 수 없다(대판 2000.11.24. 2000도2119).

정답 ×

008 71간

포괄일죄에 대한 공소사실의 기재에 있어서는 그 일죄의 일부를 구성하는 개개의 행위에 대하여 구체적으로 특정하지 않더라도 전체 범행의 시기와 종기, 범행방법, 피해자나 상대방, 범행횟수, 피해액의 합계 등을 명시하면 공소사실이 특정된 것으로 본다. ☐○☐×☐

> 포괄일죄에 있어서 그 일죄의 일부를 구성하는 개개의 행위에 대하여 구체적으로 특정하지 아니하더라도 그 전체범행의 시기와 종기, 범행방법, 범행횟수 또는 피해액의 합계 및 피해자나 상대방을 명시하면 이로써 그 범죄사실은 특정되는 것이다(대판 2009.7.23. 2008도5930).

정답 ○

009 71간

공소장에는 죄명·공소사실과 함께 적용법조를 기재하여야 하며, 공소장에 적용법조를 기재하는 이유는 공소사실의 법률적 평가를 명확히 하여 공소의 범위를 확정하고 피고인의 방어권을 보장하는데 있으므로, 법원은 검사의 공소장 기재 적용법조에 구속되어야 한다. ☐○☐×☐

> 공소장에는 죄명·공소사실과 함께 적용법조를 기재하여야 하지만(제254조) 공소장에 <u>적용법조를 기재하는 이유는</u> 공소사실의 법률적 평가를 명확히 하여 <u>공소의 범위를 확정하는 데 보조기능을 하도록 하고,</u> 피고인의 방어권을 보장하고자 함에 있을 뿐이고, 법률의 해석 및 적용 문제는 법원의 전권이므로, <u>공소사실이 아닌 어느 처벌조항을 준용할지에 관한 해석 및 판단에 있어서는 법원은 검사의 공소장 기재 적용법조에 구속되지 않는다</u>(대판 2018.7.24. 2018도3443).

정답 ×

010 21경2 / 24승 / 24국9

동일한 사실관계에 대하여 서로 양립할 수 없는 적용법조의 적용을 주위적·예비적으로 구하는 경우, 예비적 공소사실만 유죄로 인정되고 그 부분에 대하여 피고인만 상소하였다면 예비적 공소사실만 상소심의 심판의 대상에 포함되고 주위적 공소사실은 상소심의 심판대상에 포함되지 않는다. ☐○☐×☐

> 원래 주위적·예비적 공소사실의 일부에 대한 상소제기의 효력은 나머지 공소사실 부분에 대하여도 미치는 것이고, 동일한 사실관계에 대하여 서로 양립할 수 없는 적용법조의 적용을 주위적·예비적으로 구하는 경우에는 예비적 공소사실만 유죄로 인정되고 그 부분에 대하여 피고인만 상소하였다고 하더라도 주위적 공소사실까지 함께 상소심의 심판대상에 포함된다(대판 2006.5.25. 2006도1146).

정답 ×

011 24승

공소장일본주의는 검사가 공소를 제기할 때에는 원칙적으로 공소장 하나만을 제출하여야 하고 그 밖에 사건에 관하여 법원에 예단을 생기게 할 수 있는 서류 기타 물건을 첨부하거나 그 내용을 인용하여서는 아니된다는 원칙이다. ☐○☐✕

> 공소장에는 제1항에 규정한 서류외에 사건에 관하여 법원에 예단이 생기게 할 수 있는 서류 기타 물건을 첨부하거나 그 내용을 인용하여서는 아니된다(규칙 제118조 제2항).

정답 ○

012 23국9

「형사소송법」 제254조 제3항은 공소장에 동항 소정의 사항들을 필요적으로 기재하도록 한 규정에 불과하고 그 이외의 사항의 기재를 금지하고 있는 규정이 아니므로, 공소시효가 완성된 범죄사실을 공소범죄사실 이외의 사실로 기재한 공소장은 위 규정에 위배된다고 볼 수 없다. ☐○☐✕

> 형사소송법 제254조 제3항은 공소장에 동항 소정의 사항들을 필요적으로 기재하도록 한 규정에 불과하고 그 이외의 사항의 기재를 금지하고 있는 규정이 아니므로 공소시효가 완성된 범죄사실을 공소범죄사실 이외의 사실로 기재한 공소장이 위 형사소송법 제254조 제3항의 규정에 위배된다고 볼 수 없다(대판 1983.11.8. 83도1979).

정답 ○

013 22법9 / 21경2 / 23·22국9 / 23국7

공소장일본주의에 위배된 공소제기는 그 절차가 법률의 규정을 위반하여 무효인 때에 해당하는 것으로 보아 공소기각의 판결을 선고하는 것이 원칙이다. 그러나 공소장 기재의 방식에 관하여 피고인 측으로부터 아무런 이의가 제기되지 아니하였고 법원 역시 범죄사실의 실체를 파악하는 데 지장이 없다고 판단하여 그대로 공판절차를 진행한 결과 증거조사절차가 마무리되어 법관의 심증형성이 이루어진 단계에서는 소송절차의 동적 안정성 및 소송경제의 이념 등에 비추어 볼 때 이제는 더 이상 공소장일본주의 위배를 주장하여 이미 진행된 소송절차의 효력을 다툴 수는 없다고 보아야 한다. ☐○☐✕

> 공소장일본주의에 위배된 공소제기라고 인정되는 때에는 그 절차가 법률의 규정을 위반하여 무효인 때에 해당하는 것으로 보아 공소기각의 판결을 선고하는 것이 원칙이다. 그러나 공소장 기재의 방식에 관하여 피고인 측으로부터 아무런 이의가 제기되지 아니하였고 법원 역시 범죄사실의 실체를 파악하는 데 지장이 없다고 판단하여 그대로 공판절차를 진행한 결과 증거조사절차가 마무리되어 법관의 심증형성이 이루어진 단계에서는 소송절차의 동적 안정성 및 소송경제의 이념 등에 비추어 볼 때 이제는 더 이상 공소장일본주의 위배를 주장하여 이미 진행된 소송절차의 효력을 다툴 수는 없다고 보아야 한다(대판 2009.10.22. 2009도7436 전원합의체).

정답 ○

014 24승

공소장 기재의 방식에 관하여 피고인측의 유효한 이의제기가 있었더라도 법원이 공판절차 초기 쟁점정리 과정에서 범죄구성요건과 상관이 없어 심리하지 않겠다고 고지하고 증거조사 등의 공판절차를 진행하였다면 공소장 기재 방식의 하자는 치유된 것으로 본다. ◯|✕

> 공소장일본주의에 위배된 공소제기라고 인정되는 때에는, 그 절차가 법률의 규정에 위반하여 무효인 때에 해당하는 것으로 보아 공소기각의 판결을 선고하는 것이 원칙이다(제327조 제2호). 다만 공소장 기재의 방식에 관하여 피고인 측으로부터 아무런 이의가 제기되지 아니하였고 법원 역시 범죄사실의 실체를 파악하는 데 지장이 없다고 판단하여 그대로 공판절차를 진행한 결과 증거조사절차가 마무리되어 법관의 심증형성이 이루어진 단계에 이른 경우에는 소송절차의 동적 안정성 및 소송경제의 이념 등에 비추어 볼 때 더 이상 공소장일본주의 위배를 주장하여 이미 진행된 소송절차의 효력을 다툴 수 없다고 보아야 하나(대판 2009.10.22. 2009도7436 전원합의체), **피고인 측으로부터 이의가 유효하게 제기되어 있는 이상 공판절차가 진행되어 법관의 심증형성의 단계에 이르렀다고 하여 공소장일본주의 위배의 하자가 치유된다고 볼 수 없다**(대판 2015.1.29. 2012도2957).

정답 ✕

015 24국9

공소장일본주의에 위반되는 공소제기에 대하여 피고인 측으로부터 유효한 이의가 제기되어 있더라도 법원이 그대로 공판절차를 진행한 결과 증거조사절차가 마무리되어 법관의 심증형성이 이루어진 단계에서는 공소장일본주의 위배를 주장하여 이미 진행된 소송절차의 효력을 다툴 수 없다. ◯|✕

> 대판 2015.1.29. 2012도2957

정답 ✕

016 21법9 / 24승

공소장일본주의에 위배된 공소제기라고 인정되는 때에는, 그 절차가 법률의 규정에 위반하여 무효인 때에 해당하는 것으로 보아 공소기각의 판결을 선고하는 것이 원칙이다. ◯|✕

> 공소장일본주의에 위배된 공소제기라고 인정되는 때에는 그 절차가 법률의 규정에 위반하여 무효인 때에 해당하는 것으로 보아 공소기각의 판결을 선고하는 것이 원칙이다(대판 2009.10.22. 2009도7436).

정답 ◯

017 23국7

공소장일본주의의 위배 여부는 공소장에 첨부 또는 인용된 서류 기타 물건의 내용, 그리고 법령이 요구하는 사항 이외에 공소장에 기재된 사실이 법관 또는 배심원에게 예단을 생기게 하여 법관 또는 배심원이 범죄사실의 실체를 파악하는 데 장애가 될 수 있는지 여부를 기준으로 당해 사건에서 구체적으로 판단하여야 한다. ☐O|X☐

> 공소장일본주의의 위배여부는 공소사실로 기재된 범죄의 유형과 내용 등에 비추어 볼 때에 공소장에 첨부 또는 인용된 서류 기타 물건의 내용, 그리고 법령이 요구하는 사항 이외에 공소장에 기재된 사실이 법관 또는 배심원에게 예단을 생기게 하여 법관 또는 배심원이 범죄사실의 실체를 파악하는 데 장애가 될 수 있는지 여부를 기준으로 당해 사건에서 구체적으로 판단하여야 한다(대판 2009.10.22. 2009도7436 전원합의체).

정답 O

018 24승

살인, 방화 등의 경우 범죄의 직접적인 동기 또는 공소범죄사실과 밀접불가분의 관계에 있는 동기를 공소사실에 기재하는 것이 공소장일본주의 위반이 아님은 명백하고, 설사 범죄의 직접적인 동기가 아닌 경우에도 동기의 기재는 공소장의 효력에 영향을 미치지 아니한다. ☐O|X☐

> 살인, 방화 등의 경우 범죄의 직접적인 동기 또는 공소범죄사실과 밀접불가분의 관계에 있는 동기를 공소사실에 기재하는 것이 공소장일본주의 위반이 아님은 명백하고, 설사 범죄의 직접적인 동기가 아닌 경우에도 동기의 기재는 공소장의 효력에 영향을 미치지 아니한다(대판 2007.5.11. 2007도748).

정답 O

019 71간

약식명령에 대한 정식재판청구가 제기되었음에도 법원이 증거서류 및 증거물을 검사에게 반환하지 않고 보관하고 있다고 하여 그 이전에 이미 적법하게 제기된 공소제기의 절차가 위법하게 된다고 할 수 없다. ☐O|X☐

> 검사가 약식명령을 청구하는 때에는 약식명령의 청구와 동시에 약식명령을 하는 데 필요한 증거서류 및 증거물을 법원에 제출하여야 하는바(규칙 제170조), 이는 약식절차가 서면심리에 의한 재판이어서 공소장일본주의의 예외를 인정한 것이므로 약식명령의 청구와 동시에 증거서류 및 증거물이 법원에 제출되었다 하여 공소장일본주의를 위반하였다 할 수 없고, 그 후 약식명령에 대한 정식재판청구가 제기되었음에도 법원이 증거서류 및 증거물을 검사에게 반환하지 않고 보관하고 있다고 하여 그 이전에 이미 적법하게 제기된 공소제기의 절차가 위법하게 된다고 할 수도 없다(대판 2007.7.26. 2007도3906).

정답 O

020 24법9

검사의 약식명령 청구와 동시에 증거서류 및 증거물이 법원에 제출되었다고 하여 공소장일본주의를 위반하였다고 할 수 없고, 그 후 약식명령에 대한 정식재판청구가 제기되었음에도 법원이 증거서류 및 증거물을 검사에게 반환하지 않고 보관하고 있다고 하여 그 이전에 이미 적법하게 제기된 공소제기절차가 위법하게 된다고 할 수 없다. ○|×

> 대판 2007.7.26. 2007도3906

정답 ○

021 21국7

하나의 행위가 여러 범죄의 구성요건을 동시에 충족하는 경우 공소제기권자는 자의적으로 공소권을 행사하여 소추재량을 현저히 벗어났다는 등의 특별한 사정이 없는 한, 증명의 난이 등 여러 사정을 고려하여 그중 일부 범죄에 관해서만 공소를 제기할 수도 있다. ○|×

> 대판 2017.12.5. 2017도13458

정답 ○

022 71간

공소사실과 적용법조의 예비적·택일적 기재는 범죄사실의 동일성이 인정되지 않는 실체적 경합관계에 있는 수개의 범죄사실 사이에도 인정된다. ○|×

> 형사소송법 254조 제5항에 수개의 범죄사실과 적용법조를 예비적 또는 택일적으로 기재할 수 있다 함은 수개의 범죄사실간에 <u>범죄사실의 동일성이 인정되는 범위 내에서는 물론 그들 범죄사실 상호간에 범죄의 일시, 장소, 수단 및 객체등이 달라서 수개의 범죄사실로 인정되는 경우에도 이들 수개의 범죄사실을 예비적 또는 택일적으로 기재할 수 있다는 취지다</u>(대판 1966.3.24. 65도114 전원합의체).

정답 ○

제4절 | 공소제기의 효과

001 71간

하나의 행위가 부작위범인 직무유기죄와 작위범인 범인도피죄의 구성요건을 동시에 충족하는 경우, 공소제기권자는 작위범인 범인도피죄로 공소를 제기하지 않고 부작위범인 직무유기죄로만 공소를 제기할 수도 있다. ○|×

> <u>하나의 행위가 부작위범인 직무유기죄와 작위범인 허위공문서작성·행사죄의 구성요건을 동시에 충족하는 경우, 공소제기권자는 재량에 의하여 작위범인 허위공문서작성·행사죄로 공소를 제기하지 않고 부작위범인 직무유기죄로만 공소를 제기할 수 있다</u>(대판 2008.2.14. 2005도4202).

정답 ○

002 23승

공소제기에 의해 사건은 법원에 계속되고 공소시효의 진행이 정지되며 법원은 검사가 공소제기한 사건에 한하여 심판하여야 한다. ☐O☐X☐

> 공소제기에 의하여 사건은 법원에 계속된다. 사건이 특정한 법원의 심판대상으로 되어 있는 상태를 소송계속이라고 한다. 또한 공소시효는 공소의 제기로 진행이 정지된다(제253조 제1항 전단). 그리고 불고불리의 원칙상 검사의 공소제기가 없으면 법원이 심판할 수 없는 것이고, 법원은 검사가 공소제기한 사건에 한하여 심판을 하여야 한다(대판 2001.12.27. 2001도5304).

정답 ○

제5절 | 공소시효

001 21국9

2개 이상의 형을 병과하거나 2개 이상의 형에서 그 1개를 과할 범죄에는 중한 형에 의하여 공소시효의 기간을 결정한다. ☐O☐X☐

> 제250조

정답 ○

002 22법9

공소시효 기간은 두 개 이상의 형을 병과하거나 두 개 이상의 형에서 한 개를 과할 범죄에 대해서는 무거운 형을 기준으로 적용하고, 형법에 의하여 형을 가중 또는 감경한 경우에는 가중 또는 감경하지 아니한 형을 기준으로 적용한다. ☐O☐X☐

> 2개 이상의 형을 병과하거나, 2개 이상의 형에서 그 1개를 과할 범죄에는 무거운 형이 기준이 된다(제250조). 또한 형법에 의하여 형을 가중 또는 감경할 경우에는 가중 또는 감경하지 아니한 형이 시효기간의 기준이 된다(제251조).

정답 ○

003 22법9 / 24승

사람을 살해한 범죄로 사형에 해당하는 범죄에 대하여는, 종범을 제외하고 형사소송법 제249조(공소시효의 기간)부터 제253조(시효의 정지와 효력)까지에 규정된 공소시효를 적용하지 아니한다. ☐O☐X☐

> 사람을 살해한 범죄(종범은 제외한다)로 사형에 해당하는 범죄에 대하여는 제249조부터 제253조까지에 규정된 공소시효를 적용하지 아니한다(제253조의2).

정답 ○

004 23국7

상상적 경합관계에 있는 죄들 중 일부의 죄에 대해 공소시효가 완성되었다고 하여 그 죄와 상상적 경합관계에 있는 다른 죄의 공소시효까지 완성되는 것이 아니다. ☐O☐X☐

> 1개의 행위가 여러 개의 죄에 해당하는 경우 형법 제40조는 이를 과형상 일죄로 처벌한다는 것에 지나지 아니하고, 공소시효를 적용함에 있어서는 각 죄마다 따로 따져야 할 것인바, 공무원이 취급하는 사건에 관하여 청탁 또는 알선을 할 의사와 능력이 없음에도 청탁 또는 알선을 한다고 기망하여 금품을 교부받은 경우에 성립하는 사기죄와 변호사법 위반죄는 상상적 경합의 관계에 있으므로, 변호사법 위반죄의 공소시효가 완성되었다고 하여 그 죄와 상상적 경합관계에 있는 사기죄의 공소시효까지 완성되는 것은 아니다(대판 2006.12.8. 2006도6356).

정답 ○

005 71간 / 24국9

사기죄와 변호사법위반죄의 상상적 경합범에서 후자의 공소시효가 완성되었다고 하여 전자의 공소시효까지 완성되는 것은 아니다. ☐O☐X☐

> 대판 2006.12.8. 2006도6356

정답 ○

006 24승 / 23국7

범죄 후 법률의 개정에 의하여 법정형이 가벼워진 경우에는 「형법」 제1조 제2항에 의하여 당해 범죄사실에 적용될 신법의 법정형이 공소시효기간의 기준이 된다. ☐O☐X☐

> 대판 1987.12.22. 87도84

정답 ○

007 24승 / 23·22국7

공소장 변경으로 인해 공소사실이 변경됨에 따라 법정형에 차이가 생기는 경우라도 변경 전 공소사실에 대한 법정형이 공소시효기간의 기준이 된다. ☐O☐X☐

> 공소장변경절차에 의하여 공소사실이 변경됨에 따라 그 법정형에 차이가 있는 경우에는 변경된 공소사실에 대한 법정형이 공소시효기간의 기준이 된다(대판 2001.8.24. 2001도2902).

정답 ×

008 21경1 / 24·21국9

공소장변경이 있는 경우 공소시효의 완성 여부는 당초의 공소제기가 있었던 시점을 기준으로 판단할 것이고 공소장변경시를 기준으로 삼을 것이 아니다. ☐O☐X☐

> 대판 2001.8.24. 2001도2902, 대판 2002.10.11. 2002도2939

정답 ○

009 22법9 / 21승

공소제기 당시의 공소사실에 대한 법정형을 기준으로 하면 아직 공소시효가 완성되지 않았으나 법원이 공소장을 변경하지 않고도 범죄사실을 인정하는 경우, 그 범죄사실에 대한 법정형을 기준으로 하면 공소제기 당시 이미 공소시효가 완성되었다면 법원은 면소판결을 선고하여야 한다. ⃞O⃞X

> 대판 2001.8.24. 2001도2902

정답 ○

010 24법9

공소장변경절차에 의하여 공소사실이 변경됨에 따라 그 법정형에 차이가 있는 경우에는 변경된 공소사실에 대한 법정형이 공소시효기간의 기준이 되고, 그 공소시효의 완성 여부도 공소장 변경시를 기준으로 한다. ⃞O⃞X

> 대판 2001.8.24. 2001도2902

정답 ×

011 22국7 / 21국9

공범 중 1인에 대해 약식명령이 확정된 후 그에 대한 정식재판청구권회복결정이 있었다고 하더라도 그 사이의 기간 동안에는 특별한 사정이 없는 한 다른 공범자에 대한 공소시효는 정지함이 없이 계속 진행된다. ⃞O⃞X

> 공범 중 1인에 대해 <u>약식명령이 확정된 후 그에 대한 정식재판청구권회복결정이 있었다고 하더라도 그 사이의 기간 동안에는</u>, 특별한 사정이 없는 한, <u>다른 공범자에 대한 공소시효는 정지함이 없이 계속 진행한다</u>(대판 2012.3.29. 2011도15137).

정답 ○

012 71간

정보통신망을 이용한 명예훼손의 경우에는 게재행위의 종료만으로 범죄행위가 종료하는 것이 아니고 원래 게시물이 삭제되어 정보의 송수신이 불가능해지는 시점을 범죄의 종료시기로 보아서 이때부터 공소시효를 기산하여야 한다. ⃞O⃞X

> <u>정보통신망을 이용한 명예훼손의 경우 게재행위만으로 범죄가 성립하고 종료하므로 그때부터 공소시효를 기산해야 하고, 게시물이 삭제된 시점을 범죄의 종료시기로 보아서 그때부터 공소시효를 기산해야 하는 것은 아니다</u>(대판 2007.10.25. 2006도346).

정답 ×

013 71간

「공직선거법」 제268조 제1항 본문은 "이 법에 규정한 죄의 공소시효는 당해 선거일 후 6개월(선거일 후에 행하여진 범죄는 그 행위가 있는 날부터 6개월)을 경과함으로써 완성한다."라고 규정하고 있는데, 여기서 '당해 선거일'이란 당내경선의 투표일이 아니라 그 선거범죄와 직접 관련된 공직선거의 투표일이다. ☐O☐X

> 대판 2019.10.31. 2019도8815

정답 O

014 21승

선거범죄가 당내경선운동에 관한 「공직선거법」 위반죄인 경우 그 선거범죄에 대한 공소시효의 기산일은 당내경선의 투표일이다. ☐O☐X

> 공직선거법 제268조 제1항 본문은 "이 법에 규정한 죄의 공소시효는 당해 선거일 후 6개월(선거일 후에 행하여진 범죄는 그 행위가 있는 날부터 6개월)을 경과함으로써 완성한다."라고 규정하고 있다. 여기서 말하는 '당해 선거일'이란 <u>그 선거범죄와 직접 관련된 공직선거의 투표일을 의미한다.</u> 이는 선거범죄가 당내경선운동에 관한 공직선거법 위반죄인 경우에도 마찬가지이므로, <u>그 선거범죄에 대한 공소시효의 기산일은 당내경선의 투표일이 아니라 그 선거범죄와 직접 관련된 공직선거의 투표일이다</u>(대판 2019.10.31. 2019도8815).

정답 ×

015 71간 / 24·23·22승 / 23국7

범죄의 증명이 없다는 이유로 공범 중 1인이 무죄의 확정판결을 선고받은 경우에는 그를 공범이라고 할 수 없으므로, 그에 대하여 제기된 공소로써는 진범에 대한 공소시효 정지의 효력이 없다. ☐O☐X

> 공범의 1인으로 기소된 자가 구성요건에 해당하는 위법행위를 공동으로 하였다고 인정되기는 하나 <u>책임조각을 이유로 무죄로 되는 경우와는 달리, 범죄의 증명이 없다는 이유로 공범 중 1인이 무죄의 확정판결을 선고받은 경우에는</u> <u>그를 공범이라고 할 수 없어 그에 대하여 제기된 공소로써는 진범에 대한 공소시효정지의 효력이 없다</u>(대판 1999.3.9. 98도4621).

정답 O

016 22승

공범 중 1인에 대한 공소의 제기로 다른 공범자에 대한 공소 시효의 진행이 정지되더라도 공소가 제기된 공범 중 1인에 대한 재판이 확정되면, 그 재판의 결과가 공소기각 또는 관할위반인 경우뿐만 아니라 유죄, 무죄, 면소인 경우에도 그 재판이 확정된 때로부터 다시 공소시효가 진행되지만, 약식명령이 확정된 때에는 그러하지 아니하다. O│X

> 공범의 1인에 대한 공소시효정지는 다른 공범자에 대하여도 효력이 미치고 당해 사건의 재판이 확정된 때로부터 진행한다(제253조 제2항). 형사소송법 제253조 제2항 소정의 재판이라 함은 종국재판이면 그 종류를 묻지 않는다(대판 1999.3.9. 98도4621). 따라서 그 재판의 결과가 공소기각 또는 관할위반인 경우뿐만 아니라 유죄, 무죄(범죄의 증명이 없다는 이유로 무죄인 경우는 제외), 면소인 경우에도 그 재판이 확정된 때로부터 다시 공소시효가 진행되며, 약식명령도 확정된 경우 유죄의 확정판결과 동일한 효과가 발생하므로 확정된 재판에 해당한다.

정답 ×

017 24국9

「형사소송법」제253조 제2항의 '공범'을 해석할 때에는 이 조항이 공소제기 효력의 인적 범위를 확장하는 예외를 마련하여 놓은 것이므로 원칙적으로 엄격하게 해석하여야 하고 피고인에게 불리한 방향으로 확장하여 해석해서는 아니 된다. O│X

> 형사소송법이 공범 중 1인에 대한 공소의 제기로 다른 공범자에 대하여도 공소시효가 정지되도록 한 것은 공소제기 효력의 인적 범위를 확장하는 예외를 마련하여 놓은 것이므로, 이는 엄격하게 해석하여야 하고 피고인에게 불리한 방향으로 확장하거나 축소하여 해석해서는 아니 된다(대판 2012.3.29. 2011도15137).

정답 ○

018 21경1

구「수산업협동조합법」제178조 제5항 본문은 "제1항 내지 제4항에 규정된 죄의 공소시효는 해당 선거일 후 6월(선거일 후에 행하여진 죄는 그 행위가 있는 날부터 6월)을 경과함으로써 완성한다."라고 규정하고 있는데, 여기서 선거일까지 발생한 범죄의 공소시효 기산일인 '선거일 후'는 '선거일 다음 날'이 아니라 '선거일 당일'을 의미한다. O│X

> 구 수산업협동조합법에 규정된 선거범죄의 공소시효를 규정한 같은 법 제178조 제5항 본문 중 선거일까지 발생한 선거범죄의 공소시효 기산일인 '선거일 후'는 '선거일 당일'이 아니라 '선거일 다음 날'로 보는 것이 타당하다(대판 2012.10.11. 2011도17404).

정답 ×

019 21경1

무고죄에 있어서 그 신고 된 범죄사실이 이미 공소시효가 완성된 것이어서 무고죄가 성립하지 아니하는 경우에 해당하는지 여부는 그 신고시를 기준으로 하여 판단하여야 한다. ⃞O⃞X

> 대판 2008.3.27. 2007도11153

정답 O

020 21경1

피고인의 신병이 확보되기 전에 공소가 제기되었다고 하더라도 그러한 사정만으로 공소제기가 부적법한 것이 아니고, 공소가 제기되면 「형사소송법」 제253조 제1항에 따라 공소시효의 진행이 정지된다. ⃞O⃞X

> 형사소송법 제253조 제1항은 "시효는 공소의 제기로 진행이 정지되고 공소기각 또는 관할위반의 재판이 확정된 때로부터 진행한다."라고 정하고 있다. 피고인의 신병이 확보되기 전에 공소가 제기되었다고 하더라도 <u>그러한 사정만으로 공소제기가 부적법한 것이 아니고, 공소가 제기되면 위 규정에 따라 공소시효의 진행이 정지된다</u>(대판 2017.1.25. 2016도15526).

정답 O

021 21승 / 24·21국9

공소시효 정지사유를 규정한 「형사소송법」 제253조 제3항의 '범인이 형사처분을 면할 목적으로 국외에 있는 경우'에는 범인이 국외에서 범죄를 저지르고 형사처분을 면할 목적으로 국외에서 체류를 계속하는 경우도 포함된다. ⃞O⃞X

> 형사소송법 제253조 제3항이 정한 '범인이 형사처분을 면할 목적으로 국외에 있는 경우'는 범인이 국내에서 범죄를 저지르고 형사처분을 면할 목적으로 국외로 도피한 경우에 한정되지 아니하고, 범인이 국외에서 범죄를 저지르고 형사처분을 면할 목적으로 국외에서 체류를 계속하는 경우도 포함된다고 볼 것이다(대판 2015.6.24. 2015도5916).

정답 O

022 22·21국7

공무원이 동일한 사안에 관한 일련의 직무집행 과정에서 단일하고 계속된 범의로 일정기간 계속하여 저지른 직권남용행위가 직권남용권리행사방해죄의 포괄일죄가 되는 경우, 그 공소시효는 최종 범죄행위가 종료된 때부터 진행한다. ⃞O⃞X

> 포괄일죄의 공소시효는 최종의 범죄행위가 종료된 때부터 진행한다(대판 2002.10.11. 2002도2939).

정답 O

023 22국7

횡령으로 인한 특정범죄가중처벌등에관한법률위반(국고등손실)죄는 「형법」상 횡령죄 내지 업무상횡령죄에 대한 가중규정으로서 신분관계로 인한 형의 가중이 있는 것이고, 회계관계직원 내지 업무상 보관자라는 신분 없는 피고인이 위 죄의 범행에 방조범으로 가담하였다면 공소시효 기간의 기준이 되는 법정형은 「형법」상 단순 횡령방조죄의 법정형에 의하여야 한다. ○│X

> 횡령으로 인한 특정범죄가중처벌등에관한법률위반(국고등손실)죄는 「형법」상 횡령죄 내지 업무상횡령죄에 대한 가중규정으로서 신분관계로 인한 형의 가중이 있는 것이고, 회계관계직원 내지 업무상 보관자라는 신분 없는 피고인이 위 죄의 범행에 방조범으로 가담하였다면 공소시효 기간의 기준이 되는 법정형은 「형법」상 단순 횡령방조죄의 법정형에 의하여야 한다(대판 2020.11.5. 2019도12284).

정답 ○

024 22법9

형사소송법 제253조(시효의 정지와 효력) 제3항은 범인이 형사처분을 면할 목적으로 국외에 있는 경우 그 기간 동안 공소시효는 정지된다고 규정하고 있는데, 이때 범인의 국외체류의 목적은 오로지 형사처분을 면할 목적만으로 국외체류하는 것에 한정되는 것은 아니고 범인이 가지는 여러 국외체류 목적 중 형사처분을 면할 목적이 포함되어 있으면 족하다. ○│X

> 형사소송법 제253조 제3항은 범인이 형사처분을 면할 목적으로 국외에 있는 경우 그 기간 동안 공소시효는 정지된다고 규정하고 있는데, 이 때 범인의 국외체류의 목적은 오로지 형사처분을 면할 목적만으로 국외체류하는 것에 한정되는 것은 아니고 범인이 가지는 여러 국외체류 목적 중 형사처분을 면할 목적이 포함되어 있으면 족하다(대판 2003.1.24. 2002도4994).

정답 ○

025 21승

공무원이 직무에 관하여 금전을 무이자로 차용한 경우에는 그 차용 당시에 금융이익 상당의 뇌물을 수수한 것으로 보아야 하므로 그 공소시효는 금전을 무이자로 차용한 때로부터 기산한다. ○│X

> 공무원이 직무에 관하여 금전을 무이자로 차용한 경우에는 차용 당시에 금융이익 상당의 뇌물을 수수한 것으로 보아야 하므로, 공소시효는 금전을 무이자로 차용한 때로부터 기산한다(대판 2012.2.23. 2011도7282).

정답 ○

026 22승 / 23국7

형사소송법 제253조 제2항은 "공범의 1인에 대한 전항의 시효 정지는 다른 공범자에 대하여 효력이 미치고 당해 사건의 재판이 확정된 때로부터 진행한다."고 규정하는바, 여기서 말하는 '공범'에는 뇌물공여죄와 뇌물수수죄 사이와 같은 대향범 관계에 있는 자는 포함되지 않는다. ⓞⓧ

> 뇌물공여죄와 뇌물수수죄 사이와 같은 이른바 대향범 관계에 있는 자는 강학상으로는 필요적 공범이라고 불리고 있으나, … 대향범 관계에 있는 자 사이에서는 각자 상대방의 범행에 대하여 형법 총칙의 공범규정이 적용되지 아니한다. 이러한 점들에 비추어 보면, 형사소송법 제253조 제2항에서 말하는 '공범'에는 뇌물공여죄와 뇌물수수죄 사이와 같은 대향범 관계에 있는 자는 포함되지 않는다(대판 2015.2.12. 2012도4842).

정답 O

027 23승

뇌물공여죄를 범한 자에 대한 공소의 제기로 대향범인 뇌물수수죄를 범한 자에 대한 공소시효는 정지되지 않는다. ⓞⓧ

> 대판 2015.2.12. 2012도4842

정답 O

028 22승

피고인과 공범관계에 있는 자가 같은 범죄사실로 공소제기가 된 후 대법원에서 상고기각됨으로써 유죄판결이 확정되었다면, 공범자인 피고인에 대하여도 그 공범관계에 있는 자가 공소제기된 때부터 그 재판이 확정된 때까지의 기간 동안은 공소시효의 진행이 정지된다. ⓞⓧ

> 형사소송법 제253조 제2항의 규정에 의하면, 공범의 1인에 대한 시효의 정지는 다른 공범자에 대하여 효력이 미치고 당해 사건의 재판이 확정된 때로부터 다시 진행하도록 되어 있으므로, 피고인과 공범관계에 있는 자가 같은 범죄사실로 공소제기가 된 후 대법원에서 상고기각됨으로써 유죄판결이 확정된 사실이 명백하다면, 공범자인 피고인에 대하여도 적어도 그 공범이 공소제기된 때부터 그 재판이 확정된 때까지의 기간 동안은 공소시효의 진행이 정지되었음이 명백하다(대판 1995.1.20. 94도2752).

정답 O

PART 3 소송주체와 소송행위

제1장 형사소송의 주체

제1절 | 개설

제2절 | 법원

001 24·21법9

법원은 피고인이 그 관할구역 내에 현재하지 아니하는 경우에 특별한 사정이 있으면 결정으로 사건을 피고인의 현재지를 관할하는 동급 법원에 이송할 수 있고, 단독판사의 관할사건이 공소장변경에 의하여 합의부 관할사건으로 변경된 경우에 법원은 결정으로 관할권이 있는 법원에 이송한다. ◯|✕

> 제8조 제1항, 제2항

정답 ◯

002 21법9

사물관할을 달리하는 수개의 관련사건이 각각 법원합의부와 단독판사에 계속된 때에는 합의부는 검사 또는 피고인의 신청에 의하여 결정으로 단독판사에 속한 사건을 병합하여 심리할 수 있다. ◯|✕

> 사물관할을 달리하는 수개의 관련사건이 각각 법원 합의부와 단독판사에 계속된 때에는 <u>합의부는</u> 결정으로 단독판사에 속한 사건을 병합하여 심리할 수 있다(제10조).

정답 ✕

003 20국7

동일사건이 사물관할을 달리하는 수개의 법원에 계속된 때에는 먼저 공소를 받은 법원이 심판한다. ☐O☐X☐

> 동일사건이 사물관할을 달리 하는 수개의 법원에 계속된 때에는 법원 합의부가 심판한다(제12조).

정답 ×

004 24법9

같은 사건이 사물관할을 같이 하는 여러 개의 법원에 계속된 경우에 각 법원에 공통되는 바로 위의 상급법원은 검사나 피고인의 신청에 의하여 결정으로 뒤에 공소를 받은 법원으로 하여금 심판하게 할 수 있다. ☐O☐X☐

> 제13조

정답 ○

005 20국7

법원의 관할이 명확하지 않은 경우 검사, 피고인 또는 변호인은 관계있는 제1심법원에 공통되는 직근상급법원에 관할지정을 신청하여야 한다. ☐O☐X☐

> 관할의 지정이란 어느 사건에 대하여 관할법원이 없거나 명확하지 아니한 경우에 상급법원이 사건을 심판할 법원을 지정하는 것을 말한다(제14조). 관할의 지정은 검사가 관계있는 제1심법원에 공통되는 직근 상급법원에 신청하여야 한다(제14조).

정답 ×

006 21법9

사물관할을 달리 하는 수개의 관련 항소사건이 각각 고등법원과 지방법원본원합의부에 계속된 때에는 고등법원은 결정으로 지방법원본원합의부에 계속한 사건을 병합하여 심리할 수 있다. 수개의 관련 항소사건이 토지관할을 달리하는 경우에도 같다. ☐O☐X☐

> 사물관할을 달리 하는 수개의 관련 항소사건이 각각 고등법원과 지방법원본원합의부에 계속된 때에는 고등법원은 결정으로 지방법원본원합의부에 계속한 사건을 병합하여 심리할 수 있다. 수개의 관련항소사건이 토지관할을 달리하는 경우에도 같다(규칙 제4조의2 제1항).

정답 ○

007 23국9

동일 사건이 사물관할을 달리하는 수 개의 제1심 법원에 계속된 때에는 법원 합의부가 심판하게 되는데, 이 경우 단독판사는 즉시 공소기각의 결정을 하여야 하지만 만일 단독판사의 판결이 먼저 확정되었다면 합의부는 면소판결을 하여야 한다. ☐O ☐X

> 동일사건이 사물관할을 달리 하는 수개의 법원에 계속된 때에는 법원 합의부가 심판한다(제12조). 관할경합이 있는 경우에 심판을 하지 않게 된 다른 법원은 결정으로 공소를 기각해야 한다(제328조 제1항 제3호). 그러나 뒤에 공소가 제기된 사건이 먼저 확정된 때에는 먼저 공소가 제기된 사건에 대하여 면소판결을 해야 한다(제326조 제1호).

정답 O

008 24법9

관할이전의 사유가 존재하는 경우 검사는 직근 상급법원에 관할의 이전을 신청할 의무가 있다. ☐O ☐X

> 형사소송법 제15조(관할이전의 신청)
> 검사는 다음 경우에는 직근 상급법원에 관할이전을 신청하여야 한다. 피고인도 이 신청을 할 수 있다.
>   1. 관할법원이 법률상의 이유 또는 특별한 사정으로 재판권을 행할 수 없는 때
>   2. 범죄의 성질, 지방의 민심, 소송의 상황 기타 사정으로 재판의 공평을 유지하기 어려운 염려가 있는 때

정답 O

009 23국9

우리나라 군인이 전시(戰時)에 범한 「성폭력범죄의 처벌 등에 관한 특례법」 제2조의 성폭력범죄에 대해서는 우리나라 군사법원이 재판권을 가진다. ☐O ☐X

> 군형법 제2조 제2항 단서 및 동항 제1호

정답 O

010 24·23법9

형사소송법 제4조 제1항은 "토지관할은 범죄지, 피고인의 주소, 거소 또는 현재지로 한다."라고 정하고, 여기서 '현재지'라고 함은 공소제기 당시 피고인이 현재한 장소로서 임의에 의한 현재지 뿐만 아니라 적법한 강제에 의한 현재지도 이에 해당한다. ☐O ☐X

> 대판 2011.12.22. 2011도12927

정답 O

011 23법9 / 20국7

형사소송법 제5조에 정한 관련사건의 관할은, 이른바 고유관할사건 및 그 관련사건이 반드시 병합기소되거나 병합되어 심리될 것을 전제요건으로 하는 것은 아니고, 고유 관할사건 계속 중 고유관할 법원에 관련 사건이 계속된 이상, 그 후 양 사건이 병합되어 심리되지 아니한 채 고유사건에 대한 심리가 먼저 종결되었다 하더라도 관련사건에 대한 관할권은 여전히 유지된다. ○|×

> 대판 2008.6.12. 2006도8568

정답 ○

012 23법9

지방법원과 그 지원의 합의부가 제1심으로 심판하여야 할 사건을 지방법원 지원 단독판사가 제1심으로 심판하고, 그 제1심 사건에 대한 항소심 사건을 지방법원 본원 합의부가 실체에 들어가 심판한 경우, 관할획일의 원칙과 그 위법의 중대성 등에 비추어 이는 판결에 영향을 미쳤음이 명백하므로, 상고심은 직권으로 원심판결 및 제1심판결을 파기하고 사건을 관할권이 있는 지방법원 지원 합의부로 이송하여야 한다. ○|×

> 지방법원본원 합의부에서 재판하여야 할 항소사건에 대하여 고등법원이 관할권이 없음을 간과하고 그 실체에 들어가 재판한 경우, 이는 소송절차의 법령을 위반한 잘못을 저지른 것으로서, 관할제도의 입법 취지(관할획일의 원칙)와 그 위법의 중대성 등에 비추어 판결에 영향을 미쳤음이 명백하다는 이유로, 직권으로 원심판결을 파기하고 형사소송법 제394조에 의하여 사건을 관할권이 있는 지방법원본원 합의부에 이송한 사례(대판 1997.4.8. 96도2789).

정답 ○

013 21법9

토지관할을 달리하는 수개의 관련사건이 각각 다른 법원에 계속된 때에는 공통되는 직근 상급법원은 검사 또는 피고인의 신청에 의하여 결정으로 1개 법원으로 하여금 병합심리하게 할 수 있다. ○|×

> 토지관할을 달리하는 수개의 관련사건이 각각 다른 법원에 계속된 때에는 공통되는 직근 상급법원은 검사 또는 피고인의 신청에 의하여 결정으로 1개 법원으로 하여금 병합심리하게 할 수 있다(제6조). 각각 다른 법원이란 사물관할은 같으나 토지관할을 달리하는 동종·동등의 법원을 말한다(대결 1990.5.23. 90초56).

정답 ○

014 24승

소급효금지의 원칙은 형사법의 대원칙으로서, 형사소송법의 개정이 이루어지는 경우 개정법 시행 당시 수사 중이거나 법원에 계속 중인 사건에 대해서는 신법을 적용하고 구법에 따라 이미 행한 소송행위의 효력은 인정되지 아니한다. ◯|✕

> 형사소송법 부칙(2007. 6. 1.) 제2조는 형사절차가 개시된 후 종결되기 전에 형사소송법이 개정된 경우 신법과 구법 중 어느 법을 적용할 것인지에 관한 입법례 중 이른바 혼합주의를 채택하여 <u>구법 당시 진행된 소송행위의 효력은 그대로 인정하되 신법 시행 후의 소송절차에 대하여는 신법을 적용한다는 취지에서 규정된 것</u>이다. 따라서 항소심이 신법 시행을 이유로 구법이 정한 바에 따라 적법하게 진행된 제1심의 증거조사절차 등을 위법하다고 보아 그 효력을 부정하고 다시 절차를 진행하는 것은 허용되지 아니하며, 다만 <u>이미 적법하게 이루어진 소송행위의 효력을 부정하지 않는 범위 내에서 신법의 취지에 따라 절차를 진행하는 것은 허용된다</u>(대판 2008.10.23. 2008도2826).

정답 ✕

015 23국9

지방법원 본원과 지방법원 지원 사이의 관할의 분배는 지방법원 내부의 사법행정사무로서 행해진 지방법원 본원과 지원 사이의 단순한 사무분배에 그치고 소송법상 토지관할의 분배에 해당한다고 할 수 없다. ◯|✕

> 제1심 형사사건에 관하여 <u>지방법원 본원과 지방법원 지원은 소송법상 별개의 법원이자 각각 일정한 토지관할 구역을 나누어 가지는 대등한 관계</u>에 있으므로, 지방법원 본원과 지방법원 지원 사이의 관할의 분배도 지방법원 내부의 사법행정사무로서 행해진 지방법원 본원과 지원 사이의 <u>단순한 사무분배에 그치는 것이 아니라 소송법상 토지관할의 분배에 해당한다</u>(대판 2015.10.15. 2015도1803).

정답 ✕

016 23법9

지방법원 본원에 제1심 토지관할이 인정된다고 볼 특별한 사정이 없다면, 지방법원 지원에 제1심 토지관할이 인정된다는 사정만으로 지방법원 본원에도 제1심 토지관할이 당연히 인정된다고 볼 수 없다. ◯|✕

> 대판 2015.10.15. 2015도1803 세월호사건

정답 ◯

017 20국7

「형사소송법」 제6조(토지관할을 달리하는 수개의 관련사건이 각각 다른 법원에 계속된 때에는 공통되는 직근상급법원은 검사 또는 피고인의 신청에 의하여 결정으로 1개법원으로 하여금 병합심리하게 할 수 있다)의 '각각 다른 법원'은 사물관할은 같으나 토지관할을 달리하는 동종, 동등의 법원을 말한다. ☐O☐X

> 대결 1990.5.23. 90초56

정답 O

018 21국9

제척원인은 「형사소송법」 제17조에 예시적으로 열거되어 있는 것으로서, 열거되어 있는 원인 이외의 경우에도 불공평한 재판을 할 염려가 있다면 제척원인이 된다. ☐O☐X

> 제척의 원인은 형사소송법 제17조에 규정되어 있다. 제17조 제척원인은 예시적인 것이 아니라 제한적 열거이다. 따라서 아무리 불공평한 재판의 우려가 현저한 경우라도 이에 해당하지 않을 때에는 제척원인이 되지 않는다.

정답 ✕

019 24국9

통역인 甲이 제1심 공판기일에 증인으로 출석하여 진술한 다음, 같은 기일에 이 사건의 피해자이자 자신의 사실혼 배우자인 증인 乙의 진술을 통역한 경우, 甲이 통역한 乙의 증인신문조서는 유죄인정의 증거로 사용할 수 있다. ☐O☐X

> 형사소송법 제17조 제4호는 '법관이 사건에 관하여 증인, 감정인, 피해자의 대리인으로 된 때에는 직무집행에서 제척된다'고 규정하고 있고, 위 규정은 같은 법 제25조 제1항에 의하여 통역인에게 준용되므로, 통역인이 사건에 관하여 증인으로 증언한 때에는 직무집행에서 제척되고, 제척사유가 있는 통역인이 통역한 증인의 증인신문조서는 유죄 인정의 증거로 사용할 수 없다(대판 2011.4.14. 2010도13583).

정답 ✕

020 22법9

법관이 사건에 관하여 피고인의 변호인이거나 피고인·피해자의 대리인인 법무법인, 법무법인(유한), 법무조합, 법률 사무소, 「외국법자문사법」 제2조 제9호에 따른 합작법무 법인에서 퇴직한 날부터 2년이 지나지 아니한 때는 제척사유에 해당한다. ☐O☐X

> 제17조 제8호

정답 O

021 23법9

법원사무관 등과 통역인에 대한 기피신청도 가능하고, 그에 대한 기피재판은 그 소속법원이 결정으로 하여야 한다. ⊙|×

> 법원의 제척·기피·회피에 관한 사유는 전심관여로 인한 제척원인은 제외하고 법원사무관 등과 통역인에 준용한다(제25조 제1항). 법원사무관 등과 통역인에 대한 기피신청의 재판은 그 소속법원의 결정으로 한다(제25조 제2항 본문).

정답 ○

022 22법9

원심 합의부원인 법관이 원심 재판장에 대한 기피신청 사건의 심리와 기각결정에 관여한 경우는 제척사유에 해당한다. ⊙|×

> 원심 합의부원인 법관이 원심 재판장에 대한 기피신청 사건의 심리와 기각결정에 관여한 사실이 있다고 하더라도, 이를 형사소송법 제17조 제7호 소정의 '법관이 사건에 관하여 그 기초되는 조사, 심리에 관여한 때'에 해당한다고 볼 수는 없다(대판 2010.12.9. 2007도10121).

정답 ×

023 23국7

법관이 선거관리위원장으로서 공직선거법위반 혐의사실에 대하여 수사기관에 수사의뢰를 하고 그 후 당해 형사피고사건의 항소심재판을 하는 경우, 「형사소송법」 제17조제7호에서 말하는 '법관이 사건에 관하여 그 기초되는 조사에 관여한 때'에 해당하지 않는다. ⊙|×

> 선거관리위원장은 형사소송법 제197조나 사법경찰관리의직무를행할자와그직무범위에관한법률에 사법경찰관의 직무를 행할 자로 규정되어 있지 아니하고 그 밖에 달리 사법경찰관에 해당한다고 볼 근거가 없으므로 선거관리위원장으로서 공직선거및선거부정방지법위반혐의사실에 대하여 수사기관에 수사의뢰를 한 법관이 당해 형사피고사건의 재판을 하는 경우 그것이 적절하다고는 볼 수 없으나 형사소송법 제17조 제6호의 제척원인인 '법관이 사건에 관하여 사법경찰관의 직무를 행한 때'에 해당한다고 할 수 없다(대판 1999.4.13. 99도155).

정답 ○

024 22법9

고발사실 중 검사가 불기소한 부분에 관한 재정신청을 기각한 법관이 위 고발사실 중 나머지 공소제기 된 부분에 대한 사건에 관여한 경우는 제척사유에 해당한다. ⊙|×

> 고발인 甲의 피고인에 대한 고발사실 중 검사가 불기소한 부분에 관하여 한 재정신청사건에 관여하여 이를 기각한 법관들이, 甲의 위 고발사실 중 공소가 제기된 사건의 항소심에서 재판장과 주심판사로 관여한 사안에서, 고발사실의 일부에 대한 재정신청사건에 관여하여 그 신청을 기각한 것이 그 나머지 부분에 대한 사건에 있어 형사소송법 제17조 제7호에 정한 '법관이 사건에 관하여 전심재판 또는 그 기초되는 조사, 심리에 관여한 때'에 해당하지 않는다(대판 2014.1.16. 2013도10316).

정답 ×

제1장 형사소송의 주체 223

025 22법9 / 24국9

공소제기 전에 검사의 청구에 의하여 증거보전절차상의 증인신문을 한 법관은 제척사유에 해당한다. ☐O☐X☐

> 공소제기 전에 검사의 증거보전 청구에 의하여 증인신문을 한 법관은 형사소송법 제17조 제7호에 이른바 전심재판 또는 기초되는 조사, 심리에 관여한 법관이라고 할 수 없다(대판 1971.7.6. 71도974).

정답 ×

026 21국7

제1심판결에서 유죄의 증거로 사용된 증거를 조사하였으나, 경질되어 판결 선고에는 관여하지 않은 법관이 항소심에 관여하는 경우는 제척사유에 해당한다. ☐O☐X☐

> 제1심판결에서 피고인에 대한 유죄의 증거로 사용된 증거를 조사한 판사는 형사소송법 제17조 제7호 소정의 전심재판의 기초가 되는 조사, 심리에 관여하였다 할 것이고, 그와 같이 전심재판의 기초가 되는 조사, 심리에 관여한 판사는 직무집행에서 제척되어 항소심 재판에 관여할 수 없다(대판 1999.12.1 99도3534).

정답 ○

027 21국7

파기환송 전의 원심재판에 관여한 법관이 환송 후의 재판에 관여한 때에는 제척사유에 해당한다. ☐O☐X☐

> 환송판결 전의 원심에 관여한 재판관이 환송 후의 원심재판관으로 관여하였다 하여 군법회의법 제48조나 형사소송법 제17조에 위배된다고 볼 수 없다(대판 1979.2.27. 78도3204).

정답 ×

028 21국9 / 21국7

법관이 수사단계에서 피고인에 대하여 구속영장을 발부한 경우는 '법관이 사건에 관하여 전심재판 또는 그 기초되는 조사, 심리에 관여한 때'에 해당한다. ☐O☐X☐

> 법관이 수사단계에서 피고인에 대하여 구속영장을 발부한 경우는 형사소송법 제17조 제7호 소정의 "법관이 사건에 관하여 전심재판 또는 그 기초되는 조사, 심리에 관여한 때"에 해당한다고 볼 수 없다(대판 1989.9.12. 89도612).

정답 ×

029 23국9(교정직) / 24국9 / 21국7

약식명령을 발부한 법관이 그 정식재판 절차의 항소심 공판에 관여한 바 있어도 후에 경질되어 그 판결에는 관여하지 아니한 경우에는 전심재판에 관여한 법관이 불복이 신청된 당해 사건의 재판에 관여하였다고 할 수 없다. O|X

> 약식명령을 발부한 법관이 그 정식재판 절차의 항소심판결에 관여함은 형사소송법 제17조 제7호, 제18조 제1항 제1호 소정의 법관이 사건에 관하여 전심재판 또는 그 기초되는 조사심리에 관여한 때에 해당하여 제척, 기피의 원인이 되나(항소심에서는 제척됨을 주의), 제척 또는 기피되는 재판은 불복이 신청된 당해 사건의 판결절차를 말하는 것이므로 약식명령을 발부한 법관이 그 정식재판 절차의 항소심 공판에 관여한 바 있어도 후에 경질되어 그 판결에는 관여하지 아니한 경우는 전심재판에 관여한 법관이 불복이 신청된 당해 사건의 재판에 관여하였다고 할 수 없다(대판 1985.4.23. 85도281).

정답 ○

030 23·21국9

「형사소송법」 제18조의 '법관이 불공평한 재판을 할 염려가 있는 때'라 함은 통상인의 판단으로서 법관과 사건의 관계상 불공평한 재판을 할 것이라는 의혹을 갖는 것이 합리적이라고 인정할 만한 주관적인 사정이 있는 때를 말한다. O|X

> 기피원인에 관한 형사소송법 제18조 제1항 제2호 소정의 "불공평한 재판을 할 염려가 있는 때"라 함은, 당사자가 불공평한 재판이 될지도 모른다고 추측할 만한 주관적인 사정이 있는 때를 말하는 것이 아니라, 통상인의 판단으로써 법관과 사건과의 관계상 불공평한 재판을 할 것이라는 의혹을 갖는 것이 합리적이라고 인정할 만한 객관적인 사정이 있는 때를 말한다(대결 1995.4.3. 95모10).

정답 ×

031 23국9

재판부가 당사자의 증거신청을 채택하지 않았다는 것만으로는 기피사유가 되지 않지만, 이미 행한 증거결정을 취소하였다는 것은 그 자체로서 기피사유가 된다. O|X

> 대결 1995.4.3. 95모10

정답 ×

032 23국9

재판장이 피고인의 증인신문권의 본질적인 부분을 침해하였다고 볼 만한 소명자료가 없더라도, 재판장이 증인에 대한 피고인의 신문을 제지한 사실이 있다는 것은 그 자체로서 기피사유가 된다. O|X

> 대결 1995.4.3. 95모10

정답 ×

033 23법9

어떠한 사유에 의했건 기피의 대상으로 하고 있는 법관이 이미 당해 구체적 사건의 직무집행으로부터 배제되어 있다면 그 법관에 대한 피고인의 기피신청은 부적법하다. ☐O☐X☐

> 형사소송절차에서 피고인에게 법관의 기피를 신청할 수 있도록 규정하고 있는 이유는 구체적 사건을 담당한 법관에게 제척의 원인이 될 사유가 있거나 불공평한 재판을 할 염려가 있는 경우에 그러한 사유가 있는 법관을 당해사건의 직무집행으로부터 배제시켜 피고인이 공정한 재판을 받을 수 있도록 보장하려는데 있는 것이므로 어떠한 사유에 의했건 기피의 대상으로 하고 있는 법관이 이미 당해 구체적 사건의 직무집행으로부터 배제되어 있다면 그 법관에 대한 피고인의 기피신청은 부적법하다 (대결 1986. 9. 24. 86모48).

정답 O

034 21국9

변론종결 후 재판부에 대한 기피신청을 하였다 하더라도 소송진행을 정지하지 아니하고 판결을 선고할 수 있다. ☐O☐X☐

> 법관에 대한 기피신청이 있는 경우 형사소송법 제22조에 따라 정지되는 소송진행에 판결의 선고는 포함되지 아니하므로, 피고인이 변론 종결 뒤 재판부에 대한 기피신청을 하였지만, 원심이 소송진행을 정지하지 아니하고 판결을 선고한 것은 정당하다(대판 2002.11.13. 2002도4893).

정답 O

035 23법9

피고사건의 판결선고절차가 시작되어 재판장이 이유의 요지 중 상당부분을 설명하는 도중 피고인이 동 공판에 참여한 법원사무관에 대한 기피신청과 동시에 선고절차의 정지를 요구하는 것은 선고절차의 중단 등 소송지연만을 목적으로 한 것으로 부적법하다. ☐O☐X☐

> 피고사건의 판결선고 절차가 시작되어 재판장이 이유의 요지 중 상당부분을 설명하는 도중 피고인이 동 공판에 참여한 법원사무관에 대한 기피신청과 동시에 선고절차의 정지를 요구하는 것은 선고절차의 중단 등 소송지연만을 목적으로 한 것으로 부적법한 것이다(대결 1985.7.23. 85모19).

정답 O

036 24국9

법관에 대한 기피신청이 소송의 지연을 목적으로 함이 명백한 경우에는 그 신청 자체가 부적법한 것이므로 신청을 받은 법관은 이를 결정으로 기각할 수 있고, 소송지연을 목적으로 함이 명백한 기피신청인지의 여부는 기피신청인이 제출한 소명방법만에 의하여 판단할 것은 아니고, 당해 법원에 현저한 사실이거나 당해 사건기록에 나타나 있는 제반 사정들을 종합하여 판단할 수 있다. ○|×

> 기피신청이 소송의 지연을 목적으로 함이 명백한 경우에는 그 신청 자체가 부적법한 것이므로 신청을 받은 법원 또는 법관은 이를 결정으로 기각할 수 있는 것이고(제20조 제1항; 간이기각결정), 소송지연을 목적으로 함이 명백한 기피신청인지의 여부는 기피신청인이 제출한 소명방법만에 의하여 판단할 것은 아니고, 당해 법원에 현저한 사실이거나 당해 사건기록에 나타나 있는 제반 사정들을 종합하여 판단할 수 있다(대결 2001.3.21. 2001모2).

정답 ○

037 23법9

기피신청을 받은 법관이 형사소송법 제22조 본문에 위반하여 본안의 소송절차를 정지하지 않은 채 그대로 소송을 진행하여서 한 소송행위는 그 효력이 없고, 이는 그 후 그 기피신청에 대한 기각결정이 확정되었다고 하더라도 마찬가지이다. ○|×

> 기피신청을 받은 법관이 형사소송법 제22조에 위반하여 본안의 소송절차를 정지하지 않은 채 그대로 소송을 진행하여서 한 소송행위는 그 효력이 없고, 이는 그 후 그 기피신청에 대한 기각결정이 확정되었다고 하더라도 마찬가지이다(대판 2012.10.11. 2012도8544).

정답 ○

038 24승

법관에 대한 기피신청이 있을 때에는 소송의 지연을 목적으로 함이 명백하거나 기피신청의 관할 규정에 위배된 경우를 제외하고는 소송진행을 정지하여야 하지만 급속을 요하는 경우에는 예외로 하고, 기피신청으로 소송진행이 정지되더라도 구속기간의 진행은 정지되지 아니한다. ○|×

> 법관에 대한 기피신청 때문에 소송의 진행이 정지되더라도 구속기간의 진행은 정지되지 아니하는 것이므로 구속기간의 만료가 임박한 때에는 특별한 사정이 없는 한 소송진행정지의 예외사유인 급속을 요하는 경우에 해당한다고 보아야 할 것이니, 피고인들에 대한 구속기간이 만료되기 불과 24일 가량을 앞둔 제1심 제8회 공판기일에 피고인들과 변호인들이 법원에 대하여 기피신청을 하였음에도 법원이 소송진행을 정지하지 아니하고 그대로 진행한 조치는 정당하다(대판 1990.6.8. 90도646).

정답 ×

039 23국7

통역인이 피해자의 사실혼 배우자인 경우에는 '피해자의 친족'이 아니므로 「형사소송법」 제17조제2호의 제척사유에 해당하지 않는다. ☐O☐X☐

> 사실혼관계에 있는 사람은 민법에서 정한 친족이라고 할 수 없어 형사소송법 제17조 제2호에서 말하는 친족에 해당하지 않으므로, 통역인이 피해자의 사실혼 배우자라고 하여도 통역인에게 형사소송법 제25조 제1항, 제17조 제2호에서 정한 제척사유가 있다고 할 수 없다(대판 2011.4.14. 2010도13583).

정답 ○

040 23국9

법관이 피고인의 증거신청을 채택하지 아니하거나 이미 한 증거결정을 취소한 사정만으로도 기피사유에 해당한다. ☐O☐X☐

> 재판부가 당사자의 증거신청을 채택하지 아니하였다거나, 같은 법 제262조에 정한 기간 내에 재정신청사건의 결정을 하지 아니하였다는 사유만으로는 재판의 공평을 기대하기 어려운 객관적인 사정이 있다 할 수 없다(대결 1990.11.2. 90모44).

정답 ×

041 23국7

법관에 대하여 기피신청이 있는 경우 「형사소송법」 제22조에 따라 정지될 소송진행은 그 피고사건의 실체적 재판에의 도달을 목적으로 하는 본안의 소송절차를 말하고, 판결의 선고는 이에 해당하지 않는다. ☐O☐X☐

> 기피신청이 있는 경우에 형사소송법 제22조에 의하여 정지될 소송진행은 그 피고사건의 실체적 재판에의 도달을 목적으로 하는 본안의 소송절차를 말하고 판결의 선고는 이에 해당되지 않는다(대결 1987.5.28. 87모10).

정답 ○

제3절 | 검사

001 23국9

「형사소송법」이 명시적으로 규정하고 있는 검사의 권한으로는 피고인의 구속취소 청구, 피고인의 구속집행정지 신청, 피의자의 감정유치 청구, 재심의 청구 등이 있다. ⃞O⃞X

> 법원은 상당한 이유가 있는 때에는 결정으로 구속된 피고인을 친족·보호단체 기타 적당한 자에게 부탁하거나 피고인의 주거를 제한하여 구속의 집행을 정지할 수 있다(제101조 제1항). 즉 구속집행정지는 법원의 직권으로 한다. 따라서 당사자에게는 신청권이 없으며, 설령 신청했다 하더라도 직권발동을 촉구하는 의미밖에 없다.

정답 ×

제4절 | 피고인

001 23국9(교정직)

검사는 공소장에 피고인을 특정할 수 있는 사항을 기재해야 하고, 공소제기의 효력은 검사가 피고인으로 지정한 사람에게만 미친다. ⃞O⃞X

> 공소장에는 피고인의 성명 기타 피고인을 특정할 수 있는 사항을 기재해야 한다(제254조 제3항 제1호). 또한 공소는 검사가 피고인으로 지정한 이외의 다른 사람에게 그 효력이 미치지 않는다(제248조 제1항).

정답 ○

002 21국7

피의자가 다른 사람의 성명을 모용하여 공소장에 피모용자가 피고인으로 표시되었다면 피모용자가 피고인이 되고 피모용자에 대하여 공소의 효력이 미친다. ⃞O⃞X

> 피의자가 다른 사람의 성명을 모용한 탓으로 공소장에 피모용자가 피고인으로 표시되었다 하더라도 이는 당사자의 표시상의 착오일 뿐이고 검사는 모용자에 대하여 공소를 제기한 것이므로 모용자가 피고인이 되고 피모용자에게 공소의 효력이 미친다고 할 수 없고, 이와 같은 경우 검사는 공소장의 인적 사항의 기재를 정정하여 피고인의 표시를 바로잡아야 하는 것인바, 이는 피고인의 표시상의 착오를 정정하는 것이지 공소장을 변경하는 것이 아니므로 형사소송법 제298조에 따른 공소장변경의 절차를 밟을 필요가 없고, 법원의 허가도 필요로 하지 아니한다(대판 1993.1.19. 92도2554).

정답 ×

003 23국9(교정직)

피고인이 타인의 성명을 모용한 경우 검사가 공소장의 피고인 표시를 정정함에 있어 공소장 변경의 절차를 밟을 필요는 없지만 법원의 허가를 요한다. ☐O☐X☐

> 대판 1993.1.19. 92도2554

정답 ×

004 23국9(교정직) / 21국7

피모용자가 약식명령에 대하여 정식재판을 청구함으로써 정식재판절차에서 성명모용사실이 판명된 경우와 같이 피모용자에게 사실상의 소송계속이 발생하고 형식상 또는 외관상 피고인의지위를 갖게 된 경우 법원은 그에게 공소기각의 판결을 선고하여야 한다. ☐O☐X☐

> 피모용자가 약식명령에 대하여 정식재판을 청구하여 피모용자를 상대로 심리를 하는 과정에서 성명 모용사실이 발각되어 검사가 공소장을 정정하는 등 사실상의 소송계속이 발생하고 형식상 또는 외관 상 피고인의 지위를 갖게 된 경우에 법원으로서는 피모용자에게 적법한 공소의 제기가 없었음을 밝혀 주는 의미에서 형사소송법 제327조 제2호를 유추적용하여 공소기각의 판결을 함으로써 피모용자의 불안정한 지위를 명확히 해소해 주어야 한다(대판 1993.11.19 92도2554).

정답 ○

005 23국9(교정직)

법원이 성명모용사실을 알지 못하여 외형상으로는 피모용자에 대해 유죄판결을 선고하거나 판결이 확정되어도 그 판결의 효력은 모용자에게만 미치고 피모용자에게는 미치지 않는다.
☐O☐X☐

> 공소의 효력이 미치지 않는 자에게 판결의 효력이 미칠 리가 없으므로 확정판결의 효력은 모용자에게 미친다고 보아야 한다. 형식적으로 피모용자의 이름으로 확정된 판결도 실질적으로는 모용자에 대한 판결이므로 법원은 직권 또는 당사자의 신청에 의한 판결경정결정(규칙 제25조 제1항)을 통하여 모용자에 대해 형을 집행할 수 있다.

정답 ○

006 22국7

자동차 운전자인 피고인이 업무상 과실로 성년인 피해자에게 상해를 가하였다고 하여 교통사고처리특례법위반죄로 기소된 사안에서, 의식불명 상태에 있는 피해자의 아버지가 피고인에 대한 처벌을 희망하지 아니한다는 의사를 표시하였더라도 그 의사표시는 피해자의 의사표시로서의 소송법상 효력이 없다. ○|×

> 의식을 회복하지 못하고 있는 이상 피해자에게 반의사불벌죄에서 처벌희망 여부에 관한 의사표시를 할 수 있는 소송능력이 있다고 할 수 없고, 피해자의 아버지가 피해자를 대리하여 피고인에 대한 처벌을 희망하지 아니한다는 의사를 표시하는 것 역시 허용되지 아니할 뿐만 아니라 피해자가 성년인 이상 의사능력이 없다는 것만으로 피해자의 아버지가 당연히 법정대리인이 된다고 볼 수도 없으므로, 피해자의 아버지가 피고인에 대한 처벌을 희망하지 아니한다는 의사를 표시하였더라도 그것이 반의사불벌죄에서의 처벌희망 여부에 관한 피해자의 의사표시로서 소송법적으로 효력이 발생할 수는 없다(대판 2013.9.26. 2012도568).

정답 ○

007 21경2 / 20국7

공범인 공동피고인은 당해 소송절차에서는 피고인의 지위에 있으므로 다른 공동피고인에 대한 공소사실에 관하여 증인이 될 수 없으나, 소송절차가 분리되어 피고인의 지위에서 벗어나게 되면 다른 공동피고인에 대한 공소사실에 관하여 증인이 될 수 있다. ○|×

> 공범인 공동피고인은 당해 소송절차에서는 피고인의 지위에 있으므로 다른 공동피고인에 대한 공소사실에 관하여 증인이 될 수 없으나, 소송절차가 분리되어 피고인의 지위에서 벗어나게 되면 다른 공동피고인에 대한 공소사실에 관하여 증인이 될 수 있다(대판 2008.6.26. 2008도3300).

정답 ○

008 74간

소송절차가 분리된 공범인 공동피고인이 증인으로 법정에 출석하여 증언거부권을 고지 받은 상태에서 자기의 범죄사실에 대하여 허위로 진술한 경우 위증죄가 성립한다. ○|×

> 소송절차가 분리된 공범인 공동피고인에 대하여 증인적격을 인정하고 … 증인신문절차에서 형사소송법 제160조에 정해진 증언거부권이 고지되었음에도 불구하고 위 피고인이 자기의 범죄사실에 대하여 증언거부권을 행사하지 아니한 채 허위로 진술하였다면 위증죄가 성립된다고 할 것이다(대판 2012.10.11. 2012도6848, 2012전도143).

정답 ○

009 24국9

게임장의 종업원 甲이 그 운영자 乙과 함께 게임산업진흥에관한법률위반죄의 공범으로 기소되어 공동피고인으로 재판을 받던 중, 소송절차를 분리한 후 乙에 대한 공소사실에 관한 증인으로 증언하면서 위증을 한 경우에도 甲이 乙과 공범관계에 있는 이상 위증죄가 성립하지 않는다. ○|×

> 게임장의 종업원이 그 운영자와 함께 게임산업진흥에 관한 법률 위반죄의 공범으로 기소되어 공동피고인으로 재판을 받던 중, 운영자에 대한 공소사실에 관한 증인으로 증언한 내용과 관련하여 위증죄로 기소된 사안에서, **소송절차가 분리되지 않은 이상** 위 종업원은 증인적격이 없어 위증죄가 성립하지 않는다(대판 2008.6.26. 2008도3300).

정답 ×

010 22국7

회사가 회사해산 및 청산등기 전에 업무 또는 재산에 관한 위반행위로 인하여 재산형에 해당하는 사건으로 공소제기된 것은 청산인의 현존사무 중에 포함되는 것이므로 비록 피고인 회사의 청산종료의 등기가 경료되었다 하더라도 그 피고사건이 종결되기까지는 피고인회사의 청산사무는 종료되지 아니하고, 「형사소송법」상 당사자능력도 그대로 존속한다. ○|×

> 법인은 그 청산결료의 등기가 경료되었다면 특단의 사정이 없는 한 법인격이 상실되어 법인의 당사자능력 및 권리능력이 상실되었다고 추정할 것이나 법인세체납 등으로 공소제기되어 그 피고사건의 공판계속 중에 그 법인의 청산결료의 등기가 경료되었다고 하더라도 동 사건이 종결되지 아니하는 동안 법인의 청산사무는 종료된 것이라 할 수 없고 형사소송법상 법인의 당사자능력도 그대로 존속한다(대판 1986.10.28. 84도693).

정답 ○

011 20국7

공동피고인 중 1인이 다른 공동피고인들과 공동하여 범행을 하였다고 자백한 경우, 법원은 자유심증주의의 원칙상 자백한 피고인 자신의 범행에 관한 부분만을 취신하고 다른 공동피고인들이 범행에 관여하였다는 부분은 배척할 수 있다. ○|×

> 대판 1995.12.8. 95도2043

정답 ○

012 20국7

이해가 상반되는 공동피고인 甲과 乙 중 甲이 A법무법인을 변호인으로 선임하고 A법무법인이 담당변호사로 B를 지정하였는데, 법원이 B를 乙의 국선변호인으로 선정하였다면 이는 乙의 국선변호인의 조력을 받을 권리를 침해하는 것이다. ○|×

> 대결 2012.2.16. 2009모1044 전원합의체

정답 ○

013 20국7

「형사소송법」 제364조의2(피고인을 위하여 원심판결을 파기하는 경우에 파기의 이유가 항소한 공동피고인에게 공통되는 때에는 그 공동피고인에게 대하여도 원심판결을 파기하여야 한다)의 규정은 공동피고인 사이에서 파기의 이유가 공통되는 해당 범죄사실이 동일한 소송절차에서 병합심리된 경우에만 적용된다. ⓞⓧ

> 대판 2019.8.29. 2018도14303 전원합의체

정답 ○

014 23법9

피고인을 위하여 제1심판결을 파기하는 경우에 파기의 이유가 '항소한 공동피고인'에게 공통되는 때에는 그 공동피고인에 대하여도 제1심판결을 파기하여야 하는데, 이때 '항소한 공동피고인'에는 제1심의 공동피고인으로서 자신이 항소한 경우만 해당되고, 제1심의 공동피고인에 대하여 검사만 항소한 경우는 이에 포함되지 않는다. ⓞⓧ

> 형사소송법 제364조의2는 항소법원이 피고인을 위하여 원심판결을 파기하는 경우에 파기의 이유가 항소한 공동피고인에게 공통되는 때에는 그 공동피고인에 대하여도 원심판결을 파기하여야 함을 규정하였는데, <u>이는 공동피고인 상호 간의 재판의 공평을 도모하려는 취지이다</u>. 이와 같은 형사소송법 제364조의2의 규정 내용과 입법 목적·취지를 고려하면, 위 조항에서 정한 '항소한 공동피고인'은 제1심의 공동피고인으로서 자신이 항소한 경우는 물론 그에 대하여 검사만 항소한 경우까지도 포함한다 (대판 2022.7.28. 2021도10579).

정답 ✕

015 22경1

「형사소송법」 제150조 증언거부사유의 소명, 제184조 제3항 증거보전청구사유의 소명, 제221조의2 제3항 증인신문청구사유의 소명은 증명의 정도에 이르지 않더라도 입증이 허용된다. ⓞⓧ

> 소명이란 법관이 요증사실에 대하여 <u>확신을 얻지는 못하나 일응 확실할 것이라는 추측을 얻은 상태</u>(예 진실할 것이다. 대략 그러할 것이다.) 또는 <u>법관으로 하여금 그와 같은 상태에 이르도록 자료를 제출하는 소송관계인의 노력</u>을 말하므로 법관으로 하여금 합리적인 의심을 할 여지가 없을 정도의 확신을 가지게 하는 증명의 정도에 이르지 않더라도 입증이 허용된다.

정답 ○

016 23경2

「형사소송법」 제221조의2의 증인신문청구를 하려면 증인의 진술로서 증명할 대상인 피의사실이 존재해야 하는데, 피의사실은 수사기관 내심의 혐의만으로는 존재한다고 할 수 없고, 고소·고발 또는 자수를 받는 등 수사의 대상으로 삼고 있음을 외부로 표현한 때에 비로소 그 존재를 인정할 수 있다. ⃞O⃞X

> 형사소송법 제221조의2 제2항에 의한 검사의 증인신문청구는 수사단계에서의 피의자 이외의 자의 진술이 범죄의 증명에 없어서는 안될 것으로 인정되는 경우에 공소유지를 위하여 이를 보전하려는데 그 목적이 있으므로 이 증인신문청구를 하려면 증인의 진술로서 증명할 대상인 피의사실이 존재하여야 하고, 피의사실은 수사기관이 어떤 자에 대하여 내심으로 혐의를 품고 있는 정도의 상태만으로는 존재한다고 할 수 없고 고소, 고발 또는 자수를 받거나 또는 수사기관 스스로 범죄의 혐의가 있다고 보아 수사를 개시하는 범죄의 인지 등 수사의 대상으로 삼고 있음을 외부적으로 표현한 때에 비로소 그 존재를 인정할 수 있다(대판 1989.6.20. 89도648).

정답 ○

017 71간

무죄추정의 원칙은 수사를 하는 단계뿐만 아니라, 판결이 확정될 때까지 형사절차와 형사재판 전반을 이끄는 대원칙이다. ⃞O⃞X

> 유죄의 확정판결이 있을 때까지 국가의 수사권은 물론 공소권, 재판권, 행형권 등의 행사에 있어서 피의자 또는 피고인은 무죄로 추정되고 그 신체의 자유를 해하지 아니하여야 한다는 무죄추정의 원칙은, 인간의 존엄성을 기본권질서의 중심으로 보장하고 있는 헌법질서 내에서 형벌작용의 필연적인 기속원리가 될 수밖에 없고, 이러한 원칙이 제도적으로 표현된 것으로는, 공판절차의 입증단계에서 거증책임(擧證責任)을 검사에게 부담시키는 제도, 보석 및 구속적부심 등 인신구속의 제한을 위한 제도, 그리고 피의자 및 피고인에 대한 부당한 대우 금지 등이 있다(헌재결 2001.11.29. 2001헌바41).

정답 ○

018 71간

형사소송에 있어서 수사를 담당하였던 경찰공무원은 증인의 지위에 있을 수 없으므로, 그 수사담당 경찰공무원에 대한 증인적격을 인정하게 되면, 피고인에 대한 무죄추정의 원칙에 반한다. ⃞O⃞X

> 형사소송에 있어서 경찰 공무원은 당해 피고인에 대한 수사를 담당하였는지의 여부에 관계없이 그 피고인에 대한 공판과정에서는 제3자라고 할 수 있어 수사 담당 경찰 공무원이라 하더라도 증인의 지위에 있을 수 있음을 부정할 수 없다(헌재결 2001.11.29. 2001헌바41).

정답 ×

019 24·21승 / 20국7

공소장의 공소사실 첫머리에 피고인이 전에 받은 소년부송치처분과 직업 없음을 기재한 것은 피고인을 특정할 수 있는 사항에 속하는 것이어서 헌법상의 형사피고인에 대한 무죄추정조항이나 평등조항에 위배되는 것은 아니다. ○|×

> 대판 1990.10.16. 90도1813

정답 ○

020 21법9

대법원의 파기환송 판결에 의하여 사건을 환송받은 법원은 형사소송법 제92조 제1항에 따라 2월의 구속기간이 만료되면 특히 계속할 필요가 있는 경우에는 2차(대법원이 형사소송규칙 제57조 제2항에 의하여 구속기간을 갱신한 경우에는 1차)에 한하여 결정으로 구속기간을 갱신할 수 있는 것이고, 무죄추정을 받는 피고인이라고 하더라도 이러한 조치가 무죄추정의 원칙에 위배되는 것이라고 할 수는 없다. ○|×

> 대법원의 파기환송 판결에 의하여 사건을 환송받은 법원은 형사소송법 제92조 제1항에 따라 2월의 구속기간이 만료되면 특히 계속할 필요가 있는 경우에는 2차(대법원이 형사소송규칙 제57조 제2항에 의하여 구속기간을 갱신한 경우에는 1차)에 한하여 결정으로 구속기간을 갱신할 수 있는 것이고, 한편 무죄추정을 받는 피고인이라고 하더라도 그에게 구속의 사유가 있어 구속영장이 발부, 집행된 이상 신체의 자유가 제한되는 것은 당연한 것이므로, 이러한 조치가 무죄추정의 원칙에 위배되는 것이라고 할 수는 없다(대판 2001.11.30. 2001도5225).

정답 ○

021 21승

파기환송사건에 있어서 구속기간 갱신 및 구속으로 인하여 신체의 자유가 제한되는 것은 무죄추정의 원칙에 위배되지 아니한다. ○|×

> 대판 2001.11.30. 2001도5225

정답 ○

022 21승 / 24국9

무죄추정을 통해 금지되는 불이익한 처분에는 형사절차상의 처분뿐만 아니라 그 밖의 기본권 제한과 같은 처분에 의한 불이익도 포함된다. ○|×

> 무죄추정의 원칙상 금지되는 '불이익'이란 '범죄사실의 인정 또는 유죄를 전제로 그에 대하여 법률적·사실적 측면에서 유형·무형의 차별취급을 가하는 유죄인정의 효과로서의 불이익'을 뜻하고, 이는 비단 형사절차 내에서의 불이익뿐만 아니라 기타 일반 법생활 영역에서의 기본권 제한과 같은 경우에도 적용된다(헌재결 2010.9.2. 2010헌마418).

정답 ○

023 21승 / 21국7

형사재판절차에서 유죄의 확정판결을 받기 전에 처분청이 징계혐의사실을 인정하는 것은 무죄추정의 원칙에 위배되지 아니한다. ☐O☐X☐

> 징계혐의 사실의 인정은 형사재판의 유죄확정 여부와는 무관한 것이므로 형사재판 절차에서 유죄의 확정판결을 받기 전이라도 징계혐의 사실은 인정될 수 있는 것이며 그와 같은 징계혐의 사실인정은 무죄추정에 관한 헌법 제26조 제4항 또는 형사소송법 제275조의2 규정에 저촉된다고 볼 수 없다(대판 1986.6.10. 85누407).

정답 O

024 24국9

구금시설의 소장이 마약류사범인 미결수용자에 대하여 시설의 안전과 질서유지를 위하여 필요한 범위에서 계호를 엄중히 하는 등 다른 미결수용자와 달리 관리할 수 있도록 한 「형의 집행 및 수용자의 처우에 관한 법률」규정은 무죄추정의 원칙에 반하지 않는다. ☐O☐X☐

> 이 사건 법률조항은 마약류사범인 수용자에 대하여서는 그가 미결수용자인지 또는 수형자인지 여부를 불문하고 마약류에 대한 중독성 및 높은 재범률 등 마약류사범의 특성을 고려한 처우를 할 수 있음을 규정한 것일 뿐, 마약류사범인 미결수용자에 대하여 범죄사실의 인정 또는 유죄판결을 전제로 불이익을 가하는 것이 아니므로 무죄추정원칙에 위반되지 아니하고, 이 사건 법률조항이 마약류사범을 다른 수용자와 달리 관리할 수 있도록 한 것은 마약류사범의 특성을 고려한 것으로서 합리적인 이유가 있으므로, 이 사건 법률조항은 평등원칙에 위배되지 아니한다(헌재결 2013.7.25. 2012헌바63).

정답 O

025 24국9

법무부장관이 형사사건으로 공소가 제기된 변호사에 대하여 그 판결이 확정될 때까지 업무정지를 명할 수 있도록 하는 구 「변호사법」규정은 무죄추정의 원칙에 반하지 않는다. ☐O☐X☐

> 이 사건 법률조항은 공소제기된 변호사에 대하여 유죄의 개연성을 전제로 업무정지라는 불이익을 부과할 수 있도록 하고 있으나, 이 사건 법률조항에 의한 업무정지명령은 의뢰인의 이익과 법적 절차의 공정성·신속성 및 그에 대한 국민의 신뢰라는 중대한 공익을 보호하기 위한 잠정적이고 가처분적 성격을 가지는 것으로, 법무부장관의 청구에 따라 법무부징계위원회라는 합의제 기관의 의결을 거쳐 업무정지명령을 발할 수 있도록 하는 한편, 해당 변호사에게 청문의 기회를 부여하고, 그 기간 또한 원칙적으로 6개월로 정하도록 함으로써, 그러한 불이익이 필요최소한에 그치도록 엄격한 요건 및 절차를 규정하고 있다. 따라서 이 사건 법률조항은 무죄추정의 원칙에 위반되지 아니한다(헌재결 2014.4.24. 2012헌바45).

정답 ×

026 21국7

무죄추정의 원칙은 수사를 하는 단계뿐만 아니라 판결이 확정될 때까지 형사절차와 형사재판 전반을 이끄는 대원칙이고, '의심스러우면 피고인의 이익으로'라는 오래된 법언에 내포된 이러한 원칙은 우리 형사법의 기초를 이루고 있다. ☐O☐X

> 형사피고인은 유죄의 판결이 확정될 때까지는 무죄로 추정된다(헌법 제27조 제4항, 형사소송법 제275조의2). 무죄추정의 원칙은 수사를 하는 단계뿐만 아니라 판결이 확정될 때까지 형사절차와 형사재판 전반을 이끄는 대원칙으로서, '의심스러우면 피고인의 이익으로'라는 오래된 법언에 내포된 이러한 원칙은 우리 형사법의 기초를 이루고 있다(대판 2017.10.31. 2016도21231).

정답 ○

027 21국7

무죄추정의 원칙에 따라 형사재판에서 유죄의 인정은 법관으로 하여금 합리적인 의심을 할 여지가 없을 정도로 공소사실이 진실한 것이라는 확신을 가지게 하는 증명력을 가진 증거에 의하여야 한다. ☐O☐X

> 형사소송법 제307조 제2항은 "범죄사실의 인정은 합리적인 의심이 없는 정도의 증명에 이르러야 한다."라고 정하고 있다. 따라서 형사재판에서 유죄의 인정은 법관으로 하여금 합리적인 의심을 할 여지가 없을 정도로 공소사실이 진실한 것이라는 확신을 가지게 하는 증명력을 가진 증거에 의하여야 한다. 검사가 제출한 증거만으로 이러한 확신을 가지게 하는 정도에 이르지 못한 경우에는 설령 유죄의 의심이 든다고 하더라도 피고인의 이익으로 판단하여야 한다(대판 2017.10.31. 2016도21231).

정답 ○

028 24승

유죄의 인정은 법관으로 하여금 합리적 의심의 여지가 없을 정도로 공소사실이 진실한 것이라는 확신을 가지게 하는 증명력을 가진 증거에 의하여야 하며, 이는 모든 가능한 의심을 배제할 정도에 이를 것을 요한다. ☐O☐X

> 증거의 증명력은 법관의 자유판단에 맡겨져 있으나 그 판단은 논리와 경험칙에 합치하여야 하고, 형사재판에 있어서 유죄로 인정하기 위한 심증형성의 정도는 <u>합리적인 의심을 할 여지가 없을 정도</u>여야 하나, 이는 모든 가능한 의심을 배제할 정도에 이를 것까지 요구하는 것은 아니며, <u>증명력이 있는 것으로 인정되는 증거를 합리적인 근거가 없는 의심을 일으켜 배척하는 것은 자유심증주의의 한계를 벗어나는 것으로 허용될 수 없다</u>(대판 2014.5.16. 2013도14656).

정답 ✕

029 21국7

무죄추정의 원칙으로 인하여 불구속수사와 불구속재판을 원칙으로 하고 예외적으로 피의자 또는 피고인이 도망할 우려가 있거나 증거를 인멸할 우려가 있는 때에만 구속수사 또는 구속재판이 인정될 뿐이다. ☐O☐X☐

> 신체의 자유를 최대한으로 보장하려는 헌법정신, 특히 무죄추정의 원칙으로 인하여 불구속수사·불구속재판을 원칙으로 하고 예외적으로 피의자 또는 피고인이 도피할 우려가 있거나 증거를 인멸할 우려가 있는 때에 한하여 구속수사 또는 구속재판이 인정될 따름이다(헌재결 1992.4.14. 90헌마82).

정답 ○

030 24국9

「형사소송법」상의 구속기간은 헌법상의 무죄추정의 원칙에서 파생되는 불구속수사원칙에 대한 예외로서 설정된 기간이다. ☐O☐X☐

> 형사소송법상의 구속기간은 헌법상의 무죄추정의 원칙에서 파생되는 불구속수사원칙에 대한 예외로서 설정된 기간으로 이 구속기간을 더 연장하는 것은 예외에 대하여 또 다시 특례를 설정하는 것이 되므로 그 예외의 범위를 확장하는 데에는 국가안전보장과 질서유지라는 공익과 국민의 기본권보장이라는 상충되는 긴장관계의 비례성 형량에 있어서 더욱 엄격한 기준이 요구되며 따라서 그 예외의 확장은 극히 최소한에 그쳐야 한다(헌재결 1992.4.14. 90헌마82).

정답 ○

031 21경1

헌법에 규정된 진술거부권은 형사상 자기에게 불리한 내용의 진술을 강요당하지 아니하는 것이므로, 고문 등 폭행에 의한 강요는 물론 법률로써도 진술을 강제할 수 없다. ☐O☐X☐

> 헌재결 1990.8.27. 89헌가118; 대판 2015.5.28. 2015도3136

정답 ○

032 24승

객관적이고 명백한 증거가 있음에도 진실의 발견을 적극적으로 숨기거나 법원을 오도하려는 시도에 기인한 진술거부권의 행사라 하더라도 이는 가중적 양형의 조건으로 참작될 수 없다. ☐O☐X☐

> 형사소송절차에서 피고인은 방어권에 기하여 범죄사실에 대하여 진술을 거부하거나 거짓 진술을 할 수 있고, 이 경우 범죄사실을 단순히 부인하고 있는 것이 죄를 반성하거나 후회하고 있지 않다는 인격적 비난요소로 보아 가중적 양형의 조건으로 삼는 것은 결과적으로 피고인에게 자백을 강요하는 것이 되어 허용될 수 없다고 할 것이나, 그러한 태도나 행위가 피고인에게 보장된 방어권 행사의 범위를 넘어 객관적이고 명백한 증거가 있음에도 진실의 발견을 적극적으로 숨기거나 법원을 오도하려는 시도에 기인한 경우에는 가중적 양형의 조건으로 참작될 수 있다(대판 2001.3.9. 2001도192).

정답 ×

033 21경1

「형사소송법」상 진술거부권의 고지 대상에는 피의자·피고인은 물론 피해자 및 피해자의 대리인, 피고인인 법인의 대표자도 포함된다. ☐O☐X☐

> 현행 형사소송법은 검사 또는 사법경찰관은 피의자를 신문하기 전에 진술거부권의 내용을 알려주어야 하고(제244조의3), 재판장은 피고인에게 진술을 거부할 수 있음을 고지하여야 한다(제283조의2)고 규정하여 피의자와 피고인에 대해서만 진술거부권을 고지하도록 하고 있을 뿐, 피해자 및 피해자의 대리인에 대해서는 이를 고지 대상으로 삼고 있지 않다.

정답 ×

034 21경1

검사가 당해 재판의 피고인에게 사법경찰관이 작성한 피고인에 대한 피의자신문조서의 진정성립 여부를 묻는 경우, 피고인은 진술거부권을 행사할 수 없다. ☐O☐X☐

> 피고인은 진술하지 아니하거나 개개의 질문에 대하여 진술을 거부할 수 있다(제283조의2)고 규정하고 있으므로 피의자신문조서의 진정성립 여부를 묻는 경우, 피고인은 진술거부권을 행사할 수 있다고 보아야 한다.

정답 ×

035 21경1

피의자에게는 진술거부권과 자기에게 유리한 진술을 할 권리와 유리한 증거를 제출할 권리가 있지만, 수사기관에 대하여 진실만을 진술하여야 할 의무가 있는 것은 아니다. ☐O☐X☐

> 수사기관이 범죄사건을 수사할 때에는 피의자 등의 진술 여하에 불구하고 피의자를 확정하고 그 피의사실을 인정할 만한 객관적인 모든 증거를 수집·조사하여야 할 권리와 의무가 있고, 한편 피의자는 진술거부권과 자기에게 유리한 진술을 할 권리와 유리한 증거를 제출할 권리를 가질 뿐이고 수사기관에 대하여 진실만을 진술하여야 할 의무가 있는 것은 아니다(대판 2011.2.10. 2010도15986).

정답 ○

036 23경2 / 21승 / 22국7

수사기관이 피의자를 신문함에 있어서 피의자에게 미리 진술거부권을 고지하지 않은 때에는 그 피의자의 진술은 위법하게 수집된 증거로서 진술의 임의성이 인정되는 경우라도 증거능력이 부인되어야 한다. ☐O☐X☐

> 피의자의 진술거부권은 헌법이 보장하는 형사상 자기에 불리한 진술을 강요당하지 않는 자기부죄거부의 권리에 터잡은 것이므로 수사기관이 피의자를 신문함에 있어서 피의자에게 미리 진술거부권을 고지하지 않은 때에는 그 피의자의 진술은 위법하게 수집된 증거로서 진술의 임의성이 인정되는 경우라도 증거능력이 부인되어야 한다(대판 1992.6.23. 92도682).

정답 ○

037 23법9 / 24·23승

수사기관이 피의자를 신문함에 있어서 피의자에게 미리 진술거부권을 고지하지 않은 때에는 그 피의자의 진술은 위법하게 수집된 증거이지만, 진술의 임의성이 인정되는 경우라면 증거능력이 인정된다. ☐O☐X☐

> 검사가 국가보안법 위반죄로 구속영장을 발부받아 피의자신문을 한 다음, **구속 기소한 후 다시 피의자를 소환하여 공범들과의 조직구성 및 활동 등에 관한 신문**을 하면서 피의자신문조서가 아닌 일반적인 **진술조서의 형식으로 조서를 작성한 경우**, 진술조서의 내용이 피의자신문조서와 실질적으로 같고, 진술의 임의성이 인정되는 경우라도 미리 피의자에게 진술거부권을 고지하지 않았다면 위법수집증거에 해당하므로, 유죄인정의 증거로 사용할 수 없다(대판 2009.8.20. 2008도8213).

정답 ×

038 24법9

수사기관이 피의자신문 시 피의자에게 진술거부권을 고지하지 않은 때에는 그 피의자의 진술은 위법하게 수집된 증거로서 진술의 임의성이 인정되는 경우라도 증거능력이 없다. ☐O☐X☐

> 대판 2009.8.20. 2008도8213

정답 ○

039 21승

피의자 또는 피고인은 개개의 질문에 대해서만 진술을 거부할 수 있으나, 일체의 진술을 거부할 수 없다. ☐O☐X☐

> 검사 또는 사법경찰관은 피의자를 신문하기 전에 <u>일체의 진술을 하지 아니하거나 개개의 질문에 대하여 진술을 하지 아니할 수 있다는</u> 것을 알려주어야 한다(제244조의3 제1항 제1호). 피고인은 <u>진술하지 아니하거나 개개의 질문에 대하여 진술을 거부할 수 있다</u>(제283조의2 제1항). 따라서 피의자 또는 피고인은 개개의 질문에 대해서 뿐 아니라, 일체의 진술을 거부할 수 있다.

정답 ×

040 24국9(교정직)

피고인은 피고인신문절차에서 진술하지 아니하거나 개개의 질문에 대하여 진술을 거부할 수 있다. ☐O☐X☐

> 제283조의2 제1항

정답 ○

041 23승

「형사소송법」 제283조의2는 피고인은 진술하지 아니하거나 개개의 질문에 대하여 진술을 거부할 수 있다고 규정하고 있을 뿐이며, 진술의 내용을 불이익한 진술에 제한하지 않고 있다. O|X

> 제283조의2 제1항. 따라서 피의자 또는 피고인은 개개의 질문에 대해서 뿐 아니라, 일체의 진술을 거부할 수 있다.

정답 ○

042 21승 / 22국9

재판장은 인정신문을 하기 전에 피고인에게 진술거부권을 고지하여야 하고, 공판기일마다 고지할 필요는 없으나 공판절차를 갱신하는 경우에는 다시 고지하여야 한다. O|X

> 규칙 제144조 제1항 제1호

정답 ○

043 21승

의사무능력자인 피고인, 피의자의 법정대리인 그리고 외국인도 진술거부권의 주체가 된다. O|X

> 헌법상 기본권이므로 모든 국민이 주체가 된다(헌법 제12조 제2항). 따라서 피고인뿐만 아니라 피의자, 피의자가 의사무능력자일 경우 법정대리인, 법인인 경우 대표자, 참고인에게도 인정되며, 외국인에게도 인정된다고 보는 것이 일반적인 입장이다.

정답 ○

044 23승

피고인이 증거서류의 진정성립을 묻는 검사의 질문에 대하여 진술거부권을 행사하여 진술을 거부한 경우는 「형사소송법」 제314조의 '그 밖에 이에 준하는 사유로 인하여 진술할 수 없는 때'에 해당하지 아니한다. O|X

> 현행 형사소송법 제314조의 문언과 개정 취지, 진술거부권 관련 규정의 내용 등에 비추어 보면, 피고인이 증거서류의 진정성립을 묻는 검사의 질문에 대하여 진술거부권을 행사하여 진술을 거부한 경우는 형사소송법 제314조의 '그 밖에 이에 준하는 사유로 인하여 진술할 수 없는 때'에 해당하지 아니한다(대판 2013.6.13. 2012도16001).

정답 ○

045 22국9

진술거부권은 형사책임과 관련하여 형사절차에서 보장되는 것이므로 행정절차나 국회의 조사절차 등에서는 자기에게 불리한 사실을 묵비할 권리가 인정되지 않는다. ○|×

> 진술거부권은 형사절차에서만 보장되는 것이 아니고, 행정절차이거나 국회에서의 질문 등 어디에서나 그 진술이 자기에게 형사상 불리한 경우에는 그 진술을 거부할 권리가 인정된다(헌재결 1990.8.27. 89헌가118 ; 대판 2015.5.28. 2015도3136).

정답 ×

046 22국9

헌법 제12조 제2항은 형사상 자기에게 불리한 진술을 강요당하지 아니한다고 규정하고 있으나, 피고인 또는 피의자는 자기에게 유리한 내용이더라도 그 진술을 거부할 수 있다. ○|×

> 헌법은 형사상 자기에게 불리한 진술의 강요를 금지하고 있으나(제12조 제2항), 형사소송법은 진술거부권의 진술의 내용을 이익·불이익을 불문하고 인정하여 헌법상의 진술거부권의 범위를 확장하고 있다(제244조의3 제1항, 제283조의2 제1항).

정답 ○

047 22국9

진술거부권은 형사절차의 피고인 또는 피의자에게 인정되는 권리이므로 피내사자나 참고인에게는 인정되지 않는다. ○|×

> 헌법상 기본권이므로 모든 국민이 주체가 된다(헌법 제12조 제2항). 따라서 피고인뿐만 아니라 피의자, 법인인 경우 대표자, 피내사자 뿐 아니라 참고인에게도 인정되며, 외국인에게도 인정된다고 보고 있다.

정답 ×

048 23승 / 22국9

진술거부권이 보장되는 절차에서 진술거부권을 고지받을 권리는 헌법 제12조 제2항에 의하여 바로 도출되므로 별도의 입법적 뒷받침이 필요 없다. ○|×

> 진술거부권이 보장되는 절차에서 진술거부권을 고지받을 권리는 헌법 제12조 제2항에 의하여 바로 도출된다고 할 수는 없고 별도의 입법적 뒷받침이 필요하다(대판 2014.1.16. 2013도5441).

정답 ×

049 24승

선거범죄 조사와 관련하여 선거관리위원회 위원·직원이 관계자에게 질문·조사를 할 수 있다고 규정하면서도 진술거부권의 고지에 관하여는 별도의 규정을 두고 있지 않은 구 「공직선거법」(2013. 8. 13. 법률 제12111호로 개정되기 전의 것) 제272조의2에서, 선거범죄 조사와 관련하여 관계자에게 진술거부권 고지 없이 작성·수집된 선거관리위원회의 문답서는 증거능력이 없다. ◯ ⅼ ✕

> 구 공직선거법(2013. 8. 13. 법률 제12111호로 개정되기 전의 것, 이하 같다)은 제272조의2에서 선거범죄 조사와 관련하여 선거관리위원회 위원·직원이 관계자에게 질문·조사를 할 수 있다고 규정하면서도 <u>진술거부권의 고지에 관하여는 별도의 규정을 두지 않았고</u>, 수사기관의 피의자에 대한 진술거부권 고지를 규정한 형사소송법 제244조의3 제1항이 구 공직선거법상 선거관리위원회 위원·직원의 조사절차에 당연히 유추적용된다고 볼 수도 없다. 한편 2013. 8. 13. 법률 제12111호로 개정된 공직선거법은 제272조의2 제7항을 신설하여 선거관리위원회의 조사절차에서 피조사자에게 진술거부권을 고지하도록 하는 규정을 마련하였으나, 그 부칙 제1조는 "이 법은 공포한 날부터 시행한다."고 규정하고 있어 그 시행 전에 이루어진 선거관리위원회의 조사절차에 대하여는 구 공직선거법이 적용된다. 결국 <u>구 공직선거법 시행 당시 선거관리위원회 위원·직원이 선거범죄 조사와 관련하여 관계자에게 질문을 하면서 미리 진술거부권을 고지하지 않았다고 하여 단지 그러한 이유만으로 그 조사절차가 위법하다거나 그 과정에서 작성·수집된 선거관리위원회 문답서의 증거능력이 당연히 부정된다고 할 수는 없다</u>(대판 2014.1.16. 2013도5441).

정답 ✕

제5절 ‖ 변호인

001 21경2 / 71간 / 23국9

피고인이 법인인 경우에는 「형사소송법」 제27조(법인과 소송 행위의 대표) 제1항 소정의 대표자가 제3자에게 변호인 선임을 위임하여 제3자로 하여금 변호인을 선임하도록 할 수 있다. ◯ ⅼ ✕

> <u>형사소송에 있어서 변호인을 선임할 수 있는 자는 피고인 및 피의자와 형사소송법 제30조 제2항에 규정된 자에 한정되는 것이고, 피고인 및 피의자로부터 그 선임권을 위임받은 자가 피고인이나 피의자를 대리하여 변호인을 선임할 수는 없는 것이므로, 피고인이 법인인 경우에는 형사소송법 제27조 제1항 소정의 대표자가 피고인인 당해 법인을 대표하여 피고인을 위한 변호인을 선임하여야 하며, 대표자가 제3자에게 변호인 선임을 위임하여 제3자로 하여금 변호인을 선임하도록 할 수는 없다</u>(대결 1994.10.28. 94모25).

정답 ✕

002 23승

변호인은 수사 중인 사건의 서류에 대하여 「공공기관의 정보공개에 관한 법률」에 따라 수사기관을 상대로 정보공개를 청구할 수 있다. ☐O☐X☐

> 헌재결 2003.3.27. 2000헌마474

정답 O

003 23경1 / 23승

변호인이 되려는 의사를 표시한 자가 객관적으로 변호인이 될 가능성이 있다고 인정되는데도, 「형사소송법」 제34조에서 정한 '변호인 또는 변호인이 되려는 자'가 아니라고 보아 신체구속을 당한 피고인 또는 피의자와 접견하지 못하도록 제한하여서는 아니 된다. ☐O☐X☐

> 형사소송법 제34조는 "변호인 또는 변호인이 되려는 자는 신체구속을 당한 피고인 또는 피의자와 접견하고 서류 또는 물건을 수수할 수 있으며 의사로 하여금 진료하게 할 수 있다."라고 규정하고 있으므로, 변호인이 되려는 의사를 표시한 자가 객관적으로 변호인이 될 가능성이 있다고 인정되는데도, 형사소송법 제34조에서 정한 '변호인 또는 변호인이 되려는 자'가 아니라고 보아 신체구속을 당한 피고인 또는 피의자와 접견하지 못하도록 제한하여서는 아니 된다(대판 2017.3.9. 2013도16162).

정답 O

004 22법9

피고인 또는 피의자의 법정대리인, 배우자, 직계친족과 형제자매는 독립하여 변호인을 선임할 수 있고, 공소제기 전의 변호인 선임은 제1심에도 그 효력이 있다. ☐O☐X☐

> 피의자 또는 피고인의 법정대리인, 배우자, 직계친족, 형제자매는 독립하여 변호인을 선임할 수 있다(제30조 제2항). 공소제기 전의 변호인 선임은 제1심에도 그 효력이 있다(제32조 제2항).

정답 O

005 22법9

피고인의 배우자, 직계친족, 형제자매 또는 원심의 대리인이나 변호인은 피고인을 위하여 상소할 수 있지만, 피고인의 명시한 의사에 반하여 하지 못하고, 피고인의 동의를 얻어 상소를 취하할 수 있다. ☐O☐X☐

> 피고인의 배우자, 직계친족, 형제자매 또는 원심의 대리인이나 변호인은 피고인의 명시한 의사에 반하지 않는 한 피고인을 위하여 할 수 있다(제341조). 또한 피고인의 법정대리인 또는 상소대리권자(피고인의 배우자, 직계친족, 형제자매 또는 원심의 대리인이나 변호인)는 피고인의 동의를 얻어 상소를 취하할 수 있다(제351조).

정답 O

006 23국7

국선변호인제도는 집행유예의 취소청구사건의 심리절차에서는 인정되지 않는다. ○|×

> 국선변호인 제도는 <u>구속영장실질심사, 체포·구속 적부심사의 경우를 제외하고는 공판절차에서 피고인의 지위에 있는 자에게만 인정되고</u> 이 사건과 같이 <u>집행유예의 취소청구 사건의 심리절차에서는 인정되지 않는다</u>(대결 2019.1.4. 2018모3621).

정답 ○

007 23국7

국선변호인에 관한 「형사소송법」 제33조 제1항 제5호에서 정한 '피고인이 심신장애가 있는 것으로 의심되는 때'란 진단서나 정신감정 등 객관적인 자료에 의하여 피고인의 심신장애 상태를 확신할 수 있거나 그러한 상태로 추단할 수 있는 근거가 있는 경우만을 의미한다. ○|×

> 법원이 국선변호인을 반드시 선정해야 하는 사유로 형사소송법 제33조 제1항 제5호에서 정한 '피고인이 심신장애의 의심이 있는 때'란 진단서나 정신감정 등 객관적인 자료에 의하여 피고인의 심신장애 상태를 확신할 수 있거나 그러한 상태로 추단할 수 있는 근거가 있는 경우는 물론, 범행의 경위, 범행의 내용과 방법, 범행 전후 과정에서 보인 행동 등과 아울러 피고인의 연령·지능·교육 정도 등 소송기록과 소명자료에 드러난 제반 사정에 비추어 피고인의 의식상태나 사물에 대한 변별능력, 행위통제능력이 결여되거나 저하된 상태로 의심되어 피고인이 공판심리단계에서 효과적으로 방어권을 행사하지 못할 우려가 있다고 인정되는 경우를 포함한다(대판 2019.9.26. 2019도8531).

정답 ×

008 23국7

변호인 없는 불구속 피고인에 대하여 국선변호인을 선정하지 않은 채 판결을 선고한 다음 법정구속을 하더라도 법원이 직권으로 변호인을 선정하여야 하는 형사소송법 제33조 제1항 제1호를 위반한 것이 아니다. ○|×

> 형사소송법 제33조 제1항 제1호 소정의 '피고인이 구속된 때'라고 함은 피고인이 당해 형사사건에서 이미 구속되어 재판을 받고 있는 경우를 의미하는 것이므로, 불구속 피고인에 대하여 판결을 선고한 다음 법정구속을 하더라도 구속되기 이전까지는 위 규정이 적용된다고 볼 수 없다(대판 2011.3.10 2010도17353).

정답 ○

009 22법9

수인의 변호인이 있는 때에는 재판장은 피고인·피의자 또는 변호인의 신청에 의하여 대표변호인을 지정할 수 있고 그 지정을 철회 또는 변경할 수 있으며, 신청이 없는 때에도 재판장은 직권으로 대표변호인을 지정할 수 있지만, 그 지정을 철회 또는 변경할 수는 없다. O|X

> 피의자나 피고인이 선임할 수 있는 <u>변호인의 수에는 제한이 없다</u>. 다만 수인의 변호인이 있는 때에는 재판장이 피고인 또는 변호인의 신청에 의하거나 신청이 없는 때에는 <u>직권으로 대표변호인을 지정할 수 있고 그 지정을 철회 또는 변경할 수 있다</u>(제32조의2 제1항·제2항).

정답 ×

010 22법9 / 20국7

변호사인 변호인에게는 변호사법이 정하는 바에 따라서 이른바 진실의무가 인정되는 것이지만, 변호인이 신체구속을 당한 사람에게 법률적 조언을 하는 것은 그 권리이자 의무이므로 변호인이 적극적으로 피고인 또는 피의자로 하여금 허위 진술을 하도록 하는 것이 아니라 단순히 헌법상 권리인 진술 거부권이 있음을 알려 주고 그 행사를 권고하는 것을 가리켜 변호사로서의 진실의무에 위배되는 것이라고는 할 수 없다. O|X

> 변호인이 신체구속을 당한 사람에게 <u>법률적 조언</u>을 하는 것은 그 <u>권리이자 의무</u>이므로 변호인이 적극적으로 피고인 또는 피의자로 하여금 허위진술을 하도록 하는 것이 아니라 단순히 헌법상 권리인 진술거부권이 있음을 알려 주고 그 행사를 권고하는 것을 가리켜 <u>변호사로서의 진실의무에 위배되는 것이라고는 할 수 없다</u>(대결 2007.1.31. 2006모656).

정답 ○

011 21경1

원심법원에서의 변호인 선임은 관할위반의 재판이 법률에 위반됨을 이유로 원심판결을 파기하여 판결로써 사건을 원심법원에 환송한 후에도 효력이 있다. O|X

> 원심법원에서의 변호인선임은 항소심법원이 사건을 원심법원에 파기환송하거나 관할법원에 이송한 후의 형사절차에서도 효력이 있다(규칙 제158조).

정답 ○

012 22국7

「형사소송법」 제33조 제1항이 정하는 필요적 변호사건이 아닌 경우에도 제1심법원이 피고인의 청구에 따라 또는 직권으로 국선변호인을 선정하여 공판을 진행하였다면, 항소법원이 특별한 사정변경 없이 국선변호인을 선정하지 않고 심리를 진행하는 것은 위법하다. ⃞O ⃞X

> [1] 형사소송법 제33조 제1항 각 호에 해당하는 경우가 아닌 한 법원으로서는 권리보호를 위하여 필요하다고 인정하지 않으면 국선변호인을 선정하지 아니할 수 있다.
> [2] 필요적 국선사건이 아님에도 제1심이 국선변호인을 선정하여 준 후 피고인에게 징역 1년의 형을 선고하면서 법정구속을 하지 않았는데, 피고인이 항소장만을 제출한 다음 국선변호인 선정청구를 하지 않은 채 법정기간 내에 항소이유서를 제출하지 아니하자 원심이 피고인의 항소를 기각한 경우, 피고인의 권리보호를 위하여 법원이 재량으로 국선변호인 선정을 해 줄 필요는 없다고 보아 국선변호인 선정 없이 공판심리를 진행한 원심의 판단과 조치 및 절차는 정당하고, 피고인이 피해자들과의 합의를 전제로 감형만을 구하였던 이상 원심이 국선변호인을 선정하여 주지 않은 것이 피고인의 방어권을 침해하여 판결에 영향을 미쳤다고 보기도 어렵다(대판 2013.5.9. 2013도1886).

정답 ✕

제6절 ▎보조인

제2장　소송절차의 일반이론

제1절 ▮ 소송절차의 기본구조

제2절 ▮ 소송절차이분론

제3장 소송행위와 소송조건

제1절 | 소송행위의 의의와 종류

제2절 | 소송행위의 일반적 요소

001 23승

그 양형자료에 대하여 피고인에게 의견진술 기회를 주는 등 필요한 양형심리절차를 거침으로써 피고인의 방어권을 실질적으로 보장해야 한다. ○|×

> 형사재판의 기본이념과 관련 규정들을 종합하여 볼 때, 사실심 변론종결 후 검사나 피해자 등에 의해 피고인에게 불리한 새로운 양형조건에 관한 자료가 법원에 제출되었다면, 사실심 법원으로서는 변론을 재개하여 그 양형자료에 대하여 피고인에게 의견진술 기회를 주는 등 필요한 양형심리절차를 거침으로써 피고인의 방어권을 실질적으로 보장해야 한다(대판 2021.9.30. 2021도5777).
> → 원심판결에 사실심 변론종결 후 피고인에게 불리한 양형자료(피해자의 사망)가 제출된 경우 사실심 법원이 취해야 할 양형심리절차에 관한 법리를 오해하여 필요한 심리를 다하지 아니한 잘못이 있고, 이러한 잘못이 판결에 영향을 미쳤다는 이유로, 제1심(징역 4년)과 달리 징역 9년을 선고한 원심판결을 파기환송한 사례

정답 ○

002 23국7

형사소송절차에서도 보충송달이 허용되나, 이 경우 피고인의 동거가족에게 서류가 교부되고 그 동거가족이 사리를 변별할 지능이 있더라도 피고인이 그 서류의 내용을 알지 못한 경우에는 송달의 효력이 없다. ○|×

> 피고인의 동거 가족에게 서류가 교부되고 그 동거 가족이 사리를 변식할 지능이 있는 이상 피고인이 그 서류의 내용을 알지 못한 경우에도 송달의 효력이 있고, 사리를 변식할 지능이 있다고 하기 위하여는 사법제도 일반이나 소송행위의 효력까지 이해할 필요는 없더라도 송달의 취지를 이해하고 영수한 서류를 수송달자에게 교부하는 것을 기대할 수 있는 정도의 능력이 있으면 족하다(대결 2000.2.14. 99모225).

정답 ×

003 23국7

송달명의인이 체포 또는 구속된 날 소송기록접수통지서 등의 송달서류가 송달명의인의 종전 주·거소에 송달되었다면 송달의 효력 발생 여부는 체포 또는 구속된 시각과 송달된 시각의 선·후에 의하여 결정하되, 선·후관계가 명백하지 않다면 송달의 효력은 발생하지 않는다. ㅇ|X

> 형사소송법 제65조, 민사소송법 제182조에 의하면 교도소·구치소 또는 국가경찰관서의 유치장에 수감된 사람에게 할 송달을 교도소·구치소 또는 국가경찰관서의 장에게 하지 아니하고 수감되기 전의 종전 주·거소에 하였다면 부적법하여 무효이고, 법원이 피고인의 수감 사실을 모른 채 종전 주·거소에 송달하였다고 하여도 마찬가지로 송달의 효력은 발생하지 않는다. 그리고 송달명의인이 체포 또는 구속된 날 소송기록접수통지서 등의 송달서류가 송달명의인의 종전 주·거소에 송달되었다면 송달의 효력 발생 여부는 체포 또는 구속된 시각과 송달된 시각의 선후에 의하여 결정하되, 선후관계가 명백하지 않다면 송달의 효력은 발생하지 않는 것으로 보아야 한다(대결 2017.11.7. 2017모2162).

정답 ○

004 21법9 / 20국7

공소장변경 신청서 부본을 피고인과 변호인 중 어느 한 쪽에 대해서만 송달하였다고 하여 절차상 잘못이 있다고 할 수 없다. ㅇ|X

> 형사소송규칙 제142조 제3항은 피고인과 변호인 모두에게 부본을 송달하여야 하는 취지가 아님은 문언상 명백하므로, 공소장변경신청서 부본을 피고인과 변호인 중 어느 한 쪽에 대해서만 송달하였다고 하여 절차상 잘못이 있다고 할 수 없다(대판 2013.7.12. 2013도5165).

정답 ○

005 24법9

피고인, 대리인, 대표자, 변호인 또는 보조인이 법원 소재지에 서류의 송달을 받을 수 있는 주거 또는 사무소를 두지 아니한 때에는 법원 소재지에 주거 또는 사무소 있는 자를 송달영수인으로 선임하여 연명한 서면으로 신고하여야 한다. ㅇ|X

> 피고인, 대리인, 대표자, 변호인 또는 보조인이 법원 소재지에 서류의 송달을 받을 수 있는 주거 또는 사무소를 두지 아니한 때에는 법원 소재지에 주거 또는 사무소 있는 자를 송달영수인으로 선임하여 연명한 서면으로 신고하여야 한다(제60조 제1항).

정답 ○

006 24법9

송달영수인 선임 및 신고가 필요한 '법원 소재지'는 당해 법원이 위치한 특별시, 광역시, 시 또는 군이므로, 인천광역시 옹진군이나 대구광역시 달성군에 서류 송달을 받을 수 있는 주거나 사무소를 두고 있는 피고인은 송달영수인을 선임하여 이를 신고할 필요가 없다. ○|×

> 형사소송법 제60조 제1항에 규정한 법원소재지는 당해 법원이 위치한 특별시, 광역시, 시 또는 군(다만, 광역시내의 군은 제외)으로 한다(규칙 제42조).

정답 ×

007 21법9

송달영수인은 송달에 관하여 본인으로 간주하고 그 주거 또는 사무소는 본인의 주거 또는 사무소로 간주한다. ○|×

> 제60조 제2항

정답 ○

008 22국7

주거, 사무소 또는 송달영수인의 선임을 신고하여야 할 자가 그 신고를 하지 아니하는 때에는 법원사무관등은 서류를 우체에 부칠 수 있고, 이 경우 서류는 발송한 때에 송달된 것으로 간주한다. ○|×

> 주거, 사무소 또는 송달영수인의 선임을 신고하여야 할 자가 그 신고를 하지 아니하는 때에는 법원사무관 등은 서류를 우체에 부치거나 기타 적당한 방법에 의하여 송달할 수 있다(제61조 제1항). 서류를 우체에 부친 경우에는 도달된 때에 송달된 것으로 간주한다(동조 제2항).

정답 ×

009 23국9

「형사소송규칙」에 따르면 법원은 공시송달의 사유가 있다고 인정한 때에는 직권 또는 검사의 청구에 따라 결정으로 공시송달을 명한다. ○|×

> 공시송달은 대법원규칙의 정하는 바에 의하여 법원이 명한 때에 한하여 할 수 있다(제64조 제1항). 법원은 공시송달의 사유가 있다고 인정하는 때에는 직권으로 결정에 의하여 공시송달을 명한다(규칙 제43조).

정답 ×

010 22국7

최초의 공시송달은 법원사무관 등이 송달할 서류를 보관하고 그 사유를 법원게시장에 공시한 날부터 2주일을 경과하면 효력이 생기고, 제2회 이후의 공시송달은 공시한 날부터 5일을 경과하면 그 효력이 생긴다. O|X

> 공시송달은 법원사무관 등이 송달할 서류를 보관하고 그 사유를 법원게시장에 공시하여야 한다(제64조 제2항). 법원은 그 사유를 관보나 신문지상에 공고할 것을 명할 수 있다(동조 제3항). 최초의 공시송달은 공시한 날로부터 2주일을 경과하면 그 효력이 생긴다. 단 제2회 이후의 공시송달은 5일을 경과하면 그 효력이 있다(동조 제4항).

정답 O

011 23법9

피고인이 구치소나 교도소 등에 수감 중에 있는 경우는 법원이 수감 중인 피고인에 대하여 공소장 부본과 피고인소환장 등을 종전 주소지 등으로 송달한 경우는 물론 공시송달의 방법으로 송달하였더라도 이는 위법하다. O|X

> 피고인이 구치소나 교도소 등에 수감 중에 있는 경우는 형사소송법 제63조 제1항에 규정된 '피고인의 주거, 사무소, 현재지를 알 수 없는 때'나 '소송촉진 등에 관한 특례법' 제23조에 규정된 '피고인의 소재를 확인할 수 없는 경우'에 해당한다고 할 수 없으므로, 법원이 수감 중인 피고인에 대하여 공소장 부본과 피고인소환장 등을 종전 주소지 등으로 송달한 경우는 물론 공시송달의 방법으로 송달하였더라도 이는 위법하다고 보아야 한다(대판 2013.6.27. 2013도2714).

정답 O

012 23국7

피고인 주소지에 피고인이 거주하지 아니한다는 이유로 여러 차례에 걸쳐 집행불능되어 반환된 구속영장이나 경찰관이 작성한 소재탐지불능보고서를 소송촉진 등에 관한 특례법이 정한 '송달불능보고서의 접수'로 볼 수는 없다. O|X

> 피고인 주소지에 피고인이 거주하지 아니한다는 이유로 구속영장이 여러 차례에 걸쳐 집행불능되어 반환된 바 있었다고 하더라도 이를 소송촉진 등에 관한 특례법이 정한 '송달불능보고서의 접수'로 볼 수는 없다. 반면에 소재탐지불능보고서의 경우는 경찰관이 직접 송달 주소를 방문하여 거주자나 인근 주민 등에 대한 탐문 등의 방법으로 피고인의 소재 여부를 확인하므로 송달불능보고서보다 더 정확하게 피고인의 소재 여부를 확인할 수 있기 때문에 송달불능보고서와 동일한 기능을 한다고 볼 수 있으므로 소재탐지불능보고서의 접수는 소송촉진 등에 관한 특례법이 정한 '송달불능보고서의 접수'로 볼 수 있다(대결 2014.10.16. 2014모1557).

정답 ×

013 22국7

기록에 나타난 피고인의 휴대전화번호와 집전화번호, 그리고 가족의 주소를 통한 송달을 시도하지 않고서 공시송달의 방법에 의한 송달을 하고 피고인의 진술 없이 판결을 하는 것은 위법하다. ⃞O⃞X

> 대판 2010.1.28. 2009도12430

정답 O

014 21법9

재감자에 대한 약식명령의 송달을 교도소 등의 소장에게 하지 아니하고 수감되기 전의 종전 주·거소에다 한 경우에 수소법원이 당사자의 수감사실을 모르고 종전의 주·거소에 하였고, 당사자가 약식명령이 고지된 사실을 다른 방법으로 알았다면 송달의 효력이 발생한다. ⃞O⃞X

> 수소법원이 송달을 실시함에 있어 당사자 또는 소송관계인의 수감사실을 모르고 종전의 주·거소에 하였다고 하여도 마찬가지로 송달의 효력은 발생하지 않고, 송달 자체가 부적법한 이상 당사자가 약식명령이 고지된 사실을 다른 방법으로 알았다고 하더라도 송달의 효력은 여전히 발생하지 않는다(대결 1995.6.14. 95모14).

정답 ×

015 21법9 / 24승

교도소 또는 구치소에 구속된 자에 대한 송달은 그 소장에게 송달하면 구속된 자에게 전달된 여부와 관계없이 효력이 생기는 것이다. ⃞O⃞X

> 대판 1995.1.12. 94도2687

정답 O

016 23법9

형사피고사건으로 법원에 재판이 계속되어 있는 사람은 공소제기 당시의 주소지나 그 후 신고한 주소지를 옮길 때에는 자기의 새로운 주소지를 법원에 신고하거나 기타 소송 진행 상태를 알 수 있는 방법을 강구하여야 하고, 만일 이러한 조치를 취하지 않았다면, 원칙적으로 소송서류가 송달되지 않아서 공판기일에 출석하지 못하거나 판결 선고사실을 알지 못하여 상고기간을 도과하는 등 불이익을 받는 책임을 면할 수 없다. ⃞O⃞X

> 형사피고사건으로 법원에 재판이 계속 중인 사람은 공소제기 당시의 주소지나 그 후 신고한 주소지를 옮길 때 새로운 주소지를 법원에 신고하거나 기타 소송 진행 상태를 알 수 있는 방법을 강구하여야 하고, 만일 이러한 조치를 하지 않았다면 특별한 사정이 없는 한 소송서류가 송달되지 않아서 공판기일에 출석하지 못하거나 판결 선고사실을 알지 못하여 상소 제기기간을 도과하는 등 불이익을 면할 수 없다(대결 2022.5.26. 2022모439).

정답 O

017 23법9

기록에 피고인의 주민등록지 이외의 주소가 나타나 있고 피고인의 집 전화번호 또는 휴대전화번호 등이 나타나 있는 경우라도, 피고인이 재판이 계속 중인 사실을 알면서도 새로운 주소지 등을 법원에 신고하는 등 조치를 하지 않아 소환장이 송달불능되었다면, 법원이 곧바로 공시송달의 방법으로 송달하였다 하여 위법하다고 볼 수 없다. ☐O☐X

> 피고인이 재판이 계속 중인 사실을 알면서도 새로운 주소지 등을 법원에 신고하는 등 조치를 하지 않아 소환장이 송달불능되었더라도, <u>법원은 기록에 주민등록지 이외의 주소가 나타나 있고 피고인의 집 전화번호 또는 휴대전화번호 등이 나타나 있는 경우에는 위 주소지 및 전화번호로 연락하여 송달받을 장소를 확인하여 보는 등의 시도를 해 보아야</u> 하고, 그러한 조치 없이 곧바로 공시송달 방법으로 송달하는 것은 형사소송법 제63조 제1항, 소송촉진 등에 관한 특례법 제23조에 위배되어 허용되지 아니하는데, 이처럼 허용되지 아니하는 잘못된 공시송달에 터 잡아 피고인의 진술 없이 공판이 진행되고 피고인이 출석하지 않은 기일에 판결이 선고된 경우에는, 피고인은 자기 또는 대리인이 책임질 수 없는 사유로 상소 제기기간 내에 상소를 하지 못한 것으로 봄이 타당하다(대결 2022.5.26. 2022모439).

정답 ×

018 24법9

송달영수인의 자격에는 제한이 없으며 자연인은 물론 법인도 송달영수인으로 선임할 수 있으며, 송달영수인의 선임은 같은 지역에 있는 각 심급법원에 대하여 효력이 있으므로, 사건의 이송 또는 상소에 의해서 사건이 다른 지역에 있는 법원에 계속된 경우에는 송달영수인의 선임신고는 당연히 효력을 잃는다. ☐O☐X

> 형사소송법 제65조에 의하여 준용되는 민사소송법 제183조 제1항, 제184조에 의하면, 송달은 송달받을 사람의 주소·거소·영업소 또는 사무소 등의 송달장소에서 하여야 하고, 당사자·법정대리인 또는 변호인은 주소 등 외의 장소를 송달받을 장소로 정하여 법원에 신고할 수 있으며, 이 경우에는 송달영수인을 정하여 신고할 수 있다. 송달영수인의 신고가 있으면 송달은 신고된 장소와 영수인에게 하여야 하고, 송달영수인이 송달받은 때에 송달의 효력이 발생하나, <u>송달영수인 신고의 효력은 그 심급에만 미치므로, 상소 또는 이송을 받은 법원의 소송절차에서는 그 신고의 효력이 없다</u>(대판 2024.5.9. 2024도3298).

정답 ○

019 24법9

송달영수인에게 항소기록접수통지서가 송달된 경우 항소이유서를 제출하여야 할 사람은 송달영수인이 아니라 피고인이므로, 항소이유서 제출기간의 연장 여부는 피고인 본인의 주거 또는 사무소를 기준으로 결정된다. ○|×

> 제1심 변호인이 피고인의 송달영수인으로 제1심 변호인을, 송달장소로 그 사무소를 각 기재한 신고서를 제1심에 제출하였고, … 제1심 변호인의 사무소는 피고인의 주소·거소·영업소 또는 사무소 등의 송달장소가 아니고, 제1심에서 한 송달영수인 신고의 효력은 원심법원에 미치지 아니하므로 피고인에게 소송기록접수통지서가 적법하게 송달되었다고 볼 수 없어, 피고인에 대한 적법한 소송기록접수통지가 이루어지지 않은 상태에서 사선변호인이 선임되고 국선변호인 선정이 취소되었으므로 (원심으로서는) 피고인과는 별도로 원심에서 선임된 변호인에게도 소송기록접수통지를 하여야 하고, 그 통지가 이루어지기 전에는 항소이유서 제출기간이 진행하지 않으므로 그 기간의 경과를 기다리지 않고는 항소사건을 심판할 수 없다(대판 2024.5.9. 2024도3298).

정답 ○

020 22국7

「형사소송규칙」은 항소이유서 제출기간 내에 피고인이 책임질 수 없는 사유로 국선변호인이 변경되면 그 국선변호인에게도 소송기록접수통지를 하여야 한다고 정하고 있는데, 이 규정을 새로 선임된 사선변호인의 경우까지 확대해서 적용하거나 유추적용할 수는 없다. ○|×

> 형사소송규칙 제156조의2 제3항은 항소이유서 제출기간 내에 피고인이 책임질 수 없는 사유로 국선변호인이 변경되면 그 국선변호인에게도 소송기록접수통지를 하여야 한다고 정하고 있는데, 이 규정을 새로 선임된 사선변호인의 경우까지 확대해서 적용하거나 유추적용할 수는 없다. 결국, 형사소송법이나 그 규칙을 개정하여 명시적인 근거규정을 두지 않는 이상 현행 법규의 해석론으로는 필요적 변호사건에서 항소법원이 국선변호인을 선정하고 피고인과 국선변호인에게 소송기록접수통지를 한 다음 피고인이 사선변호인을 선임함에 따라 국선변호인의 선정을 취소한 경우 항소법원은 사선변호인에게 다시 소송기록접수통지를 할 의무가 없다고 보아야 한다(대판 2018.11.22. 2015도10651 전원합의체).

정답 ○

021 22국7

피고인과 국선변호인이 모두 법정기간 내에 항소이유서를 제출하지 아니하였더라도, 국선변호인이 항소이유서를 제출하지 아니한 데 대하여 피고인에게 귀책사유가 있음이 특별히 밝혀지지 않는 한, 항소법원은 종전 국선변호인의 선정을 취소하고 새로운 국선변호인을 선정하여 다시 소송기록접수통지를 함으로써 새로운 변호인으로 하여금 그 통지를 받은 때로부터 「형사소송법」 제361조의3 제1항의 기간 내에 피고인을 위하여 항소이유서를 제출하도록 하여야 한다. ☐O☐X☐

> 피고인과 국선변호인이 모두 법정기간 내에 항소이유서를 제출하지 아니하였더라도, 국선변호인이 항소이유서를 제출하지 아니한 데 대하여 피고인에게 귀책사유가 있음이 특별히 밝혀지지 않는 한, 항소법원은 종전 국선변호인의 선정을 취소하고 새로운 국선변호인을 선정하여 다시 소송기록접수통지를 함으로써 새로운 변호인으로 하여금 그 통지를 받은 때로부터 형사소송법 제361조의3 제1항의 기간 내에 피고인을 위하여 항소이유서를 제출하도록 하여야 한다. 그리고 이러한 법리는 항소법원이 종전 국선변호인의 선정을 취소하고 새로운 국선변호인을 선정하여 소송기록접수통지를 하기 이전에 피고인 스스로 변호인을 선임한 경우 그 사선변호인에 대하여도 마찬가지로 적용되어야 한다(대판 2019.7.10. 2019도4221).

정답 ○

022 71간

공범관계에 있지 않은 공동피고인들 사이에서는 어느 피고인에 대한 유리한 변론이 다른 피고인에 대하여는 불리한 결과를 초래하는 사건이어서 공동피고인들 사이에 이해가 상반된다고 하더라도, 그 공동피고인들에 대하여 선정된 동일한 국선변호인이 공동피고인들을 함께 변론하여도 무방하다. ☐O☐X☐

> 공범관계에 있지 않은 공동피고인들 사이에서도 공소사실의 기재 자체로 보아 어느 피고인에 대한 유리한 변론이 다른 피고인에 대하여는 불리한 결과를 초래하는 사건에서는 공동피고인들 사이에 이해가 상반된다고 할 것이어서, 그 공동피고인들에 대하여 선정된 동일한 국선변호인이 공동피고인들을 함께 변론한 경우에는 형사소송규칙 제15조 제2항에 위반된다(대판 2014.12.24. 2014도13797).

정답 ×

023 71간

필요적 변호사건에 있어서 선임된 사선변호인에 대한 기일통지를 하지 아니함으로써 사선변호인의 출석 없이 제1회 공판기일을 진행하였더라도 그 공판기일에 국선변호인이 출석하였다면 변호인 없이 재판한 잘못이 있다고 할 수 없다. ○│X

> 형사소송법 제282조의 필요적 변호사건에 있어서 선임된 사선변호인에 대한 기일통지를 하지 아니함으로써 사선변호인의 출석없이 제1회 공판기일을 진행하였더라도 <u>그 공판기일에 국선변호인이 출석하였다면 변호인 없이 재판한 잘못이 있다 할 수 없고</u>, 또한 사선변호인이 제2회 공판기일부터는 계속 출석하여 변호권을 행사하였다면 <u>사선변호인으로부터의 변호를 받을 기회를 박탈하였다거나 사선변호인의 변호권을 제한하였다 할 수 없다</u>(대판 1990.9.25. 90도1571).

정답 ○

024 23승

검사의 출석은 공판개정의 요건이나, 필요적 변호사건이 아닌 경우 변호인의 출석은 공판개정의 요건이 아니다. ○│X

> 변호인은 당사자가 아니기 때문에 필요적 변호사건의 경우(제282조 참고) 외에는 원칙적으로 변호인의 출석은 공판개정의 요건이 아니다.

정답 ○

025 23국9

필요적 변호사건에서 변호인 없이 개정하여 심리를 진행하고 판결한 것은 소송절차의 법령위반에 해당하므로 피고인이 무죄 판결을 받은 경우라 하더라도 그와 같은 법령위반은 무죄 판결에 영향을 미친다. ○│X

> 필요적 변호사건에서 변호인 없이 개정하여 심리를 진행하고 판결한 것은 소송절차의 법령위반에 해당하지만 무죄판결에 영향을 미친 것으로는 되지 아니 한다(대판 2003.3.25. 2002도5748).

정답 ×

026 24법9

필요적 변호사건에서 변호인 없이 개정하여 심리를 진행하고 판결한 것은 소송절차의 법령위반에 해당하므로, 설령 법원이 무죄판결을 선고하였다고 하더라도 법원의 이러한 잘못은 판결에 영향을 미친 법령위반에 해당한다. ○│X

> 대판 2003.3.25. 2002도5748)

정답 ×

027 21승

대법원 이외의 법원은 특별한 사정이 있으면 변호사가 아닌 자를 변호인으로 선임함을 허가할 수 있다. ☐O☐X☐

> 변호인은 변호사 중에서 선임하여야 한다. 단, 대법원 이외의 법원은 특별한 사정이 있으면 변호사 아닌 자를 변호인으로 선임함을 허가할 수 있다(제31조). 이를 특별변호인이라 한다.

정답 ○

028 21승

「형사소송법」 제33조 제1항의 규정에 따라 법원이 직권으로 국선변호인을 선정해야 하는 사건이라도 판결만을 선고하는 경우라면 변호인 없이 개정할 수 있다. ☐O☐X☐

> 필요적 변호사건과 국선변호사건에 관하여는 변호인 없이 개정하지 못한다(제282조, 제283조). 그러나 판결만을 선고할 경우에는 예외로 한다(제282조 단서).

정답 ○

029 21승

변호인만이 가지고 있는 고유권으로는 접견교통권, 피의자신문참여권, 피고인신문권, 서류·증거물의 열람·복사권 등이 있다. ☐O☐X☐

> 변호인만이 가지고 있는 고유권으로는 ㉠ 피고인 또는 피의자와의 접견교통권(제34조), ㉡ 피의자신문 참여권(제243조의2), ㉢ 피고인에 대한 신문권(제296조의2) 그리고 ㉣ 상고심에서 변론권(제387조) 등이 있으나, 서류·열람·복사권(제35조, 제266조의3 내지 4)은 변호인이 피의자·피고인과 중복하여 가지는 권리에 해당한다.

정답 ×

030 21국9

변호인의 선임은 심급마다 변호인과 연명날인한 서면으로 제출하여야 하며, 공소제기 전의 변호인 선임은 제1심에도 그 효력이 있다. ☐O☐X☐

> 제32조 제1항, 제2항

정답 ○

031 22승

사형, 무기 또는 단기 3년 이상의 징역이나 금고에 해당하는 사건으로 기소된 피고인에게 변호인이 없는 때에는 법원은 직권으로 변호인을 선정하여야 한다. ☐O☐X☐

> 제33조 제1항 제6호

정답 ○

032 21경2

법원은 피고인이 빈곤을 이유로 변호인을 선임할 수 없는 경우에는 피고인의 명시적 의사에 반하지 아니하는 범위에서 변호인을 선정하여야 하며, 피고인의 나이·지능 및 교육 정도 등을 참작하여 권리보호를 위하여 필요하다고 인정하는 경우에는 피고인의 의사에 반하여도 변호인을 선정할 수 있다. ⓞⓧ

> 법원은 피고인의 연령·지능 및 교육 정도 등을 참작하여 권리보호를 위하여 필요하다고 인정하는 때에는, 피고인의 명시적 의사에 반하지 아니하는 범위 안에서 변호인을 선정하여야 한다(제33조 제3항).

정답 ×

033 23승 / 24국9(교정직)

피고인과 변호인은 법원이 보관하고 있는 소송계속 중인 사건의 관계 서류 또는 증거물을 열람하거나 복사할 수 있다. ⓞⓧ

> 피고인과 변호인은 소송계속 중의 관계 서류 또는 증거물을 열람하거나 복사할 수 있다(제35조 제1항).

정답 ○

034 21경2

피고인이 필요적 변호사건인 폭력행위등처벌에관한법률위반죄로 기소된 후 사기죄의 약식명령에 대한 정식재판을 청구하여 제1심에서 모두 유죄판결을 받고 항소하였는데, 항소심이 국선변호인을 선정하지 아니한 채 두 사건을 병합심리하여 항소기각판결을 선고하였다면 변호인의 관여 없이 공판절차를 진행한 위법은 필요적 변호사건이 아닌 사기죄 부분에도 미친다. ⓞⓧ

> 피고인이 필요적 변호사건인 '흉기휴대 상해'의 폭력행위 등 처벌에 관한 법률 위반죄로 기소된 후 '사기죄'의 약식명령에 대해 정식재판을 청구하여 제1심에서 모두 유죄판결을 받고 항소하였는데, 원심이 국선변호인을 선정하지 아니한 채 두 사건을 병합·심리하여 항소기각 판결을 선고한 사안에서, 변호인의 관여 없이 공판절차를 진행한 위법은 필요적 변호사건이 아닌 사기죄 부분에도 미치며, 이는 사기죄 부분에 대해 별개의 벌금형을 선고하였더라도 마찬가지라는 이유로, 원심판결을 전부 파기한 사례(대판 2011.4.28. 2011도2279). 하나의 사건에 관하여 한 변호인선임은 그 사건의 공소제기 후 동일법원의 동일피고인에 대하여 추가로 공소가 제기되어 병합된 다른 사건에 관하여도 그 효력이 있다. 다만, 피고인 또는 변호인이 이와 다른 의사표시를 한 때에는 그러하지 아니하다(규칙 제13조).

정답 ○

035 23국7

「형사소송법」 제282조에 규정된 필요적 변호사건에 해당하는 사건에서 제1심의 공판절차가 변호인 없이 이루어진 경우 그와 같은 위법한 공판절차에서 이루어진 소송행위는 무효이므로 이러한 경우에는 항소심으로서는 변호인이 있는 상태에서 소송행위를 새로이 한 후 위법한 제1심 판결을 파기하고, 항소심에서의 진술 및 증거조사 등 심리결과에 기하여 다시 판결하여야 한다. ◯|✕

> 형사소송법 제282조에 규정된 필요적 변호사건에 해당하는 사건에서 제1심의 공판절차가 변호인 없이 이루어진 경우, 그와 같은 위법한 공판절차에서 이루어진 소송행위는 무효이므로, 이러한 경우 항소심으로서는 변호인이 있는 상태에서 소송행위를 새로이 한 후 위법한 제1심판결을 파기하고, 항소심에서의 진술 및 증거조사 등 심리결과에 기하여 다시 판결하여야 한다(대판 2008.6.12. 2008도2621).

정답 ◯

036 21경1

공판절차가 아닌 재심개시결정 전의 절차에서 재심청구인의 국선변호인선임청구를 기각한 것은 적법하다. ◯|✕

> 국선변호인제도는 구속적부심의 경우를 제외하고는 공판절차에서 피고인의 지위에 있는 자에게만 인정되는 것으로서, 공판절차가 아닌 재심개시결정전의 절차에서 재심청구인이 국선변호인선임청구를 할 수는 없다(대결 1993.12.3. 92모49).

정답 ◯

037 22승

국선변호인선정 청구를 기각한 결정은 판결 전의 소송절차이므로, 그 결정에 대하여 즉시항고를 할 수 있는 근거가 없는 이상 그 결정에 대하여는 재항고도 할 수 없다. ◯|✕

> 국선변호인선임청구를 기각한 결정은 판결전의 소송절차이므로 그 결정에 대하여 즉시항고를 할 수 있는 근거가 없는 이상 그 결정에 대하여는 항고를 할 수 없다(대결 1986.9.5. 86모40).

정답 ◯

038 21국9

단독판사의 관할사건이 공소장변경에 의하여 합의부 관할사건으로 변경된 경우에 법원은 결정으로 사건을 관할권이 있는 법원에 이송하여야 한다. ◯|✕

> 단독판사의 관할사건이 공소장변경에 의하여 합의부 관할사건으로 변경된 경우 법원은 관할권이 있는 법원으로 이송한다(제8조 제2항). 소송경제를 위한 것이며 이때 사건이송은 법원의 의무에 속한다.

정답 ◯

039 21국9 / 23국9(교정직)

반의사불벌죄의 피해자는 피의자나 피고인 및 그들의 변호인에게 자신을 대리하여 수사기관이나 법원에 자신의 처벌불원의사를 표시할 수 있는 권한을 수여할 수 없다. ○|×

> 반의사불벌죄의 피해자는 피의자나 피고인 및 그들의 변호인에게 자신을 대리하여 수사기관이나 법원에 자신의 처벌불원의사를 표시할 수 있는 권한을 수여할 수 있다(대판 2017.9.7. 2017도8989).
> 관련판례 성폭력범죄의 처벌 등에 관한 특례법 제27조는 성폭력범죄 피해자에 대한 변호사 선임의 특례를 정하고 있다. 성폭력범죄의 피해자는 형사절차상 법률적 조력을 받기 위해 스스로 변호사를 선임할 수 있고(제1항), 검사는 피해자에게 변호사가 없는 경우 국선변호사를 선정하여 형사절차에서 피해자의 권익을 보호할 수 있으며(제6항), 피해자의 변호사는 형사절차에서 피해자등의 대리가 허용될 수 있는 모든 소송행위에 대한 포괄적인 대리권을 가진다(제5항). 따라서 피해자의 변호사는 피해자를 대리하여 피고인에 대한 처벌을 희망하는 의사표시를 철회하거나 처벌을 희망하지 않는 의사표시를 할 수 있다(대판 2019.12.13. 2019도10678).

정답 ×

040 24승

「형사소송법」이 고소 및 고소취소에 대하여 대리를 허용하는 규정을 두면서도 처벌불원의사에 대하여는 이에 관한 규정을 두지 않은 것은 해석에 의한 보충이 필요한 입법의 불비이자 법률의 흠결에 해당한다. ○|×

> 친고죄와 반의사불벌죄는 피해자의 의사가 소추조건이 된다는 점에서는 비슷하지만 소추조건으로 하는 이유·방법·효과는 같다고 할 수 없다. 피고인 또는 피의자의 처벌 여부에 관한 피해자의 의사표시가 없는 경우 친고죄는 불처벌, 반의사불벌죄는 처벌을 원칙으로 하도록 형사소송법이 달리 취급하는 것도 그 때문이라고 할 수 있다.
> 형사소송법이 친고죄와 달리 반의사불벌죄에 관하여 고소취소의 시한과 재고소의 금지에 관한 규정을 준용하는 규정 외에 다른 근거규정이나 준용규정을 두지 않은 것은 이러한 반의사불벌죄의 특성을 고려하여 고소 및 고소취소에 관한 규정에서 규율하는 법원칙을 반의사불벌죄의 처벌불원의사에 대하여는 적용하지 않겠다는 입법적 결단으로 이해하여야 한다(대판 2023.7.17. 2021도11126 전원합의체). 지문은 동 판례의 반대의견의 내용이다.

정답 ×

041 74간

성년후견인이 의사무능력인 피해자를 대리하여 반의사불벌죄의 처벌불원의사를 결정하거나 처벌희망의사를 철회할 수 없으나, 성년후견개시심판에서 가정법원의 허가를 얻은 경우에는 그렇지 않다. ○|×

> 또는 피의자에 대하여 처벌을 희망하지 않는다는 의사를 결정하거나 처벌을 희망하는 의사표시를 철회하는 행위를 할 수 없다. 이는 성년후견인의 법정대리권 범위에 통상적인 소송행위가 포함되어 있거나 성년후견개시심판에서 정하는 바에 따라 성년후견인이 소송행위를 할 때 가정법원의 허가를 얻었더라도 마찬가지이다(대판 2023.7.17. 2021도11126 전원합의체).

정답 ×

제3절 | 소송행위에 대한 가치판단

001 23국9

검사에 의한 공소장제출은 공소제기라는 소송행위가 성립하기 위한 본질적 요소이므로 공소장제출이 없는 경우에는 공소제기가 성립되었다고 할 수 없다. ◯|✕

> 형사소송법이 공소의 제기에 관하여 위와 같은 <u>서면주의와 엄격한 요식행위</u>를 채용한 것은 공소의 제기에 의해서 법원의 심판이 개시되므로, 심판을 구하는 대상(공소사실 및 피고인)을 명확하게 하고 피고인의 방어권을 보장하기 위한 것이라 할 것이어서 <u>검사에 의한 공소장의 제출은 공소제기라는 소송행위가 성립하기 위한 본질적 요소라고 보아야 할 것이므로, 이러한 공소장의 제출이 없는 경우에는 소송행위로서의 공소제기가 성립되었다고 할 수 없다</u>(대판 2003.11.14. 2003도2735).

정답 ◯

002 23법9

원래 공소제기가 없었음에도 피고인의 소환이 이루어지는 등 을 청구하는 공소장을 제1심법원에 제출하고, 위 공소장에 기하여 공판절차를 진행한 경우 제1심법원으로서는 이에 기하여 유·무죄의 실체판단을 하여야 한다. ◯|✕

> 원래 공소제기가 없었음에도 피고인의 소환이 이루어지는 등 사실상의 소송계속이 발생한 상태에서 검사가 약식명령을 청구하는 공소장을 제1심법원에 제출하고, 위 공소장에 기하여 공판절차를 진행한 경우 제1심법원으로서는 이에 기하여 유·무죄의 실체판단을 하여야 한다(대판 2003.11.14. 2003도2735).

정답 ◯

003 23국7

법원은 공소사실의 기재가 오해를 불러일으키거나 명료하지 못한 경우에는 먼저 검사에게 석명을 구하고, 검사가 이를 명확하게 하지 않은 때에 공소사실의 불특정을 이유로 공소를 기각함이 상당하므로 이에 이르지 않고 바로 공소기각의 판결을 하는 것은 위법이다. ◯|✕

> 공소장에 피고인인 계주가 조직한 낙찰계의 조직일자, 구좌·계금과 계원들에게 분배하여야 할 계금이 특정되어 있고 피해자인 계원들의 성명과, 피해자 별 피해액만이 명확하지 아니한 경우에는, 법원은 검사에게 석명을 구하여 만약 이를 명확하게 하지 아니한 경우에 공소사실의 불특정을 이유로 공소기각을 할 것이고 이에 이르지 않고 바로 공소기각의 판결을 하였음은 심리미진의 위법이 있다(대판 1983.6.14. 83도293).

정답 ◯

004 24승

공소사실의 특정은 공소제기의 유효조건이므로 공소장의 기재가 불명확한 경우는 공소제기의 절차가 법률의 규정을 위반하여 무효일 때에 해당하여 법원은 즉시 공소기각의 판결을 선고해야 한다. ⃞O⃞X

> 공소장의 기재가 불명확한 경우 법원은 형사소송규칙 제141조의 규정에 의하여 검사에게 **석명**을 구한 다음, 그래도 검사가 이를 명확하게 하지 않은 때에야 **공소사실의 불특정**을 이유로 **공소를 기각함**이 상당하다고 할 것이므로, 원심이 검사에게 공소사실 특정에 관한 석명에 이르지 아니한 채 곧바로 위와 같이 공소사실의 불특정을 이유로 공소기각의 판결을 한 데에는, 공소사실의 특정에 관한 법리를 오해하였거나 심리를 미진한 위법이 있다고 할 것이다(대판 2006.5.11. 2004도5972).

정답 ×

005 23국9

항소포기와 같은 절차형성적 소송행위가 착오로 인하여 행하여진 경우 그 행위가 무효로 되기 위하여는 그 착오가 행위자 또는 대리인이 책임질 수 없는 사유로 발생하였을 것이 요구된다. ⃞O⃞X

> **절차형성적 소송행위**가 착오로 인하여 행하여진 경우, 절차의 형식적 확실성을 강조하면서도 피고인의 이익과 정의의 희생이 커서는 안 된다는 측면에서 그 소송행위의 효력을 고려할 필요가 있으므로 착오에 의한 소송행위가 무효로 되기 위하여서는, 첫째 **통상인**의 판단을 기준으로 하여 만일 착오가 없었다면 그러한 소송행위를 하지 않았으리라고 인정되는 **중요한 점(동기를 포함)**에 관하여 착오가 있고, 둘째 **착오가 행위자 또는 대리인이 책임질 수 없는 사유로 인하여 발생**하였으며, 셋째 그 행위를 유효로 하는 것이 현저히 **정의**에 반한다고 인정될 것 등 세 가지 요건을 필요로 한다(대결 1992.3.13. 92모1).

정답 O

006 23국9

검사가 고소 취소된 사건을 반의사불벌죄인 협박죄로 기소하였다가 반의사불벌죄가 아닌 공갈미수로 공소장변경을 신청하여 허가된 경우 공소제기의 하자는 치유된다. ⃞O⃞X

> 공갈죄의 수단으로서 한 협박은 공갈죄에 흡수될 뿐 별도로 협박죄를 구성하지 않으므로, 그 범죄사실에 대한 피해자의 고소는 결국 공갈죄에 대한 것이라 할 것이어서, 그 후 고소가 취소되었다 하여 공갈죄로 처벌하는 데에 아무런 장애가 되지 아니하며, 검사가 공소를 제기할 당시에는 그 범죄사실을 협박죄로 구성하여 기소하였다 하더라도, 그 후 공판 중에 기본적 사실관계가 동일하여 공소사실을 공갈미수로 공소장변경이 허용된 이상 그 공소제기의 하자는 치유된다(대판 1996.9.24. 96도2151).

정답 O

007 74간

공갈죄의 수단으로서 한 협박은 공갈죄에 흡수되어 별도로 협박죄를 구성하지 않으므로, 乙이 甲을 협박죄로 고소하였다가 취소하였다고 하여도 이는 甲을 공갈죄로 처벌하는 데에 장애가 되지 않는다. ⃞O⃞X

> 대판 1996.9.24. 96도2151

정답 O

008 23국7

변호인선임신고서를 제출하지 아니한 변호인이 변호인 명의로 정식재판청구서만 제출하고, 「형사소송법」 제453조 제1항이 정하는 정식재판청구기간 경과 후에 비로소 변호인선임신고서를 제출한 경우, 변호인 명의로 제출한 정식재판청구서는 적법·유효한 정식재판청구로서의 효력이 없다. ⃞O⃞X

> 변호인선임신고서를 제출하지 아니한 변호인이 변호인 명의로 정식재판청구서(사본첨부)만 제출하고, 형사소송법 제453조 제1항이 정하는 정식재판청구기간 경과 후에 비로소 변호인선임신고서(원본첨부)를 제출한 경우, 변호인 명의로 제출한 위 정식재판청구서는 적법·유효한 정식재판청구로서의 효력이 없다(대결 2005.1.20. 2003모429).

정답 O

009 23법9

공소장에 검사의 기명날인 또는 서명이 누락된 채 공소제기를 한 경우 특별한 사정이 없는 한 무효이나, 공소를 제기한 검사가 공소장에 기명날인 또는 서명을 추완하는 방법에 의하여 공소의 제기가 유효하게 될 수 있다. ⃞O⃞X

> 대판 2012.9.27. 2010도17052

정답 O

010 23법9

세무공무원의 고발 없이 조세범칙사건의 공소가 제기된 후에 세무공무원이 고발한 경우에는 그 공소절차의 무효가 치유된다. ⃞O⃞X

> 세무공무원의 고발 없이 조세범칙사건의 공소가 제기된 후에 세무공무원이 고발을 하여도 그 공소절차의 무효가 치유된다고 할 수 없다(대판 1970.7.28. 70도942).

정답 ×

011 71간

제1심이 공소장부본을 피고인 또는 변호인에게 송달하지 아니한 채 공판절차를 진행하였다면, 설령 피고인이 제1심 법정에서 이의함이 없이 공소사실에 관하여 충분히 진술할 기회를 부여받았다 하더라도, 이는 「형사소송법」 제266조(공소장부본의 송달) 위반에 해당하여 위법한 공판절차에서 이루어진 소송행위이므로 판결에 영향을 미친 위법이 있다. ◯|✕

> 공소장의 송달이 부적법하다 하여도 피고인이 제1심에서 이의함이 없이 공소사실에 관하여 충분히 진술할 기회를 부여받은 이상 판결결과에는 영향이 없어 그것이 적법한 상소이유가 된다고 할 수 없다(대판 1992.3.10. 91도3272).

정답 ✕

012 23법9 / 23승 / 21국7

변호인이 없는 피고인을 일시 퇴정하게 하고 증인신문을 한 다음 피고인에게 실질적인 반대신문의 기회를 부여하지 아니한 채 이루어진 증인의 법정진술은 위법한 증거로서 증거능력이 없고, 그 다음 공판기일에서 재판장이 증인신문 결과 등을 공판조서에 의하여 고지하였는데 피고인이 '변경할 점과 이의할 점이 없다'고 진술하여 책문권 포기 의사를 명시하였다고 하여 실질적인 반대신문의 기회를 부여받지 못한 하자가 치유되는 것은 아니다. ◯|✕

> 형사소송법 제297조에 따라 변호인이 없는 피고인을 일시 퇴정하게 하고 증인신문을 한 다음 피고인에게 실질적인 반대신문의 기회를 부여하지 아니한 채 이루어진 증인의 법정진술은 위법한 증거로서 증거능력이 없다고 볼 여지가 있으나, 그 다음 공판기일에서 재판장이 증인신문 결과 등을 공판조서(증인신문조서)에 의하여 고지하였는데 피고인이 '변경할 점과 이의할 점이 없다'고 진술하여 책문권 포기 의사를 명시함으로써 실질적인 반대신문의 기회를 부여받지 못한 하자가 치유되었다(대판 2010.1.14. 2009도9344).

정답 ✕

013 22승

재판장은 증인이 피고인의 면전에서 충분한 진술을 할 수 없다고 인정한 때에는 피고인을 퇴정하게 하고 증인신문을 진행함으로써 피고인의 직접적인 증인 대면을 제한할 수 있지만, 이러한 경우에도 피고인의 반대신문권을 배제하는 것은 허용되지 않는다. ◯|✕

> 대판 2010.1.14. 2009도9344

정답 ◯

014 23법9 / 24국9

피고인에게 불리한 증거인 증인이 주신문의 경우와 달리 반대신문에 대하여는 답변을 하지 아니하는 등 진술 내용의 모순이나 불합리를 그 증인신문 과정에서 드러내어 이를 탄핵하는 것이 사실상 곤란하였고, 그것이 피고인 또는 변호인에게 책임 있는 사유에 기인한 것이 아닌 경우와 같이 실질적 반대신문권의 기회가 부여되지 아니한 채 이루어진 증인의 법정진술은 특별한 사정이 존재하지 아니하는 이상 위법한 증거로서 증거능력을 인정하기 어렵다. ○|×

> 피고인에게 불리한 증거인 증인이 주신문의 경우와 달리 반대신문에 대하여는 답변을 하지 아니하는 등 진술내용의 모순이나 불합리를 그 증인신문 과정에서 드러내어 이를 탄핵하는 것이 사실상 곤란하였고, 그것이 피고인 또는 변호인에게 책임있는 사유에 기인한 것이 아닌 경우라면, 관계 법령의 규정 혹은 증인의 특성 기타 공판절차의 특수성에 비추어 이를 정당화할 수 있는 특별한 사정이 존재하지 아니하는 이상, 이와 같이 실질적 반대신문권의 기회가 부여되지 아니한 채 이루어진 증인의 법정진술은 위법한 증거로서 증거능력을 인정하기 어렵다. 이 경우 피고인의 책문권 포기로 그 하자가 치유될 수 있으나, 책문권 포기의 의사는 명시적인 것이어야 한다(대판 2022.3.17. 2016도17054).

정답 ○

015 23법9 / 23경1

실질적인 반대신문의 기회를 부여받지 못한 하자는 책문권 포기로 치유될 수 있으며, 이 때 책문권 포기의 의사는 반드시 명시적인 것일 필요는 없다. ○|×

> 대판 2022.3.17. 2016도17054

정답 ×

016 22국9

검사가 피고인을 필로폰 판매행위로 공소제기한 후 필로폰 매매알선행위를 예비적으로 추가하는 내용의 공소장변경 허가신청을 하였으나 불허되자 그 자리에서 이 공소장변경허가신청서를 공소장에 갈음하는 것으로 구두진술하고 피고인과 변호인이 이에 대하여 이의를 제기하지 않은 경우 하자가 치유된다. ○|×

> 엄격한 형식과 절차에 따른 공소장의 제출은 공소제기라는 소송행위가 성립하기 위한 본질적 요소라고 할 것이므로, 공소의 제기에 현저한 방식 위반이 있는 경우에는 공소제기의 절차가 법률의 규정에 위반하여 무효인 경우에 해당하고, 위와 같은 절차위배의 공소제기에 대하여 피고인과 변호인이 이의를 제기하지 아니하고 변론에 응하였다고 하여 그 하자가 치유되지는 않는다(대판 2009.2.26. 2008도11813).

정답 ×

제4절 | 소송요건

PART 4 공 판

제1장 공판절차

제1절 | 공판절차의 기본원칙

001 21경1 / 23·22국7

헌법 제109조, 「법원조직법」 제57조 제1항에서 정한 공개금지사유가 없음에도 불구하고 재판의 심리에 관한 공개를 금지하기로 결정한 경우, 그러한 공개금지결정은 공개재판을 받을 권리를 침해한 것이지만, 변호인의 반대신문권이 보장되었다면 그 절차에 의하여 이루어진 증인의 증언은 증거능력이 인정된다. ⃝|✕

> 헌법과 법원조직법에 정한 공개금지사유가 없음에도 불구하고 재판의 심리에 관한 공개를 금지하기로 결정하였다면 그러한 공개금지결정은 피고인의 공개재판을 받을 권리를 침해한 것으로서 그 절차에 의하여 이루어진 증인의 증언은 증거능력이 없고, 변호인의 반대신문권이 보장되었더라도 달리 볼 수 없으며, 이러한 법리는 공개금지결정의 선고가 없는 등으로 공개금지결정의 사유를 알 수 없는 경우에도 마찬가지이다(대판 2013.7.26. 2013도2511).

정답 ✕

002 24승

헌법은 공개재판을 받을 권리를 피고인의 기본권으로 보장하고 있을 뿐만 아니라 원칙적으로 재판의 심리와 판결을 공개하도록 규정하고 있다. ⃝|✕

> 모든 국민은 신속한 재판을 받을 권리를 가진다. 형사피고인은 상당한 이유가 없는 한 지체없이 공개재판을 받을 권리를 가진다(헌법 제27조). 재판의 심리와 판결은 공개한다. 다만, 심리는 국가의 안전보장 또는 안녕질서를 방해하거나 선량한 풍속을 해할 염려가 있을 때에는 법원의 결정으로 공개하지 아니할 수 있다(헌법 제109조).

정답 ⃝

003 24승

「형사소송법」은 공판중심주의를 실현하기 위해 구두변론주의 원칙을 명시하고 있으며, 이는 당사자의 주장과 입증만에 의해 재판을 하게 되는 당사자처분권주의에 바탕을 두고 있다. ☐O☐X

> 공판정에서의 변론은 구두로 하여야 한다(제275조의3; 구두변론주의). 증거의 증명력은 법관의 자유판단에 의한다(제308조; 자유심증주의). → 민사소송법은 처분권주의와 변론주의 원칙을 바탕으로 하는 반면, 형사소송법은 실체적 진실발견 이념에 따라 당사자 주장에 구속되지 않고 판단하므로 처분권주의에 바탕을 두고 있다고 볼 수 없다.

정답 ✕

004 24승

「형사소송법」은 증명대상이 되는 사실과 가장 가까운 원본증거를 재판의 기초로 삼아야 하며, 원본증거의 대체물 사용은 원칙적으로 허용되지 않는다는 실질적 직접주의를 채택하고 있다. ☐O☐X

> 우리 형사소송법은 형사사건의 실체에 대한 유죄·무죄의 심증 형성은 법정에서의 심리에 의하여야 한다는 공판중심주의의 한 요소로서, 법관의 면전에서 직접 조사한 증거만을 재판의 기초로 삼을 수 있고 증명 대상이 되는 사실과 가장 가까운 원본 증거를 재판의 기초로 삼아야 하며 원본 증거의 대체물 사용은 원칙적으로 허용되어서는 안 된다는 실질적 직접심리주의를 채택하고 있다(대판 2006.11.24. 2006도4994).

정답 ○

005 24승

「형사소송법」에는 집중심리에 대한 명문의 규정이 있다. ☐O☐X

> **형사소송법 제267조의2(집중심리)**
> ① 공판기일의 심리는 집중되어야 한다.
> ② 심리에 2일 이상이 필요한 경우에는 부득이한 사정이 없는 한 매일 계속 개정하여야 한다.
> ③ 재판장은 여러 공판기일을 일괄하여 지정할 수 있다.
> ④ 재판장은 부득이한 사정으로 매일 계속 개정하지 못하는 경우에도 특별한 사정이 없는 한 전회의 공판기일부터 14일 이내로 다음 공판기일을 지정하여야 한다.
> ⑤ 소송관계인은 기일을 준수하고 심리에 지장을 초래하지 아니하도록 하여야 하며, 재판장은 이에 필요한 조치를 할 수 있다.

정답 ○

006 24법9

적법한 공개금지사유가 없음에도 불구하고 공개금지결정에 따라 비공개로 진행된 증인신문 절차에 의하여 이루어진 증인의 증언은 변호인의 반대신문권이 보장되지 않는 한 증거능력이 없다. ☐O ☐X

> 대판 2013.7.26. 2013도2511

정답 ×

007 22국7

법원은 「형사소송법」 제165조의2 제3호의 요건이 충족될 경우 피고인뿐만 아니라 검사, 변호인, 방청인 등에 대하여도 차폐시설 등을 설치하는 방식으로 증인신문을 할 수 있으며, 이는 「형사소송규칙」 제84조의9에서 피고인과 증인 사이의 차폐시설 설치만을 규정하고 있다고 하여 달리 볼 것이 아니다. ☐O ☐X

> 형사소송법 제165조의2 제3호도 대상을 '피고인 등'이라고 규정하고 있으므로, 법원은 형사소송법 제165조의2 제3호의 요건이 충족될 경우 피고인뿐만 아니라 검사, 변호인, 방청인 등에 대하여도 차폐시설 등을 설치하는 방식으로 증인신문을 할 수 있으며, 이는 형사소송규칙 제84조의9에서 피고인과 증인 사이의 차폐시설 설치만을 규정하고 있다고 하여 달리 볼 것이 아니다. 다만 피고인뿐만 아니라 변호인에 대해서까지 차폐시설을 설치하는 방식으로 증인신문이 이루어지는 경우 피고인과 변호인 모두 증인이 증언하는 모습이나 태도 등을 관찰할 수 없게 되어 그 한도에서 반대신문권이 제한될 수 있으므로, 변호인에 대한 차폐시설의 설치는, 특정범죄신고자 등 보호법 제7조에 따라 범죄신고자 등이나 친족 등이 보복을 당할 우려가 있다고 인정되어 조서 등에 인적사항을 기재하지 아니한 범죄신고자 등을 증인으로 신문하는 경우와 같이, 이미 인적사항에 관하여 비밀조치가 취해진 증인이 변호인을 대면하여 진술함으로써 자신의 신분이 노출되는 것에 대하여 심한 심리적인 부담을 느끼는 등의 특별한 사정이 있는 경우에 예외적으로 허용될 수 있을 뿐이다(대판 2015.5.28. 2014도18006).

정답 ○

008 22법9 / 22국7

변호인에게 최종의견 진술의 기회를 주었다면 피고인에게 별도로 진술 기회를 주지 아니한 채 판결을 선고하였더라도 위법하다고 볼 수 없다. ☐O ☐X

> 형사소송법 제303조는 "재판장은 검사의 의견을 들은 후 피고인과 변호인에게 최종의 의견을 진술할 기회를 주어야 한다."라고 정하고 있으므로, 최종의견 진술의 기회는 피고인과 변호인 모두에게 주어져야 한다. 이러한 최종의견 진술의 기회는 피고인과 변호인의 소송법상 권리로서 피고인과 변호인이 사실관계의 다툼이나 유리한 양형사유를 주장할 수 있는 마지막 기회이므로, 피고인이나 변호인에게 최종의견 진술의 기회를 주지 아니한 채 변론을 종결하고 판결을 선고하는 것은 소송절차의 법령위반에 해당한다(대판 2018.3.29. 2018도327).

정답 ×

제1장 공판절차

009 22법9

재판장은 증인이 피고인의 면전에서 충분한 진술을 할 수 없다고 인정한 때에는 피고인을 퇴정하게 하고 증인신문을 진행함으로써 피고인의 직접적인 증인대면을 제한할 수 있지만, 이러한 경우에도 피고인의 반대신문권을 배제하는 것은 허용될 수 없다. ⃞O⃞X

> 대판 2012.2.23. 2011도15608

정답 O

010 22국7

피해자들을 증인으로 신문함에 있어서 증인들이 피고인의 면전에서 충분한 진술을 할 수 없다고 인정하여 피고인의 퇴정을 명하고 증인신문을 진행한 경우, 피고인의 변호인이 증인신문과정에 참여하였고 피고인을 입정하게 하고 법원사무관 등으로 하여금 진술의 요지를 고지하게 한 다음 변호인을 통하여 반대신문의 기회를 부여하였다면, 피고인의 반대신문권을 침해한 위법은 인정되지 않는다. ⃞O⃞X

> 원심법원의 재판장이 피고인의 아동·청소년의 성보호에 관한 법률(2011.9.15. 법률 제11047호로 개정되기 전의 것) 위반(강간 등), 강요, 성폭력범죄의 처벌 등에 관한 특례법 위반(카메라등이용촬영) 범행의 피해자들을 증인으로 신문할 때 증인들이 피고인의 면전에서 충분한 진술을 할 수 없다고 인정하여 피고인의 퇴정을 명하고 증인신문을 진행하였는데, 증인신문을 실시하는 과정에 변호인을 참여시키는 한편 피고인을 입정하게 하고 법원사무관 등으로 하여금 진술의 요지를 고지하게 한 다음 변호인을 통하여 반대신문의 기회를 부여한 사안에서, 원심의 증인신문절차 등 공판절차에 어떠한 위법이 있다고 볼 수 없다고 한 사례(대판 2012.2.23. 2011도15608).

정답 O

011 22법9

종결한 변론을 재개하느냐의 여부는 법원의 재량에 속하는 사항으로서 변론종결 후 선임된 변호인의 변론재개신청을 들어주지 아니하더라도 위법하다고 볼 수 없다. ⃞O⃞X

> 대판 1986.6.10. 86도769

정답 O

012 24법9

변론종결 후 변론재개신청이 있는 경우에도 종결한 변론을 재개하느냐의 여부는 법원의 재량에 속하므로, 검사나 피고인에게 주장 및 증명을 위한 충분한 기회를 부여하였다가 변론을 종결한 이상 다른 특별한 사정이 없는 한 그 후에 이루어진 변론재개신청을 법원이 받아들이지 아니하였다고 하여 이를 위법하다고 할 수는 없다. ◯|✕

> 형사소송법 제305조는 "법원은 필요하다고 인정한 때에는 직권 또는 검사, 피고인이나 변호인의 신청에 의하여 결정으로 종결한 변론을 재개할 수 있다"고 규정하고 있는바, 변론종결 후 변론재개신청이 있는 경우에도 종결한 변론을 재개하느냐의 여부는 법원의 재량에 속하므로, 검사나 피고인에게 주장 및 입증을 위한 충분한 기회를 부여하였다가 변론을 종결한 이상 다른 특별한 사정이 없는 한 그 후에 이루어진 변론재개신청을 법원이 받아들이지 아니하였다고 하여 이를 위법하다고 할 수는 없다(대판 2009.1.15. 2008도10365, 대판 2014.4.24. 2014도1414).
>
> [관련판례] 적법한 변론종결 후 검사가 변론재개신청과 함께 공소장변경신청을 한 경우, 법원이 반드시 변론을 재개하여 공소장변경을 허가하여야 하는 것은 아니다(대판 2000.4.11. 2000도565).

정답 ◯

제2절 ▎공판 심리의 범위

001 21법9 / 21경1

피고인의 방어권 행사에 실질적인 불이익을 초래할 염려가 없는 경우에는 법원이 공소장변경절차 없이 일부 다른 사실을 인정하거나 적용법조를 수정하더라도 불고불리의 원칙에 위배되지 않는다. ◯|✕

> 피고인의 방어권 행사에 실질적인 불이익을 초래할 염려가 없는 경우에는 공소사실과 기본적 사실이 동일한 범위 내에서 법원이 공소장변경절차를 거치지 아니하고 다르게 사실을 인정하였다고 할지라도 불고불리의 원칙에 위배되지 않고, 공소사실의 범행일시가 오기임이 분명한 경우 이를 증거에 의하여 바로잡아 인정하는 것 또한 불고불리의 원칙에 위배되지 아니한다(대판 2002.3.15. 2001도970).

정답 ◯

002 21국7

몰수나 추징을 선고하기 위해서는 몰수나 추징의 요건이 공소가 제기된 공소사실과 관련되어 있어야 하고, 공소가 제기되지 아니한 별개의 범죄사실을 법원이 인정하여 그에 관하여 몰수나 추징을 선고하는 것은 불고불리의 원칙에 위반되어 허용되지 않는다. ◯|✕

> 대판 1992.7.28. 92도700

정답 ◯

003 21국7

공무원이 취급하는 사건에 관하여 청탁 또는 알선을 할 의사와 능력이 없음에도 청탁 또는 알선을 한다고 기망하고 금품을 교부받아 사기죄와 「변호사법」 제111조 위반죄가 성립하고 두 죄가 상상적 경합관계에 있는 경우, 그 중 어느 한 죄로만 공소가 제기되었음에도 법원이 공소장변경절차를 거치지 아니하고 다른 죄로 바꾸어 인정하거나 다른 죄를 추가로 인정하는 것은 불고불리 원칙에 위배된다. ☐O│X☐

> 피고인이 공무원이 취급하는 사건에 관하여 청탁 또는 알선을 할 의사와 능력이 없음에도 청탁 또는 알선을 한다고 기망하고 이에 속은 피해자로부터 이른바 청탁자금 명목으로 금품을 받았다면 이러한 피고인의 행위는 형법 제347조 제1항의 사기죄와 변호사법 제111조 위반죄에 각 해당하고 위 두 죄는 상상적 경합의 관계에 있는 것이지만, 그렇다고 하여 그 중 어느 한 죄로만 공소가 제기된 경우에 법원이 공소장변경절차를 거치지 아니하고 다른 죄로 바꾸어 인정하거나 다른 죄를 추가로 인정하는 것은 불고불리의 원칙에 위배된다고 할 것이다(대판 2007.5.10. 2007도2372).

정답 ○

004 22국9

공소사실의 동일성을 판단할 경우 순수한 사실관계의 동일성이라는 관점에서만 파악할 수 없고, 피고인의 행위와 자연적 사회적 사실관계 이외에 규범적 요소를 고려하여 기본적 사실관계가 실질적으로 동일한지에 따라 판단해야 한다. ☐O│X☐

> 대판 2017.1.25. 2016도15526

정답 ○

005 21법9

공소사실의 동일성은 그 사실의 기초가 되는 사회적 사실관계가 기본적인 점에서 동일하면 그대로 유지되는 것이나, 이러한 기본적 사실관계의 동일성을 판단함에 있어서는 그 사실의 동일성이 갖는 기능을 염두에 두고 피고인의 행위와 그 사회적인 사실관계를 기본으로 하되 규범적 요소도 아울러 고려하여야 한다. ☐O│X☐

> 대판 1994.3.22. 93도2080 전원합의체

정답 ○

006 22법9

공소사실의 동일성이 인정됨에도 불구하고 법원이 공소장 변경을 허가하지 않은 경우에도 검사는 이에 대하여 항고하여 다툴 수 없다. ☐O│X☐

> 제403조 제2항, 대결 1987.3.28. 87모17

정답 ○

007 21국7

공소장변경의 허가에 관한 결정은 판결 전의 소송절차에 관한 결정이므로 위법사유가 있는 경우 공소장변경허가를 한 법원이 스스로 이를 취소할 수는 있지만, 그 결정에 대해 독립하여 항고할 수 없고 그 결정을 함에 있어서 저지른 위법이 판결에 영향을 미친 경우에 한해 그 판결에 대해 상소를 제기할 수 있을 뿐이다. ☐O☐X

> 판결전의 소송절차에 관한 결정에 대하여는 특히 즉시항고를 할 수 있는 경우외에는 항고를 하지 못하는 것인 바, 소송사실 또는 적용법조의 추가, 철회 또는 변경의 허가에 관한 결정은 판결전의 소송절차에 관한 결정이라 할 것이므로, <u>그 결정을 함에 있어서 저지른 위법이 판결에 영향을 미친 경우에 한하여 그 판결에 대하여 상소를 하여 다툼으로써 불복하는 외에는 당사자가 이에 대하여 독립하여 상소할 수 없다</u>(대결 1987.3.28. 87모17)

정답 O

008 22법9 / 21국9

공소사실의 동일성이 인정되지 않는 등의 사유로 공소장변경허가결정에 위법사유가 있는 경우에는 공소장변경허가를 한 법원이 스스로 이를 취소할 수 있다. ☐O☐X

> 공소사실의 동일성이 인정되지 않는 등 <u>공소장변경허가결정에 위법사유가 있는 경우에는 공소장변경허가결정을 한 법원이 스스로 이를 취소할 수 있다</u>(대판 1989.1.24. 87도1978).

정답 O

009 22법9

'피고인은 피해자들로부터 차용금 명목으로 합계 24억 7,100만 원을 교부받아 이를 편취하였다'는 공소사실과 '피고인은 피해자들로부터 투자금 명목으로 2007. 11. 27. 1억 3,000만 원을 교부받은 것을 비롯하여 그때부터 2008. 7. 31.경까지 당심 별지 [범죄일람표(투자금산정서)] 기재와 같이 47회에 걸쳐 합계 2,458,389,426원을 교부받아 이를 편취하였다'는 공소사실 사이에는 동일성이 인정된다. ☐O☐X

> 대판 2011.4.14. 2011도769

정답 O

010 21국7

검사가 수 개의 협박 범행을 먼저 기소하고 다시 별개의 협박 범행을 추가로 기소하였는데 이를 병합하여 심리하는 과정에서 전후에 기소된 각각의 범행이 모두 포괄하여 하나의 협박죄를 구성하는 것으로 밝혀졌다면, 비록 협박죄의 포괄일죄로 공소장을 변경하는 절차가 없었다거나 추가로 공소장을 제출한 것이 포괄일죄를 구성하는 행위로서 기존의 공소장에 누락된 것을 추가·보충하는 취지의 것이라는 석명절차를 거치지 아니하였더라도, 법원은 전후에 기소된 범죄사실 전부에 대하여 실체 판단을 할 수 있고, 추가기소된 부분에 대하여 공소기각판결을 할 필요는 없다. ☐O☐X

> 검사가 수 개의 협박 범행을 먼저 기소하고 다시 별개의 협박 범행을 추가로 기소하였는데 이를 병합하여 심리하는 과정에서 <u>전후에 기소된 각각의 범행이 모두 포괄하여 하나의 협박죄를 구성하는 것으로 밝혀진 경우</u>, 비록 협박죄의 포괄일죄로 공소장을 변경하는 절차가 없었다거나 추가로 공소장을 제출한 것이 포괄일죄를 구성하는 행위로서 기존의 공소장에 누락된 것을 추가·보충하는 취지의 것이라는 <u>석명절차를 거치지 아니하였다 하더라도, 법원은 전후에 기소된 범죄사실 전부에 대하여 실체판단을 할 수 있고, 추가기소된 부분에 대하여 공소기각판결을 할 필요는 없다</u>(대판 2007.8.23. 2007도2595).

정답 O

011 71간

공소장에 기재된 수개의 공소사실이 서로 동일성이 없고 실체적 경합관계에 있는 경우에 그 일부를 소추대상에서 철회 하려면 공소장변경의 방식에 의할 것이 아니라 공소의 일부 취소 절차에 의하여야 한다. ☐O☐X

> 공소장변경의 방식에 의한 <u>공소사실의 철회는 공소사실의 동일성이 인정되는 범위 내의 일부 공소사실에 한하여 가능한 것이므로, 공소장에 기재된 수개의 공소사실이 서로 동일성이 없고 실체적 경합관계에 있는 경우에 그 일부를 소추대상에서 철회하려면 공소장변경의 방식에 의할 것이 아니라 공소의 일부취소절차에 의하여야 한다</u>(대판 1992.4.24. 91도1438).

정답 O

012 21국7

공소사실의 예비적 기재는 공소사실의 동일성이 인정되지 않는 경우에도 허용되므로, 원래의 횡령의 공소사실과 예비적으로 추가한 사기의 공소사실 사이에 그 동일성이 있다고 보기 어렵다고 하여도 공소장을 변경할 수 있다. ☐O☐X

> <u>공소장의 변경은 공소사실의 동일성이 인정되는 범위 내에서만 허용되고, 공소사실의 동일성이 인정되지 아니한 범죄사실을 공소사실로 추가하는 취지의 공소장변경신청이 있는 경우에는 법원은 그 변경신청을 기각하여야</u> 한다(대판 2012.5.24. 2012도2142).

정답 ×

013 21법9 / 21경2

공소장의 변경은 공소사실의 동일성이 인정되는 범위 내에서만 허용되고, 공소사실의 동일성이 인정되지 아니한 범죄사실을 공소사실로 추가하는 취지의 공소장변경신청이 있는 경우에는 법원은 그 변경신청을 기각하여야 한다. ☐O ☐X

> 대판 2012.5.24. 2012도2142

정답 O

014 21경1 / 22국9(교정직)

재심심판절차에서는 특별한 사정이 없는 한 검사가 재심대상사건과 별개의 공소사실을 추가하는 내용으로 공소장을 변경하는 것은 허용되지 않는다. ☐O ☐X

> 재심의 취지와 특성, 형사소송법의 이익재심 원칙과 재심심판절차에 관한 특칙 등에 비추어 보면, 재심심판절차에서는 특별한 사정이 없는 한 검사가 재심대상사건과 별개의 공소사실을 추가하는 내용으로 공소장을 변경하는 것은 허용되지 않고, 재심대상사건에 일반 절차로 진행 중인 별개의 형사사건을 병합하여 심리하는 것도 허용되지 않는다(대판 2019.6.20. 2018도20698 전원합의체).

정답 O

015 21경1 / 23국7

포괄일죄에서는 공소장변경을 통한 종전 공소사실의 철회 및 새로운 공소사실의 추가가 가능한 점에 비추어 그 공소장변경 허가 여부를 결정할 때는 변경된 공소사실이 전체적으로 포괄일죄의 범주 내에 있는지 여부를 따지기보다는 포괄일죄를 구성하는 개개 공소사실별로 종전 것과의 동일성 여부에 초점을 맞추어야 한다. ☐O ☐X

> 포괄일죄에서는 공소장변경을 통한 종전 공소사실의 철회 및 새로운 공소사실의 추가가 가능한 점에 비추어 그 공소장변경 허가 여부를 결정할 때는 <u>포괄일죄를 구성하는 개개 공소사실별로 종전 것과의 동일성 여부를 따지기보다는 변경된 공소사실이 전체적으로 포괄일죄의 범주 내에 있는지 여부</u>, 즉 단일하고 계속된 범의하에 동종의 범행을 반복하여 행하고 그 피해법익도 동일한 경우에 해당한다고 볼 수 있는지 여부에 초점을 맞추어야 한다(대판 2018.10.25. 2018도9810).

정답 ✕

016 21법9

검사는 법원의 허가를 얻어 공소사실 또는 적용법조의 추가, 철회 또는 변경을 할 수 있다. 이 경우에 법원은 공소사실의 동일성을 해하지 아니하는 한도에서 이를 허가하여야 한다. ☐O ☐X

> 제298조 제1항

정답 O

017 22법9 / 21국7

공소장변경 절차 없이도 법원이 심리·판단할 수 있는 죄가 한 개가 아니라 여러 개인 경우 법원으로서는 그 중 어느 하나를 임의로 선택하여 심리·판단할 수 있다. ○|×

> 공소장변경 절차 없이도 법원이 심리·판단할 수 있는 죄가 한 개가 아니라 여러 개인 경우에는, 법원으로서는 그 중 어느 하나를 임의로 선택할 수 있는 것이 아니라 검사에게 공소사실 및 적용법조에 관한 석명을 구하여 공소장을 보완하게 한 다음 이에 따라 심리·판단하여야 할 것이다(대판 2005.7.8. 2005도279).

정답 ×

018 24법9 / 21경1

공소가 제기된 살인죄의 범죄사실에 대하여는 그 증명이 없으나 폭행치사죄의 증명이 있는 경우, 살인죄의 구성요건이 반드시 폭행치사 사실을 포함한다고 할 수 없으므로, 검사의 공소장변경 없이 이를 폭행치사죄로 처단할 수는 없다. ○|×

> 공소가 제기된 살인죄의 범죄사실에 대하여는 그 증명이 없으나 폭행치사죄의 증명이 있는 경우에도 살인죄의 구성요건이 반드시 폭행치사 사실을 포함한다고 할 수 없고, 따라서 공소장의 변경없이 폭행치사죄를 인정함은 결국 폭행치사죄에 대한 피고인의 방어권 행사에 불이익을 주는 것이므로, 법원은 위와 같은 경우에 검사의 공소장 변경없이는 이를 폭행치사죄로 처단할 수는 없다(대판 1981.7.28. 81도1489, 대판 2001.6.29. 2001도1091).

정답 ○

019 22국9

甲이 한 개의 강도범행을 하는 기회에 수 명의 피해자에게 각각 폭행을 가하여 각 상해를 입힌 사실에 대하여 포괄일죄로 기소된 경우 법원은 공소장변경 없이 피해자별로 수 개의 강도상해죄의 실체적 경합범으로 처벌할 수 있다. ○|×

> 법원이 동일한 범죄사실을 가지고 포괄일죄로 보지 아니하고 실체적 경합관계에 있는 수죄로 인정하였다고 하더라도 이는 다만 죄수에 관한 법률적 평가를 달리한 것에 불과할 뿐이지 소추대상인 공소사실과 다른사실을 인정한 것도 아니고 또 피고인의 방어권행사에 실질적으로 불이익을 초래할 우려도 없으므로 불고불리의 원칙에 위반되는 것이 아니다(대판 1987.5.28. 87도527).

정답 ○

020 24법9

법원이 동일한 범죄사실을 가지고 포괄일죄로 보지 아니하고 실체적 경합관계에 있는 수죄로 인정하였다고 하여도 이는 다만 죄수에 관한 법률적 평가를 달리한 것에 불과할 뿐이지 소추대상인 공소사실과 다른 사실을 인정한 것도 아니고 또 피고인의 방어권행사에 실질적으로 불이익을 초래할 우려도 없어서 불고불리의 원칙에 위반되는 것이 아니다. ○|×

> 대판 1987.5.28. 87도527

정답 ○

021 22국9

甲이 과실로 교통사고를 발생시켰다는 각 '교통사고처리특례법 위반죄'의 공소사실을 고의로 교통사고를 낸 뒤 보험금을 청구하여 수령하거나 미수에 그쳤다는 '사기 및 사기미수죄'로 변경하고자 하는 경우 기본적 사실관계가 동일하므로 공소장 변경은 허용된다. ○|×

> 과실로 교통사고를 발생시켰다는 각 '교통사고처리 특례법 위반죄'와 고의로 교통사고를 낸 뒤 보험금을 청구하여 수령하거나 미수에 그쳤다는 '사기 및 사기미수죄'는 서로 행위 태양이 전혀 다르고, 각 교통사고처리 특례법 위반죄의 피해자는 교통사고로 사망한 사람들이나, 사기 및 사기미수죄의 피해자는 피고인과 운전자보험계약을 체결한 보험회사들로서 역시 서로 다르며, 따라서 위 각 교통사고처리 특례법 위반죄와 사기 및 사기미수죄는 그 기본적 사실관계가 동일하다고 볼 수 없으므로, 공소장변경이 허용되지 않는다(대판 2010.2.25. 2009도14263).

정답 ×

022 22국9

甲이 A에게 필로폰 0.3g을 교부하였다는 '마약류관리법위반(향정)죄'의 공소사실을 필로폰을 구해주겠다고 속여 대금을 편취하였다는 '사기죄'로 변경하고자 하는 경우 기본적 사실관계가 동일하다고 볼 수 없으므로 공소장변경은 허용되지 않는다. ○|×

> 대판 2012.4.13. 2010도16659

정답 ○

023 21국9

약식명령에 대하여 피고인만 정식재판을 청구한 사건에서 법정형에 유기징역형만 있는 범죄로 공소장을 변경하는 것은 공소사실의 동일성이 인정되더라도 허용될 수 없다. ㅇ|X

> 약식명령에 대하여 피고인만이 정식재판을 청구하였는데, 검사가 당초 사문서위조 및 위조사문서행사의 공소사실로 공소제기하였다가 제1심에서 사서명위조 및 위조사서명행사의 공소사실을 예비적으로 추가하는 내용의 공소장변경을 신청한 사안에서, 피고인에 대하여 사서명위조와 위조사서명행사의 범죄사실이 인정되는 경우에는 비록 사서명위조죄와 위조사서명행사죄의 법정형에 유기징역형만 있다 하더라도 형사소송법 제457조의2에서 규정한 불이익변경금지 원칙이 적용되어 벌금형을 선고할 수 있으므로, 위와 같은 불이익변경금지 원칙 등을 이유로 공소장변경을 불허할 것은 아니다(대판 2013.2.28. 2011도14986).

정답 ×

024 24·21국9

법원은 공소사실의 동일성이 인정되는 범위 내에서 심리의 경과 등에 비추어 피고인의 방어권 행사에 실질적인 불이익을 주는 것이 아니라면 공동정범으로 기소된 범죄사실을 방조사실로 인정할 수 있다. ㅇ|X

> 대판 2004.6.24. 2002도995

정답 ○

025 24국9

장물취득죄로 기소되었으나 장물보관의 범죄사실만이 유죄로 인정되는 경우, 양자가 법적 평가에 있어서만 차이가 있을 뿐 공소사실의 동일성이 인정되는 범위 내에 있고, 이를 처벌하지 아니하는 것이 현저히 정의와 형평에 반한다면 공소사실의 변경이 없더라도 법원이 직권으로 장물보관의 범죄사실을 유죄로 인정하여야 한다. ㅇ|X

> 공소제기 된 장물취득의 점과 실제로 인정되는 장물보관의 범죄사실은 법적 평가에 있어서만 차이가 있을 뿐이므로, 단순히 피고인이 위 신용카드들의 사실상 처분권을 취득한 것이 아니라는 이유만으로 피고인을 처벌하지 아니하는 것은 적정절차에 의한 신속한 실체적 진실의 발견이라는 형사소송의 목적에 비추어 현저히 정의와 형평에 반한다고 할 것이다. 따라서 원심은 공소사실의 변경이 없었더라도 피고인을 장물보관죄로 처단하였어야 할 것임에도 불구하고 장물취득죄에 대하여 무죄를 선고하는 것은 위법하다(대판 2003.5.13. 2003도1366).

정답 ○

026   23국9

피고인이 공판정에 재정하지 않더라도 피고인에게 이익이 되는 경우라면 구술에 의한 공소장변경을 허가할 수 있다.   ☐O☐X

> 검사는 그 취지를 기재한 공소장변경허가신청서를 법원에 제출하여야 한다(규칙 제142조 제1항). 다만, 법원은 피고인이 재정하는 공판정에서는 피고인에게 이익이 되거나 피고인이 동의하는 경우 구술에 의한 공소장변경을 허가할 수 있다(규칙 제142조 제5항).

정답 ×

027   20국7

검사가 공소장을 변경하고자 하는 때에는 그 취지를 기재한 공소장변경허가신청서를 법원에 제출하여야 하지만, 피고인이 재정하는 공판정에서 피고인에게 이익이 되거나 피고인이 동의하는 경우 법원은 구술에 의한 공소장변경을 허가할 수 있다.   ☐O☐X

> 규칙 제142조 제5항

정답 O

028   21국9

검사의 공소장변경 신청이 공소사실의 동일성을 해하지 아니하는 한 법원은 이를 허가하여야 한다.   ☐O☐X

> 대판 1999.4.13. 99도375

정답 O

029   23국9

검사가 제출한 공소장변경허가신청서 부본을 즉시 피고인에게 송달하지 않은 채 법원이 공판절차를 진행한 조치는 절차상의 법령위반에 해당하나, 그러한 경우에도 피고인의 방어권이나 변호인의 변호권 등이 본질적으로 침해되었다고 볼 정도에 이르지 않는 한 그것만으로 판결에 영향을 미친 위법이라고 할 수 없다.   ☐O☐X

> 검사의 서면에 의한 공소장변경허가신청이 있는데도 법원이 피고인 또는 변호인에게 공소장변경허가신청서 부본을 송달·교부하지 않은 채 공소장변경을 허가하고 공소장변경허가신청서에 기재된 공소사실에 관하여 유죄판결을 하였다면, 공소장변경허가신청서 부본을 송달·교부하지 않은 법원의 잘못은 판결에 영향을 미친 법령 위반에 해당한다. 다만 공소장변경 내용이 피고인의 방어권과 변호인의 변호권 행사에 지장이 없는 것이거나 피고인과 변호인이 공판기일에서 변경된 공소사실에 대하여 충분히 변론할 기회를 부여받는 등 피고인의 방어권이나 변호인의 변호권이 본질적으로 침해되지 않았다고 볼 만한 특별한 사정이 있다면 판결에 영향을 미친 법령 위반이라고 할 수 없다(대판 2021.6.30. 2019도7217).

정답 O

030 21법9 / 23국7

법원은 공소장변경이 피고인의 불이익을 증가할 염려가 있다고 인정할 때에는 직권 또는 피고인이나 변호인의 청구에 의하여 피고인으로 하여금 필요한 방어의 준비를 하게 하기 위하여 결정으로 필요한 기간 공판절차를 정지할 수 있다. ○|×

> 제298조 제4항

정답 ○

031 20국7

법원은 공소장의 내용을 보다 명확히 하기 위한 목적으로 사소한 오류를 바로잡기 위하여는 공소장변경의 절차를 거칠 필요 없이 정정하여 범죄사실을 인정할 수 있다. ○|×

> 공소장의 내용을 보다 명확히 하고 사소한 오류를 바로 잡기 위하여는 <u>공소장변경의 절차를 거칠 필요없이 바로 이를 정정하여 범죄사실을 인정할 수 있다</u>(대판 1986.9.23. 86도1547).

정답 ○

032 20국7

법원은 공소장변경이 피고인의 불이익을 증가할 염려가 있다고 인정한 때에는 직권 또는 피고인이나 변호인의 청구에 의하여 피고인으로 하여금 필요한 방어의 준비를 하게 하기 위하여 결정으로 필요한 기간 공판절차를 정지할 수 있고, 이 정지된 기간은 피고인의 구속기간에 산입한다. ○|×

> 피고인의 심신상실이나 질병 또는 공소장변경으로 인해 <u>공판절차가 정지된 경우에는 정지기간은 구속기간이나 구속갱신의 기간에 산입되지 않는다</u>(제92조 제3항).

정답 ×

033 71간

일반적으로 범죄의 일시는 범죄사실의 기본적 요소이지 공소 사실의 특정을 위한 것은 아니므로 그 일시가 다소 다르다 하여 공소장변경의 절차를 요하는 것은 아니나, 범죄의 시일이 그 간격이 길고 범죄의 인정 여부에 중대한 관계가 있는 경우에는 공소장변경절차를 밟아야 한다. ○|×

> <u>일반적으로 범죄의 일시는 공소사실의 특정을 위한 요인이지 범죄사실의 기본적 요소는 아니므로 그 일시가 다소 다르다 하여 공소장변경의 절차를 요하는 것은 아니고</u>, 다만 범죄의 시일이 그 간격이 길고 범죄의 성부에 중대한 관계가 있는 경우에는 피고인의 방어에 실질적 불이익을 가져다 줄 염려가 있으므로 이러한 경우에는 공소장변경의 절차를 밟아야 할 것이다(대판 2005.7.14. 2003도1166 ; 대판 2009.5.14. 2008도10771).

정답 ×

034 71간

기소된 공소사실의 재산상 피해자와 공소장 기재의 피해자가 다른 것이 판명된 경우에는 공소사실에 있어서 동일성을 해하지 아니하고 피고인의 방어권 행사에 실질적 불이익을 주지 아니 하는 한, 공소장변경절차 없이 직권으로 공소장 기재의 피해자와 다른 실제의 피해자를 적시하여 이를 유죄로 인정하여야 한다. ☐O ☐X

> 대판 2017.6.19. 2013도564

정답 O

035 71간 / 23국7

적법하게 공판의 심리를 종결하고 판결선고기일까지 고지한 후에 이르러서 한 검사의 공소장변경에 대하여는 그것이 변론 재개신청과 함께 된 것이더라도 법원이 종결한 심리를 재개하여 공소장변경을 허가할 의무는 없다. ☐O ☐X

> 적법한 변론종결 후 검사가 변론재개신청과 함께 공소장변경신청을 한 경우, 법원이 반드시 변론을 재개하여 공소장변경을 허가하여야 하는 것은 아니다(대판 2000.4.11. 2000도565).

정답 O

036 24국9

법원이 적법하게 공판의 심리를 종결한 뒤에라도 검사가 공소장변경허가신청을 한 경우, 공소사실의 동일성이 인정되는 범위에 있다면 반드시 공판의 심리를 재개하여 공소장변경을 허가하여야 한다. ☐O ☐X

> 공소장변경은 변론종결 이후에도 가능하다. 다만 법원이 적법하게 공판의 심리를 종결한 뒤에 이르러 검사가 공소장변경신청을 하였다 하여 반드시 공판의 심리를 재개하여 공소장변경을 허가하여야 하는 것은 아니다(대판 1994.10.28. 94도1756).

정답 ×

037 71간

실체적 경합범으로 공소제기된 범죄사실에 대하여 법원이 그 범죄사실을 그대로 인정하면서 다만 죄수에 관한 법률적인 평가만을 달리하여 포괄일죄로 처단하더라도, 이는 피고인의 방어권 행사에 불이익을 미치는 것이 아니므로 법원은 공소장 변경 없이도 포괄일죄로 처벌할 수 있다. ☐O ☐X

> 대판 1987.7.21. 87도546

정답 O

038 24국9

검사가 항소심의 제1회 공판기일이 열리기 전에 먼저 기소된 업무상횡령 공소사실과 상상적 경합관계에 있고 공소사실의 동일성이 인정되는 업무상횡령 공소사실을 추가하는 공소장변경허가신청서를 제출하였으나, 항소심이 공판정 외에서 공소장변경허가신청에 대한 결정을 하지 않고 공소장변경허가 여부를 결정하는 소송절차를 진행하지도 않은 채 제1회 공판기일을 진행하여 변론을 종결하고 검사의 항소를 기각한 경우 법리오해 등의 잘못이 있다. ○|X

> 검사가 제1심판결에 대하여 양형부당을 이유로 항소한 다음 원심의 제1회 공판기일이 열리기 전에 먼저 기소된 업무상횡령 공소사실과 상상적 경합관계에 있는 업무상횡령 공소사실을 추가하는 취지임을 밝히며 공소장변경허가신청서를 제출하였으나, 원심이 공판정 외에서 공소장변경허가신청에 대한 결정을 하지 않았을 뿐만 아니라 공판조서 등 기록에 원심에서 공소장변경허가 여부를 결정한 소송절차가 진행되었다는 내용이 없이, 제1회 공판기일을 진행하여 변론을 종결하고 검사의 항소를 기각하여 제1심판결을 그대로 유지한 사안에서, 원심은 검사가 서면으로 제출한 공소장변경허가신청에 대하여 허가 여부를 결정해야 하고, 나아가 상상적 경합관계에 있는 수죄 가운데 당초 공소를 제기하지 아니한 공소사실을 추가하는 내용의 공소장변경을 허가하여 추가된 공소사실에 대하여 심리·판단했어야 하므로, 이러한 조치 없이 검사의 항소를 기각한 원심판결에 법리오해 등의 잘못이 있다고 한 사례(대판 2023.6.15. 2023도3038).

정답 ○

제3절 ▎공판절차의 진행

001 22국7

피고인 또는 변호인은 검사에게 공소제기된 사건에 관한 서류 또는 물건의 목록과 공소사실의 인정 또는 양형에 영향을 미칠 수 있는 서류 등의 열람·등사 또는 서면의 교부를 신청할 수 있는데, 피고인에게 변호인이 있는 경우에는 피고인은 열람만을 신청할 수 있다. ○|X

> 제266조의3 제1항

정답 ○

002 20국7

제1심이 공소장 부본을 피고인 또는 변호인에게 송달하지 아니한 채 공시송달의 방법으로 피고인을 소환하여 피고인이 공판기일에 출석하지 아니한 가운데 제1심 공판절차가 진행된 경우 항소심은 피고인 또는 변호인에게 공소장 부본을 송달하고 적법한 절차에 의하여 소송행위를 새로이 한 후 항소심에서의 진술과 증거조사 등 심리결과에 기초하여 다시 판결하여야 한다. ⃞O⃞X

> 제1심이 공소장 부본을 피고인 또는 변호인에게 송달하지 아니한 채 공판절차를 진행하였다면 이는 소송절차에 관한 법령을 위반한 경우에 해당한다. 이러한 경우에도 피고인이 제1심 법정에서 이의함이 없이 공소사실에 관하여 충분히 진술할 기회를 부여받았다면 판결에 영향을 미친 위법이 있다고 할 수 없으나, 제1심이 공시송달의 방법으로 피고인을 소환하여 피고인이 공판기일에 출석하지 아니한 가운데 제1심의 절차가 진행되었다면 그와 같은 위법한 공판절차에서 이루어진 소송행위는 효력이 없으므로, 이러한 경우 항소심은 피고인 또는 변호인에게 공소장 부본을 송달하고 적법한 절차에 의하여 소송행위를 새로이 한 후 항소심에서의 진술과 증거조사 등 심리결과에 기초하여 다시 판결하여야 한다(대판 2014.4.24. 2013도9498).

정답 ○

003 22국7

피고인에 대한 공판기일 소환은 형사소송법이 정한 소환장의 송달 또는 이와 동일한 효력이 있는 방법에 의하여야 하고, 그 밖의 방법에 의한 사실상의 기일의 고지 또는 통지 등은 적법한 피고인 소환이라고 할 수 없다. ⃞O⃞X

> 대판 2018.11.29. 2018도13377

정답 ○

004 21법9

피고인이 원심 공판기일에 불출석하자, 검사가 피고인과 통화하여 피고인이 변호인으로 선임한 甲 변호사의 사무소로 송달을 원하고 있음을 확인하고 피고인의 주소를 甲 변호사 사무소로 기재한 주소보정서를 원심에 제출하였는데, 그 후 甲 변호사가 사임하고 새로이 을 변호사가 변호인으로 선임된 사안에서, 원심이 피고인에 대한 공판기일소환장 등을 갑 변호사 사무소로 발송하여 그 사무소 직원이 수령하였더라도 적법한 방법으로 피고인의 소환이 이루어졌다고 볼 수 없다. ◯|✕

> [1] 피고인에 대한 공판기일 소환은 형사소송법이 정한 소환장의 송달 또는 이와 동일한 효력이 있는 방법에 의하여야 하고, 그 밖의 방법에 의한 사실상의 기일의 고지 또는 통지 등은 적법한 피고인 소환이라고 할 수 없다.
> [2] 검사가 피고인의 주소로서 보정한 甲 변호사 사무소는 피고인의 주소, 거소, 영업소 또는 사무소 등의 송달장소가 아니고, 피고인이 형사소송법 제60조에 따라 송달영수인과 연명하여 서면으로 신고한 송달영수인의 주소에도 해당하지 아니하며, 달리 그곳이 피고인에 대한 적법한 송달장소에 해당한다고 볼 자료가 없으므로, 원심이 피고인에 대한 공판기일소환장 등을 甲 변호사 사무소로 발송하여 그 사무소 직원이 수령하였더라도 형사소송법이 정한 적법한 방법으로 피고인의 소환이 이루어졌다고 볼 수 없다는 이유로, 이와 달리 본 원심의 조치에 소송절차에 관한 법령을 위반한 잘못이 있다고 한 사례(대판 2018.11.29. 2018도13377).

정답 ◯

005 21경1

재판과정에서 증인소환장을 송달받은 적이 없고 법원에 출석하지도 아니한 공소외인을 구인하여 달라는 검사의 신청을 기각한 법원의 조치는 정당하다. ◯|✕

> 형사공판절차에서 증인의 구인은 증인이 정당한 사유 없이 소환에 불응하거나(법 제152조), 법원에 출석해 있는 증인이 정당한 사유 없이 동행명령에 따른 동행을 거부하는 때(법 제166조 제2항)에 한하여 허용되므로, 원심 재판과정에서 증인소환장을 송달받은 적이 없고 법원에 출석하지도 아니한 공소외 1을 구인하여 달라는 검사의 신청을 기각한 원심의 조치는 정당하다(대판 2008.9.25. 2008도6985).

정답 ◯

006 21법9

법원은 특정범죄신고자 등 보호법이 직접 적용되거나 준용되는 사건의 증인에 대하여 증인소환장이 송달되지 아니한 경우에는 공무소 등에 대한 조회의 방법으로 직권 또는 검사, 피고인, 변호인의 신청에 따라 소재탐지를 할 수도 있다. ◯|✕

> 제298조 제1항

정답 ◯

007 22국9 / 20국7

법원의 증거개시에 관한 결정에 대하여는 집행정지의 효력이 있는 즉시항고의 방법으로 불복할 수 있다. ◯|✕

> 형사소송법 제266조의4에 따라 법원이 검사에게 수사서류 등의 열람·등사 또는 서면의 교부를 허용할 것을 명한 결정은 피고사건 소송절차에서의 증거개시(開示)와 관련된 것으로서 제403조에서 말하는 '판결 전의 소송절차에 관한 결정'에 해당한다 할 것인데, 위 결정에 대하여는 형사소송법에서 별도로 즉시항고에 관한 규정을 두고 있지 않으므로 제402조에 의한 항고의 방법으로 불복할 수 없다(대결 2013.1.24. 2012모1393).

정답 ✕

008 23국7

제266조의4에 따라 법원이 검사에게 수사서류 등의 열람·등사 또는 서면의 교부를 허용할 것을 명한 결정에 대하여는 항고가 허용되지 않는다. ◯|✕

> 형사소송법 제266조의4에 따라 법원이 검사에게 수사서류 등의 열람·등사 또는 서면의 교부를 허용할 것을 명한 결정은 피고사건 소송절차에서의 증거개시(開示)와 관련된 것으로서 제403조에서 말하는 '판결 전의 소송절차에 관한 결정'에 해당한다 할 것인데, 위 결정에 대하여는 형사소송법에서 별도로 즉시항고에 관한 규정을 두고 있지 않으므로 제402조에 의한 항고의 방법으로 불복할 수 없다(대결 2013.1.24. 2012모1393).

정답 ◯

009 71간

법원의 열람·등사 허용결정은 '판결 전의 소송절차에 관한 결정'에 해당하며, 위 결정에 대해서는 「형사소송법」에서 별도로 즉시항고에 관한 규정을 두고 있지 아니하므로 「형사소송법」 제402조에 의한 항고의 방법으로 불복할 수 없고, 그 결과 법원의 열람 등사 허용결정은 그 결정이 고지되는 즉시 집행력이 발생한다. ◯|✕

> 형사소송법 제266조의4에 따라 법원이 검사에게 수사서류 등의 열람·등사 또는 서면의 교부를 허용할 것을 명한 결정은 피고사건 소송절차에서의 증거개시(開示)와 관련된 것으로서 제403조에서 말하는 '판결 전의 소송절차에 관한 결정'에 해당한다 할 것인데, 위 결정에 대하여는 형사소송법에서 별도로 즉시항고에 관한 규정을 두고 있지 않으므로 제402조에 의한 항고의 방법으로 불복할 수 없다(대결 2013.1.24. 2012모1393). 또한 재판의 집행력은 원칙적으로 재판의 확정에 의하여 발생한다. 그러나 결정·명령에 대한 불복방법인 항고 또는 준항고는 즉시항고를 제외하고는 집행정지의 효력이 없으므로(제409조 본문) 결정·명령은 원칙적으로 고지에 의하여 집행력이 발생한다. 그 결과 법원의 열람 등사 허용결정은 그 결정이 고지되는 즉시 집행력이 발생한다.

정답 ◯

010 22국9

증거개시제도는 실질적인 당사자 대등을 확보하고 피고인의 신속 공정한 재판을 받을 권리를 실현하기 위한 제도로서, 「형사소송법」은 검사가 보유하고 있는 증거뿐만 아니라 피고인이 보유하고 있는 증거의 개시도 인정하고 있다. ○|×

> 제266조의3, 제266조의11

정답 ○

011 22국9

검사의 증거개시 대상이 되는 것은 공소제기된 사건에 관한 서류 또는 물건의 목록과 공소사실의 인정 또는 양형에 영향을 미칠 수 있는 서류 또는 물건이다. ○|×

> 제266조의3 제1항

정답 ○

012 21경1 / 23승

검사·사법경찰관리와 그 밖에 직무상 수사에 관계있는 자는 수사과정에서 수사와 관련하여 작성하거나 취득한 서류 또는 물건에 대한 목록을 빠짐없이 작성하여야 하며, 검사는 피해자 및 증인보호의 필요성이 있는 경우를 제외하고는 공소제기된 사건에 관한 서류등의 목록에 대해서는 열람 또는 등사를 거부할 수 없다. ○|×

> 검사·사법경찰관리와 그 밖에 직무상 수사에 관계있는 자는 수사과정에서 수사와 관련하여 작성하거나 취득한 서류 또는 물건에 대한 목록을 빠짐 없이 작성하여야 한다(제198조 제3항). 검사는 국가안보, 증인보호의 필요성, 증거인멸의 염려, 관련사건의 수사에 장애를 가져올 것으로 예상되는 구체적인 사유 등 열람·등사 또는 서면의 교부를 허용하지 아니할 상당한 이유가 있다고 인정하는 때에는 열람·등사 또는 서면의 교부를 거부하거나 그 범위를 제한할 수 있다(제266조의3 제2항). 다만, 검사는 서류 등의 목록에 대하여는 열람·등사를 거부할 수 없다(동조 제5항).

정답 ×

013 71간 / 20국7

검사는 국가안보, 증인보호의 필요성 등 열람·등사 또는 서면의 교부를 허용하지 아니할 상당한 이유가 있다고 인정하는 때에는 열람·등사 또는 서면의 교부를 거부하거나 그 범위를 제한할 수 있는데, 이 경우 서류 등의 목록에 대하여는 열람 또는 등사를 거부할 수 없다. ○|×

> 제266조의3 제2항, 제5항

정답 ○

014 22국7

검사는 국가안보 등 열람·등사 또는 서면의 교부를 허용하지 아니할 상당한 이유가 있다고 인정하는 때에는 공소제기된 사건에 관한 서류 또는 물건의 목록에 대하여 피고인이 신청한 열람 또는 등사를 거부할 수 있다. ◯╳

> 검사는 국가안보, 증인보호의 필요성, 증거인멸의 염려, 관련사건의 수사에 장애를 가져올 것으로 예상되는 구체적인 사유 등 열람·등사 또는 서면의 교부를 허용하지 아니할 상당한 이유가 있다고 인정하는 때에는 열람·등사 또는 서면의 교부를 거부하거나 그 범위를 제한할 수 있다(제266조의3 제2항). 다만, 검사는 서류 등의 목록에 대하여는 열람·등사를 거부할 수 없다(동조 제5항).

정답 ╳

015 20국7

검사는 공소사실의 인정 또는 양형에 영향을 미칠 수 있는 서류 등의 열람·등사 또는 서면의 교부를 거부하거나 그 범위를 제한하는 때에는 지체 없이 피고인 또는 변호인에게 그 이유를 서면 또는 구두의 방법으로 통지하여야 한다. ◯╳

> 검사는 열람·등사 또는 서면의 교부를 거부하거나 그 범위를 제한하는 때에는 지체 없이 그 이유를 서면으로 통지하여야 한다(제266조의3 제3항).

정답 ╳

016 21경1 / 22국9

피고인 또는 변호인은 검사가 서류 또는 물건의 열람 등사 또는 서면의 교부를 거부하거나 그 범위를 제한한 때에는 법원에 그 서류 또는 물건의 열람 등사 또는 서면의 교부를 허용하도록 할 것을 신청할 수 있다. ◯╳

> 제266조의4 제1항

정답 ◯

017 22국7

피고인은 검사가 공소사실의 인정 또는 양형에 영향을 미칠 수 있는 서류의 열람·등사 또는 서면의 교부를 거부하거나 그 범위를 제한한 때에는 법원에 이를 허용하도록 할 것을 신청할 수 있다. ◯╳

> 피고인 또는 변호인은 검사가 서류 등의 열람·등사 또는 서면의 교부를 거부하거나 그 범위를 제한한 때에는 법원에 그 서류 등의 열람·등사 또는 서면의 교부를 허용하도록 할 것을 신청할 수 있다(제266조의4 제1항).

정답 ◯

제1장 공판절차

018 21경1 / 22국7

피고인 또는 변호인의 신청에 따라 법원이 검사에게 명하는 열람·등사 또는 서면의 교부를 지체 없이 이행하지 않는 경우, 검사는 해당 증인 및 서류등에 대한 증거신청을 할 수 없다. ⓞⅩ

> 제266조의4 제5항

정답 ○

019 23국7

검사, 피고인 또는 변호인은 법원에 대하여 공판준비기일의 지정을 신청할 수 있고, 이 경우 당해 신청에 관한 법원의 결정에 대하여는 불복할 수 있다. ⓞⅩ

> 법원은 검사, 피고인 또는 변호인의 의견을 들어 공판준비기일을 지정할 수 있다(제266조의7 제1항). 검사, 피고인 또는 변호인은 법원에 대하여 공판준비기일의 지정을 신청할 수 있다. 이 경우 당해 신청에 관한 법원의 결정에 대하여는 불복할 수 없다(동조 제2항).

정답 ×

020 21국7

법원은 합의부원으로 하여금 공판준비기일을 진행하게 할 수 있고, 이 경우 수탁판사는 공판준비기일에 관하여 법원 또는 재판장과 동일한 권한이 있다. ⓞⅩ

> 법원은 합의부원으로 하여금 공판준비기일을 진행하게 할 수 있다. 이 경우 수명법관은 공판준비기일에 관하여 법원 또는 재판장과 동일한 권한이 있다(제266조의7 제3항).

정답 ×

021 21국7

공판준비기일은 공개하지 않지만, 재판의 공정성을 위해서 필요한 경우에는 공개할 수 있다. ⓞⅩ

> 공판준비기일은 공개한다. 다만, 공개하면 절차의 진행이 방해될 우려가 있는 때에는 공개하지 아니할 수 있다(제266조의7 제4항).

정답 ×

022 23법9 / 24국9(교정직)

공판준비기일에는 검사와 변호인이 출석하여야 하며, 법원은 공판준비기일이 지정된 사건에 관하여 변호인이 없는 때에는 직권으로 변호인을 선정하여야 한다. ⓞⅩ

> 공판 전 준비절차에는 검사와 변호인이 출석해야 한다(제266조의8 제1항). 법원은 공판준비기일이 지정된 사건에 관하여 변호인이 없는 때에는 직권으로 변호인을 선정하여야 한다(동조 제4항).

정답 ○

023 23국7

공판준비기일에는 검사 및 변호인이 출석하여야 하지만, 피고인은 법원의 소환이 없는 때에는 공판준비기일에 출석할 수 없다. ⃞O⃞X

> 법원은 필요하다고 인정하는 때에는 피고인을 소환할 수 있으며, 피고인은 법원의 소환이 없는 때에도 공판준비기일에 출석할 수 있다(제266조의8 제2항).

정답 ×

024 24국9(교정직)

공판준비기일에는 피고인의 출석이 필수적인 요건이 아니다. ⃞O⃞X

> 공판 전 준비절차에는 검사와 변호인이 출석해야 한다(제266조의8 제1항). 따라서 법원은 검사·피고인 및 변호인에게 공판준비기일을 통지해야 한다(동조 제3항). 피고인의 출석은 필수적인 요건이 아니다.

정답 ○

025 71간

공판준비는 제1회 공판기일 전은 물론 제1회 공판기일 이후에도 행할 수 있으며, 공판준비기일에 검사 및 변호인의 출석은 필수요건이다. ⃞O⃞X

> 공판준비절차는 제1회 공판기일 전에 열리는 기일 전 공판절차(원칙)와 제1회 공판기일 이후에 열리는 기일 간 공판준비절차로 나누어진다. 또한 공판 전 준비절차에는 검사와 변호인이 출석해야 한다(제266조의8 제1항). 따라서 법원은 검사·피고인 및 변호인에게 공판준비기일을 통지해야 한다(동조 제3항).

정답 ○

026 21국7

공판준비기일에 변호인의 출석은 필수요건이지만 피고인의 출석은 필수사항이 아니므로 피고인이 출석한 경우에도 재판장은 피고인에게 진술거부권을 고지할 필요가 없다. ⃞O⃞X

> 피고인의 출석은 필수적인 요건이 아니다. 다만 법원은 필요하다고 인정하는 때에는 피고인을 소환할 수 있으며, 피고인은 법원의 소환이 없는 때에도 공판준비기일에 출석할 수 있다(제266조의8 제5항). 재판장은 출석한 피고인에게 진술을 거부할 수 있음을 알려 주어야 한다(동조 제6항).

정답 ×

027 24국9(교정직)

재판장은 공판준비기일에 출석한 피고인에게 진술을 거부할 수 있음을 알려주어야 한다. ⃞O⃞X

> 제266조의8 제6항

정답 ○

028 23법9

법원은 공판준비절차에서 증거신청, 증거채부결정 뿐만 아니라 필요하다고 인정하는 경우 증거조사를 할 수 있다. ⃞O⃞X

> 제266조의9 제1항에 따르면 공판준비기일에도 증거신청과 증거채부결정은 할 수 있으나 증거조사만큼은 공판기일에 할 수 있을 뿐이다.

정답 ×

029 23국7

법원은 공판준비기일을 종료한 때에는 쟁점 및 증거에 관한 정리결과를 공판조서에 기재하여야 한다. ⃞O⃞X

> 법원은 공판준비기일을 종료하는 때에는 검사, 피고인 또는 변호인에게 쟁점 및 증거에 관한 정리결과를 고지하고, 이에 대한 이의의 유무를 확인하여야 한다(제266조의10 제1항). 법원은 쟁점 및 증거에 관한 정리결과를 <u>공판준비기일조서에 기재하여야</u> 한다(동조 제2항).

정답 ×

030 21경1 / 20국7

검사는 피고인 또는 변호인이 공판기일 또는 공판준비절차에서 현장부재·심신상실 또는 심신미약 등 법률상·사실상의 주장을 한 때에는 피고인 또는 변호인에게 피고인 또는 변호인이 증거로 신청할 서류등의 열람·등사 또는 서면의 교부를 요구할 수 있으며, 피고인 또는 변호인이 그 요구를 거부하는 경우, 검사는 법원에 그 서류등의 열람·등사 또는 서면의 교부를 허용하도록 할 것을 신청할 수 있다. ⃞O⃞X

> 제266조의11 제1항

정답 ○

031 22국7

피고인이 공판준비절차에서 현장부재의 주장을 한 경우, 검사는 피고인에게 증거로 신청할 서류와 그 서류의 증명력에 관련된 서류의 교부를 요구할 수 있다. ⃞O⃞X

> <u>검사는</u> 피고인 또는 변호인이 공판기일 또는 공판준비절차에서 <u>현장부재·심신상실 또는 심신미약 등 법률상·사실상의 주장을 한 때에는</u> <u>피고인 또는 변호인에게</u> 서류 등의 열람·등사 또는 서면의 교부를 요구할 수 있다(제266조의11 제1항).

정답 ○

032　23국7

공판준비기일에서 신청하지 못한 증거라도 공판기일에 증거신청으로 인하여 소송을 현저히 지연시키지 아니하는 때에는 증거신청을 할 수 있다. ☐○☐✕

> 형사소송법 제266조의13(공판준비기일 종결의 효과)
> ① 공판준비기일에서 신청하지 못한 증거는 다음 각 호의 어느 하나에 해당하는 경우에 한하여 공판기일에 신청할 수 있다.
>   1. 그 신청으로 인하여 소송을 현저히 지연시키지 아니하는 때
>   2. 중대한 과실 없이 공판준비기일에 제출하지 못하는 등 부득이한 사유를 소명한 때

정답 ○

033　22국7

공판준비기일에서 신청하지 못한 증거에 대해서도 법원은 직권으로 증거조사를 할 수 있다. ☐○☐✕

> 공판준비기일에서 신청하지 못한 증거는 원칙적으로 공판기일에 신청할 수 없으나 법원은 직권으로 증거를 조사할 수 있다(제266조의13).

정답 ○

034　23법9

공판준비절차가 종결되면 공판절차로 진행하기 때문에 공판준비기일을 재개할 수는 없다. ☐○☐✕

> 법원은 필요하다고 인정한 때에는 직권 또는 검사, 피고인이나 변호인의 신청에 의하여 결정으로 종결한 변론을 재개할 수 있다(제266조의14, 제305조).

정답 ✕

035　23법9

제1회 공판기일은 소환장의 송달 후 5일 이상의 유예기간을 두어야 한다. 다만, 피고인이 이의 없는 때에는 전항의 유예기간을 두지 아니할 수 있다. ☐○☐✕

> 제1회 공판기일은 소환장의 송달 후 5일 이상의 유예기간을 두어야 한다(제269조 제1항). 피고인이 이의없는 때에는 전항의 유예기간을 두지 아니할 수 있다(동조 제2항).

정답 ○

제4절 | 공판정의 심리

001 24국9

다액 500만 원 이하의 벌금 또는 과료에 해당하는 사건인 경우, 피고인의 출석을 요하지 아니하고 피고인은 대리인을 출석하게 할 수 있다. ☐O|X☐

> 제277조 제1호

정답 ○

002 23승

공소기각 또는 면소의 재판을 할 것이 명백한 사건에 관하여는 피고인의 출석을 요하지 아니한다. ☐O|X☐

> 제277조 제2호

정답 ○

003 21국9

검사가 공판기일의 통지를 2회 이상 받고 출석하지 아니하거나 판결만을 선고하는 때에는 검사의 출석없이 개정할 수 있다. ☐O|X☐

> 검사의 불출석으로 인한 심리지연을 방지하기 위하여, 검사가 공판기일의 통지를 2회 이상 받고도 출석하지 아니하거나 판결만을 선고하는 때에는 검사의 출석 없이 개정할 수 있다(제278조). 2회 이상이란 반드시 계속하여 2회 이상 불출석할 것을 요하는 것은 아니다(대판 1966.11.29. 66도1415).

정답 ○

004 24법9

검사가 공판기일의 통지를 받고 1회 공판기일에 불출석하였고, 또한 공판기일의 통지를 받고도 2회 공판기일에 불출석한 때에는 2회 공판기일을 바로 개정할 수 있고, 나아가 2회 공판기일에서 다음 기일을 고지한 이상 따로 기일 통지를 할 필요도 없다. ☐O|X☐

> 대판 1966.11.29. 66도1415

정답 ○

005 23법9

항소심에서도 피고인이 불출석한 상태에서 그 진술 없이 판결하기 위해서는 피고인이 적법한 공판기일 통지를 받고서도 2회 연속으로 정당한 이유 없이 출정하지 않은 경우에 해당하여야 하는데, 이때 '적법한 공판기일 통지'란 소환장의 송달(형사소송법 제76조) 및 소환장 송달의 의제(형사소송법 제268조)의 경우에 한정된다. ☐O☐X

> 피고인이 불출석한 상태에서 그 진술 없이 판결하기 위해서는 피고인이 적법한 공판기일 통지를 받고서도 2회 연속으로 정당한 이유 없이 출정하지 않은 경우에 해당하여야 한다. 이때 '적법한 공판기일 통지'란 소환장의 송달(제76조) 및 소환장 송달의 의제(제268조)의 경우에 한정되는 것이 아니라 적어도 피고인의 이름·죄명·출석 일시·출석 장소가 명시된 **공판기일 변경명령**을 송달받은 경우(제270조)도 포함된다(대판 2022.11.10. 2022도7940).

정답 ✕

006 24국9

피고인이 질병으로 출정할 수 없는 경우에도 무죄, 면소, 형의 면제 또는 공소기각의 재판을 할 것으로 명백한 때에는 피고인의 출정없이 재판할 수 있다. ☐O☐X

> 피고인이 질병으로 인하여 출정할 수 없는 때에는 법원은 검사와 변호인의 의견을 들어서 결정으로 출정할 수 있을 때까지 공판절차를 정지하여야 한다(제306조 제2항). 이러한 사유가 있는 경우에도 피고사건에 대하여 무죄, 면소, 형의 면제 또는 공소기각의 재판을 할 것으로 명백한 때에는 피고인의 출정없이 재판할 수 있다(동조 제4항).

정답 ○

007 22법9

항소심 공판기일에 피고인이 공판기일에 출정하지 아니한 때에는 다시 기일을 정하여야 하고, 피고인이 정당한 사유 없이 다시 정한 기일에 출정하지 아니한 때에는 피고인의 진술 없이 판결을 할 수 있다. ☐O☐X

> 제365조 제1항, 제2항

정답 ○

008 22법9

장기 3년 이하의 징역 또는 금고, 다액 500만 원을 초과하는 벌금 또는 구류에 해당하는 사건에서는 피고인이 불출석허가신청을 하고 법원이 불출석을 허가하는 경우에는, 인정신문과 판결선고기일을 제외하고, 피고인의 출석 없이 개정할 수 있다. ☐O☐X☐

> 장기 3년 이하의 징역 또는 금고, 다액 500만원을 초과하는 벌금 또는 구류에 해당하는 사건에서 피고인의 불출석허가신청이 있고 법원이 피고인의 불출석이 그의 권리를 보호함에 지장이 없다고 인정하여 이를 허가한 사건에 관하여는 피고인의 출석을 요하지 아니한다. 다만, 인정신문에 따른 절차를 진행하거나 판결을 선고하는 공판기일에는 출석하여야 한다(제277조 제3호).

정답 ○

009 24법9

약식명령에 대해 피고인만이 정식재판을 청구한 사안에서, 법원이 피고인이 출석한 제1회 공판기일에 변론을 종결하고 제2회 공판기일인 선고기일을 지정·고지하였다면, 피고인이 출석하지 아니하였더라도 법원은 형사소송법 제370조, 제277조 제4호에 따라 제2회 공판기일에 판결을 선고할 수 있다. ☐O☐X☐

> 약식명령에 대하여 피고인만이 정식재판을 청구한 사건에서 판결을 선고하는 경우에도 피고인의 출석이 필요하지 않다(제277조 제4호).

정답 ○

010 21국9

피고인이 출석하지 아니하면 개정하지 못하는 경우에 피고인의 출석 없이 공판절차를 진행하기 위해서는 단지 구속된 피고인이 정당한 사유 없이 출석을 거부하였다는 것만으로는 부족하고 더 나아가 교도관에 의한 인치가 불가능하거나 현저히 곤란하다고 인정되어야 한다. ☐O☐X☐

> 피고인이 출석하지 아니하면 개정하지 못하는 경우에 구속된 피고인이 정당한 사유 없이 출석을 거부하고, 교도관에 의한 인치가 불가능하거나 현저히 곤란하다고 인정되는 때에는 피고인의 출석 없이 공판절차를 진행할 수 있다(제277조의2 제1항).

정답 ○

011 22법9

피고인이 출석하지 아니하면 개정하지 못하는 경우에 구속된 피고인이 정당한 사유 없이 출석을 거부하고, 교도관에 의한 인치가 불가능하거나 현저히 곤란하다고 인정되는 때에는 피고인의 출석 없이 공판절차를 진행할 수 있다. 이 경우에는 출석한 검사 및 변호인의 의견을 들어야 한다. ☐O☐X☐

> 제277조의2 제1항, 제2항

정답 ○

012 24법9

구속된 피고인이 공판기일에 출석하지 않는 경우에 법원이 형사소송법 제277조의2에 따라 피고인의 출석 없이 공판절차를 진행하기 위해서는 피고인의 출석거부사유가 정당한 것인지 여부뿐만 아니라 교도관에 의한 인치가 불가능하거나 현저히 곤란하였는지 여부 등 위 조문에 규정된 사유가 존재하는가의 여부를 조사하여야 한다. ◯|✕

> 형사소송법 제277조의2의 규정에 의하여 피고인의 출석 없이 공판절차를 진행하기 위해서는 단지 구속된 피고인이 정당한 사유 없이 출석을 거부하였다는 것만으로는 부족하고 더 나아가 <u>교도관리에 의한 인치가 불가능하거나 현저히 곤란하다고 인정되어야 하는 것이므로, **구속된 피고인이 출석하지 않는 경우에 법원이 위 조문에 따라 피고인의 출석 없이 공판절차를 진행하기 위해서는 피고인의 출석거부사유가 정당한 것인지 여부뿐만 아니라** 교도관에 의한 인치가 불가능하거나 현저히 곤란하였는지 여부 등 위 조문에 규정된 사유가 존재하는가의 여부를 조사하여야 한다</u>(대판 2001.6.12. 2001도114).

정답 ◯

013 22법9 / 22국7

피고인이 제1심에서 도로교통법 위반(음주운전)죄로 유죄판결을 받고 항소한 후 항소심 제1회, 제2회 공판기일에 출석하였고, 제3회 공판기일에 변호인만이 출석하고 피고인은 건강상 이유를 들어 출석하지 않았으나, 제4회 공판기일에 변호인과 함께 출석하자 원심은 변론을 종결하고 제5회 공판기일인 선고기일을 지정하여 고지하였는데, 피고인과 변호인이 모두 제5회 공판기일에 출석하지 아니하자 항소심이 피고인의 출석 없이 공판기일을 개정하여 피고인의 항소를 기각하는 판결을 선고한 것은 적법하다. ◯|✕

> <u>피고인이 고지된 선고기일인 제5회 공판기일에 출석하지 않았더라도 제4회 공판기일에 출석한 이상 2회 연속으로 정당한 이유 없이 출정하지 않은 경우에 해당하지 않아 형사소송법 제365조 제2항에 따라 제5회 공판기일을 개정할 수 없다. 그런데도 피고인의 출석 없이 제5회 공판기일을 개정하여 판결을 선고한 원심의 조치에 소송절차에 관한 형사소송법 제365조에 반하여 판결에 영향을 미친 잘못이 있다</u>(대판 2019.10.31. 2019도5426).

정답 ✕

014 23승 / 23국7

「소송촉진 등에 관한 특례규칙」 제19조 제2항의 규정에 의하면, 공시송달의 방법으로 소환한 피고인이 불출석하는 경우 다시 공판기일을 지정하고 공시송달의 방법으로 피고인을 재소환한 후 그 기일에도 피고인이 불출석하여야 비로소 피고인의 불출석 상태에서 재판절차를 진행할 수 있다. ◯|✕

> 소송촉진 등에 관한 특례규칙 제19조 제2항의 규정에 의하면, 제1심 공판절차에서 피고인에 대한 소환이 공시송달로 행하여지는 경우에도 법원이 피고인의 진술 없이 재판을 하기 위하여는 <u>공시송달의 방법으로 소환 받은 피고인이 2회 이상 불출석할 것이 요구</u>된다. 그러므로 공시송달의 방법으로 소환한 피고인이 불출석하는 경우 다시 공판기일을 지정하고 공시송달의 방법으로 피고인을 재소환한 후 그 기일에도 피고인이 불출석하여야 비로소 피고인의 불출석 상태에서 재판절차를 진행할 수 있다(대판 2011.5.13. 2011도1094).

정답 ◯

015 20국7

법원은 검사, 피고인 또는 변호인의 신청이 있는 경우에는 전문심리위원을 지정하여 소송절차에 참여하게 하여야 한다. ☐O☐X☐

> 법원은 소송관계를 분명하게 하거나 소송절차를 원활하게 진행하기 위하여 필요한 경우에는 <u>직권</u>으로 또는 검사, 피고인 또는 변호인의 <u>신청</u>에 의하여 결정으로 전문심리위원을 지정하여 공판준비 및 공판기일 등 소송절차에 <u>참여하게 할 수 있다</u>(제279조의2 제1항).

정답 ×

016 20국7

전문심리위원은 소송절차에 참여하여 전문적인 지식에 의한 설명 또는 의견을 기재한 서면을 제출하거나 공판기일에 전문적인 지식에 의하여 설명이나 의견을 진술할 수 있지만 재판의 합의에는 참여할 수 없다. ☐O☐X☐

> 제279조의2 제2항

정답 ○

017 23국9 / 20국7

법원은 전문심리위원과 관련된 절차 진행 등에 관한 사항을 당사자에게 적절한 방법으로 적시에 통지하여 당사자의 참여 기회가 실질적으로 보장될 수 있도록 세심한 배려를 하여야 한다. ☐O☐X☐

> 형사재판의 담당 법원은 전문심리위원에 관한 위 각각의 규정들을 지켜야 하고 이를 준수함에 있어서도 적법절차원칙을 특별히 강조하고 있는 헌법 제12조 제1항을 고려하여 <u>전문심리위원과 관련된 절차 진행 등에 관한 사항을 당사자에게 적절한 방법으로 적시에 통지하여 당사자의 참여 기회가 실질적으로 보장될 수 있도록 세심한 배려를 하여야 한다.</u> 그렇지 않을 경우, 헌법 제12조 제1항의 적법절차원칙을 구현하기 위하여 형사소송법 등에서 입법한 위 각각의 적법절차조항을 위반한 것임과 동시에 헌법 제27조가 보장하고 있는 공정한 재판을 받을 권리로서 '법관의 면전에서 모든 증거자료가 조사·진술되고 이에 대하여 피고인이 방어할 수 있는 기회가 실질적으로 부여되는 재판을 받을 권리'의 침해로 귀결될 수 있다(대판 2019.5.30. 2018도19051).

정답 ○

018 23국9

법원은 전문심리위원이 제출한 서면이나 전문심리위원의 설명 또는 의견의 진술에 관하여 검사, 피고인 또는 변호인에게 구술 또는 서면에 의한 의견진술의 기회를 주어야 한다. ☐O☐X☐

> 제297조의2 제4항

정답 ○

019 20국7

검사와 피고인 또는 변호인이 합의하여 전문심리위원의 소송절차 참여 결정을 취소할 것을 신청한 때에는 법원은 그 결정을 취소하여야 한다. ○|×

> 제297조의3 제2항

정답 ○

020 24국9

「형사소송법」은 전문심리위원의 중립성·공평성을 확보하기 위하여 법관의 제척 및 기피에 관한 「형사소송법」 제17조부터 제20조까지 및 제23조를 전문심리위원에 대하여 준용하도록 규정하고 있다. ○|×

> 제279조의5 참조

정답 ○

021 23국9

제척 또는 기피 신청이 있는 전문심리위원은 그 신청에 관한 결정이 확정될 때까지 그 신청이 있는 사건의 소송절차에 참여할 수 없다. 이 경우 전문심리위원은 해당 제척 또는 기피 신청에 대하여 의견을 진술할 수 있다. ○|×

> 제279조의5 제2항

정답 ○

제5절 ┃ 공판기일의 절차

001 24국9(교정직)

피고인은 증거조사에 관하여 법령의 위반이 있거나 상당하지 아니함을 이유로 하여 이의신청을 할 수 있고, 증거조사의 결과에 대하여 의견을 개진할 수 있다. ○|×

> 증거조사에 대한 이의신청은 법령의 위반이 있거나 상당하지 아니함을 이유로 하여 이를 할 수 있다(규칙 제135조의2 전단). 재판장은 피고인에게 각 증거조사의결과에 대한 의견을 묻고 권리를 보호함에 필요한 증거조사를 신청할 수 있음을 고지하여야 한다(제293조).

정답 ○

002 22국7

피고인은 모두진술 단계에서는 현장부재의 주장을 할 수 없다. ☐O☐X☐

> 피고인은 검사의 모두진술이 끝난 뒤에 공소사실의 인정 여부를 진술하여야 한다. 다만, 피고인이 진술거부권을 행사하는 경우에는 그러하지 아니하다(제286조 제1항). 따라서 모두진술 단계에서 현장부재의 주장을 통해 공소사실을 부인하는 주장을 할 수 있다.

정답 ×

003 22국9

피고인은 검사의 모두진술이 끝난 뒤에, 진술거부권을 행사하는 경우를 제외하고, 공소사실의 인정 여부를 진술해야 하며, 만일 이 단계에서 피고인이 자백하면 간이공판절차로 이행하는 계기가 된다. ☐O☐X☐

> 제286조 제1항, 제286조의2

정답 ○

004 22승

증거신청은 검사가 먼저 이를 한 후 다음에 피고인 또는 변호인이 이를 한다. ☐O☐X☐

> 법원은 검사가 신청한 증거를 조사한 후 피고인 또는 변호인이 신청한 증거를 조사한다(제291조의2 제1항).

정답 ○

005 22승 / 22국9

법원은 서류 또는 물건이 증거로 제출된 경우에 이에 관한 증거 결정을 함에 있어서는 제출한 자로 하여금 그 서류 또는 물건을 상대방에게 제시하게 하여 상대방으로 하여금 그 서류 또는 물건의 증거능력 유무에 관한 의견을 진술하게 하여야 한다. 다만, 형사소송법 제318조의3의 규정에 의하여 동의가 있는 것으로 간주되는 경우에는 그러하지 아니하다. ☐O☐X☐

> 제134조 제2항

정답 ○

006 22승

법원은 증거결정을 함에 있어서 필요하다고 인정할 때에는 그 증거에 대한 검사, 피고인 또는 변호인의 의견을 들어야 한다. ☐O☐X

> 법원은 증거결정을 함에 있어서 필요하다고 인정할 때에는 그 증거에 대한 검사, 피고인 또는 변호인의 의견을 들을 수 있다(규칙 제134조 제1항). 법원은 서류 또는 물건이 증거로 제출된 경우에 이에 관한 증거결정을 함에 있어서는 제출한 자로 하여금 그 서류 또는 물건을 상대방에게 제시하게 하여 상대방으로 하여금 그 서류 또는 물건의 증거능력 유무에 관한 의견을 진술하게 하여야 한다. 다만, 간이공판절차의 규정에 의하여 동의가 있는 것으로 간주되는 경우에는 그러하지 아니하다(규칙 제134조 제2항).

정답 ×

007 24국9(교정직)

법원은 증거신청에 대한 결정을 보류하는 경우, 증거신청인으로부터 당해 증거서류 또는 증거물을 제출받아서는 아니 된다. ☐O☐X

> 법원은 증거신청을 기각·각하하거나, 증거신청에 대한 결정을 보류하는 경우, 증거신청인으로부터 당해 증거서류 또는 증거물을 제출받아서는 아니 된다(규칙 제134조 제4항).

정답 ○

008 22국9

증거신청의 채택 여부는 법원의 재량으로서 법원이 필요하지 아니하다고 인정할 때에는 이를 조사하지 아니할 수 있다. ☐O☐X

> 대판 2003.10.10. 2003도3282

정답 ○

009 23승

원칙적으로 증거의 채부는 법원의 재량에 의하여 판단할 것이지만, 형사사건의 실체를 규명하는 데 가장 직접적이고 핵심적인 증거는 법정에서 증거조사를 하기 곤란하거나 부적절한 경우 또는 다른 증거에 비추어 굳이 추가 증거조사를 할 필요가 없다는 등 특별한 사정이 없는 한 공개된 법정에서 그 증거방법에 가장 적합한 방식으로 증거조사를 해야 한다. ☐O☐X

> 원칙적으로 증거의 채부는 법원의 재량에 의하여 판단할 것이지만, 형사사건의 실체를 규명하는 데 가장 직접적이고 핵심적인 증거는 법정에서 증거조사를 하기 곤란하거나 부적절한 경우 또는 다른 증거에 비추어 굳이 추가 증거조사를 할 필요가 없다는 등 특별한 사정이 없는 한 공개된 법정에서 그 증거방법에 가장 적합한 방식으로 증거조사를 하고, 이를 통해 형성된 유죄·무죄의 심증에 따라 사건의 실체를 규명하는 것이 형사사건을 처리하는 법원이 마땅히 취하여야 할 조치이고, 그것이 우리 형사소송법이 채택한 증거재판주의, 공판중심주의 및 그 한 요소인 실질적 직접심리주의의 정신에도 부합한다고 할 것이다(대판 2019.11.28. 2015도12742).

정답 ○

010 22국9

법원의 증거결정에 대해서는 법령 위반이 있음을 이유로 해서 준항고 할 수 있다. ○|×

> 법원의 증거결정에 대해서는 법령 위반이 있음을 이유로 해서 <u>이의신청할 수 있다</u>(규칙 제135조의2 단서).

정답 ×

011 21국9

「형사소송법」 제312조 및 「형사소송법」 제313조에 따라 증거로 할 수 있는 피고인 또는 피고인 아닌 자의 진술을 기재한 조서 또는 서류가 피고인의 자백 진술을 내용으로 하는 경우에는 범죄사실에 관한 다른 증거를 조사하기 전에 이를 조사하여야 한다. ○|×

> 법 제312조 및 법 제313조에 따라 <u>증거로 할 수 있는 피고인 또는 피고인 아닌 자의 진술을 기재한 조서 또는 서류가 피고인의 자백 진술을 내용으로 하는 경우에는 범죄사실에 관한 다른 증거를 조사한 후에 이를 조사하여야 한다</u>(규칙 제135조).

정답 ×

012 22국9(교정직) / 20국7

검사, 피고인 또는 변호인은 증거조사에 관하여 법령의 위반이 있거나 상당하지 아니함을 이유로 이의신청할 수 있다. ○|×

> 규칙 제135조의2

정답 ○

013 24경1

증거조사를 마친 증거가 증거능력이 없음을 이유로 한 이의신청을 이유있다고 인정할 경우에는 그 증거의 전부 또는 일부를 배제한다는 취지의 결정을 하여야 한다. ○|×

> 증거조사 후에 <u>증거가 증거능력이 없다는 이유로 이의신청을 한 경우에는 법원이 이유 있다고 판단하면 증거의 일부나 전부를 배제하는 결정을 하여야 한다</u>(규칙 제139조 제4항).

정답 ○

014 21국9

법원은 검사, 피고인 또는 변호인의 신청에 의해서 증거조사를 할 수 있지만, 직권으로는 할 수 없다. ○|×

> 증거조사에는 당사자의 신청에 의한 증거조사(제294조)와 직권에 의한 증거조사(제295조)가 있다. 당사자주의가 강화된 형사소송법에서는 <u>당사자의 신청에 의한 증거조사가 원칙</u>으로 되어 있다.

정답 ×

015 22국9(교정직)

공판준비기일에 신청하지 못한 증거라도 법원은 직권으로 증거를 조사할 수 있다. ○|×

> 제266조의13

정답 ○

016 22국9(교정직)

검사, 피고인 또는 변호인의 신청에 따라 증거서류를 조사하는 때에는 신청인이 이를 낭독하여야 한다. ○|×

> 제292조

정답 ○

017 23승 / 21국9

증인은 법원이 직권에 의하여 신문할 수도 있고 증거의 채부는 법원의 직권에 속하는 것이므로 피고인이 철회한 증인을 법원이 직권신문하고 이를 채증하더라도 위법이 아니다. ○|×

> 증인은 법원이 직권에 의하여 신문할 수도 있고 증거의 채부는 법원의 직권에 속하는 것이므로 피고인이 철회한 증인을 법원이 직권신문하고 이를 채증하더라도 위법이 아니다(대판 1983.7.12. 82도3216).

정답 ○

018 21경2 / 21경1 / 23승 / 23국9

다른 증거나 증인의 진술에 비추어 굳이 추가 증거조사를 할 필요가 없다는 등 특별한 사정이 없고, 소재탐지나 구인장 발부가 불가능한 것이 아님에도 불구하고, 불출석한 핵심 증인에 대하여 소재탐지나 구인장 발부 없이 증인채택 결정을 취소하는 것은 법원의 재량을 벗어나는 것으로서 위법하다. ○|×

> 형사소송법이 증인의 법정 출석을 강제할 수 있는 권한을 법원에 부여한 취지는, 다른 증거나 증인의 진술에 비추어 굳이 추가 증인신문을 할 필요가 없다는 등 특별한 사정이 없는 한 사건의 실체를 규명하는 데 가장 직접적이고 핵심적인 증인으로 하여금 공개된 법정에 출석하여 선서 후 증언하도록 하고, 법원은 출석한 증인의 진술을 토대로 형성된 유죄·무죄의 심증에 따라 사건의 실체를 규명하도록 하기 위함이다. 따라서 다른 증거나 증인의 진술에 비추어 굳이 추가 증거조사를 할 필요가 없다는 등 특별한 사정이 없고, 소재탐지나 구인장 발부가 불가능한 것이 아님에도 불구하고, 불출석한 핵심 증인에 대하여 소재탐지나 구인장 발부 없이 증인채택 결정을 취소하는 것은 법원의 재량을 벗어나는 것으로서 위법하다(대판 2020.12.11. 2020도2623).

정답 ○

019 23국7

「형사소송법」이 증인의 법정출석을 강제할 수 있는 권한을 법원에 부여한 취지는, 특별한 사정이 없는 한 사건의 실체를 규명하는 데 가장 직접적이고 핵심적인 증인으로 하여금 공개된 법정에 출석하여 선서 후 증언하도록 하고, 법원은 출석한 증인의 진술을 토대로 형성된 유·무죄의 심증에 따라 사건의 실체를 규명하도록 하기 위함이다. ○|×

> 대판 2020.12.11. 2020도2623

정답 ○

020 22승 / 24국9(교정직)

법원이 필요하지 않다고 인정할 때에는 증거를 조사하지 않을 수 있는 것이므로, 법원이 검사의 증인신청을 받아들이지 않았다고 하더라도 이를 두고 위법하다고 할 수는 없다. ○|×

> 당사자의 증거신청에 대한 채택 여부는 법원의 재량에 속하는 것이고, 따라서 법원은 피고인이나 변호인이 신청한 증거에 대하여 불필요하다고 인정한 때에는 조사하지 않을 수 있다(대판 1995.2.24. 94도252).

정답 ○

021 21경2

당사자의 증거신청에 대한 법원의 채택여부의 결정은 판결 전의 소송절차에 관한 결정으로서 이의신청을 하는 외에는 달리 불복할 수 있는 방법이 없고, 그로 말미암아 사실을 오인하여 판결에 영향을 미치기에 이른 경우에도 이를 이유로 상소를 할 수 없다. ○|×

> 당사자의 증거신청에 대한 법원의 채택여부의 결정은 판결 전의 소송절차에 관한 결정으로서 이의신청(규칙 제135조의2)을 하는 외에는 달리 불복할 수 있는 방법이 없고, 다만 그로 말미암아 사실을 오인하여 판결에 영향을 미치기에 이른 경우에만 이를 상소의 이유로 삼을 수 있을 뿐이다(대판 1990.6.8. 90도646).

정답 ×

022 21법9

항소심 재판장은 검사 또는 변호인이 피고인 신문을 실시하는 경우에도 제1심의 피고인신문과 중복되거나 항소이유의 당부를 판단하는 데 필요 없다고 인정하는 때에는 그 신문의 전부 또는 일부를 제한할 수 있다. ◯|✕

> 재판장은 검사 또는 변호인이 항소심에서 피고인신문을 실시하는 경우 제1심의 피고인신문과 중복되거나 항소이유의 당부를 판단하는 데 필요 없다고 인정하는 때에는 그 신문의 전부 또는 일부를 제한할 수 있으나(규칙 제156조의6 제2항) 변호인의 본질적 권리를 해할 수는 없다(제370조, 제299조 참조). 따라서 재판장은 변호인이 피고인을 신문하겠다는 의사를 표시한 때에는 피고인을 신문할 수 있도록 조치하여야 하고, 변호인이 피고인을 신문하겠다는 의사를 표시하였음에도 변호인에게 일체의 피고인신문을 허용하지 않는 것은 변호인의 피고인신문권에 관한 본질적 권리를 해하는 것으로서 소송절차의 법령위반에 해당한다(대판 2020.12.24. 2020도10778).

정답 ◯

023 21법9

항소심 공판기일에 증거조사가 종료되자 변호인이 피고인을 신문하겠다는 의사를 표시하였으나, 재판장이 일체의 피고인 신문을 불허하고 변호인에게 주장할 내용을 변론요지서로 제출할 것을 명령하면서 변론을 종결한 것은 위법하다. ◯|✕

> 대판 2020.12.24. 2020도10778

정답 ◯

024 22법9

공판기일에 재판장이 피고인 신문과 증거조사가 종료되었음을 선언한 후 검사에게 의견진술의 기회를 주었다면, 검사가 양형에 관한 의견진술을 하지 않았다 하더라도 위법하다고 볼 수 없다. ◯|✕

> 원심 재판장은 피고인 신문과 증거조사가 종료되었음을 선언한 후 검사에게 의견진술의 기회를 주었음이 명백한바, 이러한 경우 검사가 양형에 관한 의견진술을 하지 않았다 하더라도 이로써 판결에 영향을 미친 법률위반이 있는 경우에 해당한다고 할 수 없고, 검사의 구형은 양형에 관한 의견진술에 불과하여 법원이 그 의견에 구속된다고 할 수 없다(대판 2001.11.30. 2001도5225).

정답 ◯

025 24국9(교정직)

검사, 피고인 또는 변호인은 서류나 물건을 증거로 제출할 수 있고, 증인·감정인·통역인 또는 번역인의 신문을 신청할 수 있다. ◯|✕

> 제294조 제1항

정답 ◯

026 24국9(교정직)

검사와 달리 피고인 또는 변호인이 증거신청을 하는 때에는 그 증거와 증명하고자 하는 사실과의 관계를 구체적으로 명시해야 하는 것은 아니다. O|X

> 검사, 피고인 또는 변호인이 증거신청을 함에 있어서는 그 증거와 증명하고자 하는 사실과의 관계를 구체적으로 명시하여야 한다(규칙 제132조의2 제1항).

정답 ×

027 21국9 / 20국7

법원은 검사, 피고인 또는 변호인이 고의로 증거를 뒤늦게 신청함으로써 공판의 완결을 지연하는 것으로 인정할 때에는 직권 또는 상대방의 신청에 따라 결정으로 이를 각하할 수 있다. O|X

> 제294조 제2항

정답 ○

028 23국9

검사, 피고인 또는 변호인은 공판절차상 재판장의 처분이 법령에 위반하거나 상당하지 아니한 때에는 이를 이유로 이의신청을 할 수 있다. O|X

> 검사, 피고인 또는 변호인은 재판장의 처분에 대하여 이의신청을 할 수 있다(제304조).

정답 ×

제6절 | 증인신문·감정과 검증

001 23승

공무원이나 공무원이었던 자가 직무에 관하여 알게 된 사실에 관하여, 본인 또는 당해 공무소가 직무상 비밀에 속한 사항임을 신고한 때에는 그 소속공무소 또는 감독관공서의 승낙 없이는 증인으로 신문하지 못한다. O|X

> 공무원 또는 공무원이었던 자가 그 직무에 관하여 알게 된 사실에 관하여 본인 또는 당해 공무소가 직무상 비밀에 속한 사항임을 신고한 때에는 그 소속공무소 또는 감독관공서의 승낙 없이는 증인으로 신문하지 못한다(제147조 제1항).

정답 ○

002 23법9

변호사, 변리사, 공증인, 공인회계사, 세무사, 대서업자, 의사, 한의사, 치과의사, 약사, 약종상, 조산사, 간호사, 종교의 직에 있는 자 또는 이러한 직에 있던 자가 그 업무상 위탁을 받은 관계로 알게 된 사실로서 타인의 비밀에 관한 것은 증언을 거부할 수 있다. 단, 본인의 승낙이 있거나 중대한 공익상 필요 있는 때에는 예외로 한다. ☐O☐X

> 변호사, 변리사, 공증인, 공인회계사, 세무사, 대서업자, 의사, 한의사, 치과의사, 약사, 약종상, 조산사, 간호사, 종교의 직에 있는 자 또는 이러한 직에 있던 자가 <u>그 업무상 위탁을 받은 관계로 알게 된 사실로서 타인의 비밀에 관한 것은 증언을 거부할 수 있다</u>. 단, <u>본인의 승낙이 있거나 중대한 공익상 필요있는 때에는 예외로 한다</u>(제149조).

정답 ○

003 23국9

변호사가 업무상 위탁을 받은 관계로 알게 된 사실로서 타인의 비밀에 관한 것에 대해 증언을 거부하는 경우에는 거부사유를 소명하여야 한다. ☐O☐X

> <u>변호사가 그 업무상 위탁을 받은 관계로 알게 된 사실로서 타인의 비밀에 관한 것은 증언을 거부할 수 있다</u>. 단 본인의 승낙이 있거나 중대한 공익상 필요 있는 때에는 예외로 한다(제149조). <u>증언을 거부하는 자는 거부사유를 소명하여야 한다</u>(제150조).

정답 ○

004 21경2

형사공판절차에서 증인의 구인은 증인이 정당한 사유 없이 소환에 불응하거나 법원에 출석해 있는 증인이 정당한 사유 없이 동행명령에 따른 동행을 거부하는 때에 한하여 허용된다. ☐O☐X

> 정당한 사유 없이 소환에 응하지 아니하는 경우나 동행명령을 거부하는 경우에는 증인을 구인할 수 있다(제152조, 제166조 제2항).

정답 ○

005 23승 / 23국7

법원은 범죄로 인한 피해자 또는 그 법정대리인(피해자가 사망한 경우에는 배우자·직계친족·형제자매를 포함)의 신청이 있는 때에는 신청인의 진술로 인하여 공판절차가 현저하게 지연될 우려가 있는 경우라 하더라도 최소 한 번 이상 그 피해자를 증인으로 신문하여야 한다. ☐O☐X

> 피해자등 이미 당해 사건에 관하여 <u>공판절차에서 충분히 진술하여 다시 진술할 필요가 없다고 인정되는 경우</u>, 피해자등의 진술로 인하여 <u>공판절차가 현저하게 지연될 우려가 있는 경우</u>에는 범죄피해자에 대한 증인신문을 하지 아니한다(제294조의2 제1항 제1호, 제2호 참조).

정답 ×

006 23승

재판장이 신문 전에 증인에게 증언거부권을 고지하지 않은 채 신문하여 증인이 증언거부권을 행사하지 않고 허위의 진술을 한 경우, 그 증인이 증언거부권을 고지받지 못함으로 인하여 그 증언거부권을 행사하는 데 사실상 장애가 초래되었는지 여부를 불문하고 위증죄의 성립을 부정해야 한다. ⃞O⃞X⃞

> 증언거부사유가 있음에도 증인이 증언거부권을 고지받지 못함으로 인하여 그 증언거부권을 행사하는 데 사실상 장애가 초래되었다고 볼 수 있는 경우에는 위증죄의 성립을 부정하여야 할 것이다(대판 2010.1.21. 2008도942 전원합의체 ; 대판 2013.5.23. 2013도3284).

정답 ×

007 21법9 / 21국7

공범인 공동피고인은 당해 소송절차에서는 피고인의 지위에 있으므로 다른 공동피고인에 대한 공소사실에 관하여 증인이 될 수 없으나, 소송절차가 분리되어 피고인의 지위에서 벗어나게 되면 다른 공동피고인에 대한 공소사실에 관하여 증인이 될 수 있고, 이는 대향범인 공동피고인의 경우에도 다르지 않다. ⃞O⃞X⃞

> 대판 2012.3.29. 2009도11249

정답 ○

008 21경2

피고인의 지위에 있는 공동피고인은 소송절차가 분리되어 피고인의 지위에서 벗어나게 되지 않는 한 다른 공동피고인에 대한 공소사실에 관하여 증인이 될 수 없으나, 대향범인 공동피고인의 경우에는 그러하지 아니하다. ⃞O⃞X⃞

> 공범인 공동피고인은 당해 소송절차에서는 피고인의 지위에 있으므로 다른 공동피고인에 대한 공소사실에 관하여 증인이 될 수 없으나, 소송절차가 분리되어 피고인의 지위에서 벗어나게 되면 다른 공동피고인에 대한 공소사실에 관하여 증인이 될 수 있다. 이는 대향범인 공동피고인의 경우에도 동일한 법리가 적용된다(대판 2012.3.29. 2009도11249).

정답 ×

009 23법9 / 21경2 / 71간 / 23국9

범행을 하지 아니한 자가 범인으로 공소제기가 되어 피고인의 지위에서 범행사실을 허위자백하고 나아가 공범에 대한 증인의 자격에서 증언을 하면서 그 공범과 함께 범행하였다고 허위의 진술을 한 경우, 그 증언은 자신에 대한 유죄판결의 우려를 증대시키는 것이므로 증언거부권의 대상이 된다. ⃞O⃞X⃞

> 대판 2012.12.13. 2010도10028

정답 ○

010 22승 / 24국9

증언거부권의 대상인 '공소제기를 당하거나 유죄판결을 받을 사실이 발로될 염려가 있는 증언'에는 증인 자신이 범행을 한 것으로 오인되어 유죄판결을 받을 우려가 있는 사실은 포함되지 않는다. ◯│✕

> 형사소송법에서 위와 같이 증언거부권의 대상으로 규정한 '공소제기를 당하거나 유죄판결을 받을 사실이 발로될 염려 있는 증언'에는 자신이 범행을 한 사실뿐 아니라 범행을 한 것으로 오인되어 유죄판결을 받을 우려가 있는 사실 등도 포함된다고 할 것이다. 따라서 범행을 하지 아니한 자가 범인으로 공소제기가 되어 피고인의 지위에서 범행사실을 허위자백하고, 나아가 공범에 대한 증인의 자격에서 증언을 하면서 그 공범과 함께 범행하였다고 허위의 진술을 한 경우에도 그 증언은 자신에 대한 유죄판결의 우려를 증대시키는 것이므로 증언거부권의 대상은 된다고 볼 것이다(대판 2012.12.13. 2010도10028).

정답 ✕

011 23·21법9 / 23경1 / 21경2 / 72·71간 / 23·22승 / 23·22·20국7

수사기관에서 진술한 참고인이 법정에서 증언을 거부하여 피고인이 반대신문을 하지 못한 경우에는 정당하게 증언거부권을 행사한 것이 아니라도, 피고인이 증인의 증언거부 상황을 초래하였다는 등의 특별한 사정이 없는 한 「형사소송법」 제314조의 '그 밖에 이에 준하는 사유로 인하여 진술할 수 없는 때'에 해당하지 않으므로 수사기관이 그 증인의 진술을 기재한 서류는 증거능력이 없다. ◯│✕

> 수사기관에서 진술한 참고인이 법정에서 증언을 거부하여 피고인이 반대신문을 하지 못한 경우에는 정당하게 증언거부권을 행사한 것이 아니라도, 피고인이 증인의 증언거부 상황을 초래하였다는 등의 특별한 사정이 없는 한 형사소송법 제314조의 '그 밖에 이에 준하는 사유로 인하여 진술할 수 없는 때'에 해당하지 않는다고 보아야 한다. 따라서 증인이 정당하게 증언거부권을 행사하여 증언을 거부한 경우와 마찬가지로 수사기관에서 그 증인의 진술을 기재한 서류는 증거능력이 없다. 다만 피고인이 증인의 증언거부 상황을 초래하였다는 등의 특별한 사정이 있는 경우에는 형사소송법 제314조의 적용을 배제할 이유가 없다(대판 2019.11.21. 2018도13945 전원합의체).

정답 ◯

012 23국7

간이공판절차의 결정이 있는 사건에 대하여는 「형사소송법」 제161조의2(증인신문의 방식), 제290조 내지 제293조(증거조사의 시기와 방식, 증거조사결과와 피고인의 의견), 제297조(증인신문시의 피고인 등의 퇴정)의 규정을 적용하지 아니한다. ◯│✕

> 제286조의2의 결정이 있는 사건에 대하여는 제161조의2(증인신문의 방식), 제290조 내지 제293조(증거조사의 시기와 방식, 증거조사결과와 피고인의 의견), 제297조(증인신문시의 피고인 등의 퇴정)의 규정을 적용하지 아니하며 법원이 상당하다고 인정하는 방법으로 증거조사를 할 수 있다(제297조의2).

정답 ◯

013 23·22법9 / 21경1 / 71간 / 22승 / 23국9

자신에 대한 유죄판결이 확정된 증인이 공범에 대한 피고사건에서 증언할 당시 앞으로 재심을 청구할 예정이라고 하여도, 이를 이유로 그 증인에게 형사소송법 제148조에 의한 증언거부권이 인정되지는 않는다. ○|×

> 형사소송법 제148조의 증언거부권은 헌법 제12조 제2항에 정한 불이익 진술의 강요금지 원칙을 구체화한 자기부죄거부특권에 관한 것인데, 이미 유죄의 확정판결을 받은 경우에는 헌법 제13조 제1항에 정한 일사부재리의 원칙에 의해 다시 처벌받지 아니하므로 자신에 대한 유죄판결이 확정된 증인은 공범에 대한 사건에서 증언을 거부할 수 없고, 설령 증인이 자신에 대한 형사사건에서 시종일관 범행을 부인하였더라도 그러한 사정만으로 증인이 진실대로 진술할 것을 기대할 수 있는 가능성이 없는 경우에 해당한다고 할 수 없으므로 허위의 진술에 대하여 위증죄 성립을 부정할 수 없다. 한편 … 자신에 대한 유죄판결이 확정된 증인이 공범에 대한 피고사건에서 증언할 당시 앞으로 재심을 청구할 예정이라고 하여도, 이를 이유로 증인에게 형사소송법 제148조에 의한 증언거부권이 인정되지는 않는다(대판 2011.11.24. 2011도11994).

정답 ○

014 21법9

이미 유죄의 확정판결을 받은 피고인은 공범의 형사사건에서 그 범행에 대한 증언을 거부할 수 없을 뿐만 아니라 나아가 사실대로 증언하여야 하나, 만약 피고인이 자신의 형사사건에서 시종일관 그 범행을 부인하였다면 피고인에게 사실대로 진술할 것을 기대할 가능성이 없다고 볼 수 있다. ○|×

> 이미 유죄의 확정판결을 받은 경우에는 헌법 제13조 제1항에 정한 일사부재리의 원칙에 의해 다시 처벌받지 아니하므로 자신에 대한 유죄판결이 확정된 증인은 공범에 대한 사건에서 증언을 거부할 수 없고, 설령 증인이 자신에 대한 형사사건에서 시종일관 범행을 부인하였더라도 그러한 사정만으로 증인이 진실대로 진술할 것을 기대할 수 있는 가능성이 없는 경우에 해당한다고 할 수 없으므로 허위의 진술에 대하여 위증죄 성립을 부정할 수 없다(대판 2011.11.24. 2011도11994).

정답 ×

015 22승

증인에 대한 감치재판절차를 개시한 후 감치결정 전에 그 증인이 증언을 하거나 그 밖에 감치에 처하는 것이 상당하지 아니하다고 인정되는 때에는 법원은 불처벌결정을 하여야 하며, 이에 대하여는 불복할 수 있다. ○|×

> 감치재판절차를 개시한 후 감치결정 전에 그 증인이 증언을 하거나 그 밖에 감치에 처하는 것이 상당하지 아니하다고 인정되는 때에는 법원은 불처벌결정을 하여야 한다(규칙 제68조의4 제2항). 불처벌결정에 대하여는 불복할 수 없다(동조 제3항).

정답 ×

016 21국9(교정직)

필요한 때에는 증인과 다른 증인 또는 피고인과 대질하게 할 수 있다. ☐O/X☐

> 제161조 제3항

정답 O

017 21국9(교정직)

변호인이 신청한 증인은 검사, 변호인, 재판장의 순으로 신문하며, 합의부원은 당해 증인을 신문할 수 없다. ☐O/X☐

> 증인은 신청한 검사, 변호인 또는 피고인이 먼저 이를 신문하고 다음에 다른 검사, 변호인 또는 피고인이 신문한다. 재판장은 전항의 신문이 끝난 뒤에 신문할 수 있다(제161조의2 제1항, 제2항). 따라서 변호인이 신청한 증인은 변호인, 검사, 재판장의 순으로 신문한다. 또한 합의부원은 재판장에게 고하고 신문할 수 있다(제161조 제5항).

정답 ×

018 24국9(교정직)

피고인은 증인신문에 참여할 수 있으나 증인을 직접 신문할 수 없고 그를 대신하여 변호인이 신문하여야 한다. ☐O/X☐

> 증인은 신청한 검사, 변호인 또는 피고인이 먼저 이를 신문하고 다음에 다른 검사, 변호인 또는 피고인이 신문한다(제161조의2 제1항).

정답 ×

019 22승

피고인이 신청한 증인에 대하여 재판장이 먼저 신문하였다고 하여 이를 잘못이라 할 수 없다. ☐O/X☐

> 증인은 신청한 검사, 변호인 또는 피고인이 먼저 이를 신문하고 다음에 다른 검사, 변호인 또는 피고인이 신문한다. 재판장은 전항의 신문이 끝난 뒤에 신문할 수 있다(제161조의2 제1항, 제2항). 재판장은 필요하다고 인정하면 어느 때나 증인을 신문할 수 있고 신문의 순서를 변경할 수 있다(제161조의2 제3항).

정답 O

020 21법9 / 23승

법원이 직권으로 신문할 증인이나 범죄로 인한 피해자의 신청에 의하여 신문할 증인의 신문방식은 재판장이 정하는 바에 의하고, 합의부원은 재판장에게 고하고 신문할 수 있다. ○|×

> 법원이 직권으로 신문할 증인이나 범죄로 인한 피해자의 신청에 의하여 신문할 증인의 신문방식은 재판장이 정하는 바에 의한다(제161조의2 제4항). 합의부원은 재판장에게 고하고 신문할 수 있다(동조 제5항).

정답 ○

021 22승 / 23국9

공판기일에서 증인을 채택하여 다음 공판기일에 증인신문을 하기로 피고인에게 고지하였는데 그 다음 공판기일에 증인은 출석하였으나 피고인이 정당한 사유 없이 출석하지 아니한 경우, 이미 출석하여 있는 증인에 대하여 공판기일 외의 신문으로서 증인신문을 하고 다음 공판기일에 그 증인신문조서에 대한 서증 조사를 하는 것은 증거조사절차로서 적법하다. ○|×

> 법원이 공판기일에 증인을 채택하여 다음 공판기일에 증인신문을 하기로 피고인에게 고지하였는데 그 다음 공판기일에 증인은 출석하였으나 피고인이 정당한 사유 없이 출석하지 아니한 경우, 그 사건이 형사소송법 제277조 본문에 규정된 다액 100만 원 이하의 벌금 또는 과료에 해당하거나 공소기각 또는 면소의 재판을 할 것이 명백한 사건이 아니어서 같은 법 제276조의 규정에 의하여 공판기일을 연기할 수밖에 없더라도, 이미 출석하여 있는 증인에 대하여 공판기일 외의 신문으로서 증인신문을 하고 다음 공판기일에 그 증인신문조서에 대한 서증조사를 하는 것은 증거조사절차로서 적법하다(대판 2000.10.13. 2000도3265).

정답 ○

022 21법9

법원이 공판기일에 증인을 채택하여 다음 공판기일에 증인신문을 하기로 피고인에게 고지하였는데 그 다음 공판기일에 증인은 출석하였으나 피고인이 정당한 사유 없이 출석하지 아니한 경우, 그 사건이 형사소송법 제277조 본문에 규정된 다액 500만 원 이하의 벌금 또는 과료에 해당하거나 공소기각 또는 면소의 재판을 할 것이 명백한 사건이 아니어서 같은 법 제276조의 규정에 의하여 공판기일을 연기할 수밖에 없더라도, 이미 출석하여 있는 증인에 대하여 공판기일 외의 신문으로서 증인신문을 하고 다음 공판기일에 그 증인신문조서에 대한 서증조사를 하는 것은 증거조사절차로서 적법하다. ○|×

> 대판 2000.10.13. 2000도3265

정답 ○

023 21국9(교정직)

증언을 거부하는 자는 거부사유를 소명하여야 한다. ☐O ☐X

> 제150조

정답 O

024 21국9(교정직)

증인이 들을 수 없는 때에는 서면으로 묻고, 말할 수 없는 때에는 서면으로 답하게 할 수 있다. ☐O ☐X

> 규칙 제73조

정답 O

025 21국7

절도범과 그 장물범이 공동피고인인 경우, 검사가 절도범에 대해 수사단계에서 작성한 피의자 신문조서 중 '내가 절취한 수표를 장물범을 통하여 교환한 사실이 있다'는 진술기재 부분은 장물범이 이를 증거로 함에 동의한 바 없다면, 절도범을 법정에서 증인으로 신문하는 등의 방법에 의하여 실질적 진정성립이 인정되어야 장물범에 대하여 증거능력이 인정될 수 있다. ☐O ☐X

> 공동피고인인 절도범과 그 장물범은 서로 다른 공동피고인의 범죄사실에 관하여는 증인의 지위에 있다 할 것이므로, 피고인이 증거로 함에 동의한 바 없는 공동피고인에 대한 피의자신문조서는 공동피고인의 증언에 의하여 그 성립의 진정이 인정되지 아니하는 한 피고인의 공소 범죄사실을 인정하는 증거로 할 수 없다(대판 2006.1.12. 2005도7601).

정답 O

026 21국7

증언거부권을 고지받을 권리가 형사상 자기에게 불리한 진술을 강요당하지 아니함을 규정한 「대한민국 헌법」 제12조 제2항에 의하여 바로 국민의 기본권으로 보장받아야 한다고 볼 수는 없고, 증언거부권의 고지를 규정한 「형사소송법」 제160조 규정이 「국회에서의 증언·감정 등에 관한 법률」에도 유추 적용되는 것으로 인정할 근거는 없다. ☐O ☐X

> 증언거부권을 고지받을 권리가 형사상 자기에게 불리한 진술을 강요당하지 아니함을 규정한 헌법 제12조 제2항에 의하여 바로 국민의 기본권으로 보장받아야 한다고 볼 수는 없고, 증언거부권의 고지를 규정한 형사소송법 제160조 규정이 '국회에서의 증언·감정 등에 관한 법률'에도 유추 적용되는 것으로 인정할 근거가 없다(대판 2012.10.25. 2009도13197).

정답 O

027 22법9

법원은 증인이 불출석에 따른 과태료 재판을 받고도 정당한 사유 없이 다시출석하지 아니한 때에는 결정으로 증인을 7일 이내의 감치에 처하고, 감치의 재판을 받은 증인이 감치 의 집행 중에 증언을 한 때에는 즉시 감치결정을 취소하고 그 증인을 석방하도록 명하여야 한다. ◯|✕

> 제151조 제2항, 제7항

정답 ◯

028 21법9

19세 미만의 자나 선서의 취지를 이해하지 못하는 증인에 대하여는 선서하게 하지 아니하고 신문하여야 한다. ◯|✕

> 증인이 16세 미만의 자, 선서의 취지를 이해하지 못하는 자에 해당한 때에는 선서하게 하지 아니하고 신문하여야 한다(제159조).

정답 ✕

029 22법9 / 21경2 / 21승

법원은 범죄로 인한 피해자를 증인으로 신문하는 경우 증인의 연령, 심신의 상태, 그 밖의 사정을 고려하여 증인이 현저하게 불안 또는 긴장을 느낄 우려가 있다고 인정하는 때 에는 직권 또는 피해자·법정대리인·검사의 신청에 따라 피해자와 신뢰관계에 있는 자를 동석하게 할 수 있다. ◯|✕

> 제163조의2 제1항

정답 ◯

030 22법9

법원은 증인이 멀리 떨어진 곳 또는 교통이 불편한 곳에 살고 있거나 건강상태 등 그 밖의 사정으로 말미암아 법정에 직접 출석하기 어렵다고 인정하는 때에는 검사와 피고인 또는 변호인의 의견을 들어 비디오 등 중계장치에 의한 중계 시설을 통하여 신문할 수 있다. ◯|✕

> 제365조의2 제3항 〈신설 2021.8.17.〉

정답 ◯

031 23국9

증인신문에 있어서 변호인에 대한 차폐시설의 설치는 이미 인적 사항에 관하여 비밀조치가 취해진 증인이 변호인을 대면하여 진술함으로써 자신의 신분이 노출되는 것에 대하여 심한 심리적인 부담을 느끼는 등의 특별한 사정이 있는 경우에 예외적으로 허용될 수 있을 뿐이다. ☐O|X☐

> 대판 2015.5.28. 2014도18006

정답 O

032 22국9

검사가 제1심 증인신문 과정에서 주신문을 하면서 형사소송규칙상 허용되지 않는 유도신문을 하였다고 볼 여지가 있는 경우라도 그 다음 공판기일에서 피고인과 변호인이 제대로 이의제기하지 않았다면 주신문의 하자는 치유된다. ☐O|X☐

> 대판 2012.7.26. 2012도293

정답 O

033 21법9

누구든지 자기나 친족 또는 친족관계가 있었던 자가 형사소추 또는 공소제기를 당하거나 유죄판결을 받을 사실이 발로될 염려 있는 증언을 거부할 수 있으며 이 경우 증언을 거부하는 자는 거부사유를 소명하지 않아도 된다. ☐O|X☐

> 누구든지 자기나 친족·가족 또는 이러한 관계에 있던 자, 법정대리인·후견감독인의 어느 하나에 해당하는 관계있는 자가 형사소추 또는 공소제기를 당하거나 유죄판결을 받을 사실이 발로될 염려가 있는 증언을 거부할 수 있다(제148조). <u>증언을 거부하는 자는 거부사유를 소명하여야</u> 한다(제150조).

정답 ×

034 21법9

증인신문을 함에 있어서 증언거부권 있음을 설명하지 아니한 경우라면 증인이 선서하고 증언하였다고 하여도 그 증언의 효력에 관하여는 영향이 있어 무효라고 해석하여야 한다. ☐O|X☐

> 증인신문에 대하여 <u>증언거부권 있음을 설명하지 아니한 경우라</u> 할지라도 증인이 선서하고 증언한 이상 <u>그 증언의 효력에 관하여는 역시 영향이 없고 유효</u>하다고 해석함이 타당하다(대판 1957.3.8. 4290형상23).

정답 ×

035 23법9 / 71간 / 23국9

「형사소송법」 제148조(근친자의 형사책임과 증언거부)에서 말하는 '형사소추'는 증인이 이미 저지른 범죄사실에 대한 것뿐만 아니라 증인의 증언에 의하여 비로소 범죄가 성립하는 경우를 포함한다. ☐○☐×

> 형사소송법 제148조에서 '형사소추'는 증인이 이미 저지른 범죄사실에 대한 것을 의미한다고 할 것이므로, 증인의 증언에 의하여 비로소 범죄가 성립하는 경우에는 형사소송법 제160조, 제148조 소정의 증언거부권 고지대상이 된다고 할 수 없다(대판 2011.12.8. 2010도2816).

정답 ×

036 22승

형사소송법 제148조의 '형사소추'는 증인이 이미 저지른 범죄 사실에 대한 것 이외에 증인의 증언에 의하여 비로소 범죄가 성립하는 경우도 포함하므로, 후자의 경우에도 그 증언은 증언 거부권 고지의 대상이 된다. ☐○☐×

> 형사소송법 제148조에서 '형사소추'는 증인이 이미 저지른 범죄사실에 대한 것을 의미한다고 할 것이므로, 증인의 증언에 의하여 비로소 범죄가 성립하는 경우에는 형사소송법 제160조, 제148조 소정의 증언거부권 고지대상이 된다고 할 수 없다(대판 2011.12.8. 2010도2816).

정답 ×

037 71간

법원이 피고인에게 증인신문의 시일과 장소를 미리 통지함이 없이 증인들의 신문을 시행하였지만, 그 후 동 증인 등의 신문 결과를 동 증인 등에 대한 신문조서에 의하여 소송관계인에게 고지하였고, 이에 대하여 피고인이나 변호인이 이의를 하지 않았다면 위의 하자는 책문권의 포기로 치유된다. ☐○☐×

> 대판 1974.1.15. 73도2967

정답 ○

038 22승

증언거부권의 고지 제도는 증인에게 증언의무의 이행을 거절할 수 있는 권리의 존재를 확인시켜 침묵할 것인지 아니면 진술할 것인지에 관하여 심사숙고할 기회를 충분히 부여함으로써 침묵할 수 있는 권리를 보장하기 위한 것이다. ☐○☐×

> 대판 2010.1.21. 2008도942 전원합의체

정답 ○

039 21법9

재판장은 소송관계인의 진술 또는 신문이 중복된 사항이거나 그 소송에 관계없는 사항인 때에는 소송관계인의 본질적 권리를 해하지 아니하는 한도에서 이를 제한할 수 있다. ☐O☐X☐

> 재판장은 소송관계인의 진술 또는 신문이 중복된 사항이거나 그 소송에 관계없는 사항인 때에는 소송관계인의 본질적 권리를 해하지 아니하는 한도에서 이를 제한할 수 있다(제299조).

정답 O

040 21법9

검사 또는 변호인은 항소심의 증거조사가 종료한 후 항소이유의 당부를 판단함에 필요한 사항에 한하여 피고인을 신문할 수 있다. ☐O☐X☐

> 검사 또는 변호인은 증거조사 종료 후에 순차로 피고인에게 공소사실 및 정상에 관하여 필요한 사항을 신문할 수 있다(제370조, 제296조의2).

정답 O

041 23승

법원은 범죄로 인한 피해자 등의 신청이 있는 때에는 그 피해자 등을 증인으로 신문하여야 하는데, 동일한 범죄사실에서 진술을 신청한 피해자 등이 여러 명인 경우에는 진술할 자의 수를 제한할 수 있다. ☐O☐X☐

> 제294조의2 제1항, 제3항

정답 O

042 23승

법원은 직권 또는 피해자 등의 신청에 따라 피해자 등을 공판기일에 출석하게 하여 「형사소송법」 제294조의2 제2항에 정한 사항으로서 범죄사실의 인정에 해당하지 않는 사항에 관하여 증인신문에 의하지 아니하고 의견을 진술하게 할 수 있다. ☐O☐X☐

> 규칙 제134조의10 제1항

정답 O

043 23국7

법원이 피해자로 하여금 증인신문에 의하지 아니하고 의견을 진술하게 한 경우, 그러한 진술은 범죄사실의 인정을 위한 증거로 사용할 수 없다. ☐○☐×

> 법원은 필요하다고 인정하는 경우에는 직권으로 또는 법 제294조의2 제1항에 정한 피해자 등의 신청에 따라 피해자 등을 공판기일에 출석하게 하여 법 제294조의2 제2항에 정한 사항으로서 범죄사실의 인정에 해당하지 않는 사항에 관하여 증인신문에 의하지 아니하고 의견을 진술하게 할 수 있다(규칙 제134조의10 제1항). 규칙 제134조의10 제1항에 따른 진술과 제134조의11 제1항에 따른 서면은 범죄사실의 인정을 위한 증거로 할 수 없다(규칙 제134조의12).

정답 ○

044 24법9

감정촉탁제도는 선서가 불가능한 단체 또는 기관 등의 감정결과를 증거로 활용하기 위한 것이므로, 개인이 아닌 공무소·학교·병원 기타 상당한 설비가 있는 단체 또는 기관에 대하여 실시할 수 있다. ☐○☐×

> 선서가 불가능한 단체 등의 감정결과를 증거로 활용하기 위하여 법원은 필요하다고 인정되는 때에는 공무소, 학교, 병원 기타 상당한 설비가 있는 단체 또는 기관에 대하여 감정을 촉탁할 수 있다(제179조의2 제1항). 특히 신체감정이나 인영, 필적, 지문 등의 감정에 관하여 감정촉탁의 방법에 의할 수 있다(법원실무제요 참조).

정답 ○

045 24법9

당사자의 신청 또는 직권에 의하여 감정촉탁을 채택하는 경우에는 곧바로 촉탁절차로 나아가면 되고, 감정인의 소환이나 신문절차를 거칠 필요는 없으나, 공무소와 학교 기타 단체 및 기관에 감정촉탁을 한 경우에도 일반적인 감정에 준하여 감정료 등 감정에 관한 비용을 지급하여야 한다. ☐○☐×

> 당사자의 신청 또는 직권에 의하여 감정촉탁을 채택하는 경우에는 곧바로 촉탁절차로 나아가면 되고, 감정인의 소환이나 신문절차는 필요 없다(법원실무제요 참조). 따라서 감정촉탁의 경우 감정인 선서에 관한 규정은 적용되지 아니한다(제179조의2 제1항). 감정촉탁의 경우에도 일반의 감정에 준하여 감정료 등 감정에 관한 비용을 지급할 것이다(법원실무제요 참조).

정답 ○

046 24법9

형사소송법 제175조는 수명법관이 감정에 관하여 필요한 처분을 할 수 있도록 규정하고 있는데, 여기에서 말하는 처분에는 감정유치처분, 감정에 필요한 처분, 나아가 감정을 할 것인지의 여부에 대한 증거결정 등이 포함된다. ☐O☐X

> 법원은 합의부원(수명법관)으로 하여금 감정에 관하여 필요한 처분을 하게 할 수 있다(제175조). 여기서 말하는 감정에 관하여 필요한 처분에는 감정유치처분, 감정에 필요한 처분도 포함되나 '감정을 할 것인지의 여부에 대한 결정'은 (수소)법원이 결정한다(제172조 제3항).

정답 ×

047 24법9

감정인에 대한 감정인신문이나 감정인이 감정서를 작성하는 것은 형사소송법 제176조에서 규정한 감정에 해당하지 않는다. 따라서 감정서의 작성에는 당사자의 참여권이 인정되지 않으며, 다만 감정인신문에 대한 당사자의 참여권은 증인신문참여권 조항을 준용하여 보장된다. ☐O☐X

> 형사소송법 제176조의 감정이란 감정인신문(감정인신문에의 참여권은 증인신문에의 참여권 규정인 형사소송법 제163조가 준용됨으로써 따로 인정된다)이나 감정인의 감정서 작성 또는 제출 등을 제외하고 오직 감정자료 수집을 위한 사실행위, 곧 여기서의 감정처분만을 의미하는 것으로 해석된다, 증인신문에 관한 형사소송법 제163조가 준용되는 결과, 검사, 피고인, 변호인은 감정인신문에 참여할 권리가 있고, 법원은 위 당사자 등이 미리 참여하지 않겠다는 의사를 명시하지 아니한 한 반드시 감정인신문의 일시와 장소를 미리 그들에게 통지하여야 한다(법원실무제요 참조).

정답 ○

048 23국7

법원은 범죄로 인한 피해자를 증인으로 신문하는 경우 당해 피해자·법정대리인 또는 검사의 신청에 따라 피해자의 사생활의 비밀이나 신변보호를 위하여 필요하다고 인정하는 때에는 결정으로 심리를 공개하지 아니할 수 있다. ☐O☐X

> 제294조의3 제1항

정답 ○

049 21경2

소송계속 중인 사건의 피해자는 소송기록의 열람 또는 등사를 재판장에게 신청할 수 있다. ◯|✕

> 소송계속 중인 사건의 피해자(피해자가 사망하거나 그 심신에 중대한 장애가 있는 경우에는 그 배우자·직계친족 및 형제자매를 포함한다), 피해자 본인의 법정대리인 또는 이들로부터 위임을 받은 피해자 본인의 배우자·직계친족·형제자매·변호사는 소송기록의 열람 또는 등사를 재판장에게 신청할 수 있다(제294조의4 제1항).

정답 ◯

050 21경2

소송계속 중인 사건의 피해자의 소송기록 등사 신청에 대하여 지방법원 단독판사가 사용목적을 제한하여 등사를 허가하였다면, 피해자는 그 결정에 불복하여 지방법원 본원합의부에 항고할 수 있다. ◯|✕

> 재판장이 등사를 허가하는 경우에는 등사한 소송기록의 사용목적을 제한하거나 적당하다고 인정하는 조건을 붙일 수 있다(제294조의4 제4항). 제4항에 관한 재판에 대하여는 불복할 수 없다(동조 제6항).

정답 ✕

051 21경2

법원에서 비디오 등 중계장치에 의한 중계시설을 통하여 범죄피해자를 증인으로 신문할 때, 중계장치를 통하여 증인이 피고인을 대면하거나 피고인이 증인을 대면하는 것이 증인의 보호를 위하여 상당하지 않다고 인정되는 경우 재판장은 검사, 변호인의 의견을 들어 증인 또는 피고인이 상대방을 영상으로 인식할 수 있는 장치의 작동을 중지시킬 수 있다. ◯|✕

> 규칙 제84조의5 제1항

정답 ◯

제7절 | 공판절차의 특칙

001 23국7

간이공판절차에서 요구되는 자백은 피고인이 공판기일에 공판정에서 할 것을 요하며, 이때 자백은 모두진술단계에서 하여야 한다. ⃞O⃞X

> 자백은 공판정에서 하여야 한다. 따라서 수사절차나 증거보전절차, 공판준비절차에서의 자백을 이유로 간이공판절차를 개시할 수는 없다. 그러나 피고인이 자백을 모두진술단계에서 하여야 한다는 제한은 없다.

정답 ×

002 23국7

동일한 피고인에 대하여 2개 이상의 사건이 각각 별도로 공소가 제기되었을 경우, 법원은 반드시 병합심리하여 동시에 판결을 선고하여야 하는 것은 아니다. ⃞O⃞X

> 동일한 피고인에 대하여 각각 별도로 2개 이상의 사건이 공소제기되었을 경우 반드시 병합심리하여 동시에 판결을 선고하여야만 되는 것은 아니다(대판 1994.11.4. 94도2354).

정답 ○

003 24법9 / 23국7

검사가 다수인의 집합에 의하여 구성되는 집합범이나 2인 이상이 공동하여 죄를 범한 공범의 관계에 있는 피고인들에 대하여 여러 개의 사건으로 나누어 공소를 제기한 경우, 법원이 변론을 병합하지 않더라도 형사소송절차에서의 구두변론주의와 직접심리주의에 위반되는 것은 아니다. ⃞O⃞X

> 검사가 다수인의 집합에 의하여 구성되는 집합범이나 2인 이상이 공동하여 죄를 범한 공범의 관계에 있는 피고인들에 대하여 여러 개의 사건으로 나누어 공소를 제기한 경우에, 법원이 변론을 병합하지 아니하였다고 하여 형사소송절차에서의 구두변론주의와 직접심리주의에 위반한 것이라고 볼 수 없다(대판 1990.6.22. 90도764).

정답 ○

004 21국9

간이공판절차 개시결정이 취소된 때에는 공판절차를 갱신하여야 하지만 검사, 피고인 또는 변호인이 이의가 없는 때에는 그러하지 아니하다. ⃞O⃞X

> 제301조의2

정답 ○

005 24승 / 23국7

제1심법원이 적법하게 간이공판절차에 따라 심판한 때에는 피고인이 항소심에 이르러 범행을 부인하더라도 제1심법원에서 증거조사를 하여 증거로 할 수 있었던 증거는 항소심에서 다시 증거조사를 할 필요는 없다. ☐O☐X☐

> 대판 1998.2.27. 97도3421

정답 O

006 71간

간이공판절차로 진행된 사건의 항소심에 이르러 피고인이 범행을 부인하는 경우, 항소심은 제1심에서 증거동의가 의제된 사실들에 대한 증거조사를 다시 하여야 한다. ☐O☐X☐

> 피고인이 제1심법원에서 공소사실에 대하여 자백하여 <u>제1심법원이 이에 대하여 간이공판절차에 의하여 심판할 것을 결정하고, 이에 따라 제1심법원이 제1심판결 명시의 증거들을 증거로 함에 피고인 또는 변호인의 이의가 없어 형사소송법 제318조의3의 규정에 따라 증거능력이 있다고 보고, 상당하다고 인정하는 방법으로 증거조사를 한 이상,</u> 가사 항소심에 이르러 범행을 부인하였다고 하더라도 제1심법원에서 증거로 할 수 있었던 증거는 항소법원에서도 증거로 할 수 있는 것이므로 <u>제1심법원에서 이미 증거능력이 있었던 증거는 항소심에서도 증거능력이 그대로 유지되어 심판의 기초가 될 수 있고 다시 증거조사를 할 필요가 없다</u>(대판 1998.2.27. 97도3421).

정답 ×

007 22승

간이공판절차에 따라 제1심법원이 제1심판결 명시의 증거들을 증거로 함에 피고인 또는 변호인의 이의가 없어 형사소송법 제318조의3의 규정에 따라 증거능력이 있다고 보고 상당하다고 인정하는 방법으로 증거조사를 하였더라도, 피고인이 항소심에 이르러 범행을 부인하였다면 제1심법원에서 증거로 할 수 있었던 증거는 항소법원에서 증거로 할 수 없다. ☐O☐X☐

> 피고인이 제1심법원에서 공소사실에 대하여 자백하여 <u>제1심법원이 이에 대하여 간이공판절차에 의하여 심판할 것을 결정하고, 이에 따라 제1심법원이 제1심판결 명시의 증거들을 증거로 함에 피고인 또는 변호인의 이의가 없어 형사소송법 제318조의3의 규정에 따라 증거능력이 있다고 보고, 상당하다고 인정하는 방법으로 증거조사를 한 이상,</u> 가사 항소심에 이르러 범행을 부인하였다고 하더라도 제1심법원에서 증거로 할 수 있었던 증거는 항소법원에서도 증거로 할 수 있는 것이므로 <u>제1심법원에서 이미 증거능력이 있었던 증거는 항소심에서도 증거능력이 그대로 유지되어 심판의 기초가 될 수 있고 다시 증거조사를 할 필요가 없다</u>(대판 1998.2.27. 97도3421).

정답 ×

008 22승 / 23국7

피고인이 공소사실에 대하여 검사가 신문을 할 때에는 공소사실을 모두 사실과 다름 없다고 진술하였으나 변호인이 신문을 할 때에는 범의나 공소사실을 부인하였다면 그 공소사실은 간이공판절차에 의하여 심판할 대상이 아니다. ○|×

> 대판 1998.2.27. 97도3421

정답 ○

009 21국9

피고인이 공판정에서 공소사실에 대하여 자백한 때에는 법원은 그 공소사실에 한하여 간이공판절차에 의하여 심판할 것을 결정할 수 있다. ○|×

> 피고인이 공판정에서 공소사실에 대하여 자백한 때에는 법원은 그 공소사실에 한하여 간이공판절차에 의하여 심판할 것을 결정할 수 있다(제286조의2).

정답 ○

010 24국9

국민참여재판에서 피고인이 공판정에서 공소사실에 대하여 자백한 경우에도 간이공판절차를 적용할 수는 없다. ○|×

> 국민참여재판에는 형사소송법 제286조의2를 적용하지 아니한다(국민의 형사재판 참여에 관한 법률 제43조).

정답 ○

011 24국9

피고인이 공판기일에 출석하지 아니한 때에는 특별한 규정이 없으면 개정하지 못하나, 피고인이 법인인 경우에는 대리인을 출석하게 할 수 있다.

> 피고인이 공판기일에 출석하지 아니한 때에는 특별한 규정이 없으면 개정하지 못한다. 단, 피고인이 법인인 경우에는 대리인을 출석하게 할 수 있다(제276조).

정답 ○

012 22승 / 21국7

간이공판절차의 증거조사에서 증거방법을 표시하고 증거조사 내용을 '증거조사함'이라고 표시하는 방법으로 하였다면, 이는 법원이 채택한 상당한 증거조사방법이라고 인정할 수 있다. ○|×

> 피고인이 공판정에서 공소사실을 자백한 때에 법원이 취하는 심판의 간이공판절차에서의 증거조사는 증거방법을 표시하고 증거조사내용을 "증거조사함"이라고 표시하는 방법으로 하였다면 간이절차에서의 증거조사에서 법원이 인정채택한 상당한 증거방법이라고 인정할 수 있다(대판 1980.4.22. 80도333).

정답 ○

013 71간 / 22승

간이공판절차의 결정의 요건인 공소사실의 자백이라 함은 공소장 기재사실을 인정하고 나아가 위법성이나 책임조각사유가 되는 사실을 진술하지 아니하는 것으로 충분하고 명시적으로 유죄를 자인하는 진술이 있어야 하는 것은 아니다. ○|×

> 형사소송법 제286조의2(간이공판절차의 결정) 소정의 자백은 공소장 기재사실을 인정하고 나아가 위법성이나 책임의 조각사유가 되는 사실을 진술하지 아니하는 것으로 충분하고 명시적으로 유죄임을 자인하는 진술이 있어야 하는 것은 아니다(대판 1987.8.18. 87도1269).

정답 ○

014 21국7

간이공판절차 개시는 피고인의 공소사실에 대한 자백을 전제로 하므로 검사는 간이공판절차가 개시된 이후에는 공소장을 변경할 수 없다. ○|×

> 간이공판절차(제286조의2)에서는 증거능력과 증거조사에 대한 특칙이 인정되는 이외에는 공판절차의 일반규정이 그대로 적용되므로 공소장변경이 가능하다.

정답 ×

015 21국7

간이공판절차에서도 피고인의 자백이 그 피고인에게 불이익한 유일의 증거인 경우 이를 유죄의 증거로 하지 못한다. ○|×

> 간이공판절차에서 증거능력의 제한이 완화되는 것은 전문법칙에 한한다. 전문법칙 이외의 증거법칙은 간이공판절차에서도 배제되지 않는다. 따라서 자백배제의 법칙, 위법수집증거배제의 법칙 등은 그대로 적용된다. 또한 증명력의 제한도 완화되는 것이 아니므로 자백의 보강법칙이 적용된다.

정답 ○

016 24승

간이공판절차는 피고인이 공판정에서 자백하는 경우에 증거조사를 간편하게 하고 증거능력의 제한을 완화하여 심리를 신속하게 진행하는데 그 의의가 있으며, 이에 따라 위법수집증거배제법칙을 제외한 전문법칙이나 자백배제법칙에 의한 증거능력의 제한은 완화되어 적용된다. ○|×

> 간이공판절차에서 증거능력의 제한이 완화되는 것은 전문법칙에 한한다(제318조의3). 전문법칙 이외의 증거법칙은 간이공판절차에서도 배제되지 않는다. 따라서 자백배제의 법칙, 위법수집증거배제의 법칙 등은 그대로 적용된다.

정답 ×

017 22·21국7

음주상태로 운전하다가 교통사고를 내고, 사고 후 도주한 피고인이 법정에서 "공소사실은 모두 사실과 다름없다."라고 하면서 술에 만취되어 기억이 없다는 취지로 진술한 경우, 간이공판절차에 의하여 심판할 대상에 해당하지 아니한다. ○|×

> 피고인이 법정에서 "공소사실은 모두 사실과 다름없다."고 하면서 술에 만취되어 기억이 없다는 취지로 진술한 경우에, 피고인이 음주상태로 운전하다가 교통사고를 내었고, 또한, 사고 후에 도주까지 하였다고 하더라도 피고인이 술에 만취되어 사고 사실을 몰랐다고 범의를 부인함과 동시에 그 범행 당시 심신상실 또는 심신미약의 상태에 있었다는 주장으로서, 피고인은 적어도 공소사실을 부인하거나 심신상실의 책임조각사유를 주장하고 있는 것으로 볼 여지가 충분하므로 간이공판절차에 의하여 심판할 대상에 해당하지 아니한다(대판 2004.7.9. 2004도2116).

정답 ○

018 23승

피고인이 공판정에서 공소사실을 자백하여 법원이 간이공판절차로 심판할 것을 결정한 사건에서는 전문법칙이 그대로 적용된다. ○|×

> 간이공판절차의 결정(제286조의2)이 있는 사건의 증거에 관하여는 전문증거에 대하여도 동의가 있는 것으로 간주한다. 다만 검사·피고인 또는 변호인이 증거로 함에 이의가 있는 때에는 그러하지 아니하다(제318조의3). 즉, 간이공판절차에서는 검사·피고인 또는 변호인의 이의가 없는 한 전문법칙의 적용이 없다.

정답 ×

019 21법9 / 71간

간이공판절차에서는 전문법칙이 적용되지 않으므로 검사 피고인 또는 변호인의 적극적인 이의가 있지 않는 한 전문증거는 「형사소송법」 제318조 제1항의 동의가 있는 것으로 간주된다. ○|×

> 간이공판절차의 증거에 관하여는 전문법칙에 의하여 증거능력이 부정되는 증거(제310조의2, 제312조 내지 제314조, 제316조의 규정에 의한 증거)에 대하여 제318조 제1항의 동의가 있는 것으로 간주한다. 단 검사·피고인 또는 변호인이 증거로 함에 이의가 있는 때에는 그러하지 아니하다(제318조의3).

정답 ○

020 24승

간이공판절차 개시결정이 있는 경우 전문법칙이 적용되는 증거에 대하여 동의가 있는 것으로 간주되지만, 피고인 또는 변호인은 이를 증거로 함에 이의를 제기할 수 있다. ○|×

> 제318조의3

정답 ○

021 74간

법원이 절도 공소사실에 대하여 간이공판절차에 의하여 심판할 것을 결정하였다면, 사법경찰관 작성의 참고인 진술조서는 피고인이 증거로 함에 동의한 것으로 간주되므로 피고인이 이를 증거로 함에 이의를 제기하더라도 피고인에 대한 유죄의 증거로 할 수 있다. ○|×

> 간이공판절차의 결정(제286조의2)이 있는 사건의 증거에 관하여는 전문증거에 대하여도 동의가 있는 것으로 간주한다. 다만 검사·피고인 또는 변호인이 증거로 함에 이의가 있는 때에는 그러하지 아니하다(제318조의3).

정답 ×

022 21국9

간이공판절차 개시결정이 있는 경우 전문법칙이 적용되는 증거에 대하여 동의가 있는 것으로 간주되므로 피고인 또는 변호인은 이를 증거로 함에 이의를 제기할 수 없다. ○|×

> 제286조의2의 결정이 있는 사건의 증거에 관하여는 제310조의2, 제312조 내지 제314조 및 제316조의 규정에 의한 증거에 대하여 제318조 제1항의 동의가 있는 것으로 간주한다. 단, 검사, 피고인 또는 변호인이 증거로 함에 이의가 있는 때에는 그러하지 아니하다(제318조의3).

정답 ×

023 21법9

피고인이 공판정에서 공소사실에 대하여 자백한 경우 법원은 간이공판절차에 의하여 심판할 것을 결정할 수 있다. 피고인이 여러 개의 공소사실 중 일부는 자백하고 나머지를 부인하는 경우에는 그 자백부분에 한하여 간이공판절차로 심리할 수 있다. ☐O☐X

> 피고인이 공판정에서 공소사실에 대하여 자백한 때에는 법원은 그 공소사실에 한하여 간이공판절차에 의하여 심판할 것을 결정할 수 있다(제286조의2). 수개의 공소사실 가운데 일부에 대하여만 자백한 경우에도 자백한 공소사실에 대하여 간이공판절차가 가능하고, 이 경우 반드시 공판절차를 분리해야 하는 것은 아니다.

정답 O

024 21법9

간이공판절차는 공판절차를 간이화함으로써 소송경제와 재판의 신속을 기하고자 하는 제도로서, 중죄에 해당하는 합의부 심판사건에는 적용되지 않는다. ☐O☐X

> 제1심 관할사건인 때에는 단독사건은 물론 합의부 관할사건에 대하여도 간이공판절차를 할 수 있다. 또한 특정강력범죄의 피고인이 공판정에서 공소사실을 자백한 경우에는 법원은 간이공판절차에 따라 심판할 것을 결정할 수 있다. 특정강력범죄와 다른 죄가 병합된 경우에도 같다(특정강력범죄처벌에 관한특례법 제12조). 즉, 중죄여부와 관계없이 피고인의 공판정 자백이 있는 경우에는 간이공판절차로 진행할 수 있다.

정답 ×

025 71간

간이공판절차는 제1심 관할사건인 단독사건에 대하여만 인정되므로 사형 무기 또는 단기 1년 이상의 징역이나 금고에 해당하는 사건을 관할하는 합의부 심판사건에는 적용되지 않는다. ☐O☐X

> 간이공판절차는 지방법원 또는 지방법원지원의 제1심 관할사건에 대하여만 인정된다. 따라서 항소심이나 상고심의 공판절차에서도 간이공판절차는 인정되지 않는다. 또한 제1심 관할사건인 때에는 단독사건은 물론 합의부 관할사건에 대하여도 간이공판절차를 할 수 있다.

정답 ×

026 21법9 / 24승 / 21국9

법원은 피고인의 자백이 신빙할 수 없다고 인정되거나 간이공판절차로 심판하는 것이 현저히 부당하다고 인정할 때에는 검사의 의견을 들어 그 결정을 취소하여야 한다. ☐O☐X

> 법원은 간이공판절차로 진행하기로 하는 결정을 한 사건에 대하여 피고인의 자백이 신빙할 수 없다고 인정되거나 간이공판절차로 심판하는 것이 현저히 부당하다고 인정할 때에는 검사의 의견을 들어 그 결정을 취소하여야 한다(제286조의3).

정답 O

027 71간

간이공판절차에서도 자백의 보강법칙은 적용된다. ☐O☐X☐

> 간이공판절차에서는 증명력의 제한이 완화되는 것이 아니므로 자백의 보강법칙이 적용된다.

정답 ○

028 23승

「국민의 형사재판 참여에 관한 법률」 제5조 제1항에 따른 국민참여재판의 대상사건이라도 피고인이 원하지 않거나 법원의 배제결정이 있는 경우에는 국민참여재판을 하지 아니한다. ☐O☐X☐

> 피고인이 국민참여재판을 원하지 아니하거나 제9조 제1항에 따른 배제결정이 있는 경우는 국민참여재판을 하지 아니한다(국민참여재판법 제5조 제2항).

정답 ○

029 71간

국민참여재판에서도 공소사실의 일부 철회 또는 공소장변경이 가능하며, 그로 인하여 국민참여재판의 대상사건에 해당하지 아니하게 된 경우에는 국민참여재판을 계속 진행할 수 없다. ☐O☐X☐

> 법원은 공소사실의 일부 철회 또는 변경으로 인하여 대상사건에 해당하지 아니하게 된 경우에도 이 법에 따른 재판을 계속 진행한다(제6조 제1항 본문). 다만, 법원은 심리의 상황이나 그 밖의 사정을 고려하여 국민참여재판으로 진행하는 것이 적당하지 아니하다고 인정하는 때에는 결정으로 당해 사건을 지방법원 본원 합의부가 국민참여재판에 의하지 아니하고 심판하게 할 수 있다(제6조 제1항 단서).

정답 ×

030 22국9(교정직)

국민참여재판의 배심원은 만 19세 이상의 대한민국 국민 중에서 선정된다. ☐O☐X☐

> 배심원은 만 20세 이상의 대한민국 국민 중에서 이 법으로 정하는 바에 따라 선정된다(국민의 형사재판 참여에 관한 법률 제16조).

정답 ×

031 23승

경찰공무원은 자신과 관련 없는 사건에 대하여는 국민참여재판의 배심원으로 선정될 수 있다. ☐O☐X☐

> 국민참여재판법상 경찰공무원은 배심원으로 선정될 수 없다(국민참여재판법 제18조 제7호).

정답 ×

032 21경1

징역 10년의 실형을 선고받고 그 집행이 종료된 후 5년이 경과한 자는 배심원으로 선정될 수 있다. ☐O☐X

> '금고 이상의 실형을 선고받고 그 집행이 종료(종료된 것으로 보는 경우를 포함한다)되거나 집행이 면제된 후 5년을 경과하지 아니한 사람'을 국민참여재판법 제17조 제3호에서 배심원 결격사유로 하고 있는바 '징역 10년의 실형을 선고받고 그 집행이 종료된 후 5년이 경과한 자'는 배심원으로 선정될 수 있다.

정답 O

033 24국9(교정직)

국민참여재판에서는 공판준비기일이 필수적 절차이지만, 일반형사재판에서는 공판준비기일이 필수적 절차가 아니다. ☐O☐X

> 일반 공판절차에서는 공판준비절차가 임의절차에 불과하나 국민참여재판에서는 필수적 절차이다(국민의 형사재판 참여에 관한 법률 제36조 참조).

정답 O

034 21국7

국민참여재판의 경우 배심원이 공판준비기일에 참여한다. ☐O☐X

> 공판준비기일에는 배심원이 참여하지 아니한다(국민참여재판법 제37조 제4항).

정답 ×

035 22국9(교정직)

배심원의 평결과 의견은 법원을 기속하지 아니한다. ☐O☐X

> 국민의 형사재판 참여에 관한 법률 제46조 제5항

정답 O

036 24·23·21승

국민참여재판의 배심원들은 배심원들 사이에 유·무죄에 관하여 전원의 의견이 일치하지 아니하는 때에는 평결을 하기 전에 심리에 관여한 판사의 의견을 들은 다음 다수결 방법으로 유·무죄의 평결을 한다. ☐O☐X

> 배심원은 유·무죄에 관하여 전원의 의견이 일치하지 아니하는 때에는 평결을 하기 전에 심리에 관여한 판사의 의견을 들어야 한다. 이 경우 유·무죄의 평결은 다수결의 방법으로 한다(국민의 형사재판 참여에 관한 법률 제46조).

정답 O

037 21국9

국민참여재판에서 배심원은 사실의 인정, 법령의 적용 및 형의 양정에 관한 의견을 제시할 권한은 있으나, 법원의 증거능력에 관한 심리에 관여할 수는 없다. ○|×

> 배심원은 국민참여재판을 하는 사건에 관하여 사실의 인정, 법령의 적용 및 형의 양정에 관한 의견을 제시할 권한이 있다(동법 제12조). 그러나 배심원 또는 예비배심원은 법원의 증거능력에 관한 심리에 관여할 수 없다(동법 제44조).

정답 ○

038 23승

국민참여재판의 배심원은 사건에 관하여 사실의 인정, 법령의 적용 및 형의 양정에 관한 의견을 제시할 권한이 있지만, 배심원의 평결과 의견은 법원을 기속하지 아니한다. ○|×

> 국민참여재판법 제12조 제1항, 제46조 제5항

정답 ○

039 23법9

배심원의 평결과 양형에 관한 의견은 법원을 기속하지 않으므로, 재판장은 판결선고 시 피고인에게 배심원의 평결결과를 고지하거나 평결결과와 다른 판결을 선고하는 이유를 설명할 필요가 없다. ○|×

> 재판장은 판결선고 시 피고인에게 배심원의 평결결과를 고지하여야 하며, 배심원의 평결결과와 다른 판결을 선고하는 때에는 피고인에게 그 이유를 설명하여야 한다(국참법 제48조 제4항).

정답 ×

040 21국9

피고인의 국민참여재판 불희망 의사를 확인하였다고 하더라도, 국민참여재판 안내서 등을 피고인에게 교부하거나 사전에 송달하는 등의 국민참여재판절차에 관한 충분한 안내를 하지 않았거나 그 희망 여부에 관한 상당한 숙고시간을 부여하지 않았다면, 그 의사의 확인절차를 적법하게 거쳤다고 볼 수는 없다. ○|×

> 국민참여재판제도의 취지와 피고인의 국민참여재판을 받을 권리를 실질적으로 보장하고자 하는 관련 규정의 내용에 비추어 위 권리를 침해한 제1심 공판절차의 하자가 치유된다고 보기 위해서는 같은 법 제8조 제1항, 국민의 형사재판 참여에 관한 규칙 제3조 제1항에 준하여 피고인에게 국민참여재판절차 등에 관한 충분한 안내와 그 희망 여부에 관하여 숙고할 수 있는 상당한 시간이 사전에 부여되어야 한다(대판 2012.4.26. 2012도1225).

정답 ○

041 24국9 / 22국7

국민참여재판 대상이 되는 사건임에도 법원에서 피고인이 국민참여재판을 원하는지에 관한 의사 확인절차를 거치지 아니한 채 통상의 공판절차로 재판을 진행하였다면, 그 절차는 위법하고 이러한 위법한 공판절차에서 이루어진 소송행위도 무효이다. ☐O☐X

> 법원에서 피고인이 국민참여재판을 원하는지에 관한 의사 확인절차를 거치지 아니한 채 통상의 공판절차로 재판을 진행하였다면, 이는 피고인의 국민참여재판을 받을 권리에 대한 중대한 침해로서 그 절차는 위법하고 이러한 위법한 공판절차에서 이루어진 소송행위도 무효라고 보아야 한다(대판 2012.4.26. 2012도1225).

정답 O

042 24·22국9 / 20국7

제1심법원이 「국민의 형사재판 참여에 관한 법률」상 국민참여재판 대상인 사건의 피고인에게 국민참여재판을 원하는지 확인하지 아니한 채 통상의 공판절차에 따라 재판을 진행하여 유죄를 인정하였더라도, 항소심에서 피고인에게 국민참여재판에 관하여 충분히 안내하고 그 희망 여부에 관하여 숙고할 수 있는 상당한 시간을 부여하였으며, 피고인도 그에 따라 숙고한 후 제1심의 절차적 위법을 문제 삼지 않겠다는 의사를 명백히 밝혔다면 제1심의 공판절차상 하자는 치유된다. ☐O☐X

> 대판 2012.4.26. 2012도1225

정답 O

043 22국7

국민참여재판 대상이 되는 사건임에도 법원에서 피고인이 국민참여재판을 원하는지에 관한 의사 확인절차를 거치지 아니한 채 통상의 공판절차로 재판을 진행하였다면, 그 절차는 위법하고 이러한 위법한 공판절차에서 이루어진 소송행위도 무효이다. ☐O☐X

> 법원에서 피고인이 국민참여재판을 원하는지에 관한 의사 확인절차를 거치지 아니한 채 통상의 공판절차로 재판을 진행하였다면, 이는 피고인의 국민참여재판을 받을 권리에 대한 중대한 침해로서 그 절차는 위법하고 이러한 위법한 공판절차에서 이루어진 소송행위도 무효라고 보아야 한다(대판 2012.4.26. 2012도1225).

정답 O

044 21국9

법원이 국민참여재판 대상사건을 피고인의 의사에 따라 국민참여재판으로 진행함에 있어서는 별도의 국민참여재판 개시결정을 하여야 한다. ㅇ|×

> 국민의 형사재판 참여에 관한 법률에 의하면 제1심 법원이 국민참여재판 대상사건을 피고인의 의사에 따라 국민참여재판으로 진행함에 있어 별도의 국민참여재판 개시결정을 할 필요는 없고, 그에 관한 이의가 있어 제1심 법원이 국민참여재판으로 진행하기로 하는 결정에 이른 경우 이는 판결 전의 소송절차에 관한 결정에 해당하며, 그에 대하여 특별히 즉시항고를 허용하는 규정이 없으므로 위 결정에 대하여는 항고할 수 없다(대결 2009.10.23. 2009모1032).

정답 ×

045 23법9 / 22국7

공소장 부본을 송달받은 날부터 7일 이내에 '국민참여재판을 원하는지 여부에 관한 의사가 기재된 서면'을 제출하지 아니한 피고인도 제1회 공판기일이 열리기 전까지는 국민참여재판 신청을 할 수 있고, 법원은 그 의사를 확인하여 국민참여재판으로 진행할 수 있다. ㅇ|×

> 국민의 형사재판 참여에 관한 법률 제8조 규정의 취지를 위 기한이 지나면 피고인이 국민참여재판 신청을 할 수 없도록 하려는 것으로는 보기 어려운 점 등에 비추어 볼 때 공소장 부본을 송달받은 날부터 7일 이내에 의사확인서를 제출하지 아니한 피고인도 제1회 공판기일이 열리기 전까지는 국민참여재판 신청을 할 수 있고 법원은 그 의사를 확인하여 국민참여재판으로 진행할 수 있다(대결 2009.10.23. 2009모1032).

정답 ○

046 24승

피고인이 공소장 부본을 송달받은 날부터 7일이 경과한 후에는 국민참여재판 신청을 할 수 없다. ㅇ|×

> 대결 2009.10.23. 2009모1032

정답 ×

047 22·21승 / 21국9 / 22국9(교정직)

국민참여재판에 관하여 변호인이 없는 때에는 법원은 직권으로 변호인을 선정하여야 한다. ㅇ|×

> 국민의 형사재판 참여에 관한 법률 제7조

정답 ○

048 23법9

피고인은 국민참여재판을 받을 것인지에 대한 의사를 번복할 수 있으나, 공판준비기일이 종결되거나 제1회 공판기일이 열린 이후에는 종전의 의사를 바꿀 수 없다. ⃞O/X⃞

> 피고인은 제9조 제1항의 배제결정 또는 제10조 제1항의 회부결정이 있거나 공판준비기일이 종결되거나 제1회 공판기일이 열린 이후에는 종전의 의사를 바꿀 수 없다(국참법 제8조 제4항).

정답 ○

049 71간

법원은 공소제기 후부터 공판준비기일이 종결된 다음날까지 공범 관계에 있는 피고인들 중 일부가 국민참여재판을 원하지 아니하여 국민참여재판의 진행에 어려움이 있다고 인정된다면, 국민참여재판을 배제하는 결정을 할 수 있다. ⃞O/X⃞

> 법원은 공소제기 후부터 공판준비기일이 종결된 다음날까지 다음 각 호의 어느 하나에 해당하는 경우 국민참여재판을 하지 아니하기로 하는 결정을 할 수 있다(국민의 형사재판 참여에 관한 법률 제9조).
> 1. 배심원·예비배심원·배심원후보자 또는 그 친족의 생명·신체·재산에 대한 침해 또는 침해의 우려가 있어서 출석의 어려움이 있거나 이 법에 따른 직무를 공정하게 수행하지 못할 염려가 있다고 인정되는 경우
> 2. 공범 관계에 있는 피고인들 중 일부가 국민참여재판을 원하지 아니하여 국민참여재판의 진행에 어려움이 있다고 인정되는 경우
> 3. 「성폭력범죄의 처벌 등에 관한 특례법」 제2조의 범죄로 인한 피해자(이하 "성폭력범죄 피해자"라 한다) 또는 법정대리인이 국민참여재판을 원하지 아니하는 경우
> 4. 그 밖에 국민참여재판으로 진행하는 것이 적절하지 아니하다고 인정되는 경우

정답 ○

050 24국9

「성폭력범죄의 처벌 등에 관한 특례법」 제2조의 성폭력범죄 사건에서 피해자 또는 법정대리인이 국민참여재판을 원하지 아니하는 경우, 법원은 국민참여재판으로 진행할 수 없다. ⃞O/X⃞

> 성폭력범죄의 처벌 등에 관한 특례법」 제2조의 성폭력범죄 사건에서 피해자 또는 법정대리인이 국민참여재판을 원하지 아니하는 경우, 법원은 국민참여재판을 하지 아니하기로 하는 결정을 할 수 있다(국민의 형사재판 참여에 관한 법률 제9조 제1항 제3호).
>
> [관련판례] 피고인이 국민참여재판을 원하는 사건에서 국민의 형사재판 참여에 관한 법률 제9조 제1항 제3호를 근거로 국민참여재판 배제결정을 하기 위해서는 성폭력범죄 피해자나 법정대리인이 국민참여재판을 원하지 아니하는 구체적인 이유가 무엇인지, 피고인과 피해자의 관계, 피해자의 나이나 정신상태, 국민참여재판을 할 경우 형사소송법과 성폭력범죄의 처벌 등에 관한 특례법 및 아동·청소년의 성보호에 관한 법률 등에서 피해자 보호를 위해 마련한 제도를 활용하더라도 피해자에 대한 추가적인 피해를 방지하기에 부족한지 등 여러 사정을 고려하여 신중하게 판단하여야 한다. 따라서 이러한 사정을 고려함이 없이 성폭력범죄 피해자나 법정대리인이 국민참여재판을 원하지 아니한다는 이유만으로 국민참여재판 배제결정을 하는 것은 바람직하다고 할 수 없다(대결 2016.3.16. 2015모2898).

정답 ×

051 22국9(교정직)

피고인이 법원에 국민참여재판을 신청하였음에도 불구하고 법원이 이에 대한 배제결정도 하지 않은 채 통상의 공판절차로 재판을 진행하는 것은 피고인의 국민참여재판을 받을 권리 및 법원의 배제결정에 대한 항고권 등의 중대한 절차적 권리를 침해한 것으로 위법하다. ⃞O⃞X⃞

> 국민참여재판을 시행하는 이유나 '국민의 형사재판 참여에 관한 법률'의 여러 규정에 비추어 볼 때, 위 법에서 정하는 대상 사건에 해당하는 한 피고인은 원칙적으로 국민참여재판으로 재판을 받을 권리를 가지는 것이므로, 피고인이 법원에 국민참여재판을 신청하였는데도 법원이 이에 대한 배제결정도 하지 않은 채 통상의 공판절차로 재판을 진행하는 것은 피고인의 국민참여재판을 받을 권리 및 법원의 배제결정에 대한 항고권 등 중대한 절차적 권리를 침해한 것으로서 위법하고, 국민참여재판제도의 도입 취지나 위 법에서 배제결정에 대한 즉시항고권을 보장한 취지 등에 비추어 이와 같이 위법한 공판절차에서 이루어진 소송행위는 무효라고 보아야 한다(대판 2011.9.8. 2011도7106).

정답 ○

052 23법9 / 24승

국민참여재판 대상 사건의 피고인이 국민참여재판을 신청하였는데도 법원이 이에 대한 배제결정을 하지 않은 채 통상의 공판절차로 재판을 진행하는 것은 위법하고, 이와 같이 위법한 공판절차에서 이루어진 소송행위는 무효라고 보아야 한다. ⃞O⃞X⃞

> 대판 2011.9.8. 2011도7106

정답 ○

053 24승

헌법과 법률이 정한 법관에 의한 재판을 받을 권리는 직업법관에 의한 재판을 주된 내용으로 하는 것이므로, 국민참여재판을 받을 권리가 헌법 제27조 제1항에서 규정한 재판을 받을 권리의 보호범위에 속한다고 볼 수 없다. ⃞O⃞X⃞

> 헌법상 헌법과 법률이 정한 법관에 의한 재판을 받을 권리는 직업법관에 의한 재판을 주된 내용으로 하는 것이므로 국민참여재판을 받을 권리가 헌법 제27조 제1항에서 규정한 재판을 받을 권리의 보호범위에 속한다고 볼 수 없다(대결 2019.1.18. 2018모3457).

정답 ○

054 21승

법원은 국민참여재판에 대한 배제결정을 하기 전에 검사·피고인 또는 변호인의 의견을 들어야 한다. ⃞O⃞X⃞

> 법원은 제1항의 결정(배제결정)을 하기 전에 검사·피고인 또는 변호인의 의견을 들어야 한다(국민의 형사재판 참여에 관한 법률 제9조 제2항).

정답 ○

055 21승

국민참여재판에 대해 검사, 피고인, 변호인의 신청이 있으면 법원은 통상절차로 회부하여야 하며, 그 회부에 대해서는 불복할 수 있다. ⃞O⃞X

> 법원은 피고인의 질병 등으로 <u>공판절차가 장기간 정지되거나 피고인에 대한 구속기간의 만료, 성폭력범죄 피해자의 보호</u>, 그 밖에 심리의 제반 사정에 비추어 국민참여재판을 계속 진행하는 것이 부적절하다고 인정하는 경우에는 <u>직권</u> 또는 검사·피고인·변호인이나 성폭력범죄 피해자 또는 법정대리인의 신청에 따라 결정으로 사건을 <u>지방법원 본원 합의부</u>가 국민참여재판에 의하지 아니하고 심판하게 할 수 있다(동법 제11조 제1항). 제1항의 결정에 대하여는 <u>불복할 수 없다</u>(동조 제3항).

정답 ×

056 71간

제1심법원이 국민참여재판 대상사건의 피고인에게 국민참여재판을 원하는지 확인하지 아니한 채 통상의 공판절차에 따라 재판을 진행하였더라도, 항소심 제1회 공판기일에 이에 대하여 이의가 없다는 피고인과 변호인의 진술만으로도 제1심의 공판 절차상 하자가 치유되므로, 같은 날 변론을 종결한 후 다음 공판기일에 피고인의 항소를 기각하는 판결을 선고하더라도 이는 적법하다. ⃞O⃞X

> [1] 제1심법원이 국민참여재판 대상이 되는 사건임을 간과하여 이에 관한 <u>피고인의 의사를 확인하지 아니한 채 통상의 공판절차로 재판을 진행하였더라도</u>, <u>피고인이 항소심에서 국민참여재판을 원하지 아니한다고 하면서 위와 같은 제1심의 절차적 위법을 문제삼지 아니할 의사를 명백히 표시하는 경우에는 하자가 치유되어 제1심 공판절차는 전체로서 적법하게 된다</u>고 보아야 하고, 다만 … 제1심 공판절차의 하자가 치유된다고 보기 위해서는 피고인에게 국민참여재판절차 등에 관한 <u>충분한 안내</u>와 그 희망 여부에 관하여 <u>숙고할 수 있는 상당한 시간</u>이 사전에 부여되어야 한다.
> [2] 제1심법원이 국민참여재판 대상사건의 피고인에게 국민참여재판을 원하는지 확인하지 아니한 채 통상의 공판절차에 따라 재판을 진행하였는데, <u>원심법원이 제1회 공판기일에 피고인과 변호인이 이에 대하여 이의가 없다고 진술하자 같은 날 변론을 종결한 후 제2회 공판기일에 피고인의 항소를 기각하는 판결을 선고한 사안</u>에서, 제1심의 공판절차상 하자가 원심에서 적법하게 치유되었음을 전제로 피고인의 항소를 기각한 원심판결에 법리오해의 위법이 있다고 한 사례(대판 2012.4.26. 2012도1225).

정답 ×

057 71간

제1심법원은 제1회 공판기일에서 피고인의 국민참여재판 불희망 의사를 확인하였던 경우에는, 당시 국민참여재판 안내서 등을 피고인에게 교부하거나 사전에 송달하는 등 국민참여재판절차에 관한 충분한 안내를 하거나 그 희망 여부에 관한 상당한 숙고기간을 부여하지 않았다 하더라도, 국민참여재판을 받을 권리에 대한 중대한 침해로서 위법하다고 볼 수 없다. ⃞O⃞X

> 대판 2012.4.26. 2012도1225

정답 ×

제2장 증거

제1절 | 증거의 의의와 종류

001 22국9(교정직)

유죄의 심증은 반드시 직접증거에 의하여 형성되어야 하며, 경험칙과 논리칙에 위반되지 않는다고 하여 간접증거에 의하여 형성되어서는 아니 된다. ○|×

> 형사재판에 있어서 유죄의 인정은 법관으로 하여금 합리적인 의심을 할 여지가 없을 정도로 공소사실이 진실한 것이라는 확신을 가지게 할 수 있는 증명력을 가진 증거에 의하여야 하고 이러한 정도의 심증을 형성하는 증거가 없다면 설령 피고인에게 유죄의 의심이 간다 하더라도 피고인의 이익으로 판단할 수밖에 없다 할 것이나, 그와 같은 심증이 반드시 직접증거에 의하여 형성되어야만 하는 것은 아니고 경험칙과 논리법칙에 위반되지 아니하는 한 간접증거에 의하여 형성되어도 되는 것이다(대판 1993.3.23. 92도3327).

정답 ×

002 22경1

간접증거만으로 유죄를 인정하는 경우에는 여러 간접사실로 보아 피고인이 범행한 것으로 보기에 충분할 만큼 압도적으로 우월한 증명이 있어야 한다. ○|×

> 법원이 간접증거를 가지고 유죄를 인정하기 위해서는 해당 피고인이 범행한 것으로 보기에 충분할 만큼 압도적으로 우월한 증명이 있어야 한다. 위와 같은 증명력을 가지지 못하는 간접증거만으로 쉽사리 유죄를 인정한다면, 범행을 저지르지 않았는데도 억울하게 누명을 뒤집어쓸 위험이 누구에게나 현실화될 수 있다. 법원은 마땅히 이를 통제하여야 한다(대판 2018.4.19. 2017도14322 전원합의체).

정답 ○

003 24경1 / 24승

범행에 관한 간접증거만이 존재하고 그 간접증거의 증명력에 한계가 있는 경우에 증거의 증명력은 법관의 자유판단에 의하는 것이므로, 범인으로 지목되고 있는 자에게 범행을 저지를 만한 동기가 발견되지 않더라도 만연히 무엇인가 동기가 분명히 있는데 이를 범인이 숨기고 있는 것으로 단정한다고 하여도 형사증거법의 이념에 반하는 것은 아니다. ○|×

> 범행에 관한 간접증거만이 존재하고 더구나 그 간접증거의 증명력에 한계가 있는 경우, 범인으로 지목되고 있는 자에게 범행을 저지를 만한 동기가 발견되지 않는다면, 만연히 무엇인가 동기가 분명히 있는데도 이를 범인이 숨기고 있다고 단정할 것이 아니라 반대로 간접증거의 증명력이 그만큼 떨어진다고 평가하는 것이 형사증거법의 이념에 부합하는 것이다(대판 2022.6.16. 2022도2236).

정답 ×

004 21국7

증거신청 시 그 입증취지를 명시하여 개별적으로 하지 않았음에도 증거동의를 거쳐 법원이 증거로 채택하는 결정을 하였다면 그 결정이 취소되지 않는 이상 단순히 입증취지를 명시하여 개별적으로 신청하지 않았다는 이유만을 내세워 그 증거에 대한 조사가 위법하다고 할 수 없다. ⃞O⃞X

> 증거신청은 그 입증취지를 명시하여 개별적으로 하도록 한 취지는 증거능력이 없거나 불필요한 증거에 대한 증거신청을 효율적으로 가려내고 쟁점을 명확히 하며 상대방의 반박준비 기회를 보장하기 위한 것으로, 입증취지의 명시 등은 증거신청의 요건이지 증거조사의 적법요건은 아닌바, 증거동의를 거쳐 법원이 증거로 채택하는 결정을 하였다면 그 결정이 취소되지 않는 이상 단순히 입증취지를 명시하여 개별적으로 신청하지 않았다는 이유만을 내세워 그 증거에 대한 조사가 위법하다고 할 수는 없다(대판 2009.10.29. 2009도5945).

정답 ○

005 74·71간 / 24·21승

살인죄와 같이 법정형이 무거운 범죄의 경우에도 직접증거 없이 간접증거만으로도 유죄를 인정할 수 있는데, 이 경우 주요사실의 전제가 되는 간접사실의 인정은 합리적 의심을 허용하지 않을 정도의 증명이 있어야 하지만, 그 하나하나의 간접사실이 상호 모순, 저촉이 없어야 할 필요는 없다. ⃞O⃞X

> 살인죄 등과 같이 법정형이 무거운 범죄의 경우에도 직접증거 없이 간접증거만으로 유죄를 인정할 수 있으나, 그러한 유죄 인정에는 공소사실에 대한 관련성이 깊은 간접증거들에 의하여 신중한 판단이 요구되므로, 간접증거에 의하여 주요사실의 전제가 되는 간접사실을 인정할 때에는 증명이 합리적인 의심을 허용하지 않을 정도에 이르러야 하고, 하나하나의 간접사실 사이에 모순, 저촉이 없어야 하는 것은 물론 간접사실이 논리와 경험칙, 과학법칙에 의하여 뒷받침되어야 한다(대판 2011.5.26. 2011도1902 ; 대판 2017.5.30. 2017도1549, 대판 2011.5.26. 2011도1902 등).

정답 ×

006 24경2

乙로부터 "甲이 도둑질하는 것을 보았다."라는 발언을 들은 A가 법정에서 증언하는 경우, 그 증언 내용은 乙의 甲에 대한 명예훼손 사건에 관한 전문증거로서 전문법칙이 적용된다. ⃞O⃞X

> 타인의 진술을 내용으로 하는 진술이 전문증거인지는 요증사실과 관계에서 정하여지는데, 원진술의 내용인 사실이 요증사실인 경우에는 전문증거이나, 원진술의 존재 자체가 요증사실인 경우에는 본래증거이지 전문증거가 아니다(대판 2012.7.26. 2012도2937). 따라서 "甲이 도둑질하는 것을 보았다"라는 乙의 말을 들은 A가 乙의 진술내용을 증언하는 경우, 甲의 절도 사건에 대하여는 전문증거이지만, 乙의 甲에 대한 명예훼손 사건에 대하여는 전문증거가 아니라 본래증거에 해당한다.

정답 ×

007 22경1

타인의 진술을 내용으로 하는 진술이 전문증거인지 여부는 요증사실과의 관계에서 정하여지는바, 원진술의 내용인 사실이 요증사실인 경우에는 전문증거가 아니 본래증거이다. ○|×

> 대판 2012.7.26. 2012도2937)

정답 ×

제2절 | 증명의 기본원칙

001 23승 / 21국9 / 20국7

범죄구성요건에 해당하는 사실을 증명하기 위한 근거가 되는 과학적인 연구 결과는 적법한 증거조사를 거친 증거능력 있는 증거에 의하여 엄격한 증명으로 증명되어야 한다. ○|×

> 대판 2010.2.11. 2009도2338

정답 ○

002 24승

구성요건에 해당하는 사실은 엄격한 증명에 의하여 이를 인정하여야 하나, 증거능력이 인정되지 않는 증거라도 구성요건 사실을 입증하는 직접증거의 증명력을 보강하는 보조사실의 인정자료로서는 허용된다. ○|×

> 범죄구성요건에 해당하는 사실을 증명하기 위한 근거가 되는 과학적인 연구 결과는 적법한 증거조사를 거친 증거능력 있는 증거에 의하여 엄격한 증명으로 증명되어야 한다(대판 2010.2.11. 2009도2338).

정답 ×

003 23승

민사재판에서의 입증책임분배의 원칙은 형사재판에도 동일하게 적용되므로, 피고인은 자신에게 유리한 사항을 입증할 책임을 진다. ○|×

> 형사재판에 있어서 공소된 범죄사실에 대한 거증책임은 검사에게 있는 것이고 유죄의 인정은 법관으로 하여금 합리적인 의심을 할 여지가 없을 정도로 공소사실이 진실한 것이라는 확신을 가지게 하는 증명력을 가진 증거에 의하여야 하므로, 그와 같은 증거가 없다면 설령 피고인에게 유죄의 의심이 간다 하더라도 피고인의 이익으로 판단할 수밖에 없으며, 민사재판이었더라면 입증책임을 지게 되었을 피고인이 그 쟁점이 된 사항에 대하여 자신에게 유리한 입증을 하지 못하고 있다 하여 위와 같은 원칙이 달리 적용되는 것은 아니다(대판 1996.3.8. 95도3081).

정답 ×

004 22국7

몰수, 추징의 대상이 되는지의 여부는 엄격한 증명에 의하여야 하지만, 추징액의 증명은 자유로운 증명으로 족하다. ☐O☐X

> 몰수대상이 되는지 여부나 추징액의 인정 등 몰수·추징의 사유는 범죄사실에 대한 것이 아니므로 엄격한 증명의 대상이 아니라고 할 것이다(대판 1993.6.22. 91도3346).

정답 ×

005 24경2

목적과 용도를 정하여 위탁한 금전을 수탁자가 임의로 소비하면 횡령죄를 구성할 수 있으나, 이 경우 피해자가 목적과 용도를 정하여 금전을 위탁한 사실 및 그 목적과 용도가 무엇인지는 엄격한 증명의 대상이다. ☐O☐X

> 목적과 용도를 정하여 위탁한 금전을 수탁자가 임의로 소비하면 횡령죄를 구성할 수 있으나, 이 경우 피해자 등이 목적과 용도를 정하여 금전을 위탁한 사실 및 그 목적과 용도가 무엇인지는 엄격한 증명의 대상이라고 보아야 한다(대판 2013.11.14. 2013도8121).

정답 ○

006 24경1

증거위조죄의 적용대상인 '증거'에는 범죄의 성립에 관한 증거 외에 양형의 기초가 되는 정상관계 사실에 관한 증거도 포함된다. 그런데 양형의 기초가 되는 정상관계 사실은 매우 복잡하고 비유형적일 뿐만 아니라 「형사소송법」 제307조가 규정한 엄격한 증명의 대상에도 해당하지 않는다. ☐O☐X

> 증거위조죄의 적용대상인 '증거'에는 범죄의 성립에 관한 증거 외에 양형의 기초가 되는 정상관계사실에 관한 증거도 포함된다. 그런데 양형의 기초가 되는 정상관계사실은 매우 복잡하고 비유형적일 뿐만 아니라 형사소송법 제307조가 규정한 엄격한 증명의 대상에도 해당하지 않는다(대판 2021.1.28. 2020도2642).

정답 ○

007 23경2

공연성은 명예훼손죄의 구성요건으로서, 특정 소수에 대한 사실적시의 경우 공연성이 부정되는 유력한 사정이 될 수 있으므로 전파될 가능성에 관하여는 검사에게 증명의 책임이 있음이 원칙이나, 전파될 가능성은 특정되지 않은 기간과 공간에서 아직 구체화되지 않은 사실이므로 그 증명의 정도는 자유로운 증명으로 족하다. ☐O☐X

> 공연성은 명예훼손죄의 구성요건으로서, 특정 소수에 대한 사실적시의 경우 공연성이 부정되는 유력한 사정이 될 수 있으므로, 전파될 가능성에 관하여는 검사의 엄격한 증명이 필요하다(대판 2020.11.19. 2020도5813 전원합의체).

정답 ×

008 22경1

「형법」 제307조 제2항 허위사실 적시 명예훼손죄에서 허위사실의 인식과 달리 허위사실 자체는 엄격한 증명의 대상이 된다. ⃞O⃞X

> 형법 제307조 제2항의 허위사실 적시에 의한 명예훼손죄로 기소된 사건에서 사람의 사회적 평가를 떨어뜨리는 사실이 적시되었다는 점, 그 적시된 사실이 객관적으로 진실에 부합하지 아니하여 허위일 뿐만 아니라 그 적시된 사실이 허위라는 것을 피고인들이 인식하고서 이를 적시하였다는 점은 모두 검사가 입증하여야 한다(대판 2008.6.12. 2008도1421).

정답 ✕

009 24·21경2 / 23·22승

공연히 사실을 적시하여 사람의 명예를 훼손한 행위가 형법 제310조의 규정에 따라서 위법성이 조각되어 처벌대상이 되지 않기 위하여는 그것이 진실한 사실로서 오로지 공공의 이익에 관한 때에 해당된다는 점을 행위자가 증명하여야 하나, 그 증명은 유죄의 인정에 있어 요구되는 것과 같이 법관으로 하여금 의심할 여지가 없을 정도의 확신을 가지게 하는 증명력을 가진 엄격한 증거에 의하여야 하는 것은 아니다. ⃞O⃞X

> 대판 1996.10.25. 95도1473

정답 ○

010 22국7

「형법」 제310조의 '진실한 사실로서 오로지 공공의 이익에 관한 때'에 해당한다는 점은 피고인이 증명하여야 하나, 엄격한 증명을 요하는 것은 아니다. ⃞O⃞X

> 공연히 사실을 적시하여 사람의 명예를 훼손한 행위가 형법 제310조의 규정에 따라서 위법성이 조각되어 처벌대상이 되지 않기 위하여는 그것이 진실한 사실로서 오로지 공공의 이익에 관한 때에 해당된다는 점을 행위자가 증명하여야 하는 것이나, 그 증명은 유죄의 인정에 있어 요구되는 것과 같이 법관으로 하여금 의심할 여지가 없을 정도의 확신을 가지게 하는 증명력을 가진 엄격한 증거에 의하여야 하는 것은 아니므로, 이 때에는 전문증거에 대한 증거능력의 제한을 규정한 형사소송법 제310조의2는 적용될 여지가 없다(대판 1996.10.25. 95도1473).

정답 ○

011 24승

의사에게 의료행위로 인한 업무상과실치상죄가 문제되는 사안에서 공소사실에 기재된 업무상과실의 존재와 그러한 업무상과실로 인하여 환자에게 상해의 결과가 발생한 점은 자유로운 증명의 대상이다. ☐O☐X

> 의료사고에서 의료인의 과실과 피해자의 사망 사이에 인과관계가 있다고 하려면 주의의무 위반이 없었더라면 피해자가 사망하지 않았을 것임이 증명되어야 한다. 그리고 형사재판에서 공소가 제기된 범죄사실에 대한 증명책임은 검사에게 있고, 법관으로 하여금 합리적인 의심을 할 여지가 없을 정도로 공소사실이 진실한 것이라는 확신을 가지게 하는 증명력을 가진 <u>엄격한 증거</u>가 없다면 설령 피고인에게 유죄의 의심이 있다고 하더라도 피고인의 이익으로 판단할 수밖에 없다(대판 2015.3.26. 2012도3450, 대판 2023.1.12. 2022도11163).

정답 ×

012 23경1

「형사소송법」 제313조 제1항 단서의 특신상태는 증거능력의 요건에 해당하므로 검사가 그 존재에 대하여 구체적으로 주장·입증하여야 하는 것이지만, 이는 소송상의 사실에 관한 것이므로, 엄격한 증명을 요하지 아니하고 자유로운 증명으로 족하다. ☐O☐X

> 대판 2001.9.4. 2000도1743

정답 ○

013 22경2 / 21국7

친고죄에 있어서의 고소는 고소권 있는 자가 수사기관에 대하여 범죄사실을 신고하고 범인의 처벌을 구하는 의사표시로서 서면뿐만 아니라 구술로도 할 수 있는 것이고, 친고죄에서 적법한 고소가 있었는지 여부는 자유로운 증명의 대상이 된다. ☐O☐X

> 친고죄에 있어서의 고소는 고소권 있는 자가 수사기관에 대하여 범죄사실을 신고하고 범인의 처벌을 구하는 의사표시로서 서면뿐만 아니라 구술로도 할 수 있는 것이고, 다만 <u>구술에 의한 고소를 받은 검사 또는 사법경찰관은 조서를 작성하여야 하지만 그 조서가 독립된 조서일 필요는 없다</u>(대판 1985.3.12. 85도190). 친고죄에서의 고소 유무에 대한 사실은 <u>자유로운 증명의 대상이 된다고 할 것이다</u>(대판 1999.2.9. 98도2074).

정답 ○

014 22경2

엄격한 증명과 자유로운 증명에 대하여 양자는 증거능력의 유무와 증거조사방법에 차이가 있을 뿐 심증의 정도에는 차이가 없다. ○|×

> 엄격한 증명과 자유로운 증명은 증거능력의 유무와 증거조사방법에 차이가 있을 뿐이고, 심증의 정도에 차이가 있는 것은 아니다. 따라서 모두 합리적 의심 없는 증명 또는 확신을 요하는 점에서 같다 (제307조 제2항).

정답 ○

015 22경2

자유로운 증명은 증거능력 없는 증거나 적법한 증거조사절차를 거치지 아니한 증거에 의한 증명을 의미한다. ○|×

> 법원은 범죄의 구성요건이나 법률상 규정된 형의 가중·감면의 사유가 되는 경우를 제외하고는, 법률이 규정한 증거로서의 자격이나 증거조사방식에 구애됨이 없이 상당한 방법으로 조사하여 양형의 조건이 되는 사항을 인정할 수 있다(대판 2010.4.29. 2010도750).

정답 ○

016 24경1 / 22승

법원은 범죄의 구성요건이나 법률상 규정된 형의 가중·감면의 사유가 되는 경우를 제외하고는, 법률이 규정한 증거로서의 자격이나 증거조사방식에 구애됨이 없이 상당한 방법으로 조사하여 양형의 조건이 되는 사항을 인정할 수 있다. 다만, 당사자가 직접 수집하여 제출하기 곤란하다고 하여 직권으로 양형조건에 관한 「형법」 제51조의 사항을 수집·조사할 수 있는 것은 아니다. ○|×

> 법원은 범죄의 구성요건이나 법률상 규정된 형의 가중·감면의 사유가 되는 경우를 제외하고는, 법률이 규정한 증거로서의 자격이나 증거조사방식에 구애됨이 없이 상당한 방법으로 조사하여 양형의 조건이 되는 사항을 인정할 수 있다. 나아가 형의 양정에 관한 절차는 범죄사실을 인정하는 단계와 달리 취급하여야 하므로, 당사자가 직접 수집하여 제출하기 곤란하거나 필요하다고 인정되는 경우 등에는 직권으로 양형조건에 관한 형법 제51조의 사항을 수집·조사할 수 있다(대판 2010.4.29. 2010도750).

정답 ×

017 22경2

법원은 전과조회서가 변론종결 후에 회보되었다 하더라도 변론재개 없이 전과조회서에 기재된 누범전과의 사실을 근거로 형을 가중할 수 있다. ◯|✕

> 법률상 형의 가중·감면의 이유되는 사실은 범죄사실은 아니지만, 형량도 범죄사실의 존부 못지않게 피고인의 이익에 중대한 영향을 미치므로 엄격한 증명의 대상이 된다. 따라서 법원은 전과조회서가 변론종결 후에 회보되었다 하더라도 변론재개 없이 전과조회서에 기재된 누범전과의 사실을 근거로 형을 가중할 수는 없다고 봄이 타당하다.

정답 ✕

018 24승

공모공동정범에 있어서 공모나 모의를 인정하기 위하여는 엄격한 증명에 의하여야 하고, 그 증거는 판결에 표시되어야 한다. ◯|✕

> 공모나 모의는 공모공동정범에 있어서의 "범죄될 사실"이라 할 것이므로 이를 인정하기 위하여는 엄격한 증명에 의하지 않으면 아니된다(대판 1988.9.13. 88도1114). 형의 선고를 하는 때에는 판결이유에 범죄될 사실, 증거의 요지와 법령의 적용을 명시하여야 한다(제323조 제1항).

정답 ◯

019 23경1 / 23승

공모관계를 인정하기 위해서는 엄격한 증명이 요구되지만 피고인이 공모관계를 부인하는 경우에는 상당한 관련성이 있는 간접사실 또는 정황사실을 증명하는 방법으로 이를 증명할 수밖에 없다. ◯|✕

> 공모공동정범에 있어서 공모나 모의는 범죄사실을 구성하는 것으로서 이를 인정하기 위하여는 엄격한 증명이 요구되지만, 피고인이 그 실행행위에 직접 관여한 사실을 인정하면서도 공모의 점과 함께 범의를 부인하는 경우에는, 이러한 주관적 요소로 되는 사실은 사물의 성질상 범의와 상당한 관련성이 있는 간접 사실을 증명하는 방법에 의하여 이를 입증할 수밖에 없다(대판 2003.12.12. 2001도606, 대판 2011.12.22. 2011도9721 등).

정답 ◯

020 24경2

교사범에 있어서의 교사사실은 범죄사실을 구성하는 것으로서 이를 인정하기 위하여는 엄격한 증명이 요구되지만, 피고인이 교사사실을 부인하고 있는 경우에는 사물의 성질상 그와 상당한 관련성이 있는 간접사실을 증명하는 방법에 의하여 이를 입증할 수 있다. ◯|✕

> 교사범에 있어서의 교사사실은 범죄사실을 구성하는 것으로서 이를 인정하기 위하여는 엄격한 증명이 요구되지만, 피고인이 교사사실을 부인하고 있는 경우에는 사물의 성질상 그와 상당한 관련성이 있는 간접사실을 증명하는 방법에 의하여 이를 입증할 수도 있고, 이러한 경우 무엇이 상당한 관련성이 있는 간접사실에 해당할 것인가는 정상적인 경험칙에 바탕을 두고 치밀한 관찰력이나 분석력에 의하여 사실의 연결상태를 합리적으로 판단하는 방법에 의하여야 한다(대판 2000.2.25. 99도1252).

정답 ◯

021 23경1 / 23승 / 22국7

「형법」 제6조와 관련하여 행위지의 법률에 의해 범죄를 구성하는지 여부에 대해서는 엄격한 증명에 의하여 검사가 이를 입증하여야 한다. ☐O☐X☐

> 형법 제6조 단행에 규정한 바 "행위지의 법률에 의하여 범죄를 구성" 하는가 여부에 관하여는 이른바 <u>엄격한 증명을 필요로 한다</u>(대판 1973.5.1. 73도289).

정답 ○

022 23경1

출입국사범 사건에서 지방출입국·외국인관서의 장의 적법한 고발이 있었는지 여부가 문제 되는 경우에 법원은 증거조사의 방법이나 증거능력의 제한을 받지 아니하고 제반 사정을 종합하여 적당하다고 인정되는 방법에 의하여 자유로운 증명으로 그 고발 유무를 판단하면 된다. ☐O☐X☐

> 대판 2021.10.28. 2021도404

정답 ○

023 22국7

자백의 임의성에 대한 거증책임은 검사에게 있으며, 이는 자유로운 증명으로 족하다. ☐O☐X☐

> 자백의 임의성에 다툼이 있을 때에는 <u>그 임의성을 의심할 만한 합리적이고 구체적인 사실을 피고인이 입증할 것이 아니고 검사가 그 임의성의 의문점을 해소하는 입증을 하여야 한다</u>(대판 2005.11.10. 2004도42). 또한 피고인의 검찰 진술의 임의성의 유무가 다투어지는 경우에는 법원은 구체적인 사건에 따라 증거조사의 방법이나 증거능력의 제한을 받지 아니하고 제반 사정을 종합 참작하여 적당하다고 인정되는 방법에 의하여 <u>자유로운 증명으로 그 임의성 유무를 판단하면 된다</u>(대판 2001.2.9. 2000도1216).

정답 ○

024 23승

피고인이 자백의 임의성을 다투면서 그것이 허위자백이라고 다투는 경우, 검사가 그 임의성의 의문점을 없애는 증명을 해야 하는 것이 아니고, 피고인이 그 임의성을 의심할 만한 합리적이고 구체적인 사실을 증명해야 한다. ☐O☐X☐

> 대판 2005.11.10. 2004도42, 대판 1999.1.29. 98도3584 등

정답 ×

025 21국7

검사는 체포영장의 유효기간을 연장할 필요가 있다고 인정하는 때에는 그 사유를 증명하여 다시 체포영장을 청구하여야 하지만, 그 증명은 자유로운 증명으로 족하다. ○|×

> 검사는 체포영장의 유효기간을 연장할 필요가 있다고 인정하는 때에는 그 사유를 소명하여 다시 체포영장을 청구하여야 한다(규칙 제96조의4).

정답 ×

026 21국7

교통사고로 인하여 업무상과실치상죄 또는 중과실치상죄를 범한 운전자에 대하여 피해자의 명시한 의사에 반하여 공소를 제기할 수 있도록 하고 있는 「교통사고처리 특례법」 제3조 제2항 단서의 각 호에서 규정한 신호위반 등의 예외사유는 같은 법 제3조 제1항 위반죄의 구성요건 요소에 해당하므로 엄격한 증명을 필요로 한다. ○|×

> 교통사고로 인하여 업무상과실치상죄 또는 중과실치상죄를 범한 운전자에 대하여 피해자의 명시한 의사에 반하여 공소를 제기할 수 있도록 하고 있는 교통사고처리특례법 제3조 제2항 단서의 각 호에서 규정한 신호위반 등의 예외사유는 같은 법 제3조 제1항 위반죄의 구성요건 요소가 아니라 그 공소제기의 조건에 관한 사유이다(대판 2007.4.12. 2006도4322). 따라서 이에 대해서는 자유로운 증명으로 족하다.

정답 ×

027 74간

위드마크 공식의 경우 그 적용을 위한 자료로는 섭취한 알코올의 양, 음주시각, 체중 등이 필요하므로 그런 전제사실을 인정하기 위해서는 엄격한 증명이 필요하다. ○|×

> 범죄구성요건사실의 존부를 알아내기 위해 과학공식 등의 경험칙을 이용하는 경우에 그 법칙 적용의 전제가 되는 개별적이고 구체적인 사실에 대하여는 엄격한 증명을 요하는바, 위드마크 공식의 경우 그 적용을 위한 자료로 섭취한 알코올의 양, 음주 시각, 체중 등이 필요하므로 그런 전제사실에 대한 엄격한 증명이 요구된다(대판 2008.8.21. 2008도5531).

정답 ○

028 74간

음주운전이 의심되는 상황에서 운전자가 혈중알코올농도 측정 직전에 추가로 음주를 한 경우에는 위드마크 공식을 통해 혈중알코올농도를 추정할 수 없다. O|X

> 피고인이 화물차를 운전하다가 사고를 낸 후 현장을 이탈하여 소주 1병을 마셨고, 이후 이루어진 음주측정에서 혈중알코올농도가 0.169%로 측정되었는데, 약 두 달 후 경찰이 피고인에게 정상적인 상태에서 소주 1병을 마시도록 한 뒤 음주측정을 실시하여 혈중알코올농도가 0.115%로 측정되자, 피고인이 0.054%의 술에 취한 상태로 화물차를 운전하였다는 공소사실로 기소된 사안에서 <u>죄증을 인멸하기 위해 추가음주가 이루어지는 경우 정당한 형사처벌의 필요성이 인정되지만, 별도의 입법적 조치가 없는 현상황에서는 위드마크 공식을 통해 혈중알코올농도를 추정할 밖에 없다고 보아,</u> 공소사실을 무죄로 판단한 원심판결을 수긍하여 상고를 기각하였다(대판 2023.12.28. 2020도6417).

정답 ×

029 22법9 / 22경1 / 71간

피고인이 피의자신문조서에 기재된 피고인의 진술 및 공판기일에서의 피고인의 진술의 임의성을 다투면서 그것이 허위자백이라고 다투는 경우, 법원은 구체적인 사건에 따라 피고인의 학력, 경력, 직업, 사회적 지위, 지능 정도, 진술의 내용, 피의자신문조서의 경우 그 조서의 형식 등 제반 사정을 참작하여 자유로운 심증으로 위 진술이 임의로 된 것인 지의 여부를 판단하면 된다. O|X

> 대판 2003.5.30. 2003도705

정답 ○

030 23경2

「공직선거법」상 허위사실공표죄에서 공표된 사실이 실제로 존재한다고 주장하는 자는 그러한 사실의 존재를 수긍할 만한 소명자료를 제시할 부담을 지고, 이때 제시하여야 할 소명자료는 적어도 허위성에 관한 검사의 증명활동이 현실적으로 가능할 정도의 구체성은 갖추어야 한다. O|X

> 허위사실공표죄에 있어서 의혹을 받을 일을 한 사실이 없다고 주장하는 사람에 대하여 의혹을 받을 사실이 존재한다고 적극적으로 주장하는 자는 그러한 사실의 존재를 수긍할 만한 소명자료를 제시할 부담을 지고, 검사는 제시된 그 자료의 신빙성을 탄핵하는 방법으로 허위성의 증명을 할 수 있다. 이때 제시하여야 할 소명자료는 위 법리에 비추어 단순히 소문을 제시하는 것만으로는 부족하고 적어도 허위성에 관한 검사의 증명활동이 현실적으로 가능할 정도의 구체성은 갖추어야 하며, 이러한 소명자료의 제시가 없거나 제시된 소명자료의 신빙성이 탄핵된 때에는 허위사실 공표로서의 책임을 져야 한다(대판 2016.12.15. 2014도3932).

정답 ○

031 23국7

「공직선거법」상 허위사실공표죄에서 의혹을 받을 사실이 존재한다고 적극적으로 주장하는 피고인은 그러한 사실의 존재를 수긍할 만한 소명자료를 제시할 부담을 지고, 검사는 제시된 그 자료의 신빙성을 탄핵하는 방법으로 허위성을 증명할 수 있다. ○|×

> 대판 2016.12.15. 2014도3932

정답 ○

032 23승

「성폭력범죄의 처벌 등에 관한 특례법」 제7조 제1항에서 정하는 13세 미만의 미성년자에 대한 강간죄의 성립이 인정되려면, 피고인이 피해자가 13세 미만의 미성년자임을 알면서 그를 강간했다는 사실이 검사에 의하여 입증되어야 한다. ○|×

> 대판 2012.8.30. 2012도7377

정답 ○

033 72간

피해자가 피고인으로부터 당한 공갈 등 피해 내용을 담아 자신의 남동생에게 보낸 문자메시지의 내용을 촬영한 사진은 증거서류 중 피해자의 진술서에 준하는 것으로 보아야 한다. ○|×

> 이 사건 문자메시지는 피해자가 피고인으로부터 풀려난 당일에 남동생에게 도움을 요청하면서 피고인이 협박한 말을 포함하여 공갈 등 피고인으로부터 피해를 입은 내용을 문자메시지로 보낸 것이므로, 이 사건 문자메시지의 내용을 촬영한 사진은 증거서류 중 피해자의 진술서에 준하는 것으로 취급함이 상당하다(대판 2010.11.25. 2010도8735).

정답 ○

034 21승

간접증거가 개별적으로 완전한 증명력을 가지지 못한다면, 전체 증거를 상호 관련하여 종합적으로 고찰하여 증명력이 있는 것으로 판단되더라도 그에 의하여 범죄사실을 인정할 수 없다. ○|×

> 간접증거가 개별적으로는 범죄사실에 대한 완전한 증명력을 가지지 못하더라도 전체 증거를 상호 관련하에 종합적으로 고찰할 경우 그 단독으로는 가지지 못하는 종합적 증명력이 있는 것으로 판단되면 그에 의하여도 범죄사실을 인정할 수 있는 것이다(대판 1993.3.23. 92도3327).

정답 ×

035 24경2
상해죄의 피해자가 제출하는 상해진단서는 일반적으로 의사가 당해 피해자의 진술을 토대로 상해의 원인을 파악한 후 의학적 전문지식을 동원하여 관찰·판단한 상해의 부위와 정도 등을 기재한 것으로서, 거기에 기재된 상해가 곧 피고인의 범죄행위로 인하여 발생한 것이라는 사실을 직접 증명하는 증거가 되기에 충분하다. ☐O|X☐

> 상해죄의 피해자가 제출하는 상해진단서는 일반적으로 의사가 당해 피해자의 진술을 토대로 상해의 원인을 파악한 후 의학적 전문지식을 동원하여 관찰·판단한 상해의 부위와 정도 등을 기재한 것으로서 거기에 기재된 상해가 곧 피고인의 범죄행위로 인하여 발생한 것이라는 사실을 직접 증명하는 증거가 되기에 부족한 것이다(대판 2011.1.27. 2010도12728).

정답 ×

036 21승
상해사건에서 피해자 진단서는 상해 사실자체에 대한 직접증거에 해당한다. ☐O|X☐

> 대판 2011.1.27. 2010도12728

정답 ×

037 71간
형사재판에 있어서 유죄로 인정하기 위한 심증형성의 정도는 합리적인 의심을 할 여지가 없을 정도여야 하지만, 이는 모든 가능한 의심을 배제할 정도에 이를 것까지 요구하는 것은 아니다. ☐O|X☐

> 증거의 증명력은 법관의 자유판단에 맡겨져 있으나 그 판단은 논리와 경험칙에 합치하여야 하고, 형사재판에 있어서 유죄로 인정하기 위한 심증형성의 정도는 합리적인 의심을 할 여지가 없을 정도여야 하나, 이는 모든 가능한 의심을 배제할 정도에 이를 것까지 요구하는 것은 아니다(대판 2004.6.25. 2004도2221).

정답 ○

038 23국9
형사재판에서 유죄로 인정하기 위한 심증형성의 정도는 합리적인 의심을 할 여지가 없을 정도이어야 하고, 여기서 '합리적 의심'이란 논리와 경험칙에 기하여 요증사실과 양립할 수 없는 사실의 개연성에 대한 합리성 있는 의문을 의미한다. ☐O|X☐

> 대판 2004.6.25. 2004도2221

정답 ○

039 21승

증거능력이란 요증사실을 증명하는 증거의 힘, 증거의 실질적 가치를 말하며, 이는 법관의 자유심증에 의해 결정된다. ⃞O⃞X⃞

> 증거능력이 아닌 증명력에 대한 설명이다. 이에 반하여 증거능력이란 증거가 엄격한 증명의 자료로 사용될 수 있는 법률상의 자격을 말한다. 증거능력은 미리 법률에 의하여 형식적으로 결정되어 있다.

정답 ×

040 23경2

경찰에서의 진술조서의 기재와 당해 사건의 공판정에서의 같은 사람의 증인으로서의 진술이 상반되는 경우 반드시 공판정에서의 증언에 따라야 한다는 법칙은 없고 그 중 어느 것을 채용하여 사실인정의 자료로 할 것인가는 오로지 사실심법원의 자유심증에 속하는 것이다. ⃞O⃞X⃞

> 경찰에서의 진술조서의 기재와 당해사건의 공판정에서의 같은 사람의 증인으로서의 진술이 상반되는 경우 반드시 공판정에서의 증언에 따라야 한다는 법칙은 없고 그중 어느 것을 채용하여 사실인정의 자료로 할 것인가는 오로지 사실심법원의 자유심증에 속하는 것이다(대판 1987.6.9. 87도691).

정답 ○

041 24국9

당해 사건 공판정에서 A가 증인으로서 진술한 내용이 다른 형사사건의 공판조서에 기재된 증인 A의 진술내용과 상반되는 경우, 반드시 당해 사건 공판정에서의 증언을 믿어야 된다는 법칙은 없다. ⃞O⃞X⃞

> 대판 1987.6.9. 87도691,87감도63

정답 ○

042 24국9

증거보전 절차에서의 진술은 법원의 관여하에 행하여지는 것으로서 수사기관에서의 진술보다 임의성이 더 보장되는 것이므로 수사기관의 진술을 채택하고 증거보전 절차에서의 진술을 배척하는 것은 자유심증주의의 남용에 해당한다. ⃞O⃞X⃞

> 증거보전 절차에서의 진술이 법원의 관여하에 행하여지는 것으로서 수사기관에서의 진술보다 임의성이 더 보장되는 것이기는 하나 보전된 증거가 항상 진실이라고 단정지을 수는 없는 것이므로 법원이 그것을 믿지 않을만한 사유가 있어서 믿지 않는 것에 자유심증주의의 남용이 있다고 볼 수 없다(대판 1980.4.8. 79도2125).

정답 ×

043 23경2

호흡측정기에 의한 음주측정치와 혈액검사에 의한 음주측정치가 다른 경우에 혈액채취에 의한 검사 결과를 믿지 못할 특별한 사정이 없는 한, 혈액검사에 의한 음주측정치가 호흡측정기에 의한 음주측정치보다 측정 당시의 혈중알코올농도에 더 근접한 음주측정치라고 보는 것이 경험칙에 부합한다. ◯|✕

> 호흡측정기에 의한 음주측정치와 혈액검사에 의한 음주측정치가 다른 경우에 어느 음주측정치를 신뢰할 것인지는 법관의 자유심증에 의한 증거취사선택의 문제라고 할 것이나, 호흡측정기에 의한 측정의 경우 그 측정기의 상태, 측정방법, 상대방의 협조정도 등에 의하여 그 측정결과의 정확성과 신뢰성에 문제가 있을 수 있다는 사정을 고려하면, 혈액의 채취 또는 검사과정에서 인위적인 조작이나 관계자의 잘못이 개입되는 등 혈액채취에 의한 검사결과를 믿지 못할 특별한 사정이 없는 한, 혈액검사에 의한 음주측정치가 호흡측정기에 의한 음주측정치보다 측정 당시의 혈중알콜농도에 더 근접한 음주측정치라고 보는 것이 경험칙에 부합한다(대판 2004.2.13. 2003도6905).

정답 ◯

044 24국9

감정인들의 감정의견이 상충된 경우 여러 의견 중에서 어떤 의견을 채용하여도 무방하지만, 여러 개의 감정의견이 일치되어 있는 경우 이를 배척하려면 특별한 이유를 밝히거나 또는 반대감정의견을 구하여야 한다. ◯|✕

> 감정의견의 판단과 그 채부여부는 법원의 자유심증에 따르며 법원이 감정결과를 전문적으로 비판할 능력을 가지지 못하는 경우에는 그 결과가 사실상 존중되는 수가 많게 된다해도 감정의견은 법원이 가지고 있지 못한 경험칙 등을 보태준다는 이유로 항상 따라야 하는 것도 아니고 감정의견이 상충된 경우 다수 의견을 안따르고 소수 의견을 채용해도 되고 여러 의견 중에서 그 일부씩을 채용하여도 무방하며 여러개의 감정의견이 일치되어 있어도 이를 배척하려면 특별한 이유를 밝히거나 또는 반대감정의견을 구하여야 된다는 법리도 없다(대판 1976.3.23. 75도2068).

정답 ✕

045 23법9 / 24국9(교정직)

동일한 사항에 관하여 두 개의 서로 다른 내용이 기재된 공판조서가 병존하는 경우에 그 중 어느 쪽을 진실한 것으로 볼 것인지는 법관의 자유로운 심증에 따를 수밖에 없다. ◯|✕

> 동일한 사항에 관하여 두개의 서로 다른 내용이 기재된 공판조서가 병존하는 경우 양자는 동일한 증명력을 가지는 것으로서 그 증명력에 우열이 있을 수 없다고 보아야 할 것이므로 그 중 어느 쪽이 진실한 것으로 볼 것인지는 공판조서의 증명력을 판단하는 문제로서 법관의 자유로운 심증에 따를 수밖에 없다(대판 1988.11.8. 86도1646).

정답 ◯

046 23경2 / 24·23국9

형사재판에 있어서 관련된 다른 형사사건의 확정판결에서 인정된 사실은 특별한 사정이 없는 한 유력한 증거자료가 되기 때문에 당해 형사재판에서 제출된 다른 증거 내용에 비추어 관련 형사사건 확정판결의 사실판단을 그대로 채택하기 어렵다고 인정될 경우라도 이를 배척할 수 없다. ⃞O⃞X

> 형사재판에서 이와 관련된 다른 형사사건의 확정판결에서 인정된 사실은 특별한 사정이 없는 한 유력한 증거자료가 되는 것이나, 당해 형사재판에서 제출된 다른 증거 내용에 비추어 관련 형사사건 확정판결의 사실판단을 그대로 채택하기 어렵다고 인정될 경우에는 이를 배척할 수 있다(대판 2012.6.14. 2011도15653).

정답 ×

047 23국7

검사가 공판기일에 증인으로 신청하여 신문할 사람을 특별한 사정없이 미리 수사기관에 소환하여 면담하는 절차를 거친 후에 그 사람이 증인으로 소환되어 법정에서 피고인에게 불리한 내용의 진술을 한 경우, 검사가 증인신문 전 면담과정에서 증인에 대한 회유나 압박, 답변유도나 암시 등으로 증인의 법정진술에 영향을 미치지 않았다는 점이 담보되어야 증인의 법정진술을 신빙할 수 있다. ⃞O⃞X

> 검사가 공판기일에 증인으로 신청하여 신문할 사람을 특별한 사정없이 미리 수사기관에 소환하여 면담하는 절차를 거친 후 증인이 법정에서 피고인에게 불리한 내용의 진술을 한 경우, 검사가 증인신문 전 면담 과정에서 증인에 대한 회유나 압박, 답변 유도나 암시 등으로 증인의 법정진술에 영향을 미치지 않았다는 점이 담보되어야 증인의 법정진술을 신빙할 수 있다고 할 것이다. 검사가 증인신문 준비 등 필요에 따라 증인을 사전 면담할 수 있다고 하더라도 법원이나 피고인의 관여 없이 일방적으로 사전 면담하는 과정에서 증인이 훈련되거나 유도되어 법정에서 왜곡된 진술을 할 가능성도 배제할 수 없기 때문이다. 증인에 대한 회유나 압박 등이 없었다는 사정은 검사가 증인의 법정진술이나 면담과정을 기록한 자료 등으로 사전면담 시점, 이유와 방법, 구체적 내용 등을 밝힘으로써 증명하여야 한다(대판 2021.6.10. 2020도15891).

정답 ○

048 23경2 / 22국7

성폭력범죄의 재판에 있어서 '성추행 피해자가 추행 즉시 행위자에게 항의하지 않은 사정'이나 '피해 신고 시 성폭력이 아닌 다른 피해사실을 먼저 진술한 사정'만으로 곧바로 피해자 진술의 신빙성을 부정할 것은 아니다. ⃞O⃞X

> '성추행 피해자가 추행 즉시 행위자에게 항의하지 않은 사정'이나 '피해 신고 시 성폭력이 아닌 다른 피해사실을 먼저 진술한 사정'만으로 곧바로 피해자 진술의 신빙성을 부정할 것이 아니고, 가해자와의 관계와 피해자의 구체적 상황을 모두 살펴 판단하여야 한다(대판 2020.9.24. 2020도7869).

정답 ○

049 21경2

피고인의 수사기관에서나 제1심 법정에서의 자백이 항소심에서의 법정진술과 다른 경우 그 자백의 증명력 내지 신빙성이 의심스럽다고 할 것이고, 같은 사람의 검찰에서의 진술과 법정에서의 증언이 다를 경우 검찰에서의 진술을 믿고서 범죄사실을 인정하는 것은 자유심증주의의 한계를 벗어나는 것이다. ☐O☐|☐X☐

> 피고인의 제1심법정에서의 자백이 항소심에서의 법정진술과 다르다는 사유만으로는 그 자백의 증명력 내지 신빙성이 의심스럽다고 할 수는 없는 것이고, 자백의 신빙성 유무를 판단함에 있어서는 자백의 진술 내용 자체가 객관적으로 합리성을 띠고 있는지, 자백의 동기나 이유가 무엇이며, 자백에 이르게 된 경위는 어떠한지 그리고 자백 이외의 정황증거 중 자백과 저촉되거나 모순되는 것이 없는지 하는 점 등을 고려하여 피고인의 자백에 형사소송법 제309조 소정의 사유 또는 자백의 동기나 과정에 합리적인 의심을 갖게 할 상황이 있었는지를 판단하여야 한다(대판 2001.9.28. 2001도4091). 또한 증거의 취사와 사실인정은 채증법칙에 위반되지 아니하면 사실심의 전권사항에 속하는 것이고 같은 사람의 검찰에서의 진술과 법정에서의 증언이 다를 경우 반드시 후자를 믿어야 된다는 법칙은 없다고 할 것이므로 같은 사람의 법정에서의 증언과 다른 검찰에서의 진술을 믿고서 범죄사실을 인정하더라도 자유심증에 속한다(대판 1988.6.28. 88도740).

정답 ×

050 24경1

피고인의 자백의 신빙성 유무를 판단할 때에는 그 자백에 「형사소송법」 제309조에 정한 사유 또는 자백의 동기나 과정에 합리적인 의심을 갖게 할 상황이 있었는지를 판단하여야 한다. ☐O☐|☐X☐

> 대판 2001.9.28. 2001도4091

정답 ○

051 22경1

합리적 의심이란 요증사실과 양립할 수 없는 사실의 개연성에 대한 합리성 있는 의문을 의미하는 것으로서, 관념적인 의심이나 추상적인 가능성에 기초한 의심도 포함된다. ☐O☐|☐X☐

> 여기에서 말하는 합리적 의심이라 함은 모든 의문, 불신을 포함하는 것이 아니라 논리와 경험칙에 기하여 요증사실과 양립할 수 없는 사실의 개연성에 대한 합리성 있는 의문을 의미하는 것으로서, 피고인에게 유리한 정황을 사실인정과 관련하여 파악한 이성적 추론에 그 근거를 두어야 하는 것이므로 단순히 관념적인 의심이나 추상적인 가능성에 기초한 의심은 합리적 의심에 포함된다고 할 수 없다(대판 2011.9.29. 2010도5962).

정답 ×

052 24승

공소사실을 인정할 증거로 사실상 피해자의 진술이 유일한 경우에 피고인의 진술이 경험칙상 합리성이 없고 그 자체로 모순되어 믿을 수 없다는 사정은 공소사실을 인정하는 직접증거가 될 수 없으며, 이러한 사정은 법관의 자유판단에 따라 피해자 진술의 신빙성을 뒷받침하거나 직접증거인 피해자 진술과 결합하여 공소사실을 뒷받침하는 간접정황도 될 수 없다. O│X

> 강간죄에서 공소사실을 인정할 증거로 사실상 피해자의 진술이 유일한 경우에 피고인의 진술이 경험칙상 합리성이 없고 그 자체로 모순되어 믿을 수 없다고 하여 그것이 공소사실을 인정하는 직접증거가 되는 것은 아니지만, 이러한 사정은 법관의 자유판단에 따라 피해자 진술의 신빙성을 뒷받침하거나 직접증거인 피해자 진술과 결합하여 공소사실을 뒷받침하는 간접정황이 될 수 있다(대판 2018.10.25. 2018도7709, 대판 2022.3.31. 2018도19037).

정답 ×

053 22승 / 21국9

유전자검사 결과 주사기에서 마약성분과 함께 피고인의 혈흔이 확인됨으로써 피고인이 필로폰을 투약한 사정이 적극적으로 증명되는 경우, 반증의 여지가 있는 소변 및 모발검사에서 마약성분이 검출되지 않았다는 소극적 사정에 관한 증거만으로 이를 쉽사리 뒤집을 수 없다. O│X

> [1] 유전자검사나 혈액형검사 등 과학적 증거방법은 그 전제로 하는 사실이 모두 진실임이 입증되고 그 추론의 방법이 과학적으로 정당하여 오류의 가능성이 전무하거나 무시할 정도로 극소한 것으로 인정되는 경우에는 법관이 사실인정을 함에 있어 상당한 정도로 구속력을 가지므로, 비록 사실의 인정이 사실심의 전권이라 하더라도 아무런 합리적 근거 없이 함부로 이를 배척하는 것은 자유심증주의의 한계를 벗어나는 것으로서 허용될 수 없다. 과학적 증거방법이 당해 범죄에 관한 적극적 사실과 이에 반하는 소극적 사실 모두에 존재하는 경우에는 각 증거방법에 의한 분석결과에 발생할 수 있는 오류가능성 및 그 정도, 그 증거방법에 의하여 증명되는 사실의 내용 등을 종합적으로 고려하여 범죄의 유무 등을 판단하여야 하고, 여러 가지 변수로 인하여 반증의 여지가 있는 소극적 사실에 관한 증거로써 과학적 증거방법에 의하여 증명되는 적극적 사실을 쉽사리 뒤집어서는 안 된다.
> [2] 유전자검사 결과 주사기에서 마약성분과 함께 피고인의 혈흔이 확인됨으로써 피고인이 필로폰을 투약한 사정이 적극적으로 증명되는 경우, 반증의 여지가 있는 소변 및 모발검사에서 마약성분이 검출되지 않았다는 소극적 사정에 관한 증거만으로 이를 쉽사리 뒤집을 수 없다고 한 사례(대판 2009.3.12. 2008도8486).

정답 O

제3절 | 위법수집증거배제법칙

001 22국7

위법수집증거 배제의 원칙은 수사과정의 위법행위를 억지함으로써 국민의 기본적 인권을 보장하기 위한 것이므로, 적법절차에 위배되는 행위의 영향이 차단되거나 소멸되었다고 볼 수 있는 상태에서 수집한 증거는 그 증거능력을 인정하더라도 적법절차의 실질적 내용에 대한 침해가 일어나지는 않는다 할 것이니 그 증거능력을 부정할 이유는 없다. ○|×

> 위법수집증거 배제의 원칙은 수사과정의 위법행위를 억지함으로써 국민의 기본적 인권을 보장하기 위한 것이므로 적법절차에 위배되는 행위의 영향이 차단되거나 소멸되었다고 볼 수 있는 상태에서 수집한 증거는 그 증거능력을 인정하더라도 적법절차의 실질적 내용에 대한 침해가 일어나지는 않는다 할 것이니 … 당초의 적법절차 위반행위와 증거수집 행위의 중간에 그 행위의 위법 요소가 제거 내지 배제되었다고 볼 만한 다른 사정이 개입됨으로써 인과관계가 단절된 것으로 평가할 수 있는 예외적인 경우에는 이를 유죄 인정의 증거로 사용할 수 있다(대판 2013.3.14. 2010도2094).

정답 ○

002 23승

형식적으로 보아 헌법과 「형사소송법」이 정한 절차에 따르지 아니하고 수집한 증거라고 한다면, 위반의 내용 및 정도 등을 고려하지 않고 일률적으로 그 증거의 증거능력을 부정하더라도, 헌법과 「형사소송법」이 형사소송 절차를 통하여 달성하려는 실체적 진실 규명을 통한 정당한 형벌권의 실현이라는 중요한 목표에 어긋난다고 할 수 없다. ○|×

> … 법률에 정해진 절차에 따르지 않고 수집한 증거라는 이유만을 내세워 획일적으로 증거능력을 부정하는 것은 헌법과 형사소송법의 목적에 맞지 않는다. 실체적 진실 규명을 통한 정당한 형벌권의 실현도 헌법과 형사소송법이 형사소송 절차를 통하여 달성하려는 중요한 목표이자 이념이기 때문이다(대판 2020.11.26. 2020도10729).

정답 ×

003 21법9 / 22경2 / 23승

영장 발부의 사유로 된 범죄 혐의사실과 무관한 별개의 증거를 압수하였을 경우 이는 원칙적으로 유죄 인정의 증거로 사용할 수 없다. 그러나 압수·수색의 목적이 된 범죄나 이와 관련된 범죄의 경우에는 그 압수·수색의 결과를 유죄의 증거로 사용할 수 있다. ○|×

> 영장 발부의 사유로 된 범죄 혐의사실과 무관한 별개의 증거를 압수하였을 경우 이는 원칙적으로 유죄 인정의 증거로 사용할 수 없다. 그러나 압수·수색의 목적이 된 범죄나 이와 관련된 범죄의 경우에는 그 압수·수색의 결과를 유죄의 증거로 사용할 수 있다. 압수·수색영장의 범죄 혐의사실과 관계 있는 범죄라는 것은 압수·수색영장에 기재한 혐의사실과 객관적 관련성이 있고 압수·수색영장 대상자와 피의자 사이에 인적 관련성이 있는 범죄를 의미한다(대판 2017.12.5. 2017도13458).

정답 ○

004 21법9 / 71간

수사기관에 의한 진술거부권 고지 대상이 되는 피의자 지위는 수사기관이 조사대상자에 대한 범죄혐의를 인정하여 수사를 개시하는 행위를 한 때 인정되는 것으로 보아야 한다. 따라서 이러한 피의자 지위에 있지 아니한 자에 대하여는 진술거부권이 고지되지 아니하였더라도 진술의 증거능력을 부정할 것은 아니다. ☐O|X☐

> 대판 2011.11.10. 2011도8125

정답 O

005 24승

진술거부권의 고지가 갖는 실질적인 의미를 고려해 볼 때, 피의자의 지위에 있지 아니한 참고인으로서 조사를 받으면서 수사기관으로부터 진술거부권을 고지받지 않았다면 그 진술조서는 위법수집증거로서 증거능력이 없다. ☐O|X☐

> 대판 2011.11.10. 2011도8125

정답 ×

006 24경1

피의자에 대한 진술거부권 고지는 피의자의 진술거부권을 실효적으로 보장하여 진술이 강요되는 것을 막기 위한 것인데, 이러한 진술거부권 고지에 관한 「형사소송법」 규정내용 및 진술거부권 고지가 갖는 실질적인 의미를 고려하면, 수사기관이 수사를 개시하는 행위를 하기 전이어서 피의자 지위에 있지 아니한 자에 대하여 진술거부권이 고지되지 아니한 때에도 그 진술의 증거능력은 인정할 수 없다. ☐O|X☐

> 대판 2009.8.20. 2008도8213

정답 ×

007 23법9

수사기관이 피의자가 아닌 참고인으로 조사를 하면서 진술거부권을 고지하지 아니하고 작성한 진술조서는 위법수집증거에 해당한다. ☐O|X☐

> 수사기관에 의한 진술거부권 고지 대상이 되는 피의자 지위는 수사기관이 조사대상자에 대한 범죄혐의를 인정하여 **수사를 개시하는 행위를 한 때** 인정되는 것으로 보아야 한다. 따라서 이러한 **피의자 지위에 있지 아니한 자**에 대하여는 진술거부권이 고지되지 아니하였더라도 진술의 증거능력을 부정할 것은 아니다(대판 2011.11.10. 2011도8125).

정답 ×

008 24승

검사 또는 사법경찰관이 참고인을 조사하는 경우에는 조사장소에 도착한 시각, 조사를 시작하고 마친 시각, 그 밖에 조사과정의 진행경과를 확인하기 위하여 필요한 사항을 조서에 기록하거나 별도의 서면에 기록한 후 수사기록에 편철하여야 한다. ○|×

> **검사와 사법경찰관의 상호협력과 일반적 수사준칙에 관한 규정 제26조(수사과정의 기록)**
> ① 검사 또는 사법경찰관은 법 제244조의4에 따라 조사(신문, 면담 등 명칭을 불문한다. 이하 이 조에서 같다) 과정의 진행경과를 다음 각 호의 구분에 따른 방법으로 기록해야 한다.
>   1. 조서를 작성하는 경우: 조서에 기록(별도의 서면에 기록한 후 조서의 끝부분에 편철하는 것을 포함한다)
>   2. 조서를 작성하지 않는 경우: 별도의 서면에 기록한 후 수사기록에 편철
> ② 제1항에 따라 조사과정의 진행경과를 기록할 때에는 다음 각 호의 구분에 따른 사항을 구체적으로 적어야 한다.
>   1. 조서를 작성하는 경우에는 다음 각 목의 사항
>   가. 조사 대상자가 조사장소에 도착한 시각
>   나. 조사의 시작 및 종료 시각
>   다. 조사 대상자가 조사장소에 도착한 시각과 조사를 시작한 시각에 상당한 시간적 차이가 있는 경우에는 그 이유
>   라. 조사가 중단되었다가 재개된 경우에는 그 이유와 중단 시각 및 재개 시각
>   2. 조서를 작성하지 않는 경우에는 다음 각 목의 사항
>   가. 조사 대상자가 조사장소에 도착한 시각
>   나. 조사 대상자가 조사장소를 떠난 시각
>   다. 조서를 작성하지 않는 이유
>   라. 조사 외에 실시한 활동
>   마. 변호인 참여 여부

정답 ○

009 21법9 / 24·21승 / 20국7

범행 현장에서 지문채취 대상물에 대한 지문채취가 먼저 이루어진 이상, 수사기관이 그 이후에 지문채취 대상물을 적법한 절차에 의하지 아니한 채 압수하였다고 하더라도, 위와 같이 채취된 지문을 위법수집증거라고 할 수 없다. ○|×

> 피해자의 신고를 받고 현장에 출동한 과학수사팀 소속 경찰관리인 甲은 피해자가 범인과 함께 술을 마신 테이블 위에 놓여 있던 맥주컵에서 지문 6점을, 물컵에서 지문 8점을, 맥주병에서 지문 2점을 각각 현장에서 직접 채취하였는 바, 이와 같이 <u>범행 현장에서 지문채취 대상물에 대한 지문채취가 먼저 이루어진 이상, 수사기관이 그 이후에 지문채취 대상물을 적법한 절차에 의하지 아니한 채 압수하였다고 하더라도, 위와 같이 채취된 지문</u>은 위법하게 압수한 지문채취 대상물로부터 획득한 2차적 증거에 해당하지 아니함이 분명하여, <u>이를 가리켜 위법수집증거라고 할 수 없다</u>(대판 2008.10.23. 2008도747).

정답 ○

010 22국9

사법경찰관이 피의자에게 진술거부권을 행사할 수 있음을 알려주고 그 행사 여부를 실제로 질문하였다 하더라도, 진술거부권 행사 여부에 대한 피의자의 답변이 자필로 기재되어 있지 않거나 그 답변 부분에 피의자의 기명날인 또는 서명이 되어 있지 않다면, 그 사법경찰관 작성의 피의자신문조서는 그 증거능력을 인정할 수 없다. ⃞O⃞X

> 비록 사법경찰관이 피의자에게 진술거부권을 행사할 수 있음을 알려 주고 그 행사 여부를 질문하였다 하더라도, 형사소송법 제244조의3 제2항에 규정한 방식에 위반하여 진술거부권 행사 여부에 대한 피의자의 답변이 자필로 기재되어 있지 아니하거나 그 답변 부분에 피의자의 기명날인 또는 서명이 되어 있지 아니한 사법경찰관 작성의 피의자신문조서는 특별한 사정이 없는 한 형사소송법 제312조 제3항에서 정한 '적법한 절차와 방식'에 따라 작성된 조서라 할 수 없으므로 그 증거능력을 인정할 수 없다(대판 2013.3.28. 2010도3359).

정답 ○

011 23·22승

피의자가 변호인의 참여를 원한다는 의사를 명백하게 표시하였음에도 수사기관이 정당한 사유 없이 변호인을 참여하게 하지 아니한 채 피의자를 신문하여 작성한 피의자신문조서는 적법한 절차에 따르지 아니하고 수집한 증거에 해당하므로 이를 증거로 할 수 없다. ⃞O⃞X

> 헌법 제12조 제1항, 제4항 본문, 형사소송법 제243조의2 제1항 및 그 입법 목적 등에 비추어 보면, 피의자가 변호인의 참여를 원한다는 의사를 명백하게 표시하였음에도 수사기관이 정당한 사유 없이 변호인을 참여하게 하지 아니한 채 피의자를 신문하여 작성한 피의자신문조서는 형사소송법 제312조에 정한 '적법한 절차와 방식'에 위반된 증거일 뿐만 아니라, 형사소송법 제308조의2에서 정한 '적법한 절차에 따르지 아니하고 수집한 증거'에 해당하므로 이를 증거로 할 수 없다(대판 2013.3.28. 2010도3359).

정답 ○

012 21경1 / 22승

공범인 공동피고인의 경우 해당 소송절차에서는 피고인의 지위에 있으므로 다른 공동피고인에 대한 공소사실에 관하여 증인이 될 수 없으나, 소송절차가 분리되면 다른 공동피고인에 대한 공소사실에 관하여 증인이 될 수 있다. ⃞O⃞X

> 공범인 공동피고인은 당해 소송절차에서는 피고인의 지위에 있으므로 다른 공동피고인에 대한 공소사실에 관하여 증인이 될 수 없으나, 소송절차가 분리되어 피고인의 지위에서 벗어나게 되면 다른 공동피고인에 대한 공소사실에 관하여 증인이 될 수 있다(대판 2008.6.26. 2008도3300).

정답 ○

013 22국9

공범인 공동피고인은 당해 소송절차에서 피고인의 지위에 있으므로 소송절차가 분리되지 않으면 다른 공동피고인에 대한 공소사실에 대하여 증인이 될 수 없다. ⃞O⃞X

> 대판 2008.6.26. 2008도3300

정답 O

014 22국9

대향범인 공동피고인은 소송절차의 분리로 피고인의 지위에서 벗어나더라도 다른 공동피고인에 대한 공소사실에 관하여 증인이 될 수 없다. ⃞O⃞X

> 대판 2008.6.26. 2008도3300

정답 ×

015 22승

제1심 법정에서의 피고인의 자백이, 진술거부권을 고지받지 않은 상태에서 이루어진 수사기관에서의 최초 자백 이후 몇 시간 뒤 바로 수사기관의 진술거부권 고지가 이루어졌고 그 후 신문 시마다 진술거부권 고지가 모두 적법하게 이루어졌을 뿐만 아니라 40여 일이 지난 후에 변호인의 충분한 조력을 받으면서 공개된 법정에서 임의로 이루어진 것인 경우, 피고인의 그 법정자백은 예외적으로 유죄 인정의 증거로 사용할 수 있다. ⃞O⃞X

> 강도 현행범으로 체포된 피고인에게 진술거부권을 고지하지 아니한 채 강도범행에 대한 자백을 받고, 이를 기초로 여죄에 대한 진술과 증거물을 확보한 후 진술거부권을 고지하여 피고인의 임의자백 및 피해자의 피해사실에 대한 진술을 수집한 사안에서, 제1심 법정에서의 피고인의 자백은 진술거부권을 고지 받지 않은 상태에서 이루어진 최초 자백 이후 40여 일이 지난 후에 변호인의 충분한 조력을 받으면서 공개된 법정에서 임의로 이루어진 것이고, 피해자의 진술은 법원의 적법한 소환에 따라 자발적으로 출석하여 위증의 벌을 경고받고 선서한 후 공개된 법정에서 임의로 이루어진 것이어서, 예외적으로 유죄 인정의 증거로 사용할 수 있는 2차적 증거에 해당한다(대판 2009.3.12. 2008도11437).

정답 O

016 71간

강도 현행범으로 체포된 피고인이 진술거부권을 고지받지 아니한 채 자백을 하고, 이후 40여일이 지난 후에 변호인의 충분한 조력을 받으면서 공개된 법정에서 임의로 자백한 경우에 법정에서의 피고인의 자백은 증거로 사용할 수 있다. ⃞O⃞X

> 대판 2009.3.12. 2008도11437

정답 O

017 21국9

증인이 친분이 있던 피해자와 통화를 마친 후 전화가 끊기지 않은 상태에서 휴대전화를 통하여 몸싸움을 연상시키는 '악' 하는 소리와 '우당탕' 소리를 1~2분 들었다고 증언한 경우, 그 소리는 「통신비밀보호법」에서 말하는 타인 간의 대화에 해당하지 않는다. O | X

> 공소외인이 들었다는 '우당탕' 소리는 사물에서 발생하는 음향일 뿐 사람의 목소리가 아니므로 통신비밀보호법에서 말하는 타인 간의 '대화'에 해당하지 않는다. '악' 소리도 사람의 목소리이기는 하나 단순한 비명소리에 지나지 않아 그것만으로 상대방에게 의사를 전달하는 말이라고 보기는 어려워 특별한 사정이 없는 한 타인 간의 '대화'에 해당한다고 볼 수 없다(대판 2017.3.15. 2016도19843).

정답 ○

018 21경2 / 71간 / 23승 / 21국9

수사기관이 법원으로부터 영장 또는 감정처분허가장을 발부받지 아니한 채 피의자의 동의 없이 피의자의 신체로부터 혈액을 채취하고 사후에도 지체 없이 영장을 발부받지 아니한 채 혈액 중 알코올농도에 관한 감정을 의뢰하였더라도, 이러한 과정을 거쳐 얻은 감정의뢰회보 등은 피고인이나 변호인의 동의가 있다면 유죄의 증거로 사용할 수 있다. O | X

> 수사기관이 법원으로부터 영장 또는 감정처분허가장을 발부받지 아니한 채 피의자의 동의 없이 피의자의 신체로부터 혈액을 채취하고 사후에도 지체 없이 영장을 발부받지 아니한 채 혈액 중 알코올농도에 관한 감정을 의뢰하였다면, 이러한 과정을 거쳐 얻은 감정의뢰회보 등은 형사소송법상 영장주의 원칙을 위반하여 수집하거나 그에 기초하여 획득한 증거로서, 원칙적으로 절차위반행위가 적법절차의 실질적인 내용을 침해하여 피고인이나 변호인의 동의가 있더라도 유죄의 증거로 사용할 수 없다(대판 2012.11.15. 2011도15258).

정답 ×

019 21국9

압수·수색의 방법으로 소변을 채취하는 경우 압수대상물인 피의자의 소변을 확보하기 위한 수사기관의 노력에도 불구하고, 피의자가 소변 채취에 적합한 인근 병원 등으로 이동하는 것에 저항하는 등 임의동행을 기대할 수 없는 사정이 있는 때에는, 수사기관으로서는 소변 채취에 적합한 장소로 피의자를 데려가기 위해서 필요 최소한의 유형력을 행사하는 것이 허용된다. O | X

> 압수·수색의 방법으로 소변을 채취하는 경우 압수대상물인 피의자의 소변을 확보하기 위한 수사기관의 노력에도 불구하고, 피의자가 인근 병원 응급실 등 소변 채취에 적합한 장소로 이동하는 것에 동의하지 않거나 저항하는 등 임의 동행을 기대할 수 없는 사정이 있는 때에는 수사기관으로서는 소변 채취에 적합한 장소로 피의자를 데려가기 위해서 필요 최소한의 유형력을 행사하는 것이 허용된다. 이는 형사소송법 제219조, 제120조 제1항에서 정한 '압수·수색영장의 집행에 필요한 처분'에 해당한다고 보아야 한다(대판 2018.7.12. 2018도6219).

정답 ○

020 21승 / 21국9

위법수집증거배제법칙은 영미법상 판례에 의해 확립된 증거법칙으로, 우리나라「형사소송법」에는 명문의 규정이 없지만 일반적인 형사법의 대원칙으로 자리잡고 있다. ⃞O⃞X⃞

> 적법한 절차에 따르지 아니하고 수집한 증거는 증거로 할 수 없다(제308조의2). 2007년 개정형사소송법에서는 명문으로 위법수집증거배제법칙을 규정하고 있다.

정답 ×

021 21승

수사기관이 영장 또는 감정처분허가장을 발부받지 아니한 채 피의자의 동의 없이 피의자의 신체로부터 혈액을 채취하고 사후에도 지체 없이 영장을 발부받지 않았다면, 그 혈액 중 알코올 농도에 관한 감정의뢰회보는 원칙적으로 유죄의 증거로 사용할 수 없다. ⃞O⃞X⃞

> 형사소송법 규정(사전영장(제215조 제2항), 사후영장(제216조 제3항))에 위반하여 수사기관이 법원으로부터 영장 또는 감정처분허가장을 발부받지 아니한 채 피의자의 동의 없이 피의자의 신체로부터 혈액을 채취하고 더구나 사후적으로도 지체 없이 이에 대한 영장을 발부받지 아니하고서 위와 같이 강제 채혈한 피의자의 혈액 중 알코올농도에 관한 감정이 이루어졌다면, 이러한 감정결과보고서 등은 형사소송법상 영장주의 원칙을 위반하여 수집하거나 그에 기초한 증거로서 그 절차 위반행위가 적법절차의 실질적인 내용을 침해하는 정도에 해당한다고 할 것이므로, 피고인이나 변호인의 증거동의 여부를 불문하고 이 사건 범죄사실을 유죄로 인정하는 증거로 사용할 수 없다고 보아야 한다(대판 2011.5.13. 2009도10871).

정답 ○

022 23·22승 / 22국7

수사기관이 피의자 甲의 공직선거법위반 범행을 영장 범죄사실로 하여 발부받은 압수·수색영장의 집행 과정에서 乙, 丙 사이의 대화가 녹음된 녹음파일을 압수하여 乙, 丙의 공직선거법위반 혐의사실을 발견한 경우, 압수·수색영장에 기재된 피의자인 甲이 녹음파일에 의하여 의심되는 혐의사실과 무관한 이상, 별도의 압수·수색영장을 발부받지 않고 압수한 乙, 丙 사이의 대화가 녹음된 녹음 파일은 乙, 丙의 공직선거법위반 혐의사실과 관련된 부분에 한정하여 증거능력이 있다. ⃞O⃞X⃞

> 수사기관이 피의자 甲의 공직선거법 위반 범행을 영장 범죄사실로 하여 발부받은 압수·수색영장의 집행 과정에서 乙, 丙 사이의 대화가 녹음된 녹음파일을 압수하여 乙, 丙의 공직선거법 위반 혐의사실을 발견한 경우, 별도의 압수·수색영장을 발부받지 않고 압수한 위 녹음파일은 위법수집증거로서 증거능력이 없다(대판 2014.1.16. 2013도7101).

정답 ×

023 21승

비진술증거인 압수물은 압수절차가 위법하다 하더라도 그 물건자체의 성질, 형태에 변경을 가져오는 것은 아니어서 그 형태 등에 관한 증거가치에는 변함이 없으므로 증거능력이 인정된다. ⃞O⃞X

> 과거 판례는 비진술증거에 대한 압수절차가 위법하다고 하더라고 위와 같은 판시로 증거능력을 인정하였으나 그 견해를 변경하여 "헌법과 형사소송법이 정한 절차에 따르지 아니하고 수집한 증거는 기본적 인권 보장을 위해 마련된 적법한 절차에 따르지 않은 것으로서 원칙적으로 유죄 인정의 증거로 삼을 수 없다"(대판 2007.11.15. 2007도3061 전원합의체)고 판시, 비진술증거에도 원칙적으로 위법수집증거배제법칙의 적용을 긍정하고 있다.

정답 ×

024 22경1

검사가 공소외 甲을 구속 기소한 후 다시 소환하여 피고인 등 공범과의 활동에 관한 신문을 하면서 피의자신문조서가 아닌 일반적인 진술조서의 형식으로 조서를 작성한 경우, 이 진술조서의 내용이 피의자신문조서와 실질적으로 같고 진술의 임의성이 인정되는 경우라도, 甲에게 미리 진술거부권을 고지하지 않은 때에는 그 진술은 위법수집증거에 해당하므로 피고인에 대한 유죄의 증거로 사용할 수 없다. ⃞O⃞X

> 대판 2009.8.20. 2008도8213

정답 ○

025 21경1 / 23승

수사기관이 헌법과 「형사소송법」이 정한 절차에 따르지 아니하고 수집한 증거는 유죄 인정의 증거로 삼을 수 없는 것이 원칙이므로, 수사기관이 피고인 아닌 자를 상대로 적법한 절차에 따르지 아니하고 수집한 증거는 원칙적으로 피고인에 대한 유죄 인정의 증거로 삼을 수 없다. ⃞O⃞X

> 형사소송법 제308조의2는 "적법한 절차에 따르지 아니하고 수집한 증거는 증거로 할 수 없다."고 규정하고 있는데, 수사기관이 헌법과 형사소송법이 정한 절차에 따르지 아니하고 수집한 증거는 유죄 인정의 증거로 삼을 수 없는 것이 원칙이므로, 수사기관이 피고인 아닌 자를 상대로 적법한 절차에 따르지 아니하고 수집한 증거는 원칙적으로 피고인에 대한 유죄 인정의 증거로 삼을 수 없다(대판 2011.6.30. 2009도6717).

정답 ○

026 74간

사법경찰관이 피고인이 아닌 A를 사실상 강제연행하여 불법체포한 상태에서 피고인의 행위를 처벌하기 위해 A에게 자술서를 받은 경우, 이를 피고인에 대한 유죄 인정의 증거로 사용할 수 없다. ○|×

> 유흥주점 업주와 종업원인 피고인들이 이른바 '티켓영업' 형태로 성매매를 하면서 금품을 수수하였다고 하여 구 식품위생법 위반으로 기소된 사안에서, 경찰이 피고인 아닌 甲, 乙을 사실상 강제연행한 상태에서 받은 각 자술서 및 이들에 대하여 작성한 각 진술조서는 위법수사로 얻은 진술증거에 해당하여 증거능력이 없다(대판 2011.6.30. 2009도6717).

정답 ○

027 22경1

유흥주점 업주인 피고인이 성매매업을 하면서 금품을 수수하였다고 하여 기소된 사안에서, 경찰이 피고인 아닌 甲, 乙을 사실상 강제연행하여 불법체포한 상태에서 받은 자술서 및 진술조서가 위법수사로 얻은 진술증거에 해당하더라도, 이를 피고인에 대한 유죄 인정의 증거로 삼을 수 있다. ○|×

> 유흥주점 업주와 종업원인 피고인들이 이른바 '티켓영업' 형태로 성매매를 하면서 금품을 수수하였다고 하여 구 식품위생법 위반으로 기소된 사안에서, 경찰이 피고인 아닌 甲, 乙을 사실상 강제연행한 상태에서 받은 각 자술서 및 이들에 대하여 작성한 각 진술조서는 위법수사로 얻은 진술증거에 해당하여 증거능력이 없다(대판 2011.6.30. 2009도6717).

정답 ×

028 22법9

경찰이 피고인 아닌 제3자를 사실상 강제연행 하여 불법체포 한 상태에서 위 제3자를 처벌하기 위하여 그로부터 자술서를 받은 경우 위 자술서는 위법수사로 얻은 진술증거에 해당하여 증거능력이 없고, 이는 위 제3자가 아닌 피고인에 대한 증거로도 삼을 수 없다. ○|×

> 대판 2011.6.30. 2009도6717

정답 ○

029 23법9

법원조직법 제57조 제1항에서 정한 공개금지사유가 없음에도 불구하고 재판의 심리에 관한 공개를 금지하기로 결정하였다면, 그 절차에 의하여 이루어진 증인의 증언은 증거능력이 없고, 변호인의 반대신문권이 보장되었더라도 달리 볼 수 없으며, 이러한 법리는 공개금지결정의 선고가 없는 등으로 공개금지결정의 사유를 알 수 없는 경우에도 마찬가지이다. ○|×

> 대판 2013.7.26. 2013도2511

정답 ○

030 21경1

제3자가 전화통화 당사자 중 일방만의 동의를 받고 통화 내용을 녹음하였더라도 그 상대방의 동의가 없었다면, 「통신비밀보호법」을 위반한 불법감청으로 그 녹음된 통화 내용의 증거능력을 인정할 수 없다. ☐O☐X☐

> 대판 2002.10.8. 2002도123

정답 O

031 21승

제3자가 대화당사자 일방만의 동의를 받고 통화내용을 녹음한 경우, 그 통화내용은 다른 상대방의 동의가 없었다고 하더라도 증거능력이 인정된다. ☐O☐X☐

> 전기통신에 해당하는 전화통화 당사자의 일방이 상대방 모르게 통화내용을 녹음(위 법에는 '채록'이라고 규정한다)하는 것은 여기의 감청에 해당하지 아니하지만, 제3자의 경우는 설령 전화통화 당사자 일방의 동의를 받고 그 통화내용을 녹음하였다 하더라도 그 상대방의 동의가 없었던 이상, … 동법 제3조 제1항 위반이 된다고 해석하여야 할 것이다(대판 2002.10.8. 2002도123). 즉, 동법 제4조에 따라 이를 재판 또는 징계절차에서 증거로 사용할 수 없다.

정답 ✕

032 22국7

대화에 참가하지 않은 제3자가 몰래 타인 간의 전화통화를 녹음한 경우, 비록 대화 당사자 중 일방의 동의를 얻었다고 하더라도 그 상대방의 동의가 없었다면 통화녹음의 증거능력은 인정되지 않는다. ☐O☐X☐

> 대판 2002.10.8. 2002도123

정답 O

033 21경1

"범행 중 또는 범행 직후의 범죄 장소에서 긴급을 요하여 법원 판사의 영장을 받을 수 없는 때에는 영장없이 압수·수색 또는 검증을 할 수 있다. 이 경우에는 사후에 지체 없이 영장을 받아야 한다."고 규정하고 있는 「형사소송법」 제216조 제3항의 요건 중 어느 하나라도 갖추지 못한 경우에 그러한 압수·수색 또는 검증은 위법하며, 이에 대하여 사후에 법원으로부터 영장을 발부받았다고 하여 그 위법성이 치유되지 아니한다. ☐O☐X☐

> 대판 2012.2.9. 2009도14884

정답 O

034 21승 / 72간

교도관이 재소자가 맡긴 비망록을 수사기관에 임의로 제출하였다면 그 비망록의 증거사용에 대하여도 재소자의 사생활의 비밀 기타 인격적 법익이 침해되는 등의 특별한 사정이 없는 한 반드시 그 재소자의 동의를 받아야 하는 것은 아니며, 검사가 교도관으로부터 그가 보관하고 있던 피고인의 비망록을 임의로 제출받아 이를 압수한 경우, 피고인의 승낙 및 영장이 없더라도 적법절차를 위반한 위법이 있다고 할 수 없다. ☐O☐X

> 교도관이 재소자가 맡긴 비망록을 수사기관에 임의로 제출하였다면 그 비망록의 증거사용에 대하여도 재소자의 사생활의 비밀 기타 인격적 법익이 침해되는 등의 특별한 사정이 없는 한 반드시 그 재소자의 동의를 받아야 하는 것은 아니다. 따라서 검사가 교도관으로부터 그가 보관하고 있던 피고인의 비망록을 뇌물수수 등의 증거자료로 임의로 제출받아 이를 압수한 경우, 그 압수절차가 피고인의 승낙 및 영장 없이 행하여졌다고 하더라도 이에 적법절차를 위반한 위법이 있다고 할 수 없다(대판 2008.5.15. 2008도1097).

정답 O

035 21경2

「형사소송법」 제218조를 위반하여 소유자, 소지자 또는 보관자가 아닌 자로부터 제출받은 물건을 영장없이 압수한 경우 그 '압수물' 및 '압수물을 찍은 사진'은 피고인이나 변호인이 이를 증거로 함에 동의하였다고 하더라도 유죄 인정의 증거로 사용할 수 없다. ☐O☐X

> 형사소송법 제218조 규정을 위반하여 소유자, 소지자 또는 보관자가 아닌 자로부터 제출받은 물건을 영장없이 압수한 경우 그 '압수물' 및 '압수물을 찍은 사진'은 이를 유죄 인정의 증거로 사용할 수 없는 것이고, 헌법과 형사소송법이 선언한 영장주의의 중요성에 비추어 볼 때 피고인이나 변호인이 이를 증거로 함에 동의하였다고 하더라도 달리 볼 것은 아니다(대판 2010.1.28. 2009도10092).

정답 O

036 24경2

피고인이 자신의 휴대전화 카메라를 이용하여 총 9회에 걸쳐 성적 욕망 또는 수치심을 유발할 수 있는 피해자 4명의 신체를 그들의 의사에 반하여 촬영하였다는 성폭력범죄의 처벌 등에 관한 특례법 위반(카메라등이용촬영)죄의 공소사실과 관련하여, 수사기관이 피고인을 현행범으로 체포할 당시 임의제출 형식으로 압수한 휴대전화의 증거능력이 문제된 경우, 휴대전화 제출에 관하여 검사가 임의성의 의문점을 없애는 증명을 다하지 못하였다면 휴대전화 및 그에 저장된 전자정보는 위법수집증거에 해당하여 증거능력이 없다. ○│×

> 피고인이 자신의 휴대전화 카메라를 이용하여 총 9회에 걸쳐 성적 욕망 또는 수치심을 유발할 수 있는 피해자 4명의 신체를 그들의 의사에 반하여 촬영하였다는 성폭력범죄의 처벌 등에 관한 특례법 위반(카메라등이용촬영)의 공소사실과 관련하여, 수사기관이 피고인을 현행범으로 체포할 당시 임의제출 형식으로 압수한 휴대전화의 증거능력이 문제 된 사안에서, 제반 사정에 비추어 볼 때, 휴대전화 제출에 관하여 검사가 임의성의 의문점을 없애는 증명을 다하지 못하였으므로 휴대전화 및 그에 저장된 전자정보는 위법수집증거에 해당하여 증거능력이 없다고 한 사례(대판 2024.3.12. 2020도9431).

정답 ○

037 21국9

위법수집증거배제법칙에 대한 예외를 인정하기 위해서는 예외적인 경우에 해당한다고 볼 만한 구체적이고 특별한 사정이 존재한다는 점을 검사가 증명하여야 한다. ○│×

> 위법수집증거 배제의 원칙은 수사과정의 위법행위를 억지함으로써 국민의 기본적 인권을 보장하기 위한 것이므로 적법절차에 위배되는 행위의 영향이 차단되거나 소멸되었다고 볼 수 있는 상태에서 수집한 증거는 그 증거능력을 인정하더라도 적법절차의 실질적 내용에 대한 침해가 일어나지는 않는다 할 것이니 … 당초의 적법절차 위반행위와 증거수집 행위의 중간에 그 행위의 위법 요소가 제거 내지 배제되었다고 볼 만한 다른 사정이 개입됨으로써 인과관계가 단절된 것으로 평가할 수 있는 예외적인 경우에는 이를 유죄 인정의 증거로 사용할 수 있다. 구체적 사안이 위와 같은 예외적인 경우에 해당하는지를 판단하는 과정에서 적법한 절차를 따르지 않고 수집된 증거를 유죄의 증거로 삼을 수 없다는 원칙이 훼손되지 않도록 유념하여야 하고, 그러한 예외적인 경우에 해당한다고 볼 만한 구체적이고 특별한 사정이 존재한다는 점은 검사가 증명하여야 한다(대판 2017.9.21. 2015도12400).

정답 ○

038 23승

위법하게 수집된 증거에서 파생하는 2차적 증거는 원칙적으로 증거능력이 배제되어야 하지만, 절차에 따르지 않은 증거수집과 2차적 증거수집 사이의 인과관계의 희석 또는 단절여부를 중심으로 2차적 증거수집과 관련된 모든 사정을 전체적·종합적으로 고려하여 예외적인 경우에는 2차적 증거의 증거능력을 인정할 수 있다. ○|×

> 법원이 2차적 증거의 증거능력 인정 여부를 최종적으로 판단할 때에는 먼저 절차에 따르지 아니한 1차적 증거 수집과 관련된 모든 사정들, 즉 절차 조항의 취지와 그 위반의 내용 및 정도, 구체적인 위반 경위와 회피가능성, 절차 조항이 보호하고자 하는 권리 또는 법익의 성질과 침해 정도 및 피고인과의 관련성, 절차 위반행위와 증거수집 사이의 인과관계 등 관련성의 정도, 수사기관의 인식과 의도 등을 살펴야 한다. 그리고 1차적 증거를 기초로 하여 다시 2차적 증거를 수집하는 과정에서 추가로 발생한 모든 사정들까지 구체적인 사안에 따라 주로 인과관계 희석 또는 단절 여부를 중심으로 전체적·종합적으로 고려하여야 한다(대판 2018.4.26. 2018도2624 ; 2018.5.11. 2018도4075).

정답 ○

039 71간

음주운전 피의자에 대해 위법한 강제연행 상태에서 호흡측정 방법에 의한 음주측정을 한 다음, 강제연행 중인 그 자리에서 즉시 피의자가 자신의 호흡측정 결과에 대한 탄핵을 하기 위하여 스스로 혈액채취방법에 의한 측정을 할 것을 요구하여 혈액채취가 이루어진 경우, 호흡측정에 의한 측정결과는 물론 혈액채취에 의한 측정결과도 증거능력이 없다. ○|×

> 위법한 강제연행 상태에서 호흡측정 방법에 의한 음주측정을 한 다음 강제연행 상태로부터 시간적·장소적으로 단절되었다고 볼 수도 없고 피의자의 심적 상태 또한 강제연행 상태로부터 완전히 벗어났다고 볼 수 없는 상황에서 피의자가 호흡측정 결과에 대한 탄핵을 하기 위하여 스스로 혈액채취 방법에 의한 측정을 할 것을 요구하여 혈액채취가 이루어졌다고 하더라도, 그 사이에 위법한 체포 상태에 의한 영향이 완전하게 배제되고 피의자의 의사결정의 자유가 확실하게 보장되었다고 볼 만한 다른 사정이 개입되지 않은 이상, 불법체포와 증거수집 사이의 인과관계가 단절된 것으로 볼 수는 없다. 따라서 그러한 혈액채취에 의한 측정 결과 역시 유죄 인정의 증거로 쓸 수 없다. 그리고 이는 피고인이나 변호인이 이를 증거로 함에 동의하였다고 하여도 달리 볼 것은 아니다(대판 2013.3.14. 2010도2094).

정답 ○

040 24법9

위법한 체포 상태에서 음주측정요구가 이루어진 경우, 음주측정요구를 위한 위법한 체포와 그에 이은 음주측정요구는 주취운전이라는 범죄행위에 대한 증거 수집을 위하여 연속하여 이루어진 것으로서 개별적으로 그 적법 여부를 평가하는 것은 적절하지 않으므로 그 일련의 과정을 전체적으로 보아 위법한 음주측정요구가 있었던 것으로 볼 수밖에 없다. ☐O☐X

> 위법한 체포 상태에서 음주측정요구가 이루어진 경우, 음주측정요구를 위한 위법한 체포와 그에 이은 음주측정요구는 주취운전이라는 범죄행위에 대한 증거 수집을 위하여 연속하여 이루어진 것으로서 개별적으로 그 적법 여부를 평가하는 것은 적절하지 않으므로 그 일련의 과정을 전체적으로 보아 위법한 음주측정요구가 있었던 것으로 볼 수밖에 없고, 운전자가 주취운전을 하였다고 인정할 만한 상당한 이유가 있다 하더라도 그 운전자에게 경찰공무원의 이와 같은 위법한 음주측정요구에 대해서까지 그에 응할 의무가 있다고 보아 이를 강제하는 것은 부당하므로 그에 불응하였다고 하여 음주측정거부에 관한 도로교통법 위반죄로 처벌할 수 없다(대판 2006.11.9. 2004도8404).

정답 O

041 24승

호텔 투숙객 甲이 마약을 투약하였다는 신고를 받고 출동한 경찰관이 임의동행을 거부하는 甲을 강제로 경찰서로 데리고 가서 채뇨 요구를 하자 이에 甲이 응하여 소변검사가 이루어진 경우, 그 결과물인 소변검사시인서는 증거능력이 없다. ☐O☐X

> 마약 투약 혐의를 받고 있던 피고인이 임의동행을 거부하겠다는 의사를 표시하였는데도 경찰관들이 피고인을 영장 없이 강제로 연행한 상태에서 마약 투약 여부의 확인을 위한 1차 채뇨절차가 이루어진 경우, 피고인을 강제로 연행한 조치는 위법한 체포에 해당하고, 위법한 체포상태에서 이루어진 채뇨 요구 또한 위법하므로 그에 의하여 수집된 '소변검사시인서'는 유죄 인정의 증거로 삼을 수 없다(대판 2013.3.14. 2012도13611).

정답 O

042 23승

검사 작성의 피의자신문조서가 검사에 의하여 피의자에 대한 변호인의 접견이 부당하게 제한되고 있는 동안에 작성된 경우 그 피의자신문조서는 증거능력이 없다. ☐O☐X

> 변호인이 되려는 의사를 표시한 자가 객관적으로 변호인이 될 가능성이 있다고 인정되는데도, 형사소송법 제34조에서 정한 '변호인 또는 변호인이 되려는 자'가 아니라고 보아 신체구속을 당한 피고인 또는 피의자와 접견하지 못하도록 제한하여서는 아니 된다(대판 2017.3.9. 2013도16162). 또한 검사 작성의 피의자신문조서가 검사에 의하여 피의자에 대한 변호인의 접견이 부당하게 제한되고 있는 동안에 작성된 경우에는 증거능력이 없다(대판 1990.8.24. 90도1285).

정답 O

043 24법9

검사가 피의자에 대한 변호인의 접견을 부당하게 제한하고 있는 동안에 검사가 작성한 피의자신문조서는 증거능력이 없다. ○|×

> 헌법상 보장된 변호인과의 접견교통권이 위법하게 제한된 상태에서 얻어진 피의자의 자백은 그 증거능력을 부인하는 유죄의 증거에서 실질적이고 완전하게 배제하여야 하는 것인바, 피고인이 구속되어 국가안전기획부에서 조사를 받다가 변호인의 접견신청이 불허되어 이에 대한 준항고를 제기 중에 검찰로 송치되어 검사가 피고인을 신문하여 제1회 피의자신문조서를 작성한 후 준항고절차에서 위 접견불허처분이 취소되어 접견이 허용된 경우에는 검사의 피고인에 대한 위 제1회 피의자신문은 변호인의 접견교통을 금지한 위법상태가 계속된 상황에서 시행된 것으로 보아야 할 것이므로 그 피의자신문조서는 증거능력이 없다(대판 1990.9.25. 90도1586).

정답 ○

044 24승

변호인의 접견교통권이 제한된 위법한 상태에서 얻어진 피의자의 자백은 그 증거능력을 부인하여 유죄의 증거에서 배제하여야 하며, 이러한 위법증거의 배제는 실질적이고 완전하게 증거에서 제외함을 뜻하는 것이다. ○|×

> 대판 1990.9.25. 90도1586

정답 ○

045 21경2 / 22국7

긴급체포현장에서 영장없이 압수한 물건에 대하여 압수·수색영장을 청구하여 이를 발부받지 아니하고도 즉시 반환하지 아니한 경우 그 압수물은 유죄의 증거로 사용할 수 없고, 피고인이나 변호인이 이를 증거로 함에 동의하였다고 하더라도 달리 볼 것은 아니다. ○|×

> 형사소송법 제216조 제1항 제2호, 제217조 제2항, 제3항은 사법경찰관은 형사소송법 제200조의3(긴급체포)의 규정에 의하여 피의자를 체포하는 경우에 필요한 때에는 영장 없이 체포현장에서 압수·수색을 할 수 있고, 압수한 물건을 계속 압수할 필요가 있는 경우에는 지체 없이 압수수색영장을 청구하여야 하며, 청구한 압수수색영장을 발부받지 못한 때에는 압수한 물건을 즉시 반환하여야 한다고 규정하고 있는바, 형사소송법 제217조 제2항, 제3항에 위반하여 압수수색영장을 청구하여 이를 발부받지 아니하고도 즉시 반환하지 아니한 압수물은 이를 유죄 인정의 증거로 사용할 수 없는 것이고, 헌법과 형사소송법이 선언한 영장주의의 중요성에 비추어 볼 때 피고인이나 변호인이 이를 증거로 함에 동의하였다고 하더라도 달리 볼 것은 아니다(대판 2009.12.24. 2009도11401).

정답 ○

046 20국7

피고인이 도로교통법위반(음주운전)으로 기소된 사안에서, 피고인이 음주측정을 위해 경찰서에 동행할 것을 요구받고 자발적인 의사로 경찰차에 탑승하였고, 경찰서로 이동 중 하차를 요구하였으나 그 직후 수사과정에 관한 설명을 듣고 빨리 가자고 요구하였다면, 피고인에 대한 임의동행은 적법하고 그 후 이루어진 음주측정 결과는 증거능력이 있다. ○|×

> 대판 2016.9.28. 2015도2798

정답 ○

047 21경2 / 20국7

제1심법원에서 증거로 할 수 있었던 증거는 항소법원에서도 증거로 할 수 있으므로 제1심법원에서 이미 증거능력이 있었던 증거는 항소심에서도 증거능력이 그대로 유지되나, 항소심에서 피고인이 범행을 부인하는 경우 그것을 심판의 기초로 하기 위해서는 다시 증거조사를 하여야 한다. ○|×

> 제1심법원이 제1심판결 명시의 증거들을 증거로 함에 피고인 또는 변호인의 이의가 없어 형사소송법 제318조의3의 규정에 따라 증거능력이 있다고 보고, 상당하다고 인정하는 방법으로 증거조사를 한 이상, 가사 항소심에 이르러 범행을 부인하였다고 하더라도 제1심법원에서 증거로 할 수 있었던 증거는 항소법원에서도 증거로 할 수 있는 것이므로 제1심법원에서 이미 증거능력이 있었던 증거는 항소심에서도 증거능력이 그대로 유지되어 심판의 기초가 될 수 있고 다시 증거조사를 할 필요가 없다(대판 1998.2.27. 97도3421).

정답 ×

048 22경1 / 72간 / 22국7

피고인이 수표를 발행하였으나 예금부족 또는 거래정지처분으로 지급되지 아니하게 하였다는 부정수표단속법위반의 공소사실을 증명하기 위하여 제출되는 수표는 그 서류의 존재 또는 상태 자체가 증거가 되는 것이어서 증거물인 서면에 해당하므로 그 증거능력은 증거물의 예에 의하여 판단하여야 하고, 이에 대하여는 형사소송법 제310조의2에서 정한 전문법칙이 적용될 여지가 없다. ○|×

> 피고인이 수표를 발행하였으나 예금부족 또는 거래정지처분으로 지급되지 아니하게 하였다는 부정수표단속법위반의 공소사실을 증명하기 위하여 제출되는 수표는 그 서류의 존재 또는 상태 자체가 증거가 되는 것이어서 증거물인 서면에 해당하고 어떠한 사실을 직접 경험한 사람의 진술에 갈음하는 대체물이 아니므로, 증거능력은 증거물의 예에 의하여 판단하여야 하고, 이에 대하여는 형사소송법 제310조의2에서 정한 전문법칙이 적용될 여지가 없다. 이때 수표 원본이 아니라 전자복사기를 사용하여 복사한 사본이 증거로 제출되었고 피고인이 이를 증거로 하는 데 부동의한 경우 위 수표 사본을 증거로 사용하기 위해서는 수표 원본을 법정에 제출할 수 없거나 제출이 곤란한 사정이 있고 수표 원본이 존재하거나 존재하였으며 증거로 제출된 수표 사본이 이를 정확하게 전사한 것이라는 사실이 증명되어야 한다(대판 2015.4.23. 2015도2275).

정답 ○

049 24승

수표를 발행한 후 예금부족 등으로 지급되지 아니하게 하였다는 부정수표단속법위반 공소사실을 증명하기 위하여 제출되는 증거물인 수표에 대하여 수표 원본이 아닌 복사한 사본이 증거로 제출되었고 피고인이 이를 증거로 하는 데 부동의한 경우, 사본을 증거로 사용하기 위해서는 원본을 법정에 제출할 수 없거나 제출이 곤란한 사정이 있고 원본이 존재하거나 존재하였으며 증거로 제출된 수표 사본이 이를 정확하게 전사한 것이라는 사실이 증명되어야 한다. ○|×

> 대판 2015.4.23. 2015도2275

정답 ○

050 73간

검사 작성의 피의자신문조서에 대한 실질적 진정성립을 증명할 수 있는 수단으로서 형사소송법 제312조 제2항에 규정된 '영상녹화물이나 그 밖의 객관적인 방법'이란 피고인의 진술을 과학적·기계적·객관적으로 재현해 낼 수 있는 방법만을 의미하고, 그 외에 조사관 또는 조사 과정에 참여한 통역인 등의 증언은 이에 해당한다고 볼 수는 없다. ○|×

> 검사 작성의 피의자신문조서에 대한 실질적 진정성립을 증명할 수 있는 수단으로서 형사소송법 제312조 제2항에 규정된 '영상녹화물이나 그 밖의 객관적인 방법'이란 형사소송법 및 형사소송규칙에 규정된 방식과 절차에 따라 제작된 영상녹화물 또는 그러한 영상녹화물에 준할 정도로 피고인의 진술을 과학적·기계적·객관적으로 재현해 낼 수 있는 방법만을 의미하고, 그 외에 조사관 또는 조사 과정에 참여한 통역인 등의 증언은 이에 해당한다고 볼 수 없다(대판 2016.2.18. 2015도16586).
> 그러나 제312조 제2항은 2021년 1월 1일부터 삭제되었으므로 제2항과 관련해서는 더 이상 출제될 수 없고 경우에 따라 제4항과 관련해서는 출제가 가능한 지문입니다.

정답 ○

051 22국9

우편물 통관검사절차에서 이루어지는 우편물의 개봉, 시료채취, 성분분석 등의 검사는 수출입물품에 대한 적정한 통관 등을 목적으로 한 행정조사의 성격을 가지는 것으로서 수사기관의 강제처분이라고 할 수 없으므로, 압수·수색 영장 없이 우편물의 개봉, 시료채취, 성분분석 등의 검사가 진행되었다고 하더라도 특별한 사정이 없는 한 위법하다고 볼 수 없다. ○|×

> 대판 2013.9.26. 2013도7718

정답 ○

052 24승 / 23국9(교정직)

범죄의 피해자인 검사가 그 사건의 수사에 관여하거나, 압수·수색영장의 집행에 참여한 검사가 다시 수사에 관여하였다는 이유만으로도 바로 그 수사가 위법한 것이 되고, 그에 따른 참고인의 진술에 임의성이 있다고 볼 수 없으므로, 그 검사가 작성한 참고인 진술조서의 증거능력이 인정될 수 없다. ☐O☐X

> 범죄의 피해자인 검사가 그 사건의 수사에 관여하거나, 압수·수색영장의 집행에 참여한 검사가 다시 수사에 관여하였다는 이유만으로 바로 그 수사가 위법하다거나 그에 따른 참고인이나 피의자의 진술에 임의성이 없다고 볼 수는 없다(대판 2013.9.12. 2011도12918).

정답 ×

053 23승

수사기관으로부터 집행을 위탁받은 통신기관 등이 통신제한조치의 집행에 필요한 설비가 없을 때에는 수사기관에 설비의 제공을 요청하여야 하고, 그러한 요청 없이 통신제한조치허가서에 기재된 사항을 준수하지 아니하고 통신제한조치를 집행하여 취득한 전기통신의 내용 등은 유죄의 증거로 사용할 수 없다. ☐O☐X

> 그러한 집행으로 취득한 전기통신의 내용 등은 헌법과 통신비밀보호법이 국민의 기본권인 통신의 비밀을 보장하기 위해 마련한 적법한 절차를 따르지 아니하고 수집한 증거에 해당하므로(제308조의2), 이는 유죄 인정의 증거로 할 수 없다(대판 2016.10.13. 2016도8137).

정답 ○

054 22승

검찰관이 피고인을 뇌물수수 혐의로 기소한 후, 형사사법공조절차를 거치지 아니한 채 외국에 현지출장하여 그곳에서 뇌물공여자를 상대로 참고인 진술조서를 작성한 경우 그 진술조서는 위법수집증거에 해당하지 않는다. ☐O☐X

> 이는 서로 상대방 국민의 여행과 거주를 허용하는 우호국 사이에서 당연히 용인되는 우호국 국가기관과 그 국민 사이의 자유로운 의사연락의 한 형태에 지나지 않으므로 어떠한 영토주권 침해의 문제가 생겨날 수 없어, 피고인에 대한 국내 형사소송절차에서 위와 같은 사유로 인하여 위법수집증거배제법칙이 적용된다고 볼 수 없다(대판 2011.7.14. 2011도3809).

정답 ○

055 21승

위법수집증거배제법칙은 국가기관의 기본권 침해와 위법한 수사활동을 규제하기 위한 원칙이므로, 사인이 타인의 기본권을 침해하는 방법으로 수집한 증거에 대해서는 항상 적용되지 않는다. ○|×

> 국민의 사생활 영역에 관계된 모든 증거의 제출이 곧바로 금지되는 것으로 볼 수는 없으므로 법원으로서는 효과적인 형사소추 및 형사소송에서 진실발견이라는 공익과 개인의 인격적 이익 등 보호이익을 비교형량하여 그 허용 여부를 결정하여야 한다(대판 2013.11.28. 2010도12244). 사인이 타인의 기본권을 침해하는 방법으로 수집한 증거에 대해서 공익과 사익을 비교형량하여 공익이 우월할 경우에는 이를 유죄의 증거로 사용할 수 있으나 침해되는 사익이 더 우월할 경우에는 이를 유죄의 증거로 사용하지 못한다.

정답 ×

056 24승 / 24국9

개인의 사생활 영역에 관계된 모든 증거의 제출이 금지되는 것은 아니며, 형사소추 및 형사소송에서의 진실발견이라는 공익과 개인의 인격적 이익 등 보호이익을 비교형량하여 그 허용 여부를 결정하여야 한다. ○|×

> 대판 2013.11.28. 2010도12244

정답 ○

057 24국9

제3자가 권한 없이 비밀보호조치를 해제하는 방법으로 피고인이 공공업무용 전자문서관리시스템을 이용하여 발송한 전자우편을 수집한 후, 이를 공무원의 지위를 이용한 「공직선거법」 위반행위인 공소사실의 증거로 제출하는 것은 관련 법률에 따라 형사처벌되는 범죄행위일 뿐만 아니라 피고인의 기본권을 침해하는 행위이므로 허용될 수 없다. ○|×

> 이 사건 전자우편을 수집한 행위가 형사처벌되는 범죄행위에 해당한다 하더라도, 공직선거법위반죄(공무원의 지위를 이용한 선거운동행위)는 공무원의 정치적 중립의무를 정면으로 위반하고 이른바 관권선거를 조장할 우려가 있는 중대한 범죄에 해당하고, 피고인이 제1심에서 이 사건 전자우편을 이 사건 공소사실에 대한 증거로 함에 동의한 점 등을 종합하면, 이 사건 전자우편을 이 사건 공소사실에 대한 증거로 제출하는 것은 허용되어야 할 것이고, 이로 말미암아 피고인의 사생활의 비밀이나 통신의 자유가 일정 정도 침해되는 결과를 초래한다 하더라도 이는 피고인이 수인하여야 할 기본권의 제한에 해당한다고 보아야 할 것이다(대판 2013.11.28. 2010도12244).

정답 ×

058 23경2

기본권의 본질적 영역에 대한 보호는 국가의 기본적 책무이고 사인 간의 공개되지 않은 대화에 대한 도청 및 감청을 불법으로 간주하는 「통신비밀보호법」의 취지 등을 종합적으로 고려하면 제3자가 권한 없이 개인의 전자우편을 무단으로 수집한 것은 비록 그 전자우편 서비스가 공공적 성격을 가지는 것이라고 하더라도 증거로 제출하는 것이 허용될 수 없다. ○│×

> A시청 소속 공무원인 제3자가 권한 없이 전자우편에 대한 비밀 보호조치를 해제하는 방법을 통하여 이 사건 전자우편을 수집한 행위가 형사처벌되는 범죄행위에 해당한다 하더라도, 공직선거법위반죄(공무원의 지위를 이용한 선거운동행위)는 공무원의 정치적 중립의무를 정면으로 위반하고 이른바 관권선거를 조장할 우려가 있는 중대한 범죄에 해당하고, 피고인이 제1심에서 이 사건 전자우편을 이 사건 공소사실에 대한 증거로 함에 동의한 점 등을 종합하면, 이 사건 전자우편을 이 사건 공소사실에 대한 증거로 제출하는 것은 허용되어야 할 것이고, 이로 말미암아 피고인의 사생활의 비밀이나 통신의 자유가 일정 정도 침해되는 결과를 초래한다 하더라도 이는 피고인이 수인하여야 할 기본권의 제한에 해당한다고 보아야 할 것이다(대판 2013.11.28. 2010도12244).

정답 ×

059 23·21승

피고인이 범행 후 피해자에게 전화를 걸어오자 피해자가 증거를 수집하려고 그 전화내용을 녹음한 경우, 그 녹음테이프가 피고인 모르게 녹음된 것이라 하여 이를 위법하게 수집된 증거라고 할 수 없다. ○│×

> 피고인이 범행 후 피해자에게 전화를 걸어오자 피해자가 증거를 수집하려고 그 전화내용을 녹음한 경우, 그 녹음테이프가 피고인 모르게 녹음된 것이라 하여 이를 위법하게 수집된 증거라고 할 수 없다(대판 1997.3.28. 97도240).

정답 ○

060 21승

소송사기의 피해자가 제3자로부터 대가를 지급하고 취득한 업무일지는 그것이 제3자에 의해 절취된 것이라면 위법수집증거에 해당하며, 그로 인하여 피고인의 사생활 영역을 침해하는 결과가 초래된다면 공익의 실현을 위한 것이라도 사기죄에 대한 증거로 사용할 수 없다. ○│×

> 사문서위조·위조사문서행사 및 소송사기로 이어지는 일련의 범행에 대하여 피고인을 형사소추하기 위해서는 이 사건 업무일지가 반드시 필요한 증거로 보이므로, 설령 그것이 제3자에 의하여 절취된 것으로서 위 소송사기 등의 피해자측이 이를 수사기관에 증거자료로 제출하기 위하여 대가를 지급하였다 하더라도, 공익의 실현을 위하여는 이 사건 업무일지를 범죄의 증거로 제출하는 것이 허용되어야 하고, 이로 말미암아 피고인의 사생활 영역을 침해하는 결과가 초래된다 하더라도 이는 피고인이 수인하여야 할 기본권의 제한에 해당된다(대판 2008.6.26. 2008도1584).

정답 ×

061 23경1 / 24국9

사기죄의 증거인 업무일지가 피고인의 사생활 영역과 관계된 자유로운 인격권의 발현물이라고 볼 수 없고 피고인을 형사소추하기 위해서는 이 사건 업무일지가 반드시 필요한 증거라 하더라도, 그것이 제3자에 의하여 절취된 것으로서 피해자측이 이를 수사기관에 증거자료로 제출하기 위하여 대가를 지급하였다면, 위 업무일지는 위법수집증거로서 증거로 사용할 수 없다. ⃞O⃞X

> 대판 2008.6.26. 2008도1584

정답 ×

062 23경1

사법경찰관이 체포 당시 외국인인 피고인에게 영사통보권을 지체 없이 고지하지 않았다면 피고인에게 영사조력이 가능한지 여부나 실질적인 불이익이 있었는지 여부와 상관없이 국제협약에 따른 피고인의 권리나 법익을 본질적으로 침해하였다고 볼 수 있으므로, 체포나 구속 이후 수집된 증거와 이에 기초한 증거들은 유죄인정의 증거로 사용할 수 없다. ⃞O⃞X

> 사법경찰관이 인도네시아 국적의 외국인 피고인을 출입국관리법 위반의 현행범인으로 체포하면서 소변과 모발을 임의제출 받아 압수하였고, 소변검사 결과에서 향정신성의약품인 MDMA(일명 엑스터시) 양성반응이 나오자 피고인은 출입국관리법 위반과 마약류 관리에 관한 법률 위반(향정) 범행을 모두 자백한 후 구속되었는데, 피고인이 검찰 수사 단계에서 자신의 구금 사실을 자국 영사관에 통보할 수 있음을 알게 되었음에도 수사기관에 영사기관 통보를 요구하지 않은 사안에서, 사법경찰관이 체포 당시 피고인에게 영사통보권 등을 지체 없이 고지하지 않았으므로 체포나 구속 절차에 영사관계에 관한 비엔나협약(Vienna Convention on Consular Relations, 1977. 4. 6. 대한민국에 대하여 발효된 조약 제594호) 제36조 제1항 (b)호를 위반한 위법이 있으나, 제반 사정을 종합하면 피고인이 영사통보권 등을 고지받았더라도 영사의 조력을 구하였으리라고 보기 어렵고, 수사기관이 피고인에게 영사통보권 등을 고지하지 않았더라도 그로 인해 피고인에게 실질적인 불이익이 초래되었다고 볼 수 없어 피고인에게 영사통보권 등을 고지하지 않은 사정이 수사기관의 증거 수집이나 이후 공판절차에 상당한 영향을 미쳤다고 보기 어려우므로, 절차 위반의 내용과 정도가 중대하거나 절차 조항이 보호하고자 하는 외국인 피고인의 권리나 법익을 본질적으로 침해하였다고 볼 수 없어 체포나 구속 이후 수집된 증거와 이에 기초한 증거들은 유죄 인정의 증거로 사용할 수 있다고 한 사례(대판 2022.4.28. 2021도17103).

정답 ×

063 21국9

사인이 위법하게 수집한 증거에 대해서는 효과적인 형사소추 및 형사소송에서의 진실발견이라는 공익과 개인의 인격적 이익 등의 보호이익을 비교형량하여 그 허용 여부를 결정하여야 한다. ⃞O⃞X

> 대판 2013.11.28. 2010도12244

정답 ○

제4절 | 자백배제법칙

001 22경1

피고인의 자백이 고문, 폭행, 협박, 신체구속의 부당한 장기화 또는 기망 기타의 방법으로 임의로 진술한 것이 아니라고 의심할만한 이유가 있는 때에는 이를 유죄의 증거로 하지 못한다. ⃞O⃞X

> 제309조

정답 O

002 21국9

피고인의 자백이 고문·폭행·협박·구속의 부당한 장기화 또는 기망 기타의 방법에 의하여 자의로 진술된 것이 아니라고 인정될 때 또는 정식재판에 있어서 피고인의 자백이 그에게 불리한 유일한 증거일 때에는 이를 유죄의 증거로 삼거나 이를 이유로 처벌할 수 없다. ⃞O⃞X

> 자백배제법칙과 자백보강법칙(헌법 제12조 제7항)

정답 O

003 24승

자백은 피고인의 진술이나 피의자의 지위에서 행한 진술을 말하며, 피의자의 지위가 발생하기 이전의 참고인으로서 행한 진술은 자백에 해당하지 않는다. ⃞O⃞X

> 자백하는 자의 법률상 지위는 문제되지 않는다. 제309조가 '피고인의 자백'이라고 규정하고 있으나 이에 한하지 않고 피고인이나 피의자나 증인·참고인의 지위에서 행한 진술도 역시 자백에 해당한다.

정답 ×

004 74간

무고사건의 피의자가 수사기관에서 피의자신문을 받는 과정에서 피의사실에 관해 자백한 때에도 그 피의자는 형을 감경 또는 면제받는다. ⃞O⃞X

> 형법 제157조, 제153조는 무고죄를 범한 자가 신고한 사건의 재판 또는 징계처분이 확정되기 전에 자백 또는 자수한 때에는 형을 감경 또는 면제한다고 하여 재판확정 전의 자백을 필요적 감경 또는 면제사유로 정하고 있다. 위와 같은 자백의 절차에 관해서는 아무런 법령상 제한이 없으므로 그가 신고한 사건을 다루는 기관에 대한 고백이나 사건을 다루는 재판부에 증인으로 다시 출석하여 전에 한 신고가 허위의 사실이었음을 고백하는 것은 물론 무고 사건의 피고인 또는 피의자로서 법원이나 수사기관에서의 신문에 의한 고백 또한 자백의 개념에 포함된다(대판 2023.3.16. 2022도15197).

정답 O

005 22승

검찰에서의 피고인의 자백이 법정진술과 다르다는 사유만으로는 그 자백의 신빙성이 의심스럽다고 볼 수 없다. ☐O☐X

> 검찰에서의 피고인의 자백 등이 법정진술과 다르다는 사유만으로 그 자백의 신빙성이 의심스럽다고 할 사유로 삼아야 한다고 볼 수 없다(대판 1985.7.9. 85도826).

정답 ○

006 24승

검찰에서의 피고인의 자백이 임의성이 있어 그 증거능력이 인정된다면 자백의 진실성과 신빙성은 당연히 인정된다. ☐O☐X

> 검찰에서의 피고인의 자백이 임의성이 있어 그 증거능력이 부여된다 하여 자백의 진실성과 신빙성까지도 당연히 인정되어야 하는 것은 아니므로 그 자백이 증명력이 있다고 하기 위해서는 그 자백의 진술내용 자체가 객관적인 합리성을 띠고 있는가, 그 자백의 동기나 이유 및 자백에 이르게 된 경위가 어떠한가, 자백외의 정황증거중 자백과 저촉되거나 모순되는 것이 없는가 하는 점을 합리적으로 따져 보아야 한다(대판 2007.9.6. 2007도4959).

정답 ×

007 23경1 / 22·21승

일정한 증거가 발견되면 피의자가 자백하겠다고 한 약속이 검사의 강요나 위계에 의하여 이루어졌다든가 경한 죄의 소추 등 이익과 교환조건으로 된 것으로 인정되지 않는 한, 위와 같은 약속하에 된 자백이라 하여 곧 임의성 없는 자백이라고 단정할 수는 없다. ☐O☐X

> 대판 1983.9.13. 83도712

정답 ○

008 21승

검찰에서의 피고인의 자백이 임의성이 있어 그 증거능력이 부여된다면 자백의 진실성과 신빙성까지도 당연히 인정된다. ☐O☐X

> 자백의 임의성이 인정된다고 하더라도 이것은 그 자백이 엄격한 증명의 자료로서 사용될 자격 즉 증거능력이 있다는 것에 지나지 않고, 그 자백의 진실성과 신빙성 즉 증명력까지도 당연히 인정된다는 것은 아니다(대판 1983.9.13. 83도712).

정답 ×

009 23경2 / 24경1 / 71간

피고인의 자백이 임의성이 없다고 의심할 만한 사유가 있는 때에 해당한다 할지라도 그 임의성이 없다고 의심하게 된 사유들과 피고인의 자백과의 사이에 인과관계가 존재하지 않은 것이 명백한 때에는 그 자백은 임의성이 있는 것으로 인정된다. ○ⅠX

> 피고인의 자백이 임의성이 없다고 의심할 만한 사유가 있는 때에 해당한다 할지라도 그 <u>임의성이 없다고 의심하게 된 사유들과 피고인의 자백과의 사이에 인과관계가 존재하지 않은 것이 명백한 때에는 그 자백은 임의성이 있는 것으로 인정된다</u>(대판 1984.11.27. 84도2252).

정답 ○

010 71간 / 23·22·21승

피고인이 수사기관에서 가혹행위 등으로 인하여 임의성 없는 자백을 하고, 그 후 법정에서도 임의성 없는 심리상태가 계속되어 동일한 내용의 자백을 하였다면 법정에서의 자백도 임의성 없는 자백이라고 보아야 한다. ○ⅠX

> 피고인이 수사기관에서 가혹행위 등으로 인하여 임의성 없는 자백을 하고 그 후 법정에서도 임의성 없는 심리상태가 계속되어 동일한 내용의 자백을 하였다면 <u>법정에서의 자백도 임의성 없는 자백이라고 보아야 한다</u>(대판 2012.11.29. 2010도3029).

정답 ○

011 24경2

수사기관이 작성한 압수조서에 기재된 피의자였던 피고인의 자백 진술 부분은 피고인 또는 변호인이 내용을 부인하는 이상 증거능력이 없다. ○ⅠX

> 검사 이외의 수사기관이 작성한 피의자신문조서는 그 피의자였던 피고인 또는 변호인이 그 내용을 인정할 때에 한하여 증거로 할 수 있다. 피의자의 진술을 기재한 서류 내지 문서가 수사기관의 수사과정에서 작성된 것이라면 그 서류나 문서의 형식과 관계없이 피의자신문조서와 달리 볼 이유가 없으므로, **수사기관이 작성한 압수조서에 기재된 피의자였던 피고인의 자백 진술 부분은** 피고인 또는 변호인이 내용을 부인하는 이상 증거능력이 없다(대판 2024.5.30. 2020도16796).

정답 ○

012 23경2 / 24승

자백은 일단 자백하였다가 이를 번복 내지 취소하더라도 그 효력이 없어지는 것은 아니기에, 횡령죄의 피고인이 제출한 항소이유서에 "피고인은 돈이 급해 지어서는 안될 죄를 지었습니다.", "진심으로 뉘우치고 있습니다."라고 기재되어 있더라도, 이어진 검사와 재판장 및 변호인의 각 신문에 대하여 범죄사실을 일관되게 부인한다면 범죄사실을 자백한 것이라고 볼 수 없다. ☐O☐X☐

> 피고인이 제출한 항소이유서에 '피고인은 돈이 급해 지어서는 안될 죄를 지었습니다.', '진심으로 뉘우치고 있습니다.'라고 기재되어 있고 피고인은 항소심 제2회 공판기일에 위 항소이유서를 진술하였으나, 곧 이어서 있는 검사와 재판장 및 변호인의 각 심문에 대하여 피고인은 범죄사실을 부인하였고, 수사단계에서도 일관되게 그와 같이 범죄사실을 부인하여 온 점에 비추어 볼 때, <u>위와 같이 추상적인 항소이유서의 기재만을 가지고 범죄사실을 자백한 것으로 볼 수 없다</u>고 한 사례(대판 1999.11.12. 99도3341).

정답 ○

013 24경2

상업장부나 항해일지, 진료일지 등의 문서가 우연히 피고인에 의해 작성되었고 그 문서의 내용 중 피고인의 범죄사실의 존재를 추론해 낼 수 있는 공소사실에 일부 부합되는 사실의 기재가 있다고 하더라도, 피고인이 범죄사실을 자백하는 문서라고 볼 수 없다. ☐O☐X☐

> 상법장부나 항해일지, 진료일지 또는 이와 유사한 금전출납부 등과 같이 범죄사실의 인정 여부와는 관계없이 자기에게 맡겨진 사무를 처리한 사무 내역을 그때그때 계속적, 기계적으로 기재한 문서 등의 경우는 사무처리 내역을 증명하기 위하여 존재하는 문서로서 그 존재 자체 및 기재가 그러한 내용의 사무가 처리되었음의 여부를 판단할 수 있는 별개의 독립된 증거자료이고, 설사 그 <u>문서가 우연히 피고인이 작성하였고 그 문서의 내용 중 피고인의 범죄사실의 존재를 추론해 낼 수 있는, 즉 공소사실에 일부 부합되는 사실의 기재가 있다고 하더라도, 이를 일컬어 피고인이 범죄사실을 자백하는 문서라고 볼 수는 없다</u>(대판 1996. 10. 17. 94도2865 전원합의체).

정답 ○

014 74간

피고인이 그 범죄혐의를 받기 전에 이와는 관계없이 자기의 업무수행에 필요한 자금을 지출하면서 스스로 그 지출한 자금내역을 자료로 남겨두기 위하여 뇌물자금과 기타 자금을 구별하지 아니하고 그 내역을 기입한 수첩은 피고인의 경찰에서의 자백에 대한 보강증거가 될 수 없다. ☐O☐X☐

> 피고인이 <u>뇌물공여</u> 혐의를 받기 전에 이와는 관계없이 준설공사에 필요한 각종 인·허가 등의 업무를 위임받아 이를 추진하는 과정에서 그 업무수행에 필요한 자금을 지출하면서, 스스로 그 <u>지출한 자금내역</u>을 자료로 남겨두기 위하여 <u>뇌물자금과 기타 자금을 구별하지 아니하고</u> 그 지출 일시, 금액, 상대방 등 내역을 그때그때 계속적, 기계적으로 기입한 수첩의 기재 내용은, 피고인이 자신의 범죄사실을 시인하는 <u>자백이라고 볼 수 없으므로</u>, 증거능력이 있는 한 피고인의 <u>금전출납을 증명할 수 있는 별개의 증거</u>라고 할 것인즉, 피고인의 검찰에서의 <u>자백에 대한 보강증거가 될 수 있다</u>(대판 1996.10.17. 94도2865 전원합의체).

정답 ×

015 23경2

검찰주사가 피의자에게 피의사실을 자백하면 그 피의사실 부분은 가볍게 처리하고 보호감호의 청구를 하지 않겠다는 각서를 작성하여 주면서 자백을 유도한 경우에는 자백의 증거능력이 인정되지 않는다. ☐○|☒

> 피고인의 자백이 심문에 참여한 검찰주사가 피의사실을 자백하면 피의사실부분은 가볍게 처리하고 보호감호의 청구를 하지 않겠다는 각서를 작성하여 주면서 자백을 유도한 것에 기인한 것이라면 위 자백은 기망에 의하여 임의로 진술한 것이 아니라고 의심할 만한 이유가 있는 때에 해당하여 형사소송법 제309조 및 제312조 제1항의 규정에 따라 증거로 할 수 없다(대판 1985.12.10. 85도2182, 85감도313).

정답 ○

016 22승

경찰에서 부당한 신체구속을 당하였다 하더라도 검사 앞에서의 진술에 임의성이 인정되는 경우, 그와 같은 부당한 신체구속이 있었다는 사유만으로 검사가 작성한 피의자신문조서의 증거능력이 상실된다고 할 수 없다. ☐○|☒

> 설사 경찰에서 부당한 신체구속을 당하였다 하더라도 검사 앞에서의 피고인의 진술에 임의성이 인정된다면 그와 같은 부당한 신체구속이 있었다는 사유만으로 검사가 작성한 피의자 신문조서의 증거능력이 상실된다고 할 수 없다(대판 1986.11.25. 83도1718).

정답 ○

017 22승

검사 작성의 피의자신문조서가 사건의 송치를 받은 당일에 작성된 경우, 그와 같은 조서의 작성시기만으로는 그 조서에 기재된 피의자의 자백진술이 임의성 없다고 의심하여 증거능력을 부정할 수 없다. ☐○|☒

> 피의자이던 피고인이 공판정에서 그 진정성립을 인정한 검사작성의 피고인에 대한 피의자신문조서는 그 조서에 기재된 피고인의 진술이 임의로 되지 아니한 것이라거나 특히 신빙할 수 없는 상태에서 된 것이라고 의심할 만한 사유가 없으면 증거능력이 있다고 할 것인바, 본건 제1회 피의자신문조서가 사건의 송치를 받은 당일에 작성된 것이었다 하여 그와 같은 조서의 작성시기만으로 그 조서에 기재된 피고인의 자백진술이 임의성이 없거나 특히 신빙할 수 없는 상태에서 된 것이라 의심하여 증거능력을 부정할 수 없다(대판 1984.5.29. 84도378).

정답 ○

018 23경2

피고인이나 그 변호인이 검사 작성의 당해 피고인에 대한 피의자신문조서의 임의성을 인정하는 진술을 하였다가 이를 번복하는 경우에는 검사가 아니라 피고인이 그 임의성의 의문점을 없애는 증명을 하여야 한다. ○|×

> 임의성에 다툼이 있을 때에는 그 임의성을 의심할 만한 합리적이고 구체적인 사실을 피고인이 증명할 것이 아니고 <u>검사가 그 임의성의 의문점을 없애는 증명을 하여야 할 것이고, 검사가 그 임의성의 의문점을 없애는 증명을 하지 못한 경우에는 그 진술증거는 증거능력이 부정된다</u>(대판 2006.11.23. 2004도7900).

정답 ×

019 21승

자백의 임의성에 다툼이 있는 때에는 검사가 그 임의성의 의문점을 없애는 증명을 하여야 하고, 검사가 그 임의성의 의문점을 없애는 증명을 하지 못한 경우, 그 진술증거는 증거능력이 부정된다. ○|×

> 검사 작성의 당해 피고인에 대한 피의자신문조서에 기재된 진술의 임의성에 다툼이 있을 때에는 그 임의성을 의심할 만한 합리적이고 구체적인 사실을 피고인이 증명할 것이 아니라 <u>검사가 그 임의성의 의문점을 없애는 증명을 하여야 하고, 검사가 그 임의성의 의문점을 없애는 증명을 하지 못한 경우에는 그 조서는 유죄 인정의 증거로 사용할 수 없다</u>(대판 2008.7.10. 2007도7760).

정답 ○

제5절 | 전문법칙

001 22경1

「형사소송법」은 헌법이 요구하는 적법 절차를 구현하기 위하여 사건의 실체에 대한 심증 형성은 법관의 면전에서 본래증거에 대한 반대신문이 보장된 증거조사를 통하여 이루어져야 한다는 실질적 직접심리주의와 전문법칙을 채택하고 있다. ○|×

> 형사소송법 제312조 제4항, 제314조는 형사소송에서 <u>헌법이 요구하는 적법절차의 원칙을 구현하기 위하여 사건의 실체에 대한 심증 형성은 법관의 면전에서 본래 증거에 대한 반대신문이 보장된 증거조사를 통하여 이루어져야 한다는 실질적 직접심리주의와 전문법칙을 기본원리로서 채택</u>하면서도, 원진술자의 사망 등으로 위 원칙을 관철할 수 없는 특별한 사정이 있는 경우에는 '그 진술 또는 작성이 특히 신빙할 수 있는 상태하에서 행하여졌음이 증명된 때', 즉 그 진술의 내용이나 조서 또는 서류의 작성에 허위 개입의 여지가 거의 없고 그 진술 내용의 신빙성이나 임의성을 담보할 구체적이고 외부적인 정황이 증명된 때에 한하여 예외적으로 증거능력을 인정하고자 하는 취지이다(대판 2014.8.26. 2011도6035).

정답 ○

002 24승

법관의 면전에서 조사·진술되지 않고 그에 대하여 피고인이 공격·방어할 수 있는 반대신문의 기회가 실질적으로 부여되지 않은 진술은 원칙적으로 증거로 할 수 없다. ○|×

> 형사소송법은 제161조의2에서 피고인의 반대신문권을 포함한 교호신문제도를 규정하는 한편, 제310조의2에서 법관의 면전에서 진술되지 아니하고 피고인에 의한 반대신문의 기회가 부여되지 아니한 진술에 대하여는 원칙적으로 그 증거능력을 부여하지 아니함으로써, 형사재판에서 증거는 법관의 면전에서 진술·심리되어야 한다는 직접주의와 피고인에게 불리한 증거에 대하여 반대신문할 수 있는 권리를 원칙적으로 보장하고 있는데, 이러한 반대신문권의 보장은 피고인에게 불리한 주된 증거의 증명력을 탄핵할 수 있는 기회가 보장되어야 한다는 점에서 형식적·절차적인 것이 아니라 실질적·효과적인 것이어야 한다(대판 2022.3.17. 2016도17054).

정답 ○

003 21경2

다른 사람의 진술을 내용으로 하는 진술이 전문증거인지는 요증사실이 무엇인지에 따라 정해지는 바, 다른 사람의 진술, 즉 원진술의 내용인 사실이 요증사실인 경우에는 전문증거이지만 원진술의 존재 자체가 요증사실인 경우에는 본래증거이지 전문증거가 아니다. ○|×

> 형사소송법은 제310조의2에서 원칙적으로 전문증거의 증거능력을 인정하지 않고, 제311조부터 제316조까지 정한 요건을 충족하는 경우에만 예외적으로 증거능력을 인정한다. 다른 사람의 진술을 내용으로 하는 진술이 전문증거인지는 요증사실이 무엇인지에 따라 정해진다. 다른 사람의 진술, 즉 원진술의 내용인 사실이 요증사실인 경우에는 전문증거이지만, 원진술의 존재 자체가 요증사실인 경우에는 본래증거이지 전문증거가 아니다(대판 2019.8.29. 2018도2738 전원합의체).

정답 ○

004 74간

제3자의 진술은 그것이 요증사실에 대한 경험자로서의 진술이라면 직접증거이고, 요증사실을 경험한 자로부터 전해 들은 말을 옮기는 취지의 전문진술이라면 간접증거이다. ○|×

> 제3자의 진술은 그것이 요증사실에 대한 경험자로서의 진술이라면 자신이 경험한 것을 직접 법원 내지 법관에게 보고하는 것이므로 본래증거에 해당하나, 요증사실을 경험한 자로부터 전해 들은 말을 옮기는 취지의 진술은 전문증거에 해당한다. **직접증거란** 직접 요증사실의 증명에 이용되는 증거를 의미한다(예 피고인의 자백, 범죄현장을 목격한 증인의 증언, 범행에서 사용한 흉기 등). 이에 반하여 **간접증거란** 요증사실을 간접적으로 추인할 수 있는 사실, 즉 간접사실을 증명함에 의하여 요증사실의 증명에 이용되는 증거를 의미한다(예 범죄현장에서 채취된 피고인의 지문, 피고인의 옷에 묻은 피해자의 혈흔, 상해진단서 등).

정답 ×

005 71간

피고인이 증거서류의 진정성립을 묻는 검사의 질문에 대하여 진술거부권을 행사하여 진술을 거부한 경우는 「형사소송법」 제314조의 '그 밖에 이에 준하는 사유로 인하여 진술할 수 없는 때'에 해당하지 아니한다. ○|×

> 현행 형사소송법 제314조의 문언과 개정 취지, 진술거부권 관련 규정의 내용 등에 비추어 보면, 피고인이 증거서류의 진정성립을 묻는 검사의 질문에 대하여 진술거부권을 행사하여 진술을 거부한 경우는 형사소송법 제314조의 '그 밖에 이에 준하는 사유로 인하여 진술할 수 없는 때'에 해당하지 아니한다(대판 2013.6.13. 2012도16001).

정답 ○

006 23승

어떤 진술이 기재된 서류가 그 진술의 진실성과 관계없는 간접사실에 대한 정황증거로 사용되더라도 그 진술이 결국 요증사실을 간접적으로나마 뒷받침하므로 예외 없이 전문법칙이 적용된다. ○|×

> 대판 2013.6.13. 2012도16001

정답 ×

007 24법9 / 24경1 / 22국9

어떤 진술이 기재된 서류가 그 내용의 진실성이 범죄사실에 대한 직접증거로 사용될 때는 전문증거가 된다고 하더라도 그와 같은 진술을 하였다는 것 자체 또는 그 진술의 진실성과 관계없는 간접사실에 대한 정황증거로 사용될 때는 반드시 전문증거가 되는 것은 아니다. ○|×

> 대판 2013.6.13. 2012도16001, 대판 2019.8.29. 2018도2738 전원합의체

정답 ○

008 24법9 / 23·21경2 / 73간 / 24승 / 23국9

어떤 진술이 기재된 서류가 어떠한 내용의 진술을 하였다는 사실 자체에 대한 정황증거로 사용될 것이라는 이유로 서류의 증거능력을 인정한 다음 그 사실을 다시 진술 내용이나 그 진실성을 증명하는 간접사실로 사용하는 경우에 그 서류는 전문증거에 해당한다. ○|×

> 어떤 진술이 기재된 서류가 그 내용의 진실성이 범죄사실에 대한 직접증거로 사용될 때는 전문증거가 되지만, 그와 같은 진술을 하였다는 것 자체 또는 진술의 진실성과 관계없는 간접사실에 대한 정황증거로 사용될 때는 반드시 전문증거가 되는 것이 아니다. 그러나 어떠한 내용의 진술을 하였다는 사실 자체에 대한 정황증거로 사용될 것이라는 이유로 서류의 증거능력을 인정한 다음 그 사실을 다시 진술 내용이나 그 진실성을 증명하는 간접사실로 사용하는 경우에 그 서류는 전문증거에 해당한다(대판 2019.8.29. 2018도2738 전원합의체).

정답 ○

009 23경2

A가 피해자들을 흉기로 살해하면서 "이것은 신의 명령을 집행하는 것이다."라고 말하였는데 이 말을 들은 B가 법정에서 A의 정신상태를 증명하기 위해 그 내용을 증언하는 경우 이 진술은 전문증거에 해당하지 않는다. ☐O☐X

> 전문진술을 원진술자의 심리적·정신적 상황을 증명하기 위한 정황증거로 사용한 경우에는 원진술의 내용이 요증사실이 아니므로 전문법칙은 적용되지 않는다. 예컨대 '나는 신이다'라는 원진술로부터 원진술자의 정신이상을 추인하는 경우가 이에 해당한다. 판례 또한 "어떤 진술이 범죄사실에 대한 직접증거로 사용함에 있어서는 전문증거가 된다고 하더라도 그와 같은 진술을 하였다는 것 자체 또는 그 진술의 진실성과 관계없는 간접사실에 대한 정황증거로 사용함에 있어서는 반드시 전문증거가 되는 것은 아니다(대판 2000.2.25. 99도1252)."고 판시하여 동일한 입장이다.

정답 O

010 23경2

A가 특정범죄가중처벌등에관한법률위반(알선수재)죄로 기소된 피고인으로부터 건축허가를 받으려면 담당공무원에게 사례비를 주어야 한다는 말을 들었다는 취지의 법정진술을 한 경우, 원진술의 존재 자체가 알선수재죄에서의 요증사실이므로 A의 진술은 전문증거가 아니라 본래증거에 해당한다. ☐O☐X

> 대판 2008.11.13. 2008도8007

정답 O

011 23승

공판준비 또는 공판기일에 피고인이나 피고인 아닌 자의 진술을 기재한 조서와 법원 또는 법관의 검증의 결과를 기재한 조서는 당해 사건에서 당연히 증거로 할 수 있다. ☐O☐X

> 제311조

정답 O

012 24승

법원·법관의 공판기일에서의 검증의 결과를 기재한 조서와 수사기관이 작성한 검증조서는 당연히 증거능력이 인정된다. ☐O☐X

> 공판준비 또는 공판기일에 피고인이나 피고인 아닌 자의 진술을 기재한 조서와 법원또는 법관의 검증의 결과를 기재한 조서는 증거로 할 수 있다. 제184조 및 제221조의2의 규정에 의하여 작성한 조서도 또한 같다(제311조). 검사 또는 사법경찰관이 검증의 결과를 기재한 조서는 적법한 절차와 방식에 따라 작성된 것으로서 공판준비 또는 공판기일에서의 작성자의 진술에 따라 그 성립의 진정함이 증명된 때에는 증거로 할 수 있다(제312조 제6항).

정답 ×

013 22법9

제3자가 피고인으로부터 건축허가 담당 공무원이 외국연수를 가므로 사례비를 주어야 한다는 말을 들었다는 취지로 한 진술은 피고인에 대한 알선수재죄에 있어 전문증거에 해당하므로 피고인의 부동의에도 불구하고 증거능력이 인정되기 위해서는 형사소송법 제311조 내지 제316조에서 정한 사유가 인정되어야 한다. ⃞O⃞X

> A는 전화를 통하여 피고인으로부터 '2005. 8.경 건축허가 담당 공무원이 외국연수를 가므로 사례비를 주어야 한다'는 말과 '2006. 2.경 건축허가 담당 공무원이 4,000만 원을 요구하는데 사례비로 2,000만 원을 주어야 한다'는 말을 들었다는 취지로 수사기관, 제1심 및 원심 법정에서 진술하였음을 알 수 있는데, 피고인의 위와 같은 원진술의 존재 자체가 이 사건 알선수재죄에 있어서의 요증사실이다(대판 2008.11.13. 2008도8007). 따라서 전문법칙이 적용되지 않아 사건과의 관련성만 인정되면 피고인에 대한 유죄의 증거로 사용할 수 있다.

정답 ×

014 22경2 / 22국7

"피해자로부터 '피고인이 자신을 추행했다.'는 취지의 말을 들었다."는 A의 진술을 "피고인이 자신을 추행했다."는 피해자의 진술내용의 진실성을 증명하는 간접사실로 사용하는 경우에는 전문증거에 해당하지 않는다. ⃞O⃞X

> 증인 A의 제1심 법정진술 중 "피해자로부터 '피고인이 추행했다'는 취지의 말을 들었다."는 부분은 '피고인이 피해자를 추행한 사실의 존부'에 대한 증거로 사용되는 경우에는 전문증거에 해당하나 피해자가 A에게 위와 같은 진술을 하였다는 것 자체에 대한 증거로 사용되는 경우에는 A가 경험한 사실에 관한 진술에 해당하여 전문법칙이 적용되지 않고, 나아가 위 A의 진술도 피해자의 진술에 부합한다고 판단한 원심에 대하여 대법원은, 원심의 판단은 피해자가 A에게 '피고인이 추행했다'는 진술을 하였다는 것 자체에 대한 증거로 사용된다는 이유로 증거능력을 인정한 것이나, 원심은 위와 같이 판단한 다음 A의 위 진술이 피해자의 진술에 부합한다고 보아 A의 위 진술을 피해자의 진술내용의 진실성을 증명하는 간접사실로 사용하였으므로 위 A의 진술은 전문증거에 해당하고, 형사소송법 제310조의2, 제316조 제2항의 요건을 갖추지 못하므로 증거능력이 없다고 판단하였다(대판 2021.2.25. 2020도17109).

정답 ×

015 22경2

A에 대한 사기죄로 공소제기된 甲의 공판에서 甲이 자신의 처에게 보낸 "내가 A를 속여 투자금을 받았는데 그 돈을 송금한다."라는 내용의 문자 메시지가 증거로 제출되었다면 이 메시지는 전문증거에 해당한다. ⃞O⃞X

> 甲이 자신의 처에게 보낸 "내가 A를 속여 투자금을 받았는데 그 돈을 송금한다."라는 내용의 문자 메시지가 甲의 A에 대한 사기죄의 증거로 제출된 경우 그 내용의 진실성이 요증사실에 해당하므로 이는 전문증거에 해당하는데 이는 제313조 제1항 단서의 피고인 작성 진술서로 보아야 한다.

정답 O

016 24·22경1 / 23국7

전문진술이 기재된 조서는 「형사소송법」 제312조 또는 제314조의 규정에 의하여 각 그 증거능력이 인정될 수 있는 경우에 해당하여야 함은 물론 「형사소송법」 제316조의 규정에 따른 요건을 갖추어야 예외적으로 증거능력이 있다. ○|×

> 전문진술이 기재된 조서는 형사소송법 제312조 또는 제314조의 규정에 의하여 각 그 증거능력이 인정될 수 있는 경우에 해당하여야 함을 물론 나아가 형사소송법 제316조 제2항의 규정에 따른 위와 같은 요건을 갖추어야 예외적으로 증거능력이 있다(대판 2003.3.10. 2000도159).

정답 ○

017 24법9 / 24·22경1 / 22국9 / 22국9(교정직)

「형사소송법」은 전문진술에 대하여 제316조에서 실질상 단순한 전문의 형태를 취하는 경우에 한하여 예외적으로 그 증거능력을 인정하는 규정을 두고 있을 뿐, 재전문진술이나 재전문진술을 기재한 조서에 대하여는 달리 그 증거능력을 인정하는 규정을 두고 있지 아니하므로, 피고인이 증거로 하는 데 동의하더라도 「형사소송법」 제310조의2의 규정에 의하여 이를 증거로 할 수 없다. ○|×

> 형사소송법은 전문진술에 대하여 제316조에서 실질상 단순한 전문의 형태를 취하는 경우에 한하여 예외적으로 그 증거능력을 인정하는 규정을 두고 있을 뿐, 재전문진술이나 재전문진술을 기재한 조서에 대하여는 달리 그 증거능력을 인정하는 규정을 두고 있지 아니하고 있으므로, 피고인이 증거로 하는 데 동의하지 아니하는 한 형사소송법 제310조의2의 규정에 의하여 이를 증거로 할 수 없다(대판 2003.3.10. 2000도159). → 반대해석상 피고인이 증거로 함에 동의한 경우에는 그 증거능력을 인정할 수 있다.

정답 ×

018 22승

성폭력 피해아동이 어머니에게 진술한 내용을 어머니가 상담원에게 전한 후, 상담원이 그 내용을 검사 면전에서 진술하여 작성된 진술조서는 이른바 '재전문진술을 기재한 조서'로서, 피고인이 동의하지 않는 한 증거능력이 인정되지 않는다. ○|×

> 대판 2003.3.10. 2000도159

정답 ○

019 22경2

A는 살인현장을 목격한 친구 B가 "甲이 길가던 여자를 죽였다."고 말한 내용을 자필 일기장에 작성하였고, 훗날 이 일기장이 甲의 살인죄 공판에 증거로 제출된 경우, 이 일기장은 형사소송법 제313조 제1항의 진술기재서(류)에 해당된다. ⃞O⃞X

> 이 일기장은 재전문서류에 해당하는바 판례는 "전문진술이 기재된 조서는 형사소송법 제312조 또는 제314조의 규정에 의하여 각 그 증거능력이 인정될 수 있는 경우에 해당하여야 함을 물론 나아가 형사소송법 제316조 제2항의 규정에 따른 위와 같은 요건을 갖추어야 예외적으로 증거능력이 있다 (대판 2003.3.10. 2000도159)."입장이므로 피고인이나 변호인의 증거동의가 있거나 전문서류로서 제313조 제1항 본문의 요건과 전문진술로서 제316조 제2항의 요건을 갖추어야 증거로 사용할 수 있다.

정답 ×

020 21경2

甲이 乙로부터 들은 피고인 A의 진술내용을 수사기관이 진술조서에 기재하여 증거로 제출하였다면, 그 진술조서 중 피고인 A의 진술을 기재한 부분은 乙이 증거로 하는 데 동의하지 않는 한 「형사소송법」 제310조의2의 규정에 의하여 이를 증거로 할 수 없다. ⃞O⃞X

> 대판 2003.3.10. 2000도159. 사안에서 甲이 乙로부터 들은 피고인 A의 진술내용을 수사기관이 진술조서에 기재한 것은 '재전문진술을 기재한 조서'에 해당하므로 피고인 A의 동의가 없는 한 이를 유죄의 증거로 사용할 수 없다.

정답 ×

021 21법9

형사소송법은 전문진술에 대하여 제316조에서 실질상 단순한 전문의 형태를 취하는 경우에 한하여 예외적으로 그 증거능력을 인정하는 규정을 두고 있을 뿐, 재전문진술이나 재전문진술을 기재한 조서에 대하여는 달리 그 증거능력을 인정하는 규정을 두고 있지 아니하므로, 피고인이 증거로 하는 데 동의하지 아니하는 한 형사소송법 제310조의2의 규정에 의하여 이를 증거로 할 수 없다. ⃞O⃞X

> 대판 2003.3.10. 2000도159

정답 ○

022 22경2

녹음파일에 담긴 진술 내용의 진실성이 증명의 대상이 되는 때에는 전문법칙이 적용된다고 할 것이나, 녹음파일에 담긴 진술 내용의 진실성이 아닌 그와 같은 진술이 존재하는 것 자체가 증명의 대상이 되는 경우에는 전문법칙이 적용되지 아니한다. ○|×

> 피고인 또는 피고인 아닌 사람의 진술을 녹음한 녹음파일은 실질에 있어서 피고인 또는 피고인 아닌 사람이 작성한 진술서나 그 진술을 기재한 서류와 크게 다를 바 없어 <u>그 녹음파일에 담긴 진술 내용의 진실성이 증명의 대상이 되는 때에는 전문법칙이 적용된다고 할 것이나, 녹음파일에 담긴 진술 내용의 진실성이 아닌 그와 같은 진술이 존재하는 것 자체가 증명의 대상이 되는 경우에는 전문법칙이 적용되지 아니한다</u>(대판 2015.1.22. 2014도10978 전원합의체).

정답 ○

023 22경2 / 23승

전문증거라도 당사자가 동의한 경우에는 전문법칙이 적용되지 않으며, 증인의 신용성을 탄핵하기 위한 탄핵증거로 제출된 경우에도 전문법칙이 적용되지 않는다. ○|×

> 검사와 피고인이 동의한 서류 또는 물건은 제311조 내지 제316조의 요건을 갖추지 않은 때에도 진정성이 인정되면 증거능력이 부여된다(제318조 제1항). 또한 탄핵증거는 전문법칙에 의하여 증거능력이 없는 전문증거라 하더라도 증거로 사용될 수 있다(제318조의2, 대판 1969.9.23. 69도10282).

정답 ○

024 24·23승

사인(私人)이 피고인 아닌 사람과의 대화내용을 녹음한 녹음테이프에 대해 법원이 그 진술 당시 진술자의 상태 등을 확인하기 위하여 작성한 검증조서는 법원의 검증 결과를 기재한 조서로서 「형사소송법」 제311조에 의하여 증거로 할 수 있다. ○|×

> 수사기관이 아닌 사인이 피고인 아닌 자와의 전화대화를 녹음한 녹음테이프에 대한 검증의 내용이 그 진술 당시 진술자의 상태(술에 취한 상태) 등을 확인하기 위한 것인 경우에는, 녹음테이프에 대한 검증조서의 기재 중 진술내용을 증거로 사용하는 경우에 관한 위 법리는 적용되지 아니하고, 따라서 위 검증조서는 <u>법원의 검증의 결과를 기재한 조서로서 형사소송법 제311조에 의하여 당연히 증거로 할 수 있다</u>(대판 2008.7.10. 2007도10755).

정답 ○

025 22승

甲이 진술 당시 술에 취하여 횡설수설하였다는 것을 확인하기 위하여 제출된 甲의 진술이 녹음된 녹음테이프는 전문증거에 해당한다. ○|×

> 대판 2008.7.10. 2007도10755

정답 ×

026 23승

사인(私人)이 피고인 아닌 사람과의 대화내용을 녹음한 녹음테이프는 피고인의 증거동의가 없는 이상 그 증거능력을 부여하기 위해서는, 첫째 녹음테이프가 원본이거나 인위적 개작없이 원본 내용 그대로 복사된 사본일 것, 둘째 「형사소송법」 제313조 제1항에 따라 공판준비나 공판기일에서 원진술자의 진술에 의하여 녹음테이프에 녹음된 각자의 진술내용이 자신이 진술한대로 녹음된 것이라는 점이 인정되어야 한다. O|X

> 수사기관 아닌 사인(私人)이 피고인 아닌 사람과의 대화내용을 녹음한 녹음테이프는 형사소송법 제311조, 제312조 규정 이외의 피고인 아닌 자의 진술을 기재한 서류와 다를 바 없으므로, 피고인이 녹음테이프를 증거로 할 수 있음에 동의하지 아니하는 이상 그 증거능력을 부여하기 위해서는, <u>첫째 녹음테이프가 원본이거나 원본으로부터 복사한 사본일 경우 복사과정에서 편집되는 등의 인위적 개작 없이 원본 내용 그대로 복사된 사본일 것, 둘째 형사소송법 제313조 제1항에 따라 공판준비나 공판기일에서 원진술자의 진술에 의하여 녹음테이프에 녹음된 각자의 진술내용이 자신이 진술한 대로 녹음된 것이라는 점이 인정되어야</u> 한다(대판 2011.9.8. 2010도7497).

정답 O

027 23승

검증조서에 첨부된 사진은 검증조서와 일체를 이루는 것이므로, 사법경찰관 작성의 검증조서 중 피고인 진술 기재부분 및 범행재연의 사진부분에 대하여 원진술자이며 행위자인 피고인이 그 진술 및 범행재연의 진정함을 인정하지 않는다고 하더라도 검증조서 전체의 증거능력이 인정된다. O|X

> <u>검증조서에 첨부된 사진이나 도화는 검증결과의 이해를 쉽게 하기 위해 첨부된 것이므로 검증조서와 일체를 이루는 것으로 검증조서의 증거능력이 인정되면 당연히 증거능력이 인정된다</u>(대판 1998.3.13. 98도159). 그러나 사법경찰관이 작성한 검증조서에 피의자이던 피고인이 검사 이외의 수사기관 앞에서 <u>자백한 범행내용을 현장에 따라 진술·재연한 내용이 기재되고 그 재연 과정을 촬영한 사진이 첨부되어 있다면, 그러한 기재나 사진은 피고인이 공판정에서 그 진술내용 및 범행재연의 상황을 모두 부인하는 이상 증거능력이 없다</u>(대판 2006.1.13. 2003도6548, 대판 2007.4.26. 2007도1794).

정답 ×

028 73간

현장사진 중 '사진 가운데에 위치한 촬영일자' 부분이 조작된 것이라고 다투는 경우, 위 '현장사진의 촬영일자'는 전문법칙이 적용된다. O|X

> … 피고인이 이 사건 범행을 부인한다거나 위 공소외인이 다른 범죄에 제공하기 위하여 사진을 촬영하였고 사진 촬영 당시 피고인이 무의식 상태에 있었다고 다투는 것은 사진의 증명력을 다투는 취지에 불과하여 의사표시의 효력과는 무관하며, 피고인이 이 사건 사진의 촬영일자 부분에 대하여 조작된 것이라고 다툰다고 하더라도 <u>이 부분은 전문증거에 해당되어 별도로 증거능력이 있는지를 살펴보면 족한 것이다</u>(대판 1997.9.30. 97도1230).

정답 O

029 22법9

제1심에서 간이공판절차에 의하여 상당하다고 인정하는 방법으로 증거조사를 한 이상, 피고인이 항소심에 이르러 범행을 부인하였다고 하더라도 제1심에서 이미 증거능력이 있었던 증거는 항소심에서도 증거능력이 그대로 유지된다. ○|×

> 피고인이 제1심법원에서 공소사실에 대하여 자백하여 <u>제1심법원이 이에 대하여 간이공판절차에 의하여 심판할 것을 결정</u>하고, 이에 따라 제1심법원이 제1심판결 명시의 증거들을 <u>증거로 함에 피고인 또는 변호인의 이의가 없어 형사소송법 제318조의3의 규정에 따라 증거능력이 있다고 보고, 상당하다고 인정하는 방법으로 증거조사를 한 이상</u>, 가사 항소심에 이르러 범행을 부인하였다고 하더라도 제1심법원에서 증거로 할 수 있었던 증거는 항소법원에서도 증거로 할 수 있는 것이므로 <u>제1심법원에서 이미 증거능력이 있었던 증거는 항소심에서도 증거능력이 그대로 유지되어 심판의 기초가 될 수 있고 다시 증거조사를 할 필요가 없다</u>(대판 1998.2.27. 97도3421).

정답 ○

030 22법9

수사기관이 피고인이 2018. 5.경 피해자 甲(여, 10세)에 대하여 저지른 간음유인미수 및 통신매체이용음란 범행과 관련하여 압수·수색영장을 받아 피고인의 휴대전화를 압수하였는데, 이에 대한 디지털정보분석 결과 피고인이 2017. 12. 경부터 2018. 4.경까지 사이에 다른 피해자 乙(여, 12세), 丙(여, 10세) 등에 대하여 저지른 간음유인, 미성년자의제강간, 통신매체이용음란 등 범행에 관한 추가 자료들이 획득된 경우, 위 추가 자료들은 피고인의 丙 등에 대한 범행에 관하여 유죄 인정의 증거로 사용할 수 있다. ○|×

> 피고인이 2018. 5. 6.경 피해자 A에 대하여 저지른 간음유인미수 및 통신매체이용음란의 각 범행과 관련하여 수사기관이 압수한 피고인 소유의 휴대전화에 대한 디지털정보분석 결과, 피고인이 2017. 12.경부터 2018. 4.경까지 사이에 저지른 <u>피해자 B, C, D에 대한 간음유인(미수), 강간(미수), 통신매체이용음란 등의 각 범행에 관한 자료들이 추가로 취득된 사안</u>에서, … 실제로 2017. 12.경부터 2018. 4.경까지 사이에 저질러진 위 추가 범행들은, <u>이 사건 압수·수색영장에 기재된 혐의사실의 일시인 2018. 5. 7.과 시간적으로 근접할 뿐 아니라, 미성년자인 피해자들을 대상으로 저지른 일련의 성범죄로서 범행 동기, 범행대상, 범행의 수단과 방법이 공통되는 점, 이 사건 추가 자료들은 이 사건 압수·수색영장의 범죄사실에 대한 주관적 구성요건을 뒷받침하는 간접증거로 사용될 수 있었고 범행 수법 및 준비과정, 계획 등에 관한 정황증거에 해당할 뿐 아니라 진술의 신빙성을 판단할 수 있는 자료로도 사용될 수 있었던 점</u> 등을 이유로, 이 사건 추가 자료들로 인하여 밝혀진 <u>피고인의 피해자 B, C, D에 대한 범행은 이 사건 압수·수색영장의 범죄사실과 단순히 동종 또는 유사 범행인 것을 넘어서, 구체적·개별적 연관관계가 있는 경우로서 객관적 관련성을 갖추었다고 인정</u>하였다(대판 2020.2.13. 2019도14341).

정답 ○

031 22승 / 21국9

피고인 아닌 자의 공판준비 또는 공판기일에서의 진술이 피고인 아닌 타인의 진술을 그 내용으로 하는 것인 때에는 원진술자가 사망, 질병, 외국거주, 소재불명 그 밖에 이에 준하는 사유로 인하여 진술할 수 없고, 그 진술이 특히 신빙할 수 있는 상태하에서 행하여졌음이 증명된 때에 한하여 이를 증거로 할 수 있다. ☐O☐X

제316조 제2항

정답 O

032 24법9

증인이 제1심 법정에 출석하여 사기 피해자로부터 들은 금전대여 경위에 관하여 한 증언은 피해자의 진술을 내용으로 하는 전문진술이지만, 이후 피해자가 법정에 출석하여 이에 관하여 상반된 진술을 한 경우에는 증거로 쓸 수 있다. ☐O☐X

형사소송법 제316조 제2항에 의하면 피고인 아닌 자의 공판준비 또는 공판기일에서의 진술이 피고인 아닌 타인의 진술을 그 내용으로 하는 것인 때에는 원진술자가 사망·질병·외국거주 기타 사유로 인하여 진술할 수 없고 그 진술이 특히 신빙할 수 있는 상태 하에서 행하여진 때에 한하여 이를 증거로 할 수 있다고 규정하고 있는바 사안처럼 원진술자인 피해자가 법정에 출석하여 상반된 진술을 하였다면 원진술자의 필요성 요건을 충족하지 못하여 이를 유죄의 증거로 사용할 수 없다.

정답 X

033 21승

압수된 디지털 저장매체로부터 출력한 문건을 진술증거로 사용하는 경우, 그 기재 내용의 진실성에 관하여는 전문법칙이 적용되므로 「형사소송법」 제313조 제1항에 따라 그 작성자 또는 진술자의 진술에 의하여 그 성립의 진정함이 증명된 때에는 이를 증거로 사용할 수 있다. ☐O☐X

대판 2007.12.13. 2007도7257

정답 O

034 21승

검사 또는 사법경찰관이 검증의 결과를 기재한 조서는 적법한 절차와 방식에 따라 작성된 것으로서 공판준비 또는 공판기일에서의 작성자의 진술에 따라 그 성립의 진정함이 증명된 때에는 증거로 할 수 있다. ☐O☐X

제312조 제6항

정답 O

035 21승

대화 내용을 녹음한 파일 등 전자매체는 성질상 작성자나 진술자의 서명 또는 날인이 없을 뿐만 아니라, 녹음자의 의도나 특정한 기술에 의하여 내용이 편집·조작될 위험성이 있음을 고려하여, 대화 내용을 녹음한 원본이거나 원본으로부터 복사한 사본일 경우에는 복사과정에서 편집되는 등의 인위적 개작 없이 원본의 내용 그대로 복사된 사본임이 입증되어야 한다. ◯|✕

> 대판 2012.9.13. 2012도7461

정답 ◯

036 21승

컴퓨터 디스켓에 들어 있는 문건이 증거로 사용되는 경우 그 컴퓨터 디스켓은 그 기재의 매체가 다를 뿐 실질에 있어서는 피고인 또는 피고인 아닌 자의 진술을 기재한 서류와 크게 다를 바 없고, 압수 후의 보관 및 출력과정에 조작의 가능성이 있으며, 기본적으로 반대신문의 기회가 보장되지 않는 점 등에 비추어 그 기재내용의 진실성에 관하여는 전문법칙이 적용된다. ◯|✕

> 대판 2013.2.15. 2010도3504

정답 ◯

037 23승 / 22국9(교정직)

검사가 작성한 피의자신문조서는 적법한 절차와 방식에 따라 작성된 것으로서 공판준비 또는 공판기일에 그 피의자였던 피고인 또는 변호인이 그 내용을 인정할 때에 한하여 증거로 할 수 있다. ◯|✕

> 검사가 피고인이 된 피의자의 진술을 기재한 조서는 적법한 절차와 방식에 따라 작성된 것으로서 피고인이 진술한 내용과 동일하게 기재되어 있음이 공판준비 또는 공판기일에서의 피고인의 진술에 의하여 인정되고, 그 조서에 기재된 진술이 특히 신빙할 수 있는 상태 하에서 행하여졌음이 증명된 때에 한하여 증거로 할 수 있다(구 형사소송법 제312조 제1항).
> 그러나 2022년 1월 1일부터 시행된 개정 형사소송법 제312조 제1항에 따르면 옳은 지문이 된다. 즉, 동 지문은 출제당시에는 틀린 지문이었으나 2022년 1월 1일 부터는 옳은 지문에 해당한다.

정답 ◯

038 24경1

피고인이 자신과 공범관계에 있는 다른 피고인이나 피의자에 대하여 검사가 작성한 피의자신문조서의 내용을 부인하는 경우에는 「형사소송법」 제312조 제1항이 적용되지 아니하므로 이를 유죄의 증거로 쓸 수 있다. ○|×

> 형사소송법 제312조 제1항에서 정한 '검사가 작성한 피의자신문조서'란 당해 피고인에 대한 피의자신문조서만이 아니라 당해 피고인과 공범관계에 있는 다른 피고인이나 피의자에 대하여 검사가 작성한 피의자신문조서도 포함되고, 여기서 말하는 '공범'에는 형법 총칙의 공범 이외에도 서로 대향된 행위의 존재를 필요로 할 뿐 각자의 구성요건을 실현하고 별도의 형벌 규정에 따라 처벌되는 강학상 필요적 공범 또는 대향범까지 포함한다. 따라서 피고인이 자신과 공범관계에 있는 다른 피고인이나 피의자에 대하여 검사가 작성한 피의자신문조서의 내용을 부인하는 경우에는 형사소송법 제312조 제1항에 따라 유죄의 증거로 쓸 수 없다(대판 2023.6.1. 2023도3741).

정답 ×

039 24국9

A에게 필로폰을 매도한 혐의로 기소된 甲이 검사 작성의 A에 대한 피의자신문조서 사본에 대하여 내용부인의 취지로 증거로 사용함에 부동의한 경우, 그 피의자신문조서 사본은 「형사소송법」 제312조 제1항에 따라 甲에 대한 유죄의 증거로 사용할 수 없다. ○|×

> 피고인과 변호인이 '공소외인에 대한 검찰 피의자신문조서 사본'에 관하여 내용 부인 취지에서 '증거로 사용함에 동의하지 않는다'는 의견을 밝혔음에도 이를 유죄인정의 증거로 사용한 것은 형사소송법 제312조 제1항에 관한 법리를 오해한 것이다(대판 2023.6.1. 2023도3741).

정답 ○

040 24승

「형사소송법」 제312조 제1항에서 정한 '검사가 작성한 피의자신문조서'란 당해 피고인에 대한 피의자신문조서만이 아니라 당해 피고인과 공범관계에 있는 다른 피고인이나 피의자에 대하여 검사가 작성한 피의자신문조서도 포함된다. ○|×

> 대판 2023.6.1. 2023도3741

정답 ○

041 23법9

피고인이 제1심 제4회 공판기일부터 공소사실을 일관되게 부인하여 경찰 작성 피의자신문조서의 진술 내용을 인정하지 않는 경우, 제1심 제4회 공판기일에 피고인이 그 서증의 내용을 인정한 것으로 공판조서에 기재된 것은 착오 기재 등으로 보아 피의자신문조서의 증거능력을 부정하여야 한다. O|X

> 공소사실이 최초로 심리된 제1심 제4회 공판기일부터 피고인이 공소사실을 일관되게 부인하여 경찰 작성 피의자신문조서의 진술 내용을 인정하지 않는 경우, 제1심 제4회 공판기일에 피고인이 위 서증의 내용을 인정한 것으로 공판조서에 기재된 것은 착오 기재 등으로 보아 위 피의자신문조서의 증거능력을 부정하여야 하고, 이와 반대되는 원심판단에 법리오해의 위법이 있다고 한 사례(대판 2010.6.24. 2010도5040).

정답 ○

042 23승 / 23국9

당해 피고인과 공범 관계에 있는 다른 피의자에 대한 사법경찰관 작성 피의자신문조서는 그 공범인 공동피고인의 법정 진술에 의하여 성립의 진정이 인정되는 등 「형사소송법」 제312조 제4항의 요건을 갖추었다면 당해 피고인이 공판기일에서 그 조서의 내용을 부인하더라도 증거능력이 인정된다. O|X

> 당해 피고인과 공범관계에 있는 공동피고인에 대하여 검사 이외의 수사기관이 작성한 피의자신문조서는 그 공동피고인의 법정진술에 의하여 성립의 진정이 인정되더라도 당해 피고인이 공판기일에서 그 조서의 내용을 부인하면 증거능력이 부정된다(대판 2004.7.15. 2003도7185 전원합의체).

정답 ×

043 24경1 / 24·22국9

「형사소송법」 제312조 제1항은 검사가 작성한 피의자신문조서는 공판준비, 공판기일에 그 피의자였던 피고인 또는 변호인이 그 내용을 인정할 때에 한정하여 증거로 할 수 있다고 규정하고 있다. 여기서 '그 내용을 인정할 때'라 함은 피의자신문조서의 기재 내용이 진술 내용대로 기재되어 있다는 의미가 아니고 그와 같이 진술한 내용이 실제 사실과 부합한다는 것을 의미한다. O|X

> 형사소송법 제312조 제1항은 검사가 작성한 피의자신문조서는 공판준비, 공판기일에 그 피의자였던 피고인 또는 변호인이 그 내용을 인정할 때에 한정하여 증거로 할 수 있다고 규정하고 있다. 여기서 '그 내용을 인정할 때'라 함은 피의자신문조서의 기재 내용이 진술 내용대로 기재되어 있다는 의미가 아니고 그와 같이 진술한 내용이 실제 사실과 부합한다는 것을 의미한다. 따라서 피고인이 공소사실을 부인하는 경우 검사가 작성한 피의자신문조서 중 공소사실을 인정하는 취지의 진술 부분은 그 내용을 인정하지 않았다고 보아야 한다(대판 2023.4.27. 2023도2102).

정답 ○

044 22국9

검사 이외의 수사기관이 작성한 피의자신문조서는 공판준비 또는 공판기일에 그 피의자였던 피고인 또는 변호인이 그 내용을 인정할 때에 한하여 증거로 할 수 있으며, 여기에서 '그 내용을 인정할 때'라 함은 피의자신문조서의 기재 내용이 실제 사실과 부합한다는 것을 의미한다. ☐O☐X

> 형사소송법 제312조 제3항에서 '그 내용을 인정할 때'라 함은 피의자신문조서의 기재 내용이 진술 내용대로 기재되어 있다는 의미가 아니고 그와 같이 진술한 내용이 실제 사실과 부합한다는 것을 의미한다(대판 2010.6.24. 2010도5040).

정답 O

045 24국9

피고인이 법정에서 공소사실을 부인하면서도 검사가 작성한 피의자신문조서에 대하여 자신이 진술한 대로 기재되어 있다는 점을 명확하게 밝힌 경우, 그 피의자신문조서 중 공소사실을 인정하는 취지의 진술 기재 부분은 「형사소송법」 제312조 제1항에 따라 증거능력이 인정된다. ☐O☐X

> 대판 2023.4.27. 2023도2102

정답 ×

046 74간

피고인과 공범관계에 있는 공동피고인에 대해 사법경찰관이 작성한 피의자신문조서는 그 공동피고인이 피의자신문조서에 기재된 것과 같은 내용으로 진술하였다는 취지로 증언하였더라도 당해 피고인이 공판기일에서 그 조서의 내용을 부인하면 증거능력이 부정된다. ☐O☐X

> 형사소송법 제312조 제3항은 검사 이외의 수사기관이 작성한 당해 피고인에 대한 피의자신문조서를 유죄의 증거로 하는 경우뿐만 아니라, 검사 이외의 수사기관이 작성한 당해 피고인과 공범관계에 있는 다른 피고인이나 피의자에 대한 피의자신문조서를 당해 피고인에 대한 유죄의 증거로 채택할 경우에도 적용된다. 따라서 당해 피고인과 공범관계에 있는 공동피고인에 대하여 검사 이외의 수사기관이 작성한 피의자신문조서는 그 공동피고인의 법정진술에 의하여 성립의 진정이 인정되더라도 당해 피고인이 공판기일에서 그 조서의 내용을 부인하면 증거능력이 부정된다(대판 2010.1.28. 2009도10139).

정답 O

047 74간

피고인과 공범관계에 있는 다른 피의자에 대한 검사 이외의 수사기관 작성의 피의자신문조서에 대하여는 사망 등 사유로 인하여 법정에서 진술할 수 없는 때에 예외적으로 증거능력을 인정하는 규정인 「형사소송법」 제314조가 적용되지 않는다. ○|×

> 대판 2020.6.11. 2016도9367

정답 ○

048 22국9

사법경찰관이 작성한 피고인의 공범에 대한 피의자신문조서의 경우에 사망 등의 사유로 인하여 법정에서 진술할 수 없는 때에는 예외적으로 증거능력을 인정하는 규정인 「형사소송법」 제314조가 적용된다. ○|×

> 형사소송법 제312조 제3항은 검사 이외의 수사기관이 작성한 해당 피고인에 대한 피의자신문조서를 유죄의 증거로 하는 경우뿐만 아니라 검사 이외의 수사기관이 작성한 해당 피고인과 공범관계에 있는 다른 피고인이나 피의자에 대한 피의자신문조서를 해당 피고인에 대한 유죄의 증거로 채택할 경우에도 적용된다. 따라서 해당 피고인과 공범관계가 있는 다른 피의자에 대하여 검사 이외의 수사기관이 작성한 피의자신문조서는 그 피의자의 법정진술에 의하여 그 성립의 진정이 인정되는 등 형사소송법 제312조 제4항의 요건을 갖춘 경우라고 하더라도 해당 피고인이 공판기일에서 그 조서의 내용을 부인한 이상 이를 유죄 인정의 증거로 사용할 수 없고, 그 당연한 결과로 위 피의자신문조서에 대하여는 사망 등 사유로 인하여 법정에서 진술할 수 없는 때에 예외적으로 증거능력을 인정하는 규정인 형사소송법 제314조가 적용되지 아니한다. 그리고 이러한 법리는 공동정범이나 교사범, 방조범 등 공범관계에 있는 자들 사이에서뿐만 아니라, 법인의 대표자나 법인 또는 개인의 대리인, 사용인, 그 밖의 종업원 등 행위자의 위반행위에 대하여 행위자가 아닌 법인 또는 개인이 양벌규정에 따라 기소된 경우, 이러한 법인 또는 개인과 행위자 사이의 관계에서도 마찬가지로 적용된다고 보아야 한다(대판 2020.6.11. 2016도9367).

정답 ×

049 21국7

피고인의 사용인이 위반행위를 하여 피고인이 양벌규정에 따라 기소된 경우, 사용인에 대하여 사법경찰관이 작성한 피의자신문조서에 대하여는 그 사용인이 사망하여 진술할 수 없더라도 「형사소송법」 제314조가 적용되지 않는다. ○|×

> 해당 피고인과 공범관계가 있는 다른 피의자에 대하여 검사 이외의 수사기관이 작성한 피의자신문조서는 그 피의자의 법정진술에 의하여 그 성립의 진정이 인정되는 등 형사소송법 제312조 제4항의 요건을 갖춘 경우라고 하더라도 해당 피고인이 공판기일에서 그 조서의 내용을 부인한 이상 이를 유죄 인정의 증거로 사용할 수 없고, 그 당연한 결과로 위 피의자신문조서에 대하여는 사망 등 사유로 인하여 법정에서 진술할 수 없는 때에 예외적으로 증거능력을 인정하는 규정인 형사소송법 제314조가 적용되지 아니한다. 그리고 이러한 법리는 공동정범이나 교사범, 방조범 등 공범관계에 있는 자들 사이에서뿐만 아니라, 법인의 대표자나 법인 또는 개인의 대리인, 사용인, 그 밖의 종업원 등 행위자의 위반행위에 대하여 행위자가 아닌 법인 또는 개인이 양벌규정에 따라 기소된 경우, 이러한 법인 또는 개인과 행위자 사이의 관계에서도 마찬가지로 적용된다고 보아야 한다(대판 2020.6.11. 2016도9367).

정답 ○

050 71간

수사기관이 작성한 조서의 내용이 원진술자가 진술한 대로 기재된 것이라 함은 조서 작성 당시 원진술자의 진술대로 기재 되었는지의 여부만을 의미하는 것으로, 그와 같이 진술하게 된 연유나 그 진술의 신빙성 여부를 고려할 것은 아니다. ○|×

> 대판 2005.6.10. 2005도1849

정답 ○

051 74·71간

행위자가 아닌 법인이 양벌규정에 따라 기소된 경우, 사법경찰관이 행위자에 대하여 작성한 피의자신문조서는 행위자가 그 내용을 인정한 경우에는 당해 피고인인 법인이 그 내용을 부인하더라도 증거능력이 있다. ○|×

> 형사소송법 제312조 제3항은 검사 이외의 수사기관이 작성한 해당 피고인에 대한 피의자신문조서를 유죄의 증거로 하는 경우뿐만 아니라 검사 이외의 수사기관이 작성한 해당 피고인과 공범관계가 있는 다른 피의자에 대하여 검사 이외의 수사기관이 작성한 피의자신문조서는 그 피의자의 법정진술에 의하여 그 성립의 진정이 인정되는 등 형사소송법 제312조 제4항의 요건을 갖춘 경우라고 하더라도 해당 피고인이 공판기일에서 그 조서의 내용을 부인한 이상 이를 유죄 인정의 증거로 사용할 수 없고, 그 당연한 결과로 위 피의자신문조서에 대하여는 사망 등 사유로 인하여 법정에서 진술할 수 없는 때에 예외적으로 증거능력을 인정하는 규정인 형사소송법 제314조가 적용되지 아니한다. 그리고 이러한 법리는 공동정범이나 교사범, 방조범 등 공범관계에 있는 자들 사이에서뿐만 아니라, 법인의 대표자나 법인 또는 개인의 대리인, 사용인, 그 밖의 종업원 등 행위자의 위반행위에 대하여 행위자가 아닌 법인 또는 개인이 양벌규정에 따라 기소된 경우, 이러한 법인 또는 개인과 행위자 사이의 관계에서도 마찬가지로 적용된다고 보아야 한다(대판 2020.6.11. 2016도9367).

정답 ○

052 24국9

「형사소송법」 제312조 제3항은 검사 이외의 수사기관이 작성한 해당 피고인과 공범관계에 있는 다른 피고인이나 피의자에 대한 피의자신문조서를 해당 피고인에 대한 유죄의 증거로 채택할 경우에도 적용되지만, 양벌규정에 따라 처벌되는 행위자와 행위자가 아닌 법인 또는 개인 간의 관계에는 적용되지 않는다. ○|×

> 대판 2020.6.11. 2016도9367

정답 ×

053 22법9

양벌규정에 따라 처벌되는 행위자와 행위자가 아닌 법인 또는 개인 사이는 공범 관계라고 볼 수 없으므로 법인 또는 개인이 피고인인 사건에서 사법경찰관 작성의 행위자에 대한 피의자신문조서에는 피고인이 아닌 자의 진술을 기재한 조서에 관한 형사소송법 제312조 제4항이 적용된다. ☐O☐X

대판 2020.6.11. 2016도9367

정답 ×

054 22국9

사법경찰관이 작성한 양벌규정 위반 행위자의 피의자신문조서가 적법한 절차와 방식에 따라 작성된 것이지만, 공판기일에 양벌규정에 의해 기소된 사업주가 그 내용을 증거로 함에 동의하지 않고 그 내용을 부인하였다면 증거로 할 수 없다. ☐O☐X

대판 2020.6.11. 2016도9367

정답 ○

055 21법9

피고인과 공범관계가 있는 다른 피의자에 대하여 검사 이외의 수사기관이 작성한 피의자신문조서는 그 피의자의 법정진술에 의하여 성립의 진정이 인정되는 등 형사소송법 제312조 제4항의 요건을 갖춘 경우라면 해당 피고인이 공판기일에서 그 조서의 내용을 부인하여도 이를 유죄 인정의 증거로 사용할 수 있다. ☐O☐X

> 해당 피고인과 공범관계가 있는 다른 피의자에 대하여 검사 이외의 수사기관이 작성한 피의자신문조서는 그 피의자의 법정진술에 의하여 그 성립의 진정이 인정되는 등 형사소송법 제312조 제4항의 요건을 갖춘 경우라고 하더라도 해당 피고인이 공판기일에서 그 조서의 내용을 부인한 이상 이를 유죄 인정의 증거로 사용할 수 없고, 그 당연한 결과로 위 피의자신문조서에 대하여는 사망 등 사유로 인하여 법정에서 진술할 수 없는 때에 예외적으로 증거능력을 인정하는 규정인 형사소송법 제314조가 적용되지 아니한다(대판 2020.6.11. 2016도9367).

정답 ×

056 22국9

피고인과 공범관계에 있는 공동피고인에 대하여 수사과정에서 작성된 피의자신문조서는 그 공동피고인에 의하여 성립의 진정이 인정되더라도 해당 피고인이 공판기일에 그 조서의 내용을 부인하면 증거능력이 없다. ☐O☐X

대판 2020.6.11. 2016도9367

정답 ○

057 23승

진술조서의 증거능력이 인정되려면 '적법한 절차와 방식에 따라 작성된 것'이어야 한다는 법리는 피고인이 아닌 자가 수사과정에서 작성한 진술서의 증거능력에 관하여도 적용된다. ○|×

> 형사소송법 제312조 제5항에서 "제1항부터 제4항까지의 규정은 피고인 또는 피고인이 아닌 자가 수사과정에서 작성한 진술서에 관하여 준용한다."라고 규정하고 있으므로, 피고인이 아닌 자가 수사과정에서 작성한 진술서의 증거능력에 관하여도 진술조서의 증거능력을 인정하기 위한 제312조 제4항의 요건을 충족하여야 한다.

정답 ○

058 23승

수사기관이 참고인의 진술을 기재한 조서는 그 내용을 피고인이 부인하고 참고인의 법정출석 및 반대신문이 이루어지지 못하였다면 이를 주된 증거로 하여 공소사실을 인정할 수 없는 것이 원칙이지만 피고인이 이에 대해 증거동의한 경우에는 그렇지 아니하다. ○|×

> 피고인이 공소사실 및 이를 뒷받침하는 수사기관이 원진술자의 진술을 기재한 조서 내용을 부인하였음에도 불구하고, 원진술자의 법정 출석과 피고인에 의한 반대신문이 이루어지지 못하였다면, (그 조서에 기재된 진술이 직접 경험한 사실을 구체적인 경위와 정황의 세세한 부분까지 정확하고 상세하게 묘사하고 있어 구태여 반대신문을 거치지 않더라도 진술의 정확한 취지를 명확히 인식할 수 있고 그 내용이 경험칙에 부합하는 등 신빙성에 의문이 없어 조서의 형식과 내용에 비추어 강한 증명력을 인정할 만한 특별한 사정이 있거나, 그 조서에 기재된 진술의 신빙성과 증명력을 뒷받침할 만한 다른 유력한 증거가 따로 존재하는 등의 예외적인 경우가 아닌 이상) 그 조서는 진정한 증거가치를 가진 것으로 인정받을 수 없는 것이어서 이를 주된 증거로 하여 공소사실을 인정하는 것은 원칙적으로 허용될 수 없다. 이는 원진술자의 사망이나 질병 등으로 인하여 원진술자의 법정 출석 및 반대신문이 이루어지지 못한 경우는 물론 수사기관의 조서를 증거로 함에 피고인이 동의한 경우에도 마찬가지이다(대판 2006.12.8. 2005도9730).

정답 ×

059 71간

검사가 작성한 피의자나 피의자 아닌 자의 진술을 기재한 조서 (단, 형식적 진정성립과 특신상태는 인정됨) 중 일부에 관하여만 원진술자가 공판준비 또는 공판기일에서 실질적 진정성립을 인정하는 경우, 진술한 대로 기재되어 있다고 하는 부분에 한하여서만 증거능력이 인정된다. ◯|✕

> 검사가 피의자나 피의자 아닌 자의 진술을 기재한 <u>조서 중 일부에 관하여만 원진술자가 공판준비 또는 공판기일에서 실질적 진정성립을 인정하는 경우</u>에는 법원은 당해 조서 중 어느 부분이 원진술자가 진술한 대로 기재되어 있고 어느 부분이 달리 기재되어 있는지 여부를 <u>구체적으로 심리한 다음 진술한 대로 기재되어 있다고 하는 부분에 한하여 증거능력을 인정하여야 하고, 그 밖에 실질적 진정성립이 부정되는 부분에 대해서는 증거능력을 부정하여야 한다</u>(대판 2005.6.10. 2005도1849).
> 그러나 2022년 1월 1일부터 시행되는 개정 형사소송법에 따르면 검사 작성의 피고인이 된 피의자에 대한 진술조서는 '실질적 진정성립'이 아니라 '내용을 인정'하여야 증거능력이 인정될 수 있으므로 출제되기 다소 어려운 지문이다.

정답 ◯

060 71간

피고인이 자신에 대한 검사 작성의 피의자신문조서의 성립이 진정함을 인정하는 진술을 하고, 그 피의자신문조서에 대하여 증거조사가 완료되었다면, 증거조사 완료 뒤의 위 진정성립 인정진술의 취소는 절차적 안정성을 위해 어떠한 경우에도 허용될 수 없다. ◯|✕

> 피고인이나 그 변호인이 검사 작성의 당해 피고인에 대한 피의자신문조서의 성립의 진정함을 인정하는 진술을 하였다 하더라도 그 피의자신문조서에 대하여 형사소송법 제292조에서 정한 <u>증거조사가 완료되기 전에는 최초의 진술을 번복함으로써 그 피의자신문조서를 유죄 인정의 자료로 사용할 수 없도록 할 수 있으나, 그 피의자신문조서에 대하여 위의 증거조사가 완료된 뒤에는</u> 그와 같은 번복의 의사표시에 의하여 이미 인정된 조서의 증거능력이 당연히 상실되는 것은 아니다. 다만, 적법절차 보장의 정신에 비추어 성립의 진정함을 인정한 최초의 진술에 그 효력을 그대로 유지하기 어려운 중대한 하자가 있고 그에 관하여 진술인에게 귀책사유가 없는 경우에 한하여 예외적으로 증거조사 절차가 완료된 뒤에도 그 진술을 취소할 수 있고, 그 취소 주장이 이유 있는 것으로 받아들여지게 되면 법원은 <u>형사소송규칙 제139조 제4항의 증거배제결정을 통하여 그 조서를 유죄 인정의 자료에서 제외하여야 한다</u>(대판 2008.7.10. 2007도7760).

정답 ✕

061 24승 / 23국7

법원 또는 합의부원, 검사, 변호인, 청구인이 구속된 피의자를 심문하고 그에 대한 피의자의 진술 등을 기재한 구속적부심문 조서는 특히 신용할 만한 정황에 의하여 작성된 문서라고 할 것 이므로 특별한 사정이 없는 한, 피고인이 증거로 함에 부동의 하더라도 형사소송법 제315조 제3호에 의하여 당연히 그 증거능력이 인정된다.　O|X

> 법원 또는 합의부원, 검사, 변호인, 청구인이 구속된 피의자를 심문하고 그에 대한 피의자의 진술 등을 기재한 구속적부심문조서는 형사소송법 제311조가 규정한 문서에는 해당하지 않는다 할 것이나, 특히 신용할 만한 정황에 의하여 작성된 문서라고 할 것이므로 특별한 사정이 없는 한, 피고인이 증거로 함에 부동의 하더라도 형사소송법 제315조 제3호에 의하여 당연히 그 증거능력이 인정된다(대판 2004.1.16. 2003도5693).

정답 O

062 24·22법9 / 22승 / 22국7

보험사기 사건에서 건강보험심사평가원이 수사기관의 의뢰 에 따라 그 보내온 자료를 토대로 입원진료의 적정성에 대한 의견을 제시하는 내용의 '건강보험심사평가원의 입원진료 적정성 여부 등 검토의뢰에 대한 회신'은 형사소송법 제315조 제3호의 '기타 특히 신용할 만한 정황에 의하여 작성 된 문서'에 해당하지 않는다.　O|X

> 사무처리 내역을 계속적, 기계적으로 기재한 문서가 아니라 범죄사실의 인정 여부와 관련 있는 어떠한 의견을 제시하는 내용을 담고 있는 문서는 형사소송법 제315조 제3호에서 규정하는 당연히 증거능력이 있는 서류에 해당한다고 볼 수 없으므로, 이른바 보험사기 사건에서 건강보험심사평가원이 수사기관의 의뢰에 따라 그 보내온 자료를 토대로 입원진료의 적정성에 대한 의견을 제시하는 내용의 '건강보험심사평가원의 입원진료 적정성 여부 등 검토의뢰에 대한 회신'은 형사소송법 제315조 제3호의 '기타 특히 신용할 만한 정황에 의하여 작성된 문서'에 해당하지 않는다(대판 2017.12.5. 2017도12671).

정답 O

063 21경2 / 21국9

검사 이외의 수사기관이 작성한 피의자신문조서의 증거능력에 관한 「형사소송법」 제312조 제3항은 당해 사건에서 작성한 피의자신문조서뿐만 아니라 별개 사건에서 작성한 피의자신문조서에 대해서도 적용되므로, 피의자였던 피고인이 별개 사건에서 작성된 피의자신문조서의 내용을 부인하는 이상 그 조서는 당해 사건에 대한 유죄의 증거로 할 수 없다.　O|X

> 형사소송법 제312조 제3항은 검사 이외의 수사기관의 피의자신문은 이른바 신용성의 정황적 보장이 박약하다고 보아 피의자신문에 있어서 진정성립 및 임의성이 인정되더라도 공판 또는 그 준비절차에 있어 원진술자인 피고인이나 변호인이 그 내용을 인정하지 않는 한 그 증거능력을 부정하는 취지로 입법된 것으로, 그 입법취지와 법조의 문언에 비추어 볼 때 당해 사건에서 피의자였던 피고인에 대한 검사 이외의 수사기관 작성의 피의자신문조서에만 적용되는 것은 아니고 전혀 별개의 사건에서 피의자였던 피고인에 대한 검사 이외의 수사기관 작성의 피의자신문조서도 그 적용대상으로 하고 있는 것이라고 보아야 한다(대판 1995.3.24. 94도2287).

정답 O

064 21경2

「형사소송법」 제312조 제3항은 검사 이외의 수사기관이 작성한 당해 피고인 甲에 대한 피의자신문조서를 유죄의 증거로 하는 경우에만 적용되고 甲과 공범관계에 있는 다른 피의자 乙에 대한 피의자신문조서에는 적용되지 않으므로, 乙에 대한 사법경찰관 작성의 피의자신문조서는 甲이 공판기일에서 그 조서의 내용을 부인하더라도 乙의 법정진술에 의하여 그 성립의 진정이 인정되면 증거로 할 수 있다. ○|×

> 형사소송법 제312조 제3항은 검사 이외의 수사기관이 작성한 <u>당해 피고인에 대한 피의자신문조서를 유죄의 증거로 하는 경우뿐만 아니라, 검사 이외의 수사기관이 작성한 당해 피고인과 공범관계에 있는 다른 피고인이나 피의자에 대한 피의자신문조서를 당해 피고인에 대한 유죄의 증거로 채택할 경우에도 적용된다.</u> 따라서 당해 피고인과 공범관계에 있는 공동피고인에 대하여 검사 이외의 수사기관이 작성한 피의자신문조서는 그 공동피고인의 법정진술에 의하여 성립의 진정이 인정되더라도 당해 피고인이 공판기일에서 그 조서의 내용을 부인하면 증거능력이 부정된다(대판 2004.7.15. 2003도7185 전원합의체).

정답 ×

065 21경2

사법경찰관이 피의자를 조사하는 경우와는 달리 피의자가 아닌 자를 조사하는 경우에는 조사과정의 진행경과를 확인하기 위하여 필요한 사항을 조서에 기록하거나 별도의 서면에 기록한 후 수사기록에 편철할 것을 요하지 않으므로, 사법경찰관이 그 조사과정을 기록하지 아니하였더라도 다른 특별한 사정이 없는 한 피의자 아닌 자가 조사과정에서 작성한 진술서는 증거로 할 수 있다. ○|×

> 피고인 아닌 자가 <u>수사과정에서 진술서를 작성</u>하였지만 수사기관이 그에 대한 <u>조사과정을 기록하지 아니한 경우</u> 형사소송법 제244조의4 제3항, 제1항에 정한 절차를 위반하여 <u>증거능력을 인정할 수 없다</u>(대판 2015.4.23. 2013도3790).

정답 ×

066 23법9 / 23경1 / 24승

형사소송법 제244조의4(수사과정의 기록) 제1항은 피고인이 아닌 자가 수사과정에서 진술서를 작성하는 경우에도 준용되므로, 수사기관이 그에 대한 조사과정을 기록하지 아니한 경우에는, 특별한 사정이 없는 한 '적법한 절차와 방식'에 따라 수사과정에서 진술서가 작성되었다 할 수 없으므로 그 증거능력을 인정할 수 없다. ○|×

> 대판 2015.4.23. 2013도3790

정답 ○

067 22승

만약 동석한 사람이 피의자를 대신하여 진술한 부분이 조서에 기재되어 있다면 그 부분은 피의자의 진술을 기재한 것이 아니라 동석한 사람의 진술을 기재한 조서에 해당하므로 그 사람에 대한 진술조서로서의 증거능력을 취득하기 위한 요건을 충족하지 못하는 한 이를 유죄 인정의 증거로 사용할 수 없다. ☐O☐X

> 대판 2009.6.23. 2009도1322

정답 O

068 22승

검사가 피의자 아닌 자의 진술을 기재한 조서에 대하여 그 원진술자가 공판기일에서 그 조서의 내용과 다른 진술을 하거나 변호인 또는 피고인의 반대신문에 대하여 아무런 답변을 하지 아니하였다 하여 곧 증거능력 자체를 부정할 사유가 되지는 아니한다. ☐O☐X

> 성립의 진정이라 함은 간인, 서명, 날인 등 조서의 형식적인 진정과 그 조서의 내용이 진술자의 진술 내용대로 기재되었다는 실질적인 진정을 뜻하는 것이므로, 검사가 피의자 아닌 자의 진술을 기재한 조서에 대하여 그 원진술자가 공판기일에서 그 성립의 진정을 인정하면 그 조서는 증거능력이 있는 것이고, 원진술자가 공판기일에서 그 조서의 내용과 다른 진술을 하거나 변호인 또는 피고인의 반대신문에 대하여 아무런 답변을 하지 아니하였다 하여 곧 증거능력 자체를 부정할 사유가 되지는 아니한다(대판 2001.9.14. 2001도1550).

정답 O

069 22승

원진술자가 법정에서 증인으로 나와 진술조서의 기재 내용을 열람하거나 고지받지 못한 채 단지 검사나 재판장의 신문에 대하여 수사기관에서 사실대로 진술하였다는 취지의 증언만을 하고 있을 뿐이라면, 그 진술조서는 증거능력을 인정할 수 없다. ☐O☐X

> 대판 1994.11.11. 94도343

정답 O

070 22법9 / 22경1 / 21경2 / 72간 / 22승

정보통신망을 통하여 공포심이나 불안감을 유발하는 글을 반복적으로 상대방에게 도달하게 하는 행위를 하였다는 공소사실에 대하여, 휴대전화기에 저장된 문자정보는 형사소송법 제310조의2의 전문법칙이 적용되지 않는다. ☐O☐X

> 정보통신망을 통하여 공포심이나 불안감을 유발하는 글을 반복적으로 상대방에게 도달하게 하는 행위를 하였다는 공소사실에 대하여 휴대전화기에 저장된 문자정보가 그 증거로 되는 경우, 그 문자정보는 범행의 직접적인 수단이고 경험자의 진술에 갈음하는 대체물에 해당하지 않으므로, 형사소송법 제310조의2에서 정한 전문법칙이 적용되지 않는다. 따라서 문자메시지로 전송된 문자정보를 휴대전화기 화면에 띄워 촬영한 사진에 대하여, 피고인이 성립 및 내용의 진정을 부인한다는 이유로 증거능력을 부정한 것은 위법하다(대판 2008.11.13. 2006도2556).

정답 O

071 23경2

피고인이 피해자에게 보낸 협박문자를 피해자가 화면캡쳐의 방식으로 촬영한 사진은 피고인의 협박죄 피고사건에 대해서는 전문증거에 해당하지 않는다. ☐O☐X

> 대판 2008.11.13. 2006도2556

정답 O

072 23경1 / 71간 / 24승 / 22국7

수사기관에서 진술한 피해자인 유아가 공판정에서 진술을 하였더라도 증인신문 당시 일정한 사항에 관하여 기억이 나지 않는다는 취지로 진술하여 그 진술의 일부가 재현 불가능하게 된 경우, 「형사소송법」 제314조, 제316조 제2항에서 말하는 '원진술자가 진술을 할 수 없는 때'에 해당한다. ☐O☐X

> 수사기관에서 진술한 피해자인 유아가 공판정에서 진술을 하였더라도 증인신문 당시 일정한 사항에 관하여 기억이 나지 않는다는 취지로 진술하여 그 진술의 일부가 재현 불가능하게 된 경우, 형사소송법 제314조, 제316조 제2항에서 말하는 '원진술자가 진술을 할 수 없는 때'에 해당한다(대판 2006.4.14. 2005도9561).

정답 O

073 23국9

검사의 조사를 받은 참고인이 법정에서 증언을 거부하여 피고인이 반대신문을 하지 못한 경우라도 그 증언거부권 행사가 정당하다면 「형사소송법」 제314조의 '그 밖에 이에 준하는 사유로 인하여 진술할 수 없는 때'에 해당하므로 특별한 사정이 없는 한 참고인에 대한 검사 작성 조서는 증거능력이 인정된다. ☐O☐X

> 현행 형사소송법 제314조의 문언과 개정 취지, 증언거부권 관련 규정의 내용 등에 비추어 보면, 법정에 출석한 증인이 형사소송법 제148조, 제149조 등에서 정한 바에 따라 정당하게 증언거부권을 행사하여 증언을 거부한 경우는 형사소송법 제314조의 '그 밖에 이에 준하는 사유로 인하여 진술할 수 없는 때'에 해당하지 아니한다(대판 2012.5.17. 2009도6788 전원합의체).

정답 ×

074 24경2

「형사소송법」 제314조에서 '특히 신빙할 수 있는 상태하에서 행하여졌음에 대한 증명'은 단지 그러할 개연성이 있다는 정도로는 부족하고, 법정에서의 반대신문 등을 통한 검증을 굳이 거치지 않더라도 진술의 신빙성을 충분히 담보할 수 있어 실질적 직접심리주의와 전문법칙에 대한 예외로 평가할 수 있는 정도에 이르러야 한다. ☐O☐X

> 형사소송법 제314조에서 '특히 신빙할 수 있는 상태하에서 행하여졌음에 대한 증명'은 단지 그러할 개연성이 있다는 정도로는 부족하고, 합리적 의심의 여지를 배제할 정도, 즉 법정에서의 반대신문 등을 통한 검증을 굳이 거치지 않더라도 진술의 신빙성을 충분히 담보할 수 있어 실질적 직접심리주의와 전문법칙에 대한 예외로 평가할 수 있는 정도에 이르러야 한다(대판 2024.4.12. 2023도13406)

정답 ○

075 23경1

「형사소송법」 제314조에 따라 참고인의 소재불명 등의 경우에 그 참고인이 진술하거나 작성한 진술조서나 진술서에 대하여 증거능력을 인정하는 경우 참고인의 진술 또는 작성이 '특히 신빙할 수 있는 상태 하에서 행하여졌음에 대한 증명'은 그러할 개연성이 있다는 정도에 이르러야 한다. ☐O☐X

> 대판 2014.4.30. 2012도725, 대판 2024.4.12. 2023도13406

정답 ×

076 73간

피고인 아닌 자의 공판기일에서의 진술이 피고인 아닌 타인의 진술을 그 내용으로 하는 경우 「형사소송법」 제316조 제2항이 요구하는 특히 신빙할 수 있는 상태하에서 행하여졌음에 대한 증명은 단지 그러한 개연성이 있다는 정도로 족하며 합리적인 의심의 여지를 배제하는 정도에 이를 필요는 없다. ⃞O⃞X

대판 2014.4.30. 2012도725

정답 ×

077 23경1

「형사소송법」 제314조의 '특신상태'와 관련된 법리는 마찬가지로 원진술자의 소재불명 등을 전제로 하고 있는 「형사소송법」 제316조 제2항의 '특신상태'에 관한 해석에도 그대로 적용된다. ⃞O⃞X

대판 2014.4.30. 2012도725

정답 O

078 23승

공판준비 또는 공판기일에 피고인이나 피고인 아닌 자의 진술을 기재한 조서와 법원 또는 법관의 검증의 결과를 기재한 조서는 증거로 할 수 있다. ⃞O⃞X

제311조 전문(당연히 증거능력이 인정되는 조서)

정답 O

079 22승

진술을 요할 자가 일정한 주거를 가지고 있더라도 법원의 소환에 계속 불응하고 구인하여도 구인장이 집행되지 아니하는 등 법정에서의 신문이 불가능한 상태의 경우에는 형사소송법 제314조 소정의 '진술할 수 없는 때'에 해당한다. ⃞O⃞X

대판 2000.6.9. 2000도1765

정답 O

080 22승

증인의 주소지가 아닌 곳으로 소환장을 보내 송달불능이 되자 그 곳을 중심으로 한 소재탐지 끝에 소재불능회보를 받은 경우에는 형사소송법 제314조에서 말하는 원진술자가 공판정에서 진술할 수 없는 때라고 할 수 없다. ⃞O⃞X

대판 1979.12.11. 79도1002

정답 O

081 22국7

공판기일에 진술을 요하는 甲이 외국에 거주하고 있으나 증언 자체를 거부하는 의사가 분명하지 않고, 거주하는 외국의 주소와 연락처가 파악되며, 대한민국과 그 외국 간에 국제형사사법공조조약이 체결되어 있어 甲을 증인으로 소환할 수 있는 경우 「형사소송법」 제314조의 '그 밖에 이에 준하는 사유로 인하여 진술할 수 없는 때'에 해당한다. ⃞O⃞|⃞X⃞

> 진술을 요하는 자가 외국에 거주하고 있어 공판정 출석을 거부하면서 공판정에 출석할 수 없는 사정을 밝히고 있더라도 증언 자체를 거부하는 의사가 분명한 경우가 아닌 한 거주하는 외국의 주소나 연락처 등이 파악되고, 해당 국가와 대한민국 간에 국제형사사법공조조약이 체결된 상태라면 우선 사법공조의 절차에 의하여 증인을 소환할 수 있는지를 검토해 보아야 하고, 소환을 할 수 없는 경우라도 외국의 법원에 사법공조로 증인신문을 실시하도록 요청하는 등의 절차를 거쳐야 하고, 이러한 절차를 전혀 시도해 보지도 아니한 것은 가능하고 상당한 수단을 다하더라도 진술을 요하는 자를 법정에 출석하게 할 수 없는 사정이 있는 때에 해당한다고 보기 어렵다(대판 2016.2.18. 2015도17115).

정답 ×

082 22국9(교정직)

법정에 출석한 증인이 「형사소송법」 제148조, 제149조 등에서 정한 바에 따라 정당하게 증언거부권을 행사하여 증언을 거부한 경우도 「형사소송법」 제314조의 '그 밖에 이에 준하는 사유로 인하여 진술할 수 없는 때'에 해당한다. ⃞O⃞|⃞X⃞

> 현행 형사소송법 제314조의 문언과 개정 취지, 증언거부권 관련 규정의 내용 등에 비추어 보면, 법정에 출석한 증인이 형사소송법 제148조, 제149조 등에서 정한 바에 따라 정당하게 증언거부권을 행사하여 증언을 거부한 경우는 형사소송법 제314조의 '그 밖에 이에 준하는 사유로 인하여 진술할 수 없는 때'에 해당하지 아니한다(대판 2012.5.17. 2009도6788 전원합의체).

정답 ×

083 24승

다른 피고인에 대한 형사사건의 공판조서 중 일부인 증인신문조서는 '기타 특히 신용할 만한 정황에 의하여 작성된 문서'에 해당한다. ⃞O⃞|⃞X⃞

> 대판 2005.4.28. 2004도4428

정답 ○

084 23승

성매매업소에 고용된 여성들이 성매매를 업으로 하면서 영업에 참고하기 위하여 성매매 상대방의 아이디와 전화번호 및 성매매 방법 등을 메모지에 적어두었다가 그 내용을 직접 입력하여 작성한 메모리카드의 기재 내용은 형사소송법 제315조 제2호의 '영업상 필요로 작성한 통상문서'로서 당연히 증거능력 있는 문서에 해당한다. ○|×

> 성매매업소에 고용된 여성들이 성매매를 업으로 하면서 영업에 참고하기 위하여 성매매 상대방의 아이디와 전화번호 및 성매매방법 등을 메모지에 적어두었다가 직접 메모리카드에 입력하거나 업주가 고용한 다른 여직원이 그 내용을 입력한 사안에서, 위 메모리카드의 내용은 형사소송법 제315조 제2호의 '영업상 필요로 작성한 통상문서'로서 당연히 증거능력 있는 문서에 해당한다고 한 사례(대판 2007.7.26. 2007도3219).

정답 ○

085 24·22법9 / 24경2 / 23승

체포·구속인접견부는 유치된 피의자가 죄증을 인멸하거나 도주를 기도하는 등 유치장의 안전과 질서를 위태롭게 하는 것을 방지하기 위한 목적으로 작성되는 서류일 뿐이어서 형사소송법 제315조 제2, 3호에 따라 당연히 증거능력이 인정 되는 서류로 볼 수는 없다. ○|×

> 대판 2012.10.25. 2011도5459

정답 ○

086 71간 / 23국7

검사가 탄핵증거로 신청한 체포·구속인접견부 사본은 피고인의 부인진술을 탄핵한다는 것이므로 결국 검사에게 입증책임이 있는 공소사실 자체를 입증하기 위한 것에 불과하므로 「형사소송법」 제318조의2 제1항 소정의 피고인의 진술의 증명력을 다투기 위한 탄핵증거로 볼 수 없다. ○|×

> 대판 2012.10.25. 2011도5459

정답 ○

087 24법9

대한민국 주중국 대사관 영사가 공무수행과정에서 작성하였지만 공적인 증명보다는 상급자에 대한 보고를 목적으로 작성한 사실확인서(공인(公印) 부분은 제외)는 형사소송법 제315조 제3호 소정의 "기타 특히 신용할 만한 정황에 의하여 작성된 문서"에 해당되는 문서로서 당연히 증거능력이 인정된다. ○|×

> 대한민국 주중국 대사관 영사가 작성한 사실확인서 중 공인 부분을 제외한 나머지 부분이 비록 영사의 공무수행 과정 중 작성되었지만 공적인 증명보다는 상급자 등에 대한 보고를 목적으로 하는 것인 경우, 형사소송법 제315조 제1호의 '공무원의 직무상 증명할 수 있는 사항에 관하여 작성한 문서' 또는 제3호의 '기타 특히 신뢰할 만한 정황에 의하여 작성된 문서'라고 볼 수 없으므로 증거능력이 없다(대판 2007.12.13. 2007도7257).

정답 ×

088 24승

대한민국 영사가 작성한 사실확인서 중 공인 부분을 제외한 나머지 부분이 공적인 증명보다는 상급자 등에 대한 보고를 목적으로 하는 경우에는 「형사소송법」 제315조 제1호에 정한 '공무원의 직무상 증명할 수 있는 사항에 관하여 작성한 문서'라고 할 수 없다. ○|×

> 대판 2013.5.9. 2011도13603, 대판 2007.12.13. 2007도7257

정답 ○

089 24승

정보저장매체로부터 출력된 문서에 대하여 정보저장매체 원본에 저장된 전자기록과 출력문서의 동일성이 인정되고, 정보저장매체 원본이 압수된 이후부터 문건 출력에 이르기까지 변경되지 않았다는 무결성이 담보되는 것만으로 출력된 문서의 내용을 전문증거로 사용할 수 있다. ○|×

> 압수물인 디지털 저장매체로부터 출력한 문건을 증거로 사용하기 위해서는 디지털 저장매체 원본에 저장된 내용과 출력한 문건의 동일성이 인정되어야 하고, 이를 위해서는 디지털 저장매체 원본이 압수 시부터 문건 출력 시까지 변경되지 않았음이 담보되어야 한다. 그리고 압수된 디지털 저장매체로부터 출력한 문건을 진술증거로 사용하는 경우, 그 기재 내용의 진실성에 관하여는 전문법칙이 적용되므로 형사소송법 제313조 제1항에 따라 공판준비나 공판기일에서의 그 작성자 또는 진술자의 진술에 의하여 그 성립의 진정함이 증명된 때에 한하여 이를 증거로 사용할 수 있다(대판 2013.6.13. 2012도16001).

정답 ×

090 22경2 / 22국9(교정직)

상업장부나 항해일지, 진료일지 또는 이와 유사한 금전출납부 등과 같이 범죄사실의 인정여부와는 관계없이 자기에게 맡겨진 사무를 처리한 내역을 그때그때 계속적, 기계적으로 기재한 문서는 사무처리 내역을 증명하기 위하여 존재하는 문서로서 당연히 증거능력이 인정된다. ⃞O⃝X

> 상업장부나 항해일지, 진료일지 또는 이와 유사한 금전출납부 등과 같이 범죄사실의 인정 여부와는 관계없이 자기에게 맡겨진 사무를 처리한 내역을 그때그때 계속적, 기계적으로 기재한 문서는 사무처리 내역을 증명하기 위하여 존재하는 문서로서 형사소송법 제315조 제2호에 의하여 당연히 증거능력이 인정된다(대판 2015.7.16. 2015도2625 전원합의체).

정답 O

091 21경2

「형사소송법」 제312조부터 제316조까지의 규정에 따라 증거로 할 수 없는 서류나 진술이라도 공판준비 또는 공판기일에서의 피고인 또는 피고인 아닌 자의 진술의 증명력을 다투기 위하여 증거로 할 수 있다. ⃞O⃝X

> 제312조부터 제316조까지의 규정에 따라 증거로 할 수 없는 서류나 진술이라도 공판준비 또는 공판기일에서의 피고인 또는 피고인이 아닌 자(공소제기 전에 피고인을 피의자로 조사하였거나 그 조사에 참여하였던 자를 포함한다. 이하 이 조에서 같다)의 진술의 증명력을 다투기 위하여 증거로 할 수 있다(제318조의2 제1항).

정답 O

092 22경2

사법경찰관이 적법한 절차와 방식에 따라 작성한 검증조서에 피의자 아닌 자의 진술이 기재된 경우, 그 진술이 영상녹화물에 의하여 증명되고 공판기일에서 작성자인 사법경찰관의 진술에 따라 그 성립의 진정함이 증명된 때에는 증거로 할 수 있다. ⃞O⃝X

> 검증조서에 참여자의 진술이 기재된 경우 대법원은 "사법경찰관이 작성한 검증조서에 기재된 피고인의 진술기재부분에 대하여 그 성립의 진정 및 내용을 인정한 흔적을 찾아 볼 수 없고 오히려 이를 부인하고 있는 경우에는 그 증거능력을 인정할 수 없다(대판 1998.3.13. 98도159)."고 판시하여 제312조 제1항 내지 제4항을 적용하는 입장이다. 따라서 사법경찰관이 적법한 절차와 방식에 따라 작성한 검증조서에 피의자 아닌 자의 진술이 기재된 경우의는 제312조 제4항의 참고인 진술조서와 동일하게 보아야 하므로 조서에 기재되어 있는 내용이 자신이 진술한 내용과 동일하게 기재되어 있음이 원진술자인 피의자 아닌 자의 진술이나 영상녹화물 또는 그 밖의 객관적인 방법에 의하여 증명되고 피고인 또는 변호인에게 반대신문의 기회가 보장되어야 할 뿐 아니라 그 진술이 특신상태하에서 행하여졌음이 증명된 때에 증거로 사용할 수 있다.

정답 X

093 74간

영상녹화물 또는 그 밖의 객관적인 방법에 의하여 검사 또는 사법경찰관 앞에서 진술한 내용과 동일하게 기재되어 있음이 증명된 때에는 그 조서에 기재된 진술이 특히 신빙할 수 있는 상태 하에서 행하여졌음이 증명되지 않더라도 증거능력이 인정된다. ⃞O⃒X⃞

> 검사 또는 사법경찰관이 피고인이 아닌 자의 진술을 기재한 조서는 적법한 절차와 방식에 따라 작성된 것으로서 그 조서가 검사 또는 사법경찰관 앞에서 진술한 내용과 동일하게 기재되어 있음이 원진술자의 공판준비 또는 공판기일에서의 진술이나 영상녹화물 또는 그 밖의 객관적인 방법에 의하여 증명되고, 피고인 또는 변호인이 공판준비 또는 공판기일에 그 기재 내용에 관하여 원진술자를 신문할 수 있었던 때에는 증거로 할 수 있다. 다만, 그 조서에 기재된 진술이 특히 신빙할 수 있는 상태하에서 행하여졌음이 증명된 때에 한한다(제312조 제4항). 즉, 영상녹화물에 의하여 실질적 진정성립만 대체증명될 수 있을 뿐 특신상태까지 대체증명되는 것은 아니다.

정답 ✕

094 22경2

甲이 살인죄로 공소제기된 공판에서 A가 증인으로 출석하여 교통사고로 사망한 B가 생전에 자신에게 "甲이 C를 살해하는 것을 보았다."는 말을 한 적이 있다고 진술한 경우, B의 진술이 특히 신빙할 수 있는 상태 하에서 행하여졌음이 증명된 때에 한하여 이를 증거로 할 수 있다. ⃞O⃒X⃞

> 甲이 살인죄로 공소제기된 공판에서 A가 증인으로 출석하여 교통사고로 사망한 B가 생전에 자신에게 "甲이 C를 살해하는 것을 보았다."는 말을 한 적이 있다고 진술한 것은 제316조 제2항의 피고인 아닌 자의 진술이 피고인 아닌 타인의 진술을 내용으로 하고 있는 경우에 해당하는바 원진술자인 B의 필요성 요건과 특신상태를 충족하면 이를 甲의 유죄의 증거로 할 수 있는데 B는 이미 교통사고로 사망한 상태이므로 B의 진술이 특히 신빙할 수 있는 상태 하에서 행하여졌음이 증명되면 바로 증거능력을 갖게 된다.

정답 ○

095 24국9

검사 작성의 피고인에 대한 피의자신문조서에 피고인의 서명만 있고 날인이나 간인이 없는 경우라도, 그와 같이 작성된 이유가 피고인이 당시 날인이나 간인을 거부하였기 때문이라는 취지가 조서 말미에 기재되어 있고, 피고인이 법정에서 그 피의자신문조서의 임의성을 인정하였다면 형식적 진정성립은 긍정된다. ⃞O⃒X⃞

> 조서말미에 피고인의 서명만이 있고, 그 날인(무인 포함)이나 간인이 없는 검사 작성의 피고인에 대한 피의자신문조서는 증거능력이 없다고 할 것이고, 그 날인이나 간인이 없는 것이 피고인이 그 날인이나 간인을 거부하였기 때문이어서 그러한 취지가 조서말미에 기재되었다거나, 피고인이 법정에서 그 피의자신문조서의 임의성을 인정하였다고 하여 달리 볼 것은 아니다(대판 1999.4.13. 99도237).

정답 ✕

096 71간 / 22승

사법경찰리 작성의 피해자에 대한 진술조서가 피해자의 화상으로 인한 서명불능이라는 이유로 입회하고 있던 동생에게 대신 읽어 주고 그 동생으로 하여금 서명날인하게 한 서류인 경우, 그 진술 조서는 형식적 요건을 결여한 서류로서 증거로 사용할 수 없다. ☐O☐X

> 사법경찰리 작성의 피해자에 대한 진술조서가 <u>피해자의 화상으로 인한 서명불능을 이유로 입회하고 있던 피해자의 동생에게 대신 읽어 주고 그 동생으로 하여금 서명날인하게 하는 방법으로 작성된 경우, 이는</u> 형사소송법 제313조 제1항(현행 제312조 제4항) 소정의 형식적 요건을 결여한 서류로서 <u>증거로 사용할 수 없다</u>(대판 1997.4.11. 96도2865).

정답 ○

097 23경2

A가 B와의 개별면담에서 대화한 내용을 피고인 甲에게 불러주었고, 그 내용이 기재된 甲의 업무수첩이 그 대화내용을 증명하기 위한 진술증거인 경우에는 피고인이 작성한 진술서에 대한 「형사소송법」 제313조 제1항에 따라 증거능력을 판단해야 한다. ☐O☐X

> A가 甲에게 말한 내용에 관한 甲의 업무수첩에 'A와 B가 개별면담에서 나눈 대화 내용을 A가 단독면담 후 甲에게 불러주었다는 내용'이 기재되어 있는 경우 <u>甲의 업무수첩의 대화 내용 부분이 A와 B 사이에서 대화한 내용을 증명하기 위한 진술증거인 경우에는 전문진술로서 형사소송법 제316조 제1항</u>에 따라 그 진술이 특히 신빙할 수 있는 상태에서 한 것임이 증명된 때에 한하여 증거로 사용할 수 있다(대판 2019.8.29. 2018도14303 전원합의체).

정답 ×

098 24경2

甲은 악덕 사채업자 A와 채무변제 문제로 시비가 붙자 홧김에 A를 살해한 혐의로 기소되었는데, 甲의 친구 B는 공판에서 "甲이 나에게 '악덕 사채업자는 죽어도 싸다. 내가 A를 없애버렸다'고 말한 적이 있습니다."라고 증언하였다면, 甲의 진술이 '특히 신빙할 수 있는 상태에서 행하여졌음'이 증명된 때에 한하여 B의 진술을 증거로 할 수 있다. ☐O☐X

> <u>피고인이 아닌 자</u>(공소제기 전에 피고인을 피의자로 조사하였거나 그 조사에 참여하였던 자를 포함한다. 이하 이 조에서 같다)<u>의 공판준비 또는 공판기일에서의 진술</u>이 피고인의 진술을 그 내용으로 하는 것인 때에는 그 진술이 특히 신빙할 수 있는 상태하에서 행하여졌음이 증명된 때에 한하여 이를 증거로 할 수 있다(제316조 제1항).

정답 ○

099 23경1

「형사소송법」 제316조 제2항에 의하면, '피고인 아닌 자'의 공판준비 또는 공판기일에서의 진술이 피고인 아닌 타인의 진술을 그 내용으로 하는 것인 때에는 원진술자가 사망, 질병 기타 사유로 인하여 진술할 수 없고 그 진술이 특히 신빙할 수 있는 상태 하에서 행하여진 때에 한하여 이를 증거로 할 수 있다고 규정하고 있는데, 여기서 말하는 '피고인 아닌 자'라고 함은 공동피고인이나 공범자를 제외한 제3자를 의미한다. ☐O☐X

> 형사소송법 제316조 제2항에 의하면 피고인 아닌 자의 공판준비 또는 공판 기일에서의 진술이 피고인 아닌 타인의 진술을 그 내용으로 하는 것인 때에는 원진술자가 사망. 질병 기타 사유로 인하여 진술할 수 없고 그 진술이 특히 신빙할 수 있는 상태하에서 행하여진 때에 한하여 이를 증거로 할 수 있다고 규정하고 있는데 여기서 말하는 "피고인 아닌 타인"이라 함은 제3자는 말할 것도 없고 공동피고인이나 공범자를 모두 포함한다(대판 1984.11.27. 84도2279).

정답 ×

100 23경2

「형사소송법」 제316조 제2항의 피고인 아닌 자에는 공소제기 전에 피고인 아닌 타인을 조사하였던 자도 포함되지만 원진술자가 법정에 출석하여 수사기관에서의 진술을 부인하는 이상 원진술자의 진술을 내용으로 하는 조사자의 증언은 증거능력이 없다. ☐O☐X

> 대판 2008.9.25. 2008도6985

정답 O

101 24승

공소제기 전에 피고인 아닌 타인을 조사한 자의 증언은 원진술자가 법정에 출석하여 수사기관에서 한 진술을 부인하는 취지로 증언하였다면 「형사소송법」 제316조 제2항에 따라 증거능력이 인정되지 않는다. ☐O☐X

> 형사소송법 제316조 제2항의 '피고인 아닌 자'에는 공소제기 전에 피고인 아닌 타인을 조사하였거나 그 조사에 참여하였던 자도 포함되는데, 원진술자가 법정에 출석하여 수사기관에서의 진술을 부인하는 취지로 증언을 한 이상 원진술자의 진술을 내용으로 하는 조사자의 증언은 증거능력이 없다(대판 2008.9.25. 2008도6985).

정답 O

102 24경2 / 24승 / 23국9

참고인의 진술을 내용으로 하는 조사자의 증언은, 그 참고인이 법정에 출석하여 조사 당시의 진술을 부인하는 취지로 증언하였더라도, 그 진술이 '특히 신빙할 수 있는 상태하에서 행하여졌음'이 증명되면 증거능력이 인정된다. ⃞O⃞X

> 형사소송법 제316조 제2항의 '피고인 아닌 자'에는 공소제기 전에 피고인 아닌 타인을 조사하였거나 그 조사에 참여하였던 자도 포함되는데, 조사자의 증언에 증거능력이 인정되기 위해서는 원진술자가 사망, 질병, 외국거주, 소재불명, 그 밖에 이에 준하는 사유로 인하여 진술할 수 없어야 하는 것이라서, <u>원진술자가 법정에 출석하여 수사기관에서 한 진술을 부인하는 취지로 증언한 이상 원진술자의 진술을 내용으로 하는 조사자의 증언은 증거능력이 없다</u>(대판 2008.9.25. 2008도6985).

정답 ×

---

103 24승

전문의 진술을 증거로 함에 있어서는 전문진술자가 원진술자로부터 진술을 들을 당시 원진술자가 증언능력에 준하는 능력을 갖춘 상태에 있어야 할 것인데, 그 능력의 유무는 단지 공술자의 연령에 의하므로 만 3세 3개월 내지 만 3세 7개월 가량된 유아의 증언능력은 부인된다. ⃞O⃞X

> [1] <u>전문의 진술을 증거로 함에 있어서는 전문진술자가 원진술자로부터 진술을 들을 당시 원진술자가 증언능력에 준하는 능력을 갖춘 상태에 있어야 할 것인데</u>, 증인의 증언능력은 증인 자신이 과거에 경험한 사실을 그 기억에 따라 공술할 수 있는 정신적인 능력이라 할 것이므로, <u>유아의 증언능력에 관해서도 그 유무는 단지 공술자의 연령만에 의할 것이 아니라 그의 지적수준에 따라 개별적이고 구체적으로 결정되어야 함은 물론 공술의 태도 및 내용 등을 구체적으로 검토하고, 경험한 과거의 사실이 공술자의 이해력, 판단력 등에 의하여 변식될 수 있는 범위 내에 속하는가의 여부도 충분히 고려하여 판단하여야</u> 한다.
> [2] 사고 당시 만 3세 3개월 내지 만 3세 7개월 가량이던 피해자인 여아의 증언능력 및 그 진술의 신빙성을 인정한 사례(대판 2006.4.14. 2005도9561).

정답 ×

---

104 23경2

공소제기 전에 피고인을 피의자로 조사했던 사법경찰관이 공판기일에 피고인의 진술을 그 내용으로 하여 한 진술을 증거로 하기 위해서는 사법경찰관이 피의자였던 피고인으로부터 진술을 들을 당시 피고인이 증언능력에 준하는 능력을 갖춘 상태에 있었어야 한다. ⃞O⃞X

> 대판 2006.4.14. 2005도9561

정답 ○

105 21국9

「형사소송법」 제312조 제4항에서 '적법한 절차와 방식에 따라 작성'한다는 것은 「형사소송법」이 피고인 아닌 사람의 진술에 대한 조서 작성 과정에서 지켜야 한다고 정한 여러 절차를 준수하고 조서의 작성 방식에도 어긋나지 않아야 한다는 것을 의미한다. ⃞O⃞X

> 대판 2015.4.23. 2013도3790

정답 O

106 21국9

「형사소송법」 제313조에 따르면 피고인이 작성한 진술서는 공판준비나 공판기일에서의 피고인의 진술에 의하여 그 성립의 진정함이 증명된 때에만 증거로 할 수 있고, 피고인이 그 성립의 진정을 부인한 경우에는 증거로 할 수 있는 방법은 없다. ⃞O⃞X

> 진술서의 작성자가 공판준비나 공판기일에서 그 성립의 진정을 부인하는 경우에는 과학적 분석결과에 기초한 디지털포렌식 자료, 감정 등 객관적 방법으로 성립의 진정함이 증명되는 때에는 증거로 할 수 있다(제313조 제2항 본문). 따라서 피고인이 작성한 진술서에 대하여 피고인이 그 성립의 진정을 부인하더라도 이를 증거로 할 수 있는 방법이 존재한다.

정답 ×

107 24승

감정의 경과와 결과를 기재한 서류는 공판준비 또는 공판기일에서 그 작성자가 성립의 진정을 부인하면 과학적 분석결과에 기초한 디지털포렌식 자료, 감정 등 객관적 방법으로 성립의 진정함이 증명되더라도 증거로 할 수 없다. ⃞O⃞X

> 제313조 제2항

정답 ×

108 24승 / 21국9

「형사소송법」 제316조 제2항에서 말하는 '그 진술이 특히 신빙할 수 있는 상태하에서 행하여진 때'라 함은 그 진술을 하였다는 것에 허위개입의 여지가 거의 없고, 그 진술내용의 신빙성이나 임의성을 담보할 구체적이고 외부적인 정황이 있는 경우를 가리킨다. ⃞O⃞X

> 대판 1999.11.26. 99도3786, 대판 2012.7.26. 2012도2937

정답 O

109 24경2 / 22국9

사법경찰관 사무취급이 작성한 실황조사서가 사고발생 직후 사고장소에서 긴급을 요하여 판사의 영장없이 시행된 것으로서 「형사소송법」 제216조 제3항에 의한 검증에 따라 작성된 것이라면 사후영장을 받지 않는 한 유죄의 증거로 삼을 수 없다. ☐ O|X

> 대판 1989.3.14. 88도1399

정답 O

110 21국7

유류물의 경우 영장 없이 압수하였더라도 영장주의를 위반한 잘못이 있다 할 수 없고, 압수 후 압수조서의 작성 및 압수목록의 작성·교부 절차가 제대로 이행되지 아니한 잘못이 있다 하더라도, 그것이 적법절차의 실질적인 내용을 침해하는 경우에 해당하는 것은 아니다. ☐ O|X

> 이 사건 강판조각과 보강용 강판 및 차량에서 채취된 페인트는 형사소송법 제218조에 의하여 영장 없이 압수할 수 있으므로 위 각 증거의 수집 과정에 영장주의를 위반한 잘못이 있다 할 수 없고, 나아가 이 사건 공소사실과 위 각 증거와의 관련성 및 그 내용 기타 이 사건 수사의 개시 및 진행 과정 등에 비추어, 비록 상고이유의 주장처럼 <u>위 각 증거의 압수 후 압수조서의 작성 및 압수목록의 작성·교부 절차가 제대로 이행되지 아니한 잘못이 있다 하더라도, 그것이 적법절차의 실질적인 내용을 침해하는 경우에 해당한다거나 앞서 본 위법수집증거의 배제법칙에 비추어 그 증거능력의 배제가 요구되는 경우에 해당한다고 볼 수는 없다</u>(대판 2011.5.26. 2011도1902).

정답 O

111 23경2

「형사소송법」 제218조에 의하여 영장 없이 압수할 수 있는 유류물의 압수 후 압수조서의 작성 및 압수목록의 작성 교부 절차가 제대로 이행되지 아니한 잘못이 있더라도 이는 위법수집증거의 배제법칙에 비추어 증거능력의 배제가 요구되는 경우에 해당한다고 볼 수는 없다. ☐ O|X

> 대판 2011.5.26. 2011도1902

정답 O

112 21국7

압수조서의 '압수경위'란에 피고인이 범행을 저지르는 현장을 목격한 사법경찰관 및 사법경찰리의 진술이 담겨 있고, 그 하단에 피고인의 범행을 직접 목격하면서 위 압수조서를 작성한 사법경찰관 및 사법경찰리의 각 기명날인이 들어가 있다면, 위 압수조서 중 '압수경위'란에 기재된 내용은 「형사소송법」 제312조 제5항에서 정한 '피고인이 아닌 자가 수사과정에서 작성한 진술서'에 준하는 것으로 볼 수 있다. ○|✕

> 위 압수조서 중 '압수경위'란에 기재된 내용은 피고인이 범행을 저지르는 현장을 직접 목격한 사람의 진술이 담긴 것으로서 형사소송법 제312조 제5항에서 정한 '피고인이 아닌 자가 수사과정에서 작성한 진술서'에 준하는 것으로 볼 수 있고, 이에 따라 휴대전화기에 대한 임의제출절차가 적법하였는지에 영향을 받지 않는 별개의 독립적인 증거에 해당하여, 피고인이 증거로 함에 동의한 이상 유죄를 인정하기 위한 증거로 사용할 수 있을 뿐 아니라 피고인의 자백을 보강하는 증거가 된다고 볼 여지가 많다는 이유로, 이와 달리 피고인의 자백을 뒷받침할 보강증거가 없다고 보아 무죄를 선고한 원심판결에 자백의 보강증거 등에 관한 법리를 오해하거나 필요한 심리를 다하지 아니한 잘못이 있다고 한 사례(대판 2019.11.14. 2019도13290).

정답 ○

113 72간

외국에 거주하는 참고인과의 전화 대화내용을 문답형식으로 기재한 검찰수사관 작성의 수사보고서는 증거능력이 없다. ○|✕

> 외국에 거주하는 참고인과의 전화 대화내용을 문답형식으로 기재한 검찰주사보 작성의 수사보고서는 전문증거로서 형사소송법 제310조의2에 의하여 제311조 내지 제316조에 규정된 것 이외에는 이를 증거로 삼을 수 없는 것인데, 위 수사보고서는 제311조, 제312조, 제315조, 제316조의 적용대상이 되지 아니함이 분명하므로, 결국 제313조의 진술을 기재한 서류에 해당하여야만 제314조의 적용 여부가 문제될 것인바, 제313조가 적용되기 위하여는 그 진술을 기재한 서류에 그 진술자의 서명 또는 날인이 있어야 한다. 이 사건의 경우, 위 각 수사보고서에는 검찰주사보의 기명날인만 되어 있을 뿐 원진술자의 서명 또는 기명날인이 없음은 앞서 본 바와 같으므로, 위 각 수사보고서는 제313조에 정한 진술을 기재한 서류가 아니어서 제314조에 의한 증거능력의 유무를 따질 필요가 없다고 할 것이고, 이는 검찰주사보가 법정에서 그 수사보고서의 내용이 전화통화내용을 사실대로 기재하였다는 취지의 진술을 하더라도 마찬가지라고 할 것이다(대판 1999.2.26. 98도2742).

정답 ○

114 72간

甲이 乙과 합동하여 A의 재물을 절취하려다가 미수에 그쳤다는 내용의 공소사실을 자백한 사안에서, 甲이 범행에 사용한 도구와 손괴된 A의 집 문 쇠창살의 모습이 촬영된 현장사진이 첨부된 수사보고서는 甲의 자백의 진실성을 담보하기에 충분한 보강증거가 된다. ○|×

> 甲과 乙이 합동하여 A의 재물을 절취하려다가 미수에 그쳤다는 내용의 공소사실을 자백한 사안에서, 甲을 현행범으로 체포한 A의 수사기관에서의 진술과 현장사진이 첨부된 수사보고서가 甲의 <u>자백의 진실성을 담보하기에 충분한 보강증거가 되는데도</u>, 이와 달리 본 원심판결에 법리오해의 위법이 있다고 한 사례(대판 2011.9.29. 2011도8015).

정답 ○

115 72간

증거능력이 없는 수사보고서를 피해자들의 처벌희망 의사표시 철회의 효력 여부를 판단하는 증거로 사용할 수 있다. ○|×

> 반의사불벌죄에서 피고인 또는 피의자의 처벌을 희망하지 않는다는 의사표시 또는 처벌희망 의사표시 철회의 유무나 그 효력 여부에 관한 사실은 엄격한 증명의 대상이 아니라 증거능력이 없는 증거나 법률이 규정한 증거조사방법을 거치지 아니한 증거에 의한 증명, <u>이른바 자유로운 증명의 대상</u>이다. 따라서 증거능력이 없는 이 사건 각 수사보고서를 피해자들의 처벌희망 의사표시 철회의 효력 여부를 판단하는 증거로 사용한 것 자체는 위와 같은 법리에 따른 것으로서 <u>정당하다</u>(대판 2010.10.14. 2010도5610).

정답 ○

116 72간

상해사건 피해자의 피해부위에 대해 사법경찰리가 작성한 수사보고서는 진술서로 볼 수는 없고 검증조서로 보아야 한다. ○|×

> <u>수사보고서에 검증의 결과에 해당하는 기재가 있는 경우</u>, 그 기재 부분은 검찰사건사무규칙 제17조에 의하여 검사가 범죄의 현장 기타 장소에서 실황조사를 한 후 작성하는 실황조서 또는 사법경찰관리집무규칙 제49조 제1항, 제2항에 의하여 사법경찰관이 수사상 필요하다고 인정하여 범죄현장 또는 기타 장소에 임하여 실황을 조사할 때 작성하는 <u>실황조사서에 해당하지 아니하며, 단지 수사의 경위 및 결과를 내부적으로 보고하기 위하여 작성된 서류에 불과하므로</u> 그 안에 검증의 결과에 해당하는 기재가 있다고 하여 이를 형사소송법 <u>제312조 제6항</u>의 '검사 또는 사법경찰관이 검증의 결과를 기재한 조서'라고 할 수 없을 뿐만 아니라 제315조, 제316조의 적용대상이 되지 아니함이 분명하므로 <u>그 기재 부분은 증거로 할 수 없다</u>(대판 2001.5.29. 2000도2933).

정답 ×

117 22국7

「형사소송법」이 임의성 없는 진술의 증거능력을 부정하는 취지는, 허위진술을 유발 또는 강요할 위험성이 있는 상태 하에서 행하여진 진술은 그 자체가 실체적 진실에 부합하지 아니하여 오판을 일으킬 소지가 있을 뿐만 아니라 그 진위를 떠나서 진술자의 기본적 인권을 침해하는 위법·부당한 압박이 가하여지는 것을 사전에 막기 위한 것이다. ○|×

> 대판 2006.11.23. 2004도7900

정답 ○

118 21법9 / 24경2 / 24승

수사기관이 참고인을 조사하는 과정에서 「형사소송법」 제221조 제1항에 따라 작성한 영상녹화물은 다른 법률에서 달리 규정하고 있는 등의 특별한 사정이 없는 한, 원칙적으로 공소사실을 직접증명할 수 있는 독립적인 증거로 사용할 수 없다. ○|×

> 영상물에 수록된 성범죄 피해자의 진술에 대하여 독립적인 증거능력을 인정하고 있는 성폭법 제30조 제6항 또는 아청법 제26조 제6항의 규정과 대비하여 보면, 수사기관이 참고인을 조사하는 과정에서 형사소송법 제221조 제1항에 따라 작성한 영상녹화물은, 다른 법률에서 달리 규정하고 있는 등의 특별한 사정이 없는 한, 공소사실을 직접 증명할 수 있는 독립적인 증거로 사용될 수는 없다(대판 2014.7.10. 2012도5041).

정답 ○

119 21승

수사기관은 피검사자의 동의를 얻은 경우에 거짓말탐지기를 사용할 수 있다. 다만, 그 검사결과를 공소사실의 존부를 인정하는 직접증거로는 사용할 수 없고, 진술의 신빙성 유무를 판단하는 정황증거로만 사용할 수 있다. ○|×

> 거짓말탐지기의 검사는 그 기구의 성능, 조작기술 등에 있어 신뢰도가 극히 높다고 인정되고 그 검사자가 적격자이며, 검사를 받는 사람이 검사를 받음에 동의하였으며 검사서가 검사자 자신이 실시한 검사의 방법, 경과 및 그 결과를 충실하게 기재하였다는 등의 전제조건이 증거에 의하여 확인되었을 경우에만 형사소송법 제313조 제2항(감정서)에 의하여 이를 증거로 할 수 있는 것이고 위와 같은 조건이 모두 충족되어 증거능력이 있는 경우에도 그 검사결과는 검사를 받는 사람의 진술의 신빙성을 가늠하는 정황증거로서의 기능을 하는 데 그치는 것이다(대판 1984.2.14. 83도3146).

정답 ○

120 24승

거짓말탐지기 검사결과는 항상 진실에 부합한다고 단정할 수 없을 뿐 아니라, 검사를 받는 사람의 진술의 신빙성을 가늠하는 정황증거로서 기능하는데 그친다. ○|×

> 대판 1984.2.14. 83도3146

정답 ○

121 23국7

거짓말탐지기 검사결과는 항상 진실에 부합한다고 단정할 수 없다 하더라도 검사를 받는 사람의 진술의 신빙성을 가늠하는 정황증거로서 기능을 하므로, 그 검사결과만으로 범행 당시의 상황이나 범행 이후 정황에 부합하는 진술의 신빙성을 부정할 수 있다. ○|×

> 대판 1984.2.14. 83도3146

정답 ×

제6절 | 당사자의 동의와 증거능력

001 23경1

「형사소송법」 제318조 제1항 증거동의는 전문증거금지의 원칙에 대한 예외로서 반대신문권을 포기하겠다는 피고인의 의사표시에 의하여 서류 또는 물건의 증거능력을 부여하려는 규정이다. ○|×

> 형사소송법 제318조 제1항은 전문증거금지의 원칙에 대한 예외로서 반대신문권을 포기하겠다는 피고인의 의사표시에 의하여 서류 또는 물건의 증거능력을 부여하려는 규정이므로 피고인의 의사표시가 위와 같은 내용을 적극적으로 표시하는 것이라고 인정되는 경우이면 증거동의로서의 효력이 있다 (대판 1983.3.8. 82도2873).

정답 ○

002 24승

증거동의의 대상이 될 서류는 원본에 한하며 그 사본은 포함되지 않는다. ○|×

> 증거동의의 대상은 전문법칙에 의하여 증거능력이 없는 서류이다. 원본뿐만 아니라 사본도 포함된다 (대판 1986.5.27. 86도593 참조).

정답 ×

003 23법9 / 23경1

약식명령에 불복하여 정식재판을 청구한 피고인이 정식재판절차의 제1심에서 2회 불출정하여 증거동의로 간주되어 증거조사를 완료한 경우에 피고인이 항소심에 출석하여 공소사실을 부인하면서 간주된 증거동의를 철회 또는 취소하면 제1심에서 부여된 증거능력은 상실된다. ⃞O⃞X

> 약식명령에 불복하여 정식재판을 청구한 피고인이 정식재판절차의 제1심에서 2회 불출정하여 형사소송법 제318조 제2항에 따른 증거동의가 간주된 후 증거조사를 완료한 이상, 비록 피고인이 항소심에 출석하여 공소사실을 부인하면서 간주된 증거동의를 철회 또는 취소한다는 의사표시를 하더라도 그로 인하여 적법하게 부여된 증거능력이 상실되는 것이 아니다(대판 2010.7.15. 2007도5776).

정답 ×

004 23경1 / 71간 / 23승

약식명령에 불복하여 정식재판을 청구한 피고인이 정식재판절차에서 2회 불출석하여 법원이 피고인의 출석 없이 증거조사를 하는 경우 피고인의 증거동의가 간주된다. ⃞O⃞X

> 제318조 제2항의 입법 취지가 재판의 필요성 및 신속성 즉, 피고인의 불출정으로 인한 소송행위의 지연 방지 내지 피고인 불출정의 경우 전문증거의 증거능력을 결정하지 못함에 따른 소송지연 방지에 있는 점 등에 비추어, 약식명령에 불복하여 정식재판을 청구한 피고인이 정식재판절차에서 2회 불출정하여 법원이 피고인의 출정 없이 증거조사를 하는 경우에 위 법 제318조 제2항에 따른 피고인의 증거동의가 간주된다(대판 2010.7.15. 2007도5776).

정답 ○

005 23법9 / 73승

임의성이 인정되지 아니하여 증거능력이 없는 진술증거는 피고인이 증거로 함에 동의하더라도 증거로 삼을 수 없다. ⃞O⃞X

> 대판 2006.11.23. 2004도7900

정답 ○

006 23법9 / 23·22경1 / 71간 / 22승 / 22국7

피고인이 출석한 공판기일에서 증거로 함에 부동의 한다는 의견이 진술된 경우에는 그 후 피고인이 출석하지 아니한 공판기일에 변호인만이 출석하여 종전 의견을 번복하여 증거로 함에 동의하였다 하더라도 이는 특별한 사정이 없는 한 효력이 없다. ⃞O⃞X

> 변호인은 피고인을 대리하여 증거동의에 관한 의견을 낼 수 있을 뿐이므로 피고인의 명시한 의사에 반하여 증거로 함에 동의할 수는 없다. 따라서 피고인이 출석한 공판기일에서 증거로 함에 부동의한다는 의견이 진술된 경우에는 그 후 피고인이 출석하지 아니한 공판기일에 변호인만이 출석하여 종전 의견을 번복하여 증거로 함에 동의하였다 하더라도 이는 특별한 사정이 없는 한 효력이 없다고 보아야 한다(대판 2013.3.28. 2013도3).

정답 ○

007 22경1

피고인이 공소사실을 부인하고 있는 상황에서 검사가 신청한 증인의 법정진술이 전문증거로서 증거능력이 없는 경우, 피고인 또는 변호인에게 의견을 묻는 등의 적절한 방법으로 그러한 사정에 대하여 고지가 이루어지지 않은 채 증인신문이 진행되었다면, 피고인이 그 증거조사 결과에 대하여 별 의견이 없다고 진술하였더라도 증인의 법정증언을 증거로 삼는 데에 동의한 것으로 볼 수 없다. ○│×

> 피고인은 일관되게 甲에게 50만 원 자체를 교부한 적이 없다고 주장하면서 적극적으로 다툰 점, 이에 따라 사법경찰관 작성의 甲에 대한 피의자신문조서 및 진술조서의 내용을 모두 부인한 점, 乙의 법정증언이 전문증거로서 증거능력이 없다는 사정에 대하여 피고인 또는 변호인에게 의견을 묻는 등의 적절한 방법으로 고지가 이루어지지 않은 채 증인신문이 진행된 다음 증거조사 결과에 대한 의견진술이 이루어진 점, 乙이 위와 같이 증언하기에 앞서 원진술자 甲이 피고인으로부터 50만 원을 제공받은 적이 없다고 이미 진술한 점 등을 종합하면 <u>피고인이 乙의 법정증언을 증거로 삼는 데에 동의하였다고 볼 여지는 없고, 乙의 증언에 따른 증거조사 결과에 대하여 별 의견이 없다고 진술하였더라도 달리 볼 수 없으므로, 결국 사법경찰관 작성의 甲에 대한 피의자신문조서 및 진술조서와 乙의 전문진술은 증거능력이 없다</u>(대판 2019.11.14. 2019도11552).

정답 ○

008 24경1

피고인이나 변호인이 무죄에 관한 자료로 제출한 서증 가운데 도리어 유죄임을 뒷받침하는 내용이 있다고 하여도, 법원은 그 서류의 진정성립 여부 등을 조사하고 아울러 그 서류에 대한 피고인이나 변호인의 의견과 변명의 기회를 주지 않았다면 상대방의 원용(동의)이 있더라도 그 서증을 유죄인정의 증거로 쓸 수 없다. ○│×

> 증거공통의 원칙이란 증거의 증명력은 그 제출자나 신청자의 입증취지에 구속되지 않는다는 것을 의미하고 증서의 증거능력이나 증거에 관한 조사절차를 불필요하게 할 수 있는 힘은 없으므로 <u>피고인이나 변호인이 무죄에 관한 자료로 제출한 서증가운데 도리어 유죄임을 뒷받침하는 내용이 있다 하여도 법원은 상대방의 원용(동의)이 없는 한 그 서류의 진정성립 여부 등을 조사하고 아울러 그 서류에 대한 피고인이나 변호인의 의견과 변명의 기회를 준 다음이 아니면 그 서증을 유죄인정의 증거로 쓸 수 없다</u>고 보아야 한다(대판 1989.10.10. 87도966).

정답 ×

009 24승

당사자가 제출한 서류에 대하여 법원이 직권으로 증거조사를 하는 경우에 당해 서류를 제출한 당사자는 그것을 증거로 함에 동의하고 있음이 명백한 것이므로 상대방의 동의만 얻으면 충분하다. ○|×

> 형사재판에 있어서는 유죄의 자료로 쓸 수 있는 서류는 그 진정성립이 인정되거나 피고인과 검사가 증거로 함에 동의해야만 하게 되어 있으며 이 동의는 **법원이 직권으로 증거조사를 할 때**에는 양 당사자의 동의가 필요함은 물론이라 하겠으나 **당해 서류를 제출한 당사자**는 그것을 증거로 함에 동의하고 있음은 명백한 것이므로 상대방의 동의만 얻으면 충분하다(대판 1989.10.10. 87도966).

정답 ○

010 24법9

피고인이 신청한 증인의 증언이 피고인 아닌 타인의 진술을 그 내용으로 하는 전문진술이라고 하더라도 피고인이 그 증언에 대하여 별 의견이 없다고 진술하였다면 그 증언을 증거로 함에 동의한 것으로 볼 수 있으므로 이는 증거능력이 있다. ○|×

> 피고인이 신청한 증인의 증언이 피고인 아닌 타인의 진술을 그 내용으로 하는 전문진술이라고 하더라도 피고인이 그 증언에 대하여 "별 의견이 없다"고 진술하였다면 그 증언을 증거로 함에 동의한 것으로 볼 수 있으므로 이는 증거능력 있다(대판 1983.9.27. 83도516).

정답 ○

011 24법9 / 24·22경1

「형사소송법」 제318조에 규정된 증거동의의 의사표시는 증거조사가 완료되기 전까지 취소 또는 철회할 수 있으나, 일단 증거조사가 완료된 뒤에는 취소 또는 철회가 인정되지 아니하므로 제1심에서 한 증거동의를 제2심에서 취소할 수 없고, 일단 증거조사가 종료된 후에 증거동의의 의사표시를 취소 또는 철회하더라도 취소 또는 철회 이전에 이미 취득한 증거능력이 상실되지 않는다. ○|×

> 형사소송법 제318조에 규정된 증거동의의 의사표시는 **증거조사가 완료되기 전까지 취소 또는 철회**할 수 있으나, 일단 **증거조사가 완료된 뒤**에는 취소 또는 철회가 인정되지 아니하므로 제1심에서 한 증거동의를 제2심에서 취소할 수 없고, 일단 증거조사가 종료된 후에 증거동의의 의사표시를 취소 또는 철회하더라도 취소 또는 철회 이전에 이미 취득한 증거능력이 상실되지 않는다(대판 1988.11.8. 88도1628, 대판 1999.8.20. 99도2029).

정답 ○

012 74간

사법경찰관 작성의 참고인 진술조서에 대해 변호인이 증거동의를 함에도 피고인이 즉시 이의를 하지 않았다가 진술조서에 관한 증거조사 완료 후 변호인의 증거동의를 취소하였다면 진술조서는 증거능력이 없다. ○|X

> 대판 1988.11.8. 88도1628, 대판 1996.12.10. 96도2507, 대판 1999.8.20. 99도2029 등

정답 ×

013 22경1

피고인의 변호인이 증거 부동의 의견을 밝힌 고발장을 첨부문서로 포함하고 있는 검찰주사보 작성의 수사보고가 수사기관이 첨부한 자료를 통하여 얻은 인식·판단·추론이거나 자료의 단순한 요약에 불과하더라도, 피고인이 증거에 동의하여 증거조사가 행하여졌다면 그 수사보고에 대한 증거동의의 효력은 첨부된 고발장에도 당연히 미친다고 볼 것이므로 이를 유죄의 증거로 삼을 수 있다. ○|X

> 검찰관이 공판기일에 제출한 증거 중 뇌물공여자 甲이 작성한 고발장에 대하여 피고인의 변호인이 증거 부동의 의견을 밝히고, 같은 고발장을 첨부문서로 포함하고 있는 검찰주사보 작성의 수사보고에 대하여는 증거에 동의하여 증거조사가 행하여졌는데, 원심법원이 수사보고에 대한 증거동의의 효력이 첨부된 고발장에도 당연히 미친다고 보아 이를 유죄의 증거로 삼은 사안에서, 수사기관이 수사과정에서 수집한 자료를 기록에 현출시키는 방법으로 자료의 의미, 성격, 혐의사실과의 관련성 등을 수사보고의 형태로 요약·설명하고 해당 자료를 수사보고에 첨부하는 경우, 수사보고에 기재된 내용은 수사기관이 첨부한 자료를 통하여 얻은 인식·판단·추론이거나 자료의 단순한 요약에 불과하여 원 자료로부터 독립하여 공소사실에 대한 증명력을 가질 수 없고, 피고인이나 변호인도 수사보고의 증명력을 위와 같은 취지로 이해하여 공소사실을 부인하면서도 수사보고의 증거능력을 다투지 않은 것으로 보이는 등의 제반 사정에 비추어, 위 고발장은 군사법원법에 따른 적법한 증거신청·증거결정·증거조사 절차를 거쳤다고 볼 수 없거나 공소사실을 뒷받침하는 증명력을 가진 증거가 아니므로 이를 유죄의 증거로 삼을 수 없다고 한 사례(대판 2011.7.14. 2011도3809).

정답 ×

014 24법9

필요적 변호사건에서 피고인이 재판 거부의 의사를 표시하고 재판장의 허가 없이 퇴정하고 변호인마저 이에 동조하여 퇴정해 버린 경우 법원으로서는 피고인이나 변호인의 재정 없이도 심리·판결 할 수 있고, 이와 같이 피고인과 변호인이 출석하지 않은 상태에서 증거조사를 할 수밖에 없는 경우에는 형사소송법 제318조 제2항의 규정상 피고인의 진의와는 관계없이 형사소송법 제318조 제1항의 동의가 있는 것으로 간주된다. ○|X

> 필요적 변호사건이라 하여도 피고인이 재판거부의 의사를 표시하고 재판장의 허가 없이 퇴정하고 변호인마저 이에 동조하여 퇴정해 버린 것은 모두 피고인측의 방어권의 남용 내지 변호권의 포기로 볼 수밖에 없는 것이므로 수소법원으로서는 형사소송법 제330조에 의하여 피고인이나 변호인의 재정 없이도 심리판결 할 수 있다. 위와 같이 피고인과 변호인들이 출석하지 않은 상태에서 증거조사를 할 수밖에 없는 경우에는 형사소송법 제318조 제2항의 규정상 피고인의 진의와는 관계없이 형사소송법 제318조 제1항의 동의가 있는 것으로 간주하게 되어 있다(대판 1991.6.28. 91도865).

정답 ○

015 2승 / 22국9

피고인과 변호인이 재판장의 허가 없이 퇴정한 상태에서 증거조사를 할 수밖에 없는 경우에는 피고인의 진의와는 관계없이 피고인의 증거동의가 있는 것으로 간주된다. ○|X

> 증거동의 간주 피고인과 변호인들이 출석하지 않은 상태에서 증거조사를 할 수밖에 없는 경우에는 형사소송법 제318조 제2항의 규정상 피고인의 진의와는 관계없이 형사소송법 제318조 제1항의 동의가 있는 것으로 간주하게 되어 있다(대판 1991.6.28. 91도865).

정답 ○

016 23경1 / 22국7

필요적 변호사건이라 하여도 피고인이 재판거부의 의사를 표시하고 재판장의 허가 없이 퇴정하고 변호인마저 이에 동조하여 퇴정해 버린 것은 모두 피고인측의 방어권의 남용 내지 변호권의 포기로 볼 수밖에 없는 것이므로 수소법원으로서는 「형사소송법」 제330조에 의하여 피고인이나 변호인의 재정 없이도 심리·판결할 수 있다. ○|X

> 대판 1991.6.28. 91도865

정답 ○

017 24승

피고인이 증거로 함에 동의하지 않는 명시적인 의사표시를 한 경우 이외에는 변호인은 서류나 물건에 대하여 증거로 함에 동의할 수 있고, 이 경우 변호인의 동의에 대하여 피고인이 즉시 이의하지 않는 경우에는 변호인의 동의로 증거능력이 인정된다. ○|×

> 증거로 함에 대한 동의의 주체는 소송주체인 당사자라 할 것이지만 변호인은 피고인의 명시한 의사에 반하지 아니하는 한 피고인을 대리하여 이를 할 수 있음은 물론이므로 피고인이 증거로 함에 동의하지 아니한다고 명시적인 의사표시를 한 경우 이외에는 변호인은 서류나 물건에 대하여 증거로 함에 동의할 수 있고 이 경우 변호인의 동의에 대하여 피고인이 즉시 이의하지 아니하는 경우에는 변호인의 동의로 증거능력이 인정되고 증거조사 완료 전까지 앞서의 동의가 취소 또는 철회하지 아니한 이상 일단 부여된 증거능력은 그대로 존속한다(대판 1999.8.20. 99도2029).

정답 ○

018 23국9

검사가 작성한 피고인 아닌 자에 대한 진술조서에 관하여 피고인이 공판정 진술과 배치되는 부분은 부동의한다고 진술하였다면, 진술조서 중 부동의한 부분을 제외한 나머지 부분에 대해서는 피고인이 그 조서를 증거로 함에 동의한다는 취지로 해석하여야 한다. ○|×

> 검사 작성의 피고인 아닌 자에 대한 진술 조서에 관하여 피고인이 공판정진술과 배치되는 부분은 부동의한다고 진술한 것은 조서내용의 특정부분에 대하여 증거로 함에 동의한다는 특별한 사정이 있는 때와는 달리 그 조서를 증거로 함에 동의하지 아니한다는 취지로 해석해야 한다(대판 1984.10.10. 84도1552).

정답 ×

019 22·21승 / 22국9 / 21국7

경찰의 검증조서 가운데 범행부분은 부동의하고 현장상황부분에 대해서만 동의하는 것도 가능하고, 그 효력은 동의한 부분에 한하여 발생한다. ○|×

> 피고인들이 제1심 법정에서 경찰의 검증조서 가운데 범행부분만 부동의하고 현장상황 부분에 대해서는 모두 증거로 함에 동의하였다면, 위 검증조서 중 범행상황 부분만을 증거로 채용한 제1심판결에 잘못이 없다(대판 1990.7.24. 90도1303).

정답 ○

020 21국7

재전문진술을 기재한 조서도 동의의 대상이 된다. ○|×

> 재전문진술이나 재전문진술을 기재한 조서에 대하여는 달리 그 증거능력을 인정하는 규정을 두고 있지 아니하고 있으므로, 피고인이 증거로 하는 데 동의하지 아니하는 한 형사소송법 제310조의2의 규정에 의하여 이를 증거로 할 수 없다(대판 2003.3.10. 2000도159).

정답 ○

제2장 증거 **423**

021 72간 / 22국9

변호인은 피고인의 명시한 의사에 반하지 않는 한 피고인을 대리하여 증거로 함에 동의할 수 있다. ⊙⊗

> 증거로 함에 대한 동의의 주체는 소송주체인 당사자라 할 것이지만 변호인은 피고인의 명시한 의사에 반하지 아니하는 한 피고인을 대리하여 이를 할 수 있음은 물론이므로 피고인이 증거로 함에 동의하지 아니한다고 명시적인 의사표시를 한 경우 이외에는 변호인은 서류나 물건에 대하여 증거로 함에 동의할 수 있다(대판 1999.8.20. 99도2029).

정답 ○

022 22국9

증거동의의 효력은 당해 심급에만 미치므로 공판절차의 갱신이 있거나 심급을 달리하면 그 효력이 상실된다. ⊙⊗

> 사법경찰관 및 검사 작성의 甲에 대한 각 피의자신문조서는 제1심 공판기일에서 피고인이 증거로 함에 동의하였다면 제2심 공판기일에서 피고인이 이를 번복하여 증거로 함에 부동의하였더라도 이미 적법하게 부여된 위 조서들의 증거능력이 상실되지는 않는다(대판 1991.1.11. 90도2525).

정답 ✕

023 22경1

피고인이나 그 변호인이 검사 작성의 당해 피고인에 대한 피의자 신문조서의 성립의 진정함을 인정하는 진술을 하였다 하더라도, 그 피의자신문조서에 대하여 증거조사가 완료되기 전에는 최초의 진술을 번복함으로써 그 피의자신문조서를 유죄인정의 자료로 사용할 수 없도록 할 수 있다. ⊙⊗

> 피고인이나 그 변호인이 검사 작성의 당해 피고인에 대한 피의자신문조서의 성립의 진정함을 인정하는 진술을 하였다 하더라도 그 피의자신문조서에 대하여 형사소송법 제292조에서 정한 증거조사가 완료되기 전에는 최초의 진술을 번복함으로써 그 피의자신문조서를 유죄 인정의 자료로 사용할 수 없도록 할 수 있으나, 그 피의자신문조서에 대하여 위의 증거조사가 완료된 뒤에는 그와 같은 번복의 의사표시에 의하여 이미 인정된 조서의 증거능력이 당연히 상실되는 것은 아니다. 다만, 적법절차 보장의 정신에 비추어 성립의 진정함을 인정한 최초의 진술에 그 효력을 그대로 유지하기 어려운 중대한 하자가 있고 그에 관하여 진술인에게 귀책사유가 없는 경우에 한하여 예외적으로 증거조사 절차가 완료된 뒤에도 그 진술을 취소할 수 있고, 그 취소 주장이 이유 있는 것으로 받아들여지게 되면 법원은 형사소송규칙 제139조 제4항의 증거배제결정을 통하여 그 조서를 유죄 인정의 자료에서 제외하여야 한다(대판 2008.7.10. 2007도7760).

정답 ○

024 24법9

피고인이나 그 변호인이 검사 작성의 당해 피고인에 대한 피의자신문조서의 성립의 진정함을 인정하는 진술을 하였다고 하더라도, 그 피의자신문조서에 대하여 증거조사가 완료되기 전에는 최초의 진술을 번복함으로써 그 피의자신문조서를 유죄 인정의 자료로 사용할 수 없도록 할 수 있으나, 그 피의자신문조서에 대하여 위의 증거조사가 완료된 뒤에는 그와 같은 번복의 의사표시에 의하여 이미 인정된 조서의 증거능력이 부정될 여지가 없다. ○ⅹ

> 대판 2008.7.10. 2007도7760

정답 ⅹ

025 21승

검사와 피고인이 증거로 할 수 있음을 동의한 서류 또는 물건은 법원이 진정한 것으로 인정한 때에는 증거로 할 수 있다. ○ⅹ

> 제318조

정답 ○

026 24경1 / 21승 / 24국9

피고인의 출정없이 증거조사를 할 수 있는 경우에 피고인이 출정하지 아니한 때에는 「형사소송법」 제318조 제1항에 의한 증거동의가 있는 것으로 간주한다. 다만, 피고인이 출정하지 아니하더라도 대리인 또는 변호인이 출정한 때에는 예외로 한다. ○ⅹ

> 제318조 제2항

정답 ○

027 21경2 / 23·22승 / 20국7

수사기관이 마약사범 수사에 협조해 온 공소외인으로부터 피고인의 필로폰 판매 범행에 대한 진술을 들은 다음, 추가증거를 확보할 목적으로 필로폰투약 혐의로 구속수감되어 있는 공소외인에게 압수된 그의 휴대전화기를 제공하여 그로 하여금 피고인과 통화하고 범행에 관한 통화 내용을 몰래 녹음하게 한 행위는 불법감청에 해당하고, 그 녹취내용은 피고인의 증거동의에 상관없이 증거능력이 없다. ○ⅹ

> 수사기관이 甲으로부터 피고인의 마약류관리에 관한 법률 위반(향정) 범행에 대한 진술을 듣고 추가적인 증거를 확보할 목적으로, 구속수감되어 있던 甲에게 그의 압수된 휴대전화를 제공하여 피고인과 통화하고 위 범행에 관한 통화 내용을 녹음하게 한 행위는 불법감청에 해당하므로, 그 녹음 자체는 물론 이를 근거로 작성된 녹취록 첨부 수사보고는 피고인의 증거동의에 상관없이 그 증거능력이 없다(대판 2010.10.14. 2010도9016).

정답 ○

028 23국9(교정직)

수사기관이 구속수감된 자에게 압수된 그의 휴대전화를 제공하여 피고인과 통화하게 하고, 피고인의 범행에 관한 통화 내용을 녹음하게 한 행위는 불법감청에 해당하므로 이를 근거로 작성된 녹취록 첨부 수사보고서는 피고인의 범행에 대해 증거능력이 없다. ⊙⊗

> 대판 2010.10.14. 2010도9016

정답 ○

029 72간

증거동의는 반대신문과 관계있는 증거를 대상으로 하는 것이므로 모든 전문증거는 증거동의의 대상이 되지만 물건은 증거동의의 대상이 될 수 없고 관련성만 인정되면 증거로 사용할 수 있다. ⊙⊗

> 판례는 동법 제318조 제1항에 의하여 피고인이 증거로 할 수 있음을 동의한 서류 또는 물건은 진정한 것으로 인정한 때에는 증거로 할 수 있음을 전제로 '압수물에 대한 증거동의를 인정'하거나 '비진술증거인 피해자의 상해부위를 촬영한 사진에 대하여 피고인의 증거동의에 따라 증거능력을 인정(대판 2007.7.26. 2007도3906)'하고 있다.

정답 ✕

030 72간

상해의 공소사실에서, 피해자 A의 상해 부위를 촬영한 사진은 비진술증거로서 전문법칙이 적용되지 아니한다. ⊙⊗

> 대판 2007.7.26. 2007도3906

정답 ○

031 72간

증거동의 의사표시는 증거조사가 완료되기 전까지 취소 또는 철회할 수 있으나 일단 증거조사가 완료된 뒤에는 증거동의 의사표시의 취소 또는 철회가 인정되지 아니한다. ⊙⊗

> 형사소송법 제318조에 의하여 증거로 할 수 있음을 동의한 경우에 그 동의의 의사표시는 증거조사가 완료되기 전까지 취소 또는 철회할 수 있으나 일단 증거조사가 완료된 뒤에는 취소 또는 철회할 수 없으므로, 1심에서 한 증거동의를 2심에서 취소할 수 없다(대판 1983.4.26. 83도267).

정답 ○

032 71간

피고인이 사법경찰관 작성의 피해자진술조서를 증거로 동의함에 있어서 그 동의가 법률적으로 어떠한 효과가 있는지를 모르고 한 것이었다고 주장하더라도, 변호인이 그 동의시 공판정에 재정하고 있으면서 피고인이 하는 동의에 대하여 아무런 이의나 취소를 한 사실이 없다면 그 동의에 무슨 하자가 있다고 할 수 없다. ⃞O⃞X

> 대판 1983.6.28. 83도1019

정답 O

033 71간

검사 작성의 (공범 아닌)공동피고인 甲에 대한 피의자신문조서를 甲이 제1심에서 성립 및 임의성을 인정한 경우라고 하더라도 공동피고인 乙이 위의 피의자신문조서를 증거로 함에 부동의하였다면 피고인 乙의 범죄사실에 대한 유죄의 증거로 삼을 수 없다. ⃞O⃞X

> 공동피고인인 절도범과 그 장물범은 서로 다른 공동피고인의 범죄사실에 관하여는 증인의 지위에 있다 할 것이므로, 피고인이 증거로 함에 동의한 바 없는 공동피고인에 대한 피의자신문조서는 공동피고인의 증언에 의하여 그 성립의 진정이 인정되지 아니하는 한 피고인의 공소 범죄사실을 인정하는 증거로 할 수 없다(대판 1982.6.22. 82도898, 대판 1982.9.14. 82도1000).

정답 ×

034 23법9 / 21국7

검사가 제시한 모든 증거에 대하여 피고인이 증거로 함에 동의한다는 방식으로 증거동의를 하여도 효력이 있다. ⃞O⃞X

> 개개의 증거에 대하여 개별적 증거조사방식을 거치지 아니하고 검사가 제시한 모든 증거에 대하여 피고인이 증거로 함에 동의한 방식에 의하여 이루어진 것이라 하여도 증거동의로서의 효력을 부정할 이유가 되지 못한다(대판 1983.3.8. 82도2873).

정답 O

035 23경1

피고인과의 대화내용을 피해자가 녹음한 보이스펜 자체에 대해서는 피고인이 증거동의하였으나, 그 녹음내용을 재녹음한 녹음테이프의 녹취록의 기재가 위 각 녹음된 내용과 모두 일치하는 것으로 확인하였을 뿐 녹음테이프를 증거로 함에 동의하지 않았더라도, 그 진술이 특히 신빙할 수 있는 상태하에서 행하여진 것으로 인정된다면 녹취록은 증거능력이 있다. ○|×

> 원본인 보이스펜이나 복제본인 녹음테이프 등에 대한 검증조서(녹취록)에 기재된 진술은 그 성립의 진정을 인정하는 작성자의 법정진술은 없었으나, 피고인의 변호인이 보이스펜을 증거로 함에 동의하였고, 보이스펜, 녹음테이프 등에 녹음된 대화내용과 녹취록의 기재가 일치함을 확인하였으므로, 결국 그 진정성립이 인정된다고 할 것이고, 나아가 녹음의 경위 및 대화내용에 비추어 그 진술이 특히 신빙할 수 있는 상태하에서 행하여진 것으로 인정되므로 이를 증거로 사용할 수 있다(대판 2008.3.13. 2007도10804).

정답 ○

036 22경2

대화 내용을 녹음한 파일 등의 전자매체는 성질상 작성자나 진술자의 서명 혹은 날인이 없을 뿐만 아니라, 녹음자의 의도나 특정한 기술에 의하여 내용이 편집·조작될 위험성이 있음을 고려하여 대화 내용을 녹음한 원본이거나 혹은 원본으로부터 복사한 사본일 경우에는 복사과정에서 편집되는 등 인위적 개작 없이 원본의 내용 그대로 복사된 사본임이 입증되어야만 하고, 그러한 입증이 없는 경우에는 쉽게 그 증거능력을 인정할 수 없다. ○|×

> 녹음테이프는 그 성질상 작성자나 진술자의 서명 혹은 날인이 없을 뿐만 아니라, 녹음자의 의도나 특정한 기술에 의하여 그 내용이 편집, 조작될 위험성이 있음을 고려하여, 그 대화내용을 녹음한 원본이거나 혹은 원본으로부터 복사한 사본일 경우에는 복사과정에서 편집되는 등의 인위적 개작 없이 원본의 내용 그대로 복사된 사본임이 증명되어야만 하고, 그러한 증명이 없는 경우에는 쉽게 그 증거능력을 인정할 수 없다(대판 2008.12.24. 2008도9414).

정답 ○

제7절 | 탄핵증거

001 24법9 / 24·21승

탄핵증거는 진술의 증명력을 감쇄하기 위하여 인정되는 것이고, 범죄사실 또는 그 간접사실을 인정하는 증거로는 허용되지 않는다. ◯|×

> 탄핵증거는 진술의 증명력을 감쇄하기 위하여 인정되는 것이고 범죄사실 또는 그 간접사실의 인정의 증거로서는 허용되지 않는다(대판 1996.9.6. 95도2945, 대판 2012.10.25. 2011도5459).

정답 ◯

002 24법9 / 24경2 / 24경1 / 24·21승 / 23국7

탄핵증거의 제출에 있어서도 상대방에게 이에 대한 공격방어의 수단을 강구할 기회를 사전에 부여하여야 한다는 점에서 그 증거와 증명하고자 하는 사실과의 관계 및 입증취지 등을 미리 구체적으로 명시하여야 할 것이므로, 증명력을 다투고자 하는 증거의 어느 부분에 의하여 진술의 어느 부분을 다투려고 한다는 것을 사전에 상대방에게 알려야 한다. ◯|×

> 탄핵증거의 제출에 있어서도 상대방에게 이에 대한 공격방어의 수단을 강구할 기회를 사전에 부여하여야 한다는 점에서 그 증거와 증명하고자 하는 사실과의 관계 및 입증취지 등을 미리 구체적으로 명시하여야 할 것이므로, 증명력을 다투고자 하는 증거의 어느 부분에 의하여 진술의 어느 부분을 다투려고 한다는 것을 사전에 상대방에게 알려야 한다(대판 2005.8.19. 2005도2617).

정답 ◯

003 21경1

법정에서 증거로 제출된 바가 없어 전혀 증거조사가 이루어지지 아니한 채 수사기록에만 편철되어 있는 증거를 피고인의 진술을 탄핵하는 증거로 사용할 수는 없다. ◯|×

> 법정에 증거로 제출된 바가 없어 전혀 증거조사가 이루어지지 아니한 채 수사기록에만 편철되어 있는 자료는 탄핵증거로도 사용할 수 없다(대판 1998.2.27. 97도1770).

정답 ◯

004 24경2 / 21경1 / 74·71간 / 21승 / 23국7

검사가 유죄의 자료로 제출한 사법경찰리 작성의 피고인에 대한 피의자신문조서는 피고인이 그 내용을 부인하는 이상 증거능력이 없지만, 그것이 임의로 작성된 것이 아니라고 하더라도 피고인의 법정에서의 진술을 탄핵하기 위한 반대증거로는 사용할 수 있다. ◯|×

> 사법경찰리 작성의 피고인에 대한 피의자신문조서와 피고인이 작성한 자술서들은 모두 검사가 유죄의 자료로 제출한 증거들로서 피고인이 각 그 내용을 부인하는 이상 증거능력이 없으나 그러한 증거라 하더라도 그것이 임의로 작성된 것이 아니라고 의심할 만한 사정이 없는 한 피고인의 법정에서의 진술을 탄핵하기 위한 반대증거로 사용할 수 있다(대판 1998.2.27. 97도1770).

정답 ×

005 24경2

검사가 A에 대하여 참고인조사를 한 후 그 진술조서를 증거로 제출하였는데, A가 공판정에 나와 참고인진술조서에 기재된 내용과 모순되는 진술을 하면서 그 조서의 진정성립을 부인하는 경우, 그 참고인진술조서는 A의 위 법정진술에 대한 탄핵증거로 사용될 수 있다. ◯|✕

> 유죄의 자료가 되는 것으로 제출된 증거의 반대증거인 서류 및 진술에 대하여는 그것이 유죄사실을 인정하는 증거가 아니므로 그 진정성립이 증명되지 아니하거나 전문증거로서 상대방이 증거로 함에 동의를 한 바 없었다고 하여도 증거능력을 다투기 위한 자료로 삼을 수는 있다(대판 1981.12.8. 81도370).

정답 ◯

006 24승

임의성이 의심되는 자백은 피고인이 증거동의를 하더라도 유죄의 증거로는 사용할 수 없으나, 탄핵증거로는 사용할 수 있다. ◯|✕

> 사법경찰리 작성의 피고인에 대한 피의자신문조서와 피고인이 작성한 자술서들은 모두 검사가 유죄의 자료로 제출한 증거들로서 피고인이 각 그 내용을 부인하는 이상 증거능력이 없으나 그러한 증거라 하더라도 그것이 임의로 작성된 것이 아니라고 의심할 만한 사정이 없는 한 피고인의 법정에서의 진술을 탄핵하기 위한 반대증거로 사용할 수 있다(대판 1998.2.27. 97도1770). 임의성 없는 자백이나 진술은 증거동의 여부와 관계없이 탄핵증거로 사용할 수 없다

정답 ✕

007 24경2

공소사실에 부합하는 증거인 피해자의 진술을 탄핵하는 증거로 삼은 변호인 제출의 신용카드 사용내역승인서 사본이 비록 공판과정에서 그 입증취지가 구체적으로 명시되고 제시까지 되었다고 하더라도 증거목록에 기재되지 않았고 증거결정이 있지 아니하였다면, 탄핵증거로서의 증거조사는 이루어졌다고 볼 수 없다. ◯|✕

> 비록 증거목록에 기재되지 않았고 증거결정이 있지 아니하였다 하더라도 공판과정에서 그 입증취지가 구체적으로 명시되고 제시까지 된 이상 위 각 서증들에 대하여 탄핵증거로서의 증거조사는 이루어졌다고 보아야 할 것이다(대판 2006.5.26. 2005도6271).

정답 ✕

008 24법9 / 21경1

비록 증거목록에 기재되지 않았고 증거결정이 있지 아니하였다 하더라도 공판과정에서 그 입증취지가 구체적으로 명시되고 제시까지 된 이상, 그 제시된 증거에 대하여 탄핵증거로서의 증거조사는 이루어졌다고 보아야 할 것이다. ◯|✕

> 대판 2006.5.26. 2005도6271

정답 ◯

009 21경1 / 22·21승 / 23·21국7

탄핵증거는 엄격한 증거조사를 거쳐야 할 필요가 없지만 법정에서 이에 대한 탄핵증거로서의 증거조사는 필요하다.　O│X

> 탄핵증거는 범죄사실을 인정하는 증거가 아니므로 엄격한 증거조사를 거쳐야 할 필요가 없음은 형사소송법 제318조의2의 규정에 따라 명백하다고 할 것이나, 법정에서 이에 대한 탄핵증거로서의 증거조사는 필요하다(대판 1998.2.27. 97도1770).

정답 ○

010 24승

탄핵증거는 범죄사실을 인정하는 증거가 아니지만 엄격한 증거조사를 요한다.　O│X

> 대판 1998.2.27. 97도1770, 대판 2005.8.19. 2005도2617

정답 ✕

011 24법9

검사가 유죄의 자료로 제출한 사법경찰관 작성의 피고인에 대한 피의자신문조서는 피고인이 그 내용을 부인하는 이상 증거능력이 없으나, 그것이 임의로 작성된 것이 아니라고 의심할 만한 사정이 없는 한 피고인의 법정에서의 진술을 탄핵하기 위한 반대증거로 사용할 수 있고, 또한 탄핵증거는 범죄사실을 인정하는 증거가 아니므로 엄격한 증거조사를 거칠 필요는 없다.　O│X

> 검사가 유죄의 자료로 제출한 사법경찰리 작성의 피고인에 대한 피의자신문조서는 피고인이 그 내용을 부인하는 이상 증거능력이 없으나, 그것이 임의로 작성된 것이 아니라고 의심할 만한 사정이 없는 한 피고인의 법정에서의 진술을 탄핵하기 위한 반대증거로 사용할 수 있으며, 또한 탄핵증거는 범죄사실을 인정하는 증거가 아니므로 엄격한 증거조사를 거쳐야 할 필요가 없음은 형사소송법 제318조의2의 규정에 따라 명백하나 법정에서 이에 대한 탄핵증거로서의 증거조사는 필요한 것이고, …(대판 2005.8.19. 2005도2617).

정답 ○

012 71간

공소사실에 부합하는 증거인 피해자의 진술을 탄핵하는 증거로 삼은 변호인 제출의 신용카드 사용내역승인서 사본이 비록 공판과정에서 그 입증취지가 구체적으로 명시되고 제시까지 되었더라도 증거목록에 기재되지 않았고 증거결정이 있지 아니 하였다면 탄핵증거로서의 증거조사가 이루어졌다고 볼 수 없다.　O│X

> 비록 증거목록에 기재되지 않았고 증거결정이 있지 아니하였다 하더라도 공판과정에서 그 입증취지가 구체적으로 명시되고 제시까지 된 이상 위 각 서증들에 대하여 탄핵증거로서의 증거조사는 이루어졌다고 보아야 할 것이다(대판 2006.5.26. 2005도6271).

정답 ✕

013 71간

원심이 법정에서 증거로 제출된 바가 없어 전혀 증거조사가 이루어지지 아니한 채 수사기록에만 편철되어 있는 서류를 탄핵증거로 사용하였다면, 이러한 원심의 조치에는 탄핵증거의 조사방법에 관한 법리오해의 위법이 있다. ⃞O⃞/⃞X⃞

> 법정에 증거로 제출된 바가 없어 전혀 증거조사가 이루어지지 아니한 채 수사기록에만 편철되어 있는 자료는 탄핵증거로도 사용할 수 없다(대판 1998.2.27. 97도1770).

정답 O

014 22경1

「예비군법」 제15조 제9항 제1호에서 정한 정당한 사유가 없다는 사실은 범죄구성요건이므로 검사가 증명하여야 하지만, 양심적 예비군훈련 거부를 주장하는 피고인은 자신의 예비군훈련 거부가 그에 따라 행동하지 않고서는 인격적 존재가치가 파멸되고 말것이라는 절박하고 구체적인 양심에 따른 것이며 그 양심이 깊고 확고하며 진실한 것이라는 사실의 존재를 수긍할 만한 소명자료를 제시하고, 검사는 제시된 자료의 신빙성을 탄핵하는 방법으로 진정한 양심의 부존재를 증명할 수 있다. ⃞O⃞/⃞X⃞

> 정당한 사유가 없다는 사실은 <u>범죄구성요건이므로 검사가 증명하여야 한다</u>. … 양심적 병역거부를 주장하는 피고인은 자신의 병역거부가 <u>그에 따라 행동하지 않고서는 인격적 존재가치가 파멸되고 말 것이라는 절박하고 구체적인 양심에 따른 것이며 그 양심이 깊고 확고하며 진실한 것이라는 사실의 존재를 수긍할 만한 소명자료를 제시하고, 검사는 제시된 자료의 신빙성을 탄핵하는 방법으로 진정한 양심의 부존재를 증명할 수 있다</u>. 이때 병역거부자가 제시하여야 할 소명자료는 <u>적어도 검사가 그에 기초하여 정당한 사유가 없다는 것을 증명하는 것이 가능할 정도로 구체성을 갖추어야</u> 한다(대판 2020.9.3. 2020도8055).

정답 O

015 23국7

진정한 양심과 같은 불명확한 사실의 부존재를 증명하는 것은 사회통념상 불가능한 반면 그 존재를 증명하는 것은 좀 더 쉬우므로, 예비군법위반사건에서 양심상의 이유로 예비군훈련 거부의 정당성을 주장하는 피고인은 자신의 양심이 깊고 확고하며 진실하여 '정당한 사유'에 해당한다는 점을 증명하여야 한다. ⃞O⃞/⃞X⃞

> 대판 2020.9.3. 2020도8055, 대판 2021.1.28. 2018도4708 등

정답 ×

016 23경2

법위반에 대한 정당한 사유가 없다는 사실은 범죄구성요건이므로 검사가 증명해야 하는데, 다만 진정한 양심의 부존재와 같은 사실을 증명하는 것은 사회통념상 불가능한 반면 그 존재를 주장·증명하는 것이 좀 더 쉬우므로 이러한 사정은 검사가 증명책임을 다하였는지 판단할 때 고려해야 한다. ◯ⅠX

> 정당한 사유가 없다는 사실은 범죄구성요건이므로 검사가 증명하여야 한다. 다만 진정한 양심의 부존재를 증명한다는 것은 마치 특정되지 않은 기간과 공간에서 구체화되지 않은 사실의 부존재를 증명하는 것과 유사하다. 위와 같은 불명확한 사실의 부존재를 증명하는 것은 사회통념상 불가능한 반면 그 존재를 주장·증명하는 것이 좀 더 쉬우므로, 이러한 사정은 검사가 증명책임을 다하였는지를 판단할 때 고려하여야 한다(대판 2018.11.1. 2016도10912 전원합의체).

정답 ◯

제8절 ▎자백보강법칙

001 74간

고의나 목적 등과 같은 범죄의 주관적 구성요건 요소에 대하여 자백한 경우에는 보강증거가 필요하지 않다. ◯ⅠX

> 고의는 자백만으로도 인정할 수 있다(대판 1961.10.19. 4294형상347). → 고의나 목적과 같은 범죄의 주관적 요소에 대하여는 보강증거를 요하지 않는다.

정답 ◯

002 23법9 / 23경1 / 22승

피고인의 습벽을 범죄구성요건으로 하며 포괄일죄인 상습범에 있어서는 이를 구성하는 각 행위에 관하여 개별적으로 보강증거를 요하는 것이 아니라 포괄적으로 보강증거를 요한다고 보아야 한다. ◯ⅠX

> 피고인의 습벽을 범죄구성요건으로 하는 포괄1죄인 상습범에 있어서도 이를 구성하는 각 행위에 관하여 개별적으로 보강증거를 요구하고 있는 점에 비추어 보면 투약습성에 관한 정황증거만으로 향정신성의약품관리법위반죄의 객관적 구성요건인 각 투약행위가 있었다는 점에 관한 보강증거로 삼을 수는 없다(대판 1996.2.13. 95도1794).

정답 ×

003 74·71간

통상의 형사공판절차는 물론 간이공판절차나 약식명령절차, 즉결심판에는 자백보강법칙이 적용되나, 소년보호사건에는 자백 보강법칙이 적용되지 않으므로 자백만으로도 유죄인정이 가능하다. ☐O☐X☐

> 자백보강법칙은 일반 형사소송절차(정식재판)에서 적용된다. 따라서 「간이공판절차」와 「약식명령절차」에서도 자백의 보강법칙이 적용된다. 그러나 형사소송법이 아니라 즉결심판절차의 적용을 받는 「즉결심판」과 소년법의 적용을 받는 「소년보호사건」에는 자백보강법칙이 적용되지 않으므로, 자백만으로 사실을 인정할 수 있다.

정답 ×

004 23·21법9 / 24·23경1 / 74·71간 / 24·22승

자백에 대한 보강증거는 범죄사실의 전부 또는 중요부분을 인정할 수 있는 정도가 되지 아니하더라도 피고인의 자백이 가공적인 것이 아닌 진실한 것임을 인정할 수 있는 정도만 되면 족할 뿐만 아니라 직접증거가 아닌 간접증거나 정황증거도 보강증거가 될 수 있으며 또한 자백과 보강증거가 서로 어울려서 전체로서 범죄사실을 인정할 수 있으면 유죄의 증거로 충분하다. ☐O☐X☐

> 자백에 대한 보강증거는 범죄사실의 전부 또는 중요부분을 인정할 수 있는 정도가 되지 아니하더라도 피고인의 자백이 가공적인 것이 아닌 진실한 것임을 인정할 수 있는 정도만 되면 족할 뿐만 아니라 직접증거가 아닌 간접증거나 정황증거도 보강증거가 될 수 있으며, 또한 자백과 보강증거가 서로 어울려서 전체로서 범죄사실을 인정할 수 있으면 유죄의 증거로 충분하다(대판 2002.1.8. 2001도1897).

정답 ○

005 20국7

피고인의 증거동의의 의사표시가 검사가 제시한 모든 증거에 대하여 증거로 함에 동의한다는 방식으로 이루어진 것이라도 증거동의의 효력이 인정된다. ☐O☐X☐

> 대판 1983.3.8. 82도287

정답 ○

006 20국7

실체적 경합범은 실질적으로 수죄이기 때문에 각 범죄사실에 관한 자백에 대하여는 각각 보강증거가 있어야 한다. ☐O☐X☐

> 대판 2008.2.14. 2007도10937

정답 ○

007 24경2 / 24승 / 22국9

자동차등록증에 차량의 소유자가 피고인으로 등록·기재된 것은 피고인이 그 차량을 운전하였다는 사실의 자백 부분에 대한 보강증거가 될 수 있지만, 피고인의 무면허운전이라는 전체 범죄사실의 보강증거가 될 수는 없다. ○|×

> 자동차등록증에 차량의 소유자가 피고인으로 등록·기재된 것이 피고인이 그 차량을 운전하였다는 사실의 자백 부분에 대한 보강증거가 될 수 있고, 결과적으로 피고인의 무면허운전이라는 전체 범죄사실의 보강증거로 충분하다(대판 2000.9.26. 2000도2365).

정답 ×

008 24승

2020. 2. 18. 01:35경 자동차를 타고 온 피고인 甲으로부터 필로폰 0.06g을 건네받은 후 甲이 그 차량을 운전해 갔다고 한 공소외인 A의 진술과 2020. 2. 20. 甲으로부터 채취한 소변에서 나온 필로폰 양성 반응은, 甲이 2020. 2. 18. 02:00경의 필로폰 투약으로 정상적으로 운전하지 못할 우려가 있는 상태에 있었다는 공소사실 부분에 대한 자백을 보강하는 증거가 되기에 충분하다. ○|×

> 2010.2.18. 01:35 경 자동차를 타고 온 피고인으로부터 필로폰을 건네받은 후 피고인이 위 차량을 운전해 갔다고 한 甲의 진술과 2010.2.20. 피고인으로부터 채취한 소변에서 나온 필로폰 양성 반응은, 피고인이 2010. 2. 18. 02:00 경의 필로폰 투약으로 정상적으로 운전하지 못할 우려가 있는 상태에 있었다는 공소사실 부분에 대한 자백을 보강하는 증거가 되기에 충분하다(대판 2010.12.23. 2010도11272).

정답 ○

009 22승

「형사소송법」 제310조의 피고인의 자백에는 공범인 공동피고인의 진술은 포함되지 않으며, 이러한 공동피고인의 진술에 대하여는 피고인의 반대신문권이 보장되어 있어 독립한 증거능력이 있다. ○|×

> 형사소송법 제310조의 피고인의 자백에는 공범인 공동피고인의 진술이 포함되지 아니하므로 공범인 공동피고인의 진술은 다른 공동피고인에 대한 범죄사실을 인정하는 데 있어서 증거로 쓸 수 있다(대판 1985.7.9. 85도951).

정답 ○

010 21법9 / 71간 / 24승 / 22국9

형사소송법 제310조 소정의 피고인의 자백에 공범인 공동피고인의 진술은 포함되지 아니하므로 공범인 공동피고인의 진술은 다른 공동피고인에 대한 범죄사실을 인정하는 증거로 할 수 있는 것일 뿐만 아니라 공범인 공동피고인들의 각 진술은 상호간에 서로 보강증거가 될 수 있다. ☐O☐X☐

> 대판 1990.10.30. 90도1939

정답 O

011 24·22·21법9 / 23경1 / 22승 / 20국7

피고인이 범행을 자인하는 것을 들었다는 피고인 아닌 자의 진술내용은 형사소송법 제310조의 피고인의 자백에는 포함되지 아니하므로 피고인의 자백의 보강증거로 될 수 있다. ☐O☐X☐

> 피고인이 범행을 자인하는 것을 들었다는 피고인 아닌 자의 진술조서는 전문증거이기는 하나 전문증거로서 증거능력이 인정되고, 또한 자백자 본인의 진술 자체를 기재한 것은 아니므로 형사소송법 제310조의 피고인의 자백에는 포함되지 아니하나 이를 피고인의 자백의 보강증거로 삼는다면 피고인의 자백을 피고인의 자백으로서 보강하는 결과가 되어 아무런 보강도 하는 바 없는 것이니 결국 이는 피고인의 자백에 대한 보강증거로 될 수 없다(대판 2008.2.14. 2007도10937, 대판 1981.7.7. 81도1314)).

정답 ×

012 23법9

사람의 기억에는 한계가 있는 만큼 자백과 보강증거 사이에 어느 정도의 차이가 있어도 중요부분이 일치하고 그로써 진실성이 담보되면 보강증거로서의 자격이 있다. ☐O☐X☐

> 자백에 대한 보강증거는 범죄사실의 전부 또는 중요부분을 인정할 수 있는 정도가 되지 아니하더라도 피고인의 자백이 가공적인 것이 아닌 진실한 것임을 인정할 수 있는 정도만 되면 족한 것으로서, 자백과 서로 어울려서 전체로서 범죄사실을 인정할 수 있으면 유죄의 증거로 충분하고 나아가 사람의 기억에는 한계가 있는 만큼 자백과 보강증거 사이에 어느 정도의 차이가 있어도 중요부분이 일치하고 그로써 진실성이 담보되면 보강증거로서의 자격이 있다(대판 2008.5.29. 2008도2343).

정답 O

013 21법9 / 23경1

직접증거가 아닌 간접증거나 정황증거도 자백의 보강증거가 될 수 있고, 자백과 보강증거가 서로 어울려서 전체로서 범죄사실을 인정할 수 있으면 유죄의 증거로 충분하다. ☐O☐X☐

> 자백에 대한 보강증거는 반드시 직접 범죄사실을 증명하는 직접증거에 한하지 않고 간접증거 내지 정황증거로도 족하다(대판 2006.1.27. 2005도8704), 자백과 서로 어울려서 전체로서 범죄사실을 인정할 수 있으면 유죄의 증거로 충분하다(대판 2008.5.29. 2008도2343).

정답 O

014 22법9

피고인의 자백이 고문, 폭행, 협박, 신체구속의 부당한 장기화 또는 기망 기타의 방법으로 임의로 진술한 것이 아니라고 의심할 만한 이유가 있는 때에는 이를 유죄의 증거로 하지 못하고, 피고인의 자백이 그 피고인에게 불이익한 유일의 증거인 때에는 이를 유죄의 증거로 하지 못한다. ☐O☐X

> 제309조, 제310조

정답 O

015 22법9

기록상 진술증거의 임의성에 관하여 의심할 만한 사정이 나타나 있는 경우에는 법원은 직권으로 그 임의성 여부에 관하여 조사를 하여야 하고, 임의성이 인정되지 아니하여 증거능력이 없는 진술증거는 피고인이 증거로 함에 동의하더라도 증거로 삼을 수 없으며, 피고인의 법정에서의 진술을 탄핵하기 위한 탄핵증거로도 사용할 수 없다. ☐O☐X

> 기록상 진술증거의 임의성에 관하여 의심할 만한 사정이 나타나 있는 경우에는 법원은 직권으로 그 임의성 여부에 관하여 조사를 하여야 하고, 임의성이 인정되지 아니하여 증거능력이 없는 진술증거는 피고인이 증거로 함에 동의하더라도 증거로 삼을 수 없다(대판 2006.11.23. 2004도7900). 또한 임의성 없는 자백이나 진술은 탄핵증거로 사용할 수 없다(대판 1998.2.27. 97도1770).

정답 O

016 22국9

공범이 아닌 공동피고인은 변론을 분리하지 않더라도 다른 공동피고인에 대한 공소사실에 대하여 증인이 될 수 있다. ☐O☐X

> 피고인에 대한 사건과 다른 공소사실로 기소되어 병합심리 된 공동피고인의 진술은 피고인에 대한 사건에 관하여는 증인의 지위에 있으므로 선서 없이 한 공동피고인의 법정진술은 그 증거로 할 수 없다(대판 1982.9.14. 82도1000).

정답 O

017 22경1 / 71간 / 23·22승

구성요건에 해당하는 사실은 엄격한 증명에 의하여 이를 인정 하여야 하고, 증거능력이 없는 증거는 구성요건 사실을 추인하게 하는 간접사실이나 구성요건 사실을 입증하는 직접증거의 증명력을 보강하는 보조사실의 인정자료로도 사용할 수 없다. ☐O☐X

> 구성요건에 해당하는 사실은 엄격한 증명에 의하여 이를 인정하여야 하고, 증거능력이 없는 증거는 구성요건 사실을 추인하게 하는 간접사실이나 구성요건 사실을 입증하는 직접증거의 증명력을 보강하는 보조사실의 인정자료로도 사용할 수 없다(대판 2006.12.8. 2006도6356 ; 대판 2008.12.11. 2008도7112).

정답 O

018 24국9

공동피고인인 절도범과 그 장물범은 서로 다른 공동피고인의 범죄사실에 관하여는 증인의 지위에 있다. ⃞O⃞X

> 공동피고인인 절도범과 그 장물범은 서로 다른 공동피고인의 범죄사실에 관하여는 증인의 지위에 있다 할 것이므로, 피고인이 증거로 함에 동의한 바 없는 공동피고인에 대한 피의자신문조서는 공동피고인의 증언에 의하여 그 성립의 진정이 인정되지 아니하는 한 피고인의 공소 범죄사실을 인정하는 증거로 할 수 없다(대판 2006.1.12. 2005도7601).

정답 O

019 24경2 / 22국9

피고인이 증거로 동의한 압수조서 중 '압수경위'란에 피고인의 범행 장면(휴대전화기로 여성의 치마 속 몰래 촬영)을 현장에서 목격한 사법경찰관리가 이를 묘사한 진술내용이 포함된 경우, 이러한 내용은 지하철역 에스컬레이터에서 휴대전화기의 카메라를 이용하여 여성 피해자의 치마 속을 몰래 촬영하였다는 피고인의 자백에 대한 보강증거가 될 수 있다. ⃞O⃞X

> 위 압수조서 중 '압수경위'란에 기재된 내용은 피고인이 범행을 저지르는 현장을 직접 목격한 사람의 진술이 담긴 것으로서 형사소송법 제312조 제5항에서 정한 '피고인이 아닌 자가 수사과정에서 작성한 진술서'에 준하는 것으로 볼 수 있고, 이에 따라 휴대전화기에 대한 임의제출절차가 적법하였는지에 영향을 받지 않는 별개의 독립적인 증거에 해당하여, 피고인이 증거로 함에 동의한 이상 유죄를 인정하기 위한 증거로 사용할 수 있을 뿐 아니라 피고인의 자백을 보강하는 증거가 된다(대판 2019.11.14. 2019도13290).

정답 O

020 22국9

'자동차 점거로 甲이 처벌받은 것은 학교측의 제보 때문이라 하여 피고인이 그 보복으로 학교총장실을 침입점거했다'는 피고인의 자백에 대해, '피고인과 공소외 甲이 자동차 영업소를 점거했다가 甲이 처벌받았다'는 검사 제출의 증거내용은 보강증거가 될 수 없다. ⃞O⃞X

> 검사가 보강증거로서 제출한 증거의 내용이 피고인과 공소외 甲이 현대자동차 춘천영업소를 점거했다가 甲이 처벌받았다는 것이고, 피고인의 자백내용은 현대자동차 점거로 甲이 처벌받은 것은 학교측의 제보 때문이라 하여 피고인이 그 보복으로 학교총장실을 침입점거했다는 것이라면, 위 증거는 공소사실의 객관적 부분인 주거침입, 점거사실과는 관련이 없는 범행의 침입동기에 관한 정황증거에 지나지 않으므로 위 증거와 피고인의 자백을 합쳐 보아도 자백사실이 가공적인 것이 아니고 진실한 것이라 인정하기에 족하다고 볼 수 없으므로 검사 제출의 위 증거는 자백에 대한 보강증거가 될 수 없다(대판 1990.12.7. 90도2010).

정답 O

021 22국9

피고인이 甲과 합동하여 피해자 乙의 재물을 절취하려다가 미수에 그쳤다는 내용의 공소사실을 자백한 경우, 피고인을 현행범으로 체포한 피해자 乙의 수사기관에서의 진술과 현장사진이 첨부된 수사보고서는 피고인 자백에 대한 보강증거가 된다. ◯|✕

> 피고인이 甲과 합동하여 乙의 재물을 절취하려다가 미수에 그쳤다는 내용의 공소사실을 자백한 사안에서, 피고인을 현행범으로 체포한 乙의 수사기관에서의 진술과 현장사진이 첨부된 수사보고서가 피고인 자백의 진실성을 담보하기에 충분한 보강증거가 되는데도, 이와 달리 본 원심판결에 법리오해의 위법이 있다고 한 사례(대판 2011.9.29. 2011도8015).

정답 ◯

022 23법9 / 23승

공동피고인의 자백은 이에 대한 피고인의 반대신문권이 보장되어 있어 증인으로 신문한 경우와 다를 바 없으므로 독립한 증거능력이 있으나, 피고인들간에 이해관계가 상반되는 경우에는 독립한 증거로 보기 어렵다. ◯|✕

> 공동피고인의 자백은 이에 대한 피고인의 반대신문권이 보장되어 있어 증인으로 신문한 경우와 다를 바 없으므로 독립한 증거능력이 있고, 이는 피고인들간에 이해관계가 상반된다고 하여도 마찬가지이다(대판 2006.5.11. 2006도1944).

정답 ✕

023 24법9

기소된 대마 흡연일자로부터 한 달 후 피고인의 주거지에서 압수된 대마 잎이 피고인의 자백에 대한 보강증거가 된다. ◯|✕

> 피고인이 대마의 취득경위 및 흡연방법, 흡연한 대마의 질, 흡연 후 남은 대마를 보관하고 있었던 점 등에 대하여 구체적으로 진술하고 있고, 실제 2006. 4. 6.경 피고인의 주거지에서 위 대마 잎 약 14.32g 및 놋쇠 담배파이프가 발견되어 압수된 점 등에 비추어 보면, 피고인의 위 공소사실에 대한 자백은 그 진실성이 넉넉히 인정되므로, 위 압수된 대마 잎 약 14.32g의 현존 등은 피고인의 자백에 대한 보강증거가 된다고 봄이 상당하다(대판 2007.9.20. 2007도5845).

정답 ◯

024 24법9

뇌물공여의 상대방이 뇌물을 수수한 사실을 부인하면서도 그 일시경에 뇌물공여자를 만났던 사실 및 공무에 관한 청탁을 받기도 한 사실 자체는 시인하였다면, 이는 뇌물을 공여하였다는 뇌물공여자의 자백에 대한 보강증거가 될 수 있다. ☐O☐X

> 뇌물공여의 상대방인 공무원이 뇌물을 수수한 사실을 부인하면서도 그 일시경에 뇌물공여자를 만났던 사실 및 공무에 관한 청탁을 받기도 한 사실자체는 시인하였다면, <u>이는 뇌물을 공여하였다는 뇌물공여자의 자백에 대한 보강증거가 될 수 있다</u>(대판 1995.6.30. 94도993).

정답 ○

025 24법9

필로폰 매수 대금을 송금한 사실에 대한 증거가 필로폰 매수죄와 실체적 경합범 관계에 있는 필로폰 투약행위에 대한 보강증거가 될 수 없다. ☐O☐X

> [1] **실체적 경합범**은 실질적으로 수죄이므로 **각 범죄사실**에 관하여 자백에 대한 보강증거가 있어야 한다.
> [2] <u>필로폰 매수 대금을 송금한 사실에 대한 증거가 필로폰 매수죄와 실체적 경합범 관계에 있는 필로폰 투약행위에 대한 보강증거가 될 수 없다</u>(대판 2008.2.14. 2007도10937).

정답 ○

026 22승

형사소송법 제310조에서 말하는 피고인의 자백에는 공범인 공동피고인의 진술은 포함되지 않으며, 이러한 공동피고인의 진술에 대하여는 피고인의 반대신문권이 보장되어 있어 독립한 증거능력이 있다. ☐O☐X

> 형사소송법 제310조의 (보강증거가 필요한) 피고인의 자백이라 함은, 문리해석상으로도 다른 공동피고인(공범인 경우이건 아니건 가리지 않는다)의 자백을 포함하는 취지로 되어 있지 않을 뿐 아니라 실지문제에 있어서도 이 공동피고인의 자백에 대하여는 <u>반대신문권도 충분히 보장되어 있어</u> 마치 이 공동피고인을 증인으로 심문한 경우나 다를바가 없는 것이므로 <u>이러한 공동피고인의 자백이 피고인에게 불이익한 유일의 증거라는 이유로 증거능력이 없는 것이라 할 수 없다</u>(대판 1981.2.10. 80도2722).

정답 ○

제9절 | 공판조서의 증명력

001 23법9

공판조서에 기재되지 않은 소송절차는 공판조서 이외의 자료에 의한 증명이 허용되므로 공판조서에 피고인에 대하여 인정신문을 한 기재가 없다면 같은 조서에 피고인이 공판기일에 출석하여 공소사실신문에 대하여 이를 시정하고 있는 기재가 있다 하더라도 인정신문이 있었던 사실이 추정된다고 할 수는 없다. O|X

> 공판기일의 소송절차로서 판결 기타의 재판을 선고 또는 고지한 사실은 공판조서에 기재되어야 하는데(제51조 제1항, 제2항 제14호), 공판조서의 기재가 명백한 오기인 경우를 제외하고는, 공판기일의 소송절차로서 공판조서에 기재된 것은 조서만으로써 증명하여야 하고 그 증명력은 공판조서 이외의 자료에 의한 반증이 허용되지 않는 절대적인 것이다. 반면에 <u>어떤 소송절차가 진행된 내용이 공판조서에 기재되지 않았다고 하여 당연히 그 소송절차가 당해 공판기일에 행하여지지 않은 것으로 추정되는 것은 아니고</u> 공판조서에 기재되지 않은 소송절차의 존재가 공판조서에 기재된 다른 내용이나 공판조서 이외의 자료로 증명될 수 있고, <u>이는 소송법적 사실이므로 자유로운 증명의 대상이 된다</u>(대판 2023.6.15. 2023도3038).

정답 ×

002 24국9(교정직)

공판조서의 기재가 명백한 오기인 경우를 제외하고 공판기일의 소송절차로서 공판조서에 기재된 것은 조서만으로써 증명이 되지만, 그 증명력은 공판조서 이외의 자료에 의한 반증이 허용되지 않는 절대적인 것은 아니다. O|X

> 대판 2023.6.15. 2023도3038

정답 ×

003 24국9(교정직)

공판조서의 기재가 소송기록상 명백한 오기인 경우에는 공판조서는 그 올바른 내용에 따라 증명력을 가진다. O|X

> 형사소송법 제56조는 "공판기일의 소송절차로서 공판조서에 기재된 것은 그 조서만으로써 증명한다"고 규정하고 있으므로 소송절차에 관한 사실은 공판조서에 기재된 대로 공판절차가 진행된 것으로 증명되고 다른 자료에 의한 반증은 허용되지 아니하나, <u>공판조서의 기재가 소송기록상 명백한 오기인 경우에는 공판조서는 그 올바른 내용에 따라 증명력을 가진다</u>(대판 1995.4.14. 95도110).

정답 ○

004 24경1 / 24국9(교정직)

어떤 소송절차가 진행된 내용이 공판조서에 기재되지 않았다고 하여 당연히 그 소송절차가 당해 공판기일에 행하여지지 않은 것으로 추정되는 것은 아니고 공판조서에 기재되지 않은 소송절차의 존재가 공판조서에 기재된 다른 내용이나 공판조서 이외의 자료로 증명될 수 있고, 이는 소송법적 사실이므로 자유로운 증명의 대상이 된다. ○|×

> 대판 2023.6.15. 2023도3038

정답 ○

005 23법9

피고인에게 증거조사결과에 대한 의견을 묻고 증거조사를 신청할 수 있음을 고지하였을 뿐만 아니라 최종의견진술의 기회를 주었는지 여부와 같은 소송절차에 관한 사실은 공판조서에 기재된 대로 공판절차가 진행된 것으로 증명되고 다른 자료에 의한 반증은 허용되지 않는다. ○|×

> 피고인에게 증거조사결과에 대한 의견을 묻고 증거조사를 신청할 수 있음을 고지하였을 뿐만 아니라 최종의견진술의 기회를 주었는지 여부와 같은 소송절차에 관한 사실은 공판조서에 기재된 대로 공판절차가 진행된 것으로 증명되고 다른 자료에 의한 반증은 허용되지 않는다(대판 1990. 2. 27. 89도2304).

정답 ○

006 20국7

증거목록도 공판조서의 일부인 이상 검사 제출의 증거에 관한 피고인의 동의 또는 진정성립 여부 등에 관한 의견이 증거목록에 기재된 경우에는 명백한 오기가 아닌 이상 그 기재 내용도 절대적인 증명력을 갖는다. ○|×

> 공판조서의 기재가 명백한 오기인 경우를 제외하고는 공판기일의 소송절차로서 공판조서에 기재된 것은 조서만으로써 증명하여야 하고 그 증명력은 공판조서 이외의 자료에 의한 반증이 허용되지 않는 절대적인 것이므로, 검사 제출의 증거에 관하여 동의 또는 진정성립 여부 등에 관한 피고인의 의견이 증거목록에 기재된 경우에는 그 증거목록의 기재는 공판조서의 일부로서 명백한 오기가 아닌 이상 절대적인 증명력을 가지게 된다(대판 2012.6.14. 2011도12571).

정답 ○

007 23국7

공판조서의 기재가 명백한 오기인 경우를 제외하고는 공판기일의 소송절차로서 공판조서에 기재된 것은 조서만으로 증명하여야 하고, 그 증명력은 공판조서 이외의 자료에 의한 반증이 허용되지 않는 절대적인 것이다. ⃞O⃞|⃞X⃞

> 공판조서의 기재가 명백한 오기인 경우를 제외하고는 공판기일의 소송절차로서 공판조서에 기재된 것은 조서만으로써 증명하여야 하고 그 증명력은 공판조서 이외의 자료에 의한 반증이 허용되지 않는 절대적인 것이므로, 검사 제출의 증거에 관하여 동의 또는 진정성립 여부 등에 관한 피고인의 의견이 증거목록에 기재된 경우에는 그 증거목록의 기재는 공판조서의 일부로서 명백한 오기가 아닌 이상 절대적인 증명력을 가지게 된다(대판 2012.6.14. 2011도12571).

정답 ○

008 23법9

피고인이 자신의 진술 내용을 확인하기 위해 공판조서에 대한 열람·등사 청구를 하였으나 법원이 이에 불응하여 열람·등사청구권이 침해된 경우에도 공판조서의 기재 내용 자체에는 영향이 없으므로 위 공판조서에 기재된 당해 피고인의 진술은 유죄의 증거로 할 수 있다. ⃞O⃞|⃞X⃞

> 피고인의 공판조서에 대한 열람 또는 등사청구에 법원이 불응하여 피고인의 열람 또는 등사청구권이 침해된 경우에는 그 공판조서를 유죄의 증거로 할 수 없을 뿐만 아니라, 공판조서에 기재된 당해 피고인이나 증인의 진술도 증거로 할 수 없다(대판 2003.10.10. 2003도3282, 대판 2012.12.27. 2011도15869).

정답 ×

009 23법9

공판조서의 기재가 명백한 오기인 경우를 제외하고는 공판기일의 소송절차로서 공판조서에 기재된 것은 조서만으로써 증명하여야 하고, 그 증명력은 공판조서 이외의 자료에 의한 반증이 허용되지 않는 절대적인 것이다. ⃞O⃞|⃞X⃞

> 공판조서의 기재가 명백한 오기인 경우를 제외하고는 공판기일의 소송절차로서 공판조서에 기재된 것은 조서만으로써 증명하여야 하고, 그 증명력은 공판조서 이외의 자료에 의한 반증이 허용되지 않는 절대적인 것이다(대판 2003.10.10. 2003도3282).

정답 ○

010 24경1 / 72간 / 20국7

피고인이 변호인과 함께 출석한 공판기일의 공판조서에 검사가 제출한 증거에 대하여 동의한다는 기재가 되어 있다면 이는 피고인이 증거동의를 한 것으로 보아야 하고, 그 기재는 절대적인 증명력을 가진다. ◯│✕

> 형사소송법 제318조에 규정된 증거 동의는 소송 주체인 검사와 피고인이 하는 것이고, 변호인은 피고인을 대리하여 증거 동의에 관한 의견을 낼 수 있을 뿐이므로, 피고인이 변호인과 함께 출석한 공판기일의 공판조서에 검사가 제출한 증거에 대하여 동의한다는 기재가 되어 있다면 이는 피고인이 증거동의를 한 것으로 보아야 하고, 그 기재는 절대적인 증명력을 가진다(대판 2016.3.10. 2015도19139).

정답 ◯

011 20국7

공판조서에 재판장이 판결서에 의하여 판결을 선고하였음이 기재되어 있다면 검찰서기의 판결서 없이 판결선고되었다는 내용의 보고서가 있더라도 공판조서의 기재내용이 허위라고 판정할 수 없다. ◯│✕

> 대판 1983.10.25. 82도571

정답 ◯

012 22승

조서의 내용에 대한 증명력은 전체적으로 고찰되어야 하므로, 진술조서의 기재 중 일부분을 믿고 다른 부분을 믿지 아니한다면 곧바로 부당하다고 평가되어야 한다. ◯│✕

> 진술조서의 기재 중 일부분을 믿고 다른 부분을 믿지 아니한다고 하여도 그것이 곧 부당하다고 할 수 없다(대판 1980.3.11. 80도145).

정답 ✕

013 22경1

공판기일 외의 증인신문 검증에 대하여는 공판조서의 배타적 증명력이 인정되지 않는다. ◯│✕

> 공판조서만에 의하여 증명할 수 있는 것은 공판기일의 절차에 한한다. 따라서 공판기일 외에서의 증인신문 또는 검증에 대하여는 공판조서의 배타적 증명력이 인정되지 않는다(제315조 제3호).

정답 ◯

제3장 재판

제1절 | 재판 일반

001 24승

「형사소송법」제319조의 관할위반의 판결은 종국재판에 해당하지 않는다. ☐O☐X

> 종국판결은 피고사건이 법원의 관할에 속하지 아니한 때에 선고하는 판결(제319조)로, 형식재판이고 종국재판이므로 그 판결이 선고되면 형식적 확정력이 발생하여 소송은 당해 심급에서 종결된다.

정답 ×

002 23국9

종국재판이 외부적으로 성립한 경우 종국재판을 한 법원은 그 재판을 철회하거나 변경할 수 없다. ☐O☐X

> 재판이 외부적으로 성립하면 종국재판은 법적 안정성의 관점에서 재판을 한 법원 자신도 그 내용을 철회·변경할 수 없다.

정답 ○

003 23국9

항소심이 제1심의 재판서에 대한 경정 결정을 하면서 제1심이 선고한 판결의 내용을 실질적으로 변경하는 것은 허용되지 않는다. ☐O☐X

> 법원은 '재판서에 잘못된 계산이나 기재, 그 밖에 이와 비슷한 잘못이 있음이 분명한 때'에는 경정결정을 통하여 위와 같은 재판서의 잘못을 바로잡을 수 있다(규칙 제25조 제1항). 그러나 이미 선고된 판결의 내용을 실질적으로 변경하는 것은 위 규정에서 예정하고 있는 경정의 범위를 벗어나는 것으로서 허용되지 않는다. 그리고 경정결정은 이를 주문에 기재하여야 하고, 판결 이유에만 기재한 경우 경정결정이 이루어졌다고 할 수 없다(대판 2021.1.28. 2017도18536).

정답 ○

004 24국9

이미 선고된 판결의 내용을 실질적으로 변경하는 것은 「형사소송규칙」에서 예정하고 있는 경정의 범위를 벗어나는 것으로서 허용되지 않으며, 경정결정은 이를 주문에 기재하여야 하고, 판결 이유에만 기재한 경우 경정결정이 이루어졌다고 할 수 없다. ☐O☐X

> 대판 2021.1.28. 2017도18536

정답 ○

005 21법9

재판은 법관이 작성한 재판서에 의하여야 하나, 결정 또는 명령을 고지하는 경우에는 재판서를 작성하지 아니하고 조서에만 기재하여 할 수 있다. ☐O☐X☐

> 재판은 법관이 작성한 재판서에 의하여야 한다. 단, 결정 또는 명령을 고지하는 경우에는 재판서를 작성하지 아니하고 조서에만 기재하여 할 수 있다(제38조).

정답 O

006 21법9

판결서에는 기소한 검사의 관직, 성명과 변호인의 성명을 기재하여야 하나, 공판에 관여한 검사의 관직과 성명은 기재할 필요가 없다. ☐O☐X☐

> 판결서에는 기소한 검사와 공판에 관여한 검사의 관직, 성명과 변호인의 성명을 기재하여야 한다(제40조 제3항).

정답 ×

007 21법9

재판의 선고 또는 고지는 주심 판사가 하고, 판결을 선고함에는 이유의 요지를 설명하고 주문을 낭독하여야 한다. ☐O☐X☐

> 재판의 선고 또는 고지는 재판장이 한다. 판결을 선고함에는 주문을 낭독하고 이유의 요지를 설명하여야 한다(제43조).

정답 ×

008 21국7

변론을 종결한 기일에 판결을 선고하는 경우에는 판결의 선고 후에 판결서를 작성할 수 있다. ☐O☐X☐

> 제318조의4 제2항

정답 O

009 24법9

변론을 종결한 기일에 판결을 선고하는 경우에는 판결의 선고 후 5일 내에 판결서를 작성하여야 하고, 특별한 사정이 있는 때에는 따로 선고기일을 지정할 수 있지만, 그 선고기일은 변론종결 후 14일 이내로 지정되어야 한다. ⃞O|X⃞

> 변론을 종결한 기일에 판결을 선고하는 경우에는 선고 후 5일 내에 판결서를 작성하여야 한다(규칙 제146조). 판결의 선고는 변론을 종결한 기일에 하여야 한다(제318조의4 제1항). 다만, 특별한 사정이 있는 때에는 따로 선고기일을 지정할 수 있다(제318조의4 제1항 단서). 제1항 단서의 선고기일은 변론종결 후 14일 이내로 지정되어야 한다(제318조의4 제3항).

정답 ○

010 24법9

피고인의 변호인이 공판기일통지서를 받고도 공판기일에 출석하지 아니하여 변호인 없이 변론을 종결한 경우에는 법령위반에 해당한다고 볼 수 없다. ⃞O|X⃞

> 지정된 선고기일에 변호인 출석 없이 피고인만 출석한 상태에서 재판부 구성의 변경을 이유로 변론을 재개할 것을 결정·고지한 다음, 공판절차를 갱신하고 다시 변론을 종결하여 판결을 선고하였으나, 그 이전의 공판기일까지 적법한 증거조사와 변호인의 변론, 피고인의 최후진술까지 모두 이루어졌다면, 공판절차에 다소의 흠이 있다고 하더라도 그로 인하여 피고인의 방어권, 변호인의 변호권이 본질적으로 침해되어 판결에 영향을 미쳤다고 볼 수는 없다(대판 2005.5.26. 2004도1925).

정답 ○

제2절 ┃ 종국재판

001 21국9

공판준비기일의 지정 신청에 관한 법원의 결정에 대해서는 항고할 수 있다. ⃞O|X⃞

> 검사, 피고인 또는 변호인은 법원에 대하여 공판준비기일의 지정을 신청할 수 있다. 이 경우 당해 신청에 관한 법원의 결정에 대하여는 불복할 수 없다(제266조의7 제2항).

정답 ×

002 21국9

법원은 소송관계를 분명하게 하기 위해 직권 또는 검사, 피고인 또는 변호인의 신청으로 전문심리위원을 지정하여 소송절차에 참여하게 할 수 있으며, 이러한 전문심리위원은 재판장의 허가를 받으면 피고인, 변호인, 증인 등 소송관계인에게 필요한 사항에 관하여 직접 질문할 수 있다. ○|×

> 전문심리위원은 기일에 재판장의 허가를 받아 피고인 또는 변호인, 증인 또는 감정인 등 소송관계인에게 소송관계를 분명하게 하기 위하여 필요한 사항에 관하여 직접 질문할 수 있다(제279조의2 제3항).

정답 ○

003 21국9

공판기일에 검사는 공소장에 의하여 공소사실·죄명 및 적용법조를 낭독하여야 한다. 다만 재판장은 필요하다고 인정하는 때에는 검사에게 공소장의 낭독 또는 공소요지의 진술을 생략하도록 할 수 있다. ○|×

> 검사는 공소장에 의하여 공소사실·죄명 및 적용법조를 낭독하여야 한다. 다만, 재판장은 필요하다고 인정하는 때에는 검사에게 공소의 요지를 진술하게 할 수 있다(제285조). 이를 검사의 모두진술(冒頭陳述)이라고 한다.

정답 ×

004 21국9

형을 선고하는 경우 재판장은 상소할 기간뿐만 아니라 상소할 법원을 피고인에게 고지해야 한다. ○|×

> 형을 선고하는 경우에는 재판장은 피고인에게 상소할 기간과 상소할 법원을 고지하여야 한다(제324조).

정답 ○

005 23승

공소가 제기되면 동일사건에 대해 다시 공소를 제기할 수 없으므로 동일사건에 대하여 동일법원에 다시 공소가 제기된 경우에는 후소에 대하여 공소기각의 판결을 해야 한다 ○|×

> 제327조 제3호

정답 ○

006 24승

이중기소의 경우 공소기각판결을 하도록 규정한 「형사소송법」 제327조 제3호의 취지는 동일 사건에 대하여 피고인으로 하여금 이중위험을 받지 않게 하고 법원이 2개의 실체판결을 하지 않도록 함에 있는 것이다. ☐O☐X☐

> 대판 2007.8.23. 2007도2595

정답 O

007 24국9(교정직)

기소 당시에는 이중기소된 위법이 있었다 하여도 그 후 공소사실과 적용법조가 적법하게 변경되어 새로운 사실의 소송계속상태가 있게 된 때에는 공소기각의 판결을 하여야 할 위법상태가 계속 존재한다고 할 수 없다. ☐O☐X☐

> 기소당시에는 이중기소된 위법이 있었다 하여도 그 후 공소사실과 적용법조가 적법하게 변경되어 새로운 사실의 소송계속상태가 있게 된 때에는 이중기소된 위법상태가 계속 존재한다고 할 수는 없다(대판 1989.2.14. 85도1435).

정답 O

008 71간

검사가 공소를 취소한 경우에는 공소기각 결정을 하여야 하고, 공소기각 결정이 확정된 후 그 범죄사실에 대해 다른 중요한 증거가 발견되지 않았음에도 다시 공소가 제기된 때에는 공소기각 판결을 하여야 한다. ☐O☐X☐

> 제327조 제4호

정답 O

009 21법9

공소가 제기된 사건에 대하여 피고인이 사망하거나 피고인인 법인이 존속하지 아니하게 되었을 때에는 결정으로 공소를 기각한다. ☐O☐X☐

> 제328조 제1항 제2호

정답 O

010 21법9

공소기각 또는 관할위반의 재판이 법률에 위반됨을 이유로 원심판결을 파기하는 때에는 판결로써 사건을 원심법원에 환송하여야 한다. ⃞O⃞X⃞

> 공소기각, 관할위반의 재판이 법령위반을 이유로 파기되는 경우 판결로서 사건을 원심법원에 환송하여야 한다(제366조).

정답 ○

011 23승

판결의 범죄사실에 대한 증거를 설시함에 있어서는 어느 증거의 어느 부분에 의하여 어느 범죄사실을 인정한다고 구체적으로 설시하지 아니하고, 또 범죄사실에 배치되는 증거들에 관하여 이를 배척한다는 취지의 판단이나 이유를 설시하지 아니하여도 잘못이라 할 수 없다. ⃞O⃞X⃞

> 판결이유에서 밝힐 증거의 요지는 제목만 표시하여서는 안되나 어떤 증거에 의하여 어떤 범죄사실을 인정하였는가를 알아볼 정도로 증거의 중요부분을 표시만 하면 된다(대판 1971.2.23. 70도2529). 또한 유죄판결의 증거는 범죄될 사실을 증명할 적극적 증거를 거시하면 되므로 범죄사실에 배치되는 증거들에 관하여 배척한다는 취지의 판단이나 이유를 설시하지 아니하여도 잘못이라 할 수 없고, 증언의 일부분만을 믿고 다른 부분을 믿지 않는다고 하여 채증법칙에 위배된다고 할 수 없다(대판 1986.10.14. 86도1606).

정답 ○

012 21국7

유죄판결을 선고하면서 판결이유에 범죄사실, 증거의 요지, 법령의 적용 중 어느 하나를 전부 누락한 경우에는 판결에 영향을 미친 법률 위반으로 파기사유가 된다. ⃞O⃞X⃞

> 형사소송법 제323조 제1항에 따르면 유죄판결의 판결이유에는 범죄사실, 증거의 요지와 법령의 적용을 명시하여야 하므로, 유죄판결을 선고하면서 판결이유에 이 중 어느 하나를 전부 누락한 경우에는 형사소송법 제383조 제1호에 정한 판결에 영향을 미친 법률위반으로서 파기사유가 된다(대판 2009.6.25. 2009도3505).

정답 ○

013 23승

피고인에 대하여 유죄판결을 내리는 경우, 법률상 범죄의 성립을 조각하는 이유 또는 형의 가중, 감면의 이유되는 사실의 진술이 있은 때에는 판결 이유에 이에 대한 판단을 명시하여야 한다. ⃞O⃞X⃞

> 유죄판결의 이유에는 '법률상 범죄의 성립을 조각하는 이유' 또는 '형의 가중·감면의 이유'되는 사실의 진술이 있는 때에는 이에 대한 판단을 명시하여야 한다(제323조 제2항).

정답 ○

014 21경1

포괄일죄의 관계에 있는 공소사실에 대하여는 그 일부가 무죄로 판단되는 경우에도 이를 판결 주문에 따로 표시할 필요가 없으므로, 이를 판결 주문에 표시한 경우에는 판결에 영향을 미친 위법사유에 해당한다. ⃝ ✕

> 포괄일죄의 관계에 있는 공소사실에 대하여는 그 일부가 무죄로 판단되는 경우에도 이를 판결 주문에 따로 표시할 필요가 없으나 이를 판결 주문에 표시하였다 하더라도 판결에 영향을 미친 위법사유가 되는 것은 아니다(대판 1993.10.12. 93도1512).

정답 ✕

015 21경1

포괄일죄의 일부에 대하여는 유죄의 증거가 없고 나머지 부분에 대하여 공소시효가 완성된 경우, 피고인에게 유리한 무죄를 주문에 표시하고 면소부분은 이유에서만 설시하면 족하다. ⃝ ✕

> 포괄적 일죄의 일부에 대하여는 유죄의 증거가 없고 나머지 부분에 대하여 공소시효가 완성된 경우에는 피고인에게 유리한 무죄를 주문에 표시하고 면소부분은 판결이유에서만 설명하면 족하다(대판 1977.7.12. 77도1320).

정답 ⃝

016 21경1

「헌법재판소법」제47조 제3항 본문에 따라 형벌에 관한 법률조항에 대하여 위헌결정이 선고된 경우 그 조항은 소급하여 효력을 상실하므로, 법원은 당해 조항이 적용되어 공소가 제기된 피고사건에 대하여 「형사소송법」제325조 전단에 따라 무죄를 선고하여야 한다. ⃝ ✕

> 대판 2020.6.4. 2018도17454

정답 ⃝

017 21경1

피고인에게 가장 유리한 판결인 무죄판결에 대한 피고인의 상고는 부적법하다. ⃝ ✕

> 무죄판결은 피고인에게 가장 이익인 재판으로 피고인에게 상소이익이 없다. 따라서 무죄판결에 대한 피고인의 상고는 부적법하고 상소의 이익이 없음이 명백한 경우에 해당하므로 법원은 결정으로 상고를 기각하여야 한다.

정답 ⃝

018 21법9

형사소송법 제38조의 규정에 의하면 재판은 법관이 작성한 재판서에 의하여야 하고, 같은 법 제41조의 규정에 의하면 재판서에는 재판한 법관의 서명날인을 하여야 하나, 재판장이 서명날인할 수 없는 때에는 다른 법관이 서명날인하지 않더라도 형사소송법 제383조 제1호 소정의 판결에 영향을 미친 법률위반에 해당하지 않는다. ○|×

> 형사소송법 제38조의 규정에 의하면, 재판은 법관이 작성한 재판서에 의하여야 하고, 같은 법 제41조의 규정에 의하면 재판서에는 재판한 법관이 서명날인을 하여야 하며 재판장이 서명날인 할 수 없는 때에는 다른 법관이 그 사유를 부기하고 서명날인하도록 되어 있으므로, 이러한 법관의 서명날인이 없는 재판서에 의한 판결은 같은 법 제383조 제1호 소정의 판결에 영향을 미친 법률위반으로서 파기사유가 된다(대판 1990.2.27. 90도145).

정답 ×

019 21국7

무죄판결의 경우, 공소사실에 부합하는 증거를 배척하는 취지를 합리적 범위 내에서 판결이유에 기재하여야 하고, 만일 주문에서 무죄를 선고하고도 그 판결이유에는 이에 관한 아무런 판단도 기재하지 않았다면 항소 또는 상고이유가 될 수 있다. ○|×

> 피고인에 대하여 무죄판결을 선고하는 때에도 공소사실에 부합하는 증거를 배척하는 이유까지 일일이 설시할 필요는 없다고 하더라도, 그 증거들을 배척한 취지를 합리적인 범위 내에서 기재하여야 한다. 만일 주문에서 무죄를 선고하고도 그 판결이유에는 이에 관한 아무런 판단을 기재하지 아니하였다면, 항소이유 또는 상고이유로 할 수 있고, 이 사건과 같이 주문으로부터는 판단의 유무가 명확히 판명되지 아니하는 경우라도 이유 중에 판단을 하지 않은 경우에는 재판의 누락이 있다(대판 2014.11.13. 2014도6341).

정답 ○

020 21국7

사실인정에 배치되는 증거에 대한 판단은 반드시 판결이유에 기재하여야 하므로 이를 기재하지 않은 때에는 항소 또는 상고이유가 될 수 있다. ○|×

> 사실인정에 배치되는 증거에 대한 판단을 반드시 판결이유에 기재하여야 하는 것은 아니므로 피고인이 알리바이를 내세우는 증인들의 증언에 관한 판단을 하지 아니하였다 하여 위법이라 할 수 없다(대판 1982.9.28. 82도1798).

정답 ×

021 23국9

전문심리위원은 공판기일에 한하여 재판장의 허가를 받아 피고인 또는 변호인, 증인 또는 감정인 등 소송관계인에게 소송관계를 분명하게 하기 위하여 필요한 사항에 관하여 의견을 진술하거나 직접 질문할 수 있지만 재판의 합의에 참여하는 것은 허용되지 않는다. O|X

> 법원은 소송관계를 분명하게 하거나 소송절차를 원활하게 진행하기 위하여 필요한 경우에는 직권으로 또는 검사, 피고인 또는 변호인의 신청에 의하여 결정으로 전문심리위원을 지정하여 공판준비 및 공판기일 등 소송절차에 참여하게 할 수 있다(제297조의2 제1항). 전문심리위원은 기일에 재판장의 허가를 받아 피고인 또는 변호인, 증인 또는 감정인 등 소송관계인에게 소송관계를 분명하게 하기 위하여 필요한 사항에 관하여 직접 질문할 수 있다(동조 제3항). 즉, 공판기일에 한하지 아니하고 공판준비기일에도 가능하다.

정답 ×

022 21국7

경범죄처벌법 제7조 제2항에 범칙자가 통고처분을 받고 범칙금을 납부한 경우에는 그 범칙행위에 대하여 다시 벌받지 아니한다고 규정하고 있음은 위 범칙금의 납부에 확정재판의 효력에 준하는 효력을 인정하는 취지로 해석할 것이므로 이에 위반하여 공소가 제기된 경우에는 면소의 판결을 하여야 한다. O|X

> 경범죄처벌법 제7조 제3항, 제8조 제3항에 의하면 범칙금 납부의 통고처분을 받고 범칙금을 납부한 사람은 그 범칙행위에 대하여 다시 벌 받지 아니한다고 규정하고 있는바, 이는 통고처분에 의한 범칙금의 납부에 확정판결에 준하는 효력을 인정한 것이고, 형사소송법 제326조 제1호는 '확정판결이 있는 때'를 면소사유로 규정하고 있으므로 확정판결이 있는 사건과 동일사건에 대하여 공소가 제기된 경우에는 판결로써 면소의 선고를 하여야 한다(대판 2011.1.27. 2010도11987).

정답 ○

023 22국7

형벌에 관한 법령이 헌법재판소의 위헌결정으로 인하여 소급하여 그 효력을 상실하였거나 법원에서 위헌·무효로 선언된 경우, 당해 법령을 적용하여 공소가 제기된 피고사건에 대하여는 무죄를 선고하여야 한다. O|X

> 형벌에 관한 법령이 헌법재판소의 위헌결정으로 인하여 소급하여 그 효력을 상실하였거나 법원에서 위헌·무효로 선언된 경우, 당해 법령을 적용하여 공소가 제기된 피고사건에 대하여는 형사소송법 제325조에 따라 무죄를 선고하여야 한다(대판 1992.5.8. 91도2825).

정답 ○

024 22국7

검사가 종전에 기소유예처분을 한 피의사실에 대하여 이를 번복할 만한 사정변경이 없었음에도 4년여가 지난 시점에 다시 기소하였고, 검사가 공소권을 자의적으로 행사하여 소추재량권을 현저히 일탈하였다고 볼 수 있다면, 공소기각의 판결을 하여야 한다. ☐O☐X☐

> 피고인이 중국에 거주하는 甲과 공모하여, 탈북자들의 북한 거주 가족에 대한 송금의뢰 등 중국으로 송금을 원하는 사람들로부터 피고인 등 명의의 계좌로 입금받은 돈을 甲이 지정·관리·사용하는 계좌로 재송금하는 방법으로 무등록 외국환업무를 영위하여 외국환거래법 위반으로 기소된 사안에서, 검사는 종전에 기소유예 처분을 하였다가 4년여가 지난 시점에 다시 기소하였고, 종전 피의사실과 공소사실 사이에 이를 번복할 만한 사정변경이 없는 점 등 여러 사정을 종합하면, 위 공소제기는 검사가 공소권을 자의적으로 행사한 것으로서 소추재량권을 현저히 일탈하였다고 보아 공소를 기각한 원심판결이 정당하다고 한 사례(대판 2021.10.14. 2016도14772).

정답 O

025 22법9

확정판결이 있은 때, 사면이 있은 때, 공소의 시효가 완성되었을 때, 범죄 후의 법령개폐로 형이 폐지되었을 때에는 판결로써 면소의 선고를 하여야 한다. ☐O☐X☐

> 제326조 제1호, 제2호, 제3호, 제4호

정답 O

026 24국9 / 23국7

법원은 범죄 후 법령의 개폐로 그 형이 폐지되었을 경우 실체적 재판에 앞서 면소판결을 선고하여야 하며, 이에 관하여 무죄로서의 실체적 재판을 하는 것은 위법이다. ☐O☐X☐

> 범죄 후 법령의 개폐로 그 형이 폐지되었을 경우에는 형사소송법 제326조에 의하여 실체적 재판을 하기에 앞서 면소판결을 하여야 할 것이므로, 원심이 이에 관하여 무죄로서의 실체적 재판을 한 것은 위법하여 파기를 면할 수 없다(대판 2010.7.15. 2007도7523).

정답 O

027 23국9

공소제기 후 판결의 확정이 없이 공소를 제기한 때로부터 25년이 경과한 때에는 면소판결을 하여야 한다. ☐O☐X☐

> 면소판결 사유를 규정하고 있는 제326조 제3호의 공소의 시효가 완성되었을 때에는 공소제기시 이미 시효가 완성된 경우를 말하는데 이에는 공소시효가 완성된 것으로 의제되는 경우(공소제기된 범죄가 판결의 확정 없이 공소제기 후 25년 경과)도 포함한다(제249조 제2항).

정답 O

028 23승

범죄 후 법령개폐로 형이 폐지된 경우에는 판결로써 공소기각의 선고를 하여야 한다. ☐○☒

> 범죄 후 법령개폐로 형이 폐지되었을 때는 면소판결을 선고한다(제326조).

정답 ×

029 23국9

간통사건에 대한 유죄판결이 간통죄에 대한 헌법재판소의 종전 합헌결정 이전에 확정된 경우, 이 판결에 대한 재심개시결정이 간통죄에 대한 헌법재판소의 위헌결정일 이후에 확정되었다면 재심심판법원은 무죄판결을 하여야 한다. ☐○☒

> 헌법재판소법 제47조 제3항 단서는 형벌에 관한 해당 법률 또는 법률의 조항에 대하여 <u>종전에 합헌으로 결정한 사건이 있는 경우에는 그 결정이 있는 날의 다음 날로 소급하여 효력을 상실한다</u>고 정하여 소급효를 제한하고 있다. 한편 형사소송법 제326조 제4호는 '범죄 후의 법령개폐로 형이 폐지되었을 때'를 면소판결을 선고하여야 하는 경우로 정한다. 따라서 종전 합헌결정일 이전의 범죄행위에 대하여 재심개시결정이 확정되었는데 그 범죄행위에 적용될 법률 또는 법률의 조항이 위헌결정으로 헌법재판소법 제47조 제3항 단서에 의하여 종전 합헌결정일의 다음 날로 소급하여 효력을 상실하였다면 범죄행위 당시 유효한 법률 또는 법률의 조항이 그 이후 폐지된 경우와 마찬가지이므로 법원은 형사소송법 제326조 제4호에 해당하는 것으로 보아 면소판결을 선고하여야 한다(대판 2019.12.24. 2019도15167).

정답 ×

030 24승

형벌에 관한 법령이 헌법재판소의 위헌결정으로 인하여 소급하여 그 효력을 상실하였거나 법원에서 위헌·무효로 선언된 경우, 법원은 그 법령을 적용하여 공소가 제기된 피고사건에 대하여 무죄를 선고하여야 하므로, 이 경우 법원이 면소판결을 선고하면 그에 대한 상소가 가능하다. ☐○☒

> 형벌에 관한 법령이 <u>헌법재판소의 위헌결정으로 인하여 소급하여 그 효력을 상실하였거나 법원에서 위헌·무효로 선언된 경우</u>, 당해 법령을 적용하여 공소가 제기된 피고사건에 대하여는 형사소송법 제325조에 따라 <u>무죄를 선고하여야 한다</u>. 나아가 재심이 개시된 사건에서 형벌에 관한 법령이 재심판결 당시 폐지되었다 하더라도 그 폐지가 당초부터 헌법에 위배되어 효력이 없는 법령에 대한 것이었다면 형사소송법 제325조 전단이 규정하는 '<u>범죄로 되지 아니한 때</u>'의 무죄사유에 해당하는 것이지, 형사소송법 제326조 제4호에서 정한 면소사유에 해당한다고 할 수 없다(대판 2013.5.16. 2011도2631 전원합의체).

정답 ○

031 24국9

아동학대범죄의 공소시효 정지 규정인 「아동학대범죄의 처벌 등에 관한 특례법」 제34조에 관하여 소급적용에 관한 명시적인 경과규정을 두지 않은 경우, 이 조항은 그 시행일 당시 범죄행위가 종료된 범죄에 대해서는 적용되지 않으므로, 이 조항이 시행되기 전의 법률에 의하여 공소시효가 완성되었다면 면소판결의 선고대상이 된다. ○│×

> 특별법에 소급적용에 관한 명시적인 경과규정이 없는 경우에는 일반법에 규정된 경과규정이 적용되어야 하는 점 등에 비추어 공소시효가 피고인에게 불리하게 변경되는 경우에는 피고인에게 유리한 종전 규정을 적용하여야 한다(대판 2015.5.28. 2015도1362,2015전도19).

정답 ×

032 24국9

범죄 후 법률의 변경에 의하여 그 행위가 범죄를 구성하지 아니하게 되었으나, 개정 법률의 부칙 등에서 '개정 법률의 시행 전의 행위에 대한 벌칙의 적용에 있어서는 종전의 규정에 의한다'는 내용의 경과규정을 두고 있는 경우 면소사유에 해당하지 않는다. ○│×

> 범죄 후 법률의 변경에 의하여 그 행위가 범죄를 구성하지 아니하게 된 때에는 신법을 적용하여야 하고(형법 제1조 제2항), 이는 범죄 후 법령의 개폐로 형이 폐지된 때에 해당하여 면소사유가 될 것이다(제326조 제4호). 그러나 이 경우에도 그 <u>개정 법률의 부칙 등에서 '개정 법률의 시행 전의 행위에 대한 벌칙의 적용에 있어서는 종전의 규정에 의한다'는 내용의 경과규정을 두고 있는 때에는</u>, 구법 당시의 행위에 대하여 구법을 적용하여야 하므로, 법률의 개정으로 범죄를 구성하지 않게 되거나 형이 폐지되었다고 할 수 없어 위의 면소사유에 해당하지 않는다(대판 2018.2.8. 2016도16757).

정답 ○

033 22국7

필요적 변호사건의 공판절차가 사선변호인과 국선변호인이 모두 불출석한 채 개정되어 국선변호인 선정취소결정이 고지된 후 변호인 없이 피해자에 대한 증인신문 등 심리가 이루어진 경우, 당해 공판절차에서 이루어진 피해자에 대한 증인신문 등 일체의 소송행위는 모두 무효이다. ○│×

> 대판 1999.4.23. 99도915

정답 ○

034 23국7

유죄판결 확정 후에 형 선고의 효력을 상실케 하는 특별사면이 있었던 경우, 당해 사건에 대하여 재심개시결정이 확정되어 재심심판절차를 진행하는 법원은 면소판결을 해야 한다. ⃞O⃞X

> 면소판결 사유인 형사소송법 제326조 제2호의 '사면이 있는 때'에서 말하는 '사면'이란 일반사면을 의미할 뿐, 형을 선고받아 확정된 자를 상대로 이루어지는 특별사면은 여기에 해당하지 않으므로, 재심대상판결 확정 후에 형 선고의 효력을 상실케 하는 특별사면이 있었다고 하더라도, 재심개시결정이 확정되어 재심심판절차를 진행하는 법원은 그 심급에 따라 다시 실체에 관한 유·무죄 등의 판단을 해야지, 위 특별사면이 있음을 들어 면소판결을 하여서는 아니된다(대판 2015.5.21. 2011도1932 전원합의체).

정답 ✕

035 24국9

영업으로 성매매의 장소를 제공하는 행위를 하여 성매매알선등행위의처벌에관한법률위반(성매매알선등)죄 일부에 대하여 판결이 확정된 경우, 사실심 판결선고 시를 기준으로 그 이전에 이루어진 범행이 판결이 확정된 범행과 포괄일죄의 관계에 있다면 면소의 판결을 선고하여야 한다. ⃞O⃞X

> 포괄일죄의 관계에 있는 범행 일부에 대하여 판결이 확정된 경우에는 사실심 판결선고 시를 기준으로 그 이전에 이루어진 범행에 대하여는 확정판결의 기판력이 미쳐 면소의 판결을 선고하여야 할 것이다(대판 2013.5.24. 2011도9549).

정답 ○

036 21국7

법령의 적용은 유죄판결 이유에 명시하여야 할 사항이지만 공동정범을 인정하면서 「형법」 제30조를 명시하지 않았더라도 판결 이유설시 자체에 비추어 실행의 분담을 한 공동정범을 인정함이 명백하다면 판결에 영향을 미친 위법이 있다고 할 수 없다. ⃞O⃞X

> 원심판결이 피고인의 소위를 공동정범으로 단정하고 있으면서도 형법 제30조의 적용에 관한 적시를 명시하지 아니한 잘못이 있더라도 실제로 이를 적용한 이상 위법하다고는 할 수 없다(대판 1983.10.11. 83도1942).

정답 ○

037 21국9(교정직)

공소가 취소된 경우 법원은 결정으로 공소를 기각하여야 한다. ⃞O⃞X

> 제328조 제1호

정답 ○

038 21국9(교정직)

항고의 제기가 법률상의 방식에 위반하거나 항고권 소멸 후인 것이 명백한 때에는 원심법원은 결정으로 항고를 기각하여야 한다. ☐O☐X☐

> 항고의 제기가 법률상의 방식에 위반하거나 항고권소멸 후인 것이 명백한 때에는 원심법원은 결정으로 항고를 기각하여야 하고 이에 대하여는 즉시항고를 할 수 있다(제407조).

정답 O

039 21국9(교정직)

판결선고 전 미결구금일수는 그 전부가 법률상 당연히 본형에 산입되므로 판결에서 별도로 미결구금일수 산입에 관한 사항을 판단할 필요가 없다. ☐O☐X☐

> 대판 2009.12.10. 2009도11448

정답 O

040 21국9(교정직)

상습범으로서 포괄적 일죄의 관계에 있는 여러 개의 범죄사실 중 일부에 대하여 유죄판결이 확정된 경우에, 그 확정판결의 사실심판결 선고 전에 저질러진 나머지 범죄에 대하여 새로이 공소가 제기되었다면 판결로 공소를 기각하여야 한다. ☐O☐X☐

> 상습범으로서 포괄적 일죄의 관계에 있는 여러 개의 범죄사실 중 일부에 대하여 유죄판결이 확정된 경우에, 그 확정판결의 사실심판결 선고 전에 저질러진 나머지 범죄에 대하여 새로이 공소가 제기되었다면 그 새로운 공소는 확정판결이 있었던 사건과 동일한 사건에 대하여 다시 제기된 데 해당하므로 이에 대하여는 판결로써 면소의 선고를 하여야 하는 것이다(대판 2004.9.16. 2001도3206 전원합의체).

정답 ×

041 21국7

상습범으로서 포괄적 일죄의 관계에 있는 여러 개의 범죄사실 중 일부에 대하여 상습범으로 기소되어 유죄판결이 확정된 경우에, 그 확정판결의 사실심판결 선고 전에 저질러진 나머지 범죄에 대하여 새로이 공소가 제기되었다면 그 새로운 공소는 확정판결이 있었던 사건과 동일한 사건에 대하여 다시 제기된 데에 해당하므로 이에 대하여는 판결로써 면소의 선고를 하여야 한다. ☐O☐X☐

> 대판 2004.9.16. 2001도3206 전원합의체

정답 O

042 71간

상상적 경합관계에 있는 수개의 죄의 일부에 대하여 확정 판결이 있은 후에 나머지에 대하여 공소가 제기된 경우에는 판결로써 면소의 선고를 하여야 한다. ☐O☐X

> 동일인 한도초과 대출로 상호저축은행에 손해를 가하여 상호저축은행법 위반죄와 업무상배임죄가 모두 성립한 경우, 두 죄는 형법 제40조에서 정한 상상적 경합관계에 있고, 형법 제40조의 상상적 경합관계의 경우에는 그 중 1죄에 대한 확정판결의 기판력은 다른 죄에 대하여도 미친다(대판 2011.2.24. 2010도13801). 따라서 상상적 경합관계에 있는 수개의 죄의 일부에 대하여 확정 판결이 있은 후에 나머지에 대하여 공소가 제기된 경우에는 제327조 제1호에 따라 면소판결을 선고하여야 한다.

정답 O

043 71간

수표부도로 인한 부정수표 단속법위반 사건에서 수표가 그 제시기일에 제시되지 아니한 사실이 공소사실 자체에 의하여 명백한 경우 판결로써 면소의 선고를 하여야 한다. ☐O☐X

> 부정수표단속법위반 사건에 있어서 수표가 그 제시기일에 제시되지 아니한 사실이 공소사실 자체에 의하여 명백하다면 이 공소사실에는 범죄가 될만한 사실이 포함되지 아니하는 때에 해당하므로 형사소송법 제328조 제1항 제4호에 의하여 공소기각의 재판(결정)을 하여야 한다(대판 1973.12.11. 73도2173).

정답 ✕

044 22법9

피고사건이 법원의 관할에 속하지 아니한 때에는 판결로써 관할위반의 선고를 하여야 하나, 법원은 피고인의 신청이 없으면 토지관할에 관하여 관할 위반의 선고를 하지 못하고, 관할위반의 신청은 피고사건에 대한 진술 전에 하여야 한다. ☐O☐X

> 제319조, 제320조

정답 O

045 22법9

공소는 항소심 판결의 선고 전까지 취소할 수 있고, 이유를 기재한 서면으로 하여야 하지만 공판정에서는 구술로써 할 수 있다. ☐O☐X

> 공소는 제1심판결의 선고 전까지 취소할 수 있다. 공소취소는 이유를 기재한 서면으로 하여야 한다. 단, 공판정에서는 구술로써 할 수 있다(제255조 제1항, 제2항).

정답 ✕

046 23국9

피고인에 대하여 재판권이 없을 때에는 공소기각의 판결을 하여야 한다. ☐O|X☐

> 제327조 제1호

정답 O

047 22법9

고소가 있어야 공소를 제기할 수 있는 사건에서 고소가 취소되었을 때, 피해자의 명시한 의사에 반하여 공소를 제기 할 수 없는 사건에서 처벌을 원하지 아니하는 의사표시를 하거나 처벌을 원하는 의사표시를 철회하였을 때에는 판결로써 공소기각의 선고를 하여야 한다. ☐O|X☐

> 제327조 제5호, 제6호

정답 O

048 22법9 / 23국9

공소기각결정의 사유로서 형사소송법 제328조 제1항 제4호에 규정된 '공소장에 기재된 사실이 진실하다 하더라도 범죄가 될 만한 사실이 포함되지 아니한 때'란 공소장 기재사실 자체에 대한 판단으로 그 사실 자체가 죄가 되지 아니함이 명백한 경우를 말한다. ☐O|X☐

> 대판 2014.5.16. 2012도12867

정답 O

049 22법9

공소기각의 결정에 대하여는 즉시항고를 할 수 있고, 공소취소에 의한 공소기각의 결정이 확정된 때에는 공소취소 후 그 범죄사실에 대한 다른 중요한 증거를 발견한 경우에 한하여 다시 공소를 제기할 수 있다. ☐O|X☐

> 제328조 제2항, 제329조

정답 O

050 22법9

친고죄에서 고소 없이 수사를 하고 공소제기 전에 고소를 받아 공소를 제기한 경우 공소제기의 절차가 법률의 규정에 위반되어 무효로서 공소기각 판결을 하여야 한다. ☐O☐X

> 조세범처벌법 제6조의 세무종사 공무원의 고발은 공소제기의 요건이고 수사개시의 요건은 아니므로 수사기관이 고발에 앞서 수사를 하고 피고인에 대한 구속영장을 발부받은 후 검찰의 요청에 따라 세무서장이 고발조치를 하였다고 하더라도 공소제기 전에 고발이 있은 이상 조세범처벌법 위반사건 피고인에 대한 공소제기의 절차가 법률의 규정에 위반하여 무효라고 할 수 없다(대판 1995.3.1. 94도3373).

정답 ×

051 24국9(교정직)

공소를 제기할 수 없는 법률상의 사유가 있어 공소기각의 판결을 하여야 할 사건에서 그 사건의 실체에 관한 심리가 이미 완료되어 무죄로 판명된 경우라도 무죄의 실체판결을 선고하는 것은 위법하다. ☐O☐X

> 사건의 실체에 관한 심리가 이미 완료되어 교통사고처리특례법 제3조 제2항 단서에서 정한 사유(신호위반)가 없는 것으로 판명되고 달리 피고인이 같은 법 제3조 제1항의 죄를 범하였다고 인정되지 않는 경우, 설령 같은 법 제3조 제2항 본문이나 제4조 제1항 본문의 사유(공제조합가입)가 있더라도, 사실심법원이 피고인의 이익을 위하여 교통사고처리특례법 위반의 공소사실에 대하여 무죄의 실체판결을 선고하였다면, 이를 위법이라고 볼 수는 없다(대판 2015.5.14. 2012도11431).

정답 ×

052 22법9

공소기각의 판결에 대하여 피고인이 무죄를 주장하며 상소하는 것은 허용되지 아니한다. ☐O☐X

> 피고인은 재판이 자기에게 불이익하지 아니하면 이에 대한 상소권을 가질 수 없고, 공소기각의 판결이 있으면 피고인은 공소의 제기가 없었던 상태로 복귀되어 유죄판결의 위험으로부터 벗어나는 것이므로 그 판결은 피고인에게 불이익한 재판이라고 할 수 없다(대판 1988.11.8. 85도1675).

정답 ○

제3절 | 재판의 효력

001 23국9

「대한민국헌법」 제13조 제1항에서 규정하고 있는 이중처벌금지의 원칙에서 '처벌'은 원칙적으로 범죄에 대한 형벌 부과를 의미하고, 국가가 행하는 일체의 제재나 불이익처분이 모두 여기에 포함되는 것은 아니다. ☐O|X☐

> 헌법은 제13조 제1항에서 "모든 국민은 … 동일한 범죄에 대하여 거듭 처벌받지 아니한다."라고 규정하여 이른바 이중처벌금지의 원칙 내지 일사부재리의 원칙을 선언하고 있다. 이는 한번 판결이 확정되면 그 후 동일한 사건에 대해서는 다시 심판하는 것이 허용되지 않는다는 원칙을 말한다. 여기에서 '처벌'이란 원칙적으로 범죄에 대한 국가의 형벌권 실행으로서의 과벌을 의미하고, 국가가 행하는 일체의 제재나 불이익처분이 모두 여기에 포함되는 것은 아니다(대판 2017.8.23. 2016도5423).

정답 ○

002 23국7

약식명령의 기판력의 시적 범위는 약식명령의 송달시를 기준으로 한다. ☐O|X☐

> 약식명령에 관하여는 그 기판력의 시적 범위를 약식명령의 송달시를 기준으로 할 것인가 또는 그 발령시를 기준으로 할 것인지 이론의 여지가 있으나 그 기판력의 시적 범위를 판결절차와 달리 하여야 할 이유가 없으므로 그 발령시를 기준으로 하여야 한다(대판 1984.7.24. 84도1129).

정답 ×

003 71간

포괄일죄의 관계에 있는 범행일부에 관하여 약식명령이 확정된 경우, 약식명령의 발령시를 기준으로 하여 그 전의 범행에 대하여는 면소의 판결을 하여야 한다. ☐O|X☐

> 포괄일죄의 관계에 있는 범행일부에 관하여 약식명령이 확정된 경우, 약식명령의 발령시를 기준으로 하여 그 전의 범행에 대하여는 면소의 판결을 하여야 하고, 그 이후의 범행에 대하여서만 일개의 범죄로 처벌하여야 한다(대판 1994.8.9. 94도1318).

정답 ○

004 71간

확정판결 전후의 각 사기 범행이 설령 상습범으로서 포괄일죄의 관계에 있다 하더라도 그 중 일부가 단순사기죄로 공소제기 되어 그 판결이 확정된 경우에는 그 확정판결 이전의 범행에 대하여는 그 판결의 기판력을 내세워 면소를 할 수 없다. ⓞⓧ

> 상습범으로서 포괄적 일죄의 관계에 있는 여러 개의 범죄사실 중 일부에 대하여 유죄판결이 확정된 경우에, 그 확정판결의 사실심판결 선고 전에 저질러진 나머지 범죄에 대하여 새로이 공소가 제기되었다면 그 새로운 공소는 확정판결이 있었던 사건과 동일한 사건에 대하여 다시 제기된 데 해당하므로 이에 대하여는 판결로써 면소의 선고를 하여야 하는 것인바(제326조 제1호), 다만 이러한 법리가 적용되기 위해서는 전의 확정판결에서 당해 피고인이 상습범으로 기소되어 처단되었을 것을 필요로 하는 것이고, 상습범 아닌 기본 구성요건의 범죄로 처단되는 데 그친 경우에는, 가사 뒤에 기소된 사건에서 비로소 드러났거나 새로 저질러진 범죄사실과 전의 판결에서 이미 유죄로 확정된 범죄사실 등을 종합하여 비로소 그 모두가 상습범으로서의 포괄적 일죄에 해당하는 것으로 판단된다 하더라도 뒤늦게 앞서의 확정판결을 상습범의 일부에 대한 확정판결이라고 보아 그 기판력이 그 사실심판결 선고 전의 나머지 범죄에 미친다고 보아서는 아니 된다(대판 2004.9.16. 2001도3206 전원합의체).

정답 ○

005 22법9

상습범으로 유죄의 확정판결을 받은 사람이 그 후 동일한 습벽에 의해 후행범죄를 저질렀는데 유죄의 확정판결에 대하여 재심이 개시된 경우, 동일한 습벽에 의한 후행범죄가 재심대상판결에 대한 재심판결 선고 전에 범하여졌다면 재심판결의 기판력이 후행범죄에 미친다. ⓞⓧ

> 재심심판절차에서 재심개시결정의 확정만으로는 재심대상판결의 효력이 상실되지 않으므로 재심대상판결은 확정판결로서 유효하게 존재하고 있고, 따라서 재심대상판결을 전후하여 범한 선행범죄와 후행범죄의 일죄성은 재심대상판결에 의하여 분단되어 동일성이 없는 별개의 상습범이 된다. 그러므로 선행범죄에 대한 공소제기의 효력은 후행범죄에 미치지 않고 선행범죄에 대한 재심판결의 기판력은 후행범죄에 미치지 않는다… 만약 재심판결의 기판력이 재심판결의 선고 전에 선행범죄와 동일한 습벽에 의해 저질러진 모든 범죄에 미친다고 하면, 선행범죄에 대한 재심대상판결의 선고 이후 재심판결 선고 시까지 저지른 범죄는 동시에 심리할 가능성이 없었음에도 모두 처벌할 수 없다는 결론에 이르게 되는데, 이는 처벌의 공백을 초래하고 형평에 반한다(대판 2019.6.20. 2018도20698 전원합의체).

정답 ×

006 71간

선행하는 상습범죄에 대하여 재심대상판결을 받은 사람이 그 후 동일한 상습성에 기하여 후행 범죄를 저질렀는데, 재심대상판결에 대하여 재심개시결정이 확정되고 양 사건이 병합심리되지 아니한 채 재심판결이 먼저 선고되어 확정되었다면 그 기판력은 후행범죄 사건에 미친다. ⃞O⃞X

> 대판 2019.6.20. 2018도20698 전원합의체

정답 ×

007 71간

포괄일죄의 관계에 있는 위증죄의 일부 범죄사실에 대한 기판력은 현실적으로 심판대상이 되지 않는 다른 부분에 까지도 미치는 것이므로, 그 일부의 범죄사실에 대하여 공소가 제기된 뒤에 항소심에서 나머지 부분을 추가하였다고 하여 공소사실의 동일성을 해하는 것이라고 볼 수 없다. ⃞O⃞X

> 일죄의 관계에 있는 여러 범죄사실 중 일부에 대한 기판력은 현실적으로 심판대상이 되지 아니한 다른 부분에도 미치므로, 그 일부의 범죄사실에 대하여 공소가 제기된 뒤에 항소심에서 나머지 부분을 추가하였다고 하여 공소사실의 동일성을 해하는 것이라고 볼 수 없으므로 법원은 이를 허가하여야 한다(대판 1992.12.22. 92도2047 ; 대판 2016.1.14. 2013도8118).

정답 ○

008 71간 / 22승 / 22국7

소년법 제32조의 보호처분을 받은 사건과 동일한 사건에 대하여 다시 공소제기가 되었다면 면소판결을 할 것이 아니라 공소기각의 판결을 하여야 한다. ⃞O⃞X

> 보호처분을 받은 사건과 동일한 사건에 대하여 다시 공소제기가 되었다면 <u>보호처분은 확정판결이 아니고 따라서 기판력도 없으므로</u> 이에 대하여 <u>면소판결을 할 것이 아니라</u> 공소제기절차가 <u>소년법 규정(제53조)에 위배하여 무효인 때에 해당한 경우이므로</u> <u>공소기각의 판결을 하여야 한다</u>(대판 1985.5.28. 85도21).

정답 ○

009 22승

피고인이 외국에서 형사처벌을 과하는 확정판결을 받았더라도 그 외국 판결은 우리나라 법원을 기속할 수 없고 우리나라 에서는 기판력도 없어 일사부재리의 원칙이 적용되지 않는다. ⃞O⃞X

> 대판 1983.10.25. 83도2366

정답 ○

010 22승 / 23국7

회사의 대표이사가 업무상 보관하던 회사 자금을 빼돌려 횡령한 다음 그 중 일부를 더 많은 장비 납품 등의 계약을 체결할 수 있도록 해달라는 취지의 묵시적 청탁과 함께 배임증재에 공여한 경우, 횡령의 점에 대하여 약식명령이 확정되었다고 하더라도 그 기판력이 배임증재의 점에는 미치지 아니한다. ○|X

> 회사의 대표이사가 업무상 보관하던 회사 자금을 빼돌려 횡령한 다음 그 중 일부를 더 많은 장비 납품 등의 계약을 체결할 수 있도록 해달라는 취지의 묵시적 청탁과 함께 배임증재에 공여한 사안에서, 위 횡령의 범행과 배임증재의 범행은 서로 범의 및 행위의 태양과 보호법익을 달리하는 별개의 행위라고 보아, 위 횡령의 점에 대하여 약식명령이 확정되었다고 하더라도 그 기판력이 배임증재의 점에는 미치지 아니한다고 본 원심판결을 수긍한 사례(대판 2010.5.13. 2009도13463).

정답 ○

011 23국9

포괄일죄인 영업범에서 공소제기된 범죄사실과 공판심리 중에 추가로 발견된 범죄사실 사이에 그 범죄사실들과 동일성이 인정되는 또 다른 범죄사실에 대한 유죄의 확정판결이 있더라도 추가로 발견된 범죄사실을 공소장변경절차에 의하여 공소사실로 추가할 수 있다. ○|X

> 공소제기된 범죄사실과 추가로 발견된 범죄사실 사이에 그것들과 동일한 습벽에 의하여 저질러진 또 다른 범죄사실에 대한 유죄의 확정판결이 있는 경우에는 전후 범죄사실의 일죄성은 그에 의하여 분단되고, 추가로 발견된 확정판결 후의 범죄사실은 그것과 경합범 관계에 있는 별개의 상습범이 되므로, 검사는 공소장변경절차에 의하여 이를 공소사실로 추가할 수는 없고 어디까지나 별개의 독립된 범죄로 공소를 제기하여야 한다(대판 2000.3.10. 99도2744).

정답 ×

012 23승

사기죄에 있어서 동일한 피해자에 대하여 수회에 걸쳐 기망행위를 하여 금원을 편취한 경우, 그 범의가 단일하고 범행방법이 동일하다면 사기죄의 포괄일죄만이 성립한다고 할 것이나, 포괄일죄의 중간에 별종의 범죄에 대한 확정판결이 끼어 있다면 그로 인해 사기죄의 포괄적 범죄는 둘로 나뉘는 것이다. ○|X

> 상습범과 같은 이른바 포괄적일죄는 그 중간에 별종의 범죄에 대한 확정판결이 끼어 있어도 그 때문에 포괄적 범죄가 둘로 나뉘는 것은 아니라 할 것이고, 또 이 경우에는 그 확정판결후의 범죄로서 다루어야 한다(대판 1986.2.25. 85도2767, 대판 2002.7.12. 2002도2029 등)

정답 ×

013 71간

피고인이 항소하였으나 법정기간 내에 항소이유서를 제출하지 아니하여 결정으로 항소가 기각된 경우에 판결의 확정력이 미치는 시간적 한계는 항소기각 결정시이다. ○|×

> 항소이유서를 제출하지 아니하여 결정으로 항소가 기각된 경우에도 형사소송법 제361조의4 제1항에 의하면 피고인이 항소한 때에는 법정기간 내에 항소이유서를 제출하지 아니하였다 하더라도 판결에 영향을 미친 사실오인이 있는 등 직권조사사유가 있으면 항소법원이 직권으로 심판하여 제1심 판결을 파기하고 다시 판결할 수도 있으므로 사실심리의 가능성이 있는 최후시점은 항소기각 결정시라고 보는 것이 옳다(대판 1993.5.25. 93도836).

정답 ○

014 23국7

종전의 확정판결에서 조세범처벌법위반죄로 처단되는 데 그친 사건의 범죄사실이 뒤에 공소가 제기된 사건과 종합하여 특정범죄가중처벌등에관한법률위반의 포괄일죄에 해당하는 것으로 판단된다면, 조세범처벌법위반에 대한 확정판결의 기판력이 그 사실심판결 선고 전의 특정범죄가중처벌등에관한법률위반 범죄사실에 미친다. ○|×

> 확정판결의 기판력이 미치는 범위는 확정된 사건 자체의 범죄사실과 죄명을 기준으로 정하는 것이 원칙이므로, 그 전의 확정판결에서 조세범 처벌법 제10조 제3항 각 호의 위반죄로 처단되는 데 그친 경우에는, 확정된 사건 자체의 범죄사실이 뒤에 공소가 제기된 사건과 종합하여 특정범죄 가중처벌 등에 관한 법률 제8조의2 제1항(이하 '법률조항'이라 한다) 위반의 포괄일죄에 해당하는 것으로 판단된다 하더라도, 뒤늦게 앞서의 확정판결을 포괄일죄의 일부에 대한 확정판결이라고 보아 기판력이 사실심판결 선고 전의 법률조항 위반 범죄사실에 미친다고 볼 수 없다(대판 2015.6.23. 2015도2207).

정답 ×

015 23국7

「경범죄 처벌법」상 '음주소란' 범칙행위로 범칙금 통고처분을 받아 이를 납부한 피고인이 이와 근접한 일시·장소에서 위험한 물건인 과도를 들고 피해자를 쫓아가며 "죽여 버린다"라고 소리쳐 협박하였다는 내용의 폭력행위등처벌에관한법률위반으로 기소된 경우, 위 범칙금 납부의 효력은 공소사실에 미치지 않는다. ○|×

> 피고인이 경범죄처벌법상 '음주소란' 범칙행위로 범칙금 통고처분을 받아 이를 납부하였는데, 이와 근접한 일시·장소에서 위험한 물건인 과도(果刀)를 들고 피해자를 쫓아가며 "죽여 버린다."고 소리쳐 협박하였다는 내용의 폭력행위 등 처벌에 관한 법률 위반으로 기소된 사안에서, 범칙행위인 '음주소란'과 공소사실인 '흉기휴대협박행위'는 기본적 사실관계가 동일하다고 볼 수 없다는 이유로, 범칙금 납부의 효력이 공소사실에 미치지 않는다(대판 2012.9.13. 2012도6612).

정답 ○

016 23승

과태료를 납부한 후에 다시 형사처벌을 하는 것은 일사부재리의 원칙에 반하는 것이 아니다.
☐○☐×

> 행정법상의 질서벌인 과태료의 부과처분과 형사처벌은 그 성질이나 목적을 달리하는 별개의 것이므로 행정법상의 질서벌인 과태료를 납부한 후에 형사처벌을 한다고 하여 이를 일사부재리의 원칙에 반하는 것이라고 할 수는 없다(대판 1996.4.12. 96도158).

정답 ○

017 22법9 / 23승

판결의 확정력은 사실심리의 가능성이 있는 최후의 시점인 판결선고 시를 기준으로 하여 그때까지 행하여진 행위에 대 하여만 미치는 것으로서, 제1심판결에 대하여 항소가 된 경우 판결의 확정력이 미치는 시간적 한계는 현행 형사항소심의 구조와 운용실태에 비추어 볼 때 항소심 판결선고 시라고 보는 것이 상당하다. ☐○☐×

> 대판 2021.2.4. 2019도10999, 대판 1983.4.26. 82도2829 등

정답 ○

018 22법9 / 23승

가정폭력처벌법에 따른 보호처분의 결정이 확정된 경우에는 원칙적으로 가정폭력행위자에 대하여 같은 범죄사실로 다시 공소를 제기할 수 없으나, 보호처분은 확정판결이 아니고 따라서 기판력도 없으므로, 보호처분을 받은 사건과 동일한 사건에 대하여 다시 공소제기가 되었다면 이에 대해서는 면소판결을 할 것이 아니라 공소제기의 절차가 법률의 규정에 위배하여 무효인 때에 해당한 경우이므로 형사소송법 제327조 제2호의 규정에 의하여 공소기각의 판결을 하여야 한다. ☐○☐×

> 대판 2017.8.23. 2016도5423

정답 ○

019 22법9

상상적 경합은 1개의 행위가 수개의 죄에 해당하는 경우를 말하는 것으로, 여기에서 1개의 행위란 법적 평가를 떠나 사회관념상 행위가 사물자연의 상태로서 1개로 평가되는 것을 의미하고, 상상적 경합 관계의 경우에는 그 중 1죄에 대한 확정판결의 기판력은 다른 죄에 대하여도 미친다. ☐○☐×

> 형법 제40조 소정의 상상적 경합 관계의 경우에는 그 중 1죄에 대한 확정판결의 기판력은 다른 죄에 대하여도 미치는 것이고, 여기서 1개의 행위라 함은 법적 평가를 떠나 사회 관념상 행위가 사물자연의 상태로서 1개로 평가되는 것을 의미한다(대판 2007.2.23. 2005도10233).

정답 ○

020 23국7

재판은 확정한 후에 집행하는 것이 원칙이므로 법원이 징역형의 집행유예를 함에 있어 그 집행유예기간의 시기(始期)는 집행유예를 선고한 판결확정일로 하여야 하고, 법원이 판결확정일 이후의 시점을 임의로 선택할 수는 없다. ☐O☐X☐

> 우리 형법이 집행유예기간의 시기에 관하여 명문의 규정을 두고 있지는 않지만 형사소송법 제459조가 "재판은 이 법률에 특별한 규정이 없으면 확정한 후에 집행한다."고 규정한 취지나 집행유예 제도의 본질 등에 비추어 보면 집행유예를 함에 있어 그 집행유예기간의 시기는 <u>집행유예를 선고한 판결확정일로 하여야 하고 법원이 판결 확정일 이후의 시점을 임의로 선택할 수는 없다</u>(대판 2002.2.26. 2000도4637).

정답 ○

021 23국7

구금되지 아니한 당사자에 대하여 검사는 그 형의 집행을 위하여 당사자를 소환할 수 있고, 당사자가 소환에 응하지 아니한 때에는 형집행장을 발부하여 구인할 수 있는데, 형집행장의 집행에 관하여는 「형사소송법」상 구속의 사유(제70조)나 구속이유의 고지(제72조)에 관한 규정이 준용되지 않는다. ☐O☐X☐

> 형사소송법 제475조의 형집행장의 집행에 관하여하 준용하는 '피고인의 구속에 관한 규정'은 '<u>피고인의 구속영장의 집행에 관한 규정</u>'을 의미한다고 할 것이므로, 형집행장의 집행에 관하여는 <u>구속의 사유에 관한 형사소송법 제70조나 구속이유의 고지에 관한 형사소송법 제72조가 준용되지 아니한다</u>(대판 2013.9.12. 2012도2349).

정답 ○

022 23국7

2개 이상의 형을 집행하는 경우에 자격상실, 자격정지, 벌금, 과료와 몰수 외에는 무거운 형을 먼저 집행하여야 하지만, 검사는 법원의 허가를 얻어 무거운 형의 집행을 정지하고 다른 형의 집행을 할 수 있다. ☐O☐X☐

> 2이상의 형을 집행하는 경우에 <u>자격상실, 자격정지, 벌금, 과료와 몰수 외에는 무거운 형을 먼저 집행한다. 다만, <u>검사는 소속 장관의 허가를 얻어 무거운 형의 집행을 정지하고 다른 형의 집행을 할 수 있다</u>(제462조).

정답 ×

023 23국7

검사가 형을 집행함에 있어 무죄로 확정된 사건에서의 미결구금일수를 유죄가 확정된 다른 사건의 형기에 산입하지 않는다고 하더라도 헌법상의 행복추구권이나 평등권을 침해하였다고 볼 수 없다. ○|×

> 검사가 형을 집행함에 있어 판결에서 산입을 명한 당해 사건의 미결구금일수나 그 사건에서 상소와 관련하여 형사소송법 제482조에 의하여 당연히 산입되는 미결구금일수를 제외하고는 다른 사건에서의 미결구금일수는 법률상 산입할 근거도 없고, 또한 구속은 원칙적으로 구속영장이 발부된 범죄사실에 대한 것이어서 그로 인한 미결구금도 당해 사건의 형의 집행과 실질적으로 동일하다고 보아 그 미결구금일수를 형에 산입하려는 것이므로, 그와 같은 제도의 취지에 비추어 보면 <u>확정된 형을 집행함에 있어 무죄로 확정된 다른 사건에서의 미결구금일수를 산입하지 않는다고 하여 헌법상의 행복추구권이나 평등권을 침해하였다고 볼 수도 없다</u>(대결 1997.12.29. 97모112).

정답 ○

제4절 │ 소송비용

001 21법9 / 21경1 / 71간 / 21국9 / 22국7

소송비용의 부담은 피고인에게 부담을 지우는 것으로 실질적인 의미에서 형에 준하여 평가되어야 하므로 불이익변경금지 원칙이 적용된다. ○|×

> 소송비용은 실질적으로 형의 성질을 가질 수 없으므로 <u>소송비용에 대해서는 불이익변경금지원칙이 적용되지 않는다</u>(대판 2001.4.24. 2001도872).

정답 ×

002 23법9

제1심법원이 소송비용의 부담을 명하는 재판을 하지 않았음에도 항소심법원이 제1심의 소송비용에 관하여 피고인에게 부담하도록 재판을 한 경우, 불이익변경금지원칙에 위배되지 않는다. ○|×

> 소송비용은 실질적으로 형의 성질을 가질 수 없으므로 <u>소송비용에 대해서는 불이익변경금지원칙이 적용되지 않는다</u>(대판 2001.4.24. 2001도872).

정답 ○

003 21법9

피고인의 경제적 사정으로 소송비용을 납부할 수 없는 때에도 형의 선고를 하는 때에는 피고인에게 소송비용의 전부 또는 일부를 부담하게 하여야 한다. ㅇ|×

> 형의 선고를 하는 때에는 피고인에게 소송비용의 전부 또는 일부를 부담하게 하여야 한다. 다만, 피고인의 경제적 사정으로 소송비용을 납부할 수 없는 때에는 그러하지 아니하다(제186조 제1항).

정답 ×

004 21법9

고소 또는 고발에 의하여 공소를 제기한 사건에 관하여 피고인이 무죄 또는 면소의 판결을 받은 경우에 고소인 또는 고발인에게 고의 또는 중대한 과실이 있는 때에는 그 자에게 소송비용의 전부 또는 일부를 부담하게 할 수 있다. ㅇ|×

> 고소 또는 고발에 의하여 공소제기된 사건에 있어서 피고인이 무죄나 면소판결을 받은 경우에 고소인·고발인에게 고의 또는 중대한 과실이 있는 때에는 그 자에게 소송비용의 전부 또는 일부를 부담하게 할 수 있다(제188조).

정답 ○

005 23국7

제192조 제1항에 따라 재판으로 소송절차가 종료되는 경우에 피고인 아닌 자에게 소송비용을 부담하게 하는 결정에 대하여는 즉시항고를 할 수 있다. ㅇ|×

> 피고인이 아닌 자에게 소송비용을 부담시키는 경우에는 직권으로 결정하여야 한다(제192조 제1항). 이 결정에 대하여는 즉시 항고할 수 있다(동조 제2항).

정답 ○

006 21법9

소송비용의 부담을 명하는 재판에 그 금액을 표시하지 아니한 때에는 검사의 신청에 따라 법원이 산정한다. ㅇ|×

> 소송비용의 부담을 명하는 재판에서 그 금액이 표시되지 않은 경우 집행을 지휘하는 검사가 산정한다(제194조). 산정에 이의가 있는 때에는 법원에 이의신청을 할 수 있다(제489조).

정답 ×

007 22법9

법원사무관 등이나 그 밖의 법원공무원은 확정 판결서등의 열람 및 복사에 앞서 판결서등에 기재된 성명 등 개인정보가 공개되지 아니하도록 대법원규칙으로 정하는 보호조치를 하여야 하며, 이때 개인정보 보호조치를 한 법원사무관등이나 그 밖의 법원공무원은 고의로 인한 것이 아니면 위 열람 및 복사와 관련하여 민사상·형사상 책임을 지지 아니한다. ☐O☐X☐

> 제59조의3 제2항, 제3항

정답 O

008 22법9

검사는 소송기록의 보존을 위하여 필요하다고 인정하는 경우에는 그 소송기록의 등본을 열람 또는 등사하게 할 수 있다. 다만, 원본의 열람 또는 등사가 필요한 경우에는 그러하지 아니하다. ☐O☐X☐

> 제59조의2 제4항

정답 O

PART 5 상소·비상구제절차·특별절차

제1장 상소

제1절 ▮ 상소 일반

001 23국7

피고인이 공소기각의 판결에 대하여 무죄를 주장하며 상소하는 것은 상소이익이 없으므로 허용되지 않는다. ○|X

> 피고인이 공소를 기각한 제1심판결에 대해 무죄를 주장하며 항소하자, 원심이 항소를 기각하지 않고 제1심판결을 파기하여 제1심법원으로 환송한 사안에서, 공소기각 판결에 대하여 피고인에게 상소권이 인정되지 않으므로 위 항소는 법률상의 방식에 위반한 것이 명백한 때에 해당한다고 보아 원심판결을 파기하고 항소기각한 사례(대판 2008.5.15. 2007도6793).

정답 ○

002 24국9(교정직)

피고인이 공소를 기각한 제1심판결에 대해 무죄를 주장하며 항소한 경우, 공소기각 판결에 대하여 피고인에게 상소권이 인정되지 않으므로 이 항소는 법률상의 방식에 위반한 것이 명백한 때에 해당한다. ○|X

> 대판 2008.5.15. 2007도6793

정답 ○

003 20국7

검사는 반대당사자에게 불이익한 재판이 위법일 때에는 그 위법을 시정하기 위하여 재판의 주문에 관한 것이 아니더라도 재판의 이유만을 다투기 위하여 상소할 수 있다. ☐○☐×

> 검사는 공익의 대표자로서 법령의 정당한 적용을 청구할 임무를 가지므로 이의신청을 기각하는 등 반대당사자에게 불이익한 재판에 대하여도 그것이 위법일 때에는 <u>위법을 시정하기 위하여 상소로써 불복할 수 있지만 불복은 재판의 주문에 관한 것이어야 하고 재판의 이유만을 다투기 위하여 상소하는 것은 허용되지 않는다</u>(대결 1993.3.4. 92모21).

정답 ×

004 20국7

변호인은 피고인의 동의를 얻어 상소를 취하할 수 있으므로, 변호인의 상소취하에 피고인의 동의가 없다면 상소취하의 효력은 발생하지 아니한다. ☐○☐×

> 변호인은 피고인의 동의를 얻어 상소를 취하할 수 있으므로, <u>변호인의 상소취하에 피고인의 동의가 없다면 상소취하의 효력은 발생하지 아니한다.</u> 한편 변호인이 상소취하를 할 때 원칙적으로 피고인은 이에 동의하는 취지의 서면을 제출하여야 하나, <u>피고인은 공판정에서 구술로써 상소취하를 할 수 있으므로, 변호인의 상소취하에 대한 피고인의 동의도 공판정에서 구술로써 할 수 있다.</u> 다만 상소를 취하하거나 상소의 취하에 동의한 자는 다시 상소를 하지 못하는 제한을 받게 되므로, <u>상소취하에 대한 피고인의 구술 동의는 명시적으로 이루어져야만 한다</u>(대판 2015.9.10. 2015도7821).

정답 ○

005 21법9

형사소송법 제345조에 의한 상소권회복은 피고인 등이 책임질 수 없는 사유로 상소제기기 간을 준수하지 못하여 소멸한 상소권을 회복하기 위한 것일 뿐, 상소의 포기로 인하여 소멸 한 상소권까지 회복하는 것이라고 볼 수는 없다. ☐○☐×

> 대결 2002.7.23. 2002모180

정답 ○

006 24국9

피고인이 형사소송이 계속 중인 사실을 알면서도 법원에 거주지 변경신고를 하지 않아서 공시송달절차에 의하여 재판이 진행된 경우, 비록 「소송촉진 등에 관한 특례법」에 위배된 공시송달에 터 잡아 피고인의 출석없이 판결의 선고가 이루어지고 상소제기기간이 도과하였더라도 상소권회복청구가 허용될 수는 없다. ☐O☐X

> 피고인이 소송이 계속 중인 사실을 알면서도 법원에 거주지 변경 신고를 하지 않았다 하더라도, 잘못된 공시송달에 터 잡아 피고인의 진술 없이 공판이 진행되고 피고인이 출석하지 않은 기일에 판결이 선고된 이상, 피고인은 자기 또는 대리인이 책임질 수 없는 사유로 상소제기기간 내에 상소를 하지 못한 것으로 봄이 타당하다(대결 2014.10.16. 2014모1557).

정답 ×

007 22국7

피고인이 소송이 계속 중인 사실을 알면서도 법원에 거주지 변경 신고를 하지 않았다 하더라도, 잘못된 공시송달에 터 잡아 피고인의 진술 없이 공판이 진행되고 피고인이 출석하지 않은 기일에 판결이 선고된 이상, 피고인은 자기 또는 대리인이 책임질 수 없는 사유로 상소제기기간 내에 상소를 하지 못한 것으로 봄이 타당하다. ☐O☐X

> 대결 2014.10.16. 2014모1557

정답 ○

008 21법9 / 23국9

형사소송법 제345조의 '책임질 수 없는 사유'란 상소제기기간 내에 상소하지 않은 것에 상소권자 또는 대리인의 고의 또는 과실이 없는 경우를 말한다. ☐O☐X

> 형사소송법 제345조에서 말하는 대리인 중에는 본인의 보조인으로서 본인의 부탁을 받아 상소에 관한 서면을 작성하여 이를 제출하는 등 본인의 상소에 필요한 사실행위를 대행하는 사람을 포함하며, 책임질 수 없는 사유란 상소를 하지 못한 사유가 상소권자 본인 또는 대리인의 고의 또는 과실에 기하지 아니함을 말한다 할 것이다(대결 1986.9.17. 86모46).

정답 ○

009 24국9

피고인이 질병으로 병원에 입원하였거나 기거불능이었기 때문에 상소를 하지 못하였다는 것은 상소권회복의 사유에 해당하지 않는다. ⃞O⃞X

> 상소권자 또는 대리인이 단순히 질병으로 입원하였다거나 기거불능 하였었기 때문에 상소를 하지 못하였다는 것은 상소권회복의 사유에 해당하지 아니한다(대결 1986.9.17. 86모46).

정답 O

010 24국9

교도소 담당직원이 피고인에게 상소권회복청구를 할 수 없다고 하면서 「형사소송규칙」 제177조에 따른 편의를 제공하지 않았다고 해도, 이것은 상소권자의 책임질 수 없는 사유로 상소하지 못한 것이라고 보기 어렵다. ⃞O⃞X

> 상소권회복청구는 오로지 상소할 수 있는 자가 자기의사에 따라 그것을 할 것인지의 여부를 결정할 일이어서 교도소담당직원이 재항고인에게 상소권회복청구를 할 수 없다고 하면서 형사소송규칙 제177조에 따른 편의를 제공해 주지 아니하였다 하더라도 위 사유는 상소권회복청구를 이유있게 할 사유가 될 수 없다(대결 1986.9.27. 86모47).

정답 O

011 24법9

피고인에 대하여 공시송달의 방법에 의하여 공소장 등이 송달되고 피고인이 불출석한 가운데 판결이 선고되어 확정된 후 검거되어 수용된 경우에는, 특별한 사정이 없는 한 그 판결에 의한 형의 집행으로 수용된 날 상소권회복청구의 대상판결이 선고된 사실을 알았다고 보아야 한다. ⃞O⃞X

> 상소권회복의 청구는 사유가 종지한 날로부터 상소의 제기기간에 상당한 기간 내에 서면으로 원심법원에 제출하여야 하고, 그 청구와 동시에 상소를 제기하여야 한다(제346조 제1항, 제3항). 피고인에 대하여 공시송달의 방법에 의하여 공소장 등이 송달되고 피고인이 불출석한 가운데 판결이 선고되어 확정된 후 검거되어 수용된 경우에는, 특별한 사정이 없는 한 그 판결에 의한 형의 집행으로 수용된 날 상소권회복청구의 대상판결이 선고된 사실을 알았다 할 것이고, 그로써 상소를 하지 못한 책임질 수 없는 사유가 종지하였다고 보아야 한다. 따라서 그날부터 상소제기기간 내에 상소권회복청구와 상소를 하지 않았다면 그 상소권회복청구는 방식을 위배한 것으로서 허가될 수 없다(대결 2017.9.22. 2017모2521).

정답 O

012 24법9

징역형의 실형이 선고되었으나 피고인이 집행유예를 선고받은 것으로 잘못 전해 듣고 또한 판결주문을 제대로 알아들을 수가 없어서 항소제기기간 내에 항소하지 못한 것이라면 상소권회복 사유인 '자기 또는 대리인이 책임질 수 없는 사유로 상소제기기간 내에 상소하지 못한 경우'에 해당된다. ○|×

> 징역형의 실형이 선고되었으나 피고인이 형의 집행유예를 선고받은 것으로 잘못 전해 듣고 또한 판결주문을 제대로 알아들을 수가 없어서 항소제기기간 내에 항소하지 못한 것이라면 <u>그 사유만으로는</u> 형사소송법 제345조가 규정한 '자기 또는 대리인이 책임질 수 없는 사유로 상소제기기간 내에 상소하지 못한 경우'에 해당된다고 볼 수 없다(대결 2000.6.15. 2000모85).

정답 ×

013 21법9 / 23법9

형사소송법 제345조의 대리인이란 피고인을 대신하여 상소에 필요한 행위를 할 수 있는 지위에 있는 자를 말하는 것이고 교도소장은 피고인을 대리하여 결정정본을 수령할 수 있을 뿐이고 상소권행사를 돕거나 대신할 수 있는 자가 아니므로 이에 포함되지 않는다. ○|×

> 상소권회복신청의 요건을 규정한 형사소송법 제345조의 "대리인"이란 피고인을 대신하여 상소에 필요한 행위를 할 수 있는 지위에 있는 자를 말하는 것이고 <u>교도소장은</u> 피고인을 대리하여 결정정본을 수령할 수 있을 뿐이고 상소권 행사를 돕거나 대신할 수 있는 자가 아니어서 이에 포함되지 아니하므로, 만일 교도소장이 결정정본을 송달받고 1주일이 지난 뒤에 그 사실을 피고인에게 알렸기 때문에 피고인이나 그 배우자가 소정 기간 내에 항고장을 제출할 수 없게 된 것이라면 상소권회복신청은 인용할 여지가 있을 것이다(대결 1991.5.6. 91모32).

정답 ○

014 22법9 / 23국7

법률의 규정에 따라 상소할 수 있는 자는 자기 또는 대리인이 책임질 수 없는 사유로 상소제기기간 내에 상소를 하지 못한 경우에는 그 사유가 해소된 날부터 상소 제기기간에 해당하는 기간 내에 서면으로 원심법원에 상소권회복의 청구를 할 수 있다. ○|×

> 제346조 제1항

정답 ○

015 23법9

자기 또는 대리인이 책임질 수 없는 사유로 상소 제기기간 내에 상소를 하지 못한 경우에는 우선 상소권회복의 청구를 하고, 그로부터 상당한 기간 내에 상소를 제기하여도 적법하다. ○|X

> 상소권회복을 청구할 때에는 제345조의 사유(자기 또는 대리인이 책임질 수 없는 사유)가 해소된 날부터 상소 제기기간에 해당하는 기간 내에 서면으로 원심법원에 제출하여야 한다(제346조 제1항). 상소권회복을 청구한 자는 그 청구와 동시에 상소를 제기하여야 한다(동조 제3항).

정답 ×

016 22법9

상소권회복을 청구한 자는 그 청구와 동시에 상소를 제기하여야 한다. ○|X

> 제346조 제3항

정답 ○

017 24법9

상소권회복의 청구를 하는 때에는 그 청구와 동시에 상소를 제기하여야 하므로, 상소권회복의 청구와 동시에 상소를 제기하지 아니한 경우에는 상소권회복의 청구는 부적법하므로 불허되어야 한다. ○|X

> 상소권의 회복을 청구한 자는 청구와 동시에 상소를 제기하여야 한다(제346조 제3항). 따라서 상소권회복의 청구와 동시에 상소를 제기하지 아니한 경우 법원은 법률상 방식위반을 이유로 결정으로 상소권 회복청구를 기각하여야 한다.

정답 ○

018 22법9

상소권회복의 청구를 받은 법원은 청구의 허부에 관한 결정을 하여야 하며, 이 결정에 대하여는 즉시항고를 할 수 있다. ○|X

> 제347조 제1항, 제2항

정답 ○

019 · 23법9

상소권회복의 청구가 있는 때에는 법원은 이에 대한 결정을 할 때까지 재판의 집행을 정지하는 결정을 하여야 한다. 따라서 벌금을 납부하지 아니하여 노역장 유치의 집행을 당한 자도 상소권회복의 청구에 대한 결정을 할 때까지 일단은 석방되어야 한다. ○|×

> 상소권회복의 청구가 있는 때에는 법원은 상소권회복 청구에 대한 결정을 할 때까지 <u>재판의 집행을 정지하는 결정을 할 수 있다</u>(제348조 제1항).

정답 ×

020 · 24법9

공소기각이나 관할위반의 판결이 형식적으로 확정된 후 상소권회복의 결정이 있으면 판결의 확정으로 진행되었던 공소시효의 진행이 다시 정지된다. ○|×

> 상소권회복의 청구와 동시에 한 상소제기는 적법하게 되며, 재판의 확정력은 배제되어 재판은 미확정상태로 돌아가게 된다. 따라서 공소기각이나 관할위반의 판결이 형식적으로 확정된 후 상소권회복의 결정이 있으면 판결의 확정으로 진행되었던 공소시효의 진행이 다시 정지된다.

정답 ○

021 · 21법9 / 21국7

피고인이 소송 계속 중인 사실을 알면서도 법원에 거주지 변경 신고를 하지 않은 경우에는, 잘못된 공시송달에 터 잡아 피고인의 진술 없이 공판이 진행되고 피고인이 출석하지 않은 기일에 판결이 선고되었더라도, 피고인이 자기 또는 대리인이 책임질 수 없는 사유로 상소제기기간을 준수하지 못한 것으로 볼 수 없다. ○|×

> '자기 또는 대리인이 책임질 수 없는 사유'라 함은 본인 또는 대리인에게 귀책사유가 전혀 없는 경우는 물론 <u>본인 또는 대리인의 귀책사유가 있더라도 그와 상소제기기간의 도과라는 결과 사이에 다른 독립한 원인이 개입된 경우를 배제한다고 보기 어려우므로 피고인이 소송이 계속된 사실을 알면서 법원에 거주지 변경 신고를 하지 않은 잘못을 저질렀다고 하더라도 위법한 공시송달에 터잡아 피고인의 진술 없이 공판이 진행되고 피고인이 출석하지 않은 기일에 판결이 선고된 경우, 피고인이 자기 또는 대리인이 책임질 수 없는 사유로 인하여 상소제기 기간 내에 상소를 하지 못한 것으로 봄이 상당하다</u>(대결 2006.2.8. 2005모507).

정답 ×

022 22법9

상소기간 중 또는 상소 중의 사건에 관하여 구속기간의 갱신, 구속의 취소, 보석, 구속의 집행정지와 그 정지의 취소에 대한 결정은 소송기록이 원심법원에 있더라도 상소법원이 하여야 한다. ⓞⓧ

> 상소기간 중 또는 상소 중의 사건에 관하여 구속기간 갱신, 구속의 취소, 보석, 구속의 집행정지와 그 정지의 취소에 대한 결정은 소송기록이 원심법원에 있는 때에는 원심법원이 하여야 한다(제105조).

정답 ✕

023 21국7

상소의 제기·포기·취하는 서면으로 하며 공판정에서 구술로써 할 수 없다. ⓞⓧ

> 상소의 제기는 그 기간 내에 서면으로 한다(제343조 제1항). 상소의 포기 또는 취하는 서면으로 하여야 한다. 단, 공판정에서는 구술로써 할 수 있다(제352조 제1항).

정답 ✕

024 21국7

상소권을 포기한 자가 상소제기기간이 도과한 다음에 상소포기의 효력을 다투는 한편, 자기 또는 대리인이 책임질 수 없는 사유로 인하여 상소제기기간 내에 상소를 하지 못하였다고 주장하는 경우, 상소를 제기함과 동시에 상소권회복청구를 할 수 있다. ⓞⓧ

> 상소권을 포기한 후 상소제기기간이 도과한 다음에 상소포기의 효력을 다투는 한편, 자기 또는 대리인이 책임질 수 없는 사유로 인하여 상소제기기간 내에 상소를 하지 못하였다고 주장하는 사람은 상소를 제기함과 동시에 상소권회복청구를 할 수 있고, 그 경우 상소포기가 부존재 또는 무효라고 인정되지 아니하거나 자기 또는 대리인이 책임질 수 없는 사유로 인하여 상소제기기간을 준수하지 못하였다고 인정되지 아니한다면 상소권회복청구를 받은 원심으로서는 상소권회복청구를 기각함과 동시에 상소기각결정을 하여야 한다(대결 2004.11.30. 2003모451).

정답 ◯

025 21국7

검사와 피고인 양쪽이 상소를 제기한 경우, 어느 일방의 상소는 이유 없으나 다른 일방의 상소가 이유 있어 원판결을 파기하고 다시 판결하는 때에는 이유 없는 상소에 대해서도 판결이유 중에서 그 이유가 없다는 점을 적는 것만으로는 부족하고 주문에서 그 상소를 기각해야 한다. ⓞⓧ

> 검사와 피고인 양쪽이 상소를 제기한 경우, 어느 일방의 상소는 이유 없으나 다른 일방의 상소가 이유 있어 원판결을 파기하고 다시 판결하는 때에는 이유 없는 상소에 대해서는 판결이유 중에서 그 이유가 없다는 점을 적으면 충분하고 주문에서 그 상소를 기각해야 하는 것은 아니다(대판 2020.6.25. 2019도17995).

정답 ✕

제1장 상 소

026 24법9

몰수나 추징의 선고는 본안 종국판결에 부수되는 처분에 불과한 것이므로, 피고인이 몰수나 추징에 대하여만 항소를 제기하였다면 항소심법원은 항소를 기각하여야 한다. ⃞O⃞X

> 대판 2008.11.20. 2008도5596 전원합의체)

정답 ×

027 22국9

피고인과 검사 쌍방이 항소하였으나 검사가 항소 부분에 대한 항소이유서를 제출하지 아니하여 결정으로 항소를 기각하여야 하는 경우 항소심은 불이익변경금지의 원칙에 따라 제1심판결의 형보다 중한 형을 선고하지 못한다. ⃞O⃞X

> 피고인과 검사 쌍방이 항소하였으나 검사가 항소 부분에 대한 항소이유서를 제출하지 아니하여 결정으로 항소를 기각하여야 하는 경우에는 실질적으로 피고인만이 항소한 경우와 같게 되므로 항소심은 불이익변경금지의 원칙에 따라 제1심판결의 형보다 중한 형을 선고하지 못한다(대판 1998.9.25. 98도2111).

정답 ○

028 21법9

피고인만의 상고에 의하여 상고심에서 원심판결을 파기하고 사건을 항소심에 환송한 경우에는 환송전 원심판결과의 관계에서도 불이익변경금지의 원칙이 적용되어 그 파기된 항소심판결보다 중한 형을 선고할 수 없으므로, 환송후 원심판결이 환송전 원심판결에서 선고하지 아니한 몰수를 새로이 선고하는 것은 불이익변경금지의 원칙에 위배된다. ⃞O⃞X

> 대판 1992.12.8. 92도2020

정답 ○

029 21국7

징역 8월에 집행유예 2년이 선고된 당초의 원심판결에 대해 피고인만이 상고한 결과 상고심에서 파기환송하였다면, 환송 후 원심이 피고인에 대하여 징역 8월에 집행유예 2년 및 판시 압수물의 몰수를 선고하였더라도 불이익변경금지 원칙에 위배되지 않는다. ⃞O⃞X

> 징역 8월에 집행유예 2년이 선고된 당초의 원심판결에 대하여 피고인만이 상고한 결과 상고심에서 원심판결을 파기하고 사건을 항소심에 환송한다는 판결이 선고되었는데 환송 후 원심은 피고인에 대하여 징역 8월에 집행유예 2년 및 그 판시 압수물의 몰수를 선고하였음을 알 수 있는 바, 이와 같이 환송후 원심판결이 환송전 원심판결에서 선고하지 아니한 몰수를 새로이 선고한 것은 불이익변경금지의 원칙에 위배하여 판결결과에 영향을 미쳤다고 하지 않을 수 없다(대판 1992.12.8. 92도2020).

정답 ×

030 21법9

제1심이 뇌물수수죄를 인정하여 피고인에게 징역 1년 6월 및 추징 26,150,000원을 선고한 데 대해 피고인만이 항소하였는데, 항소심이 제1심이 누락한 필요적 벌금형 병과규정을 적용하여 피고인에게 징역 1년 6월에 집행유예 3년, 추징 26,150,000원 및 벌금 50,000,000원(미납시 1일 50,000원으로 환산한 기간 노역장 유치)을 선고한 것은 피고인에게 불이익하게 변경한 것이 아니다. ◯|✕

> 제1심이 뇌물수수죄를 인정하여 피고인에게 징역 1년 6월 및 추징 26,150,000원을 선고한 데 대해 피고인만이 항소하였는데, 원심이 제1심이 누락한 필요적 벌금형 병과규정인 특정범죄 가중처벌 등에 관한 법률 제2조 제2항을 적용하여 피고인에게 징역 1년 6월에 집행유예 3년, 추징 26,150,000원 및 벌금 50,000,000원을 선고한 사안에서, 집행유예의 실효나 취소가능성, 벌금 미납시 노역장 유치 가능성과 그 기간 등을 전체적·실질적으로 고찰할 때 원심이 선고한 형은 제1심이 선고한 형보다 무거워 피고인에게 불이익하다고 한 사례(대판 2013.12.12. 2012도7198).

정답 ✕

031 23법9

항소심에서 주형을 감형하면서 추징액을 증액한 경우(제1심의 형량인 징역 2년에 집행유예 3년 및 금 5억여 원 추징을 항소심에서 징역 1년에 집행유예 2년 및 금 6억여 원 추징으로 변경), 불이익변경금지원칙에 반하지 않는다. ◯|✕

> 불이익변경금지원칙의 적용에 있어서는 이를 개별적·형식적으로 고찰할 것이 아니라, 전체적·실질적으로 고찰하여 결정하여야 할 것인바, 항소심에서 주형을 감형하면서 추징액을 증액한 경우(제1심의 형량인 징역 2년에 집행유예 3년 및 금 5억여 원 추징을 항소심에서 징역 1년에 집행유예 2년 및 금 6억여 원 추징으로 변경), 불이익변경금지원칙에 반하지 않는다(대판 1998.5.12. 96도2850).

정답 ◯

032 23법9

항소심이 제1심판결에서 정한 형과 동일한 형을 선고하면서 제1심에서 정한 취업제한기간보다 더 긴 취업제한명령을 부가하는 것은 전체적·실질적으로 피고인에게 불리하게 변경한 것이므로, 피고인만이 항소한 경우에는 허용되지 않는다. ◯|✕

> 취업제한명령은 범죄인에 대한 사회내 처우의 한 유형으로서 형벌 그 자체가 아니라 보안처분의 성격을 가지는 것이지만, 실질적으로 직업선택의 자유를 제한하는 것이다. 따라서 원심이 제1심판결에서 정한 형과 동일한 형을 선고하면서 제1심에서 정한 취업제한기간보다 더 긴 취업제한명령을 부가하는 것은 전체적·실질적으로 피고인에게 불리하게 변경한 것이므로, 피고인만이 항소한 경우에는 허용되지 않는다(대판 2019. 10. 17. 2019도11540).

정답 ◯

033 21법9

성폭력범죄의 처벌 등에 관한 특례법에 따라 병과하는 수강명령 또는 이수명령은 이른바 범죄인에 대한 사회내 처우의 한 유형으로서 형벌 자체가 아니라 보안처분의 성격을 가지는 것이지만, 실질적으로는 신체적 자유를 제한하는 것이 되므로, 항소심이 제1심판결에서 정한 형과 동일한 형을 선고하면서 새로 수강명령 또는 이수명령을 병과하는 것은 피고인에게 불이익하게 변경한 것이다. ☐O☐X

> 성폭력범죄의 처벌 등에 관한 특례법에 따라 병과하는 수강명령 또는 이수명령은 이른바 범죄인에 대한 사회내 처우의 한 유형으로서 형벌 자체가 아니라 보안처분의 성격을 가지는 것이지만, 의무적 강의 수강 또는 성폭력 치료프로그램의 의무적 이수를 받도록 함으로써 실질적으로는 신체적 자유를 제한하는 것이 되므로, 원심이 제1심판결에서 정한 형과 동일한 형을 선고하면서 새로 수강명령 또는 이수명령을 병과하는 것은 전체적·실질적으로 볼 때 피고인에게 불이익하게 변경한 것이므로 허용되지 않는다(대판 2018.10.4. 2016도15961).

정답 O

034 21법9

재심대상사건에서 징역형의 집행유예를 선고하였음에도 재심사건에서 원판결보다 주형을 경하게 하고 집행유예를 없앤 경우, 불이익변경금지원칙에 위배된다. ☐O☐X

> 제1심에서 징역형의 집행유예를 선고한 데 대하여 제2심이 그 징역형의 형기를 단축하여 실형을 선고하는 것도 불이익변경금지원칙에 위배된다. 마찬가지로 재심대상사건에서 징역형의 집행유예를 선고하였음에도 재심사건에서 원판결보다 주형을 경하게 하고, 집행유예를 없앤 경우는 형사소송법 제439조에 의한 불이익변경금지원칙에 위배된다(대판 2016.3.24. 2016도1131).

정답 O

035 22국7

제1심이 금고형의 실형을 선고하고 피고인만이 항소하였는데, 항소심에서는 형기의 변경 없이 금고형을 징역형으로 바꾸어 집행유예를 선고하면 불이익변경금지원칙에 위배된다. ☐O☐X

> 형기의 변경 없이 금고형을 징역형으로 바꾸어 집행유예를 선고하더라도 불이익변경금지 원칙에 위배되지 않는다(대판 2013.12.12. 2013도6608).

정답 ×

036 22국7

제1심은 소년인 피고인에게 징역 장기 15년, 단기 7년의 부정기형을 선고하고 피고인만이 항소하였는데, 항소심에서 피고인이 성년에 이르러 정기형을 선고하여야 하는 경우, 부정기형의 단기인 징역 7년을 초과한 징역 10년을 선고하더라도 불이익변경금지원칙에 위배되지 않는다. ⃞O⃞X

> 제1심이 당시 18세로서 소년에 해당하는 피고인에 대하여 살인죄 및 사체유기죄를 유죄로 인정하면서 소년법 제60조 제1항 단서에 대한 특칙에 해당하는 특정강력범죄의 처벌에 관한 특례법 제4조 제2항에서 정한 장기와 단기의 최상한인 징역 장기 15년, 단기 7년의 부정기형을 선고하였고, 이에 대하여 피고인만이 항소하였는데, 피고인이 원심 선고 이전에 19세에 이르러 성년에 도달하자 원심이 직권으로 제1심판결을 파기하고 정기형을 선고하면서 불이익변경금지 원칙상 제1심이 선고한 부정기형의 단기인 징역 7년을 초과하는 징역형을 선고할 수 없다는 이유로 피고인에게 징역 7년을 선고한 사안에서, 원심이 제1심에서 선고한 징역 장기 15년, 단기 7년의 부정기형 대신 정기형을 선고함에 있어 불이익변경금지 원칙 위반 여부를 판단하는 기준은 부정기형의 장기인 15년과 단기인 7년의 중간형, 즉 징역 11년[=(15+7)/2]이 되어야 한다는 이유로, 이와 달리 제1심에서 선고한 부정기형의 단기인 징역 7년을 기준으로 불이익변경금지 원칙 위반 여부를 판단한 원심판결에 불이익변경금지 원칙에 관한 법리오해의 잘못이 있다고 한 사례(대판 2020.10.22. 2020도4140 전원합의체). 따라서 항소심에서 부정기형의 단기인 징역 7년을 초과한 징역 10년을 선고하더라도 불이익변경금지원칙에 위배되지 않는다.

정답 ○

037 21국9

경합범 관계에 있는 수 개의 범죄사실을 유죄로 인정하여 한 개의 형을 선고한 불가분의 확정판결에서 그 중 일부의 범죄사실에 대하여만 재심청구의 이유가 있는 것으로 인정되었으나 그 판결 전부에 대하여 재심개시의 결정을 한 경우, 불이익변경금지원칙이 적용되어 원판결의 형보다 중한 형을 선고하지 못한다. ⃞O⃞X

> 경합범 관계에 있는 수 개의 범죄사실을 유죄로 인정하여 1개의 형을 선고한 불가분의 확정판결에서 그중 일부의 범죄사실에 대하여만 재심청구의 이유가 있는 것으로 인정되었으나 형식적으로는 1개의 형이 선고된 판결에 대한 것이어서 그 판결 전부에 대하여 재심개시의 결정을 한 경우, 재심법원은 재심사유가 없는 범죄에 대하여는 새로이 양형을 하여야 하는 것이므로 이를 헌법상 이중처벌금지의 원칙을 위반한 것이라고 할 수 없고, 다만 불이익변경의 금지 원칙이 적용되어 원판결의 형보다 중한 형을 선고하지 못할 뿐이다(대판 2018.2.28. 2015도15782).

정답 ○

038 23법9

피고인이 제1심판결 선고 시 소년에 해당하여 부정기형을 선고받았고, 피고인만이 항소한 항소심에서 피고인이 성년에 이르러 항소심이 제1심의 부정기형을 정기형으로 변경해야 할 경우, 불이익변경금지 규정을 적용함에 있어 부정기형과 정기형 사이에 그 경중을 가리는 경우에는 부정기형 중 최단기형과 정기형을 비교하여야 한다. ⃞O⃞X

> 부정기형과 실질적으로 동등하다고 평가될 수 있는 정기형은 <u>부정기형의 장기와 단기의 정중앙에 해당하는 형</u>(예를 들어 징역 장기 4년, 단기 2년의 부정기형의 경우 징역 3년의 형이다. 이하 '중간형'이라 한다)이라고 봄이 적절하므로, 피고인이 항소심 선고 이전에 19세에 도달하여 제1심에서 선고한 부정기형을 파기하고 정기형을 선고함에 있어 불이익변경금지 원칙 위반 여부를 판단하는 기준은 <u>부정기형의 장기와 단기의 중간형이 되어야</u> 한다(대판 2020.10.22. 2020도4140 전원합의체).

정답 ✕

039 24승

부정기형과 실질적으로 동등하다고 평가될 수 있는 정기형은 부정기형의 장기와 단기의 정중앙에 해당하는 형이다. ⃞O⃞X

> … 부정기형과 실질적으로 동등하다고 평가될 수 있는 정기형은 <u>부정기형의 장기와 단기의 정중앙에 해당하는 형</u>(예를 들어 징역 장기 4년, 단기 2년의 부정기형의 경우 징역 3년의 형이다. 이하 '중간형'이라 한다)이라고 봄이 적절하므로, 피고인이 항소심 선고 이전에 19세에 도달하여 제1심에서 선고한 부정기형을 파기하고 정기형을 선고함에 있어 불이익변경금지 원칙 위반 여부를 판단하는 기준은 <u>부정기형의 장기와 단기의 중간형이 되어야</u> 한다(대판 2020.10.22. 2020도4140 전원합의체).

정답 ○

040 21국9

피고인이 항소심 선고 이전에 19세에 도달하여 제1심에서 선고한 부정기형을 파기하고 정기형을 선고함에 있어 불이익변경금지원칙 위반 여부를 판단하는 기준은 부정기형의 장기와 단기의 중간형이 되어야 한다. ⃞O⃞X

> 대판 2020.10.22. 2020도4140 전원합의체

정답 ○

041 21국9

벌금형의 환형유치기간이 징역형의 기간을 초과한다고 하더라도, 벌금형이 징역형보다 경한 형이라고 보아야 한다. ⃞O⃞X

> 대판 1980.5.13. 80도765

정답 ○

042 22국9

자유형을 벌금형으로 변경하는 경우에는 비록 벌금형에 대한 노역장유치기간이 자유형의 기간을 초과하는 경우라도 불이익 변경에 해당하지 않는다. ◯|✕

> 대판 1980.5.13. 80도765

정답 ◯

043 22국9

검사가 공익적 지위 내지 피고인에 대한 후견적 지위에서 피고인의 이익을 위하여 상소한 경우에도 불이익변경금지가 적용된다. ◯|✕

> 판례는 "검사의 항소가 특히 피고인의 이익을 위하여 한 취지라고 볼 수 없다면 항소심에서 중한 형을 선고할 수 있다(대판 1971.5.24. 71도574)."고 판시하여 검사가 공익적 지위 내지 피고인에 대한 후견적 지위에서 피고인의 이익을 위하여 상소한 경우에도 불이익변경금지의 원칙의 적용을 긍정하고 있다.

정답 ◯

044 21경1 / 20국7

피고인만이 항소한 항소심이 제1심판결에서 정한 형과 동일한 형을 선고하면서 제1심에서 정한 취업제한기간보다 더 긴 취업제한명령을 부가하는 것은 허용되지 않는다. ◯|✕

> 취업제한명령은 범죄인에 대한 사회 내 처우의 한 유형으로서 형벌 그 자체가 아니라 보안처분의 성격을 가지는 것이지만, 실질적으로 직업선택의 자유를 제한하는 것이다. 따라서 원심이 제1심판결에서 정한 형과 동일한 형을 선고하면서 제1심에서 정한 취업제한기간보다 더 긴 취업제한명령을 부가하는 것은 전체적·실질적으로 피고인에게 불리하게 변경한 것이므로, 피고인만이 항소한 경우에는 허용되지 않는다(대판 2019.10.17. 2019도11540).

정답 ◯

045 21경1

피고인의 상고에 의하여 상고심에서 원심판결을 파기하고 사건을 항소심에 환송한 경우에 그 항소심에서는 환송 전 원심판결과의 관계에서도 불이익변경금지의 원칙이 적용되지만, 환송 후의 원심에서 이루어진 공소장변경에 따라 그 항소심이 새로운 범죄사실을 유죄로 인정하는 경우에는 그러하지 아니한다. ◯|✕

> 피고인의 상고에 의하여 상고심에서 원심판결을 파기하고 사건을 항소심에 환송한 경우에 그 항소심에서는 그 파기된 항소심판결의 형보다 더 중한 형을 선고할 수 없으며, 환송 후에 공소장 변경이 있어 이에 따라 항소심이 새로운 범죄사실을 유죄로 인정하는 경우에도 그 법리를 같이 한다(대판 2006.5.26. 2005도8607 ; 대판 1980.3.25. 79도2105).

정답 ✕

046 21경1

재심판결의 확정에 따라 원판결이 효력을 잃게 되는 결과, 원판결에서 선고된 집행유예의 법률적 효과까지 없어진다 하더라도 재심판결의 형이 원판결의 형보다 중하지 않다면 불이익변경금지의 원칙에 반한다고 볼 수 없다. O│X

> 원판결이 선고한 집행유예가 실효 또는 취소됨이 없이 유예기간이 지난 후에 새로운 형을 정한 재심판결이 선고되는 경우에도, 그 유예기간 경과로 인하여 원판결의 형 선고 효력이 상실되는 것은 원판결이 선고한 집행유예 자체의 법률적 효과로서 재심판결이 확정되면 당연히 실효될 원판결 본래의 효력일 뿐이므로, 이를 형의 집행과 같이 볼 수는 없고, 재심판결의 확정에 따라 원판결이 효력을 잃게 되는 결과 그 집행유예의 법률적 효과까지 없어진다 하더라도 재심판결의 형이 원판결의 형보다 중하지 않다면 불이익변경금지의 원칙이나 이익재심의 원칙에 반한다고 볼 수 없다(대판 2018.2.28. 2015도15782).

정답 ○

047 20국7

원판결이 선고한 집행유예가 실효 또는 취소됨이 없이 그 유예기간이 지난 후에 새로운 형을 정한 재심판결이 선고되었다면 비록 그 재심판결의 형이 원판결의 형보다 중하지 않더라도 불이익변경금지원칙에 반한다. O│X

> 원판결이 선고한 집행유예가 실효 또는 취소됨이 없이 유예기간이 지난 후에 새로운 형을 정한 재심판결이 선고되는 경우에도, 그 유예기간 경과로 인하여 원판결의 형 선고 효력이 상실되는 것은 원판결이 선고한 집행유예 자체의 법률적 효과로서 재심판결이 확정되면 당연히 실효될 원판결 본래의 효력일 뿐이므로, 이를 형의 집행과 같이 볼 수는 없고, 재심판결의 확정에 따라 원판결이 효력을 잃게 되는 결과 그 집행유예의 법률적 효과까지 없어진다 하더라도 재심판결의 형이 원판결의 형보다 중하지 않다면 불이익변경금지의 원칙이나 이익재심의 원칙에 반한다고 볼 수 없다(대판 2018.2.28. 2015도15782).

정답 ×

048 20국7

피고인만이 약식명령에 대하여 정식재판을 청구한 사건과 공소가 제기된 다른 사건을 병합하여 심리한 결과 「형법」 제37조 전단의 경합범 관계에 있어 하나의 벌금형으로 처단하는 경우, 약식명령에서 정한 벌금형보다 중한 벌금형을 선고하더라도 불이익변경금지원칙에 반하지 않는다. O│X

> 형사소송법 제457조의2 제1항은 "피고인이 정식재판을 청구한 사건에 대하여는 약식명령의 형보다 중한 종류의 형을 선고하지 못한다."라고 규정하여, 정식재판청구 사건에서의 형종 상향 금지의 원칙을 정하고 있다. 위 형종 상향 금지의 원칙은 피고인이 정식재판을 청구한 사건과 다른 사건이 병합·심리된 후 경합범으로 처단되는 경우에도 정식재판을 청구한 사건에 대하여 그대로 적용된다(대판 2020.3.26. 2020도355). 또한 형종상향금지의 원칙은 동일한 형의 종류 내라면 더 중하게 형을 선고하더라도 동 원칙에 반하지 않으므로 약식명령에서 정한 벌금형보다 중한 벌금형을 선고하더라도 불이익변경금지원칙에 반하지 않는다.

정답 ○

049 20국7

피고인만이 상고하여 상고심에서 원심판결을 파기하고 사건을 항소심에 환송한 경우, 항소심에서는 파기된 항소심판결보다 중한 형을 선고할 수 없다. ☐O☐X

> 대판 2006.5.26. 2005도8607

정답 O

050 71간

두 개의 벌금형을 선고한 환송 전 원심판결에 대하여 피고인만이 상고하여 파기환송되었는데, 환송 후 원심이 징역형의 집행유예와 사회봉사명령을 선고한 것은 불이익변경금지의 원칙에 위배된다. ☐O☐X

> 두 개의 벌금형을 선고한 환송 전 원심판결에 대하여 피고인만이 상고하여 파기 환송되었는데, 환송 후 원심이 징역형의 집행유예와 사회봉사명령을 선고한 것은 불이익변경금지의 원칙에 위배된다고 한 사례(대판 2006.5.26. 2005도8607).

정답 O

051 71간

피고인이 준강제추행 범행으로 벌금형의 약식명령을 발령 받고 정식재판을 청구하였는데, 제1심이 약식명령에서 정한 벌금형과 동일한 벌금형을 선고하면서 성폭력 치료프로그램 24시간의 이수명령을 병과한 경우, 이는 피고인에게 불이익하게 변경한 것이므로 허용되지 않는다. ☐O☐X

> 피고인이 준강제추행 범행으로 벌금형의 약식명령을 발령받고 정식재판을 청구하였는데, 제1심이 약식명령에서 정한 벌금형과 동일한 벌금형을 선고하면서 성폭력 치료프로그램 24시간의 이수명령을 병과하였고 원심이 이를 유지한 사안에서, <u>이는 전체적·실질적으로 볼 때 피고인에게 불이익하게 변경한 것이므로 허용되지 않는다고 한 사례</u>(대판 2015.9.15. 2015도11362).
> 그러나 약식명령에 대해서는 더 이상 불이익변경금지원칙이 아니라 형종상향금지원칙이 적용되므로 출제하기에는 바람직하지 않은 지문이다.

정답 O

052 22승

불이익변경금지의 원칙은 피고인과 검사 쌍방이 상소한 결과 검사의 상소가 받아들여져 원심판결 전부가 파기됨으로써 피고인에 대한 형량 전체를 다시 정해야 하는 경우에는 적용되지 아니 하는 것이며, 사건이 경합범에 해당한다고 하여 개개 범죄별로 불이익변경의 여부를 판단할 것은 아니다. O│X

> 피고인과 검사 쌍방이 상소한 결과 <u>검사의 상소가 받아들어져 원심판결 전부가 파기됨으로써 피고인에 대한 형량전체를 다시 정해야 하는 경우에는 불이익변경금지의 원칙이 적용되지 않으며</u>, 사건이 경합범에 해당한다고 하여 개개 범죄별로 불이익변경의 여부를 판단할 것은 아니다(대판 2007.6.28. 2005도7473).

정답 O

053 22승

피고인만이 항소한 사건에서 제1심이 인정한 범죄사실의 일부가 제2심에서 무죄로 되었음에도 제2심이 제1심과 동일한 형을 선고한 것은 불이익변경금지의 원칙에 위배된다. O│X

> 피고인만이 항소한 사건에서 <u>제1심이 인정한 범죄사실의 일부가 제2심에서 무죄로 되었음에도 제2심이 제1심과 동일한 형을 선고하였다</u> 하여 그것이 형사소송법 제368조의 <u>불이익변경금지 원칙에 위배된다고 볼 수 없다</u>(대판 1995.9.29. 95도1577).

정답 ×

054 22국7

제1심이 징역형을 선고하고 피고인만이 항소하였는데, 항소심에서는 범죄사실 중 일부를 무죄로 판단하면서 제1심과 동일한 형을 선고하면 불이익변경금지원칙에 위배된다. O│X

> 피고인만이 항소한 사건에서 <u>제1심이 인정한 범죄사실의 일부가 제2심에서 무죄로 되었음에도 제2심이 제1심과 동일한 형을 선고하였다</u> 하여 그것이 형사소송법 제368조의 <u>불이익변경금지 원칙에 위배된다고 볼 수 없다</u>(대판 1995.9.29. 95도1577).

정답 ×

055 22승

항소심이 제1심에서 별개의 사건으로 따로 두 개의 형을 선고받고 항소한 피고인에 대하여 사건을 병합심리한 후 경합범으로 처단하면서 제1심의 각 형량보다 중한 형을 선고한 것은 불이익 변경금지의 원칙에 어긋나지 아니한다. O│X

> 대판 2001.9.18. 2001도3448

정답 O

056 71간 / 22승

피고인의 상고에 의하여 상고심에서 원심판결을 파기하고, 사건을 항소심에 환송한 경우에는 환송 전 원심판결과의 관계에서도 불이익변경금지의 원칙이 적용되어 그 파기된 항소심판결보다 중한 형을 선고할 수 없다. ○|×

> 대판 1992.12.8. 92도2020

정답 ○

057 21국7

환송 전 항소심에서 포괄일죄의 일부만이 유죄로 인정된 경우 그 유죄부분에 대하여 피고인만이 상고하였을 뿐 무죄부분에 대하여 검사가 상고를 하지 않았더라도 상소불가분의 원칙에 의하여 무죄부분도 상고심에 이심되므로 상고심으로부터 위 유죄부분에 대한 항소심판결이 잘못되었다는 이유로 사건을 파기환송받은 항소심은 그 무죄부분에 대하여 다시 심리판단하여 유죄를 선고할 수 있다. ○|×

> 환송 전 항소심에서 포괄일죄의 일부만이 유죄로 인정된 경우 그 <u>유죄부분에 대하여 피고인만이 상고</u>하였을 뿐 무죄부분에 대하여 검사가 상고를 하지 않았다면 상소불가분의 원칙에 의하여 <u>무죄부분도 상고심에 이심되기는 하나</u> 그 부분은 이미 당사자 간의 공격방어의 대상으로부터 벗어나 <u>사실상 심판대상에서부터도 벗어나게 되어</u> 상고심으로서도 그 무죄부분에까지 나아가 판단할 수 없는 것이고, 따라서 상고심으로부터 위 유죄부분에 대한 항소심판결이 잘못되었다는 이유로 사건을 파기환송받은 <u>항소심은 그 무죄부분에 대하여 다시 심리판단하여 유죄를 선고할 수 없다</u>(대판 1991.3.12. 90도2820).

정답 ×

058 24법9

포괄일죄의 일부만이 유죄로 인정된 경우 그 유죄 부분에 대하여 피고인만이 항소하였을 뿐이라면, 유죄 이외의 부분도 항소심에 이심되기는 하나 그 부분은 항소심의 심판대상이 되지 않는다. ○|×

> 대판 1991.3.12. 90도2820

정답 ○

059 23법9

제1심법원이 공소사실의 동일성이 인정되는 범위 내에서 공소가 제기된 범죄사실에 포함된 보다 가벼운 범죄사실을 유죄로 인정하면서 법정형이 보다 가벼운 다른 법조를 적용하여 피고인을 처벌하고, 유죄로 인정된 부분을 제외한 나머지 부분에 대하여는 범죄의 증명이 없다는 이유로 판결 이유에서 무죄로 판단한 경우, 피고인만이 유죄 부분에 대하여 항소하고 검사는 무죄로 판단된 부분에 대하여 항소하지 아니한 경우에도, 그 죄 전부가 피고인의 항소와 상소불가분의 원칙으로 인하여 항소심에 이심되었으므로 무죄 부분도 항소심의 심판대상이 된다. ⃞O⃞X

> 제1심법원이 공소사실의 동일성이 인정되는 범위 내에서 공소가 제기된 범죄사실에 포함된 보다 가벼운 범죄사실을 유죄로 인정하면서 법정형이 보다 가벼운 다른 법조를 적용하여 피고인을 처벌하고, 유죄로 인정된 부분을 제외한 나머지 부분에 대하여는 범죄의 증명이 없다는 이유로 판결 이유에서 무죄로 판단한 경우, 그에 대하여 피고인만이 유죄 부분에 대하여 항소하고 검사는 무죄로 판단된 부분에 대하여 항소하지 아니하였다면, <u>비록 그 죄 전부가 피고인의 항소와 상소불가분의 원칙으로 인하여 항소심에 이심되었다고 하더라도 무죄 부분은 심판대상이 되지 않는다</u>(대판 2008.9.25. 2008도4740).

정답 ×

제2절 ▎항소

001 23국7

검사가 일부 유죄, 일부 무죄로 판단한 제1심판결 전부에 대하여 항소하면서 항소장이나 항소이유서에 구체적인 이유를 기재하지 않고 단순히 '양형부당'이라는 문구만 기재한 경우에도 항소심은 제1심판결의 양형의 부당 여부에 관하여 심리·판단할 수 있고, 따라서 제1심판결의 유죄부분의 형이 너무 가볍다는 이유로 파기하고 그보다 무거운 형을 선고할 수 있다. ⃞O⃞X

> 형사소송법은 '형의 양정이 부당하다고 인정할 사유가 있는 때'를 항소이유로 할 수 있는 사유로 규정하고 있고(제361조의5 제15호), 형사소송규칙은 <u>항소이유서에 항소이유를 구체적으로 간결하게 명시하도록 규정하고 있다</u>(제155조). 위 규정에 의하면, <u>검사가 제1심 유죄판결 또는 일부 유죄, 일부 무죄로 판단한 제1심판결 전부에 대하여 항소하면서, 항소장이나 항소이유서에 단순히 '양형부당'이라는 문구만 기재하였을 뿐 그 구체적인 이유를 기재하지 않았다면, 이는 적법한 항소이유의 기재라고 볼 수 없다</u>(대판 2017.3.15. 2016도19824).

정답 ×

002 23국7

항소심이 양형부당을 이유로 제1심판결을 파기하는 경우, 항소심의 판단에 근거가 된 양형자료와 그에 관한 판단내용이 모순없이 설시되어 있더라도 양형의 조건이 되는 사유에 관하여 일일이 명시하지 않았다면 법령위반에 해당한다. ☐O ☐X

> 원심이 범행의 동기, 범행의 도구 및 수법, 피고인의 성행, 전과, 연령, 직업과 환경 등의 양형의 조건을 참작하면 제1심의 형량이 적절하다고 판단된다고 하여 항소기각의 판결을 선고하였다면, 양형의 조건이 되는 사유에 관하여는 이를 판결에 일일이 명시하지 아니하여도 위법이 아니다(대판 1969.11.18. 69도1782, 대판 1994.12.13. 94도2584).

정답 ×

003 23승

항소한 피고인이 교도소 또는 구치소에 있는 경우에는 원심 법원에 대응한 검찰청 검사는 항소법원으로부터 그 사유를 통지받은 날부터 14일 이내에 피고인을 항소법원소재지의 교도소 또는 구치소로 이송하여야 한다. ☐O ☐X

> 제361조의2 제3항

정답 O

004 22법9

항소심은 제1심의 형량이 너무 가벼워서 부당하다는 검사의 항소이유에 대한 판단에 앞서 직권으로 제1심판결에 양형이 부당하다고 인정할 사유가 있는지 심판하여 이를 파기하고 보다 가벼운 형을 정하여 선고할 수 있다. ☐O ☐X

> 항소법원은 제1심의 형량이 너무 가벼워서 부당하다는 검사의 항소이유에 대한 판단에 앞서 직권으로 제1심판결에 양형이 부당하다고 인정할 사유가 있는지 여부를 심판할 수 있고, 그러한 사유가 있는 때에는 제1심판결을 파기하고 제1심의 양형보다 가벼운 형을 정하여 선고할 수 있다(대판 2010.12.9. 2008도1092).

정답 O

005 22법9

항소심으로서는 특별한 사정이 없는 한 제1심 증인이 한 진술의 신빙성 유무에 대한 제1심의 판단이 항소심의 판단과 다르다는 이유만으로 이에 대한 제1심의 판단을 함부로 뒤집어서는 안된다. ☐O|X☐

> 형사소송법이 채택하고 있는 실질적 직접심리주의의 정신에 비추어, 항소심으로서는 제1심 증인이 한 진술의 신빙성 유무에 대한 제1심의 판단이 항소심의 판단과 다르다는 이유만으로 이에 대한 제1심의 판단을 함부로 뒤집어서는 아니되나, 제1심 증인이 한 진술의 신빙성 유무에 대한 제1심의 판단이 명백하게 잘못되었다고 볼 특별한 사정이 있거나, 제1심 증거조사 결과와 항소심 변론종결 시까지 추가로 이루어진 증거조사 결과를 종합하면 제1심 증인이 한 진술의 신빙성 유무에 대한 제1심의 판단을 그대로 유지하는 것이 현저히 부당하다고 인정되는 예외적인 경우에는 그러하지 아니하다 (대판 2021.6.10. 2021도2726).

정답 O

006 23법9

구치소에 재감 중인 재항고인이 제1심판결에 대하여 항소하였는데, 항소심법원이 구치소로 소송기록접수통지서를 송달하면서 송달받을 사람을 구치소의 장이 아닌 재항고인으로 하였다고 하더라도 구치소 서무계원이 이를 수령하였다면 소송기록접수의 통지는 유효하다. ☐O|X☐

> 구치소에 재감 중인 재항고인이 제1심판결에 대하여 항소하였는데, 항소심법원이 구치소로 소송기록접수통지서를 송달하면서 송달받을 사람을 구치소의 장이 아닌 재항고인으로 하였고 구치소 서무계원이 이를 수령한 사안에서, 송달받을 사람을 재항고인으로 한 송달은 효력이 없고, 달리 재항고인에게 소송기록접수의 통지가 도달하였다는 등의 사정을 발견할 수 없으므로, 소송기록접수의 통지는 효력이 없다고 한 사례(대결 2017.9.22. 2017모1680).

정답 ×

007 22법9

검사가 일부 유죄, 일부 무죄로 판단한 제1심판결 전부에 대하여 항소하면서 항소장이나 항소이유서에 단순히 '양형부당'이라는 문구만 기재하였을 뿐 그 구체적인 이유를 기재하지 않았다면 항소심은 제1심 판결의 유죄부분의 형이 너무 가볍다는 이유로 파기하고 그보다 무거운 형을 선고할 수 없다. ☐O|X☐

> 검사가 제1심 유죄판결 또는 일부 유죄, 일부 무죄로 판단한 제1심판결 전부에 대하여 항소하면서, 항소장이나 항소이유서에 단순히 '양형부당'이라는 문구만 기재하였을 뿐 그 구체적인 이유를 기재하지 않았다면, 이는 적법한 항소이유의 기재라고 볼 수 없다. 한편 검사가 항소한 경우 양형부당의 사유는 직권조사사유나 직권심판사항에 해당하지도 않는다. 그러므로 위와 같은 경우 항소심은 검사의 항소에 의해서든 직권에 의해서든 제1심판결의 양형이 부당한지 여부에 관하여 심리·판단할 수 없고, 따라서 제1심판결의 유죄 부분의 형이 너무 가볍다는 이유로 파기하고 그보다 무거운 형을 선고하는 것은 허용되지 않는다(대판 2020.7.9. 2020도2795).

정답 O

008 22법9

제1심이 실체적 경합범 관계에 있는 공소사실 중 일부에 대하여 재판을 누락한 경우, 항소심으로서는 당사자의 주장이 없더라도 직권으로 제1심의 누락부분을 파기하고 그 부분에 대하여 재판하여야 하고, 이 경우에는 피고인만이 항소하였더라도 제1심의 형보다 중한 형을 선고할 수 있다. ○│×

> 제1심이 실체적 경합범 관계에 있는 공소사실 중 일부에 대하여 재판을 누락한 경우, 항소심으로서는 당사자의 주장이 없더라도 직권으로 제1심의 누락부분을 파기하고 그 부분에 대하여 재판하여야 한다. 다만, 피고인만이 항소한 경우라면 불이익변경금지의 원칙에 따라 제1심의 형보다 중한 형을 선고하지 못한다(대판 2009.2.12. 2008도7848).

정답 ×

009 24국9

항소법원은 항소이유에 포함된 사유에 관하여 심판하여야 하므로 판결에 영향을 미친 사유에 해당하더라도 항소이유서에 포함되지 아니한 경우에는 심판할 수 없다. ○│×

> 항소법원은 판결에 영향을 미친 사유에 관하여는 항소이유서에 포함되지 아니한 경우에도 직권으로 심판할 수 있다(제364조 제2항).

정답 ×

010 20국7

형사소송법 제364조의2는 '피고인을 위하여 원심판결을 파기하는 경우에 파기의 이유가 항소한 공동피고인에게 공통되는 때에는 그 공동피고인에게 대하여도 원심판결을 파기하여야 한다.'라고 규정하고 있는데, 위 규정은 공동피고인 사이에서 파기의 이유가 공통되는 해당 범죄사실이 동일한 소송절차에서 병합심리된 경우에만 적용되어야 한다. ○│×

> 형사소송법 제364조의2는 "피고인을 위하여 원심판결을 파기하는 경우에 파기의 이유가 항소한 공동피고인에게 공통되는 때에는 그 공동피고인에 대하여도 원심판결을 파기하여야 한다."라고 정하고 있고, 이는 공동피고인 상호 간의 재판의 공평을 도모하려는 취지이다. 위와 같은 형사소송법 제364조의2의 규정 내용과 입법 목적을 고려하면, 위 규정은 공동피고인 사이에서 파기의 이유가 공통되는 해당 범죄사실이 동일한 소송절차에서 병합심리된 경우에만 적용된다고 보는 것이 타당하다(대판 2019.8.29. 2018도14303 전원합의체).

정답 ○

011 23승

항소의 제기기간은 7일이고, 항소장을 항소법원에 제출하여야 한다. ○│×

> 항소를 함에는 항소장을 원심법원에 제출하여야 한다(제359조).

정답 ×

012 22법9

항소인이나 변호인이 항소이유서에 항소이유를 특정하여 구체적으로 명시하지 아니하였다고 하더라도 항소이유서가 법정기간 내에 적법하게 제출된 경우에는 결정으로 항소를 기각할 수 없다. ☐O|X☐

> 형사소송법 제361조의4 제1항은 항소인이나 변호인이 같은 법 제361조의3 제1항의 기간 내에 항소이유서를 제출하지 아니한 때에는 직권조사사유가 있거나 항소장에 항소이유의 기재가 있는 경우를 제외하고 결정으로 항소를 기각하여야 한다고 규정하고 있으므로, 항소인이나 변호인이 항소이유서에 항소이유를 특정하여 구체적으로 명시하지 아니하였다고 하더라도 항소이유서가 법정의 기간 내에 적법하게 제출된 경우에는 이를 항소이유서가 법정의 기간 내에 제출되지 아니한 것과 같이 보아 형사소송법 제361조의4 제1항에 의하여 결정으로 항소를 기각할 수는 없다(대결 2006.3.30. 2005모564).

정답 O

013 22법9

관공서의 공휴일에 관한 규정 제2조 제11호에 따라 정부에서 수시로 지정하는 임시공휴일은 형사소송법 제66조 제3항 에서 정한 공휴일에 해당하지 않으므로 항소이유서 제출기간의 말일이 임시공휴일이더라도 피고인이 그 날까지 항소 이유서를 제출하지 아니하였다면 항소이유서가 제출기간 내에 적법하게 제출되었다고 볼 수 없다. ☐O|X☐

> 피고인이 제1심판결에 대해 항소를 제기하여 2020. 7. 27. 원심으로부터 소송기록접수통지서를 송달받고 2020. 8. 18. 항소이유서를 제출하였는데, 원심이 국선변호인을 선정하거나 피고인이 사선변호인을 선임한 바는 없으며, 정부는 2020. 7.경 국무회의의 심의·의결, 대통령의 재가 및 관보 게재를 통해 2020. 8. 17.을 임시공휴일로 지정한 사안에서, 피고인이 소송기록접수통지를 받은 2020. 7. 27.부터 계산한 항소이유서 제출기간의 말일인 2020. 8. 16.은 일요일이고, 다음 날인 2020. 8. 17. 역시 임시공휴일로서 위 기간에 산입되지 아니하여 그 다음 날인 2020. 8. 18.이 위 기간의 말일이 되므로, 2020. 8. 18. 제출된 피고인의 항소이유서는 제출기간 내에 적법하게 제출되었다는 이유로, 이와 달리 보아 피고인의 항소를 기각한 원심결정에 항소이유서 제출기간에 관한 법리오해의 잘못이 있다고 한 사례(대결 2021.1.14. 2020모3694).

정답 X

014 24·22법9

피고인과 국선변호인이 모두 법정기간 내에 항소이유서를 제출하지 아니하였다고 하더라도, 국선변호인이 항소이유서를 제출하지 아니한데 대하여 피고인에게 귀책사유가 있음이 특별히 밝혀지지 않는 한, 항소법원은 종전 국선변호인의 선정을 취소하고 새로운 국선변호인을 선정하여 다시 소송기록접수통지를 함으로써 새로운 변호인으로 하여금 항소이유서 제출기간 내에 피고인을 위하여 항소이유서를 제출하도록 하여야 한다. ○│✕

> 피고인과 국선변호인이 모두 법정기간 내에 항소이유서를 제출하지 아니하였더라도, 국선변호인이 항소이유서를 제출하지 아니한 데 대하여 피고인에게 귀책사유가 있음이 특별히 밝혀지지 않는 한, 항소법원은 종전 국선변호인의 선정을 취소하고 새로운 국선변호인을 선정하여 다시 소송기록접수통지를 함으로써 새로운 국선변호인으로 하여금 그 통지를 받은 때로부터 형사소송법 제361조의3 제1항의 기간 내에 피고인을 위하여 항소이유서를 제출하도록 하여야 한다(대결 2012.2.16. 2009모1044 전원합의체).

정답 ○

015 24법9

항소심에서 국선변호인이 선정된 이후 변호인이 없는 다른 사건이 병합된 경우, 항소법원은 지체 없이 국선변호인에게 병합된 사건에 관한 소송기록접수통지를 하여야 한다. ○│✕

> 국선변호인 선정의 효력은 선정 이후 병합된 다른 사건에도 미치는 것이므로, 항소심에서 국선변호인이 선정된 이후 변호인이 없는 다른 사건이 병합된 경우에는 형사소송법 제361조의2, 형사소송규칙 제156조의2의 규정에 따라 항소법원은 지체 없이 국선변호인에게 병합된 사건에 관한 소송기록 접수통지를 함으로써 병합된 다른 사건에도 마찬가지로 국선변호인으로 하여금 피고인을 위하여 항소이유서를 작성·제출할 수 있도록 하여야 한다(대판 2010.5.27. 2010도3377, 대판 2015.4.23. 2015도2046).

정답 ○

016 22법9

항소이유서는 적법한 기간 내에 항소법원의 지배권 안에 들어가 사회통념상 일반적으로 알 수 있는 상태에 있으면 도달한 것이고, 항소법원의 내부적인 업무처리에 따른 문서의 접수, 결재과정 등까지 이루어져야 하는 것은 아니다. ○│✕

> 대판 1997.4.25. 96도3325

정답 ○

017 23법9

피고인의 항소대리권자인 배우자가 피고인을 위하여 항소한 경우에도 소송기록접수통지는 항소인인 피고인에게 하여야 하는데, 피고인이 적법하게 소송기록접수통지서를 받지 못하였다면 항소이유서 제출기간이 지났다는 이유로 항소기각결정을 하는 것은 위법하다. ☐O|X☐

> 피고인의 항소대리권자인 배우자가 피고인을 위하여 항소한 경우(제341조)에도 소송기록접수통지는 항소인인 피고인에게 하여야 하는데(제361조의2), 피고인이 적법하게 소송기록접수통지서를 받지 못하였다면 항소이유서 제출기간이 지났다는 이유로 항소기각결정을 하는 것은 위법하다(대결 2018.3.29. 2018모642).

정답 ○

018 71간 / 23국7

「형사소송법」 제361조의5에서의 항소이유인 양형부당은 원심 판결의 선고형이 구체적인 사안의 내용에 비추어 너무 무겁거나 너무 가벼운 경우를 말하며, 피고인이 제1심판결에 대하여 양형부당만을 이유로 항소하였다가 그 항소가 기각된 경우, 피고인은 항소심판결에 대하여 사실오인 또는 법리 오해의 위법을 상고이유로 삼을 수 없다. ☐O|X☐

> 피고인이 제1심판결에 대하여 양형부당만을 항소이유로 내세워 항소하였다가 그 항소가 기각된 경우, 피고인은 원심판결에 대하여 사실오인 또는 법리오해의 위법이 있다는 것을 상고이유로 삼을 수는 없다(대판 2005.9.30. 2005도3345).

정답 ○

019 71간

항소심이 자신의 양형판단과 일치하지 아니한다고 하여 양형부당을 이유로 제1심판결을 파기하는 것이 바람직하지 아니한 점이 있다고 하더라도, 이를 두고 양형심리 및 양형판단 방법이 위법하다고까지 할 수는 없다. ☐O|X☐

> 항소심은 제1심에 대한 사후심적 성격이 가미된 속심으로서 제1심과 구분되는 고유의 양형재량을 가지고 있으므로, 항소심이 자신의 양형판단과 일치하지 아니한다고 하여 양형부당을 이유로 제1심판결을 파기하는 것이 바람직하지 아니한 점이 있다고 하더라도 이를 두고 양형심리 및 양형판단 방법이 위법하다고까지 할 수는 없다(대판 2015.7.23. 2015도3260 전원합의체).

정답 ○

020 71간

미성년자인 피고인과 국선변호인 모두 법정기간 내에 항소 이유서를 제출하지 아니하였는데, 국선변호인이 항소이유서를 제출하지 아니한 데 대하여 피고인에게 귀책사유가 없는 경우, 항소법원은 종전 국선변호인의 선정을 취소하고 새로운 국선 변호인을 선정하여 다시 소송기록접수통지를 하여야 한다. ⃞O ⃞X

> 피고인과 국선변호인이 모두 법정기간 내에 항소이유서를 제출하지 아니하였더라도, 국선변호인이 항소이유서를 제출하지 아니한 데 대하여 피고인에게 귀책사유가 있음이 특별히 밝혀지지 않는 한, 항소법원은 종전 국선변호인의 선정을 취소하고 새로운 국선변호인을 선정하여 다시 소송기록접수통지를 함으로써 새로운 변호인으로 하여금 그 통지를 받은 때로부터 형사소송법 제361조의3 제1항의 기간 내에 피고인을 위하여 항소이유서를 제출하도록 하여야 한다. 그리고 이러한 법리는 항소법원이 종전 국선변호인의 선정을 취소하고 새로운 국선변호인을 선정하여 소송기록접수통지를 하기 이전에 피고인 스스로 변호인을 선임한 경우 그 사선변호인에 대하여도 마찬가지로 적용되어야 한다(대판 2019.7.10. 2019도4221).

정답 ○

021 21경2

검사 또는 변호인이 항소심에서 피고인신문을 실시하는 경우 재판장은 제1심의 피고인신문과 중복되거나 항소이유의 당부를 판단하는 데 필요 없다고 인정하는 때에는 그 신문의 전부 또는 일부를 제한할 수 있으므로, 변호인이 피고인을 신문하겠다는 의사를 표시하였음에도 변호인에게 일체의 피고인신문을 허용하지 않았다고 하여 소송절차의 법령위반이 있다고 할 수 없다. ⃞O ⃞X

> 재판장은 변호인이 피고인을 신문하겠다는 의사를 표시한 때에는 피고인을 신문할 수 있도록 조치하여야 하고, 변호인이 피고인을 신문하겠다는 의사를 표시하였음에도 변호인에게 일체의 피고인신문을 허용하지 않는 것은 변호인의 피고인신문권에 관한 본질적 권리를 해하는 것으로서 소송절차의 법령위반에 해당한다(대판 2020.12.24. 2020도10778).

정답 ×

022 22승

피고인에게 소송기록접수통지가 되기 전에 변호인의 선임이 있는 때에는 변호인에게도 소송기록접수통지를 하여야 하고, 변호인의 항소이유서 제출기간은 변호인이 이 통지를 받은 날로부터 계산하여야 할 것이다. ◯│✕

> 피고인에게 소송기록접수통지를 한 후에 변호인의 선임이 있는 경우에는 변호인에게 다시 같은 통지를 할 필요가 없고 항소이유서의 제출기간도 피고인이 그 통지를 받은 날로부터 계산하면 되나, 피고인에게 소송기록접수통지가 되기 전에 변호인의 선임이 있는 때에는 변호인에게도 소송기록접수통지를 하여야 하고 변호인의 항소이유서 제출기간은 변호인이 이 통지를 받은 날로부터 계산하여야 한다(대판 1996.9.6. 96도166).

정답 ◯

023 23승

항소법원이 피고인에게 소송기록 접수통지를 함에 있어 2회에 걸쳐 그 통지서를 송달한 경우, 항소이유서 제출기간의 기산일은 최후 송달의 효력이 발생한 날의 다음날부터이다. ◯│✕

> 형사소송법 제361조의2 제1항에 따라 항소법원이 피고인에게 소송기록 접수통지를 함에 있어 2회에 걸쳐 그 통지서를 송달하였다고 하더라도, 항소이유서 제출기간의 기산일은 최초 송달의 효력이 발생한 날의 다음 날부터라고 보아야 한다(대판 2010.5.27. 2010도3377).

정답 ✕

024 24법9 / 23·22승

필요적 변호사건에서 항소법원이 피고인과 국선변호인에게 소송 기록접수통지를 하였으나 피고인과 국선변호인이 항소이유서를 제출하지 않고 있는 사이에 항소이유서 제출기간 내에 피고인이 사선변호인을 선임함에 따라 항소법원이 직권으로 기존 국선 변호인 선정결정을 취소하였다면, 특별한 사정이 없는 한 새로 선임된 사선변호인에게 소송기록접수통지를 하여 그 변호인에게 항소이유서 작성·제출을 위한 기간을 보장해 주어야 한다. ◯│✕

> 형사소송법은 항소법원이 항소인인 피고인에게 소송기록접수통지를 하기 전에 변호인의 선임이 있는 때에는 변호인에게도 소송기록접수통지를 하도록 정하고 있으므로(제361조의2 제2항), 피고인에게 소송기록접수통지를 한 다음에 변호인이 선임된 경우에는 변호인에게 다시 같은 통지를 할 필요가 없다. 이는 필요적 변호사건에서 항소법원이 국선변호인을 선정하고 피고인과 그 변호인에게 소송기록접수통지를 한 다음 피고인이 사선변호인을 선임함에 따라 항소법원이 국선변호인의 선정을 취소한 경우에도 마찬가지이다(대결 2018.11.22. 2015도10651 전원합의체).

정답 ✕

025 24법9

형사소송법은 항소법원이 항소인인 피고인에게 소송기록접수통지를 하기 전에 변호인의 선임이 있는 때에는 변호인에게도 소송기록접수통지를 하도록 정하고 있으므로, 피고인에게 소송기록접수통지를 한 다음에 변호인이 선임된 경우에는 변호인에게 다시 같은 통지를 할 필요가 없다. ☐O☐X

> 대판 2018.11.22. 2015도10651 전원합의체

정답 O

026 22승

항소인 또는 변호인이 항소이유서에 추상적으로 제1심판결이 부당하다고만 기재함으로써 항소이유를 특정하여 구체적으로 명시하지 아니하였다고 하더라도 항소이유서가 법정의 기간 내에 적법하게 제출된 경우에는 이를 항소이유서가 법정의 기간 내에 제출되지 아니한 것과 같이 보아 형사소송법 제361조의4 제1항에 의하여 결정으로 항소를 기각할 수는 없다. ☐O☐X

> 항소인들이 항소이유서에 '위 사건에 대한 원심판결은 도저히 납득할 수 없는 억울한 판결이므로 항소를 한 것입니다'라고 기재하였다고 하더라도 항소심으로서는 이를 제1심판결에 사실의 오인이 있거나 양형부당의 위법이 있다는 항소이유를 기재한 것으로 선해하여 그 항소이유에 대하여 심리를 하여야 한다(대결 2002.12.3. 2002모265).

정답 O

027 22승

이미 항소이유서를 제출하였더라도 항소이유를 추가·변경·철회할 수 있으므로, 항소이유서 제출기간의 경과를 기다리지 않고는 항소사건을 심판할 수 없다고 보아야 한다. ☐O☐X

> 형사소송법 제361조의3, 제364조 등의 규정에 의하면 항소심의 구조는 피고인 또는 변호인이 법정기간 내에 제출한 항소이유서에 의하여 심판되는 것이고, 이미 항소이유서를 제출하였더라도 항소이유를 추가·변경·철회할 수 있으므로, 항소이유서 제출기간의 경과를 기다리지 않고는 항소사건을 심판할 수 없다. 따라서 항소이유서 제출기간 내에 변론이 종결되었는데 그 후 위 제출기간 내에 항소이유서가 제출되었다면, 특별한 사정이 없는 한 항소심법원으로서는 변론을 재개하여 항소이유의 주장에 대해서도 심리를 해 보아야 한다(대판 2015.4.9. 2015도1466 ; 대판 2018.4.12. 2017도13748).

정답 O

028 22법9

항소장에 경합범으로서 2개의 형이 선고된 죄 중 일죄에 대한 형만을 기재하고 나머지 일죄에 대한 형을 기재하지 아니 하였다면 항소이유서에서 그 나머지 일죄에 대하여 항소이유를 개진하였더라도 판결 전부에 대한 항소로 볼 수는 없다. ○|×

> 비록 항소장에 경합범으로서 2개의 형이 선고된 죄 중 일죄에 대한 형만을 기재하고 나머지 일죄에 대한 형을 기재하지 아니하였다 하더라도 항소이유서에서 그 나머지 일죄에 대하여도 항소이유를 개진한 경우에는 판결 전부에 대한 항소로 봄이 상당하다(대판 2004.12.10. 2004도3515).

정답 ×

029 22법9

경합범 중 일부에 대하여 무죄, 일부에 대하여 유죄를 선고 한 항소심 판결에 대하여 검사만이 무죄 부분에 대하여 상고를 한 경우 피고인과 검사가 상고하지 아니한 유죄판결 부분은 상고기간이 지남으로써 확정되고 상고심에서는 무죄 부분만 파기할 수 있다. ○|×

> 경합범 중 일부에 대하여 무죄, 일부에 대하여 유죄를 선고한 항소심 판결에 대하여 검사만이 무죄 부분에 대하여 상고를 한 경우 피고인과 검사가 상고하지 아니한 유죄판결 부분은 상고기간이 지남으로써 확정되어 상고심에 계속된 사건은 무죄판결 부분에 대한 공소뿐이라 할 것이므로 상고심에서 이를 파기할 때에는 무죄 부분만을 파기할 수밖에 없다(대판 1992.1.21. 91도1402 전원합의체).

정답 ○

030 23국7

검사가 제1심이나 항소심에서 상상적 경합의 관계에 있는 수죄 가운데 당초 공소를 제기하지 아니한 공소사실을 추가하는 내용의 공소장변경신청을 하는 경우, 법원은 공소사실의 동일성을 해하지 아니함이 명백하므로 그 공소장변경을 허가하여 추가된 공소사실에 대하여 심리·판단하여야 한다. ○|×

> 대판 1990.1.25. 89도1317

정답 ○

031 24법9

상상적 경합의 관계에 있는 두 죄에 대하여 한 죄는 무죄, 한 죄는 유죄가 선고되어 검사만이 무죄 부분에 대하여 항소하였더라도 유죄 부분도 항소심의 심판대상이 된다. ☐O☐X

> 공소사실 중 일부에 대하여는 유죄를, 실체적 경합관계에 있는 일부에 대하여는 무죄를 각 선고하고, 그 유죄부분과 상상적 경합관계에 있는 다른 일부에 대하여는 무죄임을 판시하면서 주문에 별도의 선고를 하지 않은 항소심판결에 대하여, 검사가 무죄부분 전체에 대하여 상고를 한 경우 그 유죄부분은 형식상 검사 및 피고인 어느 쪽도 상고한 것 같아 보이지 않지만 그 부분과 상상적 경합관계에 있는 무죄부분에 대하여 검사가 상고함으로써 그 유죄부분은 그 무죄부분의 유·무죄 여하에 따라서 처단될 죄목과 양형을 좌우하게 되므로 그 유죄부분도 함께 상고심의 판단대상이 된다(대판 2005.1.27. 2004도7488).

정답 ○

032 22법9

제1심판결에 대하여 피고인은 항소하지 아니하고 검사만 항소하여 항소가 기각된 경우 피고인은 이에 대하여 상고할 수 없다. ☐O☐X

> 제1심판결에 대하여 피고인은 상소권을 포기하였는데 검사만이 양형이 가볍다는 이유로 항소하였다가 이유없다고 기각된 항소심판결은 피고인에게는 불리한 것이라고 할 수 없어 이에 관하여는 피고인은 상소권이 없다(대판 1986.5.27. 86도479).

정답 ○

033 21국7

형사사건에 있어 항소법원의 소송계속은 제1심판결에 대한 항소에 의하여 사건이 이심된 때로부터 그 법원의 판결에 대하여 상고가 제기되거나 그 판결이 확정되는 때까지 유지된다 할 것이니, 항소법원은 항소피고사건의 심리 중 또는 판결선고 후 상고제기 또는 판결확정에 이르기까지 수소법원으로서 「형사소송법」 제70조 제1항 각 호의 사유 있는 불구속피고인을 구속할 수 있다. ☐O☐X

> 형사사건에 있어 항소법원의 소송계속은 제1심판결에 대한 항소에 의하여 사건이 이심된 때로부터 그 법원의 판결에 대하여 상고가 제기되거나 그 판결이 확정되는 때까지 유지된다 할 것이니, 항소법원은 항소피고사건의 심리중 또는 판결선고후 상고제기 또는 판결확정에 이르기까지 수소법원으로서 형사소송법 제70조 제1항 각호의 사유있는 불구속피고인을 구속할 수 있다(대결 1985.7.23. 85모12).

정답 ○

제1장 상 소

034 21국7

제1심법원이 법관의 면전에서 사실을 검토하고 법령을 적용하여 판결한 사유에 대해 피고인이 항소하지 않거나 양형부당만을 항소이유로 주장하여 항소함으로써 죄의 성부에 관한 판단 내용을 인정하는 태도를 보였다면 그에 관한 판단 내용이 잘못되었다고 주장하면서 상고하는 것은 허용될 수 없다. ⓞⅠⓧ

> 제1심법원이 법관의 면전에서 사실을 검토하고 법령을 적용하여 판결한 사유에 대해 <u>피고인이 항소하지 않거나 양형부당만을 항소이유로 주장하여 항소함으로써 죄의 성부에 관한 판단 내용을 인정하는 태도를 보였다면 그에 관한 판단 내용이 잘못되었다고 주장하면서 상고하는 것은 허용될 수 없다</u>고 보아야 한다(대판 2019.3.21. 2017도16593-1 전원합의체).

정답 ○

035 21국7

제1심판결에 대하여 검사의 항소에 의한 항소심판결이 선고된 후, 피고인이 동일한 제1심판결에 대하여 항소권회복청구를 하는 경우, 이는 적법하다고 볼 수 없어 법원은 「형사소송법」 제347조 제1항에 따라 결정으로 이를 기각하여야 한다. ⓞⅠⓧ

> 제1심판결에 대하여 피고인 또는 검사가 항소하여 항소법원이 판결을 선고한 후에는 <u>상고법원으로부터 사건이 환송 또는 이송되는 경우 등을 제외하고는 항소법원이 다시 항소심 소송절차를 진행하여 판결을 선고할 수 없다. 따라서 항소심판결이 선고되면 제1심판결에 대한 항소권이 소멸되어 제1심판결에 대한 항소권 회복청구와 항소는 적법하다고 볼 수 없다</u>(대결 2017.3.30. 2016모2874).

정답 ○

036 24국9 / 21국7

피고인이 공동피고인의 기망에 의하여 항소권을 포기하였음을 항소제기 기간이 도과한 뒤에야 비로소 알게 되었다 하더라도 이러한 사정은 피고인이 책임질 수 없는 사유에 해당한다. ⓞⅠⓧ

> 상소권 포기가 비록 기망에 의한 것이라도 형사소송법 제354조에 의하여 다시 상소를 할 수 없으며, 상소권 회복은 자기가 책임질 수 없는 사유로 인하여 상소제기 기간내에 상소를 하지 못한 사람이 이를 청구하는 것이므로 <u>재항고인이 상피고인의 기망에 의하여 항소권을 포기하였음을 항소제기 기간이 도과한 뒤에야 비로소 알게 되었다 하더라도</u> 이러한 사정은 재항고인이 책임질 수 없는 사유에 해당한다고 볼 수 없다(대결 1984.7.11. 84모40).

정답 ×

037 20국7

수개의 공소사실이 금고 이상의 형에 처한 확정판결 전후의 것이어서 확정판결 전의 공소사실과 확정판결 후의 공소사실에 대하여 따로 유죄를 선고하여 두 개의 형을 정한 제1심판결에 대하여 피고인만이 확정판결 전의 유죄판결 부분에 대하여 항소한 경우, 항소심에 계속된 사건은 확정판결 전의 유죄판결 부분뿐이므로 항소심이 심리·판단하여야 할 범위는 확정판결 전의 유죄판결 부분에 한정된다. ○|×

> 확정판결 전의 공소사실과 확정판결 후의 공소사실에 대하여 따로 유죄를 선고하여 두 개의 형을 정한 제1심판결에 대하여 피고인만이 확정판결 전의 유죄판결 부분에 대하여 항소한 경우, 피고인과 검사가 항소하지 아니한 확정판결 후의 유죄판결 부분은 항소기간이 지남으로써 확정되어 항소심에 계속된 사건은 확정판결 전의 유죄판결 부분뿐이고, 그에 따라 항소심이 심리·판단하여야 할 범위는 확정판결 전의 유죄판결 부분에 한정된다(대판 2018.3.29. 2016도18553).

정답 ○

038 24법9

제1심이 단순일죄의 관계에 있는 공소사실의 일부에 대하여만 유죄로 인정한 경우에 피고인만이 항소하여도 그 항소는 그 일죄의 전부에 미쳐서 항소심은 무죄부분에 대하여도 심판할 수 있다. ○|×

> 제1심이 단순일죄의 관계에 있는 공소사실의 일부에 대하여만 유죄로 인정한 경우에 피고인만이 항소하여도 그 항소는 그 일죄의 전부에 미쳐서 항소심은 무죄부분에 대하여도 심판할 수 있다 할 것이고, 그 경우 항소심이 위 무죄부분을 유죄로 판단하였다 하여 그로써 항소심판결에 불이익변경금지원칙에 위반하거나 심판범위에 대한 법리를 오해한 위법이 있다고 할 수 없다(대판 2001.2.9. 2000도5000).

정답 ○

039 24법9 / 23국7

상고심판결의 파기이유가 된 사실상의 판단은 당해 사건의 하급심에 대하여 기속력을 가지며, 이 경우에 파기판결의 기속력은 파기의 직접 이유가 된 원심판결에 대한 소극적인 부정판단에 한하여 생긴다. ○|×

> 출판물에 의한 명예훼손의 공소사실을 유죄로 인정한 환송 전 원심판결에 위법이 있다고 한 파기환송판결의 사실판단의 기속력은 파기의 직접 이유가 된 환송 전 원심에 이르기까지 조사한 증거들만에 의하여서는 출판물에 의한 명예훼손의 공소사실이 인정되지 아니한다는 소극적인 부정 판단에만 미치는 것이므로, 환송 후 원심에서 이 부분 공소사실이 형법 제307조 제2항의 명예훼손죄의 공소사실로 변경되었다면 환송 후 원심은 이에 대하여 새롭게 사실인정을 할 재량권을 가지게 되는 것이고 더 이상 파기환송판결이 한 사실판단에 기속될 필요는 없다(대판 2004.4.9. 2004도340).

정답 ○

040 24법9

상고심에서 상고이유의 주장이 이유 없다고 판단되어 배척된 부분은 그 판결 선고와 동시에 확정력이 발생하여 이 부분에 대하여는 피고인은 더 이상 다툴 수 없고, 또한 환송받은 법원으로서도 이와 배치되는 판단을 할 수 없다. ⃞O⃞X

> 상고심에서 상고이유 주장이 이유 없다고 판단되어 배척된 부분은 판결 선고와 동시에 확정력이 발생하여 이 부분에 대하여 피고인은 더 이상 다툴 수 없고, 환송받은 법원으로서도 이와 배치되는 판단을 할 수 없으므로, 고인으로서는 더 이상 이 부분에 대한 주장을 상고이유로 삼을 수 없고, 비록 환송 후 원심이 이 부분 범죄사실에 대하여 일부 증거조사를 하였더라도 의미 없는 것에 지나지 않는다(대판 2011.10.13. 2011도8478).

정답 ○

041 24법9

파기환송을 받은 법원은 그 파기이유로 한 사실상 및 법률상의 판단에 기속되지만 그에 따라 판단한 판결에 대하여 다시 상고를 한 경우에 그 상고사건을 재판하는 상고법원은 앞서의 파기이유로 한 판단에 기속되지 않는다. ⃞O⃞X

> 파기환송을 받은 법원은 그 파기이유로 한 사실상 및 법률상의 판단에 기속되는 것이고, 그에 따라 판단한 판결에 대하여 다시 상고를 한 경우에 그 상고사건을 재판하는 상고법원도 앞서의 파기이유로 한 판단에 기속되므로 이를 변경하지 못한다(대판 1986.6.10. 85도1996, 대판 2013.2.15. 2012도2843).

정답 ×

042 24법9

상고법원으로부터 사건을 환송받아 심리하는 과정에서 상고법원의 기속적 판단의 기초가 된 사실관계에 변동이 생긴 때에는 상고법원이 파기이유로 한 법률적 판단의 기속력은 미치지 않는다 ⃞O⃞X

> 법원조직법 제8조는 "상급법원의 재판에 있어서의 판단은 당해 사건에 관하여 하급심을 기속한다."라고 규정하고, 민사소송법 제436조 제2항 후문도 상고법원이 파기의 이유로 삼은 사실상 및 법률상의 판단은 하급심을 기속한다는 취지를 규정하고 있다. 형사소송법에서는 이에 상응하는 명문의 규정은 없지만, 법률심을 원칙으로 하는 상고심도 형사소송법 제383조 또는 제384조에 의하여 사실인정에 관한 원심판결의 당부에 관하여 제한적으로 개입할 수 있는 것이므로 조리상 상고심판결의 파기이유가 된 사실상의 판단도 기속력을 가진다. 그러나 상고법원으로부터 사건을 환송받아 심리하는 과정에서 상고법원의 기속적 판단의 기초가 된 사실관계에 변동이 생긴 때에는 상고법원이 파기이유로 한 법률적 판단의 기속력은 미치지 않는다(대판 2020.3.12. 2019도15117).

정답 ○

제3절 | 상고

001 23국7

항소법원이 피고인에게 공소가 제기된 범행을 기준으로 「형법」 제51조가 정한 양형조건으로 포섭되지 않는 별도의 범죄사실에 해당하는 사정에 관하여, 그것이 합리적인 의심을 배제할 정도의 증명력을 갖춘 증거에 의하여 증명되지 않았음에도 핵심적인 형벌가중적 양형조건으로 삼아 형의 양정을 함으로써 피고인에 대하여 사실상 공소가 제기되지 않은 범행을 추가로 처벌한 것과 같은 실질에 이른 경우, 그 부당성을 다투는 피고인의 주장은 적법한 상고이유가 된다. ○|×

> 대판 2020.9.3. 2020도8358

정답 ○

002 23국7

사형·무기 또는 10년 이상의 징역이나 금고가 선고된 사건이 아닌 경우에는 양형부당을 이유로 상고할 수 없지만 항소심이 양형의 기초사실에 관하여 사실을 오인하였다거나 범행의 동기 및 수법 등 양형의 조건이 되는 제반 정상에 관하여 심리를 제대로 하지 않았음을 이유로 상고할 수 있다. ○|×

> 피고인에 대하여 10년 미만의 징역형이 선고된 사건에 있어서 원심의 형량이 너무 무거워서 부당하다는 취지의 주장은 적법한 상고이유가 될 수 없을 뿐만 아니라, 이러한 경우 사실심인 원심이 피고인에 대한 양형조건이 되는 범행의 동기 및 수법이나 범행 전후의 정황 등의 제반 정상에 관하여 심리를 제대로 하지 아니하였음을 들어 상고이유로 삼을 수도 없다(대판 2001.12.27. 2001도5304 판결).

정답 ×

003 21법9

상고의 제기가 법률상의 방식에 위반하거나 상고권소멸 후인 것이 명백해 원심법원이 결정으로 상고를 기각한 경우 원심법원은 상고장을 받은 날부터 14일 이내에 소송기록과 증거물을 상고법원에 송부하여야 한다. ○|×

> 상고의 제기가 법률상의 방식에 위반하거나 상고권 소멸 후인 것이 명백한 때에는 원심법원은 결정으로 상고를 기각하여야 한다. 이 결정에 대하여는 즉시항고를 할 수 있다(제376조). 또한 상고기각의 결정을 하는 경우 외에는 원심법원은 상고장을 받은 날로부터 14일 이내에 소송기록과 증거물을 상고법원에 송부하여야 한다(제377조).

정답 ×

004 21법9

상고법원이 소송기록의 송부를 받은 때에는 즉시 상고인과 상대방에 대하여 그 사유를 통지하여야 하고, 통지 전에 변호인의 선임이 있는 때에는 변호인에 대하여도 전항의 통지를 하여야 한다. ☐O|X☐

> 상고법원이 소송기록의 송부를 받은 때에는 즉시 상고인과 상대방에 대하여 그 사유를 통지하여야 한다(제378조 제1항). 통지 전에 변호인의 선임이 있는 때에는 변호인에 대하여도 전항의 통지를 하여야 한다(동조 제2항).

정답 ○

005 24법9

상고장 및 상고이유서에 기재된 상고이유의 주장이 형사소송법 제383조 각 호의 어느 하나의 사유에 해당하지 아니함이 명백한 때에는 결정으로 상고를 기각하여야 한다. ☐O|X☐

> 제380조 제2항

정답 ○

006 23국7

형사소송법상 항소심판결에 중대한 사실의 오인이 있어 판결에 영향을 미쳤고 현저히 정의에 반하는 때에는 그러한 내용이 상고이유서에 포함되어 있지 않더라도 상고심이 이를 직권으로 심판할 수 있도록 되어 있다. ☐O|X☐

> 사형, 무기 또는 10년 이상의 징역이나 금고가 선고된 사건에 있어서 중대한 사실의 오인이 있어 판결에 영향을 미친 때 또는 형의 양정이 심히 부당하다고 인정할 현저한 사유가 있는 때(제383조 제4호). 상고법원은 상고이유서에 포함된 사유에 관하여 심판하여야 한다. 그러나 전조 제1호 내지 제3호의 경우에는 상고이유서에 포함되지 아니한 때에도 직권으로 심판할 수 있다(제384조).

정답 ×

007 22법9

상고를 포기한 후 그 포기가 무효라고 주장하는 경우 상고 제기기간이 경과하기 전이라도 상고포기의 효력을 다투면서 상고를 제기하여 그 상고의 적법 여부에 대한 판단을 받는 대신 별도로 상소권회복청구를 할 수도 있다. ☐O|X☐

> 상소권회복은 자기 또는 대리인이 책임질 수 없는 사유로 인하여 상소제기기간 내에 상소를 하지 못한 사람이 이를 청구하는 것이고, 상고를 포기한 후 그 포기가 무효라고 주장하는 경우 상고제기기간이 경과하기 전에는 상고포기의 효력을 다투면서 상고를 제기하여 그 상고의 적법 여부에 대한 판단을 받으면 되고, 별도로 상소권회복청구를 할 여지는 없다(대결 1999.5.18. 99모40).

정답 ×

008 21법9 / 22국7

필요적 변호사건에서 항소법원이 국선변호인을 선정하고 피고인과 국선변호인에게 소송기록접수통지를 한 다음 피고인이 사선변호인을 선임함에 따라 국선변호인의 선정을 취소한 경우 항소법원은 사선변호인에게 다시 소송기록접수통지를 할 의무가 없다. ☐○|☒

> 형사소송규칙 제156조의2 제3항은 항소이유서 제출기간 내에 피고인이 책임질 수 없는 사유로 국선변호인이 변경되면 그 국선변호인에게도 소송기록접수통지를 하여야 한다고 정하고 있는데, 이 규정을 새로 선임된 사선변호인의 경우까지 확대해서 적용하거나 유추적용할 수는 없다. 결국, 형사소송법이나 그 규칙을 개정하여 명시적인 근거규정을 두지 않는 이상 현행 법규의 해석론으로는 필요적 변호사건에서 항소법원이 국선변호인을 선정하고 피고인과 국선변호인에게 소송기록접수통지를 한 다음 피고인이 사선변호인을 선임함에 따라 국선변호인의 선정을 취소한 경우 항소법원은 사선변호인에게 다시 소송기록접수통지를 할 의무가 없다고 보아야 한다(대판 2018.11.22. 2015도10651전원합의체).

정답 ○

009 23법9

비약적 상고는 제1심판결이 인정한 사실에 대하여 법령을 적용하지 않았거나 법령의 적용에 착오가 있는 때 또는 제1심판결이 있은 후 형의 폐지나 변경 또는 사면이 있는 때에 제기할 수 있다. ☐○|☒

> 제372조

정답 ○

010 23국9(교정직)

제1심법원이 결정으로 인정한 사실에 대해 법령을 적용하지 않았거나 법령의 적용에 착오가 있는 경우, 그 결정은 비약적 상고의 대상이 된다. ☐○|☒

> 비약적 상고는 제1심판결에 대하여 인정되므로 제1심 법원의 결정에 대하여는 비약적 상고가 허용되지 않는다(대결 1984.4.16. 84모18).

정답 ✕

011 23법9

'제1심판결이 인정한 사실에 대하여 법령을 적용하지 아니하거나 법령의 적용에 착오가 있는 때'라 함은, 제1심판결이 인정한 사실이 옳다는 것을 전제로 하여 볼 때 그에 대한 법령을 적용하지 아니하거나 법령의 적용을 잘못한 경우를 말하는 것이다. ◯|✕

> 형사소송법 제372조에 의하면 비약적 상고는 제1심판결이 그 인정한 사실에 대하여 법령을 적용하지 아니하였거나 법령의 적용에 착오가 있는 때 또는 제1심판결이 있은 후 형의 폐지나 변경 또는 사면이 있는 때에 제기할 수 있다. 여기서 말하는 '제1심판결이 인정한 사실에 대하여 법령을 적용하지 아니하거나 법령의 적용에 착오가 있는 때'라 함은 제1심판결이 인정한 사실이 옳다는 것을 전제로 하여 볼 때 그에 대한 법령을 적용하지 아니하거나 법령의 적용을 잘못한 경우를 말한다(대판 2020.7.9. 2020도4161).

정답 ◯

012 23·21법9

제1심판결에 대한 비약적 상고는 그 사건에 대한 항소가 제기된 때에는 효력을 잃고, 다만 항소의 취하 또는 항소기각의 결정이 있는 때에는 예외로 한다. ◯|✕

> 제1심판결에 대한 상고는 그 사건에 대한 항소가 제기된 때에는 그 효력을 잃는다. 단, 항소의 취하 또는 항소기각의 결정이 있는 때에는 예외로 한다(제373조).

정답 ◯

013 23법9

피고인이 비약적 상고를 제기한 후 검사가 항소를 제기하면 피고인의 비약적 상고는 효력을 잃는데, 그와 같이 효력이 없어진 비약적 상고에 항소로서의 효력을 부여할 수 없다. ◯|✕

> 형사소송법 제372조, 제373조 및 관련 규정의 내용과 취지, 비약적 상고와 항소가 제1심판결에 대한 상소권 행사로서 갖는 공통성, 이와 관련된 피고인의 불복의사, 피고인의 상소권 보장의 취지 및 그에 대한 제한의 범위와 정도, 피고인의 재판청구권을 보장하는 헌법합치적 해석의 필요성 등을 종합하여 보면, 제1심판결에 대하여 피고인은 비약적 상고를, 검사는 항소를 각각 제기하여 이들이 경합한 경우 피고인의 비약적 상고에 상고의 효력이 인정되지는 않더라도, 피고인의 비약적 상고가 항소기간 준수 등 항소로서의 적법요건을 모두 갖추었고, 피고인이 자신의 비약적 상고에 상고의 효력이 인정되지 않는 때에도 항소심에서는 제1심판결을 다툴 의사가 없었다고 볼 만한 특별한 사정이 없다면, 피고인의 비약적 상고에 항소로서의 효력이 인정된다고 보아야 한다(대판 2022.5.19. 2021도17131 전원합의체).

정답 ✕

014 71간

상고심으로서는 사형·무기 또는 10년 이상의 징역·금고가 선고된 사건에서 형의 양정의 당부에 관한 상고이유를 심판하는 경우가 아닌 이상, 선고유예에 관하여 「형법」 제51조(양형의 조건)의 사항과 개전의 정상이 현저한지 여부에 대한 원심판단의 당부를 심판할 수 없다. ⓞⅩ

> 상고심으로서는 형사소송법 제383조 제4호에 의하여 사형·무기 또는 10년 이상의 징역·금고가 선고된 사건에서 형의 양정의 당부에 관한 상고이유를 심판하는 경우가 아닌 이상, 상고심은 <u>선고유예의 요건 중 개전의 정상이 현저한지 여부에 대한 원심 판단의 당부를 심판할 수 없고, 그 원심 판단이 현저하게 잘못되었다고 하더라도 달리 볼 것이 아니다</u>(대판 2003.2.20. 2001도6138 전원합의체).

정답 ○

015 24법9

상고법원은 필요한 경우에는 특정한 사항에 관하여 변론을 열어 참고인의 진술을 들을 수 있다. ⓞⅩ

> 상고법원은 상고장, 상고이유서 기타의 소송기록에 의하여 변론 없이 판결할 수 있다(제390조 제1항). 상고법원은 필요한 경우에는 특정한 사항에 관하여 변론을 열어 참고인의 진술을 들을 수 있다(동조 제2항).

정답 ○

016 71간

상고인이 제출한 상고이유서에 구체적이고도 명시적인 이유의 설시가 없이 상고이유로 단순히 원심판결에 사실오인 내지 법리오해의 위배가 있다고만 기재하더라도 적법한 상고이유가 제출된 것이라고 볼 수 있다. ⓞⅩ

> 상고인이 제출한 상고이유서에 <u>구체적이고도 명시적인 이유의 설시가 없이 상고이유로 단순히 원심판결에 사실오인 내지 법리오해의 위배가 있다고만 기재함</u>에 그치고 만 경우는 어느 증거에 관한 취사조치가 채증법칙에 위반되었다는 것인지, 또 어떠한 법령적용의 잘못이 있고 어떠한 점이 부당하다는 것인지 전혀 구체적 사유를 주장하지 아니한 것이어서 <u>적법한 상고이유가 제출된 것이라고 볼 수 없다</u>(대판 2000.4.21. 99도5513).

정답 ✕

017 24국9

포괄일죄의 일부만이 유죄로 된 경우 그 유죄부분에 대하여 피고인만이 항소하고 공소기각으로 판단된 부분에 대하여 검사는 항소하지 않은 경우, 공소기각으로 판단된 부분도 항소심의 심판대상이 되므로 항소심은 그 부분에까지 나아가 판단해야 한다. ⃞O⃞X

> 포괄일죄의 일부만이 유죄로 인정된 경우 그에 대하여 피고인만이 항소하였을 뿐 공소기각이나 무죄로 판단된 부분에 대하여 검사가 항소를 하지 않았다면, 상소불가분의 원칙에 의하여 유죄 이외의 부분도 항소심에 이심되기는 하나 그 부분은 이미 당사자 간의 공격·방어의 대상으로부터 벗어나 사실상 심판대상에서부터도 이탈하게 되므로 항소심으로서는 그 부분까지 판단할 수 없다(대판 2010.1.14. 2009도12934).

정답 ×

018 23법9 / 71간 / 21승 / 23국9

변호인 선임서를 제출하지 않은 채 상고이유서만을 제출하고 상고이유서 제출기간이 지난 후에 변호인 선임서를 제출하였다면 그 상고이유서는 적법·유효한 변호인의 상고이유서로 볼 수 있다. ⃞O⃞X

> 변호인의 선임은 심급마다 변호인과 연명날인한 서면으로 제출하여야 한다(제32조 제1항). 따라서 변호인 선임서를 제출하지 않은 채 상고이유서만을 제출하고 상고이유서 제출기간이 지난 후에 변호인 선임서를 제출하였다면 그 상고이유서는 적법·유효한 변호인의 상고이유서가 될 수 없다(대판 2015.2.26. 2014도12737).

정답 ×

019 24법9

상고를 제기한 검찰청 소속 검사가 그 이름으로 상고이유서를 제출하여도 유효한 것으로 취급되고, 이 경우 상고를 제기한 검찰청이 있는 곳을 기준으로 법정기간인 상고이유서 제출기간이 형사소송법 제67조에 따라 연장된다. ⃞O⃞X

> 검사가 상고한 경우에는 상고법원에 대응하는 검찰청 소속 검사가 소송기록접수통지를 받은 날로부터 20일 이내에 그 이름으로 상고이유서를 제출하여야 한다. 다만 상고를 제기한 검찰청 소속 검사가 그 이름으로 상고이유서를 제출하여도 유효한 것으로 취급되지만, 이 경우 상고를 제기한 검찰청이 있는 곳을 기준으로 법정기간인 상고이유서 제출기간이 형사소송법 제67조에 따라 연장될 수 없다. 이러한 법리는 군검사가 상고한 경우에도 마찬가지로 적용된다(대결 2023.4.21. 2022도16568).

정답 ×

020 21경2 / 71간

상고심은 항소심까지의 소송자료만을 기초로 하여 항소심판결 선고 시를 기준으로 그 당부를 판단하여야 하므로, 직권조사 기타 법령에 특정한 경우를 제외하고는 새로운 증거조사를 할 수 없을 뿐만 아니라 항소심판결 후에 나타난 사실이나 증거는 비록 그것이 상고이유서 등에 첨부되어 있다 하더라도 사용할 수 없다. ◯│✕

> 상고심은 항소심까지의 소송자료만을 기초로 하여 항소심판결 선고 시를 기준으로 그 당부를 판단하여야 하므로, 직권조사 기타 법령에 특정한 경우를 제외하고는 새로운 증거조사를 할 수 없을뿐더러 항소심판결 후에 나타난 사실이나 증거의 경우 비록 그것이 상고이유서 등에 첨부되어 있다 하더라도 사용할 수 없다(대판 2019.3.21. 2017도16593-1 전원합의체).

정답 ◯

021 24법9

상고심은 사후심으로서, 원심까지의 소송자료만을 기초로 삼아 원심판결의 당부를 판단하여야 하므로, 원심판결 후에 나타난 사실이나 증거의 경우 비록 그것이 상고이유서 등에 첨부되어 있다고 하더라도 사용할 수 없음이 원칙이다. ◯│✕

> 상고심은 사후심으로서, 원심까지의 소송자료만을 기초로 삼아 원심판결의 당부를 판단하여야 하므로, 직권조사 기타 법령에 특정한 경우를 제외하고는 새로운 증거조사를 할 수 없을뿐더러, 원심판결 후에 나타난 사실이나 증거의 경우 비록 그것이 상고이유서 등에 첨부되어 있다 하더라도 사용할 수 없음이 원칙이다(대판 2010.10.14. 2009도4894).

정답 ◯

022 24국9

상소는 재판의 일부에 대하여 할 수 있으며, 일부에 대한 상소는 그 일부와 불가분의 관계에 있는 부분에 대하여도 효력이 미친다. ◯│✕

> 상소는 재판의 일부에 대하여 할 수 있다(제342조 제1항). 일부에 대한 상소는 그 일부와 불가분의 관계에 있는 부분에 대하여도 효력이 미친다(동조 제2항).

정답 ◯

023 24국9

포괄일죄에 대하여 일부유죄, 일부무죄의 판결이 선고된 경우에 검사만이 무죄부분에 대하여 상고를 하고 피고인은 상고하지 않은 경우, 유죄부분도 상고심에 이전되어 심판의 대상이 된다. ☐O☐X

> 포괄적 일죄의 관계에 있는 공소사실 중 일부 유죄, 나머지 무죄의 판결에 대하여 검사만이 무죄부분에 대한 상고를 하고 피고인은 상고하지 아니하더라도 상소불가분의 원칙상 검사의 상고는 그 판결의 유죄부분과 무죄부분 전부에 미치는 것이므로 유죄부분도 상고심에 이전되어 그 심판대상이 된다(대판 1989.4.11. 86도1629).

정답 ○

024 20국7

1죄의 관계에 있는 공소사실 중 일부 유죄, 나머지 무죄의 판결에 대하여 검사만 무죄부분에 대하여 상고를 하고 피고인은 상고하지 아니하였더라도 유죄부분은 상고심에 이전되어 심판대상이 된다. ☐O☐X

> 대판 1989.4.11. 86도1629

정답 ○

025 24국9

제1심이 경합범에 대하여 일부무죄·일부유죄로 판결한 것에 대하여 검사만이 무죄부분에 대하여 항소한 경우, 피고인과 검사가 항소하지 아니한 유죄부분은 항소기간이 지남에 따라 확정되어 무죄부분만이 항소심의 심판대상이 되므로 항소심에서 파기할 때에는 무죄부분만을 파기하여야 한다. ☐O☐X

> 경합범 중 일부에 대하여 무죄, 일부에 대하여 유죄를 선고한 제1심판결에 대하여 검사만이 무죄부분에 대하여 항소를 한 경우 피고인과 검사가 항소하지 아니한 유죄판결 부분은 항소기간이 지남으로써 확정되어 항소심에 계속된 사건은 무죄판결 부분에 대한 공소뿐이라 할 것이고, 그에 따라 항소심에서 이를 파기할 때에는 무죄 부분만을 파기할 수밖에 없다(대판 2000.2.11. 99도4840).

정답 ○

제4절 | 항고

001 24국9

피고인은 국민참여재판 배제결정에 대하여 즉시항고를 할 수 있고, 검사는 국민참여재판으로 진행하기로 하는 결정에 대하여 보통항고를 할 수 있다. ⃞O⃞X

> 국민의 형사재판 참여에 관한 법률에 의하면 제1심 법원이 국민참여재판 대상사건을 피고인의 의사에 따라 국민참여재판으로 진행함에 있어 별도의 국민참여재판 개시결정을 할 필요는 없고, 그에 관한 이의가 있어 제1심 법원이 국민참여재판으로 진행하기로 하는 결정에 이른 경우 이는 판결 전의 소송절차에 관한 결정에 해당하며, 그에 대하여 특별히 즉시항고를 허용하는 규정이 없으므로 위 결정에 대하여는 항고할 수 없다(대결 2009.10.23. 2009모1032). 다만, 국민참여재판 배제결정에 대해서는 즉시항고로 불복할 수 있다(국민의 형사재판 참여에 관한 법률 제9조 제3항).

정답 ×

002 23법9 / 21국9

형사소송법 제343조 제2항에서 "상소의 제기기간은 재판을 선고 또는 고지한 날로부터 진행한다."고 규정하고 있으므로, 형사소송에 있어서는 판결등본이 당사자에게 송달되는 여부에 관계없이 공판정에서 판결이 선고된 날로부터 상소기간이 기산되며, 이는 피고인이 불출석한 상태에서 재판을 하는 경우에도 마찬가지이다. ⃞O⃞X

> 형사소송법 제343조 제2항에서는, "상소의 제기기간은 재판을 선고 또는 고지한 날로부터 진행한다."고 규정하고 있으므로, 형사소송에 있어서는 판결등본이 당사자에게 송달되는 여부에 관계없이 공판정에서 판결이 선고된 날로부터 상소기간이 기산되며, 이는 피고인이 불출석한 상태에서 재판을 하는 경우에도 마찬가지이다(대결 2002.9.27. 2002모6).

정답 ○

003 21경2

「형사소송법」은 피고인에게 증거신청권과 증거보전청구권, 증거조사에 대한 의견진술권과 증거조사에 대한 이의신청권 등을 보장하고 있는데, 이는 형사소송절차에서 피고인에게 당사자로서의 지위를 인정하고 국가의 형벌권 행사에 대하여 적절하게 방어할 수 있는 수단과 기회를 제공함으로써 공정한 재판을 받을 권리를 실질적으로 보장하기 위한 것이다. ⃞O⃞X

> 대판 2015.6.25. 2014도17252 전원합의체

정답 ○

004 21국9

항소를 함에는 항소장을 원심법원에 제출하여야 한다. ◯|✕

> 제406조

정답 ◯

005 23법9

원심법원은 항고가 이유 있다고 인정하더라도 심급제의 속성상 사건기록을 항고심법원에 송부하여야 하고, 스스로 결정을 경정할 수는 없다. ◯|✕

> 원심법원은 항고가 이유있다고 인정한 때에는 결정을 경정하여야 한다(제408조 제1항).

정답 ✕

006 23법9 / 21국9

항고는 즉시항고 외에는 재판의 집행을 정지하는 효력이 없으므로 원심법원 또는 항고법원이 결정으로 항고에 대한 결정이 있을 때까지 집행을 정지할 수 없다. ◯|✕

> 보통항고는 재판의 집행을 정지시키는 효력이 없다. 단, 원심법원 또는 항고법원은 항고에 대한 결정이 있을 때까지 집행정지결정을 할 수 있다(제409조).

정답 ✕

007 23국7

제433조에 따라 재심의 청구가 법률상의 방식에 위반하거나 청구권의 소멸 후인 것이 명백하여 이를 기각하는 결정에 대하여는 즉시항고가 허용되지 않는다. ◯|✕

> 재심의 청구가 법률상의 방식에 위반하거나 청구권의 소멸 후인 것이 명백한 때에는 결정으로 기각하여야 한다(제433조). 재심청구기각 결정(제433조)에 대하여는 즉시항고를 할 수 있다(제437조).

정답 ✕

008 22·21국9(교정직)

즉시항고는 법률에 명문의 규정이 있는 경우에만 허용되며 즉시항고의 제기기간은 7일로 한다. ◯|✕

> 즉시항고는 법률에 명문의 규정이 있는 경우에만 가능하며(제404조), 제기기간이 7일로 되어 있고(제405조), 제기기간 내에 항고의 제기가 있는 때에는 재판의 집행이 정지되는 효력을 가진 항고를 말한다(제410조).

정답 ◯

009 23법9

법원의 관할 또는 판결 전의 소송절차에 관한 결정에 대하여는 특히 즉시항고를 할 수 있는 경우 외에는 항고를 하지 못한다. 그러나 관할이전의 신청을 기각한 결정은 피고인의 방어권을 침해할 가능성이 있는 결정이므로 즉시항고는 불가능하더라도 보통항고로서 불복할 수 있다. ☐O☐X

> 법원의 관할 또는 판결 전의 소송절차에 관한 결정에 대하여는 특히 즉시항고를 할 수 있는 경우 외에는 항고를 하지 못한다(제403조 제1항). 그런데 관할이전의 신청을 기각한 결정에 대하여 즉시항고를 할 수 있다는 규정이 없으므로, 원심결정에 대하여 재항고인이 (항고나 재항고로) 불복할 수 없다(대결 2021.4.2. 2020모2561).

정답 ×

010 20국7

검사가 제1심 결정에 대해 항고하면서 상세한 항고이유서를 첨부하여 제출하였는데, 검사가 「형사소송법」 제412조(검사는 항고사건에 대하여 의견을 진술할 수 있다)에 따라 별도로 의견을 진술하지 아니한 상태에서 항고심이 소송기록접수통지서를 송달한 다음날 항고를 기각한 것은 위법이다. ☐O☐X

> 검사가 제1심결정에 대해 항고하면서 항고이유서를 첨부하였는데 항고심인 원심법원이 검사에게 소송기록접수통지서를 송달한 다음날 항고를 기각한 사안에서, 검사가 항고장에 상세한 항고이유서를 첨부하여 제출함으로써 의견진술을 하였으므로 형사소송법 제412조에 따라 별도로 의견을 진술하지 아니한 상태에서 원심이 항고를 기각하였더라도 그 결정에 위법이 없다(대결 2012.4.20. 2012모459).

정답 ×

011 21경2 / 21국7

수사기관의 압수물의 환부에 관한 처분의 취소를 구하는 준항고는 통상의 항고소송에서와 마찬가지로 그 이익이 있어야 하고, 소송 계속 중 준항고로써 달성하고자 하는 목적이 이미 이루어졌거나 시일의 경과 또는 그 밖의 사정으로 인하여 그 이익이 상실된 경우에는 준항고가 부적법하게 된다. ☐O☐X

> 수사기관의 압수물의 환부에 관한 처분의 취소를 구하는 준항고는 일종의 항고소송이므로, 통상의 항고소송에서와 마찬가지로 그 이익이 있어야 하고, 소송 계속 중 준항고로써 달성하고자 하는 목적이 이미 이루어졌거나 시일의 경과 또는 그 밖의 사정으로 인하여 그 이익이 상실된 경우에는 준항고는 그 이익이 없어 부적법하게 된다(대결 2015.10.15. 2013모1970).

정답 ○

012 23국9

준항고의 청구는 재판의 고지 있는 날로부터 7일 이내에 하여야 한다. ☐O☐X

> 제416조 제3항

정답 ○

013 21국7

준항고는 그 대상이 되는 재판의 고지나 수사기관의 처분이 있는 날로부터 7일 이내에 하도록 「형사소송법」에 명기하고 있다. ☐O☐X

> 법관의 재판에 대한 준항고는 재판의 고지일로부터 7일 이내에 하여야 한다(제416조 제3항). 그러나 수사기관의 처분에 대한 준항고는 실무상으로는 청구기간의 제한이 없다고 본다(형사실무제요 Ⅱ).

정답 ×

014 21국7

「형사소송법」 제416조, 제417조의 준항고에 관한 결정에 대하여는 재판에 영향을 미친 헌법, 법률, 명령, 규칙의 위반이 있음을 이유로 하는 때에 한하여 대법원에 즉시항고할 수 있는바, 이는 동법 제419조, 제415조에 의한 재항고에 해당한다. ☐O☐X

> 형사소송법 제416조, 제417조의 준항고에 관한 결정에 대하여는 재판에 영향을 미친 헌법, 법률, 명령, 규칙의 위반이 있음을 이유로 하는 때에 한하여 대법원에 즉시 항고할 수 있는바, 이는 제419조, 제415조에 의한 재항고에 해당한다(대결 1983.5.12. 83모12).

정답 ○

015 71간

소송 계속 중 준항고로써 달성하고자 하는 목적이 이미 이루어 졌거나 시일의 경과 또는 그 밖의 사정으로 인하여 그 이익이 상실된 경우, 준항고는 그 이익이 없어 부적법하게 된다. ☐O☐X

> 수사기관의 압수물의 환부에 관한 처분의 취소를 구하는 준항고는 일종의 항고소송이므로, 통상의 항고소송에서와 마찬가지로 그 이익이 있어야 하고, 소송 계속 중 준항고로써 달성하고자 하는 목적이 이미 이루어졌거나 시일의 경과 또는 그 밖의 사정으로 인하여 그 이익이 상실된 경우에는 준항고는 그 이익이 없어 부적법하게 된다(대결 2015.10.15. 2013모1970).

정답 ○

016 23법9 / 21경2 / 21국9 / 22·21국7

검사의 체포영장 또는 구속영장 청구에 대한 지방법원 판사의 재판은 항고의 대상이 되는 '법원의 결정'에 해당하지 아니하고 준항고의 대상이 되는 '재판장 또는 수명법관의 구금 등에 관한 재판'에도 해당하지 아니하므로, 영장청구를 기각하는 결정에 대해서는 검사가 항고 또는 준항고를 할 수 없다. ☐O☐X

> 검사의 체포영장 또는 구속영장 청구에 대한 지방법원판사의 재판은 형사소송법 제402조의 규정에 의하여 항고의 대상이 되는 '법원의 결정'에 해당하지 아니하고, 제416조 제1항의 규정에 의하여 준항고의 대상이 되는 '재판장 또는 수명법관의 구금 등에 관한 재판'에도 해당하지 아니한다(대결 2006.12.18. 2006모646).

정답 ○

017 21경2 / 71간

검사가 수사과정에서 압수·수색영장의 청구 등 강제처분을 위한 조치를 취하지 아니함으로써 증거를 확보하지 못하고 불기소처분을 하였다면, 고소인이나 고발인은 그 불기소처분에 대하여 재정신청이나 검찰항고로써 불복할 수 있으나 압수·수색영장의 청구 등 강제처분을 위한 조치를 취하지 아니한 것 그 자체를 '압수에 관한 처분'으로 보아 준항고를 할 수는 없다. ☐O☐X☐

> 검사가 수사과정에서 증거수집을 위한 압수·수색영장의 청구 등 강제처분을 위한 조치를 취하지 아니하고 그로 인하여 증거를 확보하지 못하고 불기소처분에 이르렀다면, 그 불기소처분에 대하여 형사소송법상의 재정신청이나 검찰청법상의 항고·재항고 등으로써 불복하는 것은 별론으로 하고, 검사가 압수·수색영장의 청구 등 강제처분을 위한 조치를 취하지 아니한 것 그 자체를 형사소송법 제417조 소정의 '압수에 관한 처분'으로 보아 이에 대해 준항고로써 불복할 수는 없다(대결 2007.5.25. 2007모82).

정답 ○

018 71간

「형사소송법」 제332조(몰수의 선고와 압수물)에 의하여 압수가 해제된 것으로 되었음에도 불구하고 검사가 그 해제된 압수물의 인도를 거부하는 조치에 대해서는 「형사소송법」 제417조가 규정하는 준항고로 불복할 대상이 될 수 없다. ☐O☐X☐

> 형사소송법 제417조의 규정은 검사 또는 사법경찰관이 수사단계에서 압수물의 환부에 관하여 처분을 할 권한을 가지고 있을 경우에 그 처분에 불복이 있으면 준항고를 허용하는 취지라고 보는 것이 상당하므로 형사소송법 제332조의 규정에 의하여 압수가 해제된 것으로 되었음에도 불구하고 검사가 그 해제된 압수물의 인도를 거부하는 조치에 대해서는 형사소송법 제417조가 규정하는 준항고로 불복할 대상이 될 수 없다(대결 1994.8.18. 94모42).

정답 ○

019 71간

증인, 감정인, 통역인 또는 번역인에 대하여 과태료 또는 비용의 배상을 명한 재판에 대하여 준항고의 청구가 있는 때에는 그 재판의 집행이 정지된다. ☐O☐X☐

> 준항고는 원칙적으로 집행정지의 효력이 없으나(제419조, 제409조), 증인·감정인·통역인 또는 번역인에 대하여 과태료 또는 비용배상을 명한 재판에 대하여는 준항고 청구기간 내의 청구가 있는 때에는 그 재판의 집행이 정지된다(제416조 제4항).

정답 ○

제2장 비상구제절차

제1절 | 재심

001 24승

「형사소송법」 제420조 제5호는 형의 선고를 받은 자에 대하여 형의 면제를 인정할 명백한 증거가 새로 발견된 때를 재심사유로 들고 있는데, 여기서 '형의 면제'라 함은 형의 필요적 면제의 경우와 임의적 면제의 경우를 불문한다. ○|×

> 형사소송법 제420조 제5호는 형의 선고를 받은 자에 대하여 **형의 면제**를 인정할 명백한 증거가 새로 발견된 때를 재심사유로 들고 있는바, 여기서 형의 면제라 함은 **형의 필요적** 면제의 경우만을 말하고 **임의적** 면제는 해당하지 않는다(대결 1984.5.30. 84모32).

정답 ×

002 21경2

형벌에 관한 법령이 당초부터 헌법에 위배되어 법원에서 위헌·무효라고 선언한 경우도 형사소송법 제420조 제5호의 재심사유인 '무죄 등을 인정할 증거가 새로 발견된 때'에 해당한다. ○|×

> 형사소송법 제420조 제5호의 재심사유에서 무죄 등을 인정할 '증거가 새로 발견된 때'란 재심대상이 되는 확정판결의 소송절차에서 발견되지 못하였거나 또는 발견되었다 하더라도 제출할 수 없었던 증거로서 이를 새로 발견하였거나 비로소 제출할 수 있게 된 때는 물론이고, 형벌에 관한 법령이 당초부터 헌법에 위배되어 법원에서 위헌·무효라고 선언한 때에도 역시 이에 해당한다(대결 2013.4.18. 2010모363).

정답 ○

003 24승

당해 사건의 증거가 아니고 공범자 중 1인에 대하여 무죄, 다른 1인에 대하여 유죄의 확정판결이 있는 경우에 무죄 확정판결 자체만으로는 무죄 확정판결의 증거자료를 자기의 증거로 하지 못하였고 또 새로 발견된 것이 아닌 한 유죄 확정판결에 대한 새로운 증거로서의 재심사유에 해당한다고 할 수 없다. ○|×

> 공범에 있어 1인에 대하여 무죄, 1인에 대하여 유죄의 확정판결이 있는 경우 **무죄 확정판결 자체만으로서는** 유죄 확정판결에 대한 새로운 증거로서의 재심사유에 해당된다 할 수 없으나 **무죄 확정판결의 증거자료를 자기의 증거로 하지 못하였고 또 새로 발견된 것이면** 그 신증거는 유죄확정판결의 재심사유에 해당된다고 할 수 있다(대판 1961.8.16. 4294형재2).

정답 ○

004 23국9

재심사유 중 '무죄 등을 인정할 명백한 증거'에 해당하는지 여부는 새로 발견된 증거만을 독립적·고립적으로 고찰하여 그 증거가치만으로 판단하여야 한다. ☐O ☐X

> 형사소송법 제420조 제5호에 정한 '무죄 등을 인정할 명백한 증거'에 해당하는지 여부를 판단할 때에는 법원으로서는 <u>새로 발견된 증거만을 독립적·고립적으로 고찰하여 그 증거가치만으로 재심의 개시 여부를 판단할 것이 아니라, 재심대상이 되는 확정판결을 선고한 법원이 사실인정의 기초로 삼은 증거들 가운데 새로 발견된 증거와 유기적으로 밀접하게 관련되고 모순되는 것들은 함께 고려하여 평가하여야 하고, 그 결과 단순히 재심대상이 되는 유죄의 확정판결에 대하여 그 정당성이 의심되는 수준을 넘어 그 판결을 그대로 유지할 수 없을 정도로 고도의 개연성이 인정되는 경우라면 그 새로운 증거는 위 조항의 '명백한 증거'에 해당한다</u>(대결 2009.7.16. 2005모472 전원합의체).

정답 ×

005 20국7

재심청구인이 재심 청구를 한 후 청구에 대한 결정이 확정되기 전에 사망한 경우 재심청구절차는 재심청구인의 사망으로 당연히 종료하게 된다. ☐O ☐X

> 형사소송법이나 규칙에는 재심청구인이 재심의 청구를 한 후 청구에 대한 결정이 확정되기 전에 사망한 경우에 재심청구인의 배우자나 친족 등에 의한 재심청구인 지위의 승계를 인정하거나 형사소송법 제438조와 같이 재심청구인이 사망한 경우에도 절차를 속행할 수 있는 규정이 없으므로, 재심청구절차는 재심청구인의 사망으로 당연히 종료하게 된다(대결 2014.5.30. 2014모739).

정답 ○

006 21국7·20국7

유죄판결 확정 후에 형선고의 효력을 상실케 하는 특별사면이 있는 경우 특별사면으로 형선고의 효력이 상실된 위 유죄의 확정판결도 재심청구의 대상이 된다. ☐O ☐X

> 대판 2015.5.21. 2011도1932 전원합의체

정답 ○

007 22국9(교정직)

유죄의 확정판결에 대하여 재심개시결정이 확정되어 법원이 그 사건에 대하여 다시 심판을 한 후 재심의 판결을 선고하고 그 재심판결이 확정된 때에는 종전의 확정판결은 당연히 효력을 상실한다. ☐O ☐X

> 유죄의 확정판결에 대하여 재심개시결정이 확정되어 법원이 그 사건에 대하여 다시 심판을 한 후 재심의 판결을 선고하고 <u>그 재심판결이 확정된 때에는 종전의 확정판결은 당연히 효력을 상실한다</u>(대판 2017.9.21. 2017도4019).

정답 ○

008 21법9

유죄의 확정판결과 달리 항소 또는 상고의 기각판결은 재심의 대상이 될 수 없다. ○|×

> 재심의 대상은 유죄의 확정판결 및 그에 대한 항소·상고의 기각판결이다(제420조, 제421조). 그러므로 무죄·면소·공소기각·관할위반의 판결 등은 사실오인이 있다고 하더라도 재심의 대상이 되지 않는다.

정답 ×

009 21법9

형사소송법 제420조 제5호에서 정한 재심사유인 무죄 등을 인정할 '증거가 새로 발견된 때'라 함은 재심대상이 되는 확정판결의 소송절차에서 발견되지 못하였거나 또는 발견되었다 하더라도 제출할 수 없었던 증거로서 이를 새로 발견하였거나 비로소 제출할 수 있게 된 때를 말한다. ○|×

> 대결 2009.7.16. 2005모472 전원합의체

정답 ○

010 21법9

재심판결이 확정됨에 따라 원판결이나 그 부수처분의 법률적 효과가 상실되고 형 선고가 있었다는 기왕의 사실 자체의 효과가 소멸하는 것은 재심의 본질상 당연한 것으로서, 원판결의 효력 상실 그 자체로 인하여 피고인이 어떠한 불이익을 입는다 하더라도 이를 두고 재심에서 보호되어야 할 피고인의 법적 지위를 해치는 것이라고 볼 것은 아니다. ○|×

> 대판 2019.2.28. 2018도13382

정답 ○

011 21법9

면소판결을 대상으로 한 재심청구는 부적법하다. ○|×

> 재심의 대상은 유죄의 확정판결 및 그에 대한 항소·상고의 기각판결이다(제420조, 제421조). 그러므로 무죄·면소·공소기각·관할위반의 판결 등은 사실오인이 있다고 하더라도 재심의 대상이 되지 않는다.

정답 ○

012 22법9

수사기관이 영장주의를 배제하는 위헌적 법령에 따라 체포·구금을 한 경우 그 수사에 기초한 공소제기에 따른 유죄의 확정판결에는 재심사유가 인정된다. ○ | ×

> 수사기관이 영장주의를 배제하는 위헌적 법령에 따라 영장 없는 체포·구금을 한 경우에도 불법체포·감금의 직무범죄가 인정되는 경우에 준하는 것으로 보아 형사소송법 제420조 제7호의 재심사유가 있다고 보아야 한다(대결 2018.5.2. 2015모3243).

정답 ○

013 22법9 / 23국9 / 24국9

경합범 관계에 있는 수개의 범죄사실을 유죄로 인정하여 한 개의 형을 선고한 불가분의 확정판결에서 그 중 일부의 범죄사실에 대하여만 재심청구의 이유가 있는 것으로 인정된 경우에는 판결 전부에 대하여 재심개시의 결정을 하게 되나 재심사유가 없는 범죄사실에 대하여는 이를 다시 심리하여 유죄인정을 파기할 수 없다. ○ | ×

> 경합범 관계에 있는 수개의 범죄사실을 유죄로 인정하여 한 개의 형을 선고한 불가분의 확정판결에서 그 중 일부의 범죄사실에 대하여만 재심청구의 이유가 있는 것으로 인정된 경우에는 형식적으로는 1개의 형이 선고된 판결에 대한 것이어서 그 판결 전부에 대하여 재심개시의 결정을 할 수밖에 없지만, 비상구제수단인 재심제도의 본질상 재심사유가 없는 범죄사실에 대하여는 재심개시결정의 효력이 그 부분을 형식적으로 심판의 대상에 포함시키는데 그치므로 재심법원은 그 부분에 대하여는 이를 다시 심리하여 유죄인정을 파기할 수 없고, 다만 그 부분에 관하여 새로이 양형을 하여야 하므로 양형을 위하여 필요한 범위에 한하여만 심리를 할 수 있을 뿐이다(대판 2001.3.27. 2001도1239).

정답 ○

014 22·21법9 / 72간

제1심판결이 소송촉진 등에 관한 특례법 제23조 본문의 특례 규정에 의하여 선고된 다음 피고인이 책임질 수 없는 사유로 공판절차에 출석할 수 없었다고 하여 같은 법 제23조의2의 규정에 의한 재심이 청구되고 재심개시의 결정이 내려진 경우 처벌불원의 의사의 표시는 그 재심의 제1심판결 선고 전까지 하면 된다. ○ | ×

> 피고인이 책임을 질 수 없는 사유로 공판절차에 출석할 수 없었음을 이유로 소송촉진법 제23조의2에 따라 제1심 법원에 재심을 청구하여 재심개시결정이 내려졌다면 피해자는 재심의 제1심 판결 선고 전까지 처벌을 희망하는 의사표시를 철회할 수 있다. 그러나 피고인이 제1심 법원에 소송촉진법 제23조의2에 따른 재심을 청구하는 대신 항소권회복청구를 함으로써 항소심 재판을 받게 되었다면 항소심을 제1심이라고 할 수 없는 이상 항소심 절차에서는 처벌을 희망하는 의사표시를 철회할 수 없다(대판 2016.11.25. 2016도9470).

정답 ○

015 22법9

재심심판절차에서도 재심대상사건과 별개의 공소사실을 추가하는 내용으로 공소장을 변경할 수 있고, 재심대상사건에 일반 절차로 진행 중인 별개의 형사사건을 병합하여 심리할 수 있다. O|X

> 재심의 취지와 특성, 형사소송법의 이익재심 원칙과 재심심판절차에 관한 특칙 등에 비추어 보면, 재심심판절차에서는 특별한 사정이 없는 한 검사가 재심대상사건과 별개의 공소사실을 추가하는 내용으로 공소장을 변경하는 것은 허용되지 않고, 재심대상사건에 일반 절차로 진행 중인 별개의 형사사건을 병합하여 심리하는 것도 허용되지 않는다(대판 2019.6.20. 2018도20698 전원합의체).

정답 ×

016 23국9

재심심판절차에서는 특별한 사정이 없는 한 재심사건에 다른 사건의 공소사실을 추가하는 공소장변경을 하거나 다른 일반 사건을 병합하여 함께 심판하는 것이 허용되지 않는다. O|X

> 대판 2019.6.20. 2018도20698 전원합의체

정답 O

017 21국7

당사자가 재심청구의 이유에 관한 사실조사신청을 한 경우 법원은 이 신청에 대해서 판단을 하여야 하고, 신청을 배척하는 경우에는 당사자에게 이를 고지하여야 한다. O|X

> 재심의 청구를 받은 법원은 필요하다고 인정한 때에는 형사소송법 제431조에 의하여 직권으로 재심청구의 이유에 대한 사실조사를 할 수 있으나, 소송당사자에게 사실조사신청권이 있는 것이 아니다. 그러므로 당사자가 재심청구의 이유에 관한 사실조사신청을 한 경우에도 이는 단지 법원의 직권발동을 촉구하는 의미밖에 없는 것이므로, 법원은 이 신청에 대하여는 재판을 할 필요가 없고, 설령 법원이 이 신청을 배척하였다고 하여도 당사자에게 이를 고지할 필요가 없다(대결 2021.3.12. 2019모3554).

정답 ×

018 24승 / 21국7

'원판결의 증거된 증언이 확정판결에 의하여 허위인 것이 증명된 때'라 함은 그 증인이 위증을 하여 그 죄에 의하여 처벌되어 그 판결이 확정된 경우를 말하는 것이고, 원판결의 증거된 증언을 한 자가 그 재판 과정에서 자신의 증언과 반대되는 취지의 증언을 한 다른 증인을 위증죄로 고소하였다가 그 고소가 허위임이 밝혀져 무고죄로 유죄의 확정판결을 받은 경우는 이 재심사유에 포함되지 아니한다. O│X

> 형사소송법 제420조 제2호 소정의 '원판결의 증거된 증언이 확정판결에 의하여 허위인 것이 증명된 때'라 함은 그 증인이 위증을 하여 그 죄에 의하여 처벌되어 그 판결이 확정된 경우를 말하는 것이고(대결 1971.12.30. 70소3), 원판결의 증거된 증언을 한 자가 그 재판과정에서 자신의 증언과 반대되는 취지의 증언을 한 다른 증인을 위증죄로 고소하였다가 그 고소가 허위임이 밝혀져 무고죄로 유죄의 확정판결을 받은 경우는 위 재심사유에 포함되지 아니한다(대판 2005.4.14. 2003도1080).

정답 O

019 21국7

군사법원의 판결이 확정된 후 피고인에 대한 재판권이 더 이상 군사법원에 없게 된 경우, 군사법원의 판결에 대한 재심사건의 관할은 원판결을 한 군사법원과 같은 심급의 일반법원에 있다. O│X

> 군법회의는 군인 또는 군무원이 아닌 국민에 대하여는 헌법 제26조 제2항에 해당하는 경우가 아니면 그 재판권이 없고, 비록 군법회의법 제463조 본문에 재심의 청구는 원판결을 한 대법원 또는 군법회의가 관할한다고 규정되어 있으나, 관할은 재판권을 전제로 하는 것이므로 군법회의판결이 확정된 후 군에서 제적되어 군법회의에 재판권이 없는 경우에는 재심사건이라 할지라도 그 관할은 원판결을 한 군법회의가 아니라 같은 심급의 일반법원에 있다(대판 1985.9.24. 84도2972 전원합의체).

정답 O

020 20국7

「형사소송법」상 재심청구는 형의 집행을 정지하는 효력이 없지만, 관할법원에 대응한 검찰청 검사는 재심청구에 대한 재판이 있을 때까지 형의 집행을 정지할 수 있다. O│X

> 제428조

정답 O

021 22국9(교정직)

재심이 개시된 사건에서 범죄사실에 대하여 적용하여야 할 법령은 재심판결 당시의 법령이고, 재심대상판결 당시의 법령이 변경된 경우 법원은 그 범죄사실에 대하여 재심판결 당시의 법령을 적용하여야 한다. ○|×

> 대판 2010.12.16. 2010도5986 전원합의체

정답 ○

022 22국9(교정직)

재심개시절차에서는 「형사소송법」에서 규정하고 있는 재심사유가 있는지 여부만을 판단하여야 하고, 나아가 재심사유가 재심대상판결에 영향을 미칠 가능성이 있는가의 실체적 사유는 고려하여서는 아니 된다. ○|×

> 형사소송법상 재심절차는 재심개시절차와 재심심판절차로 구별되는 것이므로, 재심개시절차에서는 형사소송법을 규정하고 있는 재심사유가 있는지 여부만을 판단하여야 하고, 나아가 재심사유가 재심대상판결에 영향을 미칠 가능성이 있는가의 실체적 사유는 고려하여서는 아니 된다(대결 2008.4.24. 2008모77).

정답 ○

023 24승

「형사소송법」제420조 제7호 소정의 '그 공소의 기초가 된 수사에 관여한 검사나 사법경찰관이 그 직무에 관한 죄를 지은 것'에 해당하는지 여부를 판단함에 있어 사법경찰관 등이 범한 직무에 관한 죄가 사건의 실체관계에 관계된 것인지 여부나 당해 사법경찰관이 직접 피의자에 대한 조사를 담당하였는지 여부는 고려할 사정이 아니다. ○|×

> 대결 2008.4.24. 2008모77

정답 ○

024 23국7

재심청구의 대상이 된 원판결의 심리에 관여한 법관이 재심청구사건을 심판하더라도 제척 또는 기피사유에 해당하지 않는다. ○|×

> 형사소송법 제18조 제1항 제1호 및 동법 제17조 제7호의 규정에 의하여 법관이 기피 또는 제척의 원인이 되는 '법관이 사건에 관하여 전심재판 또는 그 기초되는 조사심리에 관여한 때'의 사건에 관한 전심이라 함은 불복신청을 한 당해 사건의 전심을 말하는 것으로서 재심청구사건에 있어서 재심대상이 되는 사건은 이에 해당하지 않으므로 원심재판장 판사가 재심대상판결의 제1심에 관여했다 하더라도 이 사건 재심청구사건에서 제척 또는 기피의 원인이 되는 것이 아니다(대결 1982.11.15. 82모11).

정답 ○

025 22국9(교정직)

재심에서 무죄의 선고를 한 때 무죄를 선고받은 자가 원하지 아니하는 경우에는 재심무죄판결을 공시하지 아니할 수 있다. ○|×

> 제440조 제1호

정답 ○

026 23국9(교정직)

약식명령에 대하여 정식재판 청구가 이루어지고 그 후 진행된 정식재판 절차에서 유죄판결이 선고되어 확정된 경우, 재심사유가 존재한다고 주장하는 피고인은 약식명령을 대상으로 재심을 청구하여야 한다. ○|×

> 약식명령에 대하여 정식재판 청구가 이루어지고 그 후 진행된 정식재판절차에서 유죄판결이 선고되어 확정된 경우, 재심사유가 존재한다고 주장하는 피고인 등은 효력을 잃은 약식명령이 아니라 유죄의 확정판결을 대상으로 재심을 청구하여야 한다(대판 2013.4.11. 2011도10626).

정답 ×

027 21국7

피고인이 재심을 청구한 경우 재심의 대상이 되는 판결확정 전 소송절차에서 제출할 수 있던 증거를 과실로 제출하지 못한 경우에 그 증거는 「형사소송법」 제420조 제5호의 '증거가 새로 발견된 때'에 해당하지 아니한다. ○|×

> 대결 2009.7.16. 2005모472 전원합의체

정답 ○

028 20국7

상습범으로 유죄의 확정판결을 받은 사람이 그 후 동일한 습벽에 의해 범행을 저질렀는데 유죄의 확정판결에 대하여 재심이 개시된 경우, 동일한 습벽에 의한 후행범죄가 재심대상판결에 대한 재심판결 선고 전에 저지른 범죄라 하더라도 재심판결의 기판력이 후행범죄에 미치지 않는다. ○|×

> 상습범으로 유죄의 확정판결(이하 앞서 저질러 재심의 대상이 된 범죄를 '선행범죄'라 한다)을 받은 사람이 그 후 동일한 습벽에 의해 범행을 저질렀는데(이하 뒤에 저지른 범죄를 '후행범죄'라 한다) 유죄의 확정판결에 대하여 재심이 개시된 경우, 동일한 습벽에 의한 후행범죄가 재심대상판결에 대한 재심판결 선고 전에 저질러진 범죄라 하더라도 재심판결의 기판력이 후행범죄에 미치지 않는다(대판 2019.6.20. 2018도20698 전원합의체).

정답 ○

029 22국7

재심판결이 확정됨에 따라 원판결이나 그 부수처분의 법률적 효과가 상실되고 형 선고가 있었다는 기왕의 사실 자체의 효과가 소멸하는 것은 재심의 본질상 당연한 것으로서, 원판결의 효력 상실 그 자체로 인하여 피고인이 어떠한 불이익을 입는다 하더라도 이를 두고 재심에서 보호되어야 할 피고인의 법적 지위를 해치는 것이라고 볼 것은 아니다. ○│×

> 재심심판절차는 원판결의 당부를 심사하는 종전 소송절차의 후속 절차가 아니라 사건 자체를 처음부터 다시 심판하는 완전히 새로운 소송절차로서 재심판결이 확정되면 원판결은 당연히 효력을 잃는다. 이는 확정된 판결에 중대한 하자가 있는 경우 구체적 정의를 실현하기 위하여 그 판결의 확정력으로 유지되는 법적 안정성을 후퇴시키고 사건 자체를 다시 심판하는 재심의 본질에서 비롯된 것이다. 그러므로 재심판결이 확정됨에 따라 원판결이나 그 부수처분의 법률적 효과가 상실되고 형 선고가 있었다는 기왕의 사실 자체의 효과가 소멸하는 것은 재심의 본질상 당연한 것으로서, 원판결의 효력 상실 그 자체로 인하여 피고인이 어떠한 불이익을 입는다 하더라도 이를 두고 재심에서 보호되어야 할 피고인의 법적 지위를 해치는 것이라고 볼 것은 아니다(대판 2019.2.28. 2018도13382).

정답 ○

030 23국9

특별사면으로 형 선고의 효력이 상실된 유죄확정판결에 대하여 재심개시결정이 확정된 경우, 재심심판절차에서는 그 심급에 따라 다시 심판하여 특별사면을 이유로 면소판결을 하여야 한다. ○│×

> 대판 2015.10.29. 2012도2938

정답 ×

제2절 ┃ 비상상고

001 22국7

비상상고 제도는 법령 해석·적용의 통일성을 도모하려는 제도로서, 상급심의 파기판결에 의해 효력을 상실한 재판도 「형사소송법」 제441조에 따른 비상상고의 대상이 될 수 있다. ○│×

> 형사소송법 제441조는 "검찰총장은 판결이 확정한 후 그 사건의 심판이 법령에 위반한 것을 발견한 때에는 대법원에 비상상고를 할 수 있다."라고 규정하고 있다. 상급심의 파기판결에 의해 효력을 상실한 재판의 법령위반 여부를 다시 심사하는 것은 무익할 뿐만 아니라, 법령의 해석·적용의 통일을 도모하려는 비상상고 제도의 주된 목적과도 부합하지 않는다. 따라서 상급심의 파기판결에 의해 효력을 상실한 재판은 위 조항에 따른 비상상고의 대상이 될 수 없다(대판 2021.3.11. 2019오1).

정답 ×

002 23국9(교정직)

공소시효가 완성된 사실을 간과한 채 피고인에 대하여 약식명령을 발령하여 확정된 경우는 판결에 관한 법령의 위반에 해당하므로 비상상고의 대상이 된다. ○|×

> 공소시효가 완성된 사실을 간과한 채 피고인에 대하여 약식명령을 발령한 원판결은 법령을 위반한 잘못이 있고 또한 피고인에게 불이익하다고 한 바, 제446조 제1호 단서에 따라 원판결을 파기하고 피고사건에 대하여 다시 판결을 하기로 한다(대판 2006.10.13. 2006오2).

정답 ○

제3장 특별절차

제1절 | 약식절차

001 21승

검사는 약식명령의 청구와 동시에 약식명령을 하는데 필요한 증거서류 및 증거물을 법원에 제출하여야 하고, 약식명령은 그 청구가 있은 날로부터 14일내에 이를 하여야 한다. ⓞⓧ

규칙 제170조, 제171조

정답 ○

002 24·21승

약식명령에 대한 정식재판의 청구는 제1심판결이 확정되기 전까지 취하할 수 있다. ⓞⓧ

정식재판의 청구권자는 <u>제1심 판결의 선고 전까지는 정식재판청구를 취하할 수 있다</u>(제454조).

정답 ×

003 23승

검사 또는 피고인은 약식명령의 고지를 받은 날로부터 7일 이내에 정식재판의 청구를 할 수 있다. 단, 피고인은 정식재판의 청구를 포기할 수 없다. ⓞⓧ

제453조 제1항

정답 ○

004 21법9 / 71간 / 22국9

피고인이 정식재판을 청구한 사건에 대하여는 약식명령의 형보다 중한 종류의 형을 선고하지 못하고, 약식명령의 형보다 중한 형을 선고하는 경우에는 판결서에 양형의 이유를 적어야 한다. ⓞⓧ

제457조의2

정답 ○

005 24법9

약식명령 청구의 대상은 지방법원의 관할에 속하는 벌금, 과료, 몰수에 처할 수 있는 사건이다. ☐○|×☐

> 제448조

정답 ○

006 21법9 / 21경2

지방법원은 그 관할에 속한 사건에 대하여 검사의 청구가 있는 때에는 공판절차 없이 약식명령으로 피고인을 벌금, 과료 또는 몰수에 처할 수 있으나, 이 경우 추징 기타 부수의 처분을 할 수 없다. ☐○|×☐

> 지방법원은 그 관할에 속한 사건에 대하여 검사의 청구가 있는 때에는 <u>공판절차 없이</u> 약식명령으로 피고인을 벌금, 과료 또는 몰수에 처할 수 있다(제448조 제1항). 전항의 경우에는 <u>추징 기타 부수의 처분을 할 수 있다</u>(제448조 제2항).

정답 ×

007 21법9

약식절차에서는 공소장 변경이 허용되지 아니하므로, 포괄일죄에 해당하는 각각 따로 청구된 약식명령의 범죄사실이 포괄일죄의 관계에 있다고 하더라도, 나중에 제기된 약식명령 청구에 전후로 기소된 각 범죄사실 전부를 포괄일죄로 처벌하여 줄 것을 신청하는 공소장 변경의 취지가 포함되어 있다고 볼 수 없다. ☐○|×☐

> 공소장 변경은 공판심리절차에서만 허용되므로 <u>약식절차에서는 공소장 변경이 허용되지 아니한다</u>. 따라서 약식명령을 청구한 후 검사가 공소장 변경을 신청하는 경우에는 공판절차에 의하여 심리를 하여야 한다(형사소송실무제요).

정답 ○

008 21법9

정식재판의 청구는 항소심 판결선고 전까지 취하할 수 있다. ☐○|×☐

> 정식재판의 청구권자는 <u>제1심판결의 선고 전까지는 정식재판청구를 취하할 수 있다</u>(제454조).

정답 ×

009 23승

약식명령에 불복하여 정식재판을 청구하는 경우 제1심 판결 선고 전까지 정식재판청구를 취하할 수 있으며 정식재판을 취하한 자는 그 사건에 대하여 다시 정식재판을 청구하지 못한다. ☐O|X☐

> 정식재판의 청구는 제1심판결선고 전까지 취하할 수 있고(제454조), 상소포기 후 재상소 금지를 규정한 제354조는 약식절차에도 준용된다.

정답 O

010 21승

약식명령청구의 대상이 되려면 법정형에 벌금, 과료, 몰수가 선택적으로 규정되어 있으면 족하고, 여기에 해당하는 이상 지방법원 합의부의 사물관할에 속하더라도 약식명령을 청구할 수 있다. ☐O|X☐

> 약식명령을 청구할 수 있는 사건은 <u>지방법원관할사건으로서 벌금·과료·몰수에 처할 수 있는 사건으로</u>(제448조 제1항) 벌금·과료·몰수가 단독 또는 선택형으로 규정되어 있어야 하는데 <u>법정형이 아니라 선고형을 기준</u>으로 한다. 또한 지방법원의 관할에 속하는 사건이면 <u>단독판사의 관할이냐 합의부 관할이냐를 불문</u>한다.

정답 O

011 71간 / 23승

확정된 약식명령은 유죄의 확정판결과 동일한 효력이 있으므로, 기판력과 집행력이 발생할 뿐만 아니라, 재심과 비상상고의 대상이 된다. ☐O|X☐

> 약식명령은 정식재판의 청구기간이 경과하거나 그 청구의 취하 또는 청구기각의 결정이 확정한 때에는 <u>확정판결과 동일한 효력</u>이 있다(제457조). 따라서 확정된 약식명령은 <u>기판력과 집행력이 발생</u>하며, 재심 또는 비상상고의 대상이 될 수 있다.

정답 O

012 23승

위법수집증거배제법칙과 자백배제법칙은 물론 「형사소송법」 제312조 제3항 및 제313조를 제외한 「형사소송법」상 전문증거에 대한 규정도 약식절차에 모두 적용된다. ☐O|X☐

> 위법수집증거배제법칙, 자백배제법칙과 자백보강법칙은 약식절차에 적용된다. 다만 <u>전문법칙은 약식절차에 적용되지 않는다</u>.

정답 ×

013 24법9 / 21경2 / 71간 / 24·21승

약식명령은 그 재판서를 피고인에게 송달함으로써 효력이 발생하고, 변호인이 있는 경우라도 반드시 변호인에게 약식명령 등본을 송달해야 하는 것은 아니므로 정식재판 청구기간은 피고인에 대한 약식명령 고지일을 기준으로 하여 기산하여야 한다. ☐ O ☐ X

> 형사소송법 제452조에서 약식명령의 고지는 검사와 피고인에 대한 재판서의 송달에 의하도록 규정하고 있으므로, 약식명령은 <u>그 재판서를 피고인에게 송달함으로써 효력이 발생하고, 변호인이 있는 경우라도 반드시 변호인에게 약식명령 등본을 송달해야 하는 것은 아니다.</u> 따라서 정식재판 청구기간은 <u>피고인에 대한 약식명령 고지일을 기준으로 하여 기산하여야 한다</u>(대결 2017.7.27. 2017모1557).

정답 O

014 71간

법정형에 벌금 과료 몰수의 형이 선택적으로 규정되어 있으면, 지방법원합의부의 관할에 속하는 사건이더라도 약식명령청구의 대상이 될 수 있다. ☐ O ☐ X

> 약식명령을 청구할 수 있는 사건은 <u>지방법원관할사건으로서 벌금·과료·몰수에 처할 수 있는 사건</u>이다(제448조 제1항). <u>법정형이 아니라 선고형을 기준으로 하므로</u> 법정형에 벌금 과료 몰수의 형이 선택적으로 규정되어 있으면, 지방법원합의부의 관할에 속하는 사건이더라도 약식명령청구의 대상이 될 수 있다.

정답 O

015 71간

피고인에 대하여 약식명령이 확정된 절도죄와 그 약식명령의 확정일 이전에 피고인이 범한 사기죄는 형법 제37조 후단의 경합범 관계에 있다. ☐ O ☐ X

> 형법 제37조 후단의 사후적 경합범이 되기 위해서는 '<u>금고 이상의 형에 처한 판결</u>'이 확정된 죄와 그 확정 전에 범한 죄의 관계가 있어야 하는바 <u>약식명령이 확정된 절도죄는 '금고 이상의 형에 처한 판결'이 확정된 경우에 해당할 수 없어</u> 그 약식명령의 확정일 이전에 피고인이 범한 사기죄와는 형법 제37조 후단의 경합범 관계에 있을 수 없다.

정답 ×

016 21경2

검사가 약식명령을 청구함에 있어서는 공소장부본을 첨부할 것을 요하지 아니하나, 법원이 약식명령청구사건을 공판절차에 의하여 심판하기로 하고 그 취지를 검사에게 통지한 때에는 5일 이내에 피고인 수에 상응한 공소장부본을 법원에 제출하여야 한다. O|X

> 약식명령의 청구는 검사가 공소제기와 동시에 서면으로 하여야 한다(제449조). 법원이 약식명령청구사건을 공판절차에 의하여 심판하기로 결정한 경우에는 즉시 그 취지를 검사에게 통지하여야 한다(규칙 제172조 제1항). 통지를 받은 검사는 5일 이내에 피고인수에 상응한 공소장 부본을 법원에 제출하여야 한다(규칙 동조 제2항). 법원은 이 공소장부본을 지체 없이 피고인 또는 변호인에게 송달하여야 한다(규칙 동조 제3항).

정답 ○

017 23법9

형사소송법은 상소할 수 있는 자는 자기 또는 대리인이 책임질 수 없는 사유로 상소 제기기간 내에 상소를 하지 못한 경우에는 상소권회복의 청구를 할 수 있도록 정하고 있으나, 약식명령에 대하여 정식재판을 청구하는 경우에는 정식재판회복의 청구를 할 수 있는 규정을 두고 있지 않다. O|X

> 제340조 내지 제342조, 제345조 내지 제352조(상소권 회복), 제354조의 규정은 정식재판의 청구 또는 그 취하에 준용한다(제458조 제1항).

정답 ×

018 23법9

약식명령에 대한 정식재판청구서에 청구인의 기명날인 또는 서명이 없다면 형사소송법 제59조(비공무원의 서류)를 위반한 것으로서 그 청구를 결정으로 기각하여야 한다. 그러나 정식재판의 청구를 접수하는 법원공무원이 청구인의 기명날인이나 서명이 없음에도 불구하고 이에 대한 보정을 구하지 아니하고 적법한 청구가 있는 것으로 오인하여 청구서를 접수한 경우에는 청구인의 귀책사유로 볼 수 없으므로 그 청구를 결정으로 기각할 수 없다. O|X

> 약식명령에 대한 정식재판의 청구는 서면으로 제출하여야 하고(제453조 제2항), 공무원 아닌 자가 작성하는 서류에는 연월일을 기재하고 기명날인(인장이 없으면 지장을 사용)하여야 하는 것이므로(동법 제59조), 정식재판청구서에 청구인의 기명날인이 없는 경우에는 정식재판의 청구가 법령상의 방식을 위반한 것으로서 그 청구를 결정으로 기각하여야 하고, 이는 정식재판의 청구를 접수하는 법원공무원이 청구인의 기명날인이 없음에도 불구하고, 이에 대한 보정을 구하지 아니하고 적법한 청구가 있는 것으로 오인하여 청구서를 접수한 경우에도 마찬가지이다. 다만, 법원공무원의 위와 같은 잘못으로 인하여 적법한 정식재판청구가 제기된 것으로 신뢰한 채 정식재판청구기간을 넘긴 피고인은 자기의 '책임질 수 없는 사유'에 의하여 청구기간 내에 정식재판을 청구하지 못한 때에 해당하여 정식재판청구권의 회복을 구할 수 있을 뿐이다(대결 2008.7.11. 2008모605).

정답 ×

019 21경2

피고인이 절도죄 등으로 벌금 300만 원의 약식명령을 발령받은 후 정식재판을 청구하였는데, 제1심법원이 정식재판청구 사건을 통상절차에 의해 공소가 제기된 다른 점유이탈물횡령 등 사건들과 병합한 후 각 죄에 대해 모두 징역형을 선택한 다음 경합범으로 처단하여 징역 1년 2월을 선고하는 것은 형종상향금지의 원칙을 위반하는 것이라고 할 수 없다. ☐O☐X

> 피고인이 절도죄 등으로 벌금 300만 원의 약식명령을 발령받은 후 이에 대해 정식재판을 청구하자, 제1심 법원이 위 정식재판청구 사건을 통상절차에 의해 공소가 제기된 다른 점유이탈물횡령 등 사건들과 병합한 후 각 죄에 대해 모두 징역형을 선택한 다음 경합범 가중하여 피고인에게 징역 1년 2월을 선고하였다면, 제1심판결에는 형사소송법 제457조의2 제1항에서 정한 형종 상향 금지의 원칙을 위반한 잘못이 있다(대판 2020.1.9. 2019도15700).

정답 ×

020 21국7

법원은 약식명령으로 추징을 할 수 없다. ☐O☐X

> 약식명령을 하는 경우에는 추징 기타의 부수처분을 할 수 있다. 이 부수처분에는 압수물의 처분, 추징 및 벌금에 대한 가납명령도 포함한다.

정답 ×

021 21국7

약식명령은 법원의 명령에 해당하므로 이에 대한 불복은 이의신청과 준항고에 의한다. ☐O☐X

> 약식명령에 대하여 불복이 있는 자는 법원에 대하여 정식재판을 청구할 수 있다(제453조).

정답 ×

022 21국7

법원사무관등은 약식명령청구가 있는 사건을 「형사소송법」 제450조의 규정에 따라 공판절차에 의하여 심판하기로 한 때에는 즉시 그 취지를 검사, 피고인, 변호인에게 통지하여야 한다. ☐O☐X

> 법원이 약식명령청구사건을 공판절차에 의하여 심판하기로 결정한 경우에는 즉시 그 취지를 검사에게 통지하여야 한다(규칙 제172조 제1항).

정답 ×

023 21국7

즉결심판의 경우와 달리 약식명령에 의하여는 무죄, 면소, 공소기각을 할 수 없다. ○|×

> 판사는 사건이 무죄·면소 또는 공소기각을 함이 명백하다고 인정할 때에는 이를 선고·고지할 수 있다(즉결심판에 관한 절차법 제11조 제5항). 그러나 약식명령으로 과할 수 있는 형은 벌금·과료·몰수에 한한다. 따라서 약식명령에 의하여 무죄·면소·공소기각·관할위반의 재판을 할 수 없다.

정답 ○

024 22국7

약식명령에 대하여 정식재판청구가 제기되었음에도 법원이 증거서류 및 증거물을 검사에게 반환하지 않고 보관하고 있다면, 공소장일본주의에 반하여 위법한 공소제기가 된다. ○|×

> 검사가 약식명령을 청구하는 때에는 약식명령의 청구와 동시에 약식명령을 하는 데 필요한 증거서류 및 증거물을 법원에 제출하여야 하는바(규칙 제170조), 이는 약식절차가 서면심리에 의한 재판이어서 공소장일본주의의 예외를 인정한 것이므로 약식명령의 청구와 동시에 증거서류 및 증거물이 법원에 제출되었다 하여 공소장일본주의를 위반하였다 할 수 없고, 그 후 약식명령에 대한 정식재판청구가 제기되었음에도 법원이 증거서류 및 증거물을 검사에게 반환하지 않고 보관하고 있다고 하여 그 이전에 이미 적법하게 제기된 공소제기의 절차가 위법하게 된다고 할 수도 없다(대판 2007.7.26. 2007도3906).

정답 ×

025 22국7

「형사소송법」 제457조의2 제1항에서 정한 형종 상향의 금지 원칙은 피고인만이 정식재판을 청구한 사건과 다른 사건이 병합·심리된 다음 경합범으로 처단되는 경우에도 정식재판을 청구한 사건에 대하여는 그대로 적용된다. ○|×

> 형사소송법 제457조의2 제1항은 "피고인이 정식재판을 청구한 사건에 대하여는 약식명령의 형보다 중한 종류의 형을 선고하지 못한다."라고 규정하여, 정식재판청구 사건에서의 형종 상향 금지의 원칙을 정하고 있다. 위 형종 상향 금지의 원칙은 피고인이 정식재판을 청구한 사건과 다른 사건이 병합·심리된 후 경합범으로 처단되는 경우에도 정식재판을 청구한 사건에 대하여 그대로 적용된다(대판 2020.3.26. 2020도355).

정답 ○

026 24법9 / 22국7

포괄일죄의 관계에 있는 범행 일부에 관하여 약식명령이 확정된 경우, 약식명령의 발령 시를 기준으로 하여 그 전의 범행에 대하여는 면소의 판결을 하여야 하고, 그 이후의 범행에 대하여서만 한 개의 범죄로 처벌하여야 한다. ⃝|✕

> 포괄일죄의 관계에 있는 범행일부에 관하여 약식명령이 확정된 경우, <u>약식명령의 발령시를 기준으로 하여 그 전의 범행에 대하여는 면소의 판결을 하여야 하고, 그 이후의 범행에 대하여서만 일개의 범죄로 처벌하여야 한다</u>(대판 1994.8.9. 94도1318).

정답 ⃝

027 22국7

약식명령 청구사건을 공판절차에 의하여 심판할 경우, 공소장 부본을 피고인에게 송달하지 않았다 하더라도 검사와 피고인이 공판기일에 출석하여 피고인을 신문하고 피고인도 이에 대하여 이의를 제기함이 없이 신문에 응하고 변론을 하였다면 이러한 하자는 모두 치유된다. ⃝|✕

> 법원은 공소장부본이 제출되면 제1회 공판기일 전 5일까지 이를 피고인에게 송달하여야 하도록 규정하고 있고(위 규칙 제172조 제3항), 이 사건의 경우 <u>기록상 공소장 부본을 피고인에게 송달하였음을 인정할 자료가 없으나, 검사와 피고인이 공판기일에 출석하여 피고인을 신문하고 피고인도 이에 대하여 이의를 제기하지 아니하고 신문에 응하고 변론을 한 이상 이러한 하자는 모두 치유되었다고 할 것이다</u>(대판 2003.11.14. 2003도2735).

정답 ⃝

제2절 ▎즉결심판절차

001 22승 / 22국9

즉결심판이 확정된 때에는 확정판결과 동일한 효력이 있고, 즉결심판은 정식재판의 청구기간의 경과, 정식재판청구권의 포기 또는 그 청구의 취하에 의하여 확정되며 정식재판청구를 기각하는 재판이 확정된 때에도 같다. ⃝|✕

> 즉결심판에 관한 절차법 제16조 제1항

정답 ⃝

002 21경2 / 22국7

법원이 경찰서장의 즉결심판 청구를 기각하여 경찰서장이 사건을 관할 지방검찰청으로 송치하였으나 검사가 이를 즉결심판에 대한 피고인의 정식재판청구가 있은 사건으로 오인하여 그 사건기록을 법원에 송부하였다면 적법한 공소제기가 있다고 볼 수 없다. O|X

> 법원이 경찰서장의 즉결심판 청구를 기각하여 경찰서장이 사건을 관할 지방검찰청으로 송치하였으나 검사가 이를 즉결심판에 대한 피고인의 정식재판청구가 있은 사건으로 오인하여 그 사건기록을 법원에 송부한 경우, 공소제기의 본질적 요소라고 할 수 있는 검사에 의한 공소장의 제출이 없는 이상 기록을 법원에 송부한 사실만으로 공소제기가 성립되었다고 볼 수 없다(대판 2003.11.14. 2003도2735).

정답 O

003 22국7

피고인이 즉결심판에 대하여 제출한 정식재판청구서에 피고인의 자필로 보이는 이름이 기재되어 있고 그 옆에 서명이 되어 있어 위 서류가 작성자 본인인 피고인의 진정한 의사에 따라 작성되었다는 것을 명백하게 확인할 수 있다면, 피고인의 인장이나 지장이 찍혀 있지 않다고 하더라도 해당 정식재판청구는 적법하다고 보아야 한다. O|X

> 구 형사소송법 제59조에서 정한 기명날인의 의미, 이 규정이 개정되어 기명날인 외에 서명도 허용한 경위와 취지 등을 종합하면, 피고인이 즉결심판에 대하여 제출한 정식재판청구서에 피고인의 자필로 보이는 이름이 기재되어 있고 그 옆에 서명이 되어 있어 위 서류가 작성자 본인인 피고인의 진정한 의사에 따라 작성되었다는 것을 명백하게 확인할 수 있으며 형사소송절차의 명확성과 안정성을 저해할 우려가 없으므로, 정식재판청구는 적법하다고 보아야 한다. 피고인의 인장이나 지장이 찍혀 있지 않다고 해서 이와 달리 볼 것이 아니다(대결 2019.11.29. 2017모3458).

정답 O

004 21경2

피고인이 경범죄처벌법위반으로 즉결심판에 회부되었다가 정식재판을 청구한 경우, 정식재판 청구로 제1회 공판기일 전에 사건기록 및 증거물이 관할 법원에 송부된다고 하여 그 이전에 이미 적법하게 제기된 경찰서장의 즉결심판청구의 절차가 위법하게 된다고 볼 수 없다. O|X

> [1] 즉결심판에 관한 절차법이 즉결심판의 청구와 동시에 판사에게 증거서류 및 증거물을 제출하도록 한 것은 즉결심판이 범증이 명백하고 죄질이 경미한 범죄사건을 신속·적정하게 심판하기 위한 입법적 고려에서 공소장일본주의가 배제되도록 한 것이라고 보아야 한다.
> [2] 피고인이 택시 요금을 지불하지 않아 경범죄처벌법 위반으로 즉결심판에 회부되었다가 정식재판을 청구한 사안에서, 위 정식재판청구로 제1회 공판기일 전에 사건기록 및 증거물이 경찰서장, 관할 지방검찰청 또는 지청의 장을 거쳐 관할 법원에 송부된다고 하여 그 이전에 이미 적법하게 제기된 경찰서장의 즉결심판청구의 절차가 위법하게 된다고 볼 수 없고, 그 과정에서 정식재판이 청구된 이후에 작성된 피해자에 대한 진술조서 등이 사건기록에 편철되어 송부되었더라도 달리 볼 것은 아니라는 이유로, 같은 취지의 원심판결을 정당하다고 한 사례(대판 2011.1.27. 2008도7375).

정답 O

005 21경2

경범죄처벌법위반죄의 범죄사실과 폭력행위등처벌에관한법률위반죄의 공소사실이 모두 범행장소가 동일하고 범행일시도 같으며 모두 피해자와의 시비에서 발단한 일련의 행위인 경우, 양 사실은 그 기본적 사실관계가 동일하므로 이미 확정된 경범죄처벌법위반죄에 대한 즉결심판의 기판력은 폭력행위등처벌에관한법률위반죄의 공소사실에도 미친다. ☐O☐X

> 경범죄처벌법위반죄의 범죄사실인 음주소란과 폭력행위등처벌에관한법률위반죄의 공소사실은 범행장소가 동일하고 범행일시도 같으며 모두 피고인과 피해자의 시비에서 발단한 일련의 행위들임이 분명하므로, 양 사실은 그 기본적 사실관계가 동일한 것이어서 이미 확정된 경범죄처벌법위반죄에 대한 즉결심판의 기판력이 폭력행위등처벌에관한법률위반죄의 공소사실에도 미친다고 보아 면소의 판결을 선고한 원심판결을 수긍한 사례(대판 1996.6.28. 95도1270).

정답 O

006 21승

즉결심판은 관할경찰서장이 관할법원에 이를 청구한다. ☐O☐X

> 즉결심판은 관할경찰서장 또는 관할해양경찰서장이 청구권자이다(즉결심판에 관한 절차법 제3조 제1항). 이는 검사의 기소독점주의의 예외에 해당한다.

정답 O

007 21승

즉결심판청구서에는 피고인의 성명 기타 피고인을 특정할 수 있는 사항, 죄명, 범죄사실과 적용법조를 기재하여야 한다. ☐O☐X

> 즉결심판을 청구함에는 즉결심판청구서를 제출하여야 하며, 즉결심판청구서에는 피고인의 성명 기타 피고인을 특정할 수 있는 사항, 죄명, 범죄사실과 적용법조를 기재하여야 한다(즉결심판에 관한 절차법 제3조 제2항).

정답 O

008 21승

즉결심판의 판결이 확정된 때에는 지체없이 즉결심판서 및 관계서류와 증거를 관할 지방검찰청의 장에게 송치해야 한다. ☐O☐X

> 즉결심판의 판결이 확정된 때에는 즉결심판서 및 관계서류와 증거는 관할경찰서 또는 지방해양경찰관서가 이를 보존한다(즉결심판에 관한 절차법 제13조).

정답 ×

009 21승

즉결심판에 있어서는 자백배제법칙은 적용되나 자백보강법칙은 적용되지 아니한다. ○│×

> 즉결심판절차에 있어서는 형사소송법 제310조(자백의 보강법칙)와 제312조 제3항(사법경찰관작성 피의자신문조서의 증거능력) 및 제313조(진술서의 증거능력)의 규정은 적용되지 아니한다(동법 제10조). 그러나 자백배제법칙과 위법수집증거배제법칙은 즉결심판절차에서도 적용된다.

정답 ○

010 23승

벌금 또는 구류를 선고하는 경우에는 피고인이 출석하지 아니하더라도 심판할 수 있다. ○│×

> 벌금 또는 과료를 선고하는 경우에는 피고인이 출석하지 아니하더라도 심판할 수 있다(즉결심판에 관한 절차법 제8조의2 제1항).

정답 ×

011 22승

즉결심판을 청구할 때에는 사전에 피고인에게 즉결심판의 절차를 이해하는 데 필요한 사항을 서면 또는 구두로 알려주어야 한다. ○│×

> 즉결심판에 관한 절차법 제3조 제3항

정답 ○

012 22승

벌금 또는 과료를 선고하는 경우에는 피고인이 출석하지 아니 하더라도 심판할 수 있다. ○│×

> 즉결심판에 관한 절차법 제8조의2 제1항

정답 ○

013 22승

지방법원, 지원 또는 시·군법원의 판사는 정식재판청구서를 받은 날부터 7일 이내에 경찰서장에게 정식재판청구서를 첨부한 사건기록과 증거물을 송부하고, 경찰서장은 지체 없이 관할지방 검찰청 또는 지청의 장에게 이를 송부하여야 하며, 그 검찰청 또는 지청의 장은 지체 없이 관할법원에 이를 송부하여야 한다. ○│×

> 즉결심판에 관한 절차법 제14조 제3항

정답 ○

014 71간 / 22승

경찰서장이 범칙행위에 대하여 통고처분을 한 이상, 통고처분에서 정한 범칙금 납부기간까지는 원칙적으로 즉결심판을 청구할 수 없고, 검사도 동일한 범칙행위에 대하여 공소를 제기할 수 없다. ☐○☐×

> 경범죄 처벌법상 범칙금제도는 범칙행위에 대하여 형사절차에 앞서 경찰서장의 통고처분에 따라 범칙금을 납부할 경우 이를 납부하는 사람에 대하여는 기소를 하지 않는 처벌의 특례를 마련해 둔 것으로 법원의 재판절차와는 제도적 취지와 법적 성질에서 차이가 있다. 또한 범칙자가 통고처분을 불이행하였더라도 기소독점주의의 예외를 인정하여 경찰서장의 즉결심판 청구를 통하여 공판절차를 거치지 않고 사건을 간이하고 신속·적정하게 처리함으로써 소송경제를 도모하되, 즉결심판 선고 전까지 범칙금을 납부하면 형사처벌을 면할 수 있도록 함으로써 범칙자에 대하여 형사소추와 형사처벌을 면제받을 기회를 부여하고 있다. 따라서 경찰서장이 범칙행위에 대하여 통고처분을 한 이상, 범칙자의 위와 같은 절차적 지위를 보장하기 위하여 통고처분에서 정한 범칙금 납부기간까지는 원칙적으로 경찰서장은 즉결심판을 청구할 수 없고, 검사도 동일한 범칙행위에 대하여 공소를 제기할 수 없다고 보아야 한다. 나아가 특별한 사정이 없는 이상 경찰서장은 범칙행위에 대한 형사소추를 위하여 이미 한 통고처분을 임의로 취소할 수 없다(대판 2020.4.29. 2017도13409 ; 대판 2021.4.1. 2020도15194).

정답 ○

015 71간

특별한 사정이 없는 이상 경찰서장은 범칙행위에 대한 형사 소추를 위하여 이미 한 통고처분을 임의로 취소할 수 없다. ☐○☐×

> 경찰서장이 범칙행위에 대하여 통고처분을 한 이상, 범칙자의 위와 같은 절차적 지위를 보장하기 위하여 통고처분에서 정한 범칙금 납부기간까지는 원칙적으로 경찰서장은 즉결심판을 청구할 수 없고, 검사도 동일한 범칙행위에 대하여 공소를 제기할 수 없다고 보아야 한다. 나아가 특별한 사정이 없는 이상 경찰서장은 범칙행위에 대한 형사소추를 위하여 이미 한 통고처분을 임의로 취소할 수 없다(대판 2020.4.29. 2017도13409 ; 대판 2021.4.1. 2020도15194).

정답 ○

016 71간

판사는 구류의 선고를 받은 피고인이 도망할 염려가 있을 때에는 7일을 초과하지 아니하는 기간 경찰서유치장에 유치할 것을 명령할 수 있지만, 이 기간은 선고기간을 초과할 수 없다. ☐○☐×

> 판사는 구류의 선고를 받은 피고인이 일정한 주소가 없거나 또는 도망할 염려가 있을 때에는 5일을 초과하지 아니하는 기간 경찰서유치장(지방해양경찰관서의 유치장을 포함한다. 이하 같다)에 유치할 것을 명령할 수 있다. 다만, 이 기간은 선고기간을 초과할 수 없다(즉결심판에 관한 절차법 제17조 제1항).

정답 ×

017 71간

즉결심판의 청구와 동시에 판사에게 증거서류 및 증거물을 제출하도록 한 것은 즉결심판이 범증이 명백하고 죄질이 경미한 범죄사건을 신속·적정하게 심판하기 위한 입법적 고려에서 공소장일본주의가 배제되도록 한 것이라고 보아야 한다. ☐O☐X

> 즉결심판에 관한 절차법이 즉결심판의 청구와 동시에 판사에게 증거서류 및 증거물을 제출하도록 한 것은 <u>즉결심판이 범증이 명백하고 죄질이 경미한 범죄사건을 신속·적정하게 심판하기 위한 입법적 고려에서 공소장일본주의가 배제되도록 한 것</u>이라고 보아야 한다(대판 2011.1.27. 2008도7375).

정답 ○

018 24승

즉결심판절차에서는 공소장일본주의가 적용된다. ☐O☐X

> 대판 2011.1.27. 2008도7375

정답 ×

019 21경2

피고인이 정식재판을 청구한 즉결심판 사건에 대하여 검사가 법원에 사건기록과 증거물을 그대로 송부하지 아니하고 즉결심판이 청구된 위반 내용과 동일성 있는 범죄사실에 대하여 약식명령을 청구하였다면, 이는 공소제기 절차가 법률의 규정에 위반하여 무효인 때 또는 공소가 제기된 사건에 대하여 다시 공소가 제기되었을 때에 해당한다. ☐O☐X

> [1] 즉결심판에 관한 절차법 제14조 제1항, 제3항, 제4항 및 형사소송법 제455조 제3항에 의하면, <u>경찰서장의 청구에 의해 즉결심판을 받은 피고인으로부터 적법한 정식재판의 청구가 있는 경우 경찰서장의 즉결심판청구는 공소제기와 동일한 소송행위이므로 공판절차에 의하여 심판하여야</u> 한다.
> [2] 즉결심판에 대하여 피고인의 정식재판 청구가 있는 경우 경찰서는 검찰청으로, 검찰청은 법원으로 정식재판청구서를 첨부한 사건기록과증거물을 그대로 송부하여야 하고 <u>검사의 별도의 공소제기는 필요하지 아니한데도 검사가 정식재판을 청구한 즉결심판사건에 대하여 법원에 사건기록과 증거물을 그대로 송부하지 아니하고 즉결심판이 청구된 위반 내용과 동일성 있는 범죄사실에 대하여 약식명령을 청구하였다면 이러한 공소제기 절차는 법률의 규정에 위반하여 무효인 때에 해당하거나 공소가 제기된 사건에 대하여 다시 공소가 제기되었을 때에 해당하므로 공소기각판결을 하여야</u> 한다(대판 2017.10.12. 2017도10368).

정답 ○

020 22국7

경찰서장의 청구에 의해 즉결심판을 받은 피고인으로부터 적법한 정식재판의 청구가 있는 경우 경찰서장의 즉결심판청구는 공소제기와 동일한 소송행위이므로 별도의 공소제기 없이 공판절차에 의하여 심판하여야 한다. ☐O☐X

> 대판 2012.3.29. 2011도8503

정답 ○

021 22국7

즉결심판을 받은 피고인이 정식재판청구를 함으로써 공판절차가 개시된 경우에는 통상의 공판절차와 마찬가지로 국선변호인의 선정에 관한 「형사소송법」 제283조의 규정이 적용된다. ○|×

> 대판 1997.2.14. 96도3059

정답 ○

022 22국7

법원은 즉결심판절차에 의하여 심판하는 경우에도 양형기준을 벗어난 판결을 할 때에는 당해 양형을 하게 된 사유를 합리적이고 설득력 있게 표현하는 방식으로 이유를 기재하여야 한다. ○|×

> 법원이 양형기준을 벗어난 판결을 하는 경우에는 판결서에 양형의 이유를 적어야 한다. 다만, 약식절차 또는 즉결심판절차에 따라 심판하는 경우에는 그러하지 아니하다(법원조직법 제81조의7 제2항).

정답 ×

023 22국9

즉결심판의 대상은 20만 원 이하의 벌금, 구류 또는 과료에 처할 사건이다. ○|×

> 즉결심판에 관한 절차법 제2조

정답 ○

024 22국9

즉결심판에 있어서 피고인의 출석은 개정 요건이므로 벌금 또는 과료를 선고하는 경우에 피고인이 출석하지 아니한 때에는 피고인의 진술을 듣지 아니하고 형을 선고할 수 없다. ○|×

> 피고인이 기일에 출석하지 아니한 때에는 이 법 또는 다른 법률에 특별한 규정이 있는 경우를 제외하고는 개정할 수 없다(즉결심판에 관한 절차법 제8조). 벌금 또는 과료를 선고하는 경우에는 피고인이 출석하지 아니하더라도 심판할 수 있다(동법 제8조의2 제1항).

정답 ×

025 24승 / 22국9

즉결심판절차에서 피고인이 정식재판을 청구하는 경우, 즉결 심판의 선고 고지를 받은 날부터 7일 이내에 정식재판청구서를 경찰서장에게 제출하여야 하며, 이를 받은 경찰서장은 지체 없이 판사에게 송부하여야 한다. ○|×

> 즉결심판에 관한 절차법 제14조 제1항

정답 ○

제3절 | 소년에 대한 형사절차

001 74간

경찰서장은 20만원 이하의 벌금, 구류 또는 과료에 처할 범죄사건에 대하여 즉결심판을 청구할 수 있으나, 촉법소년과 우범소년에 대하여는 직접 소년부송치를 할 수 없다. ☐O☐X☐

> 즉결심판은 관할경찰서장 또는 관할해양경찰서장(이하 "경찰서장"이라 한다)이 관할법원에 이를 청구한다(즉결심판에 관한 절차법 제3조 제1항). 촉법소년과 우범소년이 있을 때에는 경찰서장은 직접 관할 소년부에 송치하여야 한다(소년법 제4조 제2항).

정답 ×

002 71간

소년이었을 때 범한 죄에 의하여 형의 선고유예를 선고받은 경우, 자격에 관한 법령을 적용할 때 장래에 향하여 형의 선고를 받지 아니한 것으로 보는데, 이는 형의 선고유예가 실효된 경우에도 마찬가지이다. ☐O☐X☐

> 소년이었을 때 범한 죄에 의하여 형의 선고 등을 받은 자에 대하여 다음 각 호의 경우 자격에 관한 법령을 적용할 때 장래에 향하여 형의 선고를 받지 아니한 것으로 본다(소년법 제67조 제1항).
> 1. 형을 선고받은 자가 그 집행을 종료하거나 면제받은 경우
> 2. 형의 선고유예나 집행유예를 선고받은 경우

정답 ×

003 71간

보호처분이 계속 중일 때에 징역, 금고 또는 구류를 선고받은 소년에 대하여는 먼저 그 형을 집행한다. ☐O☐X☐

> 보호처분이 계속 중일 때에 징역, 금고 또는 구류를 선고받은 소년에 대하여는 먼저 그 형을 집행한다(소년법 제64조).

정답 ○

004 24승

항소심판결 선고 당시 성년이 되었음에도 불구하고 정기형을 선고함이 없이 부정기형을 선고한 제1심판결을 인용하여 항소를 기각한 것은 적법하다. ☐O☐X☐

> 항소심판결 선고당시 성년이 되었음에도 불구하고 정기형을 선고함이 없이 부정기형을 선고한 제1심판결을 인용하여 항소를 기각한 것은 위법하다(대판 1990.4.24. 90도539).

정답 ×

005 24승

항소심판결 선고 당시 피고인이 소년이어서 부정기형이 선고되었다면, 그 후에 피고인이 성년이 되었다고 하더라도 부정기형을 선고한 항소심판결을 파기할 사유가 되지 않는다. ⓞⅨ

> 피고인이 항소심 판결 선고 당시 소년법 제2조 소정의 소년이어서 부정기형이 선고되었다면 그 후 상고심에 와서 피고인이 성년이 되었다고 하더라도 부정기형을 선고한 항소심판결을 파기할 사유가 되지 않는다(대판 1990.7.27. 90도1118).

정답 ◯

006 71간

소년에 대한 부정기형을 집행하는 기관의 장은 형의 단기가 지난 소년범의 행형 성적이 양호하고 교정의 목적을 달성하였다고 인정되는 경우에는 관할 검찰청 검사의 지휘에 따라 그 형의 집행을 종료시킬 수 있다. ⓞⅨ

> 소년에 대한 부정기형을 집행하는 기관의 장은 형의 단기가 지난 소년범의 행형(行刑) 성적이 양호하고 교정의 목적을 달성하였다고 인정되는 경우에는 관찰 검찰청 검사의 지휘에 따라 그 형의 집행을 종료시킬 수 있다(소년법 제60조 제4항).

정답 ◯

007 71간

소년부 판사는 송치서와 조사관의 조사보고에 따라 사건을 심리할 필요가 있다고 인정하면 심리 개시 결정을 하여야 하는데, 이러한 결정이 있었던 때로부터 그 사건에 대한 보호처분의 결정이 확정될 때까지 공소시효는 그 진행이 정지된다. ⓞⅨ

> 보호절차에 의한 심리개시의 결정이 있는 때로부터 그 사건에 대한 보호처분의 결정이 확정될 때까지 공소의 시효는 그 진행이 정지된다(소년법 제54조).

정답 ◯

제4절 | 배상명령과 범죄피해자 구조제도

001 21법9

소송촉진 등에 관한 특례법 제25조 제1항에 따른 배상명령은 피고사건의 범죄행위로 발생한 직접적인 물적 피해, 치료비 손해와 위자료에 대하여 피고인에게 배상을 명함으로써 간편하고 신속하게 피해자의 피해회복을 도모하고자 하는 제도이다. O|X

> 배상명령은 피고인의 범죄행위로 피해자가 입은 직접적인 재산상 손해에 대하여 그 피해금액이 특정되고, 피고인의 배상책임의 범위가 명백한 경우에 한하여 피고인에게 그 배상을 명함으로써 간편하고 신속하게 피해자의 피해회복을 도모하고자 하는 제도로서, 피고인의 배상책임의 유무 또는 그 범위가 명백하지 아니한 때에는 배상명령을 하여서는 아니되고, 그와 같은 경우에는 결정으로 배상명령 신청을 각하하여야 한다(대판 1996.6.11. 96도945).

정답 O

002 24승

피해자는 약식절차 또는 즉결심판절차에서 배상신청을 할 수 있다. O|X

> 배상명령은 제1심과 제2심의 형사공판에서 유죄판결을 선고하는 경우에 한해 인정되는 것으로 약식명령절차나 즉결심판절차에서는 배상신청을 할 수 없다.

정답 ×

003 21법9

배상명령은 일정한 범죄에 관하여 유죄판결을 선고하는 경우에만 가능하므로, 무죄뿐만 아니라 면소 또는 공소기각의 재판을 하는 경우에는 배상명령을 할 수 없다. O|X

> 배상명령은 제1심 또는 제2심의 형사공판 절차에서 위의 범죄에 의하여 유죄판결을 선고한 경우에 한하여 할 수 있다(소송촉진 등에 관한 특례법 제25조 제1항 전단). 따라서 피고사건에 대하여 무죄·면소 또는 공소기각의 재판을 할 때에는 배상명령을 할 수 없다.

정답 O

004 21법9

법원은 직권으로도 피고인에 대하여 배상명령을 할 수 있다. O|X

> 배상명령은 법원의 직권 또는 피해자의 신청에 의하여 한다(동법 제25조 제1항).

정답 O

005 23국7

법원은 배상명령으로 인하여 공판절차가 현저히 지연될 우려가 있다고 인정되는 경우에는 배상명령을 하여서는 아니 된다. ◯|✕

> 법원은 ① 피해자의 성명·주소가 분명하지 아니한 때, ② 피해금액이 특정되지 아니한 때, ③ 피고인의 배상책임의 유무 또는 그 범위가 명백하지 아니한 때, ④ 배상명령으로 인하여 공판절차가 현저히 지연될 우려가 있거나 형사소송절차에서 배상명령을 함이 상당하지 아니하다고 인정한 때에는 배상명령을 하여서는 아니 된다(소촉법 제25조 제3항).

정답 ◯

006 21법9

피고인의 배상책임 유무 또는 그 범위가 명백하지 아니한 때에는 배상명령을 하여서는 아니 되고, 그와 같은 경우에는 소송촉진 등에 관한 특례법 제32조 제1항에 따라 배상명령신청을 기각하여야 한다. ◯|✕

> 배상명령은 피고인의 범죄행위로 피해자가 입은 직접적인 재산상 손해에 대하여 그 피해금액이 특정되고, 피고인의 배상책임의 범위가 명백한 경우에 한하여 피고인에게 그 배상을 명함으로써 간편하고 신속하게 피해자의 피해회복을 도모하고자 하는 제도로서, 피고인의 배상책임의 유무 또는 그 범위가 명백하지 아니한 때에는 배상명령을 하여서는 아니되고, 그와 같은 경우에는 결정으로 배상명령 신청을 각하하여야 한다(대판 1996.6.11. 96도945).

정답 ✕

007 24승 / 23국7

범죄행위로 인하여 재산상 이익을 침해당한 피해자가 이미 그 재산상 피해의 회복에 관한 채무명의(집행권원)를 가지고 있는 경우에도 이와 별도로 배상명령을 신청할 이익이 있다. ◯|✕

> 배상명령제도는 범죄행위로 인하여 재산상 이익을 침해당한 피해자로 하여금 당해 형사소송절차내에서 신속히 그 피해를 회복하게 하려는데 그 주된 목적이 있으므로 피해자가 이미 그 재산상 피해의 회복에 관한 채무명의를 가지고 있는 경우에는 이와 별도로 배상명령 신청을 할 이익이 없다(대판 1982.7.27. 82도1217).

정답 ✕

008 24승

법원은 배상신청이 있을 때에는 신청인에게 공판기일에 알려야 하고, 신청인이 공판기일을 통지받고도 출석하지 않은 경우에는 신청인의 진술 없이 재판할 수 있다. ⊙|×

> 법원은 배상신청이 있을 때에는 신청인에게 공판기일을 알려야 한다(소송촉진 등에 관한 특례법 제29조 제1항). 신청인이 공판기일을 통지받고도 출석하지 아니하였을 때에는 신청인의 진술 없이 재판할 수 있다(동조 제2항).

정답 ○

009 24승

피고인이 재판과정에서 배상신청인과 민사적으로 합의하였다는 내용의 합의서를 제출하였다면, 그 합의서 기재 내용만으로는 배상신청인이 변제를 받았는지 여부 등 피고인의 민사책임에 관한 구체적인 합의 내용을 알 수 없다 하더라도 사실심법원은 배상신청인이 처음 신청한 금액을 바로 인용하여야 한다. ⊙|×

> 피고인의 배상책임의 유무 또는 그 범위가 명백하지 아니한 경우에는 배상명령을 하여서는 아니 되고, 그와 같은 경우에는 특례법 제32조 제1항에 따라 배상명령신청을 각하하여야 한다. 이러한 취지에 비추어 볼 때, 피고인이 재판과정에서 배상신청인과 민사적으로 합의하였다는 내용의 합의서를 제출하였고, 합의서 기재 내용만으로는 배상신청인이 변제를 받았는지 여부 등 피고인의 민사책임에 관한 구체적인 합의 내용을 알 수 없다면, 사실심법원으로서는 배상신청인이 처음 신청한 금액을 바로 인용할 것이 아니라 구체적인 합의 내용에 관하여 심리하여 피고인의 배상책임의 유무 또는 그 범위에 관하여 살펴보는 것이 합당하다(대판 2013.10.11. 2013도9616).

정답 ×

010 23국7

피고인은 유죄판결에 대하여 상소를 제기하지 아니하고 배상명령에 대하여만 상소제기기간에 「형사소송법」에 따른 즉시항고를 할 수 있고, 즉시항고 제기 후 상소권자의 적법한 상소가 있는 경우에는 즉시항고는 취하된 것으로 본다. ⊙|×

> 소송촉진 등에 관한 특례법 제5항

정답 ○

011 23국7

확정된 배상명령 또는 가집행선고가 있는 배상명령이 기재된 유죄판결서의 정본은 「민사집행법」에 따른 강제집행에 관하여는 집행력 있는 민사판결 정본과 동일한 효력이 있다. ⊙|×

> 확정된 배상명령 또는 가집행선고 있는 배상명령이 기재된 유죄판결서의 정본은 민사소송법에 의한 강제집행에 관하여는 집행력 있는 민사판결 정본과 동일한 효력이 있다(소송촉진 등에 관한 특례법 제34조 제1항).

정답 ○

제4장 재판의 집행과 형사보상

제1절 | 재판의 집행

제2절 | 형사보상

001 21국9

형사피의자 또는 형사피고인으로서 구금되었던 자가 법률이 정하는 불기소처분을 받거나 무죄판결을 받은 때에는 법률이 정하는 바에 의하여 국가에 정당한 보상을 청구할 수 있다. ☐O☐X

> 형사보상청구권(헌법 제28조)

정답 O

002 21국9

보상의 청구가 이유 있을 때에는 보상결정을 하여야 하고 그 보상결정에 대하여는 1주일 이내에 즉시항고를 할 수 있다. ☐O☐X

> 보상의 청구가 이유 있을 때에는 보상의 결정을 하여야 한다(형사보상법 제17조 제1항). 보상결정에 대해서는 <u>1주일 이내에 즉시항고 할 수 있다</u>(형사보상 및 명예회복에 관한 법률 제20조 제1항).

정답 O

003 21국9

미결구금을 당하여 이 법에 따라 보상을 청구할 수 있는 자가 그 청구를 하지 아니하고 사망한 경우, 그 상속인이 이를 청구할 수 있다. ☐O☐X

> 형사보상을 청구할 수 있는 자가 그 청구를 하지 아니하고 사망하였을 때에는 그 상속인이 이를 청구할 수 있다(형사보상 및 명예회복에 관한 법률 제3조 제1항).

정답 O

004 21국9

1개의 재판으로 경합범의 일부에 대하여 무죄재판을 받고 다른 부분에 대하여 유죄재판을 받았던 경우에는 법원은 재량으로 보상청구의 전부 또는 일부를 기각할 수 있다. ☐O☐X

> 형사보상 및 명예회복에 관한 법률 제4조 제3호

정답 O

005 21국9

형사보상을 받을 자가 다른 법률에 따라 손해배상을 청구하는 것은 금지된다. ☐O☐X

> 형사보상청구권은 국가배상법 또는 민법에 의한 손해배상청구권과 경합하는 경우가 있을 수 있다. 그런데 형사보상법은 다른 법률의 규정에 의한 손해배상을 청구하는 것을 금하지 아니하므로(형사보상 및 명예회복에 관한 법률 제6조) 어느 법률에 의하여 손해배상 또는 보상을 청구하는가는 피해자의 자유이다.

정답 ×

제3절 | 명예회복